植村博恭・宇仁宏幸・磯谷明徳・山田鋭夫●編

転換期の アジア資本主義

藤原書店

目 次

序 言 ……………………………………… 山田鋭夫／磯谷明徳　13

  1　アジア観の変遷とアジア資本主義の興隆　13
  2　アジア資本主義の転換と本書の意図　14
  3　本書の構成と梗概　16

Ⅰ　アジア資本主義の多様性と転換

第1章　構造転換の世界経済と東アジア地域の制度化
　　　　——ASEANに注目して—— ……………………… 平川 均　25

  1　はじめに　25
  2　世界経済の構造転換と東アジア　26
  3　東アジアの経済統合とその推進メカニズム　30
    1）東アジアにおけるデファクト・市場主導型の経済統合　30
    2）エマージング経済の形成メカニズム
    　　——NIEs型発展からPoBMEs型発展へ　35
  4　東アジアの地域経済統合と制度化
  　　——ASEANから東アジア・サミットへ　39
    1）ASEANと東南アジア域内の政治経済協力　39
    2）アジア通貨危機と東アジア地域協力　43
  5　東アジア地域における制度化の課題　47
    1）TPPと日本　47
    2）TPPと東アジアの地域統合　50
  6　おわりに——PoBMEsの時代と東アジアの制度化　52

第2章　アジア資本主義の多様性
　　　　——制度的構図と企業のイノベーション活動——
　　　　　……………………………… 遠山弘徳／原田裕治　58

  1　はじめに　58

Ⅰ　アジア資本主義の制度的多様性　63
　　　1　アジア資本主義の五類型　63
　　　　1）分析手法とデータ　64
　　　　2）分析結果の例示　64
　　　　3）アジア資本主義の五類型　66
　　　2　2000年代後半における制度的多様性　67
　　　3　制度的多様性の持続性　70
　　　4　多様なアジア資本主義におけるインドの位置　73
　　　5　小　括　75
　　Ⅱ　東アジア資本主義の多様性と技術的イノベーション　76
　　　1　Hall and Soskice 仮説の修正　76
　　　2　東アジア経済における技術的イノベーション　78
　　　　1）東アジア経済のパテント水準の推移　78
　　　　2）東アジア経済企業のイノベーション活動分布　83
　　　　3）グローバル・サプライチェーンと技術的イノベーション　86
　　　3　小　括　89
　　Ⅲ　結　論　89

第3章　東アジア資本主義の制度的階層性と
　　　　マクロ経済的多様性……西 洋／磯谷明徳／植村博恭　98

　　　1　はじめに　98
　　Ⅰ　マクロ経済成長における制度階層性の重要性について　99
　　　1　制度階層性とは何か　99
　　　2　制度階層性を伴う一つのマクロ経済モデル　101
　　　3　モデル分析の含意について　103
　　Ⅱ　東アジア資本主義の制度諸形態と成長体制　104
　　　1　日本資本主義の制度諸形態と成長体制　105
　　　　1）日本の制度諸形態　105
　　　　2）日本の成長体制についての実証分析　107
　　　2　韓国資本主義の制度諸形態と成長体制　110

   1）韓国の制度諸形態　110
   2）韓国の成長体制についての実証分析　112
  3　中国資本主義の制度諸形態と成長体制　116
   1）中国の制度諸形態　116
   2）中国の成長体制についての実証分析　119

 Ⅲ　東アジア資本主義のマクロ経済構造の多様性と経済統合　123
  1　中国・日本・韓国のマクロ経済構造の比較分析　123
  2　東アジアにおける貿易構造と国際生産ネットワーク　124

 Ⅳ　おわりに　127

 補論：データの出所と加工　129
  日本経済の VAR 分析　129
  韓国経済の VAR 分析　130
  中国経済の VAR 分析　130

第4章　アジアにおける共同的な為替レート調整の可能性
──グローバル経常収支不均衡をふまえて──
                宇仁宏幸　135

 1　はじめに　135
 2　経常収支不均衡拡大とその分析枠組み　137
 3　ユーロ圏諸国──通貨統合下の「輸出にかたよった生産性上昇」　141
 4　拡大 EU 諸国──共同的管理フロート下の輸出主導型成長　145
 5　アジア諸国──一国的管理フロート下の輸出主導型成長　148
 6　結論──共同的に管理されたフロート制へ　152
   付　録　157

Ⅱ　中国資本主義

第5章　中国経済の発展様式と国際システムの転換
　　　──2008年危機以後を中心に──
　　　………………… ロベール・ボワイエ（藤田菜々子訳）　165

　1　はじめに　165
　2　制度と組織のまぎれもない共進化　167
　　　1）中国経済の4段階の変容　167
　　　2）複合的でハイブリッドな形態──地方コーポラティズム　169
　　　3）政治／経済ネクサスと地方／全国ネクサス　171
　3　明確な制度的アーキテクチャー──レギュラシオニストの分析　173
　　　1）競争の優越　174
　　　2）世界経済への参入──成長促進的な中国的（暗黙の）妥協の帰結　176
　4　マクロ経済体制──貿易黒字が構造的国内アンバランスを
　　　　　　　　　　　相殺している　178
　　　1）構造的にアンバランスな成長パタン　178
　　　2）中央政府の挑戦的な任務──活発で膨大な数にのぼる地方コーポラ
　　　　　　　　　　　　　　　　ティズムをコントロールすること　181
　　　3）重商主義的国家という外見　181
　5　2008年世界危機後における中国経済の方向転換とその国際関係再
　　　編への影響　182
　　　1）中国国内における緊張の高まり　182
　　　2）もうひとつの発展様式を求めて　184
　　　3）中国──世界経済の将来における主要アクター　186
　6　歴史の前例からみた国際システムの将来　187
　　　1）世界‐経済か帝国か──アメリカ対中国　187
　　　2）全能の覇権国から多極的世界へ　188
　　　3）北京から見た世界──思考実験の有益性と必要性　189
　7　結論──二つの世界再編に引き裂かれた日本　190

第6章　中国経済の輸出主導型成長から内需主導型成長への
　　　　転換条件
　　　──賃労働関係の変化と社会保障システムを中心に──
　　　………………………………………………… 厳　成男　194

1　はじめに　194
2　雇用と所得における柔軟性と安全性の変化と社会保障システム　196
　　1）賃労働関係の変化と社会保障システム　196
　　2）労働市場制度改革に伴う柔軟性の拡大と安全性の低下　198
3　社会保障システムの整備と社会中間層の拡大　202
　　1）社会保障制度の整備：適用範囲の拡大　202
　　2）社会中間層の形成を促す条件としての社会保障制度改革　206
4　結びにかえて——持続可能な社会保障システムの財源は，国有資産の運用益で　208

第7章　いわゆる中国経済モデル論の起源，構成と問題点
——代替案のための考察——……………………………宋 磊　216

1　中国モデル論：学界を二分させる野心的な仮説　217
2　中国経済モデル論の起源，構成と限界　219
3　市場経済多様性アプローチと中国経済研究：到達点と問題点　221
4　市場経済多様性アプローチと中国経済研究：ひとつの代替案　223
　　1）輸出主導型成長の二つの類型：外資主導とローカル企業主導　224
　　2）生産様式の差異：富士康主義 vs. ローカル資本主義　224
5　小　結　229

III　韓国資本主義

第8章　韓国における金融システム変化と蓄積体制
………………………………………梁峻豪　237

1　はじめに　237
2　金融システムの変化　238
　　1）銀行貸出の景気弾力性　238
　　2）銀行の大型化と貸出先の変化　240
　　3）直接金融化　242
　　4）為替レート変動性の増大とウォンの減価　244
3　金融システムの変化と蓄積体制　246
　　1）通貨危機以前の蓄積体制：「韓国的フォーディズム」としての消費−投資主導型蓄積体制　246

2）通貨危機以降の蓄積体制：自由主義的金融システムに支えられた輸出
　　　主導型蓄積体制　248
　4　むすびにかえて：今後の望ましい金融システムと蓄積体制　251

第9章　韓国における非正規労働の増加と雇用の二重構造化 ……………………… 金　埈永　257

　1　はじめに　257
　2　非正規労働の現状と特徴　259
　　1）非正規労働の定義　259
　　2）非正規労働の現状と特徴　261
　3　韓国における非正規労働の形成要因　266
　　1）新自由主義労働体制論　266
　　2）企業内部労働市場論　267
　　3）韓国雇用関係の前近代性論　270
　4　韓国における非正規労働問題の対策と課題　272
　　1）非正規労働問題と労働組合運動　272
　　2）政府の対応：非正規労働者保護法を中心に　275
　　3）非正規雇用問題に関する今後の課題　277
　5　おわりに　278

第10章　韓国現代自動車の低コスト生産システムの分析
　　　　　――賃労働関係を中心に―― ……………………… 金　佑眞　283

　1　現代自動車グループのコーポレート・ガバナンスと生産システム　284
　　1）系列ベースの統合生産システム　284
　　2）自動車部品のモジュール化と現代モービスの役割の増大　288
　2　現代自動車グループの賃労働関係　289
　　1）現代自動車の労働者構成　289
　　2）現代モービスの労働者構成　290
　　3）正規労働者と非正規労働者との間の賃金格差　292
　3　現代自動車グループの低コスト生産システム　293
　　1）賃金コストの上昇圧力：労働者の高い正規比率と高齢化　293
　　2）現代モービスへの生産工程移転と低コスト生産システムの実現　295
　　3）低コスト生産システムの維持　298
　4　結論　299

Ⅳ 東南アジア・インドの資本主義

第11章 インドIT産業における高度化と能力構築
──新興国知識集約型産業における後発発展──
....徳丸宜穂　305

1　はじめに　305

2　分析枠組と仮説　308
 1）事業と競争優位の特質　308
 2）外部情報源と立地の優位性：仮説1　308
 3）雇用システム：仮説2　309

3　企業アンケート調査の分析　310
 1）需要変化と事業の高度化　310
 2）産業クラスターの高度化：仮説1　312
 3）雇用システムの高度化：仮説2　313

4　考察：流動的外部労働市場と内部指向・長期指向の雇用システム　317

5　結　語　319

第12章 マレーシアにおける経済発展と労働 ……吉村真子　324

1　はじめに　324

2　マレーシアの新経済政策と経済成長　325
 1）新経済政策以降のマレーシアの経済成長　325
 2）新経済政策の背景と特徴　327

3　新経済政策以降の労働力構造　329
 1）新経済政策以降の労働力構造の変化　329
 2）マレーシアの工業化と女性工場労働者　332
 3）労働力不足と移住（外国人）労働者の雇用　334

4　労働をめぐる問題　336

5　おわりに　338

第13章　インドネシアにおけるアグリビジネス改革
　　　　──パーム油バリューチェーンの分析から──
　　　　……………………………………………………… 頼　俊輔　341

- 1　はじめに　341
- 2　グローバル・バリューチェーン論とパーム油部門　342
- 3　アグリビジネス改革の展開とアブラヤシ開発　343
  - 1）構造調整政策とアグリビジネス改革　343
  - 2）パーム油の生産と消費　344
  - 3）政府の支援政策　346
- 4　上流部門と下流部門における大規模農園資本の進出　347
  - 1）農園の保有構造　347
  - 2）大規模農園企業の事業展開　348
  - 3）低付加価値のままのパーム油輸出　350
  - 4）多国籍アグリビジネス企業による原料調達戦略　351
- 5　農園開発による地域社会・環境への影響　354
  - 1）民間企業主導の中核農園システムへの変容　354
  - 2）小農の経営状況　355
  - 3）地域社会の変貌　357
  - 4）農園開発と環境問題　360
- 6　おわりに　361

Ⅴ　日本資本主義

第14章　企業主義的調整の麻痺と社会保障改革
　　　　……………………………… 平野泰朗／山田鋭夫　369

- 1　企業主義的レギュラシオンとその機能不全　369
  - 1）企業主義的レギュラシオン　369
  - 2）経営保障の崩壊　370
  - 3）雇用の非正規化と雇用保障の限定化　372
- 2　企業主義的福祉レジームの特質と社会保障改革の方向性　375
- 3　技能形成の社会化　377
  - 1）日本版デュアルシステム　377
  - 2）職業訓練と職業紹介の連携　379

4　年金改革　380
    1）年金の二つの機能　380
    2）格差の程度に対応した年金の機能　381
    3）格差拡大とミニマム保障の重視　382
    4）鍵となる生産性上昇　384
  5　まとめ　384

第15章　日本における制度変化と新自由主義的政策
——国際比較の観点から——
……………………… セバスチャン・ルシュバリエ　388

  1　はじめに　388
  2　新自由主義の日本的変種（1980〜2010年）　391
    1）新自由主義をどのように定義するか，どのように分析するか　391
    2）日本における新自由主義政策の特殊性　393
  3　日本における新自由主義的移行をどのように説明するか　396
    1）機能的説明——グローバリゼーション，技術進歩，危機に対する機能的対応としての自由主義的移行　396
    2）政治的企業家の役割　400
    3）内生的変化としての新自由主義的移行　401
  4　日本における新自由主義的政策と制度変化　402
    1）J企業モデルは終焉に向かうのか　402
    2）日本資本主義は依然としてコーディネートされた資本主義か　404
    3）日本における不平等の拡大——社会的妥協はどう変化したのか　407
  5　結　論——日本における新自由主義と制度変化　409

第16章　賃金デフレと迷走する金融政策 ………… 服部茂幸　416

  1　はじめに　416
  2　新自由主義レジームと賃金デフレ　418
    1）いざなみ景気とは何だったのか　418
    2）新自由主義レジームと賃金停滞　420
  3　賃金デフレのモデル　421
  4　迷走する金融政策　424
    1）グリーンスパンの金融緩和の再評価　424
    2）日米の量的緩和政策　427

5　実　証　428
　　　6　流動性の罠 再考　429
　　　7　結　論　433

第17章　日本経済の成長体制と脱工業化
　　　……………………………… 田原慎二／植村博恭　438
　　　1　はじめに　438
　　　2　成長体制の動態と構造変化　439
　　　3　日本経済の成長体制と産業構造の長期的動態　442
　　　　　1）日本経済の長期的成長パタン　442
　　　　　2）日本経済の産業構造とその動態　444
　　　4　日本経済の制度変化と成長体制の転換　447
　　　　　1）日本経済の制度変化　448
　　　　　2）東アジア経済統合のもとでの日本企業の直接投資と海外生産　449
　　　5　脱工業化と製造業・サービス業連関　450
　　　　　1）脱工業化プロセスの諸類型　450
　　　　　2）製造業・サービス業連関の分析モデル　451
　　　　　3）製造業の構造変化と各部門への影響　453
　　　6　製造業の構造変化と脱工業化：産業連関分析　455
　　　　　1）産出量変化の要因分解モデル　455
　　　　　2）産出量変化の要因と脱工業化の進行　456
　　　　　3）脱工業化と雇用構造のシフト　463
　　　7　まとめ　465

結　語　……………………………… 宇仁宏幸／植村博恭　473
　　　1　アジア資本主義の制度諸形態と成長体制の多様性　473
　　　2　グローバリゼーションと多様性のもとでのアジア経済統合　476
　　　3　アジア資本主義の成長体制の転換　478
　　　4　豊かなアジアに向かうための諸課題　481

図表一覧　488
執筆者紹介　493

転換期のアジア資本主義

序　言

山田鋭夫／磯谷明徳

1　アジア観の変遷とアジア資本主義の興隆

　アジアの資本主義的発展が世界の注目を浴びている．いや，世界の期待を集めていると言ってよいのかもしれない．
　しばらく前まで「アジア」という呼称には侮蔑の念が含まれていた．もちろんそれは，18世紀末以降の産業革命とそれによる資本主義的発展をいち早く成しとげた「ヨーロッパ」の世界観を反映した見方であったが，悲しいことに明治以降の日本人もそれを共有することとなった．ヨーロッパが「文明」「進歩」の代名詞となり，代わりにアジアは「野蛮」「停滞」の烙印を押された．爾来，日本人は「脱亜入欧」を目指す．
　ところが「文明」のヨーロッパは同時に「帝国主義」のヨーロッパでもあった．西洋列強の脅威に対抗して，東洋の伝統を守りアジアの連帯を築こうという「興亜」の思想と運動もまた日本を特徴づけた．しかし戦前・戦中の興亜論は，大勢としては日本をアジアの「盟主」と位置づけ軍事的に暴走し，結局は敗戦を迎えて瓦解する．
　戦後の廃墟のなかから日本は，高度成長を成功させ，いわゆる経済大国を築きあげた．このとき日本人は「欧米の仲間入り」を誇り，自らをアジアの「例外」として再び「脱亜」の意識を強くした．日本人が「アジアの人たち」と言うとき，そこに日本人は含まれていなかった．だがしかし，その日本で

いま，バブル崩壊後の長い「停滞」を脱出しようと叫ばれているのは，「成長のアジアを取りこもう」の合言葉である．「入亜」への道なのである．

　日本人の，そしておそらく西洋人の，アジア観は大きく変遷した．そして今日また，転換しつつある．のみならずアジアそのものが大きく変容しつつある．それを経済の面からいえば，アジアにおける資本主義の目覚ましい発展ということに尽きる．「第三世界」の語で括られることの多かったアジア・アフリカ・ラテンアメリカのなかで，近年，すぐれて経済的な発展をとげているのは，他ならぬアジア地域なのである（本書で「アジア」というとき，東・東南アジアを中心とし，それにインドを加えた地域に限定している）．

　そうしたアジア資本主義の発展に関して，その諸相を問い，今日的な転換を明らかにし，今後の課題を探ろうというのが，本書の意図である．

　アジア経済が「資本主義」の概念で捉えられるようになったのは，それほど古い話ではない．第2次世界大戦までの「植民地」アジアは多くの場合，西洋によってモノカルチャー型経済を押しつけられていたのであり，戦後に民族的独立を達成したあとも資本主義的な発展軌道にはなかなか乗ることができなかった．資本主義ではなく，社会主義を標榜する国家もいくつか存在した．ようやく1970年代になって，日本に続いてアジアNIEs（新興工業経済地域）と呼ばれる「4匹の小龍」（韓国，台湾，香港，シンガポール）が高い経済成長を開始し，1980年代にはインドネシア・タイなどASEAN（東南アジア諸国連合）諸国がテイクオフし，さらに1990年代には中国やインドが続いた．中国を含めて「資本主義アジア」が登場した．

2　アジア資本主義の転換と本書の意図

　だが，その資本主義アジアはいま大きな「転換期」にさしかかっている．アジアが「資本主義」の語で括られうるようになったかと思う間もなく，そのアジア資本主義は「転換期」と呼ぶにふさわしい激変を経験しつつある．どういう転換か．

　第一に，アジアを取りまくグローバル経済は，2008年のリーマンショックに象徴されるように，従来の金融主導型経済が構造的危機に陥り，そのな

かで大きく変容しつつある．日米欧の成長力や経済力が弱体化し，代わりにアジアをはじめとする新興市場経済諸国のプレゼンスが俄然，高まってきた．いまやアジアは「世界の成長センター」と呼ばれ，ある意味でアジア経済の好不調が世界経済の命運を握るようになった．昨今，アジアを含む新興国経済の減速と不安がささやかれているとはいえ，それにしても「停滞」のアジアからの何という変身であろうか．

　第二に，この何十年来，金融と消費のアメリカに対して，アジアは世界の生産と輸出の基地としての地位を確立してきたが，いまやアジアは「世界の工場」から「世界の市場」へと転換しようとしている．いや，アジアが「工場」であることをやめたわけではない．アジアは「工場」であると同時に「市場」となり，生産基地であると同時に消費基地となりつつある．膨大な人口と，そのなかで形成される膨大な中間層が消費拠点アジアを支えようとしている．もっとも，かつて「公平を伴う急速な成長」（World Bank 1993）と讃えられた東アジアではあるが，近年の新自由主義の帰結なのか，格差社会化しているのも他方の事実であって，確固たる内需形成と健全な市民社会の定着は一筋縄ではいかない．

　第三に，アジアの域内経済関係の緊密化が進み，それが現在，大きな転換点に差しかかっている．アジアでは中間財の域内貿易を中心として各国の市場が相互に連結しあい，また相互間の投資も活発化し，事実上の経済統合が推進されてきた．そうした市場主導のデファクトな地域統合から，いまアジアは政治・外交交渉にもとづく制度主導の地域統合へと舵を切っている．かつての ASEAN の結成は制度主導的地域統合のはしりであったが，やがて ASEAN＋3（日中韓）が制度化され，さらには ASEAN と各国との FTA（自由貿易協定）がいくつか発効し，これに新たに TPP（環太平洋戦略的経済連繋協定）の問題が加わって，アジアの地域経済統合は新しい局面を迎えつつある．

　本書編者を含む何名かは，この数年来，日本学術振興会科学研究費補助金プロジェクトのもとで共同研究を進めてきたし，それはいまも続行している[1]．その成果の一部は Boyer, Uemura and Isogai（2012）として公表されている．そこでは，日中韓の資本主義およびアジア経済の多様性や経済統合の

可能性について検討が加えられた．本書はこれを踏まえつつも，視野を東南アジアや南アジアに拡大するとともに，各国分析およびアジア資本主義の多様性と転換，ならびに経済統合の分析をいっそう掘り下げてみようとするものである．

　振り返ってみると，経済学においてアジアはこれまでさまざまに論じられてきた．それら立論はある意味で時代を映す鏡であったのかもしれない．戦後期には資本形成不足解消のために政府の役割を重視する構造主義アジア論，1970年代以降には市場指向・輸出指向の発展戦略を目指す新古典派アジア論，1980年代以降の東・東南アジアの勃興を踏まえて再び政府の役割を強調する開発主義国家論，そして1990年代以降には，政府と市場の抽象的対立を克服する方向での市場友好的アプローチ（World Bank 1993）や市場拡張的アプローチ（Aoki et al. 1996）などが登場した．他方，アジア資本主義の拡大と隆盛とともに近年，アジアに関する資本主義多様性論や経済統合論の研究も花開いている．

　こうした政府と市場の役割を見据えつつも，本書が焦点に置くのは「制度」である．ここに制度とは，市場・組織・社会から政府政策・国際協定まで広い範囲のゲームのルールを含み，また公式のみならず非公式のそれを含む．そうした制度論的分析をマクロ的な「成長体制」（「蓄積体制」ともいう）の分析と連携させるところにレギュラシオン理論の特徴があるが，本書は主としてこのレギュラシオン・アプローチに立脚している．このアプローチはこれまで国民経済分析を中心とし，国際関係や世界経済の面で手薄であったが，本書は各国の制度・調整様式および成長体制の分析のうえに，さらに国際的・地域的分析を重ねて，この三層構造のうちにアジア資本主義の実像に迫ろうと試みている．

3　本書の構成と梗概

　本書は全5部17章からなり，以下のように構成される．

　第I部「アジア資本主義の多様性と転換」は，アジア資本主義全体を俯瞰する四つの章から構成される．第1章「構造転換の世界経済と東アジア地域

の制度化——ASEAN に注目して」は，東アジアでは，NIEs から先発 ASEAN 諸国，そして中国，後発 ASEAN 諸国へと成長の主役を交代させながら過去半世紀にわたって経済成長を達成し，域内はもちろん世界経済に劇的な構造転換をもたらしてきたとする．この観点から，この章では，東アジアの発展を構造的段階的に捉え，その構造の下でアジア通貨危機後に推し進められてきた ASEAN を軸とする東アジアの地域協力とその制度化を確認し，直面する今日的課題を明らかにする．

第2章「アジア資本主義の多様性——制度的構図と企業のイノベーション活動」では，制度的多様性および個別企業のイノベーションに焦点をあてつつ，アジア資本主義経済の多様性と進化が検討される．制度的多様性については，先進資本主義諸経済とは異なる五つのアジア資本主義グループが析出されること，またそうした多様性は 2000 年代後半も維持されることが明らかになる．さらに，アジア資本主義の制度的多様性が企業のイノベーション活動に有意な相違をもたらすことも確認される．したがって，マクロとミクロの両面において，アジア資本主義経済は今後も多様性を維持しつつ進化して行く可能性が高いことが示される．

第3章「東アジア資本主義の制度的階層性とマクロ経済的多様性」では，まず制度階層性を踏まえたマクロ経済モデルをもとに，グローバリゼーションのもとで金融市場と国際競争が強まることによって生じる成長体制の動態が説明され，次いで，日本，韓国，中国といった東アジア資本主義の制度階層性とそのマクロ経済的多様性について実証的な考察がなされる．そして，最後に，東アジアの国際生産ネットワークと国際分業がどのように拡大しているのかを確認し，その影響を考察する．

第4章「アジアにおける共同的な為替レート調整の可能性——グローバル経常収支不均衡をふまえて」は，ユーロ圏諸国，拡大 EU 諸国およびアジア諸国の労働生産性と賃金の変化を厳密に計測することにより，為替体制のあり方を考察する．分析の焦点は，2000 年代におけるグローバルな経常収支不均衡の拡大である．アジアの多くの国が採用している一国的管理フロート制には，この不均衡を増幅するという問題点があることを指摘する．さらに，上記の三地域の為替体制と成長体制とを類型化し，アジアにとって望ましい

為替体制を提示する．

　第Ⅱ部「中国資本主義」は三つの章から構成される．第5章「中国経済の発展様式と国際システムの転換——2008年危機以後を中心に」では，中国における極めて特殊な社会政治的妥協の内実とその帰結が議論される．ここでの社会政治的妥協は，地方レベルでの政治家の利害と企業家の利害を融合・混合することを可能にする「地方コーポラティズム」と「共産党の政治独占と引き換えの生活水準の上昇」という社会全体レベルでの妥協である．これが結果として，中国の蓄積体制を高度に競争的なものにし，独特の「競争主導型蓄積体制」を出現させる．この下では三つの構造的アンバランス——過剰蓄積，社会的不平等の拡大，不良債権の絶えざる発生——が生み出され，そして，このアンバランスな国内的蓄積体制が中国経済のアンバランスな形での国際体制への編入を必然化させる．最後に，アメリカと中国との間でジレンマに直面する日本への言及がなされる．

　第6章「中国経済の輸出主導型成長から内需主導型成長への転換条件——賃労働関係の変化と社会保障システムを中心に」では，制度変化と経済成長の間の相互促進関係，いわゆる「累積的因果連関」の視点から，中国経済の輸出主導型成長から消費中心の内需主導型成長への転換を可能にする条件が考察される．その結果，社会保障システムのさらなる拡充が，雇用関係の柔軟化に伴う雇用と所得安全性の低下を緩和し，働く人々の将来不安を和らげることから，国内消費需要の拡大をもたらすことを明らかにする．

　第7章「いわゆる中国経済モデル論の起源，構成と問題点——代替案のための考察」では，まずいわゆる「中国モデル」論の到達点と限界が確認される．その上で，中国経済内部における多様性に注目し，市場経済多様性論を中国経済研究に導入するための予備的考察が行われる．具体的には，沿岸部経済を代表する広東省と浙江省の二つの地域を取り上げ，両地域の生産様式の差異はモジュール化の異なる発生メカニズムに関わるという仮説を提起する．

　第Ⅲ部「韓国資本主義」は三つの章から構成される．第8章「韓国における金融システム変化と蓄積体制」では，まず1997年の通貨危機以降の新自由主義的な金融改革によって，銀行貸出の景気弾力性の増大，銀行の大型化，

直接金融化,為替レートの変動性の増大がもたらされたことを確認する.その上で,このような金融システムの変化によって,1987年から通貨危機以前までの内需主導型蓄積体制が解体され輸出主導型蓄積体制が再び構築されるようになったこと,輸出主導型蓄積体制を支える金融的要因は内需を中心とする中小企業に対する銀行の貸出の景気弾力性を高め,投資全体の不安定性を高めることによって,マクロ経済全体の不安定性をも増大させるようになったことが明らかにされる.

第9章「韓国における非正規労働の増加と雇用の二重構造化」は,韓国における非正規労働の諸問題を検討し,有効な解決の方向性を模索する.韓国の非正規労働は,まず規模が大きく,賃金をはじめとする労働条件面で正規労働に比べて劣る場合が多い.また,韓国の非正規労働は,正規労働を代替する目的で活用される傾向がある.このような韓国の非正規労働の特徴を説明するため,この章では,新自由主義労働体制論,企業内部労働市場論,雇用関係の前近代性論などが批判的に検討される.

第10章「韓国現代自動車の低コスト生産システムの分析——賃労働関係を中心に」は,系列ベースの統合によってその枠組みがつくられ,系列という垣根の中で自動車関連会社が独立的に,有機的に動くことを可能にする現代自動車グループの生産システムを「系列ベースの統合生産システム」と定義する.この枠組みのもとで,技術的要因によるモジュール化と制度的要因による賃金格差を前提にして,組立工程の継続的な企業間移転により,低コストの生産システムが実現したことを明らかにする.

第IV部「東南アジア・インドの資本主義」は三つの章から構成される.第11章「インドIT産業における高度化と能力構築——新興国知識集約型産業における後発発展」では,インドIT企業を対象とした質問紙調査による分析がなされる.その結果,次の点が明らかにされた.第一に,インドIT企業は,顧客の要求通りの品質・コスト・納期を遵守するだけではなく,先回りした提案を行う「ソリューション指向」の方向に高度化している.第二に,高度化している企業は相対的により多様な外部情報源から情報を獲得している.第三に,高度化している企業は相対的に内部労働市場指向的・長期指向的な人材マネジメントを実施している,という三点である.

第12章「マレーシアにおける経済発展と労働」は，新経済政策（NEP）の実施の下での，1970年代の急速な経済成長と労働力構造の大きな変化を考察する．この構造変化を，第一に，新経済政策のブミプトラ（おもにマレー系）優先によるエスニック分業の変化，第二に，多国籍企業の進出と女性労働（とくにマレー系）の雇用の増加，第三に，労働力不足と移住（外国人）労働の依存の増加によるものとした上で，マレーシアにおける労働をめぐる問題と課題が論じられる．

第13章「インドネシアにおけるアグリビジネス改革――パーム油バリューチェーンの分析から」では，1980年代以降，世銀・IMFの構造調整政策の中で進められてきたインドネシア経済の輸出指向型への転換と，その政治経済・社会・環境への影響について，代表的な輸出用作物であるパーム油生産の商品連鎖過程（バリューチェーン）を事例にした分析がなされる．具体的には，商品連鎖過程における小農と農園企業の権力関係，国内資本家の資本蓄積のあり方，地域社会の変容，そしてプランテーション開発による環境問題が検討される．

第V部「日本資本主義」は四つの章から構成される．第14章「企業主義的調整の麻痺と社会保障改革」は，現代日本における重要課題の一つである社会保障改革を，調整様式の変化という観点から分析する．今までの日本資本主義の調整は，企業における経営保障と雇用保障を軸に行われた．しかし，経営保障は崩壊し，雇用保障は縮小した．社会保障改革は，雇用保障の縮小を社会レベルで再構築するものである．これを行うために必要な諸条件を，技能形成と年金に絞って明らかにする．

第15章「日本における制度変化と新自由主義的政策――国際比較の観点から」は，日本における制度変化に対して新自由主義的政策が与えた影響を，国際比較の観点から分析する．日本の新自由主義的政策には，1980年代から2000年代にわたって強い連続性が存在しており，それが1990年代以降の制度変化と経済構造の異質性の増大をもたらした主要な要因となっている．日本に対する新自由主義的政策は，日本固有の特徴を持ちつつも広範囲に及び，少なくともヨーロッパ諸国同様に強い影響を与えてきたことを明らかにする．

第16章「賃金デフレと迷走する金融政策」は賃金デフレの効果を分析する．1990年代以降の日本は単純に不況が続いていたわけではないことは，いざなみ景気を取り上げるだけでも分かる．しかし，いざなみ景気期には賃金が名目でも実質でも下がっていた．この賃金デフレは消費抑圧を通じて経済を停滞させるとともに，消費財のデフレをも悪化させることとなった．新自由主義の病が日本でもアメリカを上回る形で広まったことを明らかにする．

　第17章「日本経済の成長体制と脱工業化」は，1980年代以降における日本経済の成長体制の転換と脱工業化の構造的動態を分析する．レギュラシオン理論の枠組みを産業構造変化を視野に納めて拡張し，日本国内の制度変化と国際経済関係が産業構造変化に与える影響を分析する．具体的には，JIPデータベースを用いた産業連関分析によって，中間投入構造の変化を軸に脱工業化過程が分析され，特に「輸出コア製造業」と「対事業所サービス業」の動態の特徴が考察される．

　本書の成り立ちについてはすでに述べたとおりである．2010年から2013年のあいだ数度にわたって開催された科学研究費プロジェクト・横浜国立大学アジア経済社会研究センター共催の国際コンファレンス，および2013年7月の京都大学東アジア経済研究センター主催シンポジウム「転換期のアジア資本主義——豊かなアジアに向かって」には，内外の多数の研究者に参加していただき，多くの有益な示唆と啓発を受けることができた．記して感謝したい．

　最後になるが，1999年刊行の共同研究『戦後日本資本主義——調整と危機の分析』と同様に，本書の出版を快くお引き受けいただいた藤原書店社長・藤原良雄氏，ならびに編集・製作をご担当いただいた同書店・山﨑優子さんに厚くお礼を申し上げたい．

注

(1) 本共同研究プロジェクトは，二つの日本学術振興会科学研究費補助金プロジェクトに基づいている．平成 22〜24 年度：「東アジア経済統合のもとでの企業の進化的多様性と産業システムのダイナミズム」（課題番号：22530219，研究代表者：植村博恭）及び平成 25〜28 年度：「国際生産ショック後の東アジア産業システムと企業システムの進化的多様性」（課題番号：25380225，研究代表者：植村博恭）．これは，横浜国立大学経済学部付属アジア経済社会研究センターとの研究連携のもとで進められている．

参考文献

Aoki, M., H.-K. Kim and M. Okuno-Fujiwara eds.（1996）*The Role of Government in East Asian Economic Development: Comparative Institutional Analysis*, New York: Oxford University Press.〔白鳥正喜監訳『東アジアの経済発展と政府の役割』日本経済新聞社，1997 年〕

Boyer, R., H. Uemura and A. Isogai eds.（2012）*Diversity and Transformation of Asian Capitalisms*, London and New York: Routledge.

World Bank（1993）*The East Asian Miracle: Economic Growth and Public Policy*, New York: Oxford University Press.〔白鳥正喜監訳『東アジアの奇跡——経済成長と政府の役割』東洋経済新報社，1994 年〕

I　アジア資本主義の多様性と転換

第1章　構造転換の世界経済と東アジア地域の制度化
―― ASEAN に注目して ――

平川 均

1　はじめに

　東アジアが経済成長を始めて以降，半世紀以上が過ぎた．この間，1960年代に始まる日本の高度経済成長に続いて，1970年代以降の NIEs（新興工業経済群），80年代後半からは先発 ASEAN（東南アジア諸国連合）諸国，90年代になると中国そして後発 ASEAN 諸国が工業化と経済成長を開始した．20世紀末には，東アジアは世界の製造基地として議論の余地のない地位を獲得し，近い将来，現在の先進経済圏を超える経済圏になるとの予測が次々と現われるようになっている．

　2001年には，アメリカの投資銀行ゴールドマン・サックスのジム・オニールが造語 BRICs を作って，中国を中心とする人口大国が向こう10年ほどの間に世界経済に多大の影響を与えるまでに成長するだろうと，これらの国へ投資家の関心を向かわせ（O'Neill 2001），またそれを受けて2003年の同行の報告書は，2050年の経済規模で G6 に残るのはアメリカと日本だけとなるとの衝撃的なシミュレーションを示した（Wilson and Purushothaman 2003）．2007年には世界銀行が，現在の成長が続けば東アジアは2025年までに世界経済の富の40%を占めると予測し（Gill and Kharas 2007），翌2008年にはアメリカの国家情報会議（NIC）が中国，インド，ロシアが民主主義とは異なる「国家資本主義」のモデルの下で発展し，東アジアは2025年までに世界

の主要な経済圏のひとつになるであろうとの見解を公表した（NIC 2008）. 2011 年のアジア開発銀行の報告書は，2050 年までに東アジアは世界の GDP の半分を超え，アジアが 300 年前の産業革命以前に占めていた世界経済での支配的地位を再び取り戻す可能性があると予測をするまでになった．

実際，東アジアは，今やヨーロッパとアメリカを経済規模において凌駕するまでに成長し，それに伴って地域内の経済構造も劇的に変化させている．だが，この構造転換を引き起こしたメカニズムとその特徴とはどのようなものなのだろうか．また，この構造転換は地域に何をもたらすのだろうか．そもそもこの構造転換は，皮肉にも 20 世紀末からの市場原理主義のイデオロギーが推し進めたグローバリゼーションの一つの帰結の面を持っている．そして，現在の国際秩序は，大きく変更される可能性が生まれている．

本章の目的は，東アジアの経済成長と地域化の課題を，その発展メカニズムおよび ASEAN を軸とした地域協力制度という二つの視点から考察することである．

2　世界経済の構造転換と東アジア

世界経済の構造転換を IMF の GDP 統計を用いて確認することから始めよう．図 1–1 はアメリカを基準に EU, 東アジア[1]（日本, 中国, NIEs, ASEAN5），さらにインドの経済規模の変化を 1980 年代以降について見たものであるが，この図からはいくつかの興味深い事実が読み取れる．

まず，1980 年で EU はアメリカの 1.3 倍，東アジアは 0.6 倍の規模であった. 1985 年のプラザ合意の時期には EU と東アジアは一旦その規模を縮小させるが，1995 年に向かって大きく戻し，一時的に両地域ともアメリカを追い越す．その後，EU はアジア通貨危機の時期に一旦規模を縮小させた後反転するものの，今世紀に入ってグローバル金融危機の影響を受けて再び成長を止める．ところが，東アジアはもちろん深刻な通貨危機に陥ったものの短期間で反転し，2004～05 年頃からは順調にアメリカを追跡しはじめ，2010 年には同国を上回り，翌 2012 年には EU を超える．東アジアは現在，世界最大の経済圏へと成長しているのである．

第1章 構造転換の世界経済と東アジア地域の制度化　27

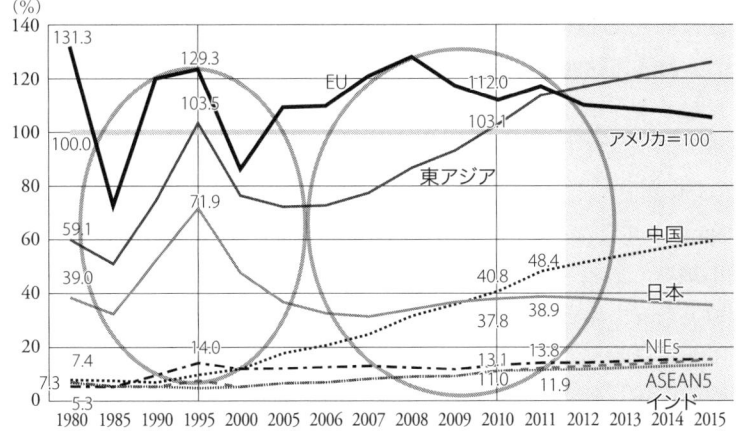

図1-1　主要国・経済圏GDPのキャッチアップ率（対アメリカ）

注：アメリカの名目GDPを100とする．1980年の比率は，下から順にNIEs, 中国, ASEAN5, 日本, 東アジア, 米国 (100), EUである．
NIEsは，韓国，台湾，香港，シンガポール．ASEAN5は，インドネシア，マレーシア，フィリピン，タイ，ベトナム．
出所：IMF World Economic Outlook April 2012, Estimates Start After 2012より作成．

　では，東アジア域内の構造はどう変化したのだろうか．アメリカを基準として，1995年に72％にまで規模を拡大させた日本であるが，同年を頂点に縮小に転じ，最低のシェアを記録した2007年にはピーク時の半分にも満たない31％にまで下げた．他方，中国は1980年の7％から2010年には41％に増加させ，同年の日本の38％を上回った．日本はGDP世界第2位の地位を中国に明け渡し，今後は一貫して格差を広げられると予想されている．
　この図からはあまり明確ではないが，NIEs, ASEANに注目すると，両者は1995年に向かってキャッチアップの軌跡を辿った後，アジア通貨危機とグローバル金融危機で落ち込みを見せるものの総じて順調な成長を達成している．東アジアにあっては日本のみが相対的にシェアを減らすという構造である．
　図1-1からは，さらに重要な事実を確認できる．東アジアの成長の牽引車役が日本から中国に劇的に交代したことである．東アジアの経済は今世紀の始めまで日本の動きにほぼ連動していた．それが2005〜06年頃から中国と連動するようになる．主役は今や中国である．

ここでアメリカ，EU，東アジアの輸出額推移を簡単に確認しよう．市場統合を反映してEUの輸出規模は1980年代後半から急激に増え，次いでアメリカが続き，1990年代になるとNIEsが，今世紀に入って中国が激的な増加を見せるようになる．そこで日本，NIEs，ASEAN5，中国の輸出額合計を東アジアとしてその規模をアメリカ，EUと比較すると，東アジアは1985年に3450億ドルとなってアメリカの2890億ドルを上回り，2006年には3兆6090億ドルとなってEUの3兆5370億ドルを超え，それ以降，世界最大の輸出地域である．そこで，EU，NAFTA，東アジアの3経済圏の財・サービス貿易収支を確認すると，図1-2のようである．最大の特徴は，EUの貿易収支がほぼ均衡しているのに対して，1990年代後半からアメリカが赤字を急膨張させ，今世紀に入るとそれとは対照的に中国が黒字を急増させる．総じて，NIEs，ASEAN5も増加している．この事実はとりわけ中国を中心に東アジアの外貨準備を急増させ，世界経済における東アジアの政治経済的地位の上昇を引き起こす．

そこで，改めて東アジア域内の構造変化を確認しよう．図1-3は日本のGDPを基準にして中国とNIEs，ASEAN5，およびインドのキャッチアップ率を見たものである．中国が今世紀に入って一直線に日本を追い上げ，2010年に追い越したことがわかる．2015年には日本の1.5倍の規模に膨らむと予想されている．また，NIEs，ASEANはグローバル金融危機の影響で一時的に規模を縮小させるが，その後は着実に日本との格差を縮めている．インド

図1-2 主要国・経済圏の財・サービス貿易収支推移　1980〜2009年

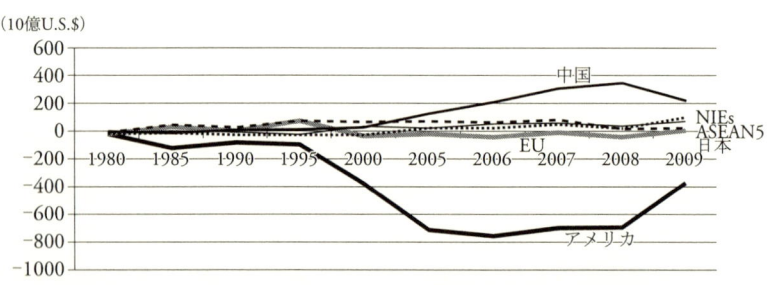

出所：IMF World Economic Outlook April 2012. Taiwan Statistical Data Book 2011より作成．

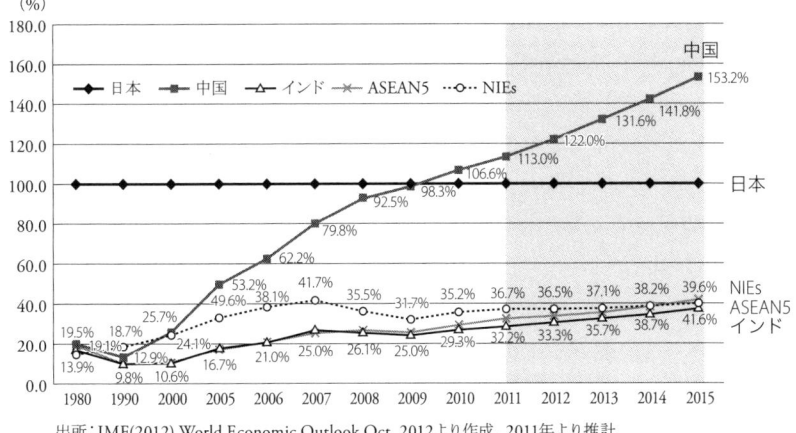

図1-3 中国, NIEs, ASEANの対日キャッチアップ推移 1980〜2015年

出所：IMF(2012) World Economic Outlook Oct. 2012より作成. 2011年より推計.

も同様である．即ち，東アジアの発展の構図は，日本のみが域内でシェアを縮小させるという構造である．表は掲げないがIMFの各国GDP統計から日本，NIEs，ASEAN5にインドを加えた合計を100として日本のシェアを見ると，日本は1990年と2010年の間に66.5%から33.2%に半減させている．対照的に中国は8.4%から35.9%に上昇し，NIEs，ASEAN諸国は基本的にシェアを維持するのである（IMF 2012）．

ちなみに，一人当たりGDPでは2010年現在，シンガポールは4万3900ドルで4万2900ドルの日本を超え，次いで3万1800ドルの香港，2万500ドルの韓国，1万8300ドルの台湾，8700ドルのマレーシア，5000ドルのタイ，4400ドルの中国，さらにインドネシア，フィリピン，インド，ベトナムと続き，中国の成長が目覚しいが，一人当たりGDPの序列ではおおよそ人口規模の小さい国から大きな国の順に並んでいる．しかし，過去10年の成長率でみると高成長率を達成しているのが相対的に人口の大きな国となっている．つまり，東アジアは大きな成長の余地があり，発展の潜在力が極めて高いのである．そして，この構図は，世界および東アジア地域の国際社会に大きな変化の可能性をもたらしている．とりわけGDPで世界第2位となった中国の持つ巨大な市場潜在力は，国際社会および地域社会に資源，エネルギー，

地球環境の問題はもちろん，国際政治経済における影響力において計り知れないものを持っている．2012年12月に米国の情報機関を統括する国家情報会議（National Inteligence Council）が発表した2030年に向けた予測は，力の拡散による国際社会の不安定性の増大であり，それはアジアでは中東と南アジアでとりわけ深刻であるが，東アジアではアメリカの地位の低下と中国のナショナリズムの高揚によって，周辺国が経済での対中依存と安全保障面での対米関係強化の両方向に引き裂かれる構造が続くというものである（NIC 2012: 76-7）．

3　東アジアの経済統合とその推進メカニズム

1) 東アジアにおけるデファクト・市場主導型の経済統合

1980年代以降，東アジアでは経済統合が進んだ．図1–4は世界の主要な地域経済の域内輸出比率を確認したものであるが，1980年代～90年代にかけてEUを筆頭に地域を問わず域内統合が進んだことがわかる．NAFTAと東アジアの域内輸出比率は1985年でそれぞれ43.9%と34.3%であり，両者

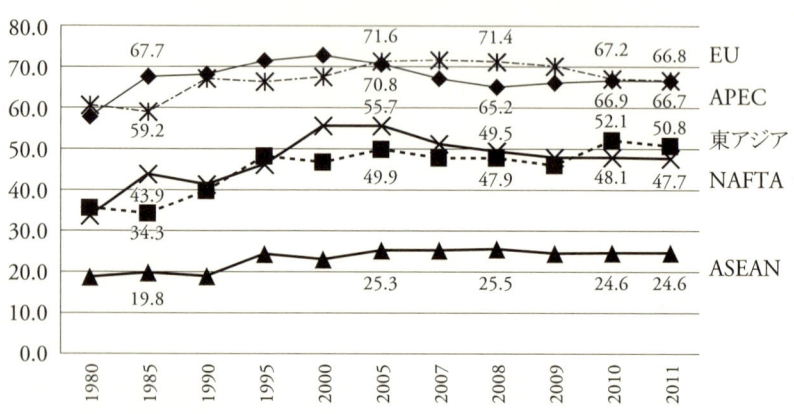

図1–4　世界の主要経済圏の域内輸出比率推移

出所：World Bank (2005; 2011; 2012) World Development Indicators.
　　　2004年以降はJETRO'「世界貿易マトリックス」より算出．

の間で開きがあったが，共に1990年代に比率を高め，よく似た趨勢を示す．しかし，東アジアは今世紀に入って50％の手前で10年近く頭打ち現象を示した後，2010年になって50％の壁をようやく越えた．他方，NAFTAは2005年を頂点に域内比率を下げている．東アジアのそれは域内輸出が3分の2に達するEUと比べればなお隔たりが大きいが，統合度を一段と高める踊り場に到達した可能性がある．

もっとも，ASEANの域内輸出比率は1990年代に上昇するものの，今世紀に入って25％の壁にぶつかっている．しかも，ASEAN域内貿易は，伝統的に圧倒的部分をシンガポールとASEAN4，特にマレーシアとの間の貿易で占められている（尹2009: 82）．JETRO作成のASEAN統計によれば，シンガポール・ASEAN4の貿易のシェアは2000年の70.4％から2009年には59.3％（日本貿易振興機構2010）に縮小傾向がみえるが，未だそのシェアは相当に高い．このことは東アジアの域内貿易の主軸がASEAN域内にないこと，日中，NIEsを中心とした域内貿易にASEANが加わる形で東アジアの統合が進んでいることを意味しているといえるだろう．

この域内経済統合はEU, NAFTAと比べて顕著な特徴がある．経済産業省の『通商白書2007年版』は，東アジアでは部品や加工品からなる中間財の貿易が活発化しており，国内完結型の産業の多いEUやNAFTAに比べて東アジアは「域内で産業間の有機的連携を実現している」「連峰型裾野産業をもつ経済圏」であるという（経済産業省2007: 108-19）．図1-5は，1990年から2010年の東アジア, NAFTA, EUの財別貿易構成を『通商白書』のデータから作成したものであるが，確かに東アジアの貿易構造は特異である．1990年に東アジアは部品貿易を18.3％から32.7％に急増させたのに対しNAFTAは24.5％から17.2％に大きく減らし，EUは15％付近にあって変化がない．他方，消費財貿易もこの間，東アジアが21.0％から11.4％に半減させるが，NAFTAは22.1％から22.6％, EUは29.1％から30.1％への推移でほとんど変化していない．加工品はどの経済圏でも最も高い比率を占めていて，東アジアのみが部品と加工品，すなわち中間財中心の貿易構造にあることがはっきりと見て取れる．もっとも，すべての産業が東アジア域内の国々に等しく中間財貿易を拡げているとするのは事実に反する．産業により域内

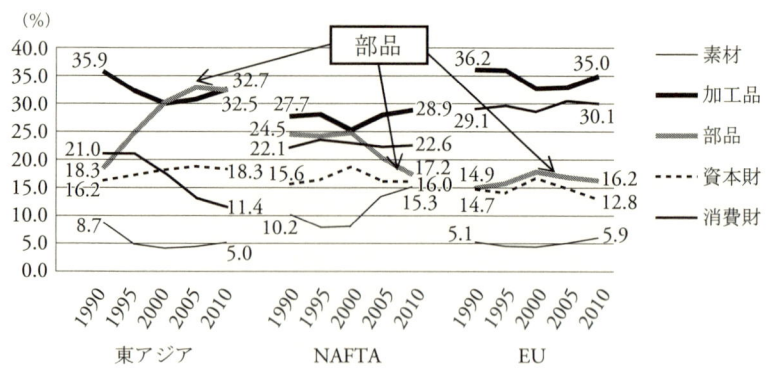

図1-5　三経済圏における財別域内貿易構成

出所：経産省（2012）第2-2-1図のデータを基に作成.

各国間で再編が進められており，この国際分業から外される傾向を持つ国があることも踏まえねばならない（マキト／平川 2010）．

ところで，1960～80年代はNIEsが輸出主導型成長を通じて発展を謳歌した時代である．NIEsは日本から資本財と原材料を輸入し加工・組立の後，アメリカ市場に輸出するという，いわゆるトライアングル構造の下で成長した．だが，1985年のプラザ合意による円高は日本企業をして海外直接投資（FDI）をNIEs，先発ASEAN諸国，さらに中国，ベトナムなどへ向かわせ，それが核となって東アジアに複雑な国際分業構造を創り上げた．この構造の中で地場企業を発展させたのがNIEsである．こうして日本企業が先鞭をつけた国際分業は1990年代以降NIEs企業も加わって一層高度化した．

もっとも，この構造では，主要な市場を先進経済に置く従来のトライアングル構造が維持されており，その構造の下で複雑なアジア域内貿易が創出されたのである．図1-6が示すように，かつて日本が占めていた中間財生産の位置にNIEsが加わり，それまでNIEsが担っていた豊富な労働力を用いて最終財に組み立てる位置に中国とASEANが入って，ここで作られた最終財がアメリカやヨーロッパ市場に輸出されるという発展のメカニズムである．その高度化は貿易財の単価の上昇によって確認される．

世界の機械機器輸出に占める東アジアのシェアは2007年で37.1%，その

図1-6 高度化する東アジア成長のトライアングル構造

高度化するトライアングル貿易
- 東アジアと欧米との間では、日本・NIEsが中間財を生産し、中国・ASEANが中間財を輸入して最終財に組立てて、最終消費地である欧米へ輸出する「トライアングル貿易構造」が成立している.
- トライアングル貿易構造における取引は、貿易額の拡大に加えて相対的に貿易財の単価が上昇しており、トライアングル貿易が高度化していると言える.

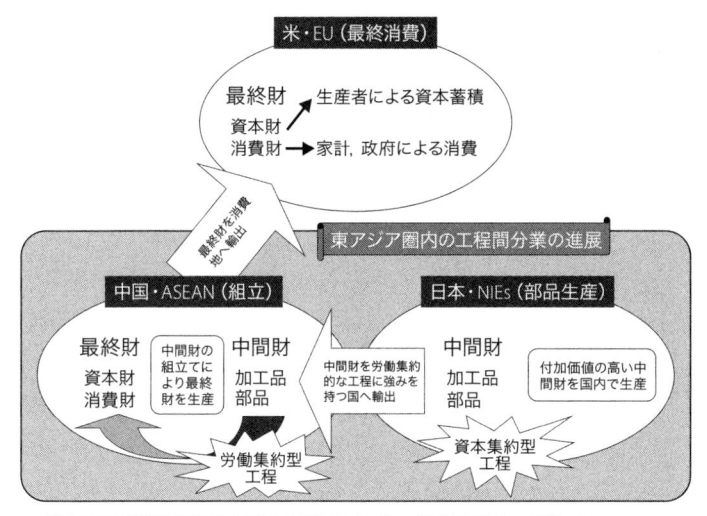

出所：経済産業省（2005, 167頁）より引用. ただし，説明の表現を一部変えた.

内の 53.8％が IT 関連財である．この IT 関連財の世界輸出に占める東アジアシェアは 56.7％に達する（国際貿易投資研究所 2008）．東アジアはハイテク財の生産基地であり，その輸出構造は**表1-1**の通りである．2007 年で IT 部品の域内輸出シェアは 72.9％であるが，最終財では 39.1％に過ぎない．対照的にアメリカへの輸出シェアは部品が 10.0％，最終財が 24.8％である．ただし，今世紀に入っての顕著な特徴は，アメリカへの輸出シェアの減少と域内シェアの上昇である．最終財でも既に域内輸出シェアが対米輸出シェアを上回っている．

こうして，このトライアングル構造は，高度化によって付加価値を域内に蓄積させていく．『通商白書』2008 年版は，国連データに基づいて ASEAN

表1-1 IT関連機器(合計―部品―最終財)の貿易(2000, 2007年)

$m／%

輸出＼輸入	世界 2000	世界 2007	東アジア10 2000	東アジア10 2007	アメリカ 2000	アメリカ 2007
\multicolumn{7}{c}{IT 関連機器(合計)}					
中国	100	50,525	378,800	52.4	44.8	22.3	21.2
香港	100	60,461	162,114	61.9	75.4	17.8	8.4
韓国	100	61,719	102,003	46.2	59.4	28.6	12.5
台湾	100	68,029	81,180	46.3	66.4	26.8	15.4
ASEAN5	100	191,729	253,324	51.9	61.1	24.7	17.0
日本	100	141,366	142,983	44.8	61.5	29.3	16.4
東アジア10	100	573,830	1,120,402	50.0	57.9	25.6	16.6
\multicolumn{7}{c}{IT 関連機器(部品)}					
中国	100	24,888	130,095	68.7	63.9	12.8	12.4
香港	100	42,274	114,833	69.3	84.8	14.0	5.5
韓国	100	41,618	56,525	55.7	74.8	24.3	8.2
台湾	100	45,850	67,080	54.4	76.0	22.4	9.6
ASEAN5	100	133,827	170,926	58.9	70.8	20.9	11.5
日本	100	82,474	85,013	59.5	70.8	21.0	11.0
東アジア10	100	370,931	624,472	60.0	72.9	20.2	10.0
\multicolumn{7}{c}{IT 関連機器(最終財)}					
中国	100	25,637	248,704	36.5	34.7	31.6	25.8
香港	100	18,187	47,281	44.7	52.8	26.6	15.2
韓国	100	20,101	45,478	26.4	40.2	37.5	17.8
台湾	100	22,179	14,099	29.5	20.8	36.0	43.3
ASEAN5	100	57,903	82,397	35.7	41.0	33.3	28.4
日本	100	58,892	57,970	24.2	47.7	41.0	24.4
東アジア10	100	202,899	495,930	31.7	39.1	35.4	24.8

注:東アジア10は,日本,ASEAN(インドネシア,マレーシア,フィリピン,タイ,シンガポール),香港,韓国,台湾,中国である.
出所:国際貿易投資研究所国際貿易マトリックス2008年版より作成.

＋6(日本,中国,韓国,豪州,インド,ニュージーランド)の製造業の実質付加価値が2001年に1兆8600万ドルとなってNAFTAの1兆6400万ドルを超え,翌2002年には1兆9300万ドルとなってEU27カ国の1兆8800万ドルを超えたという.2006年の付加価値総額は順にASEAN＋6が2兆5500万ドル,NAFTAが1兆8300万ドル,EU27カ国は2兆500万ドルであり,その差は広がっている(経済産業省2008: 145).

『通商白書』2011年版は「富裕化する新興国の所得層」について考察し,

アジア新興国の中間層[(2)]が 2000 年の 2.4 億人から 2010 年には 14.6 億人に 6 倍以上に増え，さらに 2020 年には 23.1 億人に膨らむと予測している（経済産業省 2011: 153）．不動産の巨大企業ナイト・フランクとシティ銀行が行った 2012 年の予測では，2050 年には韓国，台湾，香港，シンガポールの NIEs 経済が世界で最も裕福な経済となる．インターネット情報が示すその予測によれば，現在「センタ・ミリオネア」（centa-millionaires）――1 億ドル以上の資産家――は ASEAN，中国，日本を含むアジア地域に 1 万 8000 人，その数は北アメリカの 1 万 7000 人，西ヨーロッパの 1 万 4000 人を超えているが，2016 年までに上記アジア地域で 2 万 6000 人に増え，北アメリカの 2 万 1000 人，西ヨーロッパの 1 万 5000 人を超える．アジアの「デカ・ミリオネア」（deca-millionaires）――1000 万ドル以上の資産家――になると，現在既にヨーロッパの数を圧倒しており，次の 10 年でアメリカのそれを上回る（http://business.inquirer.net/77117/asian-economies-to-top-richest-list-by-2050-study）．

　アジアの経済統合には，もう一つの特徴がある．しばしば指摘される，デファクト型または市場主導型の統合だという点である．ヨーロッパでは，EEC（欧州経済共同体）による 1985 年の欧州市場白書の発表，1992 年のマーストリヒト条約締結，翌 1993 年の完全市場統合と EU 結成へと至る制度化があり，北アメリカでも 1989 年に米加自由貿易協定が締結され，1992 年には NAFTA が結成されている．しかし，東アジアは，ASEAN が 1992 年の第 4 回首脳会議において ASEAN 自由貿易地域（AFTA）の創設に動いただけで東アジア全域には広がらず，しかも AFTA も図 1–4 で示したように顕著な成果を上げられなかった．それでも東アジアは同じ時期，他の経済圏と同様に地域統合が進んだ．それは，円高を契機とする日本企業の NIEs，ASEAN，中国へと続く FDI の波が主要な契機となって達成されたのであった．

2）エマージング経済の形成メカニズム――NIEs 型発展から PoBMEs 型発展へ

　過去半世紀にわたる東アジア経済の発展は，多くの経済学者の予想を裏切るものであった．東アジアは，一度成長を開始するや例外なく「圧縮型」の高成長を実現した．1970 年代の世界的不況に直面した NIEs は輸出主導型成長であるが故に発展の道が閉ざされたと思われた．1997 年のアジア通貨危

機と2008年のグローバル金融危機に際しても悲観的予想が支配した．だが，一時は重大な経済危機に直面するもののV字型回復を果たし，逆に東アジア経済の強靱性が指摘されることになった．

1970年代までの開発論では，発展途上地域は貧困と資本不足，過剰人口の解決が主要な課題であった．ところが今，東アジアでは大量に流入する短期資本の管理が問題にされ，大量の労働人口は成長のボーナスとさえ見なされるようになっている．また，つい最近まで先進経済の不況は直ちに発展途上経済に深刻な影響をもたらしてきた．だが今では，東アジア諸国は短期的には大きな影響を受けながらもV字型の回復力を示し，危機は一段と高い発展段階へ上昇する契機となった感さえある．この現象はどう理解すべきだろうか．東アジア諸国の内的な発展能力に注目するのが一般的であるが，それ以上にこの間の国際環境の変化に注目する必要があるだろう．

現代の発展途上経済の開発戦略は輸出主導型でなければならない，というのが今日の経済学の常識である．グローバリゼーション下での発展を否定できない．振り返れば，20世紀後半にあって，発展途上地域でそれ以前に試みられたような，一国の国民経済の自立性に基礎をおいた社会主義型発展戦略も輸入代替型発展戦略も失敗に終わった．NIEsに見られる輸出主導型発展戦略のみが成功を収めたと言っていい（平川 1997）．そして，その発展に先鞭をつけたのは多国籍企業の直接投資であり，それが創り出す国際分業の発展であった．

図1-7は，FDIの受入れ地域別シェアを見たものであるが，1980年代から今日に至る間に大きな変化が認められる．1980年の世界のFDIは圧倒的に先進経済に向かっていた．1980年のそのシェアは86.1％であり，その半分がアメリカを中心にNAFTA（45.9％）に向かった．だがその後，そのシェアはアップダウンを繰り返しながら傾向的に減少し，今世紀に入ると一段とシェアを減らし，2010年には半分を割り込んだ．対照的に発展途上経済と移行経済がFDIの流入先となった．そして，発展途上経済へのFDIで，最大の受入れ先がアジアであった．1980年には10％以下であったアジアの発展途上世界に占めるシェアは，1982年に54％に増え，1990年代には60％台に，ピークの1994年には69.3％にまで上昇した．2011年は62.0％である

(UNCTADstat データより算出). 先進経済へ向かっていた FDI が 1980 年代から何故, アジアへ向かうようになったのか. NIEs が輸出主導型政策によって成長し, 今日のエマージング経済の先頭を走ったことは言うまでもない. それは労働集約的産業や工程の発展であり, 豊富で低廉な労働力を基礎にするものであった. 即ち, 多国籍企業が低賃金を求めて NIEs に製造部門を移転させたのであった.

ところで, ゴールドマン・サックスは, 今世紀に入るや BRICs はもちろん, それに続く成長可能性を持つ国々を選び出しネクスト 11 と呼んでいる[3] (O'Neill 2001; Wilson and Purushothaman 2003; O'Neill, Wilson, et. al., 2005; Wilson and Stupnytska 2007). 上記の国々の何が注目されるのだろうか. 国際協力銀行 (JBIC) が 1990 年代から行っている日本の海外進出企業調査によると, 今世紀になると, 向こう 3 年間の最も有望な国として中国, インド, タイ, ベトナム, インドネシア, ブラジル, ロシアなどの名があがっている. 以前には有望な投資先国であったアメリカへ期待を寄せる企業の数は確実に減少傾向にある. そして, BRICs やネクスト 11 などエマージング経済を有望国とする最大の理由は, NIEs への投資理由であった「低賃金」に代えて「市

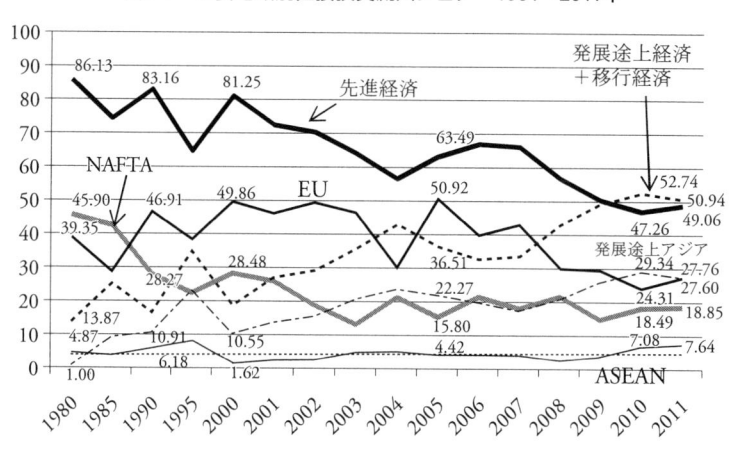

図1-7 主要地域別直接投資流入シェア 1981〜2011年

出所: UNCTADstatより作成
(http://unctadstat.unctad.org/TableViewer/tableView.aspx?ReportId=88).

図1-8 資本,労働,市場の空間関係の変遷:概念図

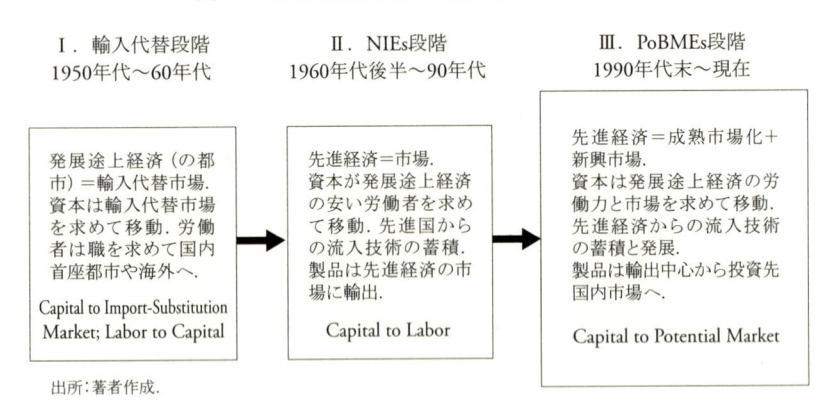

Ⅰ. 輸入代替段階
1950年代～60年代

発展途上経済（の都市）＝輸入代替市場. 資本は輸入代替市場を求めて移動. 労働者は職を求めて国内首座都市や海外へ．

Capital to Import-Substitution Market; Labor to Capital

Ⅱ. NIEs段階
1960年代後半～90年代

先進経済＝市場. 資本が発展途上経済の安い労働者を求めて移動. 先進国からの流入技術の蓄積. 製品は先進経済の市場に輸出.

Capital to Labor

Ⅲ. PoBMEs段階
1990年代末～現在

先進経済＝成熟市場化＋新興市場. 資本は発展途上経済の労働力と市場を求めて移動. 先進経済からの流入技術の蓄積と発展. 製品は輸出中心から投資先国内市場へ．

Capital to Potential Market

出所：著者作成.

場の今後の成長性」となっている（国際協力銀行，各年調査）.

この変化の概念的な識別は，発展途上の東アジア経済の工業化を「資本」，「労働」（さらに「技術」）と「市場」の要素から空間的に捉えなおすことで初めて可能となる．また，そうすることによって三つの段階が識別できる．図1-8がその概念化である．第1段階は発展途上経済が輸入代替政策を採用した時期であり，もちろん国によりその採用時期にはずれが見られるが，おおよそ1950～60年代とすることができよう．第2段階はNIEsの発展段階であり，1960年代後半～90年代である．第3段階は中国にとりわけ注目が集まりBRICsの造語も生まれ，エマージング経済・市場が注目されるようになった1990年代末～今日に至る段階である．筆者はこの段階をポブメス（PoBMEs: Potentially Bigger Market Economies: 潜在的大市場経済）の段階と呼ぶことにする．この段階では，企業の進出において有望な潜在的市場の存在が決定的な要素となる（平川2011a; Hirakawa 2013; Hirakawa and Aung 2011）．

第1段階では，発展途上経済は貧しく，輸入代替政策によって保護された国内市場は規模として限られていたが，この市場を目指して先進国から資本が移動した．労働力の供給では，過剰人口の下で農村から人々が職を求めて国内の都市に向かうことで過剰都市化現象を生み出し，とりわけ首座都市（primate city）が注目された．また，国境を越えて先進経済に向かう人々の

流れも現れた．しかし，資本，技術，さらに市場規模を欠いた発展途上経済は押し並べて工業化を成功させられなかった．しかし，NIEsが生まれる第2段階になると，資本と技術が先進経済から流入するようになり，NIEsの豊富で低廉な労働力と結合することで工業化が達成された．ただし，市場は発展途上経済の内部になく外部の先進経済にあった．東アジアでは，日本－NIEs－アメリカからなる成長のトライアングル構造が創りだされた．日本企業を中心とする多国籍企業がNIEsの安価な労働力と土地を利用し，そこで加工・組立された製品が先進経済に輸出される形で工業化が実現した．人口規模が小さい故に国内市場の拡大の余地は乏しいが，豊富な労働力を有するNIEsがそれ故に低廉な労働力を基礎にして，輸出主導型工業化政策の下で先進経済から資本を呼び寄せた．NIEsは，多国籍企業にとって最も魅力的な進出先となったのである．

　第3段階は，先進経済における市場の限界から資本そのものが新しい市場を求めて発展途上経済に向かう時期である．大きな潜在的市場の存在が最大の進出要因となる．発展途上経済の工業化，成長のための資本や技術は初期の段階では主に外部の資本が担う．ここでの発展は，極論すればそれまでの発展形態とは無関係に，潜在的な市場の発展可能性の有無に関心が向けられるようになるのである．2001年に生まれた造語BRICsは投資家に関心を向けさせるために編み出された用語であり，市場の成長潜在力を有する国名を並べたものである（O'Neill 2001）．それらは例外なく人口大国であり，開発に関わって伝統的な人口に対する否定的認識を180度逆転させている．巨大な貧困人口による現時点での市場の狭隘性は発展への決定的な足かせにはならない．成長の余地を大きく残す潜在力の指標なのである（Hirakawa and Aung 2011）．

4　東アジアの地域経済統合と制度化──ASEANから東アジア・サミットへ

1）ASEANと東南アジア域内の政治経済協力

　東アジアにあって地域統合の制度化を最初に試みたのは，ASEANである．ASEANは小国の集まりにもかかわらず，成立以来半世紀近い歴史を重ね，東

アジア地域の制度化でイニシアティブを発揮してきた．とりわけ 1990 年代末以降の東アジア経済統合の制度化で重要な役割を果たしてきた．しかも，ASEAN は構成国間では相互に主権尊重と内政不干渉の立場を，意思決定にあたっては ASEAN 方式（ASEAN Way）と呼ばれる討議とコンセンサス方式を採る．地域外交政策でも，ASEAN を軸として ASEAN ＋ 3, 東アジア首脳会議（EAS), アジア太平洋経済協力（APEC）などを重層的に重ねる「会議外交」(conference diplomacy) と呼ばれる独特な枠組みを生み出してきた（佐藤 2003; Suzuki 2004)．本節では，東アジア地域の制度化の観点から ASEAN に注目して，東アジア地域統合の経緯とその特徴を考察したい．

　ASEAN の発展は域内の協力の内容に注目するとき，暫定的に四つの時期に分けることができるだろう．第 1 期は 1967 年の ASEAN の成立から 1976 年のベトナム戦争終結までの，政治的要因が中心の時期，第 2 期は 1975・76 年～ 1997 年の期間で，経済協力が ASEAN の目的に加えられる時期である．この時期は，各国が輸入代替工業化政策の中で産業協力を推進しようとした前期と，外国企業の誘致で産業協力を追求する 1988 年以降の後期に細分できる．第 3 期は 1997 年～ 2008 年のアジア通貨危機から世界金融危機頃までの時期であり，東アジア地域協力と経済統合の機運が高まった．最後の第 4 期は 2009・10 年頃～現在に至る時期で，一方で中国の台頭への対処が決定的な課題として認識され，東アジアの経済統合と安全保障のあり方で第 3 期の枠組みを超えた対応が模索され，同時にオバマ・アメリカ大統領がアジア回帰を試みるようになった時期である．まず，最初の二つの時期を確認しよう．

　1967 年の ASEAN の創設時にまで立ち返れば，この時期の ASEAN は不安定な国際環境の中にあって経済協力には無関心で，地域の平和と安定，自国の安全保障に最大の関心が注がれた．それは政治安全保障協力制度としての ASEAN であった[4]（山影 1991: 114-5; 山影 1997: 17）．当時，東南アジアは，マレーシアの成立とそれに反対するインドネシアおよびフィリピンの「対決」政策，マレーシアの建国に参加しながら分離独立に至るシンガポールとマレーシアの確執，共産主義への脅威などがあり，相互に不信が募る紛争の地域であった．この地域はまた歴史的には，外部の強国の「制度」を常に押し

付けられてきた地域でもあった．紀元前から 19 世紀後半に至る中国の朝貢制度，その後のヨーロッパによる植民地制度，日本の大東亜戦争による「共栄圏」や「新秩序」に翻弄されてきたのである．それゆえ ASEAN の成立は，その設立目的が直面する課題への対応であったにしても，地域的に自らの枠組みを作り上げたという意味において歴史的には極めて意義深い第一歩であった．

　歴史の後知恵であるかもしれないが，次のように言えるだろう．インドネシア，マレーシア，フィリピン，シンガポール，タイの 5 カ国の外務大臣によって合意された地域安全保障協力制度としての ASEAN は，国内外に多大の問題を抱え相互に不信感を抱きながらも各国が独立国として国民経済建設に邁進するための基礎的枠組みであった．ある研究は，「東南アジアの為政者としての資格を証明するものは，諸大国の力関係における変化を認識し，これについて行動する能力の有無であった」と述べたが（チャウラ／ガートフ／マルソー 1976: 204），彼らはその歴史的課題に応えたのである．その場合，共産主義という共通の脅威は，彼らに ASEAN を成立に至らせる強力な接着剤として機能したのであった．

　ASEAN 発展の第 2 期は前期と後期に分けられるが，前期は 1975 年 11 月の経済閣僚会議の開催および 1976 年 2 月開催の第 1 回 ASEAN 首脳会議に始まる．ASEAN 創設後 10 年にして初めて開かれた首脳会議はベトナム戦争終結後の国際環境への対処が目的であり，前年の経済閣僚会議で話し合われた経済協力が ASEAN の目的に加わる．ASEAN の首脳たちは，ASEAN 共和宣言（Declaration of ASEAN Concord）に署名し，工業化プロジェクト（AIP）その他の経済協力で合意した．同プロジェクトは，尿素，過リン酸肥料，カリウム，石油化学，鉄鋼，ソーダ灰，新聞用紙，ゴム製品などの工業化を目指すものである（Joint Press Statement 1976）．1976 年 3 月に開催された第 2 回経済閣僚会議では，AIP と ASEAN 特恵貿易制度（APT）が議題であった．ベトナムの勝利は，ASEAN 構成国に経済協力の重要性を認識させたのである．またこの時，首脳たちは東南アジア友好協力条約（TAC）を採択し，領土保全，内政不干渉，紛争の平和的手段による解決などを確認し，基本条約のない ASEAN に基本理念を付け加えた（山影 2001: 117-8）．

第 2 回経済閣僚会議は五つの工業化協力プロジェクトのフィージビリティスタディ・グループを設置した．インドネシアとマレーシアの尿素工場，シンガポールのディーゼルエンジン工場，また鉄鋼一貫工場と石油化学工場プロジェクトの国家間調整グループなどである．しかし，シンガポールのディーゼルエンジン・プロジェクトの国家間調整の失敗を典型的な事例として，ほとんどのプロジェクトは失敗に終わった（清水 1998: 51-4）．輸入代替型工業化政策を追求する各国は結局，構成国間の利害の調整ができなかったのである．ASEAN 構成国からの輸入品に対して域外国の 50％の最恵国関税を課すという APT は 1977 年に設けられたが，域内分業関係が基本的にないなかで有効に機能しなかった．1980 年代を通じて域内貿易に変化は見られなかったのである．

　経済協力の第 2 期後期は，1987 年 12 月の第 3 回 ASEAN 首脳会議に始まる．同会議はそれまでの政策を転換して，外国企業を受け入れた域内工業化政策を開始する．翌 1988 年の経済閣僚会議は，BBC（ASEAN ブランド補完計画）として外国自動車企業の自社ブランドの域内調達に 50％の関税譲許を認めた．ちなみに，BBC は 1996 年には ASEAN 産業協力（AICO）となり，自動車企業以外でも認可企業の域内調達に対して 0〜5％の特恵関税が認められた．

　続く 1992 年 12 月開催の第 4 回 ASEAN 首脳会議は，ASEAN 自由貿易地域（AFTA）の創設を決定し，共通有効特恵関税制度（CEPT）を用いて向こう 15 年間に関税を 0〜5％に引き下げるスキームを採択した．AFTA は翌年 1 月に開始され，1994 年にはその実現が 5 年前倒しされて 2003 年となり，さらに 1998 年 12 月，アジア通貨危機の中で開催された第 6 回 ASEAN 首脳会議では，「大胆な措置」として完成年がさらに 1 年前倒しされ，2002 年までに全 CEPT スキーム品目の関税を 0〜5％に引き下げることになった（ASEAN Secretariat 1998）．ASEAN における経済統合の本格化である．

　1980 年代後半以降，ASEAN が積極的な外資導入政策と経済統合を推し進めるようになる背景には，国際環境の大きな変化がある．1985 年のプラザ合意後の円高，ヨーロッパからアメリカに広がる経済統合と自由貿易協定（FTA），さらに中国の台頭があり，ASEAN にはこの新しい事態への対応が

求められた．とりわけ，ASEAN 域外から直接投資を受入れるためには経済統合の加速化が必要であるとの認識が広がった（平川 2008: 101-2）．

この時期，ASEAN は外交的にも積極的拡張政策を採るようになる．1992年7月の第25回年次閣僚会議でベトナムとラオスの TAC 加盟を認め，直ちに ASEAN オブザーバーの地位を与えた．1995年にはベトナムの加盟を承認し，その後1997年にラオスとミャンマー，1999年にはカンボジアの加盟を承認した．だが，軍事政権であるミャンマーのメンバーへの受入れは軍事独裁的国家に批判的な欧米と ASEAN の間の外交関係で難題を抱え込む．それによって，ASEAN は同組織の相互不干渉原則の運用に関わって再検討が求められることになるのである．それにもかかわらず，ASEAN が敢えて拡大を選択した理由は何なのか．

東南アジアでは冷戦終結後，アメリカの影響力の低下とソ連の崩壊，そして中国の台頭への地域としての対処が課題となった．実際，「中国が，力の射程（パワー・プロジェクション）を中国の南方，つまり東南アジア海域へ向けてきたことは大きな脅威であった」．そのため ASEAN 自体は1992年 ASEAN 外相会議で「南シナ海（ASEAN）宣言」を採択し，他方では1994年に「中国を取り込んだ安全保障対話制度である ASEAN 地域フォーラム（ASEAN Regional Forum, ARF）」を設置するとともに（山影 2001: 3），他方で，地域の拡大による国際的発言力の強化，ASEAN 企業の経済活動の場の確保を目指したのである．それが ASEAN を拡大に向かわせた．新規加盟4カ国にとっても加盟は，地域枠組みの安定と自国の発展枠組みの構築に役立ち，またとりわけベトナムにとって加盟は南シナ海領有権問題で深刻化する中国に対する対策になると期待されたのである．

2) アジア通貨危機と東アジア地域協力

1997年のアジア通貨危機は，それまで高成長を続けた東アジアに深刻な不況をもたらし，ASEAN 独自でグローバル化に伴う不安定性に立ち向かうことの限界を認識させた．それは，危機前に追求されてきた ASEAN 統合の加速化と，ASEAN を核にした一層広域の地域協力枠組みの構築に向かわせた．

まず，ASEAN 統合の加速化を確認しよう．アジア通貨危機の真只中の

1997年10月に開かれた第2回ASEAN非公式首脳会議は，ASEAN共同体を2020年までに建設するという「ASEANビジョン2020」を採択した．共同体構想は2003年10月の第9回ASEAN首脳会議で採択された「第二ASEAN共和宣言」(バリ・コンコード) によって具体化され，(a) ASEAN安全保障共同体 (ASC)，(b) ASEAN経済共同体 (AEC)，(c) ASEAN社会・文化共同体 (ASCC) の3共同体を通じるASEAN共同体の創設となった．翌2004年11月の第10回ASEAN首脳会議は，ビエンチャン行動計画を採択し，2005年～10年までの共同体建設の中期計画を策定した．

さらに2005年8月開催のASEAN経済閣僚会議は，ASEAN共同体の完成を5年前倒し2015年とし，2007年1月開催の第12回ASEAN首脳会議でそれが承認された．2007年11月のASEAN40周年の第13回ASEAN首脳会議は，ASEAN憲章とASEAN経済共同体のブループリントに署名し，2015年のASEAN共同体の建設に向けた工程表を策定した．憲章はこれまで国際機関として法的根拠を欠いてきたASEANに最高規範を与えた．憲章は，「平和，安全保障，安定性」を維持，促進し，「ASEANの人々と構成国があまねく正義と民主主義と調和のとれた環境」の中で暮らし，「財とサービス投資の自由な移動があり，……安定的で繁栄し高度に競争的かつ経済的に統合された，単一市場と生産基地」を創り上げることを目的として明記している (ASEAN Secretariat 2007)．ASEAN共同体の実効性に関しては，人権問題や単一市場の水準などで多くの課題があるにしても，その評価は好意的になされるべきものであろう (石川 2008: 55)．

ところで，通貨危機は，1990年代のASEANに生まれつつあった地域主義の制度化の本格的な契機となった．1990年末のマレーシアのマハティール首相 (当時) の提唱した東アジア経済グループ (EAEG) 構想はアメリカとオーストラリアの反対によって挫折した．また，通貨危機の中で日本が提唱したアジア通貨基金 (AMF) 構想もアメリカとIMFの反対により流産した．しかし，通貨危機の最中の1997年12月に開かれたASEAN首脳会議は創設30周年目に当たることもあって日中韓首脳が参加しており，当然にも危機への対応が課題となった．危機の原因を東アジア経済の内的要因に求め，東アジアの経済制度をクローニー資本主義と非難するアメリカや国際金融機関

の支援が得られない中で,地域協力の必要性が強く認識されたのである.

1998年12月の第2回目のASEAN＋3首脳会議は同会議の定期的開催に合意し,1999年11月の第3回ASEAN＋3首脳会議は地域史上初の「東アジアにおける地域協力に関する共同声明」を発し,「東アジアにおける自助・支援メカニズムの強化」を謳った.2001年11月の第5回ASEAN＋3首脳会議は,1998年の会議で合意され設置された東アジアビジョングループ（EAVG）の提出した報告書「東アジア共同体に向けて」を承認し,翌2002年11月の第6回ASEAN＋3首脳会議は,2000年11月の第4回首脳会議で設置された東アジア研究グループ（EASG）の最終報告書が提案した将来的な東アジア首脳会議の設置と東アジア自由貿易地域の創設に合意した.2004年11月の第8回ASEAN＋3首脳会議は翌2005年の東アジア首脳会議（EAS）の開催を決め,2005年12月には,第9回ASEAN＋3首脳会議とそれに並置して第1回EASを開催した.2007年11月開催の第11回ASEAN＋3首脳会議は「東アジア協力に関する第二共同声明」を発している.

ところで,この東アジア協力の進展における大きな特徴はASEANの「中心性」である.ASEAN＋3とEASの会議はASEANが招待して成立する.議長はASEANの開催国が担う.また,2005年のASEAN＋3首脳会議では,東アジア共同体形成でASEANが「推進力」,ASEAN＋3が「主要な手段」となることが合意されている.

経済統合の動きに関しては,まず1998年に韓国からの提案で日韓間でのFTA（自由貿易協定）研究が始まり,2001年1月にはシンガポールの提案により日本・シンガポール経済連携協定（JSEPA）の交渉が始まった.だが,日本の早期の経済統合の取り組みは中国とのFTA競争を誘い,中国ASEAN・FTAの合意へと至る.中国は2000年11月のASEANとの首脳会議でFTAを提案し,翌2001年11月にはASEANとの10年以内のFTA結成で約束に漕ぎつけたのである.翌2002年11月の首脳会議では中国ASEAN経済協力枠組みが締結された.2002年1月に小泉純一郎首相（当時）による東アジア共同体構想は,そうした中国の動きに対する対抗策として打ち出されたものであった.そのため,共同体の名称は同じでも構成国ではASEAN＋3にオーストラリアとニュージーランド（以後,NZと表記）が

加えられ拡大東アジア共同体として中国の影響力を削ごうとする意図が見られたが，いずれにせよ ASEAN を中心において地域協力の推進が提案されたのである．

　広域経済統合の動きでは，2005 年 4 月に中国の提案で東アジア自由貿易圏構想（EAFTA，ASEAN ＋ 3）の民間研究が推進されると，2007 年 6 月には今度は日本が東アジア包括的経済連携構想（CEPEA，ASEAN ＋ 3 ＋豪印 NZ）の民間研究を提案した．そのため，ASEAN は 2010 年 9 月に EAFTA と CEPEA の双方に関する四つの作業部会（原産地規制，関税品目表，関税手続き，経済協力）を設けて議論を開始した．2011 年 8 月には日中が共同提案の形で ASEAN ＋ 3 と ASEAN ＋ 6 の双方に関する三つの作業部会（物品貿易，サービス貿易，投資）の設立を ASEAN 側に提案すると，同年 11 月 ASEAN の議長国インドネシアは日中の共同提案を踏まえて ASEAN の「中心的役割」（Centrality）を強調した東アジア地域包括的経済連携（RCEP，Regional Comprehensive Economic Partnership）を提案するのである．こうして，2011 年 11 月の東アジア首脳会議は，ASEAN の決定を歓迎し，2012 年 4 月の第 20 回 ASEAN 首脳会議，また翌 5 月の日中韓首脳会議は，同年中の RCEP 交渉立ち上げに合意し，同年 11 月の ASEAN 関連首脳会議において RCEP 交渉立上げ式が行われた（外務省経済連携課 2012）．

　以上のように広域経済連携の動きは，主に日中の競合関係が ASEAN を軸に展開される構図であった．二国間 FTA に関しても同様であり，東アジア諸国は ASEAN を軸に 2010 年にはほぼ FTA 締結の段階を終えた．同年 1 月には AFTA，ASEAN・中国 FTA，ASEAN・韓国 FTA が関税撤廃段階に入り，またこの年，ASEAN・インド FTA，ASEAN・豪州・NZ FTA が発効した．日本・ASEAN 間では 2008 年に EPA が発効している．こうして，東アジアでは ASEAN と ASEAN ＋ 1 の FTA ネットワークが完成した．石川はこれをもって，東アジアの FTA が新段階を迎えたという（石川 2011: 10-12）．

　結局，東アジアにおける地域協力と経済統合の制度化は，ASEAN に始まり，次いで日中の経済大国の主導権争いが ASEAN にイニシアティブを与える形で進んできた．そして，現在，政治的要因と経済的要因が一体化する方向に進んでいる．図 1–9 はそれを確認するものである．

図1-9 ASEANの発展と東アジアの制度化

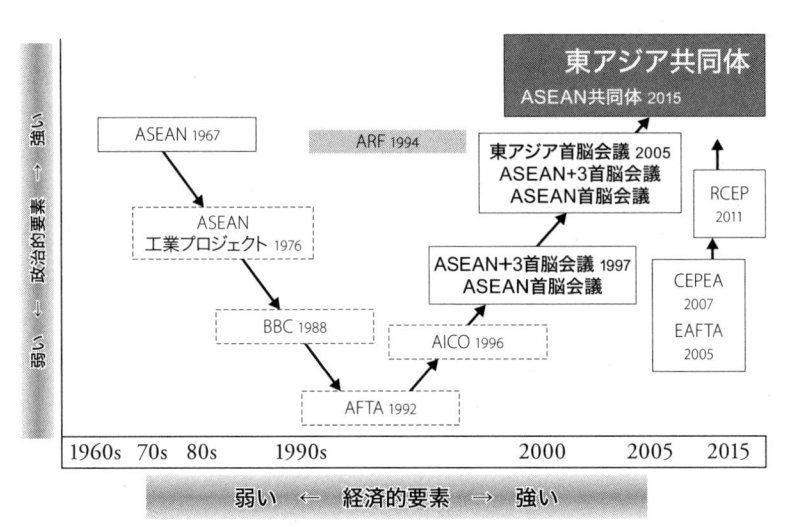

[図：縦軸「政治的要素 弱い←→強い」，横軸「経済的要素 弱い←→強い」および時系列（1960s, 70s, 80s, 1990s, 2000, 2005, 2015）．ASEAN 1967 → ASEAN工業プロジェクト 1976 → BBC 1988 → AFTA 1992 → AICO 1996 → ASEAN+3首脳会議 1997／ASEAN首脳会議 → 東アジア首脳会議 2005／ASEAN+3首脳会議／ASEAN首脳会議 → 東アジア共同体 ASEAN共同体 2015．ARF 1994．CEPEA 2007，EAFTA 2005，RCEP 2011．]

出所：著者作成．

とにかく ASEAN は誕生以来，常に脆弱性を指摘されながら 40 年以上にわたって分解することなく発展してきた．その役割は，構成国はもちろん東アジア地域としても重要であり，とりわけアジア通貨危機後においては極めて大きいものとなった．しかし次節で見るように，この枠組みに現在，重大な課題が突きつけられている．それは世界と東アジア地域が発展し，同時にその結果としての構造変動が生んだ新しい段階での課題であるように思われる．この試練をどう乗り越えるのかが問われているのである．

5 東アジア地域における制度化の課題

1) TPP と日本

東アジアの制度化は，協力制度においても地域統合においても新しい段階にある．東アジアの地域主義の発展の象徴とみなせる東アジア首脳会議（EAS）の発展から，それを確認しよう．

既述のように EAS は 2005 年 12 月に初めて開催された．この会議はクア

ラルンプール宣言を発し，将来的目標としての東アジア共同体の形成でASEANが「推進力」としてEASとともに「重要な役割」を果たし，同時にASEAN＋3が「主要な手段」となること，またEASは開放的，包含的，透明な枠組みにより，グローバルな規範と普遍的価値の強化に努めるなどの諸原則を確認した．また，鳥インフルエンザ，テロ，海賊対策，エネルギー問題などでの協力を謳った．ところで，参加国の16カ国（ASEAN10カ国，日本，中国，韓国，豪州，NZ，インド）の決定過程では，日中の主導権争いがあった．同年4月と5月のASEAN＋3外相会議を経て参加条件が固められ，7月の会議でオーストラリア，NZ，インドの参加が決まった（http://www.mofa.go.jp/mofaj/area/eas/eas.html）．中国がASEAN＋3を主張し，日本は「調整段階において，米国が何らかの形で参加する方法を提案」（島村 2006: 46）したが説得できず，オーストラリア，NZ，インドを加えたASEAN＋6の主張となった．中国の影響力を削ぐことが目的であった（朝日新聞 2005.12.4 朝刊；毎日新聞 2005.12.14 朝刊）．なお，この会議では議長国のマレーシアに招待されたロシアのプーチン大統領が会議の冒頭に，次回以降の正式参加の希望を表明したが，EASへの参加は認められなかった．

ところが，2010年10月の第5回EASではアメリカとロシアの参加が認められることになる．それには，2010年7月にハノイで開催されたEAS参加国非公式外相協議での議論があった．南シナ海の南沙諸島の領有権をめぐって中国と対立しているベトナムが同会議の議長国としてアメリカの参加を望んだのである．そのため第5回EASではアメリカとロシアの両大統領の代理として米国務長官とロシアの外務大臣が特別に招待され，日本も両国の参加を歓迎したのである．2011年11月開催の第6回EAS以降，両国は正式メンバーに認められた．地域協力組織のはずのEASは地域の枠を超えた組織となったのである．

経済統合に関しても同様である．既述のように，日中の二つの構想が対抗する中でASEANがイニシアティブを取ったRCEP交渉が立ち上がった．ところが，この経済統合の試みに挑戦する動きが2009年から現れている．アメリカ主導の環太平洋戦略的経済連携協定（TPP）である．

TPPはブルネイ，チリ，NZ，シンガポールの間で2006年に発効したFTA

（P4）が基になっている．それは，APECでの自由化が進まない中で自由化に利益を見出す小国の集まりとして始まった．ところが，2008年ブッシュ大統領（当時）が参加を表明し，その後オーストラリア，ペルー，ベトナムが加わってTPPの8カ国交渉となった．2009年1月に就任したオバマ大統領は当初TPPに否定的であったが，やがて方針転換する．彼は同年11月の日本訪問時に東京で参加を改めて表明し，翌月にアメリカ議会にアメリカの輸出と雇用を確保するためであるとの理由の下に参加を報告する．2010年にはマレーシアが加わり交渉国は9カ国となり，2012年11月にはカナダとメキシコが加わって11カ国となっている．なお，同じ11月にオバマ・アメリカ大統領はタイを訪問するが，この時の両国首脳会談でタイの首相がTPP参加を表明した（朝日新聞・毎日新聞2012.11.18朝刊）．日本は同年12月の衆議院議員総選挙で勝利を収めて成立した安倍晋三首相は2013年3月には交渉正式参加を表明し，2013年7月には正式メンバーとして交渉に加わることになった．それにしてもTPPとは一体何なのか．オバマ大統領はそれを「21世紀型の貿易協定に相応しい高水準の地域協定」（The Japan Times, Nov. 15, 2009）という．端的にそれは，広範な領域を跨ぐ，自由度の極めて高い統合構想といえよう．

　ところで，日本のTPP交渉参加問題の経緯を確認しよう．2010年10月，APEC横浜会議を控えて菅直人首相（当時）が参加を検討するとしたのが始まりである．このAPEC首脳会議では，「横浜ビジョン」が採択され，その中でAPECの目標である「アジア太平洋自由貿易協定（FTAAP）に向けた中で唯一交渉が開始されている」取組みとしてTPPを公認した．しかし，菅自身の政権内，与党内はもちろん日本国内でTPP交渉参加に対する強い反対に会い，さらに2011年3月11日の東日本大震災の勃発によって結論を出せぬまま，野田佳彦政権（当時）に引き継がれる．野田首相は，参加問題で賛否が二分される中で2011年11月，APECホノルル会議直前のオバマ大統領との会談において「TPP交渉参加に向けて関係国と協議に入る」決意を表明した．日本のこの表明は会議期間中にカナダ，メキシコ，パプアニューギニアのTPP交渉への参加の意向を誘い出す．日本政府も2012年に入って交渉国との参加に向けた協議を開始した．だが，「社会保障と税の一体改革」

の国内問題に足をすくわれた野田政権は 2012 年 12 月の第 46 回衆議院総選挙で大敗を喫し，TPP 交渉参加問題は三度，同年末発足の自民党の安倍晋三内閣に引き継がれた．そして，総選挙においては「TPP 断固反対」を唱えていたはずの安倍首相もまた 2013 年 2 月のオバマ大統領との日米首脳会議において，日本の農産物保護がアメリカにより認められたとの見解を表明し，広範な反対がある中で翌 3 月には TPP 交渉参加を正式に決定するのである．そこには日本が発展戦略の中でアメリカとアジアとの間で揺れ動いてきた伝統的なジレンマの構造が読み取れる（平川 2011b）が，安倍政権において対中警戒感と対米重視の姿勢が一層鮮明になりつつある．

　それにしても，アメリカが TPP を推進する理由は何か．アメリカは 2009 年 1 月に輸出を向こう 5 年間で 2 倍増とする国家輸出イニシアティブ（NEI）を策定しているが，以下に見るように TPP は単に目前の経済的利益を求めるものではない．成長するアジア市場への戦略的なアジア回帰・参入戦略であり，さらにアメリカによるアジア太平洋地域における主導権の獲得を目論むものといえよう．

2）TPP と東アジアの地域統合

　表 1–2 は，TPP 交渉参加国の経済規模を単純に確認したものである．アメリカの経済力が圧倒的に大きい．それは貿易自由化の効果がアメリカにとって今までの交渉国との貿易からは極めて限られるものであることを端的に示している．その意味では，アメリカにとって日本の参加はとりわけ重要である．また，アメリカの目的が当初から目前の締結の経済的効果にないことを意味している．その最大の目標は，アメリカに有利な太平洋貿易のルール化であり，同時に暗黙の対中国政策でもある．振り返れば，中国は WTO 加盟時，10 年を超える年月と膨大なエネルギーを費やし，貿易の自由化で多くの譲歩を余儀なくされた（片岡／鄭 2004）．もし TPP が締結されルール化に成功すれば，その後の参加国は加盟に当たって大きな不利を免れない．日本の交渉参加による TPP の成立は対中国で圧力としての効果を決定的に高める．中国が再び同様の立場に立つのか．それは貿易で対米依存度の高い中国に対する強力な脅威になる（Hirakawa 2012）．もちろんそうした不安は他の後発

表1-2 TPP交渉参加国と日本に関するGDP構成

		GDP (2010年) (Billion $)	各国構成比 TPP9 2009.12～12.9 (%)	各国構成比 TPP11 2012.10～13.6 (%)	各国構成比 TPP11＋日本 2013.7～現在 (%)
	ブルネイ	12.37	0.07	0.06	0.05
	チリ	203.30	1.21	1.02	0.82
	ニュージーランド	140.51	0.83	0.70	0.56
	シンガポール	222.70	1.32	1.11	0.89
	P4	*578.88*	*3.44*	*2.89*	*2.32*
オーストラリア		1,237.36	7.35	6.18	4.97
マレーシア		237.96	1.41	1.19	0.96
ペルー		153.80	0.91	0.77	0.62
ベトナム		103.57	0.62	0.52	0.42
アメリカ		14,526.55	86.27	72.53	58.32
TPP9　計		*16,838.13*	*100.0*	*84.07*	*67.60*
カナダ		1,577.04		7.87	6.33
メキシコ		1,034.31		5.16	4.15
TPP11　計		*19,449.47*		*100.00*	*78.08*
日本		5,458.80			21.92
TPP11＋日本　計		*24,908.27*			*100.0*
参考：中国＋香港		6,327.18	37.58	32.53	25.40

出所：著者作成．数値は IMF, *World Economic Outlook Database*, September 2011 による．

国も同様である．

　詰まる所，TPP は，今や世界最大の経済圏の地位を築きその経済的中心に中国が座る東アジア経済圏へのアメリカの回帰戦略であり，東アジアの独自のルール化を阻止しようとするアメリカの試みであろう．TPP は中国と ASEAN が主に追求する RCEP のルール化と競合関係にある．RCEP は，2012 年 11 月 20 日，プノンペンで開催された ASEAN 関連首脳会議で交渉立ち上げ式が開かれ，また同じ日，日中韓 FTA も交渉開始が宣言されている（日本経済新聞 2012.11.21 朝刊）．しかし，それらは東アジアの発展途上経済中心の統合交渉であり，当然にもその自由化度は TPP の水準に及ばない．中国が主導権を握る可能性が強い．アメリカはこの会議に合わせて TPP 会合に動いているが，もし TPP の締結に成功すれば，ASEAN はもちろん東アジア諸国は二分化が現実となる．そして，アメリカを主導し日本が加わる

TPPと，中国が主導権を握るRCEPのような二つの協定に分裂する可能性もない訳ではない（Cheong 2013）．

　こうした事態の中で，UNCTAD事務局長で元WTO事務局長のスパチャイ・パニチャパックは，「ASEANとタイはTPPよりもRCEPに注目すべきである」との意見を表明し（バンコクポスト電子版 2012.11.21），他方，『日本経済新聞』は「TPPを軸にRCEPと同時並行的に交渉を行え」（日経電子版 2012.11.21）と報道している．実際，日本の政府，産業界，そして『日本経済新聞』などの中央のメディアの立場はTPPを「軸」として，RCEP交渉をそれに続く交渉と位置づけている．

　もっとも，ASEAN構成国のシンガポールはもちろん，ベトナム，マレーシアがTPP交渉に参加し，今またタイが交渉参加に傾くのは何故か．本章が見てきたように，そこには東アジアの構造変動に反映された最近の諸事情が深く関わっている．構成国の安全保障問題の登場という国際政治的要素が前面に出始めているのである．中国への一方的な経済的依存はもちろん安全保障上危険な選択であると言わざるを得ない．それがTPP交渉参加によって政治経済的にバランスさせようとする動きとなる．文字通り東アジアの統合過程にあって，ASEANも日中韓もその選択は地域経済社会の将来に対して決定的に重要である．東アジアは大きな選択の時期，知恵が求められる時期に到達しているのである．

6　おわりに——PoBMEsの時代と東アジアの制度化

　本章を通じて，東アジア経済の劇的な構造変動を確認し，それが成長構造におけるNIEsからPoBMEsへの転換であることを見てきた．この構造変動の中でとりわけBRICs，中国は有利な位置にいる．他方，東アジアの制度化に関しては，ASEANが大きな役割を果たしてきた．こうして東アジアは経済統合と地域協力で大きな成果を上げてきた．

　だが，地域の一体化と繁栄の制度的枠組みでは，今日，域内外から大きな課題を突きつけられている．一つは上述の東アジアの経済統合に対するアメリカの回帰戦略である．アメリカ主導のTPP交渉参加の提案は，東アジア

域内に分裂のベクトルを持ち込んでいる．もう一つは，域内での構造変動への対応，特に ASEAN 内の共通認識の乱れである．この二つの課題は，ASEAN および東アジア地域を二分し，特に ASEAN の弱体化を促す可能性がある．しかも，これらの課題は複雑に関連しており切り離せない．それをどう乗り越えるかが，現在，東アジア地域に突きつけられた最大の課題であろう．

　2012 年 7 月，第 45 回 ASEAN 外相会議および関連諸会議がプノンペンで開かれたが，南シナ海における行動規範（Regional Code of Conduct in the South China Sea）を巡って ASEAN 内での意見統一ができず，議長国のカンボジアは ASEAN の共同声明を出さなかった．それは ASEAN 外相会議の 25 年の歴史上初の出来事である．結局，1 週間後に「南シナ海に関する ASEAN の 6 原則」が ASEAN 外相声明として出されたが，この事実が持つ意味は極めて重い．南シナ海ではベトナムとフィリピンなどが，海底資源の豊かなスプラトリー（南沙）諸島やパラセル（西沙）諸島の領有権を巡って中国と争っている．そのため，2002 年には ASEAN・中国間で「南シナ海における関係国の行動宣言」（Declaration on the Conduct of Parties in the South China Sea）が取り交わされたが，その後の中国の領有権問題での強硬姿勢に対処するためフィリピンやベトナムが法的拘束力のある COC の制定を求めることになった．この動きに対して議長国のカンボジアは，「関係国を直接当事国に限る」と主張する中国の立場を支持してフィリピンとベトナム両国の主張に反対したのである．カンボジアの姿勢には同国に対する中国の強力な援助攻勢が影響しているとされるが，この構図は同年 11 月の ASEAN 首脳会議および関連首脳会議においても再現された．ASEAN が共通の立場に立てない極めて深刻な局面が生まれているのである．

　2010 年に尖閣諸島近海で起こった中国漁船の巡視船衝突事件や 2012 年の尖閣諸島の日中領有権争いなどで中国のとった強硬姿勢も，過去のものとは異なる．田中均は次のように指摘する．「2010 年には南シナ海の領土紛争での強硬措置や尖閣諸島沖の中国漁船衝突事件に対する一方的措置など，極めて攻撃的な対外姿勢を印象づけた．01 年に小泉純一郎元首相が靖国神社を参拝した際に中国は『政冷経熱』と称し，二国間首脳会談を中断するなどの

政治的措置をとったが，経済的措置はなかった．これに対し10年の中国漁船衝突事件の際に，中国がとった対抗措置は政治経済の区別なく，レアアース（希土類）の事実上の輸出停止や日本人の拘束など強硬な一方的措置であった．そして今回，尖閣諸島の国有化を受け，中国はナショナリズムの力を示すという方策をとった」（田中 2012）．中国には中国の主張があるにしても，同国の対外姿勢は明らかに変化している．それは，東アジアの経済的発展構造が PoBMEs の段階に入って中国が巨大化する一方，それによって生じる他の構成国との関係の変化の中で生じている面を否定できない．2012 年 8 月の李明博韓国大統領（当時）による竹島（独島）上陸問題も対日の同じ構造の中で理解できる．成長軌道にあって自信を深める国には大きなナショナリズムの衝動が生まれる．経済的な東アジアの発展と日本の相対的な地位の低下が過去において曖昧にしてきた領有権問題を噴出させているのである．日本と中国，韓国との間には互いに戦後処理の問題で不信感を募らせる事態が進行しており，またとりわけ中国では貧富の格差拡大が深刻化している．そうした域内国家間，各国内の事情が重なるならば，その行動は尚更に強まる．

　この課題にどう対処するか．ASEAN の凝集性を高め，地域の均衡ある発展を目指さねばならない．ASEAN を軸とした東アジア地域の制度化，そこにおける会議外交は極めて重要な発展と平和の枠組みであろう．ASEAN 共同体から東アジア共同体への道は，東アジア地域の制度化の強化を通じて初めて達成される．中国とアメリカとの間にあって揺れる日本はもちろん，地域のすべての構成国は，この間東アジアが築いてきた成果を大切に守り育てねばならないだろう．それは，構造転換する国際経済の中にあって既存の国際経済秩序をより公正な秩序に改革するためにも必要なのである．

注
(1) 東アジアは，中国，日本，NIEs（韓国，台湾，香港，シンガポール），ASEAN5（インドネシア，マレーシア，フィリピン，タイ，ベトナム），ブルネイ，カンボジア，ラオス，ミャンマー，モンゴル，東ティモール．なお，ASEAN4 と表記する場合は，ASEAN5 からベトナムを除いた 4 カ国である．
(2) 中間層の定義は，下位中間層が 5000 ドル以上〜1 万 5000 ドル未満，上位中間層が 1

万 5000 ドル〜3 万 5000 ドル未満である．
(3) ゴールドマン・サックスは BRICs に続いて，将来 G7 と競合関係に入る発展可能性を持つ国を N-11 と呼んで，次の 11 カ国をあげている．バングラディシュ，エジプト，インドネシア，イラン，韓国，メキシコ，ナイジェリア，パキスタン，フィリピン，トルコ，ベトナム．
(4) 経済閣僚会議は，1975 年 11 月のジャカルタ会議が最初であった（http://www.asean. org/news/item/table-of-contents-asean-documents-series-1967-1988）．

参考文献

Akrasanee N. and D. Stifel (1992) 'The Political Economy of the ASEAN Free Trade Area', in P. Imada and S. Naya eds., *AFTA The Way Ahead*, Institute of Southeast Asian Studies.

ASEAN Secretariat (1998) *Statement on Bold Measures*, 6th ASEAN Summit.

ASEAN Secretariat (2007) *Charter of the Association of Southeast Asian Nations*.

ADB: Asian Development Bank (2011) *Asia 2050: Realizing the Asian Century*, ADB.

Cheong, Inkyo (2013) The TPP and the Quest for East Asia Regionalism, *Global Asia*, 8 (1), Spring.

Gill, I. and H. Kharas (2007) *An East Asian Renaissance: Ideas for Economic Growth*, World Bank.

Hirakawa, H. (2012) 'The TPP and Japan's Response', *International Conference: Trans-Pacific Partnership Agreement: Prospects and Implications*, Foreign Trade University, Hanoi: Information and Communications Publishing House, 18 May 2012.

Hirakawa, H. (2013) 'East Asia's Integration and Structural Shift: The Shift from Newly Industrializing Economies to Potentially Bigger Market Economies under the Global Economy', in K. Yagi et al. (eds.) *Crises of Global Economies and the Future of Capitalism*, London: Routledge.

Hirakawa, H. and Than Than Aung (2011) 'Globalization and Emerging Economies: Asia's Structural Shift from the NIEs to Potentially Bigger Market Economies (PoBMEs)', *Evolutionary and Institutional Economics Review*, 8 (1).

IMF: International Monetary Fund (2012) *World Economic Outlook*, October.

Joint Press Statement (1976) *The 2nd ASEAN Economic Ministerial Meeting*, Kuala Lumpure, 8-9 March 1976.

National Intelligence Council (2012) *Global Trends 2030: Alternative Worlds*, the National Intelligence Council (www.dni.gov/nic/globaltrends).

O'Neill, Jim (2001) 'Building Better Global Economic BRICs', *Global Economics Paper*, 66, Goldman Sachs.

O'Neill, J., D. Wilson, P. Purushothaman, and A. Stupnytska (2005) 'How Solid are the BRICs', *Global Economics Paper*, No. 134, Goldman Sachs.

Suzuki, S. (2004) East Asian Cooperation through Conference Diplomacy: Institutional Aspects of the ASEAN Plus Three (APT) Framework, *IDE APEC Study Center Working Paper Series*,

03/04-No. 7, March.
Wilson, D. and R. Purushothaman (2003) 'Dreaming with BRICs: The Path to 2050', *Global Economics Paper*, 99, Goldman Sachs.
Wilson, D. and A. Stupnytska (2007) 'The N-11: More than an Acronym', *Global Economics Paper*, 153, Goldman Sachs.

石川幸一（2008）「ASEAN 共同体とは何か――ブループリントから読めるもの」『季刊国際貿易と投資』（国際貿易投資研究所），72.
石川幸一（2011）「新段階に進むアジア太平洋の地域統合」『アジア研究』57（3），7月.
片岡幸雄／鄭海東（2004）『中国対外経済論』渓水社.
外務省経済連携課（2012）PPT 資料「東アジア地域包括的連携協定（RCEP）交渉」.
経済産業省（2005; 2007; 2008; 2010; 2011）『通商白書』経済産業省.
国際協力銀行（JBIC）調査（各年版）「わが国製造業企業の海外事業展開に関する調査報告」.
国際貿易投資研究所（2008）『ITI 財別国際貿易マトリックス 2008 年版』国際貿易投資研究所.
佐藤考一（2003）『ASEAN レジーム』勁草書房.
島村智子（2006）「東アジア首脳会議（EAS）の創設と今後の課題」国立国会図書館『レファレンス』664，5月号.
清水一史（1998）『ASEAN 域内経済協力の政治経済学』ミネルヴァ書房.
田中均（2012）「中国とどう向き合うか（上）多国間で重層的枠組みを」『日本経済新聞』9月26日付朝刊.
チャウラ・S.／M. ガートフ／A. G. マルソー（1976）「1970 年代の東南アジアからの視角」チャウラ他編／長井信一訳『東南アジアと国際政治――1970 年代の力の均衡』アジア経済研究所，所収．(S. Chawla, M. Gurtov, A. G. Marsot eds. (1974) *Southeast Asia under the New Balance of Power*, Praeger Publishers)
日本貿易振興機構（2010）「ASEAN を中心として貿易マトリックス」（海外調査部アジア大洋州課作成），JETRO.
平川均（1997）「東アジア工業化ダイナミズムの論理」粕谷信次編『東アジア工業化ダイナミズム』法政大学出版局，所収.
平川均（2008）「東アジアの地域統合における ASEAN の役割」『国際アジア共同体ジャーナル』創刊号.
平川均（2011a）「東アジアの経済統合と構造転換――NIES から PoBMEs への構造転換と世界経済」伊藤誠／本山美彦編『世界と日本の政治経済の混迷』御茶の水書房，所収.
平川均（2011b）「東アジアの発展と揺れる日本の対外発展政策」『アジア研究』（アジア政経学会）57（3），7月.
マキト・F. C.／平川均（2010）「共有型成長としての東アジアの経済統合」平川均他編『東アジアの新産業集積――地域発展と競争・共生』学術出版会，所収.
山影進（1991）『ASEAN――シンボルからシステムへ』東京大学出版会.

山影進(1997)『ASEAN パワー――アジア太平洋の中核へ』東京大学出版会.
山影進(2001)「ASEAN の基本理念の動揺」山影進編『転換期の ASEAN――新たな課題への挑戦』国際問題研究所,所収.
尹春志(Yun, Chunji)(2009)「東南アジア経済統合の現状と課題――地域化と地域主義の論理からみた ASEAN」『東亜経済研究』67(2).
吉川敬介(2009)「ASEAN 経済協力の始動要因と ASEAN Way」『横浜国際社会科学研究』14(1/2),8月.

第2章　アジア資本主義の多様性
――制度的構図と企業のイノベーション活動――

遠山弘徳／原田裕治

1　はじめに

　依然としてヨーロッパ，とりわけギリシャをはじめとする南欧諸国の財政・金融問題は根本的な解決を見ていないが，こうしたヨーロッパの危機は地域経済統合をめぐる困難さをわれわれに突きつけているように思われる．他方で，東アジア[1]における経済統合にかんする議論が盛んになっており，アジア諸国間の自由貿易協定が多く締結されたり，交渉されたりしている．さらに，日本，中国，韓国といった国々において展開される国際分業は事実上の経済統合と言えるかもしれず，それは海外直接投資の増大や他のアジア諸経済との国際的な生産連鎖とともに急速に展開している．興味深いのは，そうした変化が多国籍企業の主導する大規模で急速な資本移動によるものだということである．
　しかしながら，地域経済統合の先行的実験とも言えるEUの危機を例に挙げるまでもなく，東アジアにおいてこれを制度化することは，決して容易なことではない．それは一方で，同地域の各国が複雑な歴史的過程を辿ってきたからであり，他方で産業の生き残りをかけて各国がせめぎ合う関係にあるためである．このような状況において，経済統合に向けた動きがどれほどの現実性をもつかを議論するには，アジア資本主義経済がそれぞれどのような制度的特徴をもつものであるか，相互の違いや依存性あるいは補完性につい

て検討がなされる必要があるだろう．

　本章の目的は，制度的多様性，そして個別企業のイノベーションに焦点をあてつつ，アジア資本主義の多様性がどのようなものであり，またどのように進化してきたのかを明らかにすることである．また，資本主義の多様性研究においてアジア資本主義の多様性分析は空白領域であったが，本章は，同時に，そうした空白を埋めることも意図している．

　1990 年代以降，先進資本主義国にかんして膨大な数の比較制度研究が行われてきた．例えば，「資本主義の多様性」（VoC）アプローチ（Hall and Soskice 2001）やレギュラシオン・アプローチ（Amable 2003; Boyer 2004）は経済システムについて，次のように主張している．すなわち，それは全体として，特定領域の制度によって特徴づけられるのではなく，異なる領域の制度の束からなるというものである．また，制度は特定の条件のもとでは補完的でありうるとも指摘される（Aoki 2001; Hall and Soskice 2001）．他方で，これらのアプローチにもとづく実証分析は，統計的手法や量的データを用いて資本主義の多様性を同定している（Amable 2003; Hall and Gingerich 2004; Hall and Soskice 2001; Pryor 2005; 遠山 2010）．

　こうした研究が資本主義の多様性理論に対して重要な貢献をしていることは確かであるが，アジア経済を議論の射程に入れると，あきらかな限界があることがわかる．第一に，ほとんどの研究がアジア経済を同質なものと考えている．なるほど 21 カ国の OECD 諸国について分析を展開した Amable（2003）においては，日本および韓国というアジア諸国も含まれている．さらに，アマーブルによる分析では，資本主義の類型が Hall and Soskice（2001）によって示されたような二類型に限定されず，五つの類型に拡張されている．しかし，日本と韓国は他の先進資本主義との比較の中で「アジア資本主義」と表現されるグループに区分されているにすぎない[2]．分析が先進諸国を対象としていることを割り引いても，日本と韓国がアジアを代表するとみなすのは少々乱暴であるし，考察対象が拡大した場合，日本と韓国が同じグループに括られるかは保証の限りではない．これに対して，Berthelier *et al.*（2003）は発展途上国を含めた 51 カ国について統計的手法を用いて類型分析を展開している．アジア経済に関わる類型のみを取り出してみると，中国・インド

ネシア・タイが含まれるグループ，マレーシア・フィリピンが含まれるグループ，香港・シンガポールの2カ国から構成されるグループ，日本・韓国・台湾の3カ国で構成されるグループが確認できる．この研究は野心的なものであり，興味深い結果を示しているが，考察対象が広すぎるせいか，各グループにさまざまな国が混じりすぎて，直観的に理解可能な解釈が困難な結果も含まれている．

いずれの多様性研究においても，アジア資本主義が主題的に取り上げられることはなかった（cf. Storz et al. 2013）．しかし，グローバル経済の中心が急速にアジア経済にシフトして行くとともに同地域に対する注目が高まり，アジア資本主義を資本主義の多様性研究の俎上に載せる試みが見られるようになってきた（Walter and Zhang 2012; Harada and Tohyama 2012; Tohyama and Harada 2013; Witt and Redding 2013; Zhang and Whitley 2013）．こうした試みはいずれも，アジア資本主義が制度的に先進諸経済とは明瞭に区別されること，さらにアジア資本主義内部においても各経済が制度的に多様であることを発見している．

Harada and Tohyama（2012）は，Amable（2003）の方法にもとづき五つの制度領域を取り上げ，各領域の制度データに多因子分析（Multiple Factor Analysis: MFA）とクラスター分析を適用し，アジア資本主義の中に五つのグループを見出している．Witt and Redding（2013）も，取り上げる制度領域は異なるものの，五つの制度領域の制度データにクラスター分析を適用し，五つの類型を見出している．彼らの分析対象とするアジア経済は Harada and Tohyama（2012）以上に広く，インドと中国をはじめとした（旧）社会主義諸経済を一つのクラスターとする点で特徴的である．これは彼らが「国家の役割」といった制度領域を採用している点に起因するのであろう．この点は，Hall and Sokice（2001），Amable（2003）において採用されなかった制度領域を取り入れたという意味では評価されるかもしれない．しかし，成長いちじるしい中国とインドを，ラオスやベトナムと同じグループに入れることには問題があろう．こうした問題は，実証的には，各国を類型化するさいクラスター分析だけに依拠するため，どの制度領域がとくに重要であるかを評価できず，国家の役割が各国の分類において支配的影響力を有している可能性

が高い．また，理論的には，中国とインドが，ラオス等とマクロ制度的な類似性を有するにもかかわらず，なぜ力強い成長を続けるのかという問いに答えることができない．

　Walter and Zhang（2012），Zhang and Whitley（2013）の東アジア資本主義の多様性研究においては，Witt and Redding（2013）以上に国家の次元が強調される．彼らは過去半世紀のアジア政治経済の実態理解を踏まえ，第一に，東アジア各国政府が経済活動を方向づけるにあたって積極的であったこと，第二に，主要な社会集団や階層的組織が経済活動を統治するにあたって重要なメカニズムであったことに注目し，東アジア資本主義の経済的ガバナンスを分類するための二つの次元を引き出す．すなわち国家による経済の組織化と経済行動の社会的コーディネーションである．こうした二つの次元にもとづき四つの経済的ガバナンス様式――国家による経済の組織化が広範囲であり，経済行動の社会的コーディネーションが強力である Co-governed 型，国家による組織化が広範囲であるものの，社会的コーディネーションが弱い State-led 型，国家による組織化が中程度であるが，社会的コーディネーションが強力である Networked 型，国家による組織化が中程度であり，社会コーディネーションも弱い Personalized 型――が提示される．その上で，三つの制度領域――ビジネス・システム，金融制度，労働市場制度――の特徴づけによって 1980 年代の東アジア資本主義の四つの多様性が描かれる．これによって韓国と台湾は Co-governed 型，中国・マレーシアおよびインドネシアが State-led 型，日本が Networked 型，そしてフィリピンとタイが Personalized 型に分類される．

　Walter and Zhang（2012），Zhang and Whitley（2013）のアプローチは，Harada and Tohyama（2012）や Witt and Redding（2013）のように実証的なデータ分析に基礎を置くものではなく，概念の構築から出発する．その意味では彼らの描くアジア資本主義の多様性は――国民経済のガバナンス様式を示している点では評価されるものの――分析の結果ではなく，分析のための仮説であり，実証研究の結果をまってはじめて確認されるものである．

　既存の資本主義の多様性研究の問題点としては，第二に，企業レベルの分析および企業の異質性が検討されてこなかったという点が指摘される．グ

ローバル化の時代において，企業は以前に増して，きわめて激しい競争にさらされる傾向にある．企業はそうした競争においていかに生き残る道を見つけるかに苦心している．そのため，戦略やパフォーマンスにかんする企業間の差異は不可避的に大きくなると考えられる．理論的に言えば，ホール＝ソスキスによる VoC 論では，企業行動は当該経済の制度的環境のみに依存すると考えられてきた．だが，類似の制度的環境で操業しているアジアの諸企業がしばしば異なる戦略を取ることを考慮すれば，企業レベルから制度へのアプローチも不可欠である．Walter and Zhang (2013), Witt and Redding (2013) の分析はマクロ制度的な多様性分析にとどまっているが，本章の分析は企業のイノベーション活動に焦点をあてることによってマクロ制度−企業のリンケージも取り上げる．

第三に，これまでの諸研究はアジア経済における国際生産ネットワークに十分な関心を払ってこなかった．しかし，こうしたネットワークの構築は経済間の緊密な連関を強固にし，それが動学的な補完性を生み出すことを可能にするだろう．すなわちある経済において特定の制度や特定の産業が発展することは，別の経済における制度や産業の発展を促すことになるだろう．

われわれの先行研究に対する貢献は二点ある．第一に，多変量解析を用いてアジア資本主義の制度的多様性を検討し，先進国とは明らかに区別された五つのグループが析出できることを示す．くわえて，そうした多様性が 2008 年にはじまる世界金融危機の期間を経ても持続的であり，アジア資本主義が一つのモデルに収斂する可能性が低いことを示す．

第二に，資本主義の多様性理論に制度−企業リンケージを導入する．具体的には，企業のイノベーション活動の分布を検討し，そうした分布の相違がアジア資本主義の制度的相違によって規定されることを示す．言いかえれば，企業が資本主義の多様性概念と整合的な形で進化する可能性を示す．

本章で採用されるアプローチは主に統計的なものであるが，われわれは記述的な分析を否定するわけではない．後述するように，分析に利用する数量化された制度データは十分な領域と期間において存在するわけではない．アジア資本主義といった発展途上国にかんするデータについてはとりわけそうである．そのため，統計分析だけで本章が目的とするような多様性を立証す

ることは困難かもしれない．したがって，記述的・歴史的分析の結果も考慮しつつ，議論を展開することになる．

I　アジア資本主義の制度的多様性

　以下では，Harada and Tohyama（2012）における分析にもとづいて，アジア資本主義の制度的構図にかんする多様性を規定する諸要因は何か，そしてそれら経済はいくつのグループに類型化されるかについて検討する．分析は二つの点において拡張される．第一に，期間の延長である．Harada and Tohyama（2012）では，2004年から2007年が対象の期間であったが，本章では，その分析結果を参照点としつつも，2008年の世界金融危機後まで分析期間が延長される．第二に，分析範囲についても拡張が行われる．拡張の対象となるのはインドである．インドは，東アジアとは異なる経済圏にあり，日本との関係は他の東アジア諸国と比較して緊密なものではない[3]．しかし，BRICsの一角として取り上げられるように，インドは近年における世界の成長センターのひとつと位置づけられる一方，日本との関係においても，2011年8月に，日印包括的経済連携協定が発効し，今後の関係深化が期待される．そうした点から，同国を分析の対象とすることには一定の意義があると考えられる．

1　アジア資本主義の五類型

　Harada and Tohyama（2012）では，アジア資本主義諸経済先進諸国を対象に，各国の制度的構図にかんする比較分析を行った上で，アジア諸経済のみを対象とした分析を行い，これら二つの分析結果を考慮して最終的な結果を導出した．また結果の解釈にあたっては，各経済の社会経済的状況ならびに過去の研究成果——記述的・歴史的分析——を参照した．以下では，分析手法と利用データについて説明した上で，分析結果の概要と分析から析出されるアジア資本主義の五類型を示そう．分析結果の詳細については，Harada and Tohyama（2012）を参照されたい．

1) 分析手法とデータ

分析手法　分析にあたって，二つの手法，すなわち多因子分析（Multiple Factor Analysis: MFA），クラスター分析を用いた．MFA は日本ではさほど知られていないが，主成分分析を拡張した分析手法である（Escofier and Pagès 1998; Abdi and Valentin 2007）．MFA では，変数をグループ化し，グループ化された変数のセットによって記述される分析対象の散らばり（多様性）を分析することができる[4]．ここでは分析対象が各国経済，諸変数が諸制度または経済パフォーマンスにそれぞれ対応する．変数は制度領域に応じてグループ化される．分析は最初に MFA を行い，その結果にもとづいてクラスター分析を行って，諸経済を類型化した．

データ　東アジアに位置する 10 の経済，ならびに 20 の先進資本主義諸国が考察の対象となる[5]．

各国の制度的構図を同定すべく六つの制度領域を想定して，合計 52 の変数を選び出した[6]．想定した制度領域は以下のとおりである．金融市場，労働市場，製品市場，国際取引，教育，社会保障．これに加えて，経済発展の指標として 1 人あたり GDP を組み入れた．データは，世界銀行，IMF，UNESCO，OECD，アジア開発銀行，The Fraser Institute といった諸機関が作成する指標を利用している．データは基本的に 2004 年から 2007 年の期間のものを集め，複数のデータが得られる場合には単純平均をとって，横断面データとして分析を行った．データが利用可能な比較的最近の期間で，各国経済の状態が相対的に安定していたことが，当該期間が選ばれた理由である．

2) 分析結果の例示

図 2-1 は MFA の分析結果を示しており，その上にクラスター分析で析出された類型にもとづくグループ分けを施している．図 2-1 の横軸で示される第 1 因子は，対象国のばらつきのうち 27.73％を説明し，それは各種市場の自由化度を示す指標として解釈可能である．また第 2 因子（縦軸）はばらつきの 17.84％を規定する．この因子は貿易依存度と国内的な社会保護との対照性として理解できる[7]．図を一瞥すれば明らかなように，アジア諸経済

第 2 章　アジア資本主義の多様性　65

図2-1　2000年代中葉における各国経済の制度的多様性

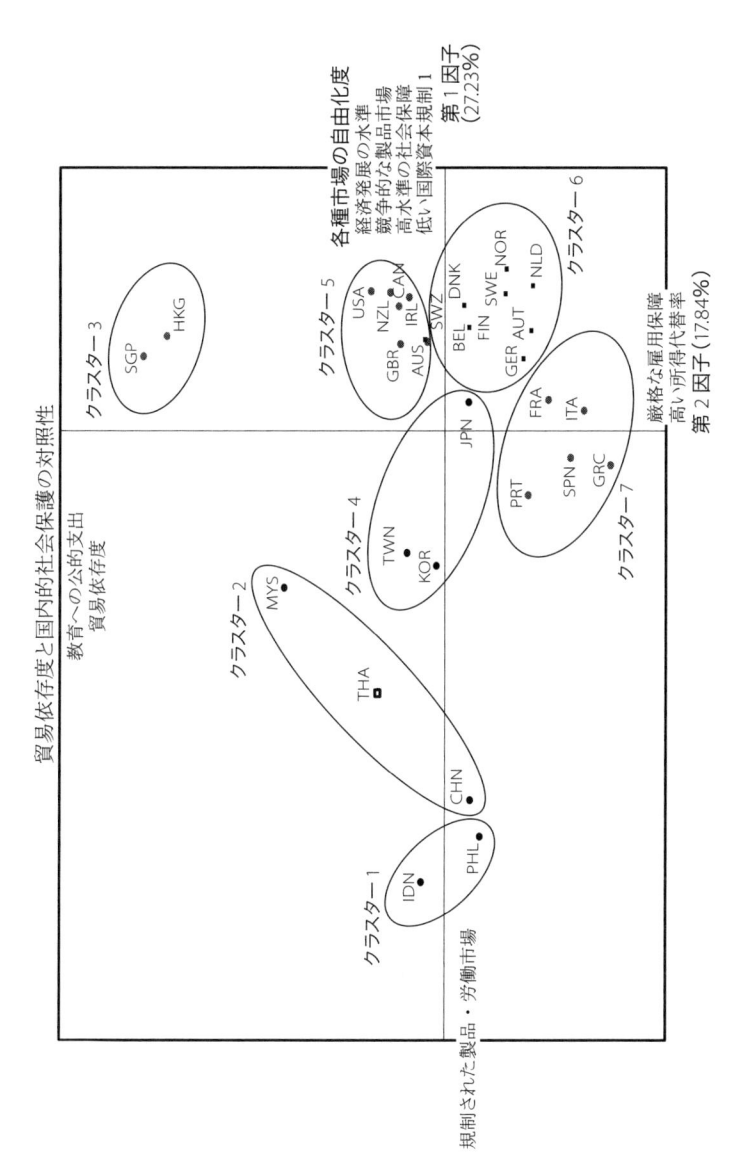

のグループは，先進国経済のそれ[8]と明確に区別されることがわかる．

3) アジア資本主義の五類型

これにアジア資本主義経済のみを対象とした分析の結果を加味して得られるのが，次の類型である．

（グループ1）インドネシア，フィリピン　低水準の経済発展，規制された製品・労働市場，低水準の社会保障，課税にもとづく厳格な国際資本規制という特徴をもつ．その背景となる両国の経済状況をみると，インドネシアは1997年のアジア金融危機の際に，フィリピンは1980年代前半の対外債務危機の際にIMFの介入を受け，構造調整政策による厳格な規制・監督下に置かれた．いずれも海外資本の逃避による経済の混乱が生じていたが，その原因が政治経済の内生的な危機にあったことが確認できる．経済危機および構造調整を受けて，両国は自由化の進展においてタイやマレーシアに遅れをとり，直接投資の導入が進んでいない．以上のような特徴は両国の地理的特徴と無縁ではないだろう．すなわち，インドネシア，フィリピンは多くの島から構成されて陸地続きでないという意味で経済活動が分断されやすいと考えられる．したがって，このグループは，「**島嶼半農型資本主義**」Insular Semi-agrarian Capitalismと命名できよう．

（グループ2）タイ，マレーシア　このグループは，各種市場の自由化度において**グループ1**と類似の特徴をもつ．さらに分析で用いたデータからは，比較的高い教育への公的支出，比較的高い貿易依存度，比較的柔軟な雇用・労働時間が共通の特徴として観察される．**グループ1**の諸国に比べれば，深刻な経済危機は経験せず，比較的堅調に経済の自由化が進められると同時に工業化も進展し，グローバルな交易網に組み入れられている[9]．これらのことより，このグループを「**貿易主導型工業化資本主義**」Trade-led Industrializing Capitalismと呼ぶことができる．

（グループ3）シンガポール，香港　経済発展の高い水準，製品・労働市場においても，国際資本にかんしても規制は低く，高い教育への公的支出，非常に高い貿易依存度の一方で，低水準の社会保護，高い銀行収益率といった特徴が見られる．両国は，「**都市型資本主義**」City Capitalismとしての典型的

な特徴を有している．このグループは，Berthelier *et al.*（2003）の分析結果とも整合的である．

（グループ4）韓国，台湾，日本 高い経済発展の水準，製品市場への参入障壁が，共通の特徴として観察されるが，それ以外の変数については，3カ国ともそれぞれ独自の特徴を有し，共通の特徴をもって強固なグループを形成しているわけではない．事実アジア域内の分析では，台湾は別のグループに分類されてしまい，日本と韓国もクラスターとしての統合の度合いは低いことが確認できる．整合性の低さは時系列分析の結果においても確認できる（後出**図2-3**参照）．それでも一つのグループに分類されるのは，一方で技術的に言えば，他のグループと相対的に離れているからであり，他方では，例えば電子製品産業において，多くのイノベーションにもとづく輸出志向型の工業化が歴史的に成功したからである．このグループは，「**イノベーション主導型資本主義**」*Innovation-led Capitalism* と呼ぶことができる．また，このグループも Berthelier *et al.*（2003）の分析結果と整合的である．

（グループ5）中国 図2-1ではグループ2と同じクラスターに分類されており，このグループと多くの特徴を共有する．しかし，アジア経済のみの分析では独立したクラスターを構成する．実際いくつかの変数，例えば投資家保護における管理者責任の範囲や預金における民間銀行占有率などにおいて独自性を有している．また，公共および民間セクターの再編に対する国家の「きわめて特殊な役割」（Boyer 2012: 184），および――以下の第3節で示すように――いちじるしく低水準の企業のイノベーション活動比率といった特徴も見られる．このように中国は，他のグループとの類似性と際立った特殊性が混じり合った性質を有しており，「**大陸混合型資本主義**」*Continental Mixed Capitalism* と呼ぶことができよう．

2　2000年代後半における制度的多様性

つづいて，上記分析の期間を2007年から2011年に延長して[10]，分析を行ってみよう．分析対象とする経済も分析に用いる変数も前項のものと同様である．以下の**図2-2**は，MFAの結果である．

68　I　アジア資本主義の多様性と転換

図2-2　2000年代後半(2007〜11)におけるアジア諸経済および先進諸国の相対的位置

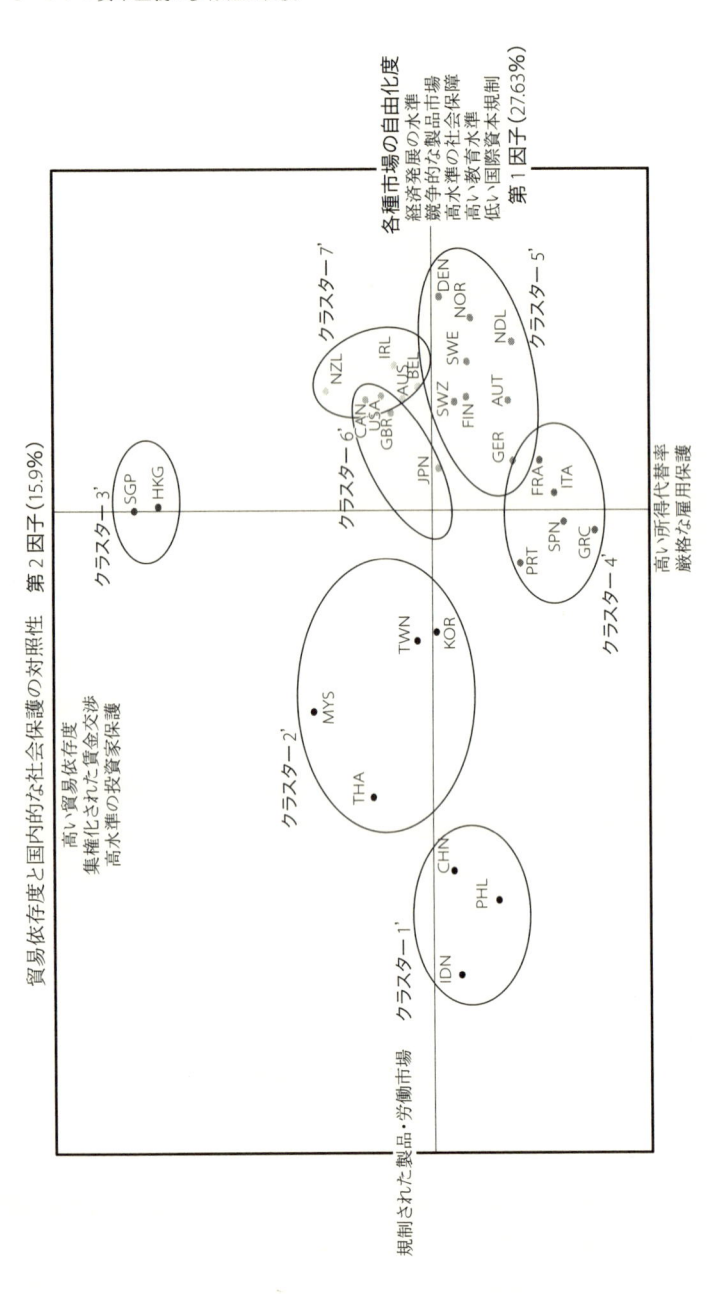

検討対象のばらつきの43.53%が，この分析から帰結する第1および第2因子によって説明可能である[11]．図2-2の横軸で示される第1因子は，対象国のばらつきのうち27.63%を説明する．それは正方向について，経済発展の度合いと，競争的な製品市場，高水準の社会保障，高い教育水準，そして自由な国際資本移動によって規定されている．また同因子の負の方向へは，製品市場への参入の難しさや労働市場での解雇の困難さが影響をあたえている．以上から，前項に示された2000年代中葉の分析と同様に，各種市場の自由化度が第1因子を規定すると解釈可能である．

第2因子（縦軸）はばらつきの15.9%を規定する．これを決定する要因は，国際貿易への依存度の高さ，賃金交渉における集権度の高さ，高水準の投資家保護であり，負方向へは雇用の硬直性と社会保障の所得代替率の高さである．第2因子についても，前項と同様に貿易依存度と国内的な社会保護との対照性が規定していると理解できよう．このように，十分に離れた期間ではないことを差し引いたとしても，期間をずらした分析において，各因子を規定する変数に大きな変化がないことは注目に値する．

上記MFAの結果にもとづいてクラスター分析[12]を施すと図2-2に示されるような類型化が可能である．この図を先の図2-1と比較すると，以下のことが明らかとなる．第一に，両図における各経済の相対的位置は大きくは変わらない．しかし，クラスター分析から析出される類型にはいくらかの変化が見られる．とりわけ図の中心部付近ではグループの組み換えが起きている．最も興味深いのは，図2-1のクラスター5が二つに分かれて，その一方に日本が加わっていることである（クラスター6'）[13]．後の分析でも触れるが，1990年代以降の日本では，新自由主義的な制度改革が行われて，各種市場の自由度が高まったことが指摘される．その結果として，2000年代後半において，制度的にはアメリカ，イギリス，カナダと同じ「自由な市場経済」（Hall and Soskice 2001）に分類されるまでに至ったと判断できるかもしれない[14]．しかしながら，図2-1，2-2をよく見てみると，まったく同じ座標軸ではないものの，日本の相対的位置がいちじるしく右方へ移動したわけではないことにも注意が必要である．これに似たような変化は，韓国，台湾をめぐっても確認できる．両国は図2-1において，日本とともに独立

したグループを形成していたが，図2-2においては，マレーシア，タイのグループと結合している．また，中国はインドネシア，フィリピンと同じグループとなっている．これらの国ではクラスターにいくらかの変化が見られるものの，両図における各国の位置はいちじるしく変化したわけではないことが確認できるだろう．

3 制度的多様性の持続性

以上のように，2000年代におけるアジア資本主義の類型にいくらかの変化が見られるが，もう少し長い期間で見た場合に，各経済の制度的構図はどの程度変化しているのだろうか．Harada and Tohyama（2012）では，1990年代中葉と2000年代中葉のデータを用いてMFAを行い，同一座標上での各経済の動きを特定した．ここでは，これに2000年代後半までのデータを追加して当該分析を拡張した．ただしHarada and Tohyama（2012）でも示したように，90年代のデータについては若干の留保を必要とする．当該年代のデータは1995年およびその前後の時期について収集した．残念ながら，制度指標を数値化する試みを展開している多くのデータベースでデータが利用可能となるのは，2000年代以降である．したがって，1990年代の利用可能なデータは限られており，分析に用いられたデータは三つの時点において完全に首尾一貫したものではない．しかし，The Fraser Instituteが提供する *Economic Freedom of the World* のデータベースは，変数の具体的な中身には変更があるものの，最低賃金や労使交渉の集権度といった特定の機能を示す指標について，一部は1970年以降の経年変化を追跡できるように整合性の確保が工夫されている．われわれが分析に用いたデータも，同データベースにかなり依拠している．

分析の結果は図2-3に示される．同図の二つの軸を構成する諸変数は，図2-2のそれと類似している．同図からは各国経済の動きにいくつかのパタンがあることが指摘できる．一つめのパタンは，日本を含むクラスター6'，7'に属する経済の動きに見いだすことができる．それらは，一貫して図中右側へ移動しているが，90年代から2000年代中葉にかけては右上方向への移動

第2章　アジア資本主義の多様性　71

図2-3　各国経済の相対的位置の推移（1990年中葉〜2010年代初頭）

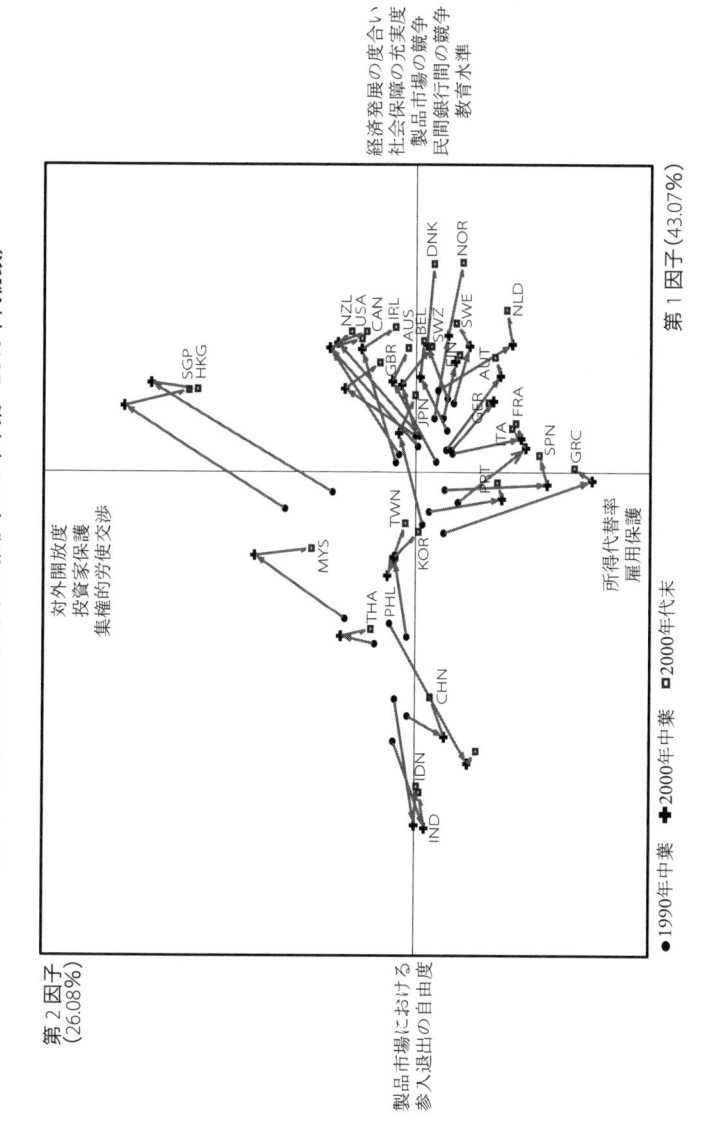

と 2000 年代中葉から後半にかけての右下方向への移動に区別することができる．前者の変化は，自由化度の高まりに加えて，グローバル化への対応に伴う対外依存度の上昇，あるいは金融化の動きに伴う投資家保護の強化によって生じたと解釈できるかもしれない．また後者の変化については，市場の自由化度が高まる一方で，世界金融危機の影響から，一時的にせよ，グローバル化や金融化の動きに反動が生じたと理解できよう．そのなかで日本は，他の「自由な先進資本主義」諸国と比較して，縦方向の動きが小さい．このことは，グローバル化や金融化の影響が相対的に小さいことを意味するのかもしれない．

二つめのパタンは，クラスター 4'，5' に属する諸国の動きに見られる．それは，2000 年代中葉から後半にかけての右上方向への移動が見られるものの，全期間を通して見た場合には下方向への動きとして捉えることができる[15]．

上記二つのパタンは，90 年代から 2000 年代後半（あるいは 2010 年代初頭）にかけての先進国の動きに関わるものである．アジア経済の動きについてはどうだろうか．こちらはかなり複雑である．先に見た日本と類似したパタンを示すのが韓国である．ただし，日本ほど自由化度が高まっているわけではない．また同じ類型に属する台湾は，一度若干ながら左上方に移動した後に，右方向へ推移するという，日本，韓国とは異なる動きを見せている．

第三のパタンは，左方へのシフトである．こうした動きは先進国には見られず，程度の差はあるものの，90 年代から 2000 年代中葉にかけてインドネシア，フィリピン，中国において観察できる．こうした動きは，各種市場において自由化（右方向）に逆らうもののように見える．2000 年代後半にかけては自由化の動きが見られるが，期間全体としては，先進諸国と逆の動きを呈している．

第四のパタンは，タイ，マレーシア，香港，シンガポールの動きに見いだすことができる．すなわち，90 年代から 2000 年代中葉にかけて右上方への推移を示すが，縦方向への動きが強い．また，2000 年代中葉から後半にかけては，下方への動きが見られるが，以前の期間の動きを打ち消すほどではない．こうした動きは，いずれの経済も貿易依存度の動きが要因になってい

ると考えられる．つまりアジア経済危機を挟んでこれらの経済では対外取引が大きく拡大したのに対して，世界金融危機の影響で，国際貿易の伸びが鈍化したという一連の動きを反映したものと解釈できる．ここですぐに付言しなければならないのは，これらの経済では横方向への動き，すなわち諸領域における自由化はこの15年ほどの間にさほど進んでいないということである．

　このように見てくると，アジア資本主義は，特定の時点における制度的構図という意味で，先進諸国と明確に区別されるグループを構成するばかりでなく，制度的構図の変化においてもそれぞれが特徴を有し，少なくとも2010年代初頭までは，市場的調整が支配的な経済システムへの単純な収斂は起きていない．むしろ上述の四つのパタンを考慮すると，この15年ほどの間に各経済の制度的構図は分岐の様相を示しているとさえ言える．ただし日本については，同じ期間において各種市場において自由化が進み，アングロ・サクソン諸国のシステムに近づいたということができそうである[16]．

4　多様なアジア資本主義におけるインドの位置

　最後にインド（IND）について触れておこう．インドを含めた2000年代後半のデータに対して，本章の分析手法を適用することで得られるのが**図2-4**である．同図を構成する座標軸に寄与する変数は，**図2-2**のそれとかなりの程度類似しており，座標軸にあたえられる名称もほぼ同様である[17]．

　この図が示しているのは，インド以外の経済の位置が**図2-2**のそれとほぼ変わらないということである．そのうえでインドは，どのグループにも入らず独自のクラスターを構成していることが見て取れる．具体的な特徴としては，低い1人あたりGDP，規制された製品・労働市場，低水準の社会保障，強力な国際資本規制が挙げられ，その限りではインドネシアやフィリピンとの類似性を確認することができる．なかでも，預金にかんする民間銀行占有率や社会保障への公的支出がきわめて低く，企業の市場参入や退出に対する規制はきわめて厳格であることや，国際資本移動に対する規制がすべて課税を通じて行われる点では，制度的に近いシステムをもつインドネシアとも一

74　I　アジア資本主義の多様性と転換

図2-4　2000年代後半(2007～11)におけるアジア諸経済および先進諸国の相対的位置

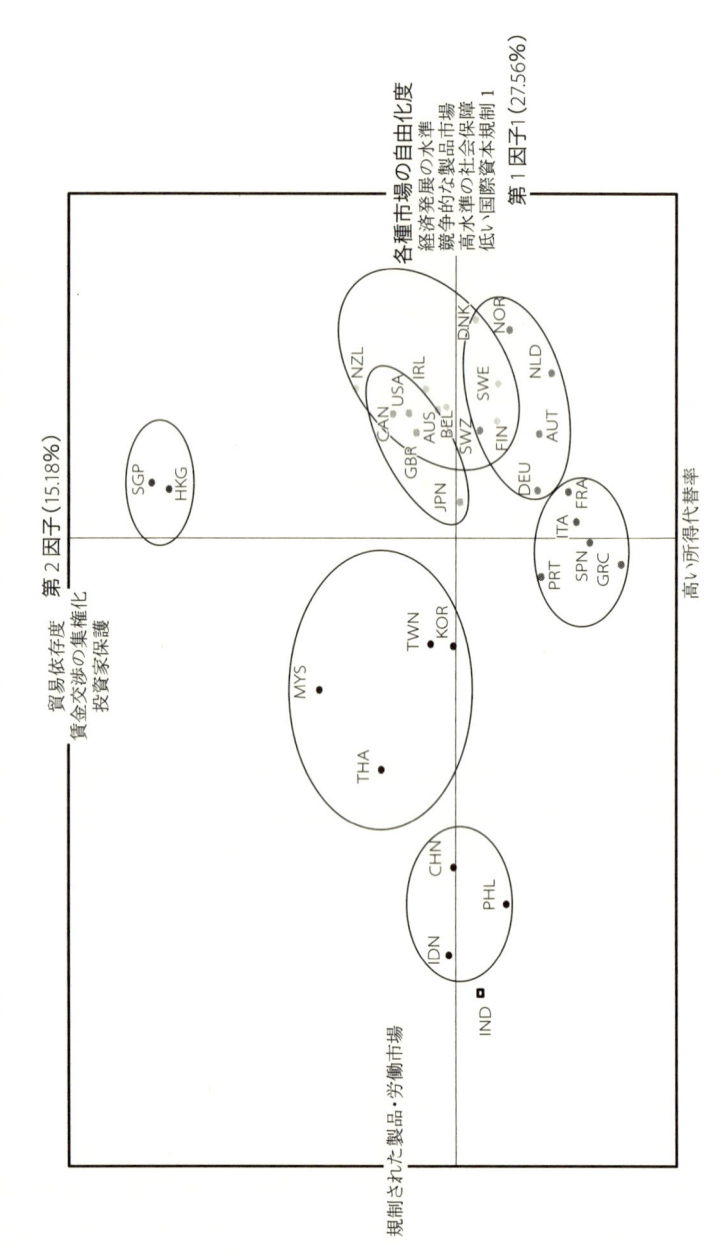

線を画す特徴をもつと言ってよい．こうした特徴は，インドが独立以来1980年代まで，公的部門の拡大を優先させる経済システムを構築し運営してきたことが影響していると思われる．民間企業に対しては，産業許認可（ライセンス）制度によって広範な経済統制が取られた（石上／佐藤 2011: 150-6）．1991年の経済改革で許認可制度が撤廃されたものの，すべての経済部門で規制が緩和されたわけではない．とりわけ小規模工業部門の保護（留保政策）の改革が本格化したのは2002年以降とされる（絵所 2008: 85-7）．インド経済といえば巷間では，IT産業をはじめとする一部の製造業の興隆や先進性が話題にあがり，実際にそうした産業が経済成長を牽引しているが，そのマクロ的制度の構図という観点から見れば，それら産業は当該経済において例外的な位置を占めるものと理解できるだろう．

以上のことを考慮すると，先述のアジア資本主義の五つの類型にならって，インド経済は「**IT主導型統制資本主義**」*IT-led dirigiste capitalism* と呼ぶことができそうである．

5　小　括

本節では，多変量解析の手法を用いて，アジア資本主義経済の制度的構図にかんする多様性について検討した．分析から明らかになったことは以下の通りである．第一に，2000年代中葉の分析において，アジア資本主義は，制度的構図の観点から先進欧米諸国とは明確に異なる五つの類型に分類できる．第二に，アジア資本主義の制度的多様性を規定する主たる要因は，各種市場の自由化度，および貿易依存度と国内的な社会保護との対照性である．第三に，分析を2010年代初頭まで延長した場合も，上記類型はある程度維持される．ただし，日本はアングロ・サクソン諸国のグループ（自由な先進資本主義）に吸収されることが確認された．第四に，1990年代中葉から2010年代初頭にかけて各経済の制度的構図の推移をみると，ほぼ類型ごとに異なる軌道を描いており，一つのモデルに収斂する強い兆候はないことが確認できる．最後に，インドはアジア資本主義のいずれの類型とも異なる独自の制度的構図を有することが確認された．

II 東アジア資本主義の多様性と技術的イノベーション

　本節では Hall and Soskice（2001）のアイデアにもとづき，前節で明らかにしたアジア資本主義の制度的多様性が技術的イノベーションの国民的差異を生み出すのかどうかを検討する．それは，言いかえれば，マクロレベルの制度分析から摘出された制度的多様性をミクロレベルの企業のイノベーション分布において確認する作業でもある．そのさい同時に，東アジア経済の急成長に決定的な役割を果たしたグローバル・サプライチェーンに注目し，企業の国際体制への編入によって各国のイノベーションがナショナルなイノベーション能力の限界を超える可能性についても考察する．

1　Hall and Soskice 仮説の修正

　Hall and Soskice（2001）は，なぜ，ある国がいくつかのある財の生産に特化し，他の国が別の財の生産に特化するのか，その理由を説明するために比較制度優位という概念を提起している．この概念によれば，各国に特殊的な制度的構造の下において企業がある特定のタイプの活動に従事するさい，その制度構造が企業に優位性をあたえる．言いかえれば，企業は，制度的構造からある特定の活動に対して制度的支援を受けることによって，他の活動に比べ，その活動を効率的に遂行することができる．
　ホール゠ソスキスは，最初に，先進諸経済の制度的構造を自由な市場経済とコーディネートされた市場経済に分類する．次いで，企業の長期的な成功にとってイノベーションが決定的に重要であるという認識に基づいて，企業の諸活動の中でも特にイノベーションに焦点をあてる．第三に，ラディカルなものと漸進的なものというイノベーションの基本的分類をあたえた上で，企業がいずれのイノベーション活動に特化するかは制度的枠組みに対する企業の合理的反応であることが強調される．すなわち，自由な市場経済の制度的構造が企業にラディカル・イノベーションに適した能力を提供し，コーディネートされた市場経済の制度的構造は漸進的イノベーションに適した能力を

企業に提供するとされる．こうして企業活動の国民的特化のパタンの発生が説明される．

　実証的には，パテントデータを利用し，ドイツとアメリカにおいてイノベーションがどの産業に集中しているかを検討し，ドイツ経済（アメリカ経済）においては漸進的イノベーション（ラディカル・イノベーション）によって特徴づけられるような産業においてパテント取得が際立っていることが確認されている．

　ホール゠ソスキスの仮説は，政治経済の制度的枠組みが技術的イノベーションの各国別特化を生み出すというものである．さらに，彼らの仮説には，技術的イノベーションが企業成長を促進する以上，各国の生産特化あるいは産業構成の相違が各国で実行に移される技術的イノベーションのタイプに応じて異なるということも含意されている[18]．

　本節は，こうした Hall and Soskice（2001）の仮説にもとづき，アジア資本主義の多様性（制度環境の相違）が技術的イノベーション，その国別相違に影響をあたえるかどうかを検討することを課題とするが，彼らの主張を分析のための作業仮説として採用するにあたっては，東アジアの経済発展にかんする先行研究——グローバル・サプライチェーンに組み込まれることによって東アジア経済がその技術的イノベーション能力を高めたとする研究——に注目し，Hall and Soskice 仮説に一定の修正をあたえる．

　Baldwin（2011），Whittaker *et al.*（2008）等が指摘するように，東アジア経済におけるグローバリゼーションは，生産方法の転換をともなって進行している．グローバリゼーションはグローバルなフラグメンテーションという新たな生産システムをもたらした．そこでは各国経済は特定の産業の特殊な生産段階に特化し，完結したサプライチェーンを有することはない．そのようなものとして，それぞれの場所は特定のイノベーション能力に特化しつつある．それは理想的には，相異なる国民経済がその選択された生産段階において優位性を発揮することにつながる（IDE-JETRO and WTO 2011; Fukakusa *et al.* 2011）．こうしたグローバルな生産のフラグメンテーションの下では，新興経済・企業のイノベーション能力は多国籍企業のサプライチェーンをつうじた能力移転によって影響される．

Hu and Mathews (2005) はアジア経済のナショナル・イノベーション・システム[19]を分析しているが,興味深いことに,彼らの研究においては,グローバル生産ネットワークへの参加が成功した後発工業諸国にとって先端的知識の重要なソースであったこと,とりわけ知識集約的な,高度にグローバル化されたハイテク産業において決定的に重要であったことが示されている.

知識の取得および学習の方法は,グローバル・サプライチェーンの出現にともない変化した.そこではもはや企業のイノベーション活動はローカルな,ナショナルなイノベーション能力には制約されない.グローバル・サプライチェーンは発展途上国の企業が知識を取得し学習し,イノベーションを生み出す重要な機会を提供する(Pietrobeeli and Rabellotti 2010).したがって,Hu and Mathews (2005) の実証研究が示すように,東アジア経済のイノベーション能力の形成にとってグローバルな生産ネットワークへの参加が補完的役割を果たす可能性がある.

こうした一連の研究が示すように,東アジア経済地域におけるイノベーション活動を理解しようとするとき,Hall and Soskice (2001) の仮説は有益なアプローチではあるものの,一定の修正を必要とする.第一に,イノベーションへの国際的影響力の経路が組み込まれる必要がある.第二に,そうした経路の中でも,とくにグローバル・サプライチェーンの役割――サプライチェーンをつうじた知識・技術の移転および学習――が注目されるべきである.

2 東アジア経済における技術的イノベーション

本項においては,最初に,パテントデータをイノベーションの代理指標とし,東アジア各国のイノベーション水準の推移をみて行くことにしたい.次いで,企業レベルのミクロデータを利用し,制度的構図が企業のイノベーション実施分布の相違に有意な影響をあたえるかどうかを検討する.

1) 東アジア経済のパテント水準の推移

イノベーションの尺度としてもっとも頻繁に利用されるのはパテントであ

る．パテントそのものは，政府によって，発明の商業的な利用に関して発明者に認可される一時的な法的独占である．パテントは，特殊な所有権であり，発明が特許庁といった公的な機関によって審査された後にはじめて認可されるものである．そのようなものとしてパテントはイノベーション活動の数量化にとって有益な指標である．

　もちろん，パテントデータをイノベーションの尺度とすることにはいくつかの問題点もある．厳密には，それはイノベーションというよりもインベンションを尺度するものにすぎない．また，企業は自己のイノベーションを守るためにパテントよりも他の方法を利用するかもしれない．さらに，産業とパテントとの関連を考察するとき，特定の産業に，ある一つのパテントを振り分けることが難しいケースも発生する．

　パテントデータは以上のような問題を抱えており，とりわけ，ミクロレベルのイノベーションとして利用される場合，例えば，個々の企業・産業の競争力を比較するために利用される場合には，適切ではないかもしれない．だが，パテントデータは，集計的に利用され，例えば，長期間にわたるイノベーションの国民水準のラフな尺度として利用されるとき，イノベーションの尺度として受容可能であろう．本章においては，こうした意味においてパテントデータを利用する．利用されるパテントデータは全米経済研究所（NBER）によって提供されているものである．NBERはアメリカ企業および国外の企業がアメリカ特許・商標庁（USPTO）に登録したパテントデータを整理し，公開している．これによって各国のイノベーション活動水準を追求することができる．

　以下の図2-5～2-9は，第2節で明らかにされたアジア資本主義の多様性を基礎に，毎年のパテント数を国別に描いたものである．同一のパテントは複数の主体に振り分けられるケースがあるが，ここではパテントを主体の数によって除したものを一主体のパテント保有数とした．これにもとづき国別に年ごとに単純集計したものを描いたものである．ただし，横軸の年次はパテント申請時ではなく，パテントが認可された年を採用している．

　本章のデータは各国の経済の規模を考慮せず，パテント数を集計したものにすぎず，したがって単純には国際比較はできないが，各国の趨勢は理解で

図2-5　韓国と台湾のパテント水準の推移

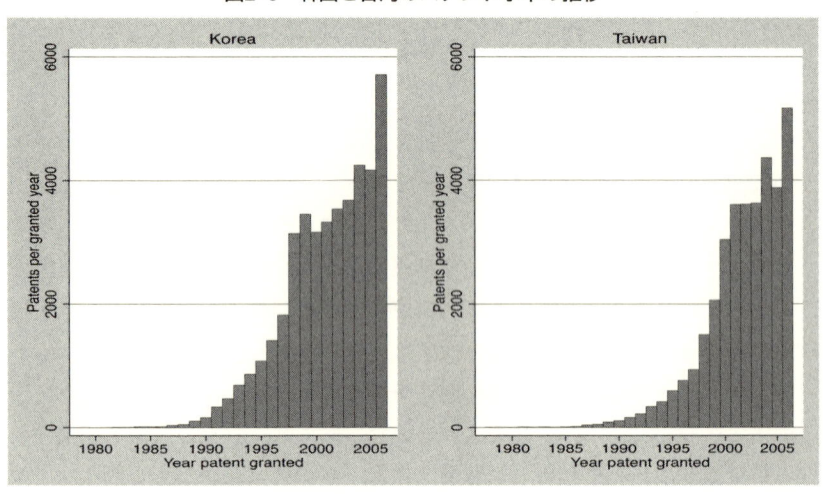

図2-6　シンガポールと香港のパテント水準の推移

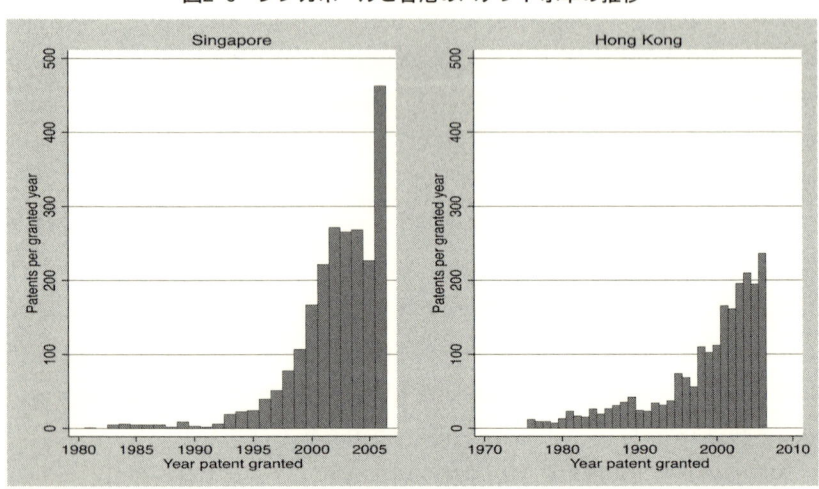

第 2 章　アジア資本主義の多様性　81

図2-7　フィリピンとインドネシアのパテント水準の推移

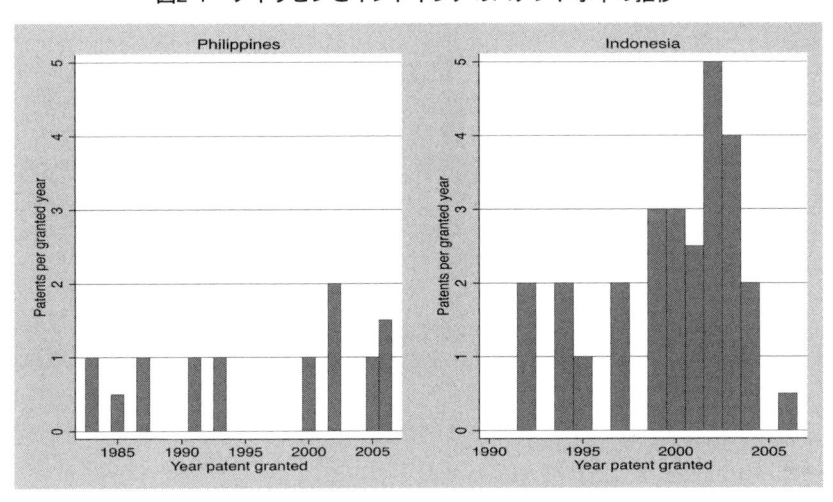

図2-8　マレーシアとタイのパテント水準の推移

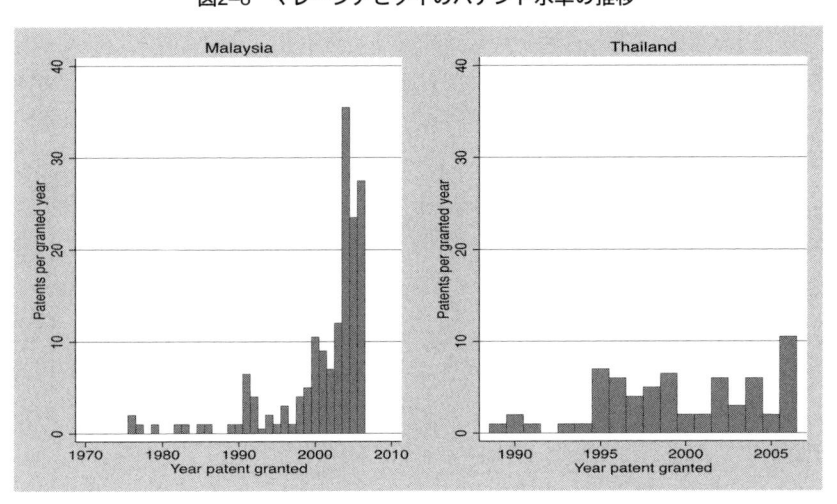

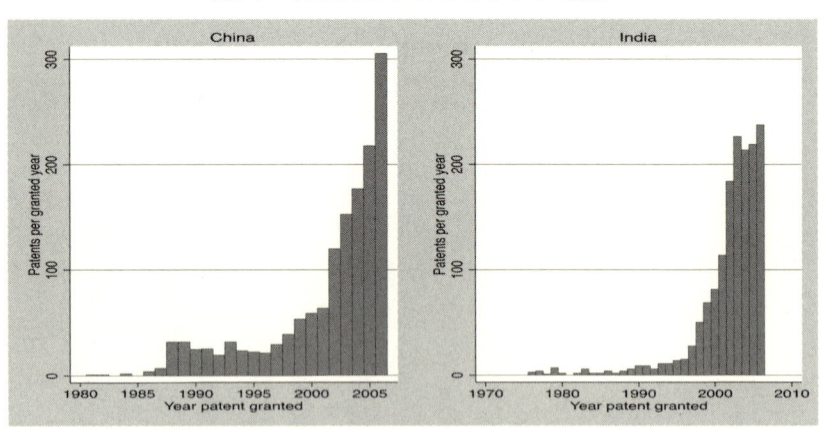

図2-9 中国とインドのパテント水準の推移

きる.東アジア地域においては日本経済が例外的に高い水準にある.日本経済のパテント水準は近年その成長においては韓国や中国に遅れつつあるものの,依然として東アジア諸経済においては突出した位置を占める.日本経済を除いた場合,東アジア経済地域において際立ったパフォーマンスを示しているのは韓国と台湾である(図2-5).両経済は1980年代半ば以降,急速に成長している.こうした観察結果は,日本,韓国および台湾をイノベーション主導型経済ととらえた第2節の分析と整合的である.シンガポールと香港も――経済規模に起因し,水準では両国に劣るものの――類似した動きを示している(図2-6).

中国はこうした経済に遅れて1990年代後半から,とりわけ,WTO加盟以降,急速な伸びを示している.インドもほぼ同様の趨勢を示している(図2-9).ただし,韓国および台湾と比較すると,中印両国の水準は依然としてかなり低いことも確かである.

これに対してフィリピンとインドネシアのパテントの趨勢は2000年代に入り,若干,伸びているものの,サンプル期間全体をつうじて停滞的である(図2-7).マレーシアとタイは,フィリピンやインドネシアよりも,パテントの取得数水準は高いものの,その経済規模を考慮した場合,かなり低い水準にあると言える(図2-8).

したがって東アジアのイノベーション分布をパテント水準の推移からみた場合，一方の極にもっとも高い水準の日本，韓国および台湾，他方の極にインドネシアとフィリピンが位置し，その両極の中間にシンガポールと香港，中国（およびインド），マレーシアとタイが位置する．だが，中国（とインド）は趨勢的には韓国と台湾の極の方向に移動しつつあり，シンガポールと香港に接近しつつあることが理解される．こうした各国のイノベーションの様態は第2節の分析結果とほぼ整合的である．だが，マレーシアとタイについては，教育への公的支出水準，貿易依存度，柔軟な雇用・労働時間という制度的特徴を考慮し，比較的高いイノベーション活動が観察されると期待されたものの，結果は明らかにこうした期待に反するものであった．

2）東アジア経済企業のイノベーション活動分布

これまでイノベーションをパテントによって代理させ，東アジア経済地域におけるイノベーション活動を考察してきた．だが，すでに指摘したように，パテントの取得がイノベーションに直結するわけではない．そこで次にじっさいに企業がイノベーションを行ったかどうかをミクロデータによって観察することにしたい．ここで利用されるデータは「世界銀行」の企業アンケート調査（World Bank, *Enterprise Survey*）から得たものである．同調査のアンケート項目の一つに「貴社は過去3年間において以下のいずれかの取組みを行いましたか」という質問項目があり，これに対する回答として「1. 主要な新規製品ラインを開発した」および「2. 既存の製品ラインを更新した」の選択肢が用意されている．本章ではこの二つの回答をイノベーション活動の代理変数として利用する．

最初に，第2節で明らかにされた東アジアの制度的多様性と技術的イノベーションの関連をみることにしたい．**表 2-1** は経済グループ別に企業が主要な新規製品ラインを開発したかどうかにかんする情報にもとづきイノベーションの企業分布を示したものである[20]．

企業調査データは2002～2005年のいずれかの年のデータであるため，必ずしもパテントデータによって捉えられたイノベーション活動とは単純に比較できないが，以下の点が注目に値する．全体的には，東アジア経済におい

表2-1(a) イノベーション：新製品ラインの開発

経済グループ	主要な新製品ラインを開発したか Yes	No	計
インドネシア，フィリピン	594 (43.87)	760 (56.13)	1,354 (100)
タイ，マレーシア	951 (41.67)	1,331 (58.33)	2,282 (100)
韓国	99 (46.05)	116 (53.95)	215 (100)
中国	402 (25.2)	1,193 (74.8)	1,595 (100)
計	2,046 (37.57)	3,400 (62.43)	5,446 (100)

注：1. 各セルの上段は企業数，下段（ ）内は比率（%）である．
　　2. Pearson chi2（3）= 149.8793　Pr = 0.000

表2-1(b) イノベーション：既存の製品ラインの更新

経済グループ	既存の製品ラインを更新したか Yes	No	計
インドネシア，フィリピン	898 (66.32)	456 (33.68)	1,354 (100)
タイ，マレーシア	1,421 (62.27)	861 (37.73)	2,282 (100)
韓国	134 (62.33)	81 (37.67)	215 (100)
中国	743 (46.52)	854 (53.48)	1,597 (100)
計	3,196 (58.66)	2,252 (41.34)	5,448 (100)

注：1. 各セルの上段は企業数，下段（ ）内は比率（%）である．
　　2. Pearson chi2（3）= 143.2189　Pr = 0.000

ては新製品ラインを開発した企業の比率（37.57％）よりも既存の製品ラインを更新した企業比率（58.66％）の方が高い．これはアジア経済が技術的フロンティアを拡大するというよりも既存の技術や知識の取得に焦点を置いていることを示すものであろう．

　資本主義グループ間を比較すると，中国経済は，新製品ラインを開発した企業比率においても既存の製品ラインを更新した企業比率（それぞれ25.2％，46.52％）においても，いちじるしく低い水準にあるという点で際立つ[21]．こうした観察は，中国経済の制度的構図が企業のイノベーション活動を誘発する可能性が低い，ということを示唆する．また，宋磊は中国企業が「中国型モジュール化の罠」（Song 2012: 141）に陥っていると主張しているが，ここで観察されたイノベーション実施企業の低さはそうした要因にも起因するかもしれない．

　また，パテントデータでは，インドネシア，フィリピンおよびタイ，マレーシアの水準は相対的に低い水準にあったが，新製品ラインの開発にかんする企業比率においては韓国経済における企業比率に近いものがある．既存の製品ラインを更新した企業比率については，インドネシアとフィリピンは韓国経済を若干上回り，タイ，マレーシアは韓国経済にほぼ匹敵する水準である．すなわち，インドネシアとフィリピンについてはパテントデータが示す以上に，イノベーション活動が活発だということになる．

　第2節で明らかにした東アジア経済の分類は制度的相違にもとづいたものである．そうした制度的相違が企業のイノベーション活動実施の分布に影響をあたえるであろうか．この点を確認するために，**表 2–1** においてはあわせてカイ自乗検定の結果が示されている．イノベーションの代理変数として新製品ラインの開発を採用した場合でも，既存の製品ラインの更新を採用した場合でも，カイ自乗検定の結果から，イノベーションの実施の有無に対して制度的構図の差が母集団においても存在することが確認される．したがって Hall and Soskice 仮説が主張するように，技術的イノベーションの説明力は制度的構造に帰される可能性が高い．

　すでに見たように，パテント指標にもとづいた場合，日本，韓国，台湾の制度的構図は企業のイノベーション活動を誘発するものであり，少なくとも

阻害するものではなかった．他方，他の資本主義の制度的構図は企業にイノベーションに適した能力を提供するものではなかった．しかし，新製品ラインの開発，既存の新製品ラインの更新水準からみると，インドネシア，フィリピンのグループにおいても，タイ，マレーシアのグループにおいてもイノベーションは高い水準にあると考えられる．パテントデータからみた場合，国内のイノベーション能力が低いにもかかわらず，なぜ，主要な新製品ラインの開発および既存製品ラインの更新を実行に移す企業の比率が高いのであろうか．

こうした食い違いは，各国のイノベーション能力がそのナショナルな制度的構造によっては完全には制約されない，ということを示唆するものかもしれない．そこで次に，修正 Hall and Soskice（2001）仮説にしたがってイノベーションへの国際的影響力の経路，とくにグローバル・サプライチェーンの役割——サプライチェーンをつうじた知識・技術の移転および学習——を検討することにしたい．

3) グローバル・サプライチェーンと技術的イノベーション

グローバル・サプライチェーンに組み込まれた企業は，一般的に，輸出志向型および／または外資系である．そこで次に，グローバル・サプライチェーンへの編入を企業の輸出志向および所有形態によって代理させ，そうした企業の性格がイノベーションの分布と関係するかどうかを見ることにしたい．

(1) 企業の輸出とイノベーション

表 2-2 から理解されるように，企業が輸出志向である場合，主要な製品ラインの開発を実施した企業は 47.08% であり，非輸出志向型企業の 34.32% よりも大きい．また，イノベーションの代理指標として既存の製品ラインの更新を採用した場合でも，輸出志向型 68.12% に対し，非輸出志向型は 55.96% である．また，カイ自乗検定の結果においても，企業がイノベーションを実施するか否かは企業が輸出志向か否かに応じて異なるということが確認される．

こうした観察結果は，例えば Şeker（2009），Taylor（2009）の実証研究と

表2-2(a)　新製品ラインの開発と輸出

輸出志向	主要な新製品ラインを開発したか Yes	No	計
Yes	830 (47.08)	933 (52.92)	1,763 (100)
No	1,074 (34.32)	2,055 (65.68)	3,129 (100)
計	1,904 (38.92)	2,988 (61.08)	4,892 (100)

注：1. 各セルの上段は企業数，下段（　）内は比率（％）である．
　　2. Pearson chi2（1）= 77.1689　Pr = 0.000

表2-2(b)　既存の製品ラインの更新と輸出

輸出志向	既存の製品ラインを更新したか Yes	No	計
Yes	1,201 (68.12)	562 (31.88)	1,763 (100)
No	1,751 (55.96)	1,378 (44.04)	3,129 (100)
計	2,952 (60.34)	1,940 (39.66)	4,892 (100)

注：1. 各セルの上段は企業数，下段（　）内は比率（％）である．
　　2. Pearson chi2（1）= 69.7022　Pr = 0.000

も整合的であり，企業が輸出という経路をつうじて国際的なリンケージを形成するとき，イノベーション活動が誘発される可能性が高い．

(2) イノベーションと所有形態

　企業が国外の資本によって所有されている場合，輸出志向型のケースと同様に，イノベーション活動を実行する可能性は高いようである．新製品ラインの開発をイノベーション指標としたとき，外資系企業である企業のうち48.05％がイノベーションを実施し，51.95％がイノベーションを実施していない．他方，企業が非外資系であるとき，35.88％がイノベーションを実施し，64.12％が実施していない（**表2-3**参照）．したがって企業の所有形態が外資

表2-3(a)　新製品ラインの開発と所有形態

外資系	主要な新製品ラインを開発したか Yes	No	計
Yes	580 (48.05)	627 (51.95)	1,207 (100)
No	1,329 (35.88)	2,375 (64.12)	3,704 (100)
計	1,909 (38.87)	3,002 (61.13)	4,911 (100)

注：1. 各セルの上段は企業数，下段（　）内は比率（％）である．
　　2. Pearson chi2（1）= 56.7701　Pr = 0.000

表2-3(b)　既存の製品ラインの更新と所有形態

外資系	既存の製品ラインを更新したか Yes	No	計
Yes	829 (68.57)	380 (31.43)	1,209 (100)
No	2,126 (57.4)	1,578 (42.6)	3,704 (100)
計	2,955 (60.15)	1,958 (39.85)	4,913 (100)

注：1. 各セルの上段は企業数，下段（　）内は比率（％）である．
　　2. Pearson chi2（1）= 47.4580　Pr = 0.000

系であるとき，企業がイノベーション活動に従事する可能性は高くなる．同様の傾向は，既存の製品ラインの更新をイノベーション指標としたときにも観察される．

　以上の観察から，いずれのイノベーション指標においても，イノベーションの相違については企業の所有形態に応じて異なる可能性がある．こうした所有形態の差は，カイ自乗検定の結果から母集団においても確認される．

　これまでの簡単な観察から，輸出と所有形態によって代理されたグローバル・サプライチェーンが企業のイノベーション活動の実施の相違をもたらすことが見出された．また，上述のように，ナショナルな制度的構図もまた企業のイノベーションに影響をあたえる．以上の結果を総合すると，企業のイ

ノベーション能力がナショナルな制度的構造によって制約されるとしても，制約された企業のイノベーション能力は国際的なリンケージ——グローバル・サプライチェーン——によって補完される可能性が高いと言えるであろう．

3　小　括

　上述の分析から資本主義の制度的多様性が企業のイノベーション活動分布に影響をあたえることが理解される．言いかえれば，企業のイノベーション能力は制度的構図によって制約される．だが，グローバル・サプライチェーンが企業のイノベーション活動の相違を生み出すという発見を考慮すれば，企業のイノベーション能力がナショナルな制度的構造によって制約されるとしても，企業のイノベーション能力の欠如は国際的なリンケージ——グローバル・サプライチェーン——によって補完される可能性が高い．

III　結　論

　最後に，本章で明らかにされた論点と残された課題を示しておきたい．本章においては，第一に，アジア経済の中に先進資本主義諸経済とは異なる五つの資本主義グループを析出した．この制度的多様性は比較的持続的であり，少なくともわれわれの分析対象期間においてアジア資本主義が一つのモデルに収斂する強い兆候はみられない．第二に，企業のイノベーションデータの分析にもとづき，アジア資本主義の制度的構図の相違が企業のイノベーション活動にも有意な相違をもたらすことを確認した．したがって，こうした分析結果を総合すると，アジア諸経済は今後も資本主義の多様性概念と整合的な形で進化して行く可能性が高い．

　もちろん，こうした結論には一定の留保が必要である．東アジア経済の企業がグローバル生産ネットワークに組み込まれ，そのことが東アジア企業のイノベーション能力を補完する可能性も見出された．これは，国内の制度的構図の制約を超えて東アジアの企業が成長し，産業構造ひいてはマクロ的な

制度の変化を引き起こす可能性を示す．他面，Sturgeon（2007）が指摘するように，グローバル・サプライチェーンは，それが各経済に固有の制度的相違を利用する以上，東アジア諸経済の制度的多様性を強化する可能性もある．

また，Witt and Redding（2013），Walter and Zhang（2012）等が示唆するように，オリジナル VoC アプローチが除外していた政治や階層的組織といった非市場的次元は，新興市場経済においては資源配分の重要なメカニズムと考えられるだけに，今後のアジア資本主義の多様性研究において検討されるべき制度領域と言えるかもしれない[22]．

したがって，アジア資本主義の制度的多様性の変化の方向を明らかにするためには，政治や階層的組織の次元を組み入れた分析，さらに制度的構造，グローバル・サプライチェーンそれぞれがイノベーションにあたえる効果を計量的に分析し，比較検討する作業が必要とされるであろう．そこには，同時に，Hall and Soskice の意味での比較制度優位——すなわち，イノベーションの産業別特化したがって産業レベルの分析も求められる．

付録1　第2節の分析に用いた変数およびデータ出所の一覧

	変数	データ・ソース
金融市場	株式時価総額（対GDP比）	World Bank *A New Database on Financial Development and Structure*
	社債時価総額（対 GDP比）	
	公債時価総額（対 GDP比）	
	銀行集中度	
	純金利差益	
	銀行部門の総資産利益率（ROA）	
	投資家保護にかんする諸指標	World Bank *Doing Business*
	情報公開の範囲にかんする指標(0-10)	
	管理者責任の範囲にかんする指標(0-10)	
	株主訴訟の容易さにかんする指標(0-10)	
	資金調達にかんする諸指標	
	信用情報の深度にかんする指標(0-6)	
	信用情報にかんする公的機関のカバー率（成人人口比）	
	信用情報にかんする民間機関のカバー率（成人人口比）	
	銀行の所有形態	Gartner and Lawson *Economic Freedom of the World*
	利子率の制御／負の実質利子率	

第2章 アジア資本主義の多様性　91

変数	データ・ソース
労働市場 労働者雇用にかんする諸指標 　　　　雇用の困難さにかんする指標(0-100) 　　　　労働時間の硬直性にかんする指標(0-100) 　　　　人員整理の困難さにかんする指標(0-100) 　　　　雇用の硬直性にかんする指標(0-100) 　　　　人員整理コスト(給与:週による表示) 　　最低賃金 　　集権的集団交渉	World Bank *Doing Business* Gartner and Lawson *Economic Freedom of the World*
製品市場 開業にかんする諸指標 　　　　手続き数 　　　　時間(日数) 　　　　コスト(対1人あたり所得) 　　　　最低資本(対1人あたり所得) 　　破綻処理にかんする諸指標 　　　　回復率(ドルあたりのセント表示) 　　　　時間(年数) 　　　　コスト(債務者資産比:%) 　　価格統制 　　行政的要件 　　官僚制のコスト	World Bank *Doing Business* Gartner and Lawson *Economic Freedom of the World*
国際取引 純直接投資(対GDP比) 　　純証券投資(対GDP比) 　　経常収支(対GDP比) 　　輸出の対GDP比 　　輸入の対GDP比 　　平均関税率 　　関税率の標準偏差 　　非関税貿易障壁 　　外国資本出資比率・国際資本移動への制約 　　課税を伴わない国際資本規制の割合	IMF *Balance of Payments Statistics* Gartner and Lawson *Economic Freedom of the World*
教育 総就学率 　　成人識字率(15歳以上人口に占める割合) 　　教育関連の公的支出(対総政府支出比) 　　教育関連の公的支出(対GDP比) 　　初等教育における生徒—教師比率 　　高等教育への支出比率(対総教育支出比)	UNESCO *Human Development Index* World Bank *Education Statistics;* Ministry of Education, Taiwan *Educational Statistical Indicators*
社会保障 社会保護および医療にかんする公的支出(対GDP比) 　　社会保護および医療にかんする公的支出(対総政府支出比) 　　医療に対する公的支出(% of GDP) 　　医療に対する民間支出(% of GDP) 　　平均所得に対する粗所得代替率(男性) 　　平均所得に対する粗所得代替率(女性)	ILO *Social Security Expenditure Database* OECD *Society at a Glance* OECD & World Bank(2007) *Pensions at a Glance*
経済発展 1人あたりGDP	IMF *World Economic Outlook Database*

付録2　第3節の分析に用いたデータの出所

パテントデータは NBER（全米経済研究所）Patent Data Project（https://sites.google.com/site/patentdataproject/Home），また，企業へのアンケートデータは「世界銀行」の Enterprise Surveys（http://www.enterprisesurveys.org）において提供されている Standardized data 2006-2011 より得た．

注

(1) World Bank（1993）によれば，「東アジア」には日本，中国，韓国といった北東アジア諸国ばかりでなく，ASEAN 加盟国といった東南アジア諸国も含まれる．本稿では，この意味での東アジアを基本的な分析の対象とするが，近年成長いちじるしいインドも分析の対象とし，これを含めて「アジア」と称する．
(2) Kitschelt *et al.*（1999）は，記述的分析ではあるが，Hall and Soskice（2001）の CMEs 概念を拡張し，日本と韓国を集団調整型 CMEs として提示している．
(3) 例えば 2011 年の日印貿易額は，日本からインドへの輸出が 8821 億円，インドからの輸入が 5433 億円で，いずれも日本―インドネシアの貿易規模の 3 分の 1 である．
(4) 各制度領域が諸経済のちらばりにどのような影響をあたえるのかについては，Harada and Tohyama (2012) を参照．
(5) 対象国は，次のとおりである．アジア経済：中国（CHN），香港（HKG），インドネシア（IDN），日本（JPN），韓国（KOR），マレーシア（MYS），フィリピン（PHL），シンガポール（SGP），タイ（THA），台湾（TWN），先進国：オーストラリア（AUS），オーストリア（AUT），ベルギー（BEL），カナダ（CAN），デンマーク（DNK），フィンランド（FIN），フランス（FRA），イギリス（GBR），ドイツ（GER），ギリシャ（GRC），アイルランド（IRL），イタリア（ITA），オランダ（NLD），ニュージーランド（NZL），ノルウェー（NOR），ポルトガル（PRT），スペイン（SPN），スウェーデン（SWE），スイス（SWZ），アメリカ（USA）．
(6) 変数の全リストについては付録 1 を参照．
(7) ここに析出された因子は，Ruggie（1982）が指摘した「埋め込まれた自由主義」――戦後の自由貿易体制（多国間主義）と国内的安定性（福祉政策）の制度的結びつき――とは矛盾するように思われる．ラギーのこうした議論は，経済の対外開放度と財政活動の規模との相関についての検討という形で，多くの論者によって発展させられてきた（Cameron 1978; Rodrick 1998）．

　近年では，政府支出あるいは社会支出と対外開放度の関係において，先進国においては正の相関，途上国では負の相関があるという理解が強まっている．例えば，Wibbels（2006）は，途上国では先進国と異なり，貿易業者や労働組合といった関係者が力をもたず，社会支出が妨げられがちになるため，景気が後退している時期に社会支出が削減されやすくなることを指摘している．他方で，同じ社会支出でも，人的資本への支出は，対外開放度が高まっても保持されるのに対して，社会保障支出は対外開放が進むと削減

されることが明らかにされる．この Wibbles（2006）の議論は，われわれの分析で析出された第 2 因子を構成する主要変数と整合的である．すなわち，貿易依存度と，人的資本への支出を想起させる教育への公的支出が同じプラス方向へ寄与するのに対して，社会保障支出の一環である所得代替率は，貿易依存度とは逆に第 2 因子のマイナス方向へ寄与している．さらに本章の分析で用いたデータで確認すると，貿易依存度と教育への公的支出の正の相関，および貿易依存度と所得代替率との負の相関は，アジア諸国を対象とした場合は明瞭であるが，先進国を対象とした場合は両相関とも明確に確認できなくなってしまう．その意味では，今後アジア資本主義諸国が経済発展を順調に遂げれば，ここで析出された因子は諸経済の多様性を説明する力を失ってしまう可能性がある．

(8) ここで析出される先進諸国のグループ（クラスター）は先行研究の結果と一致している．その点でわれわれの分析結果の頑強性が補強されると思われる．具体的には，Harada and Tohyama（2012）で「自由な先進資本主義」と名付けたクラスターは，アイルランド，アメリカ，イギリス，オーストラリア，カナダ，ニュージーランドから構成される．これは，Hall and Soskice（2001）における「自由な市場経済」（LMEs）に対応するものである．また，Harada and Tohyama（2012）で「ヨーロッパ混合型資本主義」と呼ばれたイタリア，ギリシャ，スペイン，フランス，ポルトガルからなるグループは，ホール＝ソスキスにおいて例外的な類型ではあるものの，「地中海的」名付けられたグループに対応する（Hall and Soskice 2001: 21, 邦訳：22）．

(9) ILO のデータによると，2004～07 年の期間において，マレーシアおよびタイにおける工業雇用のシェアは，それぞれ 29.65％，20.5％である．これは，同期間のインドネシアとフィリピンの値を上回っている．

(10) 制度関連のデータは，加工の手間がかかって発表が遅れたり，データの集計・報告が数年おきに行われたり，あるいはある種のデータがある年を境に発表されなくなったりといった理由で，すべての国，すべての変数，すべての期間で網羅的にデータを取り揃えるのが容易ではない．本稿で取り扱っているデータにおいても，社会的保護および医療にかんする公的支出などのデータが 2008 年以降の分が得られないといった問題がある．こうした理由から，分析の期間に 2007 年を含めている．また，2008 年以降は各国経済が減速し，各種変数のデータが不安定化した可能性があり，そうした影響を多少なりとも緩和する目的もあって 2007 年のデータを組み入れた．

(11) 第 1，2 因子の固有値はそれぞれ 4.389，2.525 である．固有値が 1 を超える因子はもう一つあるが，説明力が分散の 8％ほどしかなく，ここでは割愛した．

(12) 前項での分析同様，Ward 法による階層的クラスター分析を行った．クラスター数の決定にあたっては，階層ごとに集計指数（Aggregation index）の値を計算し，階層間でその値に比較的大きな差が見られること（Lebart et al., 2002, 180），現実的な解釈が可能であることを条件としている．

(13) クラスター 6' とクラスター 7' が重なって見えるのは（同図の限りで，近接した経済同士が同じグループを形成しているように見えないのは），両グループを隔てる要因が図示された二つの因子以外の要因（例えば第 3 因子）にあるためである．

(14) アジア経済のみに限定した分析を行った場合も，Harada and Tohyama（2012）の結果とは異なり，日本は韓国とも離れた位置にあって，単独でクラスターを構成することが確認できる．
(15) 例えば，クラスター 4'「ヨーロッパ混合型資本主義」の諸国は，2000 年代中葉にかけて大きく下方向へ移動し，2000 年代後半にかけては右上方向への若干移動している．こうした動きを駆動している要因については，さらに詳細な検討を要するが，1990 年代後半について利用可能なデータが限られていることが，原因の一つとなっているかもしれない．
(16) Tohyama（2012）は，雇用保護法制と社会保障支出へのクラスター分析に基づき，社会保護の観点からではあるが，1990 年代以降，日本経済がアングロサクソン型へとシフトしたことを明らかにしている．
(17) 第 1 因子および第 2 因子の固有値は，それぞれ 4.372 と 2.410 である．他に 1 を超える固有値をもつ因子は二つ得られるが，それらの二つの因子の寄与率は 7〜8％であるため，ここでは割愛する．
(18) Hall and Soskice の比較制度優位論はイノベーションの絶対的な優位ではなく，各国の制度的構造に基づいたイノベーションの国民的差異を強調するものであった．しかし，本章においては，制度的構造がイノベーションの国別相違を生み出す効果よりも各国のイノベーション水準にあたえる効果に注目したものである．その点では比較制度優位論とは異なる．
(19) ナショナル・イノベーション・システム論については，例えば，安孫子（2012）を参照されたい．
(20) ここではデータの制約のため，第 2 節および第 3.2 節と同一の経済が取り上げられていない．イノベーション主導型資本主義については利用可能なデータは韓国だけであり，また，都市型資本主義経済のデータはすべて利用可能ではなかった．
(21) 第 2 節で明らかにされたように，中国経済はタイ，マレーシアと制度的に類似した特徴を持っていた．しかし，企業のイノベーション活動分布を見ると，両経済とは明瞭に区別される．われわれが中国経済を他の資本主義グループから分類する理由の一つでもある．
(22) Harada and Tohyama（2012）で行った制度的多様性にかんする分析では，世界銀行の *Worldwide Governance Index* の政治にかんする諸指標――Witt and Redding（2013）が「国家の役割」を代表する指標として用いた変数の一部と一致する――を含めた分析も行ったが，結果に差は見られなかった．このことは，われわれの分析においては，「国家の役割」がアジア資本主義の制度的多様性に決定的な影響を与えないことを意味する．しかし，アジア資本主義諸国の状況を考慮すると，「国家の役割」を軽視してよいとの判断は早計であるかもしれない．既述の諸研究とわれわれの研究との異同をさらに詳細に検討する必要があるだろう．

参考文献

Abdi, H. and D. Valentin (2007)'Multiple Factor Analysis (MFA)', in N. J. Salkind ed. *Encyclopedia of Measurement and Statistics*, Thousand Oaks (CA): Sage.

Amable, B. (2003) *The Diversity of Modern Capitalism*, Oxford: Oxford University Press. 〔山田鋭夫／原田裕治ほか訳『五つの資本主義』藤原書店, 2005年〕

Aoki, M. (2001) *Towards a Comparative Institutional Analysis*, Cambridge (MA): MIT Press. 〔瀧澤弘和／谷口和弘訳『比較制度分析に向けて』NTT出版, 2001年〕

Asian Development Bank (ADB) (each year) *ADB's Statistical Database System Online*. https://sdbs.adb.org/sdbs/index.jsp

Baldwin, R. (2011) '21st Century Regionalism: Filling the Gap between 21st Century Trade and 20th Century Trade Rules', *CEPR Policy Insight*, 56.

Bernard, A. B., J. Bradford Jensen, S. J. Redding and P. K. Schott (2007)'Firms in International Trade', *Journal of Economic Perspectives*, 21 (3): 105-130.

Berthelier, P., A. Desdoigts and J. Ould Aoudia (2003) « Profils Institutionnels », Présentation et analyse d'une base de données originales sur les caractéristiques institutionnelles de pays en développement, en transition et développés, *Document de Travail de Ministère de l'Economie des Finances et de l'Industrie*, France.

Boyer, R. (2004) *Une théorie du capitalism est-elle possible?*, Odile Jacob (山田鋭夫訳『資本主義vs資本主義』藤原書店, 2005年).

Boyer, R. (2012) 'The Chinese Growth Regime and the World Economy', in Boyer, Uemura and Isogai (2012).

Boyer R., H. Uemura and A. Isogai eds. (2012) *Diversity and Transformations of Asian Capitalisms*, Abingdon: Routledge.

Calderon, C. and R. Fuentes (2006) 'Characterising the Business Cycles of Emerging Economies', Centre for Economic Policy Research, London, United Kingdom.

Cameron, D. (1978) 'The Expansion of the Public Economy: A Comparative Analysis', *The American Political Science Review*, 72 (4): 1243-61.

Escofier, B. and J. Pagès (1998) *Analyses factorielles simples et multiples*, Paris: Dunod.

Frederick, S. and G. Gereffi (2011) 'Upgrading and Restructuring in the Global Apparel Value Chain: why China and Asia are Outperforming Mexico and Central America', *International Journal of Technological Learning, Innovation and Development*, 4 (1/2/3): 67-95.

Fukasaku, K., B. Meng and N. Yamano (2011) 'Recent Developments in Asian Economic Integration: Measuring Indicators of Trade Integration and Fragmentation', *OECD Science, Technology and Industry Working Papers*, 2011/03.

Gwartney, J. D., J. C. Hall and R. Lawson (2010) *Economic Freedom of the World: 2010 Annual Report*, Fraser Institute.

Hall, P. and D. W. Gingerich (2004) 'Varieties of Capitalism and Institutional Complementarities in the Macroeconomy: An Empirical Analysis', *MPIfG Dicussion Paper*, 04/5.

Hall, P. and D. Soskice eds. (2001) *Varieties of Capitalism: The Institutional Foundations of Comparative Advantage*, Oxford: Oxford University Press. 〔遠山弘徳ほか訳『資本主義の多様性』ナカニシヤ出版, 2007 年〕

Harada, Y. and H. Tohyama (2012) 'Asian Capitalisms: Institutional Configuration and Firm Heterogeneity', in Boyer, Uemura and Isogai (2012).

Hu, M.-C. and J. A. Mathews (2005) 'National Innovative Capacity in East Asia', *Research Policy*, 34: 1322-1349.

IDE-JETRO and WTO (2011) *Trade Patterns and Global Value Chains in East Asia: From Trade in Goods to Trade in Tasks*, World Trade Organization.

Kitschelt, H., P. Lange, G. Marks and J. D. Stephens (1999) *Continuity and Change in Contemporary Capitalism*, Cambridge: Cambridge University Press.

Lebart, L., A. Morineau and M. Piron (2002) *Statistique exploratoire multidimensionnelle*, 3e édition, Paris: Dunod.

Pietrobelli, C. and R. Rabellotti (2010) 'Global Value Chains Meet Innovation Systems: Are There Learning Opportunities for Developing Countries?', IDB Working Paper Series, IDB-WP-232.

Pryor, F. L. (2005) 'Market Economic Systems', *Journal of Comparative Economics*, 33 (1): 25-46.

Rodrick, D. (1998) 'Why Do More Open Economies Have Bigger Government?', *Journal of Political Economy*, 106 (5): 997-1032.

Ruggie, J. M. (1982) 'International Regimes, Transactions, and Change: Embedded Liberalism in the Postwar Economic Order', *International Organization*, 36 (2): 379-415.

Şeker, M. (2009) 'Importing, Exporting and Innovation in Developing Countries', *World Bank, Policy Research Working Paper*, 5156.

Song, L. (2012) 'Development Mode and Capability Building in the Age of Modularization and Regional Integration: Origins of Structural Adjustments of Chinese Economy', in Boyer, Uemura and Isogai (2012).

Storz, C., B. Amable, S. Casper and S. Lechevalier (2013) 'Bringing Asia into the Comparative Capitalism Perspective', *Socio-Economic Review*, 11 (2): 233-63.

Sturgeon, T. (2007). How Globalization Drives Institutional Diversity: The Japanese Electronics Industries' Response to Value Chain Modularity, *Journal of East Asia Studies*, 7, 1-34.

Sturgeon, T. (2007) 'How Globalization Drives Institutional Diversity: The Japanese Electronics Industries' Response to Value Chain Modularity', *Journal of East Asia Studies*, 7: 1-34.

Taylor, M. Z. (2009) 'International Linkages and National Innovation Rates: An Explanatory Probe', *Review of Policy Research*, 26 (1-2): 127-149.

Tohyama, H. (2012). 'Labor and Financial-Market Risks and Welfare Spending: A Comparative Study with a Special Emphasis on Japan', in Boyer, Uemura and Isogai (2012).

Tohyama, H. and Y. Harada (2013) 'Effect of Institutional Configuration on Innovation Activities in East Asian Firms: A Study of the Institutional Diversity of Asian Economies', *International*

Journal of Asian Business and Information Management, 4 (2): 16-34.
Walter, A. and X. Zhang eds.（2012）*East Asian Capitalism: Diversity, Continuity, and Change*, Oxford: Oxford University Press.
Whittaker, D. H., T. Zhu, T. Sturgeon, M. H. Tsai and T. Okita（2008）'Compressed Development', *MIT IPC Working Paper*, 08-005.
Wibbels, E.（2006）'Dependency Revisited: International Markets, Business Cycles, and Social Spending in the Developing World', *International Organization*, 60: 433-468.
Witt, M. and G. Redding（2013）'Asian Business Systems: Institutional Comparison, Clusters and Implications for Varieties of Capitalism and Business Systems Theory', *Socio-Economic Review*, 11 (2): 265-300.
World Bank（1993）*The East Asian Miracle: Economic Growth and Public Policy*, Oxford: Oxford University Press.〔白鳥正喜訳『東アジアの奇跡』東洋経済新報社, 1994年〕
World Bank（2010）*Doing Business 2010*, The World Bank and the International Finance Corporation.
Zhang, X. and R. Whitley（2013）'Changing Macro-structural Varieties of Eastern Asian Capitalism', *Socio-Economic Review*, 11 (2): 301-336.

安孫子誠男（2012）『イノベーション・システムと制度的変容——歴史的考察』千葉大学法経学部経済学科.
石上悦朗／佐藤隆広編（2011）『現代インド・南アジア経済論』ミネルヴァ書房.
絵所秀紀（2008）『離陸したインド経済——開発の軌跡と展望』ミネルヴァ書房.
遠山弘徳（2010）『資本主義の多様性分析のために——制度と経済パフォーマンス』ナカニシヤ出版.
山田鋭夫（2008）『さまざまな資本主義——比較資本主義分析』藤原書店.

第 3 章　東アジア資本主義の制度的階層性と
マクロ経済的多様性

西　洋／磯谷明徳／植村博恭

1　はじめに

　本章は，日本，韓国，中国といった東アジア資本主義の制度階層性とそのマクロ経済的多様性について考察を行うものである．制度的多様性を進化させつつある日中韓 3 カ国を含むアジア資本主義について，とりわけ，次の観点から分析を進める．第一に，制度階層性を伴うマクロ経済モデルによって，各国の成長体制の動態を分析する．第二に，グローバリゼーションと経済統合下におけるアジア資本主義の調整様式および成長体制の変化と，その各国間の相違を実証的に考察する．第三に，東アジアの国際生産ネットワークと国際分業がどのように拡大しているか確認し，その影響を考察する．

　これまでレギュラシオン理論においては，Amable（2003）によって，資本主義の多様性分析が展開されてきた．その際，アジアの資本主義は一つのタイプとして認識される傾向が強かった．しかし，日本，中国，韓国は，実際には，それぞれ固有の資本主義の特徴を示している．これについては，Harada and Tohyama（2012）がすでに精緻な分析を行っている．彼らによるとアジア経済は，各種市場の自由化の度合い，貿易依存と国内的な社会保護の程度に応じて多様性が規定される．ただし，アジア資本主義を分析する場合，制度的多様性だけでなく，各国経済間の相互依存性や成長体制の相違についても同時に分析しなければならない．そこで，本章では東アジアの資本

主義，とりわけ日本，韓国，中国の間に存在する制度的多様性を確認しつつ，それらの成長体制の異同についての考察も併せて行う．

本章は次のように構成される．第2節と第3節では，Nishi（2012a）で展開した制度的階層性を考慮したマクロ経済成長モデルの概要を示し，それが東アジア資本主義に対して持つ含意を説明する．とりわけ，貿易面と金融面における国際経済への開放の度合いが，GDP 成長率，失業率，為替レートなどのマクロ経済変数ダイナミクスの規定要因となる関係を示す．その上で，東アジアの経済統合が進行する下での日本，韓国，中国の経済のダイナミクスを誘導する調整様式と成長体制の変化を解釈する．成長体制分析については，これら3カ国に対して VAR 分析を行うことで，所得分配面（賃金主導か利潤主導か），および金融面（負債主導か負債荷重か），そして対外面（輸出と GDP との関係）の特徴を実証的に明らかにする．第4節では，東アジア資本主義のマクロ経済構造の多様性と経済統合について考察する．まず，中国，日本，韓国のマクロ経済構造を比較分析する．その際，国際産業連関表を用いて，国内中間投入，中間財輸入，付加価値（その賃金と利潤への分配）について分析し，各国経済の変動を貫く経済構造の特徴とそれを規定する制度的構造を比較する．次に，貿易データをもとに，東アジア地域における貿易ネットワークの近年の変化を分析する．特に，中間財貿易の急拡大によって発展する東アジア国際生産ネットワークの特徴と，そこにおける中国，日本，韓国，台湾，ASEAN の位置を確認し，アジア資本主義の多様性と相互依存性について考察する．最終節では，本章での議論のまとめを行う．

I　マクロ経済成長における制度階層性の重要性について

1　制度階層性とは何か

まず制度階層性という概念が示唆する内容について述べ，それに基づいてマクロ経済成長体制分析に対するその重要性を提起する．モデルの展開の詳細は Nishi（2012a）に譲り，ここではその骨子についてのみ解説する[1]．

「制度階層性」とは，レギュラシオン理論の研究から生まれた概念である．

制度階層性とは，Boyer（2005）によると，特定の制度諸形態が制度的構造の全体に対してその論理を強く課し，そして支配的な調整様式を生み出している状態を指す．また Amable（2003）によると，制度階層性とは，制度補完的な構造にとって，1個ないし若干の制度が相対的な重要性をもっている状態を意味する．レギュラシオン理論ではこれまで，支配的な制度の役割に注目しつつ，経済パフォーマンスを分析することの重要性を強調してきた．いわゆる「フォーディズム」の時代であれば，最も有効に機能していた制度諸形態が賃労働関係である．しかし，その後，資産の証券化，株主価値革命，国際的な資産取引の拡大といったように，とりわけ金融面において多くの変化が生じた．Stockhammer（2004）や Epstein（2005）は，こうした変化を「ファイナンシャリゼーション（Financialization）」と呼んでいる．これに伴って需要・成長パタンにも大きな変化が生じたことが指摘されてきた．例えば，Boyer（2000）は，投資活動における加速度効果の低下と収益性効果の強化が生じているとし，「金融主導型成長体制」への転換を指摘する．また Aglietta（2006）は，労働者から株主への富の再分配が株式市場の活況を維持し，それが消費支出を誘発するといった需要形成パタンの変化を指摘している．重要なことは，成長の原動力が，賃金変数から金融変数に転換したことである．この状況では，国内レベルおよび国際レベルでの金融的取引に関わる変数がマクロ経済パフォーマンスを規定する上で支配的な役割を担い，賃金や雇用の調整がよりフレキシブルにそれに従属する．言い換えれば，国内・国際の両面での金融取引を支える制度が，賃金や雇用の決定に対してその論理を強く課し，そのもとでマクロ経済パフォーマンスが生み出される．このように制度階層性の概念を通じて，マクロ経済パフォーマンスを生みだす原動力は，歴史的に変化すると理解できる[2]．

　ところで，制度に階層的構造が存在することは，それが，好ましい経済パフォーマンスに結び付かない可能性があることにも注意する必要がある．Amable and Palombarini（2009）によると，制度間の階層性は，社会的グループ間の利害関係に応じて順序づけられるものである．すなわち，各制度の関連は，アプリオリには，好ましいマクロ経済パフォーマンスを生み出すように設計されたものではない．したがって，制度の機能に非整合性が存在する

ならば，それは低成長あるいは不安定なダイナミクスを生み出す可能性がある．さらに言えば，経済パフォーマンスの改善を目的に，ある制度を改革しようとしても，他の制度がその変化を補完するように変化しない限り，期待された結果を生み出さないばかりか，より劣位な結果がもたらされる可能性さえある．このように制度階層性という考え方は，一つの制度だけでなく，その組み合わせや規定関係までを含めて，マクロ経済分析を行う必要性も提起する[3]．

2 制度階層性を伴う一つのマクロ経済モデル

Nishi（2012a）では，制度階層性のもとでのマクロ経済モデルと，そこから得られる経済パフォーマンスのダイナミクスについて考察した．ここでは記述的にこの制度的マクロ経済モデルの仮定と，そこから導かれた結果について述べる．

- **国際体制**：変動為替相場制度と国際金融市場の存在を導入し，その制度的環境のもとで国際貿易および国際金融資産取引が開放されている状況を想定する．これらの活動により利子率の国際的格差，名目為替レートおよび純輸出量が決まり，またこれらの動向によって各経済主体の活動も左右される．
- **貨幣・金融レジーム**：国際金融市場に加えて，国内金融市場においても多様な金融資産が自由に取引できる制度的環境を念頭におく．このように十分に発展した資産市場の下で，経済主体は自国の貨幣，株式，債券および外国の債券といった金融資産の取引を行う．これらの取引により自国の利子率や株価が決まり，また経済主体は，これらの経済変数の変化によっても，消費や投資，資産選択といった経済活動を変更する．
- **競争形態**：国内外の財・サービス市場においては厳しい価格競争が行われているものと仮定する．そのため，各企業は裁量的に価格設定を行うことができず，価格とその変化率は企業に対して外生的であるとする．
- **賃労働関係**：制度の機能として雇用保障を想定するが，その程度が異なる状態を考察する．雇用保障の程度は，GDPに対する労働需要の弾力性の

高低によって測る．弾力性が高ければ景気の低迷時に労働需要は大きく低下するため，雇用保障の程度は低いと解釈する．上記三つの制度領域における経済活動によって決まる経済成長率と雇用保障の程度によって，失業率および賃金率が決まる．
- **国家形態**：ケインズ的政策を実施する政府を想定する．Nishi（2012a）では主として民間部門の制度領域に焦点を当てている．このため，国家形態を階層的関係の中に明確に含めているわけではない．とはいえ，民間経済部門が実物的・金融的不安定性を抱えているときに，政府はその不安定性を抑制する役割を有する．

制度に関する階層性は，国際体制＞貨幣・金融レジーム＞競争形態＞賃労働関係であるとし，各領域のもとで上記のような経済活動を想定する．すなわち，制度の階層的関係については，賃労働関係の弱体化という事実を踏まえて，それを従属的制度領域として位置付ける．他方で支配的制度領域として，競争形態，国際体制，貨幣・金融レジームを位置づける．ただし，支配的制度領域における三つの制度の規定関係は，モデルの設定においては，このように定めるが，先に指摘したように現実問題としては検討の余地がある．

以上から導き出される誘導型としてのマクロ経済ダイナミクスは，産出・資本比率と名目為替レートの二つの式によって構成される．産出・資本比率は，財市場における超過需要あるいは超過供給に応じて増減する．名目為替レートは，中長期的視野をおいた理論レートと実際のレートとのギャップに応じて適応的に変化する．理論レートとは，外生的に与えられる長期的な購買力平価に従うレート，および為替取引についてのリスク・プレミアムを踏まえた金利差に応じて与えられるものである．このモデルに従うと，購買力平価に従う理論レートの増価は，自国の現実レートの通貨高につながる．また，外国の政策金利の引き下げも自国の通貨高を生み出す．

モデルにおける定常状態を，産出・資本比率および為替レートが一定になり，さらに各資産に対する需要と供給が等しくなる状態として定義する．このとき，資産市場における各資産に対する需要と供給が一致するように自国の利子率が決まってくる[4]．

3　モデル分析の含意について

マクロ経済パフォーマンスに関してモデルから得られる諸結果は，次の通りである．
① 有効需要が経済成長を主導する．すなわち，消費の拡大，投資の拡大，政府支出の拡大そして輸出の拡大のいずれによっても経済成長が生じうる．
② ダイナミクスの不安定化要因は，金融面および実物面の両面に存在する．金融面に関する不安定化要因として，資産保有者の資産に対する選好が挙げられる．もし貨幣と株式資産が相互代替的に好まれれば（つまり，リスク資産からリスク・フリー資産への資産変更が容易ならば），成長の不安定化が生じる．他方で，これらの取引を抑制できれば，安定的な成長が見込まれる．
③ 実物面についての不安定化は，資本蓄積の利潤に対する感応度が増すことによって生じる．投資の決定要因として投下資本への収益性が重要な基準となった場合，それに伴い利潤感応性も影響を受けるだろう．
④ ②と③のような不安定化を抑えるためには，政府支出が十分にカウンター・サイクリカルな形で展開されることが必要とされる．また，金融面の不安定化要因を抑制するためには，国内における活発な株式取引や国際的な資産取引を規制し，自国の金利や為替レートが大幅に変化しないように管理することが必要になる．
⑤ 賃金と失業率（雇用率）の変化率がたどる経路は，雇用保障の程度に応じて異なる．雇用保障の程度が小さくなれば，一方で景気循環に応じて雇用率の変動が大きくなり，他方で賃金率の変動は抑制される．逆に，雇用保障の程度が大きい場合，景気循環に応じた雇用率の変動は弱くなるが，他方で賃金率の変動は大きくなる．労働人口成長率は一定であると仮定し，労働の超過供給に関する変化率と貨幣賃金の伸び率から構成されるフィリップス曲線を定義すると，前者においてはそれが水平となり，後者においてはそれが垂直となる．

以上のマクロ経済パフォーマンスに関する整理にもとづいて，次節では，日本，韓国，中国の制度的特徴を踏まえながら，モデルが各国の経済に与える含意について考察を加えることにする．

II 東アジア資本主義の制度諸形態と成長体制

　レギュラシオン理論は，各国のマクロ経済パフォーマンスの相違の一因を諸制度による調整様式の相違に求める．そこで本節の各項の前半では，日本，韓国，中国の経済を誘導する調整様式がもつ性格について整理する．続いて，Nishi（2012a）モデルの含意と各国の制度的構図との異同を照らし合わせる．日本，韓国，中国の経済が内包する安定性・不安定性要因は，Nishi（2012a）モデルにおける仮定と実際の経済制度との異同を踏まえることで，部分的ではあるが特定化が可能である．さらに本節の各項の後半では，これらの国の成長体制分析を行う．具体的には VAR モデルを用いて，負債，輸出，所得分配および GDP の相互連関を推計する．その上で，累積インパルス応答関数および分散分解を算出する．ここでは，所得分配率と GDP との関連をもとに，成長体制を賃金主導型（wage-led growth）および利潤主導型（profit-led growth）として判別する．賃金主導型成長とは，賃金分配率が経済成長を牽引する局面を指す．他方で利潤主導型成長とは，利潤分配率が経済成長を牽引する局面を指す．あわせて，負債と GDP との関連をもとに，成長体制を負債主導型および負債荷重型として判別する．負債主導型成長（debt-led growth）とは，負債変数の拡大が経済成長を牽引する局面を指す．他方で負債荷重型成長（debt-burdened growth）とは，負債の削減が経済成長を促進する局面を指す．最後に，輸出と GDP をもとに，経済成長と外需との関係を考察する．

　GDP を所得分配のみならず，資金調達そして輸出の側面から見ることは重要である．賃金や利潤はそれぞれ家計や企業の消費や投資活動の原資となり，かくして一国経済の成長の源となる．家計や企業は金融機関から資金を調達して，消費や投資に充てることもできる．また，資金の貸し手は借り手から利子所得や元本の返済を受け取ることができ，それをもって支出に充て

ることも可能である．他方で，過度の借金は，その返済や利払いの負担のために消費や投資の資金を圧縮してしまう可能性もある．このように需要形成パタンや成長体制といったマクロ経済パフォーマンスは複数のチャンネルによって規定される．したがって，これらの特質は，所得分配のみならず金融面もあわせて考察することで，より具体的に理解することができる．なお，3カ国の推計において使用した変数についての定義，データの出所および加工方法は，本章末尾の補論で一括して説明する．

1　日本資本主義の制度諸形態と成長体制

1）日本の制度諸形態

まずは日本経済の制度諸形態の変化と特徴を整理することから始めよう．

・**競争形態**：1980年代以降，製造業においては，輸出財大企業と下請け中小企業のネットワークからなる階層的構造が存在してきた．この構造は，レギュラシオン理論の研究において，企業主義的レギュラシオンとそれを補完的に支える階層的市場・企業ネクサスとして説明されてきた（Yamada and Hirano 2012; Isogai 2012）．そこでは，大企業において，正規労働者の雇用保障を軸とした企業主義的妥協が成立し，それを支える形で，大企業の企業組織，階層的下請けシステム，階層的な分断的労働市場の間に構造的両立性（structural compatibility）が成立していた（Isogai, Ebizuka and Uemura 2000）．しかし，1990年代の長期不況期以降，日本企業の対アジア向け海外直接投資の急拡大と下請け中小企業の再編によって，こうした日本経済の構造は崩れつつある．

・**貨幣・金融レジーム**：1990年のバブル崩壊以降，日本経済では金融資産価格と土地価格の暴落が生じ，不良債権問題が深刻化した．1998年の金融ビッグバンでは，資本市場が開放され，多くの外国人投資家が株式市場に参入することによって，日本企業のコーポレート・ガバナンスに影響を与えた．デフレーションからの脱却を試み，日本銀行は量的緩和政策を実行したが，この過程で信用乗数の拡大はみられなかった．企業と銀行との間の資金調達については，大企業は既に銀行離れとなっているが，中小企業

は依然として借入金比率の減少は見られず間接金融に依存している（宇仁ほか2011）．
- **賃労働関係**：戦後日本における賃労働関係の特徴は，正規労働者に関わる企業主義的妥協と，大企業正規労働者と中小企業労働者・非正規労働者との間の分断化である（Yamada and Hirano 2012; Isogai 2012）．労働者の賃金調整と雇用調整は，この妥協と分断を軸に行われてきた．賃金調整については，高度成長期以降，大企業の正規労働者については春闘を中心とする賃金交渉制度が存在してきた．1990年代後半以降の変化の特徴は，非正規労働者の急増と正規労働者に対する雇用保障の弱体化である．ただし，大企業正規労働者の長期雇用に関しては強い制度的慣性がみられる．このため，変化は不均等に進み企業の異質性が拡大した（Lechevalier 2012）．また，1997年以降，春闘は賃金平準化メカニズムとしてのその機能を失い，その形骸化が明白になった．このため，賃労働関係は全体として不安定化している．
- **国家形態**：1990年代の景気低迷を背景に政府による国債発行が大量に行われた．その結果，日本の公的債務残高は対GDP比で，1998年には114.9％であったのに対して，2011年には205.3％にまで膨らんだ．また2000年代初頭からは郵政民営化など新自由主義的構造改革が導入された．
- **国際体制への編入**：1970年代以降，日本経済の成長は輸出主導型と特徴づけられる．1990年代の長期不況期においては，輸出の牽引力が弱まったものの，2002年以降の景気回復期のおいては，外需依存体質を復活させている．また，対アジア向け直接投資が急拡大し，東アジアにおける国際生産ネットワークにおいて中国とともに中心になっている．

このような制度変化がマクロ経済パフォーマンスに与える影響について，次の二点をNishi（2012a）モデルから指摘することができる．第一に企業主義的レギュラシオンの機能不全が，とりわけ賃金と雇用の動態に変化を与えていることである．企業主義的レギュラシオンの妥協においては，義務を無限定に受容する代わりに雇用保障の提供があった（山田2008）．しかし，雇用保障が十分になされなくなると，雇用も景気循環に敏感に反応する．こうした雇用保障の弱体化が起こるとフィリップス曲線は水平に近い形を描くこ

とになる．実際，日本経済では伝統的に高い傾きをもつフィリップス曲線を示してきたが（吉川 1992），近年のそれは水平になってきている（酒井 2006）．これは雇用保障制度の機能の弱体化も影響しているものと解釈できる．

第二に，多様な金融資産の取引が可能で，変動相場制度のもとで自由に資本移動ができる場合には，2.3 節の②で指摘した不安定化要因が存在する．このような場合に，人々が貨幣と株式を相互代替的に資産選択するならば，金利の変動と為替レートおよび投資へのフィードバックを通じて不安定化が起こりうる．しかしながら，日本の家計部門の資産の多くは依然として現金・貯蓄が占めている（小峰 2010）．また 1990 年代半ばから日本版ビッグバンが実施されてもなお，資本市場の発展が伝統的な銀行主導型金融構造を大きく変えるものではなかったという指摘も存在する（宇仁ほか 2011）．さらに，1990 年代から拡大した政府支出も，モデルの含意からすれば不安定化の累積を阻止した可能性がある．貨幣・株式の相互代替的な取引の抑制および政府支出の増大は，不安定化の累積化や顕在化を抑制したものと解釈できる．

2）日本の成長体制についての実証分析

VAR モデルから導出された累積インパルス応答関数は，**図 3–1** にまとめられ，**表 3–1** は，分散分解の結果を提示している．イノベーション会計でのインパルスは，コレスキー分解のもとで与えた．本節の以下では，成長体制の特質に関わる 4 行目のみに注目した考察を行い，それを取り巻く環境についての考察は割愛する．

第 4 行 1 列は，負債・資本比率と GDP との関連性を示し，ここから資金調達からみた成長体制を考察することができる．負債・資本比率に対する一単位のポジティブ・ショックは，GDP を累積的に低下させている．とりわけ 5 期から 10 期にかけては有意に GDP を抑制している．負債・資本比率の上昇が GDP を低下させるという意味で，この時期の日本経済は負債荷重型成長体制を有していることが分かる．分散分解によると負債比率が GDP に与える影響は 2％ あたりで変動している．30 期におけるこの影響は，GDP 自体の変動を除けば 3 番目であり，影響は大きくはない．

第 4 行 2 列は，輸出と GDP との関連性を示す．輸出に対する一単位のポ

図3–1　累積インパルス応答関数（日本：1991～2010年）

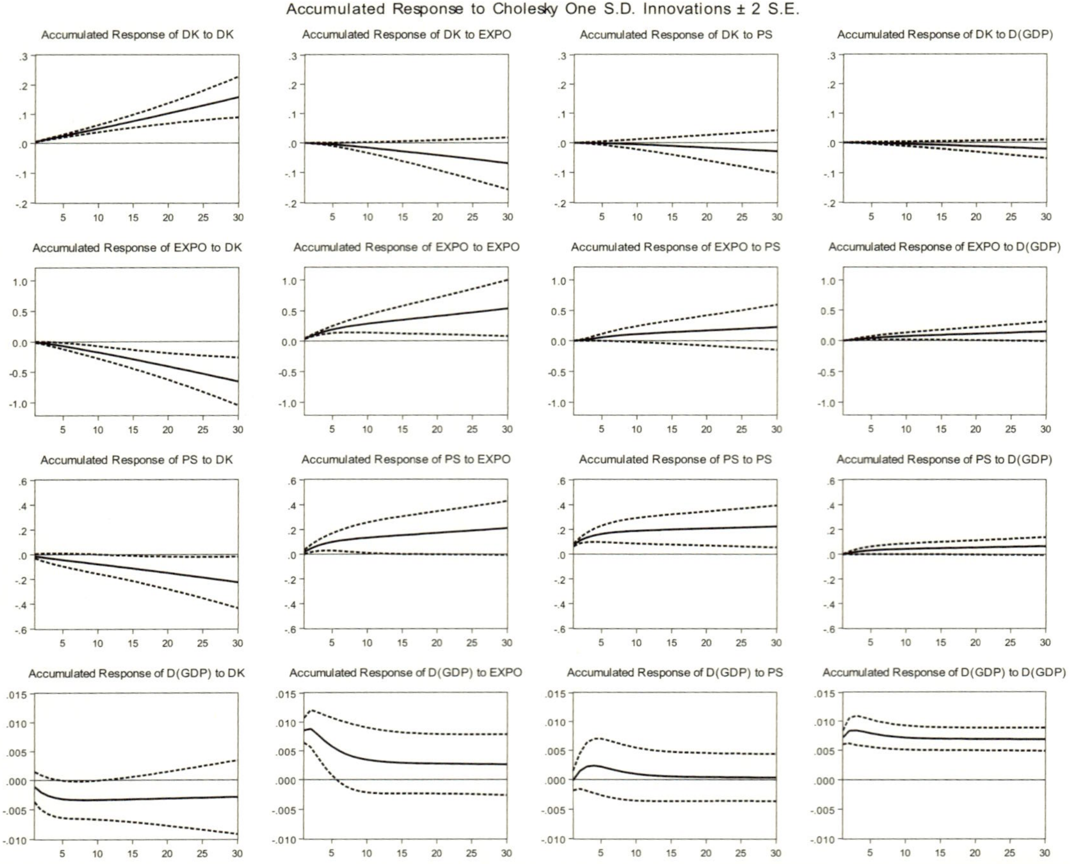
Accumulated Response to Cholesky One S.D. Innovations ± 2 S.E.
Accumulated Response of DK to DK
Accumulated Response of DK to EXPO
Accumulated Response of DK to PS
Accumulated Response of DK to D(GDP)
Accumulated Response of EXPO to DK
Accumulated Response of EXPO to EXPO
Accumulated Response of EXPO to PS
Accumulated Response of EXPO to D(GDP)
Accumulated Response of PS to DK
Accumulated Response of PS to EXPO
Accumulated Response of PS to PS
Accumulated Response of PS to D(GDP)
Accumulated Response of D(GDP) to DK
Accumulated Response of D(GDP) to EXPO
Accumulated Response of D(GDP) to PS
Accumulated Response of D(GDP) to D(GDP)

注：左から順に，負債・資本比率（*DK*），輸出（*EXPO*），利潤分配率（*PS*），国内総生産（*GDP*）へのインパルスを表わす．*D* は階差をとる演算子である．上から，同じ順で，各変数のインパルスへの累積応答関数を表わす．点線は累積インパルス応答関数の推計値の2標準誤差の区間を表す．

表3-1 分散分解の結果（日本経済）

予測の視野	DKの変化率				予測の視野	EXPOの変化率			
	DK	EXPO	PS	GDP		DK	EXPO	PS	GDP
1	100	0	0	0	1	1.51	98.4	0	0
5	94.4	4.87	0.37	0.32	5	11.3	76.1	7.98	4.63
10	86.8	10.7	1.50	0.85	10	23.2	63.2	9.17	4.37
15	82.9	13.6	2.25	1.14	15	32.6	55.1	8.42	3.92
20	80.8	15.2	2.67	1.3	20	39.6	49.2	7.68	3.56
25	79.6	16.1	2.92	1.39	25	44.9	44.6	7.09	3.28
30	78.8	16.7	3.09	1.45	30	49.2	41.1	6.63	3.06

予測の視野	PSの変化率				予測の視野	GDPの変化率			
	DK	EXPO	PS	GDP		DK	EXPO	PS	GDP
1	2.64	5.91	91.4	0	1	1.02	58.1	0.02	40.9
5	3.75	19,9	73.9	2.42	5	2.01	56.5	2.4	39.1
10	5.64	20.9	68.8	2.55	10	1.99	56.7	2.6	38.7
15	7.58	20.9	68.9	2.55	15	1.99	56.7	2.63	38.7
20	9.55	20.9	66.9	2.52	20	1.99	56.7	2.63	38.7
25	11.5	20.9	65.1	2.50	25	1.99	56.7	2.63	38.7
30	13.5	20.8	63.2	2.48	30	2.00	56.7	2.63	38.7

注：日本の VAR の結果．DK は負債・資本比率に固有のショックを，EXPO は輸出に固有のショックを，PS は利潤分配率に固有のショックを，GDP は国内総生産に固有のショックをそれぞれ表わす．なお各系列は VAR の推計で用いたものであり，全て定常化された系列についての結果である．

ジティブ・ショックは，短期的に有意な形で GDP を拡大させている．その効果は弱まるが，長期にかけても累積的にポジティブな効果が持続している．輸出の拡大が GDP を引き上げるという意味で，この時期の日本経済は輸出主導型成長体制の特徴を示している．分散分解によると GDP の変動に対する輸出の影響は，短期的にも長期的にも最も大きい．それは常に 50％以上の変動を説明しており，GDP 自身の変動以上の大きさを示している．

第4行3列は，利潤分配率と GDP との累積インパルス応答関数を示す．これによって所得分配からみた成長体制を考察することができる．利潤分配率に対する一単位のポジティブ・ショックは，GDP を累積的に上昇させている．長期的にプラスのレスポンスが持続するが，なかでも期首から5期にかけては利潤の GDP に対するポジティブかつ大きな効果がみられる．利潤分配率の上昇が GDP を引き上げるという意味で，この時期の日本経済は利

潤主導型成長体制であったことが分かる．分散分解から利潤分配率が GDP に与える影響は，30 期において，GDP 自体の変動を除いて 2 番目である．この程度は，負債・資本比率に比べると大きい．

　このような実証結果は，次のようなマクロ経済的変化を伴って生じてきた．1970 年代以降の日本資本主義の成長体制は，輸出主導型成長として特徴づけられる．輸出財部門が貿易余剰を獲得し，それが賃金交渉制度と租税制度を通じて国内にスピルオーバーしていた．その結果として，賃金上昇と雇用増大が実現していた．これに対して，1990 年代の長期不況を経た 2002 年からの景気回復過程においては，これまで以上に輸出需要に依存している．とりわけ，対アジア向け中間財輸出の増加が顕著であり，貿易余剰のスピルオーバー・メカニズムは弱まった．さらに日本経済の脱工業化は急速に進行している．総じて企業主義的レギュラシオンは，1990 年代以降，次第に機能不全に陥りつつあり，諸制度の間に存在した制度的補完性・構造的両立性は失われている．また，金融システムの自由化が進む中でコーポレート・ガバナンスの異質化が拡大し，調整の困難が生じている（Lechevalier 2012; Uemura 2012; 田原 2011）．

2　韓国資本主義の制度諸形態と成長体制

1）韓国の制度諸形態

　1997 年のアジア通貨危機以降，韓国経済では，急速に制度変化・構造変化が生じた．その結果，成長率はそれ以前よりも平均的には低下したものの，ある程度の成長率を維持している．しかし，その際に本格的に導入された変動相場制によってウォンレートはボラティリティを高めている．また，大企業・中小企業関係と労働市場の二重構造的性格が強まり，金融・労働の制度領域には不安定要因を抱えている．ここでは，Ok and Yang（2012）や百本／李（2012）に即して韓国経済の制度諸形態の変化と特徴を整理しよう．

- **競争形態**：輸出財企業が寡占的市場を支配しており，同時にその周辺に多数の中小企業が存在する．こうした寡占化はビッグディールと呼ばれる財閥間での事業統合によって引き起こされたものであり，半導体業界や鉄道

車両業界で行われた．寡占化は，国内企業間の過当競争による消耗戦を防ぎ，現在の韓国企業の強さにつながっているとの指摘もある（百本／李 2012）．他方で，かつては堅調であった中小企業への需要は，大企業の海外展開や中国における部品調達への切り替えの結果，停滞している．

- **貨幣・金融レジーム**：アジア通貨危機以前においては，景気循環から独立した銀行からの貸出が実現することで，中小企業の資金調達が確保されていた．Ok and Yang（2012）はこれを「調整された金融システム」と呼んでいる．しかし，危機後は金融上の規制緩和により，自由主義的な金融システムへと変容した．新自由主義的な金融政策によって，銀行は収益性を特に重視するようになり，その貸出行動は順循環的になった．これによって中小企業の資金調達は困難になった．他方，家計については，住宅ローンを中心として負債の趨勢的な増加がみられる．ローン延滞率は低水準で推移しているが，住宅価格などが大きく下落した場合には，家計の資産のみならず金融機関の資産健全性までもが影響を受ける可能性がある（百本／李 2012）．

- **賃労働関係**：1990 年代後半以降，韓国の労働市場は急速に流動化している．特に，中小企業においては非正規労働者の比率が急速に上昇し，雇用が不安定化した．これにより労働市場の二重構造的性格が強まっている．大企業の正規雇用者と中小企業の非正規雇用者の間には，賃金および雇用の安定性について大きな相違が存在し，国内の経済格差は拡大している．また大企業の労働組合が解雇に対して比較的強い力をもっていることも雇用吸収力を弱め，中小企業の非正規労働者の雇用の不安定性に影響を及ぼしている（Ok and Yang 2012）．

- **国家形態**：2011 年度の韓国の政府総債務残高の GDP 比は，OECD 加盟国で 4 番目に低い水準であり，相対的には安定的な財政政策が実現されてきた（百本／李 2012）．高安（2005）は，1980 年代以降，財政当局が事後的な均衡財政ルールを適用・堅持することで，これが可能になったと指摘している．とはいえ，2008 年サブプライム危機以降，これに対処するために財政赤字の急拡大もみられる．

- **国際体制への編入**：1997 年の危機以後に導入された市場変動相場制度は，

ウォンの対ドルレートを不安定化させた．また，自動車産業や電機電子産業における大企業のアジア諸国への展開によって，海外からの部品調達や海外でのアウトソーシングが増大している．また近年，中国向けの輸出が劇的に高まっており，1990 年時点での全輸出に占める対中輸出は 0.9% であったが，2010 年のそれは 25.1% にまで上昇している．

Nishi（2012a）で展開したモデルとの関係を考えてみよう．自由化された国際体制および貨幣・金融レジーム，そして賃労働関係における労働市場の分断化において，韓国経済はモデルの制度的設定に対応する．こうした制度的構造によって経済主体が，貨幣と株式との活発な資産取引をするようになると，金利および為替レートの変動を引き起こし，成長の不安定化を引き起こすことになる．モデルの含意を基準とすれば，アジア危機後の韓国で導入された国内外での自由な金融取引の拡大と自由な為替レートの変動をもたらす制度改革は，マクロ経済パフォーマンスの不安定性につながるものと考えられる．また，労働市場の分断化が進み，景気循環における雇用調整の敏感化が生じれば，たとえ経済成長が拡大してもほとんど賃金の上昇をもたらさないことが説明される．社会的不平等の発生は，このような労働市場の変容に基づく賃金抑制や雇用形態の悪化にも起因しているものと考えられる．

2) 韓国の成長体制についての実証分析

韓国経済について，VAR モデルから導出された累積インパルス応答関数は，図 3-2 にまとめられ，表 3-2 は，分散分解の結果を提示している．イノベーション会計におけるインパルスはコレスキー分解のもとで与えた．成長体制は，第 4 行に示される．

第 4 行 1 列は，負債・資本比率と GDP との関連性を示す．負債・資本比率に対する一単位のポジティブ・ショックは，わずかながら GDP を低下させていることが分かる．負債・資本比率の上昇が GDP を低下させるという意味で，この時期の韓国経済は負債荷重型成長体制である．なお累積応答関数が示す実線のまわりのバンドが，ゼロを境に双方にかかっているため，この応答関数は有意であるとはいえない．分散分解によると，GDP に対する負債・資本比率の影響は最も小さい．

図3-2 累積インパルス応答関数（韓国：1990～2009年）
Accumulated Response to Cholesky One S.D. Innovations ± 2 S.E.

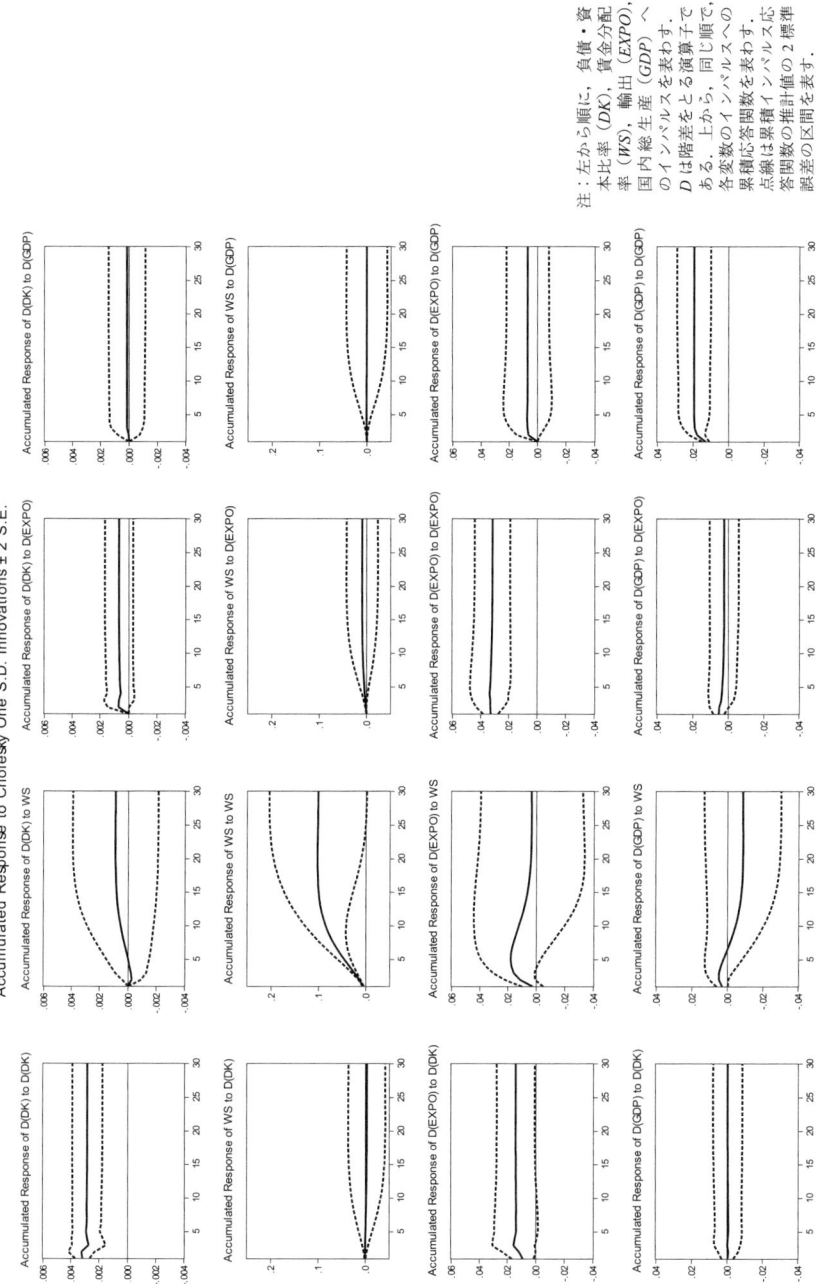

注：左から順に、負債・資本比率（DK）、賃金分配率（WS）、輸出（EXPO）、国内総生産（GDP）へのインパルスを表わす。Dは階差をとる演算子である。上から、同じ順で、各変数のインパルスへの累積応答関数を表わす。点線は累積の推計値の2標準誤差の区間を表す。

114　I　アジア資本主義の多様性と転換

表3-2　分散分解の結果(韓国経済)

予測の視野	DK の変化率				予測の視野	WS の変化率			
	DK	WS	EXPO	GDP		DK	WS	EXPO	GDP
1	100	0	0	0	1	0	100	0	0
5	94.2	0.84	4.86	0.13	5	0.03	98.7	1.21	0.02
10	93.7	1.35	4.84	0.13	10	0.08	98.9	1.02	0.01
15	93.5	1.49	4.84	0.13	15	0.09	98.9	0.99	0.02
20	93.5	1.51	4.84	0.13	20	0.09	98.9	0.99	0.02
25	93.5	1.51	4.84	0.13	25	0.09	98.9	0.99	0.02
30	93.5	1.51	4.84	0.13	30	0.09	98.9	0.99	0.02

予測の視野	EXPO の変化率				予測の視野	GDP の変化率			
	DK	WS	EXPO	GDP		DK	WS	EXPO	GDP
1	6.95	0.52	92.5	0	1	0.03	4.17	14.0	81.8
5	7.95	8.06	81.0	3.02	5	0.33	6.23	12.7	80.8
10	7.91	8.59	80.5	3.01	10	0.32	9.78	12.2	77.7
15	7.86	9.10	80.0	2.99	15	0.32	10.6	12.1	76.9
20	7.86	9.19	80.0	2.99	20	0.32	10.7	12.1	76.9
25	7.85	9.19	80.0	2.99	25	0.32	10.7	12.1	76.9
30	7.85	9.19	80.0	2.99	30	0.32	10.7	12.1	76.9

注:韓国の VAR の結果. DK は負債・資本比率に固有のショックを,WS は賃金分配率に固有のショックを,EXPO は輸出に固有のショックを,GDP は国内総生産に固有のショックをそれぞれ表わす.なお各系列は VAR の推計で用いたものであり,全て定常化された系列についての結果である.

　第4行2列は,賃金分配率と GDP との関連性を示す.賃金分配率に対する一単位のポジティブ・ショックは,期首から5期あたりにかけて有意な形で GDP を拡大させている.賃金分配率の上昇が GDP を引き上げるという意味で,韓国経済は短期的には,賃金主導型成長体制の特徴を示している.しかしながら,その後,累積応答関数はネガティブな反応を示し,成長体制は利潤主導型が支配的になることを示している.つまり賃金の引き上げは短期的には効果があるものの,その持続性はない.分散分解によると,賃金分配率の GDP に対するインパクトは次第に上昇し,30期目においては GDP の10%程度の変動を説明している.
　第4行3列は,輸出と GDP との累積インパルス応答関数を示す.輸出に対する一単位のポジティブ・ショックは,短期的に有意な形で GDP を拡大させている.その累積的な効果は若干低下するが,30期にかけてプラスの

効果が持続している．分散分解から，輸出はとりわけ短期的に GDP の変動に対して強いインパクトを持っているが，その影響は少しずつ低下していく．こうしたイノベーション会計の結果を踏まえると，韓国経済の輸出主導的特質は，とりわけ短期的に強く働くものと考えられる．

　こうした実証分析の結果を解釈に加えて，1997 年のアジア通貨危機が韓国経済にもたらした構造変化も理解しなければならない．この危機を通じて，韓国は財市場，金融市場および労働市場において多様な改革を行っていく．例えば，企業経営面における透明性の向上，金融面における財閥グループ内企業の相互債務保証の解消や負債・資本比率の圧縮，それにともない労働面におけるリストラの実施，さらには，競争面における財閥コア事業への集中化誘導が実施されていった（百本／李 2012）．これらは，金融市場における市場指向的な金融への変容と，他方で労働市場における雇用の不安定化として特徴づけられるだろう．労働面では，雇用の吸収先は大企業から中小企業へとシフトしている．雇用形態は正規と非正規に分かれ，非正規労働者の賃金は正規のそれよりも低位で変化し続けている．さらに賃金格差や雇用期間の長さについては大企業と中小企業の間でも格差がある．そして非正規労働者の多くは中小企業で雇用されている（Ok and Yang 2012）．企業規模別および雇用形態別に分断化された労働市場においては，賃金および雇用も不安定であり，労働者の技能形成も阻害されている．したがって，短期的には賃金主導型成長体制の様相を示すものの，これはかつての米国で見られたようなフォーディズムの構図とは全く異なるものである．

　アジア通貨危機の影響を大きく受け，成長体制にも変化が見られる（Ok and Yang 2012）．まず，投資が株価にも敏感になるという金融主導型成長を示した．そして，韓国経済の名目 GDP に占める輸出額は上昇し，外需依存型の体質を帯びてきた．あわせて輸出の対中依存度の上昇も顕著になった．このように，成長体制は輸出主導型と金融主導型の両方の性格が入り混じった「混合型」の様相を帯びている．この混合型の成長体制は，市場変動相場制度によるウォンの対ドルレートのボラティリティの上昇や，規制緩和による自由主義的な金融システムへの制度変容を伴って形成された．輸出の拡大は主として大企業によって実現され，それらは外国の商業銀行によって株式

保有されているといわれる（Harada and Tohyama 2012, 百本／李 2012）. ここに, 韓国経済は対外的なショックに対する脆弱性を持っていることが見て取れる. もっとも, 韓国は 2008 年の世界金融危機からは比較的短期的に回復した国であった. これは危機後に競争力を増した輸出産業の存在, 政府による財政支出, ウォン安, 高成長が続く中国向け輸出などに支えられたものであり, 対外的な脆弱性が消えたわけではないのである.

3　中国資本主義の制度諸形態と成長体制

1) 中国の制度諸形態

中国経済は, 公式には「社会主義市場経済」とされているが, 制度諸形態各々の部分で, 資本主義的な特徴を示している. また Boyer, Uemura and Isogai（2012）は, 中国経済を「大陸混合型資本主義（continental mixed capitalism）」と呼んでいる. 中国経済の制度諸形態の変化と特徴を整理しよう.

- **競争形態**：各省が中央政府から投資資金の獲得競争を行い, また, 各省や市では, 企業からの税収をもとに積極的なインフラストラクチャーの整備が行われ, これによって成長した企業がより多くの税収をもたらすという循環が形成されている. Boyer（2012）は, これを「地方政府レベルのコーポラティズム（local state corporatism）」と特徴づけている. このようなメカニズムが, 高水準の資本蓄積と過剰能力を生み出している.

- **貨幣・金融レジーム**：金融市場の対外開放度は低く, このため不安定な国際金融市場の影響は, 軽微にとどめられている. 国内的には 1990 年代半ば以降, 金融リスク予防と不良債権の拡大を抑制するための措置が導入され, その結果, 銀行の貸し渋りが生じ, 民間部門の投資需要の低下をもたらした（厳 2012）. こうした中国の商業銀行による不良債権残高の削減の推進が, 金融システムの不安定性を抑制したともいえる（門倉 2010）が, その一方で, 銀行を介さない資金融資（シャドーバンキング）が 2011 年頃から急拡大し, これが地方政府の不動産開発投資の資金として大量に流れ込んでいることに対する懸念も生まれ始めている.

- **賃労働関係**：流動的な労働市場の構築によって, 外資系企業をはじめとす

る東南沿海部の輸出企業が柔軟に労働者の雇用と放出を行っている（厳 2010）．労働者の構成は，農村戸籍と都市戸籍という二重構造を持っている．農村部からの労働者の流入によって，賃金水準は低く抑えられている．また，労働者を包括した団体交渉制度は存在しない．
- **国家形態**：地方政府レベルのコーポラティズムが，経済の調整に重要な役割を果たしている（Boyer 2012）．地方政府は税収を増やすために，地域で事業展開する企業を優遇し，それによって独自の税収を確保している．また，中央政府が実践的で計画的な政策の遂行を行うことによって，国家的調整が成立している（厳 2012）．中国では，各省の経済活動を調整する国家的調整のもとで過剰投資が生み出されているが，それを可能としたのは中国独特の社会政治的妥協である．それは，「政治的領域における中国共産党の一党支配を受け入れる代わりに，急速な経済成長による生活水準の持続的上昇が保証されるという妥協」（Boyer 2012）といったものである．
- **国際体制への編入**：国際体制へは選択的な編入が行われている．特に，為替レートは管理フロート制であり，また外国多国籍企業を誘致しつつその国内活動をコントロールしている．中国の輸出の大きな部分は，多国籍企業（外資系企業）が担っている．重要な点は，中国の輸出主導型成長は，過剰能力の存在という国内マクロ構造問題を緩和するように作用していることである．

こうした五つの制度諸形態のうち，どのエリアが階層性の上位に位置するかについて，Boyer（2012）と厳（2012）の間で意見が分かれる．厳（2012）は，各省間の資本蓄積競争を中央政府がコントロールし，この国家的調整が制度階層性の上位に位置していると見る．厳は国家的調整というレギュラシオン，すなわち「全国民に対する高度成長の恩恵と引き換えに共産党が政治権力を独占する」妥協形態は，マクロ経済パフォーマンスの操縦において重要であるとし，国家による管理が制度上の階層上位に位置することで，（限界はあるものの）安定的な輸出主導型成長体制が実現したことを明らかにしている．他方で，Boyer（2012）が階層的制度構造において最も重視するのは，競争形態の規定力である．資源，設備，生産物市場における顧客獲得を巡る激しい競争は，一方では生き残るための資本蓄積を活発にする原動力となる

ものの，他方では過剰能力の原因となり，そして生産費や価格の低下を招いている．中国の成長体制における国内的不均衡が経済の停滞につながらなかったのは，その活発な輸出によって緩和されたためである（Boyer 2012）．

他方で，制度階層性の下位に位置しているのが賃労働関係である．労働市場は，分断化され階層化された労働者によって構成され，この構造を通じて賃金および賃金分配率も抑制される．このため活発な資本蓄積が生じても，労働者の消費のみでは，生産量を十分に吸収することができず需給ギャップが生まれる．こうした需給ギャップは外需によって埋め合わされる形で輸出主導型の成長が形成されている．

また現在の中国の為替制度は管理フロート制であり，その変動幅は中国の金融当局による為替介入によって，ある一定の範囲内に抑えられている．すなわち，人民元は対ドルに対しては事実上，ドル・ペッグ制にしたがっており，この制度のもとで，中国は 1990 年代以降，膨大な貿易黒字と高い経済成長率を維持している（白井 2006）．為替レートを管理すると同時に，規制当局により資本の移動は厳しく制限されてきた．為替相場の固定という現実は，基本的には柔軟な為替相場制度を仮定した Nishi（2012a）モデルとは異なる．

現実経済と Nishi（2012a）モデルとの相違を念頭におくことで，中国経済の制度構造に変化が起きた場合に懸念される不安定性を指摘することができる．まず，これまでの資本移動に関する規制や為替レートの管理は，安定的な中国の経済成長に対して寄与してきたものと評価できる．モデルの観点からすれば，外国との活発な資産取引を通じて変化する為替レートのダイナミクスが抑えられる．これによって，輸出といった実物体系へのフィードバックが遮断され，成長の不安定化が抑制されたものと解釈できる．

逆に，もし国際金融市場への開放がさらに進み，あわせて為替相場の管理が放棄されるならば，Nishi（2012a）モデルが示唆するように，それぞれの制度の機能が相まって不安定性や社会的に望ましくない状態に帰結する可能性がある．不安定化の一例をモデルに即して説明すると，例えば，現在のような輸出依存体質の状態で，輸出の低下というショックが加わった場合には，有効需要の大きな低下が起こる．ここで，開放された国際金融市場のもとで

外国との資産取引や貨幣と株式の相互代替的な取引が可能であったとしよう．この場合，不況期におけるリスク回避から貨幣に対して需要が集まり金利が上昇する．このことは国際的な金利差を拡大させ，為替レートは切り上がる．変動相場制度のもとで増価した為替レートによって輸出は減少する．この輸出の減少が，さらに国内総生産を低下させる．国内総生産が低下するならば，流動的な労働市場においては失業率が上昇し，賃金変化率も抑制される．言い換えると，国内・国外における金融面の取引を自由化するような制度変化は，中国経済を Nishi（2012a）モデルの制度的構図に近づけることになり，不安定性を招く恐れがある．

2）中国の成長体制についての実証分析

中国経済についての実証分析は，長期高頻度時系列のマクロ経済データの欠如とデータの信憑性の問題から，日本や韓国の分析とパラレルな形で行うことは極めて難しい．例えば，賃金分配率や企業の負債比率を算出するための適切な公式データを見つけることは難しい．そこで，賃金分配率にかえて賃金総額を使って，所得分配と成長体制との関連を捉える．企業の負債比率も日本や韓国のような企業の財務データが見つからない．そうした厳しい制約と，国家の役割の重要性を踏まえて，政府の負債を使った資金調達と成長体制との関連の考察を行う．本章では，中国の民間企業の負債データを使うことが出来なかった．したがって，民間の負債の動態を表わすような形で政府の負債の動態が変動し，成長レジームを規定するとは十分に言えない可能性を残している．それらは相関するように変化するかも知れないし，逆相関するように変化するかも知れない．こうした限界があることを，断わっておく．限られたデータを用いたものではあるが，以下では中国経済の成長体制について行った実証分析の結果を解釈したい．

中国経済について，VAR モデルにおいて算出された累積インパルス応答関数は図 3-3 にまとめられ，表 3-3 は，その分散分解の結果を提示している．イノベーション会計におけるインパルスはコレスキー分解のもとで与えた．

成長体制は，図 3-3 の第 4 行に示される．第 4 行 1 列は，政府負債および利払い合計と GDP との関連性を示す．政府負債および利払い合計に対す

図3–3　累積インパルス応答関数（中国：1982～2005年）

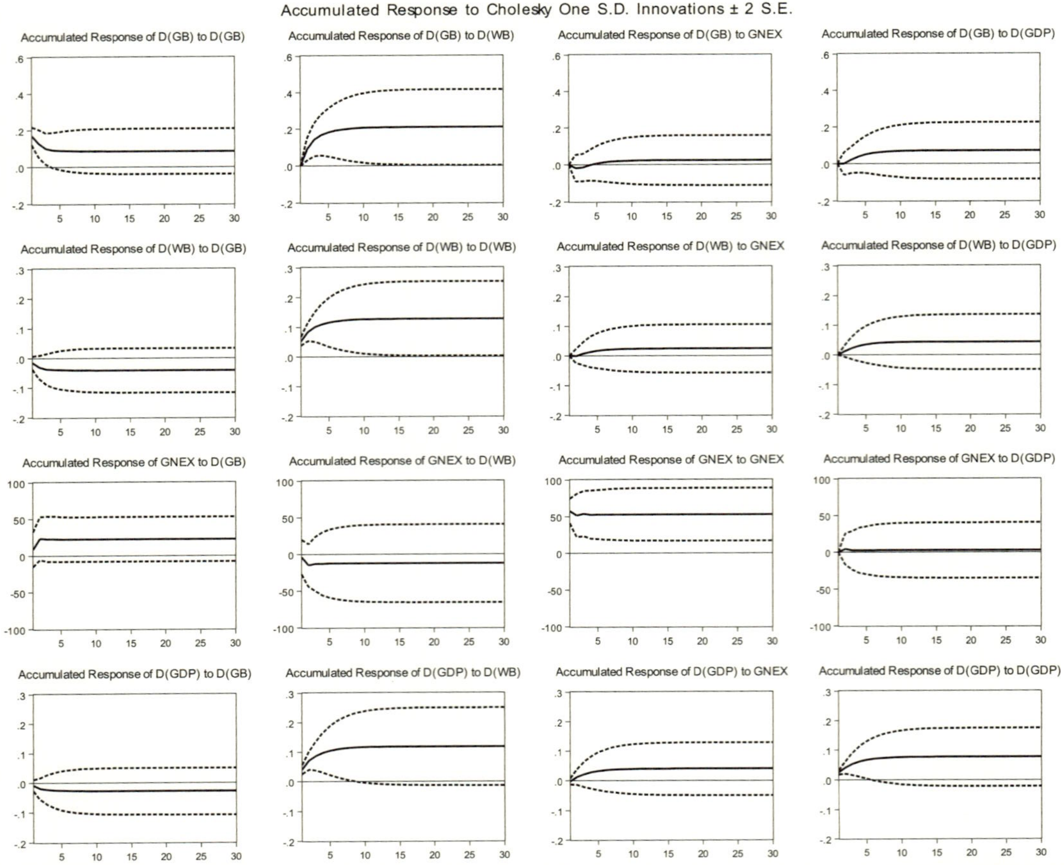
Accumulated Response to Cholesky One S.D. Innovations ± 2 S.E.
Accumulated Response of D(GB) to D(GB)
Accumulated Response of D(GB) to D(WB)
Accumulated Response of D(GB) to GNEX
Accumulated Response of D(GB) to D(GDP)
Accumulated Response of D(WB) to D(GB)
Accumulated Response of D(WB) to D(WB)
Accumulated Response of D(WB) to GNEX
Accumulated Response of D(WB) to D(GDP)
Accumulated Response of GNEX to D(GB)
Accumulated Response of GNEX to D(WB)
Accumulated Response of GNEX to GNEX
Accumulated Response of GNEX to D(GDP)
Accumulated Response of D(GDP) to D(GB)
Accumulated Response of D(GDP) to D(WB)
Accumulated Response of D(GDP) to GNEX
Accumulated Response of D(GDP) to D(GDP)

注：左から順に，政府負債および利払い合計（*GB*），賃金総額（*WS*），純輸出（*GNEX*），国内総生産（*GDP*）へのインパルスを表わす．*D* は階差をとる演算子である．上から，同じ順で，各変数のインパルスへの累積応答関数を表わす．点線は累積インパルス応答関数の推計値の 2 標準誤差の区間を表す．

表3-3　分散分解の結果（中国経済）

予測の視野	GB の変化率				予測の視野	WB の変化率			
	GB	WB	GNEX	GDP		GB	WB	GNEX	GDP
1	100	0	0	0	1	7.74	92.25	0	0
5	70.14	26.67	1.35	1.84	5	10.17	81.19	2.22	6.42
10	69.66	26.82	1.48	2.03	10	10.07	80.88	2.39	6.66
15	69.65	26.82	1.48	2.03	15	10.73	80.87	2.39	6.66
20	69.65	26.82	1.48	2.03	20	10.73	80.87	2.39	6.66
25	69.65	26.82	1.48	2.03	25	10.73	80.87	2.39	6.66
30	69.65	26.82	1.48	2.03	30	10.73	80.87	2.39	6.66

予測の視野	GNEX の変化率				予測の視野	GDP の変化率			
	GB	WB	GNEX	GDP		GB	WB	GNEX	GDP
1	2.27	0.41	97.31	0	1	3.46	70.24	0.40	25.91
5	7.82	3.79	87.83	0.56	5	4.78	63.71	7.93	23.58
10	7.82	3.79	87.83	0.56	10	4.72	63.54	8.09	23.65
15	7.82	3.79	87.83	0.56	15	4.72	63.53	8.09	23.65
20	7.82	3.79	87.83	0.56	20	4.72	63.53	8.09	23.65
25	7.82	3.79	87.83	0.56	25	4.72	63.53	8.09	23.65
30	7.82	3.79	87.83	0.56	30	4.72	63.53	8.09	23.65

注：中国の VAR の結果．GB は政府負債および利払い合計に固有のショックを，WB は賃金総額に固有のショックを，GNEX は純輸出に固有のショックを，GDP は国内総生産に固有のショックをそれぞれ表わす．なお各系列は VAR の推計で用いたものであり，全て定常化された系列についての結果である．

る一単位のポジティブ・ショックは，GDP を低下させていることが分かる．すなわち，政府の負債の拡大が中国経済の GDP の足かせになっているという意味で，負債荷重型成長体制である．過度な政府の負債の蓄積は中長期的な成長の妨げになる可能性がある．ただし，累積応答関数が示す実線のまわりのバンドは，ゼロを境に双方にかかっているため，この応答関数は有意であるとはいえない．GDP の変動に関する分散分解は，全て 10 期あたりで変動の要因が定常化している．これによると，30 期において，GDP に対する政府負債および利払い合計の影響は最も小さい．

　第 4 行 2 列は，賃金総額と GDP との関連性を示す．賃金総額に対する一単位のポジティブ・ショックは，期首から 10 期あたりにかけて有意な形でGDP を拡大させている．したがって，中国経済は短期的には，賃金主導型成長体制の特徴を示している．その後はバンドがゼロを境に双方にかかるが，

総じて累積応答関数自体はポジティブな反応を示し続けている．分散分解によると，賃金総額の GDP に対するインパクトは，ショックの発生した期首から最も大きく，30 期目においても GDP の 63％程度の変動を説明し，大きな変動要因となっている．

第 4 行 3 列は，純輸出と GDP との累積インパルス応答関数を示す．純輸出に対する一単位のポジティブ・ショックは，GDP を拡大させている．ポジティブな累積的効果は 30 期にかけて持続している．ここに中国経済の GDP は輸出の拡大にポジティブな影響を受けていることが看て取ることができる．分散分解から，純輸出の GDP に対する影響は短期的に強く生じ，およそ 8％の変動を説明し続けている．

このような実証結果と，先行研究の成果および統計データとを照らし合わせてみると，賃金主導型成長体制は，形式的には存在していても十分に確立され実現されているものではないと予想される．Boyer（2012）と厳（2012）も，次の二つの理由から中国における賃金主導型成長の実現が困難であることを指摘している．第一に，激しい競争関係と分断化され競争的な労働市場によって中国の賃金分配率が低下傾向にあり，2000 年以降，それは 50％を割っている．第二に，中国経済は，GDP に占める民間消費需要の構成割合が極めて低いという需要構造を有している．2005 年から 2009 年にかけての年平均でみた中国の民間消費需要の構成割合は，36.4％と極めて低い（牧野 2012）．これは，日本のような先進国が軒並み 55％以上の割合を有していることとは対照的である．すなわち，低迷する賃金分配率と低い民間消費需要の割合のために，賃金主導型成長の実現は困難となっているのである．

こうした賃金主導型成長の困難は輸出の増大によって補われている．1980 年代後半からの急速な経済成長を経て，中国は 1990 年代半ばに「不足経済」から「過剰経済」へ転換したとされる（中兼 2002）．この過程で，生み出された過剰能力は，家計の消費によって吸収することが困難となっている．こうした過剰能力を吸収しているのが輸出である．すなわち，過去 10 年にわたって中国経済において GDP に占める輸出の割合が増加しているのは，アンバランスな国内の蓄積体制の現れなのである．

III 東アジア資本主義のマクロ経済構造の多様性と経済統合

1 中国・日本・韓国のマクロ経済構造の比較分析

前節では，日本，中国，韓国各国の経済動態を分析し，各国の成長体制の異同について議論した．ここでは，変動を貫いて観察されるより長期的な経済構造の観点から，三国の経済の特徴を比較分析することにしたい．それを確認するために，WIOD（World Input-Output Database）を用いて，中国，日本，韓国の総産出量を，国内中間財投入，中間財輸入，付加価値（賃金，利潤等）に分解して，それぞれの比率を見ることにしよう．これを表したのが，**表3-4**である．

ここから確認されるのは，次のことである．まず中国経済であるが，国内中間財投入と中間財輸入の比率が高く，付加価値の比率が低い．しかも近年，中間財輸入が増加傾向にある．実際，2009年には，総産出量に対する国内中間財投入の比率が58.72%，中間財輸入の比率が7.85%，付加価値の比率は，32.9%で，日本に比べて付加価値の比率がかなり低い．雇用者所得の比率も13.78%（賃金分配率は41.88%）で極めて低く，しかも近年低下傾向にある．この特徴は，電機・光学産業のデータでは，さらに顕著であり，中間財輸入の比率は，18.21%に達し，付加価値の比率は16.14%にすぎない．雇用者所得の比率は5.32%（賃金分配率は32.99%）ときわめて低くなっている．したがって，ここから中国の「輸出主導型成長」を支える経済構造の特徴につ

表3-4 中国・日本・韓国のマクロ的費用構造

(%)	中国 2000	中国 2007	中国 2009	日本 2000	日本 2007	日本 2009	韓国 2000	韓国 2007	韓国 2009
国内中間財投入	55.67	59.39	58.72	43.68	43.75	43.49	44.25	46.22	47.50
中間財輸入	5.63	7.61	7.85	2.79	5.19	3.92	11.40	12.28	13.37
付加価値	38.34	32.54	32.90	53.36	50.78	52.33	41.05	38.55	36.12
雇用者所得	19.45	13.67	13.78	30.79	28.73	29.37	30.65	27.95	26.35
営業余剰その他	18.89	18.87	19.12	22.57	22.05	22.96	10.40	10.60	9.77
生産物純課税・国際運輸費	0.36	0.46	0.53	0.17	0.28	0.26	3.30	2.95	3.01
総産出量	100.00	100.00	100.00	100.00	100.00	100.00	100.00	100.00	100.00
賃金分配率	50.73	42.01	41.88	57.70	56.58	56.12	74.67	72.50	72.95

出所：World Input-Output Database (WIOD).

いて，次のように言うことができよう．国内の低い労働コストのもとで，外国から中間財を輸入し生産を行っている点が特徴であり，しかも，国内で形成される付加価値は日本や韓国などと比べて低い．ここには，豊富な労働力を前提として形成された中国の賃労働関係と中国国内の多国籍企業の生産活動が反映されている．

これに対して，日本経済は次のような特徴を持っている．ここ10年あまりは経済構造そのものは，比較的安定しており，中国と韓国と比較して付加価値の比率が高い．中間財輸入比率も，中国と韓国と比べ，比較的低いのが特徴である．日本の「輸出主導型成長」は，輸出財部門が突出する傾向を持ってきたとはいえ，中国と韓国と比較した場合，これまでは比較的安定した経済構造を形成していた．2008年のリーマンショックの際には，輸出の急落によって大きく落ち込んだ日本経済であるが，雇用者所得の対総産出量比率は上昇している．これは，この時期に雇用調整が進んだとはいえ，日本経済に典型的にみられる不況期の「労働保蔵効果」によって生じたものである．

韓国経済において特徴的なのは，2000年時点でとりわけ高い雇用者所得比率を示していることである．これは，短期的には「賃金主導型成長」であったという前節の分析結果に対応するものである．しかし，2000年代に入ると雇用者所得比率は明確な低下傾向を示し，2008年のリーマンショック時においては，さらに低下している．この動きの背景には，韓国の賃労働関係の急激な変化がある．

マクロ経済的費用構造から見た時の3カ国については，いずれにおいても中間財輸入の割合が上昇していることが確認できる．これは中国と韓国において特に著しい．次にこの点を，東アジアにおける生産と貿易のネットワークの観点から分析することにしよう．

2 東アジアにおける貿易構造と国際生産ネットワーク

東アジア資本主義は多様性を示しつつ，同時に相互依存性を強め，一大経済圏を形成している．特に，貿易構造は，近年大きく変化している．その最も顕著なものが，東アジア域内における中間財貿易の拡大であり，これに基

づいて国際生産ネットワークが発展している．この点を確認するために，経済産業研究所 RIETI-TD を用いて，2000 年及び 2011 年の東アジア諸国の貿易マトリックス（**表3–5**参照）を作成し，考察してみたい．

　東アジアの域内貿易構造をみると，北米や EU など世界の他地域との貿易構造とは異なり，域内中間財貿易の比率がきわめて高いという特徴をみて取ることができる．これは，東アジア地域において，独自の国際生産ネットワークのバリューチェーンが形成されていることを意味している．特に，ここ 10 年間で，東アジアの国際生産ネットワークは急速に発展しており，多様な発展段階と国内制度をもつ東アジア資本主義の間で，固有の国際分業が急速に展開していることが確認される．

　中国と日本の貿易関係については，日本から中国に中間財を輸出し，中国の工場で組み立て，最終財を北米や EU に輸出するという貿易パタンが形成されてきた．これは，2008 年のリーマンショックのときに日本の輸出の急落をもたらしたルートでもあった[5]．ただし，2000 年から 2011 年まで全体の変化を見ると，中国から日本や欧米への中間財の輸出も増えつつあり，日中間の相互依存関係もその非対称性が緩和されつつある．この点については，産業による相違もみられる．2011 年時点での中間財貿易比率を RIETI-TD で確認すると，電機産業では日本から中国への輸出で 77.58％，中国から日本への輸出で 48.98％と依然として非対称的であるのに対して，輸送機械産業では，日本から中国への輸出で 50.42％，中国から日本への輸出で 62.23％と対称的な関係を示している．また，中国と ASEAN との輸出・輸入が急速に拡大し，依存関係が強まっていることも近年の重要な変化である．

　韓国と中国との貿易関係については，韓国の輸出超過であるが，中間財貿易については比較的対称的なものになりつつある．また，かつては韓国は日本からの中間財輸入に依存していたが，近年韓国から日本への中間財輸出も増加傾向にある．また，台湾については，中間財輸出・輸入の比率が全般的に高いが，特に韓国と ASEAN に対して高い値を示している．

　全体として，ここ 10 年間における東アジア地域の変化として指摘しなければならないのは，輸出，輸入ともに中国の比重が急速に高まっていることである．2000 年時点では，日本がアジア経済統合の核であり，中間財の主

表3–5 東アジアの貿易構造

2000年（100万ドル）

輸出	輸入	中国	日本	韓国	台湾	ASEAN	北米・EU・その他世界	世界全体
中国	中間財貿易		13946	6433	3791	9942	84342	118453
	貿易全体		54657	12799	6202	18019	302857	394534
	中間財貿易比率(%)		25.5	50.3	61.1	55.2	27.8	30.0
日本	中間財貿易	30170		22290	21263	49331	145258	268312
	貿易全体	41501		31824	38436	69365	322207	503333
	中間財貿易比率(%)	72.7		70.0	55.3	71.1	45.1	53.3
韓国	中間財貿易	20255	12214		5649	12940	50830	101889
	貿易全体	23199	20132		8967	16950	102512	171761
	中間財貿易比率(%)	87.3	60.7		63.0	76.3	49.6	59.3
台湾	中間財貿易	3921	9348	3242		15744	69484	101739
	貿易全体	4634	18168	4287		19962	115421	162471
	中間財貿易比率(%)	84.6	51.5	75.6		78.9	60.2	62.6
ASEAN	中間財貿易	15553	30755	12149	13910		158885	231252
	貿易全体	21983	57985	18149	20109		305146	423372
	中間財貿易比率(%)	70.7	53.0	66.9	69.2		52.1	54.6
北米・EU・その他世界	中間財貿易	51243	83412	43023	30393	153016		361086
	貿易全体	103896	223957	92990	64723	242680		728246
	中間財貿易比率(%)	49.3	37.2	46.3	47.0	63.1		49.6
世界全体	中間財貿易	121143	149675	87136	75006	240973	508799	
	貿易全体	195212	374899	160050	138437	366977	1148142	
	中間財貿易比率(%)	62.1	39.9	54.4	54.2	65.7	44.3	

2011年（100万ドル）

輸出	輸入	中国	日本	韓国	台湾	ASEAN	北米・EU・その他世界	世界全体
中国	中間財貿易		60241	50023	27111	70740	523819	731934
	貿易全体		172497	82636	43149	121189	1448826	1868298
	中間財貿易比率(%)		34.9	60.5	62.8	58.4	36.2	39.2
日本	中間財貿易	121511		49215	37719	81560	195803	485809
	貿易全体	188932		67484	51995	110884	405076	824370
	中間財貿易比率(%)	64.3		72.9	72.5	73.6	48.3	58.9
韓国	中間財貿易	116652	28661		15898	46058	132842	340111
	貿易全体	155655	37808		17785	55287	236223	502759
	中間財貿易比率(%)	74.9	75.8		89.4	83.3	56.2	67.6
台湾	中間財貿易	66699	13318	11028		45898	97521	234464
	貿易全体	85901	18451	13117		53204	148955	319628
	中間財貿易比率(%)	77.6	72.2	84.1		86.3	65.5	73.4
ASEAN	中間財貿易	112714	64882	29179	23180		398077	628033
	貿易全体	184065	117634	51527	32522		720749	1106498
	中間財貿易比率(%)	61.2	55.2	56.6	71.3		55.2	56.8
北米・EU・その他世界	中間財貿易	280077	159530	110576	60243	388191		998616
	貿易全体	892673	478038	299923	132768	654079		2457420
	中間財貿易比率(%)	31.4	33.4	36.9	45.4	59.3		40.6
世界全体	中間財貿易	697653	326633	250022	164151	632446	1348062	
	貿易全体	1507225	824428	514688	278159	994644	2959829	
	中間財貿易比率(%)	46.3	39.6	48.6	59.0	63.6	45.5	

出所：経済産業研究所，RIETI-TD.

要な供給国であった．しかし，2011年には，中国が輸出，輸入とも日本を大きく上回っており，アジア経済統合の新たな中心になっている．また，中国はアジア諸国全域から中間財を輸入して生産を行っており，しかも中国の輸出の半分以上が日本企業を含む外資系多国籍企業によって担われている点も重要な特徴である[6]．

Ⅳ　おわりに

以下では，本章での議論から得られた結果のまとめを行う．

Harada and Tohyama（2012）は，アジアには異なる五つのタイプの資本主義が存在することを明らかにした．かれらの分析は，主として制度的構図の相違を明確にしたものであるが，経済成長体制といったマクロ経済パフォーマンスの相違については不明確なままであった．それに対して，本章では，時系列分析と貿易データ分析を用いて成長体制と国際経済関係の多様性の検証を行った．以下の表3-6は，その結果をまとめたものである．

これら3カ国の間においてさえも，成長体制に異同が存在する．成長に多様性が存在するということは，次のように極めて重要な意味をもつ．各国経済は，同一のショックに対しても異なったパフォーマンスを示す．また，成長体制は，表3-6に総括されるように，分配面，負債面，外需面という少なくとも三つの側面の結合として定義されることになる．したがって，たとえ賃金主導型成長体制において賃金の上昇が効果的に機能したとしても，それが負債荷重型の成長体制の特質を併せ持つならば，負債を削減しない限り十分な成長は見込めない．所得分配および負債の側面から成長体制が各種の

表3-6　東アジア3カ国の成長体制と国際経済関係

	期間	分配・成長体制	負債・成長体制	輸出・成長体制	国際経済関係
日本	1991年から2010年	利潤主導型	負債荷重型	輸出主導型	対中国・ASEAN向け中間財輸出，最終財輸出
韓国	1990年から2009年	賃金主導型から利潤主導型へ	負債荷重型	輸出主導型	近年，対アジア向け中間財輸出が増加
中国	1982年から2005年	賃金主導型（実現は困難）	政府負債からみれば負債荷重型	輸出主導型	中間財輸入と最終財輸出，低付加価値形成，低賃金

ショックに対してポジティブに反応するものであっても，外需の動向に左右される側面もなお残る．経済成長が内需において成長促進的なものであったとしても，それが過度に輸出依存型である場合には，世界経済の景気後退は大きなネガティブ・インパクトを国民経済に対して及ぼす．このように，マクロ経済成長は様々なレジームの総体なのであり，各種ショックに対して，全てポジティブに反応しうる成長体制の実現は極めて稀なことだといえる．
　さらに，VAR分析は3カ国があわせて「輸出主導型」の成長体制を有していることを明らかにした．これらの3カ国の間の景気には，ポジティブ・フィードバック効果が発生する可能性がある．すなわち，これらの諸国の輸出依存度が高くなれば，ある国の輸出拡大による景気回復は，他の国の輸出を誘発し，他国の景気に対してもポジティブな影響を与えうる．しかしながら，逆にある国における景気後退が生じた時，これによって他の国の輸出が抑制され，それゆえ他国に対しても景気後退が波及する．貿易の深化を伴うアジアの経済統合は，一方では景気拡大の原動力となるが，これがネガティブに機能した場合には景気後退がシンクロナイズしてしまう恐れがあるということになる．
　さらに，本章ではマクロ経済構造と貿易構造について，日中韓3カ国を取り上げ，比較分析を行った．諸制度による調整はマクロ経済変動の特性を生み出すが，同時に，長期的なマクロ経済構造と各国経済間の相互依存性を規定する．このため，3カ国の経済は，国内中間財投入，中間財輸入，付加価値（賃金と利潤への分配）について，異なった特徴を持っている．そこには，3カ国それぞれの製造業の特質や近年の賃労働関係の変化が反映されている．また，このように構造面でも変動面でも多様性を示す東アジア資本主義は，貿易や直接投資を通じて相互依存性を強めている．それは域内で中間財サプライチェーンを軸とした国際生産ネットワークを発展させ，東アジア経済統合を促進している．
　東アジア資本主義は，それぞれの国内制度と調整様式の基づき固有の経済変動を生み出し，また長期的経済構造を形成してきた．しかも，多様な各資本主義は，多国籍企業の国際生産ネットワークを軸に相互依存を強めており，これが各国の諸制度を大きく規定しつつある．ここに，東アジア資本主義と

アジア経済統合の大きな特徴がある.

補論：データの出所と加工

　VAR を推計した手続きは，次の通りである．まず，各系列が単位根をもつかどうかを Augmented Dickey-Fuller（ADF）検定を通じて検証する．非定常系列については，階差をとって定常化し，全て和分次数がゼロの状態で推計に含める．以上の設定のもと，VAR(2)を予め推定し，赤池情報基準量（AIC）をもとに最適ラグ次数を選択する．選ばれたラグを取り入れた VAR を推計し，そのモデルにおいて累積インパルス応答関数および分散分解を計算する．累積インパルス応答関数の符号をもとに成長体制を判別し，分散分解をもとにインパルスの波及の大きさを考察する．本章で使用した変数について，データの出典，加工方法は以下の通りである．

日本経済の VAR 分析
- *DK*（負債・資本比率）：『法人企業統計調査時系列データ（金融業，保険業以外の全産業・全規模）』，自己資本比率（当期末）を使用．1 から自己資本比率を差し引いて負債・資本比率を定義する．*EXPO*（輸出）：『2009 年度——国民経済計算（2000 年基準 93SNA）』「4. 主要系列表-4. 主要系列表-(1) 国内総生産（支出側）：実質連鎖方式」，財貨・サービスの輸出を使用，Census X-12 によって季節調整を施した．推計には輸出の自然対数をとって含めた．
- *PS*（利潤分配率）：「4. 主要系列表-(2). 国民所得・国民可処分所得の分配：名目-暦年四半期（季節調整済）」を使用．利潤分配率は，法人企業の分配所得受払後の企業所得を，それと雇用者報酬との合計で割ったものとして定義する．その上で自然対数をとった．
- *GDP*（国内総生産）：輸出と同じ出典から，国内総生産（支出側）を使用し Census X-12 によって季節調整を施した．推計には GDP の自然対数をとって含めた．

1991 年第 1 四半期から 2010 年第 1 四半期までのデータを対象とし，以上

の変数と定数項ベクトルから構成される VAR のラグ次数を赤池情報基準量にしたがって 1 とした．

韓国経済の VAR 分析

以下の変数は全て，The Bank of Korea の *Economic Statistics System* から採った．

- *DK*（負債・資本比率）：「11. Flow of Funds」11.2.2 Financial Assets & Liabilities Outstanding のうち，資産を Total Assets，負債を Total Liabilities として使用．負債をそれと資産の合計で割ったものが負債・資本比率である．2002 年第 3 四半期までは Business Sector のデータを使い，それ以降は Non-Financial Corporations を対象としたデータと接続した *WS*（賃金分配率）：「10. National Accounts」10.1.1 Principal Indicators on National Accounts （2005 reference year）のうち，Ratio of Compensation of Employees to NI を使用．この年次データは存在しないので Eviews の frequency conversion （Quadratic-match-average）を使い四半期原系列に変換した．
- *EXPO*（輸出）：上に同じ出典における 10.4.2.4 Expenditure on Gross Domestic Product（at chained 2005 year prices, quarterly）のうち，Exports of Goods and Services を使用し，Census X-12 によって季節調整を施した．推計には輸出の自然対数をとって含めている．
- *GDP*（国内総生産）：輸出データと同じ出典から Expenditure on GDP を使用し，Census X-12 によって季節調整を施した．推計には GDP の自然対数をとって含めている．

サンプルは，1990 年第 1 四半期から 2009 年第 4 四半期である．以上の変数と定数項ベクトルおよび 1997 年のアジア通貨危機後の構造変化の可能性を踏まえたダミー変数（1997 年第 4 四半期以降は 1，それ以外はゼロ）から構成される VAR を推計した．ラグ次数は，赤池情報基準量にしたがって 2 とした．

中国経済の VAR 分析

以下の変数は全て，National Bureau of Statistics of China の *China Statistical*

Database から採った.
- *GB*（政府負債および利払い合計）：Finance から，Annual Government Debts and other indicators Statistics のうち，Government Debts と Interest Payment for Government Debts の合計として定義．この変数を自然対数変換した．
- *WB*（賃金総額）：Employment and Wages から，Annual Total Wage Bill of Employed Persons and other indicators Statistics のうち，Total Wage Bill of Employed Persons を使用した．
- *GNEX*（純輸出）：National Accounts から，Annual Gross National Income and Other Indicators Statistics のうち，Net Exports of Goods and Services を使用した．
- *GDP*（国内総生産）：純輸出と同じ出典から，Gross Domestic Product を使用．

1982 年から 2005 年までの年次データをサンプルとし，以上の変数と定数項ベクトルから構成される VAR のラグ次数を，赤池情報基準量にしたがって 1 とした．

注

(1) Nishi（2012a）は，レギュラシオン理論の「制度階層性」をふまえたケインズ=ミンスキーモデルによるマクロ動学分析である．そこでは金融化の時代を踏まえて，多様な金融資産を想定した．なお，金融資産取引に関する仮定を LM モデルによって簡単化し，かつ制度的調整の時間的相違を踏まえたモデルとしては西（2011）がある．調整の時間的相違とは，各制度エリア内での経済変数の決定に遅れが存在するものとして解釈されている．
(2) 近年の議論では，フォーディズムの時代に支配的制度であった賃労働関係は，階層的関係において支配的な位置ではなくなったという共通認識が形成されている．しかし，現在，どの制度諸形態が支配的な位置にあると見るべきかについては，論者によって異なり，一致した見解はない．例えば，価格競争の激化（Petit 2005），国際レジームの台頭（Boyer 2004），さらには貨幣・金融レジームの役割（Boyer 2000; Aglietta 2006）が支配的になるように変化していることが強調されてきた．これは各国で異なるであろうし，実証研究によって確定する以外にはない．
(3) 諸制度の組み合わせやそれらの相互規定関係を考慮する概念として，「制度的補完性」の考え方がある．われわれは，この制度的補完性と制度階層性をそれぞれ次のように理解している．「制度的補完性」の概念は，制度間の相互の機能の改善という「水平的な」側面を重視しているが，「制度階層性」の概念は，制度間の「垂直的な」機能の規定関

(4) ここでのマクロ経済モデルを拡張したモデルを構築する際に考慮しなければならない論点を,二点挙げておきたい.第一は,ここでのモデルは1財モデルである.それゆえ,中間財貿易や多国籍企業の活動によって急速に発展している国際生産ネットワークの具体的な考察ができないという点である.ただし,本章の第3節では,東アジア地域およびASEANとの間での国際生産ネットワークの態様を,モデル分析という形ではなく,国際産業連関表に基づく数値によって確認をするという作業を行う.第二に,ここでのモデルは,海外直接投資(FDI)の役割を明示的に取り扱っていないという点である.ただし,FDIはモデルの内生変数だけから導かれるというよりも,現実には国家の政策のあり方からも影響を受けるということも考慮に入れなければならない.
(5) この点をアジア国際産業連関表を用いて分析したものとして,Kuroiwa and Kuwamori (2010) がある.
(6) 中国における,外資系多国籍企業の比重については,次のような指摘がある.「外資系企業は中国経済の発展において重要な推進作用を果たしている.2008年には全国の企業数の3%にあたる外資系企業が,鉱工業生産額では全体の29.7%,納税額では21%,輸出額では55.3%を占め,中国で直接雇用する従業員数は4500万人に達した.」(『人民網日本語版』2009年11月24日).また,中国経済に対する日系多国籍企業の影響について国際産業連関分析を行ったものとしては,Wang, Shrestha and Uemura (2011) を参照されたい.

参考文献

Aglietta, M. (2006) 'The Future of Capitalism', in Coriat, Petit and Schmeder (2006).

Amable, B. (2003) *The Diversity of Modern Capitalism,* Oxford: Oxford University Press.〔山田鋭夫/原田裕治ほか訳『五つの資本主義——グローバリズム時代における社会経済システムの多様性』藤原書店,2005年〕

Amable, B. and S. Palombarini (2009) 'A Neorealist Approach to Institutional Change', *Socio-Economic Review*, 7.

Boyer, R. (2000) 'Is a Finance-led Growth Regime a Viable Alternative to Fordism? A Preliminary Analysis', *Economy and Society*, 29 (1).

Boyer, R. (2004) *Une Théorie du Capitalisme est-elle Possible?*, Paris: Odile Jacob.〔山田鋭夫訳『資本主義 vs 資本主義——制度・変容・多様性』藤原書店,2005年〕

Boyer, R. (2005) 'Coherence, Diversity, and the Evolution of Capitalisms: The Institutional Complementarity Hypothesis', *Evolutionary and Institutional Economics Review*, 2 (1).

Boyer, R. (2011) *Finance et globalisation: La crise de l'absolutisme du marché*, mimeo.〔山田鋭夫/坂口明義/原田裕治監訳『金融資本主義の崩壊——市場絶対主義を超えて』藤原書店,2011年〕

Boyer, R. (2012) 'The Chinese Growth Regime and the World Economy', in Boyer, Uemura and Isogai (2012).

Boyer, R., H, Uemura and A. Isogai eds.（2012）*Diversity and Transformations of Asian Capitalisms*, London and New York: Routledge.
Boyer, R. and T. Yamada eds.（2000）*Japanese Capitalism in Crisis: A Régulationist Interpretation*, London and New York: Routledge.
Coriat, B., P. Petit and G. Schmeder eds.（2006）*The Hardship of Nations: Exploring the Paths of Modern Capitalism*, Cheltenham: Edward Elgar.
Epstein, G. A. ed.（2005）*Financialization and the World Economy*, Cheltenham: Edward Elgar.
Harada, Y. and H. Tohyama（2012）'Asian Capitalisms: Institutional Configurations and Firm Heterogeneity', in Boyer, Uemura and Isogai（2012）.
Isogai, A.（2012）'The Transformation of the Japanese Corporate System and the Hierarchical Nexus of Institutions', in Boyer, Uemura and Isogai（2012）.
Isogai, A., A. Ebizuka and H. Uemura（2000）'The Hierarchical Market-firm Nexus as the Japanese Mode of *Régulation*', in Boyer and Yamada（2000）.
Jeong, S.-E., J. Mazier and S. Saglio（2012）'Given the Heterogeneity of Asian Countries, Is a Monetary Integration or Coordination possible?', in Boyer, Uemura and Isogai（2012）.
Kuroiwa, I. and H. Kuwamori（2010）'Shock Transmission Mechanism of Economic Crisis in East Asia: An Application of International Input-Output Analysis,' *IDE Discussion Paper*, 220.
Lechevalier, S.（2012）'The Increasing Heterogeneity of Firms in Japanese Capitalism', in Boyer, Uemura and Isogai（2012）.
Nishi, H.（2012a）'The Consequences of Internationalization of Trade and Financial Transactions on Growth: Combining an Institutional Hierarchy Hypothesis with a Keynes-Minsky Approach', in Boyer, Uemura and Isogai（2012）.
Nishi, H.（2012b）'Structural VAR Analysis of Debt, Capital Accumulation, and Income Distribution in the Japanese Economy: A Post-Keynesian Perspective', *Journal of Post Keynesian Economics*, 34（4）.
Ok, W. and J. Yang（2012）'The Korean Economy between Two Economic Crises: Hybridization or Convergence towards a Market-led Economy?', in Boyer, Uemura and Isogai（2012）.
Petit, P.（2005）*Croissance et Richesse des Nations*, Paris: La Découverte.
Stockhammer, E.（2004）'Financialisation and the Slowdown of Accumulation', *Cambridge Journal of Economics*, 28（5）.
Uemura, H.（2000）'Growth, Distribution and Structural Changes in the Posy-war Japanese Economy', in Boyer and Yamada（2000）.
Uemura, H.（2012）'Institutional Changes and the Transformations of the Growth Regime of the Japanese Economy: Facing the Impact of the World Economic Crisis and Asian Integration', in Boyer, Uemura and Isogai（2012）.
Uni, H.（2012a）'Increasing Wage Inequality in Japan since the End of the 1990s: An Institutional Explanation', in Boyer, Uemura and Isogai（2012）.
Uni, H.（2012b）'Comparative Analysis of Conditions for Monetary Integration: Europe and Asia',

in Boyer, Uemura and Isoga (2012).
Uni, H., L. Song and J-H. Yang (2003) 'The Export-led Growth in Korea and China: From the Viewpoint of Kaldor', *Keizai Ronso*, 172 (1, 2).
Wang, J., N. Shrestha and H. Uemura (2012) 'Chinese International Production Linkages and Japanese Multinationals: Evolving Industrial Interdependence and Coordination', in Boyer, Uemura and Isogai (2012).
Yamada, T. and Y. Hirano (2012) 'How Has the Japanese Mode of *Régulation* Changed?: The Whereabouts of Companyism', in Boyer, Uemura and Isogai (2012).

宇仁宏幸／山田鋭夫／磯谷明徳／植村博恭（2011）『金融危機のレギュラシオン理論――日本経済の課題』昭和堂．
門倉貴史（2010）『中国経済の正体』講談社現代新書．
厳成男（2011）『中国の経済発展と制度変化』京都大学学術出版会．
小峰隆夫（2010）『日本経済の基本（第4版）』日本経済新聞社．
酒井博司（2006）「水平化する日本のフィリップス曲線」『三井総研倶楽部』3（5）．
高橋克秀／古屋秀樹（2006）「東アジア景気の相互連関――時系列分析と産業連関分析の観点から」『神戸大学経済学研究年報』53: 107-132．
高安雄一（2005）『韓国の構造改革』NTT出版．
白井早百合（2006）「中国の人民元改革と変動相場制への転換――経済発展と為替制度の総合政策学アプローチ」『総合政策学ワーキングペーパーシリーズ（慶應義塾大学）』85．
田原慎二（2011）「製造業の構造変化とサービス経済化――日本経済の産業連関分析」（横浜国立大学大学院国際社会科学研究科博士学位論文）．
中兼和津次（2002）『シリーズ現代中国経済 I――経済発展と体制移行』名古屋大学出版会．
中兼和津次編（2014）『中国経済はどう変わったか――改革開放以後の経済制度と政策を評価する』国際書院．
西洋（2010）「VARモデルを用いた日本経済の所得分配と需要形成パターンについての実証分析」『季刊 経済理論』47（2）: 67-78．
西洋（2011）「制度階層性と調整の時間的相違を伴ったマクロ経済モデル」『阪南論集 社会科学編』46（2）: 75-88．
ボワイエ，ロベール（2009）「歴史的パースペクティブからみたサブプライム危機――レギュラシオン学派からの分析」西洋訳，『季刊 経済理論』46（1）: 53-70．
牧野文夫（2012）「どのようにGDP世界第2位に到達したのか？」南亮進／牧野文夫編『中国経済入門（第3版）』日本評論社．
百本和弘／李海昌編（2012）『韓国経済の基礎知識』JETRO．
山田鋭夫（2008）『さまざまな資本主義』藤原書店．
吉川洋（1992）『日本経済とマクロ経済学』東洋経済新報社．
吉川洋（2009）『マクロ経済学（第3版）』岩波書店．

第4章 アジアにおける共同的な為替レート調整の可能性
――グローバル経常収支不均衡をふまえて――

宇仁宏幸

1 はじめに

　本章の目的は，輸出財と非貿易財の労働生産性と賃金の変化を厳密に計測することにより，アジア諸国およびEU諸国における為替体制のあり方を考察することである．通貨統合に必要な経済的条件のひとつは，共通通貨を採用する各国の輸出財の相対価格に大きな変化が生じないことである．たとえば，ドイツの輸出財価格が不変であるのにイタリアの輸出財価格が上昇していくと，イタリアにおいて累積的な貿易赤字が発生する可能性が高い．通貨統合以前であれば，イタリア通貨リラの切り下げあるいはドイツ通貨マルクの切り上げという為替レート調整によって，このような累積的貿易不均衡は回避できるが，通貨統合後はこのような調整は不可能となるからである．したがって，上記の条件が満たされていない場合は，通貨統合は望ましくない．
　輸出財価格を変化させる最大の要因は，輸出財の単位労働コスト（輸出財1単位の生産に要する賃金費用）の変化である．そして，単位労働コスト＝時間当たり賃金÷労働生産性であるから，輸出財に関して，賃金上昇率と労働生産性上昇率とに差があるとき，輸出財の単位労働コストが変化する．たとえば，賃金上昇率が労働生産性上昇率を上回るとき，単位労働コストは上昇する．賃金上昇率に関しては，国単位でみれば，輸出財生産部門とそれ以外の部門との間で大きな差は見られない．しかし，労働生産性上昇率につい

ては，多くの国において，輸出財生産部門の労働生産性上昇率がそれ以外の部門を顕著に上回る．つまり，いわゆる「輸出にかたよった生産性上昇 export-biased productivity increase」(Hicks 1953) がみられる．とくにこのような場合，賃金上昇率と輸出財生産部門の労働生産性上昇率との乖離が起きやすく，その悪影響を緩和するために為替レートの調整が必要となることがある．このケースでは通貨統合は適さず，為替レート調整を可能にする為替体制が適している．そこでの主な論点はこの為替レート調整を一国的利害に基づいて行うのか，あるいは多国的コーディネーションを通じて行うのかという問題である．

各地域が上記のどのケースに該当するのかを判断するためには，輸出財の労働生産性を，産業連関表に基づく「垂直的統合」という方法を使って厳密に計測することが重要である．宇仁 (2009) では，1998～2003 年の拡大 EU 諸国 4 カ国と，1990～2000 年のアジア諸国 10 カ国について，それぞれ Eurostat とアジア経済研究所の作成した産業連関表を使って分析した．そこでの分析の焦点のひとつは 1997 年のアジア通貨危機であった．本章では，分析対象期間を 1995～2008 年とし，The World Input Output Database (WIOD) project (http://www.wiod.org/) の作成した産業連関表を使って，ユーロ圏諸国 8 カ国，拡大 EU 諸国 5 カ国およびアジア諸国 7 カ国 (アメリカを含む) について，分析を行う．ここでの分析の焦点のひとつは，2000 年代におけるグローバルな経常収支不均衡の拡大である．このグローバルな経常収支不均衡は，2008 年の世界金融危機や 2010 年に顕在化したユーロ危機の諸要因のひとつである．グローバルな経常収支不均衡が拡大したメカニズムを，為替体制および成長体制の両面において検討する．

本章の構成は次の通りである．第 2 節では，経常収支不均衡の推移を概観した後，本稿の分析枠組みを簡単に説明する（産業連関表に基づいて，輸出財と非貿易財の労働生産性を厳密に計測する方法については，本章末尾の付録において説明する）．第 3 節で，ユーロ圏諸国の計測結果を示す．ギリシャなどで賃金上昇率が輸出財の労働生産性上昇率を上回り，輸出財価格が上昇したという事実に焦点を当てて，ユーロ危機の実体経済面での要因を説明する．第 4 節では，拡大 EU 諸国に関する計測結果を示す．拡大 EU 諸国にお

いては ERMII という共同的な為替レート調整メカニズムが存在するために，賃金上昇率と輸出財の労働生産性上昇率との差が為替レート変化によって相殺される．そのため通貨の過小評価や過大評価が起きにくく，経常収支不均衡が拡大していないことを示す．第5節では，アジア諸国に関する計測結果を示す．アジアの多くの国が採用している一国的管理フロート制には，上記の差を為替レート変化が増幅するという問題点が含まれることを指摘する．第6節では，以上の三地域の為替体制と成長体制とを類型化したうえで，輸出にかたよった生産性上昇傾向が顕著なアジアにとって望ましい多国的コーディネーションに基づく為替体制を提示する．また，この為替体制の改革は豊かなアジアを実現するためにも必要であることについても説明する．

2 　経常収支不均衡拡大とその分析枠組み

　図4–1〜4–3は，上記3地域別に分析対象諸国における経常収支の対GDP比を示している．プラスの場合は経常収支が黒字であり，マイナスの場合は赤字である．たとえば図4–1のユーロ圏諸国においては，ドイツの経常収支黒字が累積的に増加する一方で，ギリシャ，スペインやポルトガルでは経常収支赤字が2008年までは累積的に増加した．つまりこの図に示されている8カ国だけをみても，経常収支黒字が増加したドイツとオランダという勝ち組と，赤字が増加したり，黒字から赤字に転じたりしたその他の6カ国の負け組との間の不均衡が2008年までは年々拡大したことがわかる．他方，図4–2に示す拡大EU諸国5カ国は，ほとんどすべて経常収支赤字の状態にあるが，経常収支赤字の対GDP比の増加傾向はみられず，むしろ縮小する傾向がある．

　図4–3に示すアジア諸国にアメリカを加えた7カ国の間では，図4–1のユーロ圏諸国と同様に，経常収支不均衡の拡大がみられる．2008年まで，経常収支黒字の顕著な増加が中国，韓国[1]と台湾で起きる一方で，赤字の顕著な増加がアメリカで起きている．

　経常収支は，貿易収支，サービス収支，所得収支および経常移転収支という4種の対外経済取引収支の合計であるが，財貨の輸出額と輸入額が他の3

図4-1　ユーロ圏諸国における経常収支の対GDP比率（単位：％）

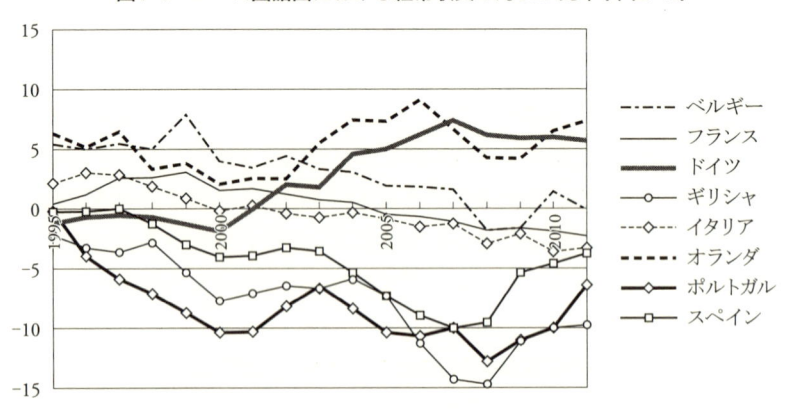

凡例：ベルギー、フランス、ドイツ、ギリシャ、イタリア、オランダ、ポルトガル、スペイン

出所：IMF, World Economic Outlook Database, April 2012から筆者作成.
http://www.imf.org/external/pubs/ft/weo/2012/01/weodata/index.aspx

図4-2　拡大EU諸国における経常収支の対GDP比率（単位：％）

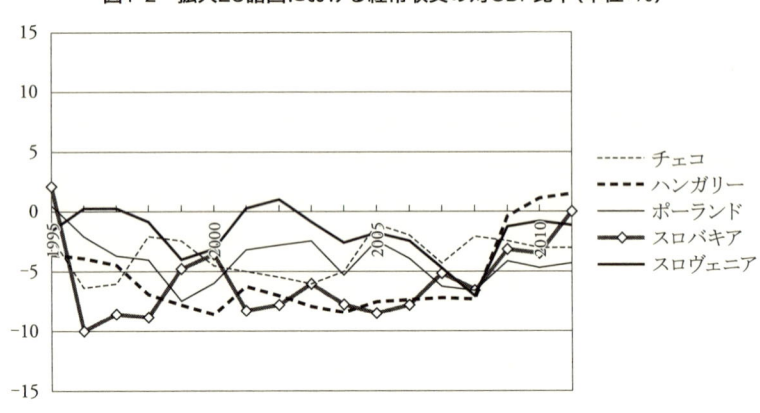

凡例：チェコ、ハンガリー、ポーランド、スロバキア、スロヴェニア

出所：図4-1と同じ.

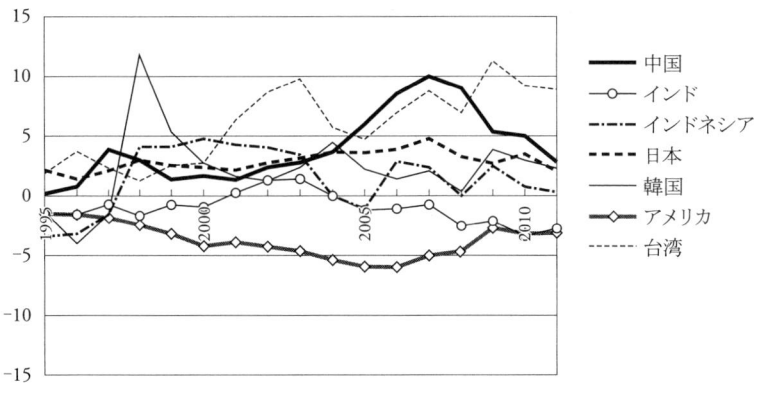

図4-3 アジア諸国における経常収支の対GDP比率(単位:%)

出所:図4-1と同じ.

種の取引額と比べて金額的に格段に大きいので，貿易収支の動向が経常収支の動向をほぼ左右する．そして，貿易収支を決定づける大きな要因は，その国の輸出財生産部門の国際競争力である．知識，技術やブランドなど非価格競争力が重要な製品分野も一部にあるが，本稿で分析するのは，輸出財全体の価格競争力である．以下で述べるように，この輸出財価格の大部分を占める構成要素である単位労働コストの変化は，為替レート変化，時間当たり賃金上昇および労働生産性上昇に要因分解できる．輸出財と非貿易財[2]の「労働生産性」は，産業連関表などから，本章末尾の付録で説明する「垂直的統合」という方法により計測した．

付録において説明するように，本稿での「労働生産性」は，最終財1単位を生産するために直接的間接的に必要な労働時間量（「垂直的統合労働投入係数」と呼ばれる）の逆数である[3]．したがって，輸出財の「単位労働コスト」つまり輸出財1単位の生産に直接的間接的に必要な賃金費用は，時間当たり賃金[4]を，輸出財の労働生産性で除すことにより得られる．

輸出財の単位労働コスト＝時間当たり賃金×垂直的統合労働投入係数
　　　　　　　　　　　＝時間当たり賃金÷輸出財労働生産性

この輸出財単位労働コストは自国通貨建てであるが，国際競争で問題とな

るのは，ドルあるいはユーロという国際通貨建ての輸出財単位労働コストである．これは，自国通貨建て輸出財単位労働コストに対ドルあるいは対ユーロでの為替レート[5]を乗じて得られる．したがって，次の関係式がなりたつ．

　　国際通貨建て輸出財単位労働コスト＝為替レート×時間当たり賃金
　　　　　　　　　　　　　　　　　　÷輸出財労働生産性
　　国際通貨建て輸出財単位労働コスト上昇率
　　　　＝為替レート増価率＋時間当たり賃金上昇率
　　　　－輸出財労働生産性上昇率

　上式は，時間当たり賃金上昇率と輸出財労働生産性上昇率との間に差があるとき，自国通貨建ての単位労働コストは変化するが，その変化を，為替レートの変化によって相殺することができることを意味している．たとえば，時間当たり賃金上昇率が輸出財労働生産性上昇率を上回るとき，自国通貨建ての単位労働コストは上昇し，そのままだと輸出価格の上昇によって経常収支赤字が累積的に増加する可能性が高い．このとき，単位労働コスト上昇を相殺する分だけ自国通貨を切り下げれば，国際通貨建て輸出価格の上昇を回避できる．このように，為替レートは，過剰な賃金上昇が輸出に及ぼす悪影響を緩和するための調整変数としての役割を果たしうる．

　輸出財価格の構成要素としては，この単位労働コストの他に，輸入原材料コストと資本コスト（利潤など）がある．本稿では，次の理由で，単位労働コストに焦点をあてる．第一に，一般的に，価格に占める比重は単位労働コストが最も大きいので，輸出価格変化の大部分は単位労働コストの変化によって説明できる[6]．第二に，顕著な長期的トレンドを有するのは，単位労働コストを構成する垂直的統合労働係数と賃金率である．輸入原材料コスト[7]と資本コストは明確な中長期的トレンドをもたない[8]．したがって本稿のような中長期的変化の分析対象にふさわしいのは単位労働コストである．第三に，とくに小国においては，輸入原材料コストが輸出財価格に占める割合が大きいが[9]，次の理由で，輸入原材料コストの変動は，為替レート変化を通じて直接的に調整することはできない．たとえば，アジア諸国においては貿易の大部分はドル建てで行われる．資本コストはマークアップに含まれると仮定する場合，ドル建ての輸出財価格は，「単位労働コスト×（1＋マー

クアップ率）×対ドル為替レート」と「ドル建て輸入原材料コスト」とで構成される．したがって，先に述べたように単位労働コストの変動は対ドル為替レートの切り上げや切り下げによって調整できるが，もともとドル建てである輸入原材料コストの変動は，為替レート変化を通じて直接的に調整することはできない．

3　ユーロ圏諸国——通貨統合下の「輸出にかたよった生産性上昇」

グローバルな経常収支不均衡の拡大を防ぐための必要条件のひとつは，各国輸出財の相対価格を安定させることである．通貨統合後は，その通貨圏では，上記のような賃金上昇率と輸出財労働生産性上昇率との差を為替レートの切り上げや切り下げによって相殺する調整が不可能となる．つまり，通貨統合後，各国輸出財の相対価格を安定させるためには，それぞれの国において賃金上昇率と輸出財労働生産性上昇率とを直接，等しくすることが求められる．各国輸出財の相対価格の安定という通貨統合のための条件は，EUのオリジナル・メンバー諸国においては，各国の国内インフレ率をできるだけゼロに近づけるというマーストリヒト経済収斂基準の一項目を各国が達成することを通じて，実現された．この点をもう少し詳しくみよう．

図4-4は，EUオリジナル・メンバー諸国の輸出財価格指数と非貿易財価格指数（卸売物価指数で近似）の比を示している．この比は1990年代においては各国ともほぼ不変であり，安定的に推移している．これは，EUオリジナル・メンバー諸国においては，輸出財価格と非貿易財価格の変化率がほぼ等しかったことを意味している．したがって，インフレ率つまり非貿易財価格上昇率をゼロに近づけると，輸出財価格上昇率もゼロに近づく．こうして，すべての国で輸出財価格がほぼ不変になり，各国輸出財の相対価格の安定という通貨統合のための条件が達成された．

議論を単純化するために，第一に，輸出財生産部門の賃金上昇率と非貿易財生産部門の賃金上昇率は均等であり，第二に，各財の価格は，単位労働コスト（＝時間当たり賃金÷労働生産性）に一定のマークアップ率を乗じた値であるとし，第三に，このマークアップ率は不変であると仮定して，考えよ

図4-4　EU諸国における輸出価格／卸売価格比(1995年＝1)

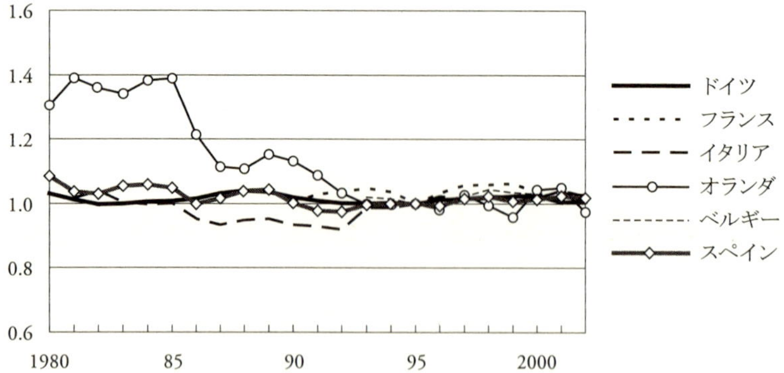

出所：IMF *International Financial Statistics*.

う[10]．この場合，輸出財と非貿易財の価格変化率が等しいということは，輸出財生産部門の労働生産性上昇率と非貿易財生産部門のそれとが等しいことを意味する．そして，この均等労働生産性上昇率と均等賃金率上昇率とを等しくすることによって，輸出財価格変化率と非貿易財価格変化率はともにゼロになる．したがって，各国の国内インフレ率をできるだけゼロに近づけるというマーストリヒト経済収斂基準を達成するための基本的方策は，従来は労働生産性上昇率をしばしば上回りがちであった賃金率上昇率を，労働生産性上昇率とほぼ等しくなるよう引き下げることであった．

　しかし，1999年のユーロ導入後の現実は，上記のような均等生産性上昇ではなく，「輸出にかたよった生産性上昇」の国が大部分を占めるようになった．図4-5は，The World Input Output Database 産業連関表を使った計測結果を示している．各変数の変化率が2000〜2008年の8年間の平均年率で表されている．イタリア以外では，輸出財の労働生産性上昇率は，非貿易財のそれを上回っている．両者の差は1.4〜2.5％である．ただし，この差は，後で述べるチェコ，ハンガリー，中国，韓国，台湾における4〜6％の差と比べると小さい．ユーロ圏諸国の最大の問題は，名目賃金上昇率が輸出財労働生産性上昇率を上回る諸国と下回る諸国とに分化している点にある．一方で，ドイツとオランダでは賃金上昇率は輸出財労働生産性上昇率を下回り，輸出

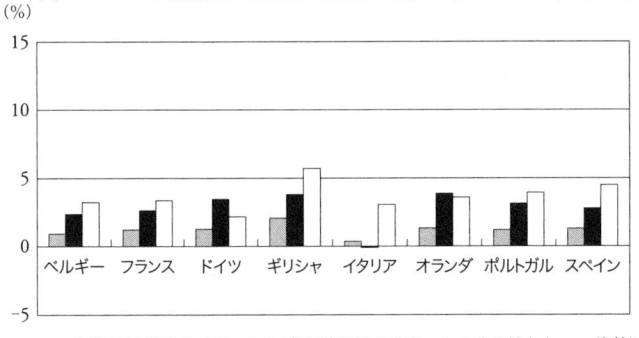

図4–5　ユーロ圏諸国の生産性と賃金の上昇率(2000〜08年, 平均年率)

■ 非貿易財労働生産性　■ 輸出財労働生産性　□ 名目賃金(ユーロ換算)

出所：The World Input Output Databaseより，第2節に記している方法で筆者が計算．
注：ギリシャの輸出全体の37%（2000年）〜49%（2008年）は「海運water transport」が占めるが，ギリシャの労働投入量全体において海運部門が占める割合は，0.2%（2000年）〜0.4%（2008年）にすぎない．外国人船員などが労働投入量に計上されていないことによると考えられる．このように海運部門については産出量と労働投入量とが整合していないので，ギリシャの輸出財の労働生産性については，海運部門を除いて計算した．

財単位労働コスト（＝時間当たり賃金÷労働生産性）は低下した．他方で，ベルギー，フランス，ギリシャ，イタリア，ポルトガルおよびスペインでは賃金上昇率は輸出財労働生産性上昇率を上回り，輸出財単位労働コストは上昇した．先に述べたように，単位労働コストの変化は輸出価格の変化に大きく影響する．賃金上昇率が輸出財労働生産性上昇率を下回るか上回るかの違いが，第2節の図4–1で示したドイツとオランダにおける経常収支黒字の増加と，その他の国における経常収支赤字の増加をもたらしていると考えられる．

2009年末に，ギリシャ，ポルトガル，スペインなどの国債の格下げを契機に始まったヨーロッパの債務危機とユーロ危機の連鎖の背景には，上記のような理由で発生した経常収支赤字と政府財政赤字がある．ギリシャ，ポルトガル，スペインなどでは，危機への対応策として，賃金抑制や財政支出抑制を中心とする緊縮政策が実行されている．また，一部には，これらの諸国は通貨統合の前提条件を満たしていないのでユーロ圏から離脱すべきであるという見解もある（Brown 2012）．

しかし，後でみる拡大EU諸国やアジア諸国と比べると，ユーロ圏諸国で

は，輸出財と非貿易財との間の労働生産性上昇率格差は小さいし，国による差異も小さい．したがって，ギリシャ，ポルトガル，スペインなどにおいて，輸出財労働生産性上昇率を上回る過度の賃上げが抑制され，輸出財価格の上昇が止まると，経常収支赤字の拡大も止まるだろう．また，ドイツにおいて，現状では輸出財労働生産性上昇率を下回る賃上げ率を，今後高めることも，経常収支不均衡の縮小にとって有効であろう．このような賃上げ率の調整が行われることを考慮に入れるならば，以下に述べるようにゆるやかなインフレの問題は残るものの，ユーロ圏では通貨統合の基本的条件は，損なわれていないと考えられる．

　また，非貿易財単位労働コスト上昇率＝賃金上昇率－非貿易財労働生産性上昇率である．非貿易財価格に占める単位労働コストの比重はかなり大きいので，賃金上昇率と非貿易財労働生産性上昇率とのギャップの大きさが，インフレ率（消費者物価指数上昇率）にかなり影響すると考えられる[11]．図4–6は，2000～08年における平均インフレ率を示している．賃金上昇率と非貿易財労働生産性上昇率とのギャップの大きいギリシャ，スペイン，ポルトガルでは，インフレ率も大きく，このギャップの小さいドイツのインフレ率が小さいことがわかる．インフレ率を下げるためにも，ギリシャ，スペイン，ポルトガルでは非貿易財労働生産性上昇率を大幅に上回る過度の賃上げ

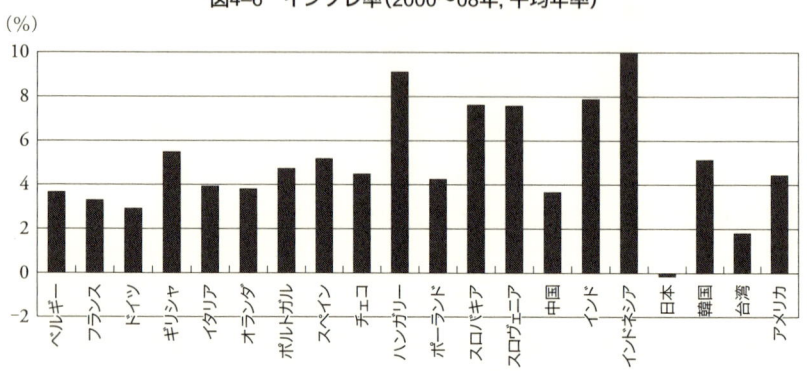

図4–6　インフレ率（2000～08年，平均年率）

出所：IMF, World Economic Outlook Database, April 2012から筆者作成．
注：インドネシアの値は図の表示範囲を超えているが，14.5％である．

を抑制する必要がある．

4 拡大 EU 諸国——共同的管理フロート下の輸出主導型成長

　図4-7は，チェコ，ハンガリー，ポーランド，スロバキアおよびスロヴェニアに関して，The World Input Output Database 産業連関表を使った計測結果を示している．図4-5と同様に，各変数の変化率が2000〜2008年の8年間の平均年率で表されている．ポーランドを除く4カ国において，輸出財の労働生産性上昇率は，非貿易財のそれを大幅に上回る．つまり「輸出にかたよった生産性上昇」が顕著である．また，図4-5に示したユーロ圏諸国のすべてにおいて輸出財の労働生産性上昇率は年率4％に満たなかったが，図4-7のすべての拡大 EU 諸国では5％を上回り，チェコとハンガリーでは10％近くに達する．このような輸出財生産部門における労働生産性の急上昇の主な要因は，直接投資の流入である．これらの国が2004年に EU に加盟することが確実になった1997年末以降，直接投資の流入量は急増した．部門別にみるといずれの国でも約4割が製造業への投資である．とくに自動車，電気・電子機器産業の多国籍企業が，完成品や部品の生産工場を建設するケースが多い．これらの工場では，国際分業の一環として組み込まれ，最新の技術や設備を利用するので，労働生産性上昇率も高い．また，これらの工場の製品の大部分は輸出される．2005年の産業連関表によると，機械製造業（部門コードでは13〜15）の国内生産額に占める輸出の割合は，チェコ75％，ハンガリー81％，ポーランド71％，スロバキア80％およびスロヴェニア86％である．2000〜08年のこれらの国における輸出の実質伸び率は年率約8〜10％であり，実質経済成長率（年率約3〜6％）の1.7〜3.1倍にも達する．まさに輸出財生産部門での需要の高成長と労働生産性の高上昇との好循環が経済成長を主導する輸出主導型成長が，2000年代のこれら拡大 EU 諸国の特徴である．

　また，ユーロ換算での賃金上昇率と輸出財労働生産性上昇率との大小関係をみると，スロバキアを除く4カ国において，この二つの乖離率は小さい．つまり，ユーロ建ての単位労働コストの変化は小さく抑えられている．そして，以下で説明するように，ユーロ建ての単位労働コストの変化を抑えるこ

とに寄与しているのは，為替レートの調整である．ユーロ換算賃金上昇率は，自国通貨賃金上昇率と為替レート変化率との和である．図4-7には，この自国通貨賃金上昇率と為替レート変化率も示されている．たとえばチェコにおいては，自国通貨での賃金上昇率6.7%は輸出財労働生産性上昇率9.6%を大きく下回る．為替レート変化がない場合，ユーロ建ての単位労働コストは年率で2.9%も低下しただろう．しかし実際には為替レートが年率4.4%で切り上がり，ユーロ建ての単位労働コストの変化は年率1.5%の上昇にとどまった．ハンガリーとポーランドもチェコと同様に，為替レートの切り上げにより，輸出財価格の低下率を小さくしている．次節で述べるように，韓国や台湾も，輸出主導型成長であるが，チェコ，ハンガリーやポーランドとは逆に，韓国や台湾は為替レートの切り下げにより，輸出財価格の低下幅をさらに大きくして，輸出増加を促進した．スロヴェニアの為替レートは切り下げられているが，それは次のような事情による．スロヴェニアにおいては，自国通貨での賃金上昇率7.3%は輸出財労働生産性上昇率5.7%を大きく上回る．為替レート変化がない場合，ユーロ建ての単位労働コストは年率1.6%で上昇しただろう．しかし実際には為替レートが年率2.0%で切り下がり，ユーロ建ての単位労働コストの変化は年率0.4%の低下にとどまった．

　上記のように輸出財の単位労働コストおよび輸出財価格の変化を小さくする方向での為替レート調整が，拡大EU諸国の特徴である．このような為替レート調整をもたらしている制度的要因は，EU新規加盟国の為替体制にある．ユーロを採用していないEU加盟国の多くは，ERMII，あるいはそれに準拠した為替体制を採用している．ERMIIは，EC加盟諸国の為替レートの共同的調整メカニズムとして1979年に創設されたERMの改良版である．Bofinger and Wollmershauser（2002）によると，ERMIIの基本的しくみは次の四点である．第一は，中心レートと変動幅の共同的決定，第二は，為替市場への共同的介入のルール，第三は介入に必要な短期資金の相互融通，第四は，退出オプションである．経済統合の持続性にとっては，第一のしくみが決定的に重要である．アジア諸国などが採用している通常の管理フロート制では，当該国が中心レートを変更する権限をもつ．そのために，自国の利益のために，近隣窮乏化をもたらす裁量的な通貨切り下げも起こりうる．ERMIIでは，

中心レートの変更には，参加国間の合意が必要であるので，一国的利害に基づく近隣窮乏化的な裁量的な切り下げは防止される．

EU 加盟国がユーロを導入するための条件の一つは，最低 2 年間 ERMII に参加し，中心レートの切り下げを行わないことである．スロヴェニアはこの条件を満たしたので，2007 年のユーロ導入が承認された．スロバキアは，1998 年から切り下げを行うことなく管理フロート制を採用していたが，2005 年 11 月に ERMII に参加し，2009 年のユーロ導入を実現した．ポーランドは，2012 年のユーロ導入を目標に，2009〜11 年に ERMII に参加する計画であったが，世界金融危機発生のため，この計画は 2009 年に断念された．ハンガリーは，ERMII にはまだ参加していないが，2001 年 10 月から，ERMII と同様な中心レートと変動幅を一国で決めて，ERMII への一方的 shadowing を行っている．チェコも ERMII にはまだ参加していないが，1998 年以来，直接的インフレ・ターゲットの枠組みをもつ管理フロート制を採用している（Rawdanowicz 2006）．

このような共同的な為替レート調整メカニズムのおかげで，スロバキアを

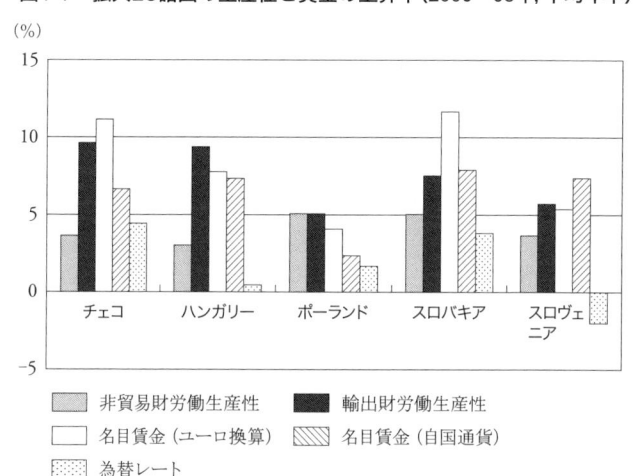

図4-7　拡大EU諸国の生産性と賃金の上昇率(2000〜08年, 平均年率)

出所：The World Input Output Databaseより，第2節に記している方法で筆者が計算．

除く4カ国においては，輸出財価格の変化は小さく抑えられ，図4-2に示すように，経常収支赤字の対GDP比は縮小傾向にある．しかし，国内のインフレ率に目を転じれば，図4-6に示すように，ハンガリー，スロバキアおよびスロヴェニアにおいて，年率8〜9%のインフレが生じている．第3節で述べたように，自国通貨賃金上昇率と非貿易財労働生産性上昇率とのギャップの大きさが，インフレ率にかなり影響する．図4-7に示されているように，ハンガリー，スロバキアおよびスロヴェニアにおいては，自国通貨賃金上昇率が非貿易財労働生産性上昇率を大きく上回ることが，高インフレの原因である．これら3カ国においてインフレ率を下げるためには，非貿易財労働生産性上昇率を大幅に上回る過度の賃上げを抑制すること，あるいは非貿易財生産部門の労働生産性上昇率を高めることが有効である．

5 アジア諸国──一国的管理フロート下の輸出主導型成長

図4-8は，中国，インド，インドネシア，日本，韓国，台湾およびアメリカに関して，The World Input Output Database 産業連関表を使った計測結果を示している．各変数の変化率が1995〜2008年の13年間の平均年率で表されている．いずれの国においても，輸出財の労働生産性上昇率は，非貿易財のそれを上回る．とくに中国，韓国および台湾において，この生産性上昇率格差は大きく，それぞれ3.4%，6.0%，4.4%であり，「輸出にかたよった生産性上昇」が顕著である．また，図4-5に示したユーロ圏諸国のすべてにおいて輸出財の労働生産性上昇率は年率4%に満たなかったが，図4-8のインドと台湾では5%を上回り，中国と韓国では10%にも及ぶ．

多くのアジア諸国において，輸出財の労働生産性上昇率が非貿易財の労働生産性上昇率を大きく上回る原因は次の点にある．NIEsにおける輸出志向工業化の成功以来，多くのアジア諸国は，先進国資本と先進国技術を積極的に導入して，輸出財の生産を促進する戦略を採用している．その結果，最新技術を装備して大規模生産を行う輸出向け製品生産工場では，高い労働生産性上昇率が実現するのである．この輸出にかたよった生産性上昇という傾向は，先進国へのキャッチアップが完了するまで続くと考えられる．2005年

図4-8 アジア諸国の生産性と賃金の上昇率(1995～2008年,平均年率)

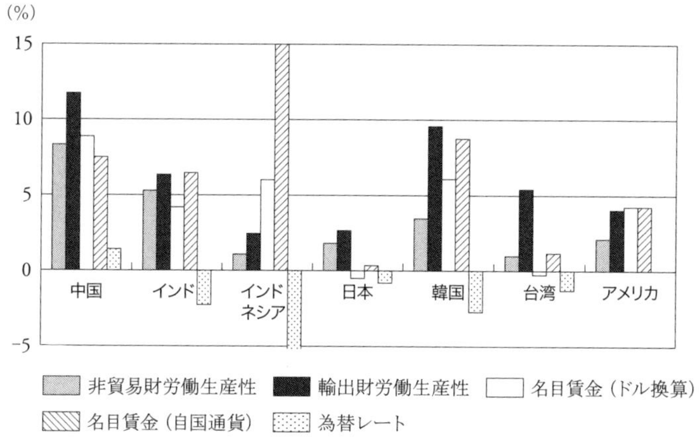

出所: The World Input Output Databaseより,第2節に記している方法で筆者が計算.
注: インドネシアの自国通貨名目賃金上昇率と為替レート変化率は図の表示範囲を超えているが,それぞれ17.4%と−11.4%である.

凡例: 非貿易財労働生産性　輸出財労働生産性　名目賃金(ドル換算)　名目賃金(自国通貨)　為替レート

　の産業連関表によると,機械製造業(部門コードでは13～15)の国内生産額に占める輸出の割合は,中国33%,韓国44%および台湾74%である.2000～08年のこれらの国における輸出の実質伸び率はそれぞれ年率15.2%,9.5%,6.8%であり,実質経済成長率(年率10.1%,4.3%,3.7%)の1.5倍,2.2倍,1.8倍にも達する.輸出財生産部門での需要の高成長と労働生産性の高上昇との好循環が経済成長を主導する輸出主導型成長が,この時期の中国,韓国および台湾の特徴である.

　輸出財労働生産性上昇率とドル換算の名目賃金上昇率との格差に注目すると,次のことがいえる.中国,インド,日本,韓国および台湾において,ドル換算の名目賃金上昇率は輸出財労働生産性上昇率をかなり下回る.その差は,中国2.8%,韓国3.5%,台湾5.6%である.この大幅な乖離は,中国,韓国および台湾の輸出財のドル建て単位労働コストおよびドル建て輸出価格の急速な低下をもたらした.液晶テレビやパソコン部品の激しい価格低下を一例として想起すれば,中国,韓国および台湾の輸出財価格の急低下が,世界に及ぼした影響の大きさをある程度想像できるだろう.

　そして,以下で説明するように,韓国,台湾,インドおよび日本では,為

替レートの切り下げがドル建ての単位労働コストの急低下に寄与している.このことは,**図4-8**に示されている自国通貨賃金上昇率と為替レート変化率をみれば明らかである.たとえば韓国においては,自国通貨での賃金上昇率8.7%は輸出財労働生産性上昇率9.5%とほぼ等しい.為替レート変化がない場合,ドル建ての単位労働コストはほとんど変化しなかっただろう.しかし実際には為替レートが年率2.7%で切り下がり,ドル建ての単位労働コストは年率3.5%で低下した.インドの賃金と為替レートの変化はこの韓国のケースと似ている.

台湾においては,自国通貨での賃金上昇率1.2%は輸出財労働生産性上昇率5.4%を大きく下回る.為替レート変化がない場合,ドル建ての単位労働コストは年率4.2%で低下しただろう.しかし実際には為替レートが年率1.3%で切り下がり,ドル建ての単位労働コスト低下率はさらに大きくなり,年率5.6%となった.日本の賃金と為替レートの変化はこの台湾のケースと似ている.

図4-8に示す1995～2008年の平均変化率でみれば,中国の為替レートは年率1.4%でゆるやかに切り上がっているが,中国は1993～94年に33%に及ぶ大幅切り下げを行っている.この大幅切り下げを考慮に入れると,中国も上記の韓国と台湾と同じように,自国の輸出を増加させるために為替レートを裁量的に切り下げたと考えられる.

1993～94年のこの中国人民元の大幅切り下げは,アジアにおける為替体制を大転換させた契機であるので,説明しておく必要があるだろう(詳しくは宇仁(2009)).1990～95年の中国,韓国,台湾およびアメリカにおいて,輸出財の労働生産性上昇率と自国通貨賃金上昇率とはほぼ等しかった.そして,この時代においては,ほとんどのアジア諸国の通貨は,「ドル・ペッグ制」により,各国の通貨当局によって固定的に管理されており,為替レート変化率はほぼゼロであった.言い換えると,自国通貨賃金上昇率が輸出財部門の労働生産性上昇率に等しいことが,「ドル・ペッグ制」を維持するための前提条件のひとつであったともいえる.

このような状況下でアメリカとアジア諸国の輸出財価格競争力には変化がなかったにもかかわらず,中国は1993年の5.76人民元／ドルから1994年

の 8.62 人民元／ドルへ，この 1 年間だけでも 33％にも達する大幅な切り下げを実施した．その結果，アジア諸国の対人民元為替レートは大幅に増価した．小国が固定的ドル・ペッグを維持するためのもうひとつの条件は，輸出での競合度が高い他の諸国が固定的ドル・ペッグを続けることであるが，中国人民元の切り下げにより，この条件は崩れた．したがって，アジア諸国は，新たな為替体制を何にするかという為替体制の選択問題と，新たな為替レート水準をどの程度にするかという為替レート水準の選択問題に直面した．

　各国の輸出財の労働生産性上昇率と自国通貨賃金上昇率とはほぼ等しいという状況で，アジア諸国通貨の対人民元での為替レートが増価すると，これらの諸国の輸出競争力は中国に比して低下する．アジア諸国は，輸出に関して中国と競合しているケースが多いが，1990 年代半ばから，中国からの輸出の加速的増大と，他のアジア諸国の輸出の減速傾向が現れた．この不均衡の是正は，過大評価された通貨への投機アタックとして 1997 年に開始され，短期間での通貨価値の暴落というプロセスを通じて行われた．このような急激で暴力的な為替レート調整は，短期資本の流出，株価など資産価格の暴落，銀行危機，産出の低下や失業の増加など実体経済にも多くの破壊的影響を及ぼした．

　中国，韓国および台湾では，アジア通貨危機は，輸出にかたよった労働生産性上昇という傾向には影響を及ぼさなかった．しかし，インドネシアやフィリピンでは 1997 年のアジア通貨危機に付随する経済危機を反映して，労働生産性が急速に低下した．また，インドネシア以外のアジア諸国では，名目賃金上昇率が前の時期と比べて低下した．これは経済危機による失業率の上昇が賃金上昇圧力を抑える役割を果たしたことで説明できる．図 4-8 に示されているような，中国，韓国および台湾において名目賃金上昇率が輸出財の労働生産性上昇率を下回る 1995〜2008 年の状況は，アジア通貨危機の後遺症であると考えることもできる．

　中国を除くアジア諸国通貨の対ドル為替レートは，1997 年の通貨危機を通じて，急速に減価した．また，通貨危機を契機に，マレーシアと中国以外の国は為替制度を変更し[12]，従来のドル・ペッグ制から，主として中央銀行の為替市場介入により非公表ターゲットレートの維持を計る「管理フロー

ト制^((13))」に移行した.

1997年の通貨危機後,多くのアジア諸国で起きた賃金上昇率の減速と対ドル為替レートの減価とによって,これらの国のドル換算の輸出価格は急低下した.この対ドル為替レートの減価によって,1994年の人民元の裁量的切り下げにより発生した輸出財価格競争力の対中国との格差はかなり小さくなった.他方,**図4-8**に示すように,アメリカでは名目賃金上昇率は輸出財労働生産性上昇率とほぼ等しく,輸出財の単位労働コストは低下しなかった.これらの事実は,アメリカに対するアジア諸国の輸出財価格競争力が上昇したことを意味する.こうして,2000年代には,**図4-3**に示すように,アメリカの貿易赤字の増加,とくに対アジアでの貿易赤字の増加が起きた.

6　結論——共同的に管理されたフロート制へ

以上述べてきた分析結果を基にして,**表4-1**は,輸出にかたよった生産性上昇が存在する場合の為替体制と成長体制のいくつかの類型を示している.各類型の名称は,**図4-5,4-7,4-8**に示したデータに基づいて,その類型に最も近い国の名前を借りている.

「ドイツ型」と「ギリシャ型」はともに通貨統合という為替体制に属しているが,「ドイツ型」では,名目賃金上昇率は輸出財労働生産性上昇率を下回るのに対し,「ギリシャ型」では上回る.その結果,前者では輸出財価格が低下し,後者では上昇するので,両者の間での経常収支不均衡が拡大していく.

「チェコ型」と「スロヴェニア型」はともに「共同的に管理されたフロート制」に属しているが,「チェコ型」では,名目賃金上昇率は輸出財労働生産性上昇率を下回るのに対し,「スロヴェニア型」では上回る.しかし,自国通貨での名目賃金上昇率と輸出財労働生産性上昇率とのギャップに応じて,為替レートが調整されるので,両国の輸出財価格は不変に保たれる.

アジア諸国の典型である「台湾型」は「一国的に管理されたフロート制」を採用している.名目賃金上昇率は輸出財労働生産性上昇率を下回り,このこと自体が輸出財価格の低下要因となる.さらに,裁量的な自国通貨の切り

表4-1　輸出にかたよった生産性上昇をともなう為替体制と成長体制の諸類型

	ドイツ型	ギリシャ型	チェコ型	スロヴェニア型	台湾型	アメリカ型
為替体制	通貨統合		共同的管理フロート制		一国的管理フロート制	基軸通貨
賃金決定	$\rho_d<w<\rho_x$	$\rho_d<\rho_x<w$	$\rho_d<w<\rho_x$	$\rho_d<\rho_x<w$	$\rho_d<w<\rho_x$	$\rho_d<w=\rho_x$
為替レート(変化率)	調整なし	調整なし	切り上げ ($\rho_x-w>0$)	切り下げ ($\rho_x-w<0$)	切り下げ ($-a<0$)	―
国際通貨建て輸出財価格(変化率)	低下 ($w-\rho_x$)	上昇 ($w-\rho_x$)	不変 (0)	不変 (0)	急低下 ($w-\rho_x-a$)	不変 (0)
経常収支不均衡	拡大		比較的安定		拡大	
インフレ率	低	高	低	高	低	中

注:「賃金決定」の欄にある ρ_d は非貿易財労働生産性上昇率, ρ_x は輸出財労働生産性上昇率, w は名目賃金上昇率を示す. また, マークアップ率に関して第3節で述べた三つの仮定が成立しているものとする.

下げが加わるので, 輸出財価格の急低下が起きる.「台湾型」の主な貿易相手である「アメリカ型」では名目賃金上昇率と輸出財労働生産性上昇率とが等しいのでその輸出財価格は不変である. その結果,「台湾型」と「アメリカ型」との間で経常収支不均衡が拡大していく.

「ドイツ型」と「台湾型」では, 輸出財価格が低下することによる輸出量の増加が, いわゆる「カルドア・フェルドーン効果」(動学的収穫逓増効果)を通じて, 輸出財生産部門の労働生産性上昇率を高める可能性が高い. こうした好循環を通じて, 輸出財生産部門での高い産出成長と高い労働生産性上昇がもたらされる. 他方,「ドイツ型」と「台湾型」の主要貿易相手である「ギリシャ型」と「アメリカ型」においては, 貿易赤字が拡大するという悪循環が発生している. このように好循環と悪循環とがカップリングし, 両者の不均衡が拡大していくという構図は持続不可能である.

ミュルダールは『経済理論と低開発地域』(Myrdal 1957)において, 先進国経済の好循環と発展途上国経済の悪循環が「労働, 資本, 財貨ならびに労務の移動」などによって「媒介」されているととらえた. これらの移動は, 好循環に対してプラスの結果をもたらし, 悪循環に対してマイナスの効果をもたらすので, 好循環部門と悪循環部門との格差が拡大する.「労働, 資本, 財貨ならびに労務の移動」がもつこのような効果を, ミュルダールは「逆流効果」と呼んだ. 他方で, 国際貿易の規制や開発援助制度, 福祉制度や教育制度などの諸制度は, 好循環と悪循環との格差を縮小する効果をもつとミュ

ルダールはとらえて，この効果を「波及効果」と呼んだ．2000年代に拡大したグローバルな経常収支不均衡を今後縮小するためには，「波及効果」を有する国際通貨制度の構築が求められる．以下では，アジアにおいて，どのような為替体制が望ましいかについて考察する．

前節でみたように，1994年の中国人民元の裁量的な大幅切り下げによって，人民元に対する他のアジア諸国通貨の過大評価状態が生じた．投機筋による過大評価通貨への投機的アタックの結果として，急激で暴力的な通貨価値の調整が行われ，実体経済も大きな悪影響が及んだ．また，通貨危機後，多くのアジア諸国は一国的管理フロート制に移行するとともに，自国通貨の対ドルレートの切り下げを輸出財価格引き下げの一手段として使っている．それが，グローバルな経常収支不均衡拡大の一因となっている．他方，ヨーロッパの拡大EU諸国ではERMIIという共同的な管理フロート制があるので，輸出財価格の変化が小さく抑えられている．このことを鑑みると，アジアにおける一国的管理フロート制の不十分性は否めない．

経済発展の一段階において，輸出財の労働生産性上昇率が非貿易財のそれを大きく上回る原因は，先進国資本と先進国技術を積極的に導入して，輸出財の生産を促進するという経済発展戦略にある．したがって，この輸出にかたよった生産性上昇という傾向は，先進国へのキャッチアップの段階が完了するまで，アジアでは場所を替えながら，今後も数十年にわたり続くと考えられる．さらにアジア通貨危機後，名目賃金上昇率が抑制され，インフレ率が低下したが，この傾向は2000年以降，現在も続いている．したがっていくつかのアジア諸国においては，輸出財労働生産性上昇率が名目賃金上昇率を上回る状態が発生しやすいと考えられる．為替レート調整がない場合，そのような状態の国の輸出財価格は中長期的に低下していくことになる．このことは経常収支不均衡の累積的拡大につながるだろう．持続不可能な経常収支不均衡拡大を止めるためには，輸出財労働生産性上昇率が名目賃金上昇率を上回る国の為替レートを切り上げるしくみが必要である．

したがって，アジアにおいては，このような調整を可能とする為替体制を構築することが今後求められる．ヨーロッパの経験を参照すると，この調整をアジア諸国間での合意にもとづいて行うことが重要である．ほとんどのア

ジア諸国が現在採用しているような一国的な管理フロート制では，通貨切り上げは嫌われ実行されない可能性が高く，また，一国的利害にもとづく裁量的切り下げのリスクをともなうがゆえに，上記のような方向に為替レートを調整するしくみとして不適当である．

結局，ERM のような「共同的に管理されたフロート制」の採用が望ましいと考えられる．この場合の「フロート」とは，輸出財労働生産性上昇率と名目賃金上昇率との差に応じて，各国の為替レートを長期的観点で調整することを意味する．また「共同的な管理」とは，このような調整の必要性と責任を共有する各国政府の制度化された協力にもとづく管理を意味する．

この「共同的に管理されたフロート制」は，次の四点に関してアジア諸国間で締結された協定によって支えられるだろう[14]．
 (1) 為替レート管理のターゲット設定のための輸出財労働生産性上昇率と名目賃金上昇率とを客観的データにもとづいて算出する算定式を定める．
 (2) 労働生産性上昇率や賃金上昇率の変化によって，ターゲットレートと為替レートの長期的な乖離が生じたときに，ターゲットレート変更を行うルールを定める．
 (3) 乖離をきっかけに，投機的なアタックが発生したときに，各国が協調して為替市場に介入するルールを定める．
 (4) ターゲットレートからの為替レートの短期的乖離をある限度内にくい止めるための，政策協調の必要性について合意する．

ERM が数十年におよぶ試行錯誤のプロセスをへて整備されたように，アジア諸国間のコーディネーション体制を制度化するためには，かなりの時間を要するだろう．そこで当面の措置として，ドルだけではなく，密接な貿易・投資関係にある複数の主要国の通貨バスケットを目安としながら，各国の競争力の変動を反映する管理フロート制を導入すべきだとの提案がある (French and Japanese Staff 2001; Asian Policy Forum 2000; Kawai 2002)．実際に，いくつかの国やアジア開発銀行などでは，それを具体化しようとする努力も行われている．しかし，アジアのように不均等生産性上昇が顕著な地域においては，このような通貨バスケットによるターゲットレート設定という措置だけでは，一国的利害に基づく裁量的な通貨切り下げを排除できないので，

不十分である．上記（1）〜（4）のような提案は，現時点では多くのアジア諸国が個々別々に追求している適正な通貨価値という目標を，制度化された多国間コーディネーションによって実現しようとするものである[15]．

さらに，労働生産性上昇益をだれが享受するのかという観点で，**表4-1**の諸類型を比較することも重要である．労働生産性上昇益は，主に次の三つの形態で分配される．第一に，実質賃金率上昇という形で自国の労働者が享受する．第二に，商品価格低下という形で，その商品の購入者が享受する．輸出財の価格低下の場合は，海外の購入者が享受する．第三に，為替レートの増価という形では，輸入財価格の低下を通じて，自国の輸入財購入者が享受する（為替レートの減価の場合は輸入財の価格が上昇するので，自国の輸入財購入者は損失をこうむる）．名目賃金上昇率と労働生産性上昇率との大小関係が同一の類型である「ドイツ型」「チェコ型」および「台湾型」を比較しよう．労働生産性上昇率，名目賃金上昇率およびインフレ率はこの三つの類型で共通の値であると仮定して考察する[16]．この場合，名目賃金上昇率からインフレ率を差し引いた実質賃金上昇率も共通の値となり，実質賃金率上昇を通じて自国の労働者が享受する第一の部分の大きさは，この三つの類型で共通である．この三つの類型で異なるのは，第二と第三の部分の大きさである．第二の海外の購入者が享受する部分は，輸出財価格が不変の「チェコ型」ではゼロであり，輸出財価格が低下する「ドイツ型」ではプラスの値であり，急低下する「台湾型」ではさらに大きなプラスの値である．第三の自国の輸入財購入者が享受する部分は，為替レートが不変の「ドイツ型」ではゼロであり，切り上がる「チェコ型」ではプラスの値であり，切り下がる「台湾型」ではマイナスである．

表4-2を見れば明らかなように，「チェコ型」では，労働生産性上昇益のすべてが，第一および第三の形で自国民に分配されている．「ドイツ型」では第一および第二の形で分配されているが，第二の形では，労働生産性上昇益が海外に漏出している．この海外への漏出は「台湾型」ではさらに大きい．「台湾型」に近い多くのアジア諸国では，その労働生産性上昇益のかなりの部分は，自国民には分配されず，アメリカなど海外の購入者が受け取っているのである．いうまでもなく，労働生産性上昇は自国民全体の努力の成果で

表4-2 労働生産性上昇益のゆくえ

	ドイツ型	チェコ型	台湾型
①実質賃金率上昇を通じて自国の労働者が享受する部分	+	+	+
②輸出財の価格低下を通じて海外の購入者が享受する部分	+	0	++
③為替レート増価を通じて自国の輸入財購入者が享受する部分	0	+	−

注：章末の注16に記すように，実際には，実質賃金上昇率は，2000～08年においてチェコ2.2%，ドイツ −0.7%，1995～2008年において台湾 −0.1%であり，実質賃金率上昇を通じて自国の労働者が享受する第一の部分の大きさは，ドイツと台湾ではプラスではない．

あり，その利益は自国民に分配されることが望ましい．上記の提案のように，一国的管理フロート制から共同的管理フロート制へ移行すれば，アジア諸国の労働生産性上昇益のすべてが自国民に分配されるようになるのである．アジア諸国の多くは経済成長という面では成功をおさめているとはいえ，労働生産性の急速な上昇にみあうほどには，その成果は自国民には分配されず，国民の豊かさの向上テンポが遅いという現実がある．上記の提案のような為替体制改革は，豊かなアジアの実現に大いに貢献するだろう．

付　録

　輸出財と非貿易財の労働生産性は，産業連関表などから，「垂直的統合」(Pasinetti 1973) という方法を使って，次のように算出される（詳しくは宇仁 (1995) 参照）．記号は次の通りである．

　　　列ベクトル X：国内生産総額

　　　列ベクトル Y：最終需要（国内最終需要 D と輸出 F の和）

　　　行列 A：国産品の投入係数行列[17]

　　　行ベクトル a：各商品1単位の生産に直接的に必要な労働量（産業部門別労働投入係数[18]）

　　　スカラー L：総労働投入量

数量に関して次の二つの方程式が成立する．

$(I - A)X = Y$

　　$aX = L$

以上の2式から

$a(I - A)^{-1}Y = L$　…………(1)

$a(I-A)^{-1}$ は，各商品1単位を生産するために直接的・間接的に必要な労働量，すなわち Pasinetti（1973）のいう「垂直的統合労働投入係数」である．それを v（行ベクトル）と表すと，次の（2）式が得られる．

$vY = v(D+F) = L$ ……(2)

次の（3）（4）式に示すように，d と f をそれぞれ国内最終需要と輸出の商品別構成比（列ベクトル）とする．

$D = d\Sigma D$ ……………(3)
$F = f\Sigma F$ ……………(4)

（3）（4）式を（2）式に代入すると

$v(d\Sigma D + f\Sigma F) = vd\Sigma D + vf\Sigma F = L$

vd と vf はスカラーとなり，それぞれ国内最終需要財1単位と輸出財1単位を生産するために直接的・間接的に必要な労働量である．ただし，The World Input Output Database 産業連関表は名目表であるために，上記の「1単位」は，アメリカドルで測った1単位である[19]．物的労働生産性は，物量で測った1単位を生産するために直接的・間接的に必要な労働量の逆数である．そのために，vd には『国民経済計算[20]』での「国内最終需要[21]」のデフレータを，vf には「財およびサービスの輸出」のデフレータを乗じる．これが，垂直的統合労働係数であり，その逆数を本稿では「労働生産性」と定義する．つまり垂直的統合労働係数の低下率が労働生産性上昇率を示す．

注

(1) 1998年の韓国における経常収支黒字の急増は，通貨危機への対応として採用された緊縮政策の影響により，輸入が急減したために発生した．したがってこれは一時的現象であり，趨勢的変化ではない．

(2) 本稿での「輸出財」は産業連関表の「輸出」の列を構成している諸商品からなる合成財であり，「非貿易財」は産業連関表の国内最終需要（「消費」と「固定資本形成」の列）を構成している諸商品からなる合成財である．このような本稿の区分は，製造業を貿易財部門とみなし，諸サービス業を非貿易財部門とみなす多くの研究（Canzoneri et al. 1999; Égart 2002; Kovács 2004; Kawai, Kasuya and Hirakata 2003）で使用される粗雑な区分とはまったく異なる．

(3) 直接的に必要な労働とは，最終財を直接生産する産業における労働を意味し，間接的に必要な労働とは，その最終財に含まれる原材料などを生産する産業における労働を意

味する．
(4) 時間当たり賃金としては，次のようにして求めた製造業雇用者の時間当たり賃金を用いた．The World Input Output Database にある Socio-Economic Accounts に収録されている産業部門別雇用者報酬（Compensation of employees in national currency）の製造業に属する 14 部門の合計を産業部門別雇用者総労働時間（Total hours worked by employees）の製造業 14 部門合計で除した．Socio-Economic Accounts には，雇用者に自営業者等も加えた就業者の報酬データも収録されているが，Socio-Economic Accounts の Sources and Methods に記載されているように，自営業者の報酬は，雇用者と同じと仮定した推計値である．中国については産業部門別雇用者総労働時間データが欠落しているので，産業部門別就業者総労働時間と産業部門別就業者報酬を用いた．
(5) 以下，為替レートは，ドル／自国通貨またはユーロ／自国通貨という比率で表現されるものとする．この値の上昇は，ドルまたはユーロに対して，自国通貨が切り上がることを意味する．
(6) 実際，1995～08 年の平均年率のパネル・データ（本稿で分析した 20 カ国）では，輸出財の価格変化率と単位労働コスト変化率との相関係数は 0.849 と 1 に近い値であり，輸出財価格と輸出財の単位労働コストはほぼ連動しているといえる．
(7) 本稿の「単位労働コスト」は，生産に直接的に必要な賃金費用に加えて，間接的に必要な賃金費用も含むので，国産原材料のコストは，単位労働コストに含まれている．
(8) ただし発展途上国においては，工業化の進行にともなって，部品輸入の増加などが生じて，中間財輸入が増加する傾向がみられる．
(9) アジア経済研究所『アジア国際産業連関表』からえられる輸入中間投入係数行列にレオンチェフ逆行列を乗ずることにより，財 1 ドル当たりに占める垂直的統合輸入中間財コストを求めることができる．輸出財の垂直的統合労働係数を求めた際に用いた方法と同じ方法により，輸出財の垂直的統合輸入中間財コストを計算すると，2000 年において，シンガポール 0.52，マレーシア 0.50，フィリピン 0.42，台湾 0.39，タイ 0.36，韓国 0.34，中国 0.19，インドネシア 0.17，米国 0.12，日本 0.10 である（宇仁（2009）参照）．
(10) 注 6 で述べたように，輸出財の価格変化率と単位労働コスト変化率との相関がきわめて高いという事実は，これらの諸仮定が現実的であることを示唆している．
(11) 非貿易財は消費財だけでなく投資財も含むが，投資財の割合は小さい．実際，1995～08 年の平均年率のパネル・データ（本稿で分析した 20 カ国）では，非貿易財の価格変化率と単位労働コスト変化率との相関係数は 0.881 と 1 に近い値であり，非貿易財価格と非貿易財の単位労働コストはほぼ連動しているといえる．またインフレ率（消費者物価指数上昇率）と非貿易財の単位労働コスト変化率との相関係数は 0.843 であった．
(12) ドル・ペッグ制を維持したマレーシアも通貨切り下げを行った．
(13) IMF の定義では，管理フロート制は次のようになっている．「通貨当局は，為替レートターゲットを明示せずに，為替レートに影響を及ぼそうとする．為替レートを管理するための諸指標は広く定義され（たとえば貿易収支，国際準備，並行市場の展開），調整は自動的でないこともある．直接的介入も間接的介入もありうる」．独立フロート制

の定義は次の通りである．「市場により為替レートが決定される．通貨当局の為替市場介入はあるが，一定の為替レート水準を維持するためではなく，介入はレートの変化率を緩和するためや過度の変動を防ぐために行われる」．韓国，インドネシア，タイとフィリピンはIMFの1999年時点の分類では，「独立フロート制」となっているが，通貨当局の裁量的な市場介入もかなり行われているので，実質的には管理フロート制に近い（Corden 2002）．

(14) 田中（1996）とAglietta and Deusy-Fournier（1995）を参照した．また，本稿の提案は，Williamson（2007）が提唱した 'Reference Rate System' とも似ている．Reference Rate Systemのルールのひとつは，「Reference Ratesの構造は，予め決められた周期で，かなり規定された国際的手続きにしたがって，改定される」ことである．Reference Ratesの決定原理として，Williamsonは三つのアプローチを推奨している．第一は，大規模マクロモデル，第二は調整された購買力平価アプローチ，第三はゴールドマン・サックスの動学的均衡為替レートである．本稿の提案は，第二のアプローチに属している．購買力平価の算定には，消費者物価指数，卸売物価指数，輸出価格指数などが使われる．為替レートの変動を説明するための購買力平価の算定には，消費者物価指数や卸売物価指数よりも輸出財の価格指数を使うことが望ましい．いわゆる国際的な一物一価が成り立つのは，貿易が行われる財に限られるからである．輸出価格指数には，単位労働コスト以外に，輸入原材料コストと資本コストが含まれる．しかし，第2節でも述べたような三つの理由により，長期的な通貨価値のベンチマークとしては，輸出財価格のコア部分を占める単位労働コストを二国間で均等化させる「輸出財の単位労働コスト平価」（詳しくは宇仁（2009）参照）が適切であると考えられる．これはPasinetti（1993）が「自然レート」と呼ぶものと同じである．

(15) さらにWilliamson（2007）が述べているように，「グローバルなアンバランスをともなう現在の成長は，ドルの崩壊を引き起こすことで終焉する恐れがある．（中略）それゆえに，すぐには採用される展望がなくても，Reference Rate Systemのメリットについて現時点で論じておく必要があるのである」．

(16) 実際には，実質賃金上昇率は，2000～08年においてチェコ2.2％，ドイツ−0.7％，1995～2008年において台湾−0.1％であり，実質賃金率上昇を通じて自国の労働者が享受する第一の部分の大きさがプラスであるのは，この三国の中ではチェコだけである．これは，$\rho_d < w < \rho_x$ であっても，ドイツと台湾では，賃金上昇が強く抑制されているために，名目賃金上昇率 w の値が非貿易財労働生産性上昇率 ρ_d の値にかなり近いからである．

(17) The World Input Output Databaseにある数種の産業連関表のうち，National Input-Output tables Analytical in current prices（アメリカドル単位の35部門表）を使用した．これは非競争輸入型であるので，国産品の投入係数行列が直接得られる．ただし中国とインドネシアについては「自動車販売修理およびガソリン小売 Sale, maintenance and repair of motor vehicles and motorcycles; retail sale of fuel」部門のデータが欠落している．

(18) 産業部門別労働投入量としては，The World Input Output DatabaseにあるSocio-

Economic Accounts に収録されている産業部門別就業者総労働時間（Total hours worked by persons engaged）を使用した．
(19)『アジア国際産業連関表』はドルが単位となっているので，当該年の為替レートを用いて各国の通貨単位に換算した．
(20) デフレータは，台湾以外の諸国については United Nations, National Accounts Main Aggregates Database（http://data.un.org/）にある GDP by Type of Expenditure at current prices（US dollars）と同 at constant prices（US dollars）から計算した．台湾については National Statistics, Republic of China（http://eng.stat.gov.tw/）から得た．
(21) United Nations, National Accounts でいえば，「国内最終需要」は Final consumption expenditure と Gross capital formation の合計である．

参考文献

Aglietta, M. and P. Deusy-Fournier（1995）'Internationalisation des monnaies et organisation du système monétaire', in M. Aglietta ed., *Cinquante ans après Bretton Woods*, Paris: Economica.

Asian Policy Forum（2000）*Policy recommendations for preventing another capital account crisis*, Tokyo: Asian Development Bank Institute.

Bofinger, P., and T. Wollmershauser（2002）'Exchange Rate Policies for the Transition to EMU', in Urmas Sepp and Martti Randveer eds., *Alternative Monetary Regimes in Entry to EMU*, Tallinn: Bank of Estonia: 95-132.

Brown, B.（2012）*Euro Crash: The Exit Route from Monetary Failure in Europe*, Basingstoke: Palgrave Macmillan.〔田村勝省訳『ユーロの崩壊』一灯社，2012年〕

Canzoneri, M. B., R. E. Cumby and B. Diva（1999）'Relative labor productivity and the real exchange rate in the long run: evidence for a panel of OECD countries', *Journal of International Economics*, 47: 245-266.

Corden, W. M.（2002）*Too Sensational: On the Choice of Exchange Rate Regimes*, Cambridge: The MIT Press.

Égart, B.（2002）'Estimating the impact of the Balassa-Samuelson effect on inflation and the real exchange rate during the transition'. *Economic Systems*, 26: 1-16.

French and Japanese Staff（2001）'Exchange rate regimes for emerging market economies'. Discussion paper jointly prepared by French and Japanese staff for the Third Asia-Europe Finance Ministers Meeting.

Hicks, J.（1953）'An Inaugural Lecture'. *Oxford Economic Papers* 5（2）,（Republished in Hicks, J., *Classics and Moderns*, Oxford: Basil Blackwell, 1983）.

Kawai, M.（2002）'Exchange Rate Arrangements in East Asia: Lessons from the 1997-98 Currency Crisis', *Monetary and Economic Studies*, 20（S-1）: 167-204.

Kawai, M., Kasuya M. and Hirakata N.（2003）'Analysis of the relative price of nontradable goods in the G7 countries', *Bank of Japan Working Paper Series*, No. 03-E-5.〔河合正弘／粕谷宗久／平形尚久「G7諸国における非貿易財相対価格の分析」『日本銀行ワーキングペー

パーシリーズ』No. 03-J-8, 2003 年 10 月〕

Kovács, M. A.(2004)'Disentangling the Balassa-Samuelson effect in CEC5 countries in the prospect of EMU enlargement', in Szapáry, G., von Hagen, J., eds., *Monetary Strategies for Joining the Euro*, Cheltenham: Edward Elgar.

Myrdal, G.(1957)*Economic Theory and Under-developed Regions*, London: Gerald Duckworth.〔小原敬士訳『経済理論と低開発地域』東洋経済新報社, 1959 年〕

Pasinetti, L. L.(1973)'The Notion of Vertical Integration in Economic Analysis' *Metoroeconomica*, 25: 1-29.

Pasinetti, L. L.(1993)*Structural Economic Dynamics*, Cambridge: Cambridge University Press.〔佐々木隆生ほか訳『構造変化の経済動学』日本経済評論社, 1998 年〕

Rawdanowicz, L. W.(2006)'EMU Enlargement and the Choice of Euro Conversion Rates', in M. Dabrowski and J. Rostowski eds., *The Eastern Enlargement of the Eurozone*, Dordrecht: Springer.

Uni, H.(2007)'Export-biased Productivity Increase and Exchange Rate Regime in East Asia', *The Kyoto Economic Review*, 76(1): 117-138.

Williamson, J.(2007)*Reference Rates and the International Monetary System*, Washington, D.C.: Peter G. Peterson Institute for International Economics.

田中素香(1996)『EMS――欧州通貨制度』有斐閣.
宇仁宏幸(1995)「日本の輸出主導型成長」『経済理論学会年報』第 32 号.
宇仁宏幸(2009)「通貨統合の諸条件の比較分析――アジアとヨーロッパ」宇仁宏幸『制度と調整の経済学』ナカニシヤ出版, 第 7 章.

Ⅱ　中国資本主義

第 5 章　中国経済の発展様式と国際システムの転換
——2008 年危機以後を中心に——

ロベール・ボワイエ

藤田菜々子訳

1　はじめに

　ブレトンウッズ体制の崩壊と多くの OECD 諸国でのフォーディズム的成長体制の消滅，ソ連の終焉，中国・インド・ブラジルの登場以来，国際システムは劇的な構造的変容を遂げてきた．そこでは，既存の世界秩序に比べ，地政学的に発展可能で経済的にもっと効率的な，新しい世界秩序が求められている．

　これらの画期的な諸変化を受け，社会科学全般において膨大な文献が生み出されてきており，どの研究プログラムもこうした主要な現代的諸問題をめぐる疑問点に対してかなり詳細な解答を示してきた．概括的に言えば，何人かの研究者は中国の台頭の諸起源と持続性について探究しており，これは主にマクロ経済学者，制度変化の分析家，経済政策の専門家の仕事となっている．それとは対照的に，国際関係の研究者は，第二次世界大戦後の体制が解体した後を引き継いだ現代の「ノン・システム」が持続するものなのかどうかを検討している．彼らは，キャピタル・フロー規制の問題，自由貿易に対する保護主義的脅威，新しい為替相場体制，そしていうまでもなく IMF や世界銀行，WTO，ILO といった国際組織の改革を論じている．しかしながら，中国はこうした議論において特段の役割を果たしていない．

　本章の目的は，これら二つの系統の分析を暫定的に統合しようということ

にある.中心となる考えはまったく単純である.すなわち,中国で見られるきわめて特殊な社会政治的妥協〔以下傍点は原文におけるイタリック体〕によって,中国の発展戦略の成功と世界経済の推移に対する中国の影響力の拡大とが同時に説明される,ということである.1978年以後の改革の中核的な制度刷新のひとつである地方コーポラティズム local-state corporatism,ならびに,次のような取引のあり方――すなわち,政治領域で共産党一党支配を受け入れる見返りとして,急速で着実な成長によって生活水準が永続的に上昇すること――を基礎とした社会全体レベルでの妥協への進歩的変容について,分析しなければならない(第2節).レギュラシオン理論のパラダイムに即して言えば,このことは賃労働関係のなかで競争形態が支配的役割を果たしていること,また,公的部門および民間部門の永続的な再編成を主導する主体として,国家がきわめて特殊な役割を果たしていることを意味する(第3節).したがって,それらと関連するマクロ経済体制も,実に特殊中国的である.中国が世界経済にバランスを欠いたかたちで組み入れられているのは,国内の構造的アンバランスを埋め合わせるメカニズムが働いていることによる.すなわち,ここ10年のうちに蓄積されてきた貿易黒字は,所得分配の大きな不均衡を正すのにかなり役立ってきた(第4節).2008年危機に関連した衝撃は,中国型レギュラシオンの特殊性をまさに確証するものであるが,同時にそれは中国型発展様式のアンバランスを激化させるものであるので,以前からの国内の諸改革を加速させる.また逆に,それら諸改革は,世界の国際関係において進行している再設計に影響を及ぼす(第5節).そして,これらの現代的変容は,長期の歴史に照らして,また,国際レジームの生命力についての各種理論に依拠して,分析される.すなわち,中国が覇権超大国としてのアメリカに取って代わるはずであるという広く受け入れられた考えとは異なり,それは典型的に決定論的なプロセスではまったくないということになる(第6節).日本は,アメリカへの地政学的依存と中国主導のアジア経済への統合との間のジレンマにとらわれており,それがもうひとつの地政学的衝突の源泉となっている(結論).

2 制度と組織のまぎれもない共進化

ソ連型体制の軌道から離れたことと，中国に典型的な状況——経済原理と政治原理とがはじめは両立させられ，最終的には補完的なものとされるような，両者の独特の混合を示す状況——とは，密接に関係している（Nee 1992; Chavance 2000; Lin 2004; Naughton 2007; Fairbank and Goldman 2010）．

1）中国経済の4段階の変容

- 毛沢東革命に後続する四半世紀では，中央当局が投資決定に主導的な役割を果たしたことで，にわか景気から突然で急激な景気後退への推移が繰り返された．いくつかの場合——たとえば，大躍進の時期や，さらにいっそうよくあてはまるのは文化大革命の時期——では，社会的・経済的変化があまりにも劇的であったので，政治当局はソ連型の制度がいかに非効率なものとなってしまったかを認識した．
- ある意味，改革の第一弾は，不安定や貧困を克服するための生産を発展させることを目的として，ミクロ経済レベルにおける自由をある程度つくりだそうとするものであった．当初，巨大な国有部門は無傷のまま据え置かれたが，生産者——とりわけ農村からの——が供給を拡大するインセンティブをもつように，新たな契約が取り決められた．地方レベルにおいて新たな行為主体の参入を認めることにより，最小限の競争が生みだされた．こうした分権化への慎重で実験的でプラグマティックな接近によって，政府による支出や再分配に代わって銀行が発展していく過程が切り開かれたのであり，そうした銀行は既存の企業や新たな企業家に向けてより多くの貯蓄を融通するように設計された．1989年以降におけるソ連経済の市場経済への移行とは異なり（Sapir 1998），改革はポジティブ・サムのゲームを始動させ，敗者を生みださなかった．
- 1993年以後，改革の第二弾は，各省間での市場統合や企業の各種所有構造の規定を通じた市場経済制度の強化を狙いとした．すべての新企業に活力があるならば，国有部門の規模は縮小し，民営化プロセスが始まるはず

表5-1 現在の競争主導型蓄積体制の漸次的出現

1949〜1976年	大きな不安定をともなう5回の循環の継起
1978〜1992年 敗者なき改革	経済改革の第1波
	―市場の導入と現存の諸制度に追加する契約
	―参入による競争,民営化なし
	―権威と資源の分権化
	―慎重でプラグマティックな接近法
	―GDPに占める政府シェアの低下
	―輸出推進特区の創設
	―銀行システムに流れ込む家計貯蓄の高まり
1993〜2001年 敗者が出た改革	経済改革の第2波
	―市場経済諸制度の強化
	―市場の統一化
	―会社法と所有の多様化
	―政府部門の規模縮小;民営化の開始
	―金融と規制に焦点
	―中国,石油の純輸入国となる(1993年)
	―輸出加工特区の創設
	―資源の再集権化,マクロ経済的コントロール
	―対外直接投資の増加
2001〜2010年 慎重な対外的自由化	―WTO加盟
	―SASAC〔国務院国有資産監督管理委員会〕の創設,すなわち国有企業の監視(2003年)
	―対外直接投資に大きく開放,最先端技術・組織を波及させるため
	―技術を得るために取引市場へアクセス
全期間を通じて共通する特徴	
	高い貯蓄率と投資率

であった.また同時に,地方レベルで生じうる亀裂を抑えるために,課税システムが再び集権化され,マクロ経済的管理が強化された.以前の国有企業の労働者や若干の農民は,明らかに敗者となった.

・2001年以後,中国がWTOに加盟したことにより,競争が国内領域から国際領域へと拡大し,また一方で,外国からの直接投資が先端的な技術や組織を伝播させるであろうという考えから歓迎された.さらに,繰り返しに

なるが，中央政府の介入の目的と手段は，それ以前の改革段階によって発生してきたアンバランスを補正するために，再設計され適応させられた（**表5–1**）．

2) 複合的でハイブリッドな形態——地方コーポラティズム

このように改革が成功したことは，その過程が30年以上も観察されていることからして，たんなる偶然によって説明されうるものではない．同様に，それはたんによきマクロ経済的安定化政策の問題でもない．なぜなら，重要な問題点は，中国の管轄権の数多くのレベルにおける諸制度と諸組織を結び付けている複雑なアーキテクチャーの安定性と回復力だからである．一連の研究が一致して示唆しているのは，中国が少なくとも部分的には政治家の利害と企業家の利害を結び付ける方法を見出したということである（**表5–2**）．

各地方公共団体により大きな責任を与えることにした租税改革から議論を始めよう．行政体制は保たれるが，地方当局には，より多くの価値をつくりだし，それによって課税ベースを拡大し，結果的に公的支出の原資をより多く生み出すことになる企業家が現れるような環境を整備しよう，という強い

表5–2 一連の地方コーポラティズムから中国のマクロダイナミズムへ

著 者	議 論	社会経済体制に対する帰結
Oi（2002）	・各行政レベルでの課税責任によって，地方政府の企業精神が可能となっている ・地方企業としての地方政府	・農村工業化へのインセンティブ ・政治と経済の相乗効果の可能性
Krug and Hendrischke（2008）	・地方政府と地方企業との制約付協調ゲーム ・地方レベルでの補完性と利害調整	・企業–政府およびミクロ–マクロレベルのネットワーク ・地方組織間の制度的競争
Bergère（2007）	・党／政府が率先して，官僚を勃興しつつある資本家階級へと変容させる ・1990年以降，都市の企業家は農村の企業家よりも活動的である	・企業家の成功は公的行政への接近度と結びついている ・経済領域と政治領域の恒常的なやり取り
Domenach（2008）	・公共部門と民間部門の絡み合い ・政治から経済，また経済から政治へのエリートの移動	・基本的妥協：「生活水準向上の約束対共産党の政治的独占」
Grosfeld（1986）	・計画経済における投資決定の特殊性	・中心的目標としての成長
Zou（1991）	・エリートが政治的権力と経済的資源の両方を管理下に置くとき，彼らは投資成長率を最大化することになる	・社会計画理論の地方レベルへの転置

インセンティブが働く．地方コーポラティズム仮説は，こうしたハイブリッドな形態に明確な説明力を与える（Oi 1992; Peng 2001）．ある意味，こうした政治家と企業家の間の協力関係は，彼らが各々の目的を同時に追求することからの当然の帰結である．すなわち，一方の目的は最大限の税収を取り戻すということであり，もう一方は，投資，生産，雇用のダイナミズムを通じて，各地方の競争力を最適化しようという目的である（Krug and Hendrischke 2007）．しかしながら，すべての地方が互いに闘争するのだが，それは混沌状態や永続的なコンフリクトへと変容するわけではない．つまり，これは，共産党によるものであれコネによるものであれ，実業界と政府，ミクロレベルとマクロレベルの密接な連携のなせる技なのである（Xin and Pearce 1996）．しかしながら，これだけではマクロ経済レベルでの一貫したパタンに必ず到達することにはならないだろう．ここで，もう一つの制度が求められる．共産党の役割と機能について研究してきた歴史家や政治学者たちは，改革プロセスや経済成長を支えることになる企業家集団を生み出すのに，いわゆる官僚がかなりの役割を果たしてきたことを確認している．その結果，国民国家レベルにおいては，国家−政党が入り組んだ機能を果たすことにより，経済領域と政治領域の間の永続的な交流が可能となっているのである（Bergère 2007）．政治から経済へのエリートの移動，またその逆方向の移動も，中国社会のあらゆるレベルで観察できる．そうした複雑なアーキテクチャーに一貫性をもたせ結び付けているものは何か．政治学者の多くは，中国の成長体制はある暗黙の妥協のうえに成り立っていると論じている．すなわち，「共産党の政治独占と引き換えの生活水準の上昇」という妥協である．そのこと自体は，組織のインテリから最も成功した企業家まで，社会における最も活動的な集団に開かれている（Domenach 2008）．もしこれらの内容を受け入れるならば，中国経済は民間企業家たちが排他的に利潤を追求することによって突き動かされる典型的資本主義ではないということになる．つまり，エリートは，社会を監督するために，政治的権力も経済的資源の管轄権もともに手中に収めているのである．したがって，効率性の規準は，資本主義の消費主義的変種で採用されるような，消費者の厚生の最大化にあるわけではない．それは，株主にとっての価値の最大化でもなく，政治目的と経済目的

の混合なのである．こうした状況において，有能な行為者は投資成長率もしくは生産量の成長それ自体を最大化する傾向がある（Grosfeld 1986; Zou 1991）．

3）政治／経済ネクサスと地方／全国ネクサス

　これらの諸領域および諸レベルの間における相乗作用は，いまやより明確に示すことができる．企業に関して十分に整った法体制や独自の法人格形態が欠如しているので，行政当局は，少なくとも地方において一定期間は，資源（土地，原材料，労働力，有能な人物など）の利用をめぐる権利や所得フローの割当ルールのいくつかを合法化する権利を定めることができる．その行政当局の傘下で，企業家たちは生産，投資，技術に関する意思決定を行う．彼らの行いがうまくいけば，彼らは価値を生み出すことになる．こうして生み出された価値は，再投資，社会的・インフラ支出，そして関連機関の課税ベースの拡大へと配分されうる．理論上，この取引は官僚と企業家を巻き込んだ好循環を進行させることになろう．しかしながら，そうした体制それのみでは，効率的な価値創造をもたらすというよりも略取や腐敗を招くことになろう．地方コーポラティズムにはあと二つの追加的特徴がある．行政側からすれば，各機関は上級機関に対してある程度の説明責任をもち，この上級機関は民間による横領という有害きわまる形態を正すことができる．実業界側からすれば，地方の企業家が意思決定を誤った場合，他の多くの地方によって育成された他の企業との競争によって，ペナルティを受けることになるだろう．こうして，地方コーポラティズムはさらにもう一つの重要な特性をもっているのであり，それは中国社会の多様なレベルを接合しているということである（**図 5–1**）．

　何ほどかの経験的証拠が，この仮説を裏づけていよう．まず，1978 年改革にかかわるインセンティブ・システムの成長促進的な性質は，たとえば鉄鋼業の変化において十分に明白である．当初，すべての資源配分は中央政府が意思決定していた．その後，地方政府の資源配分が生産を拡大させ始め，しばらくすると事業市場売上げが伸びた．10 年も経つと，中央・地方政府生産は落ち込み，その時期の終わりには鉄鋼の供給が大部分民営化されるま

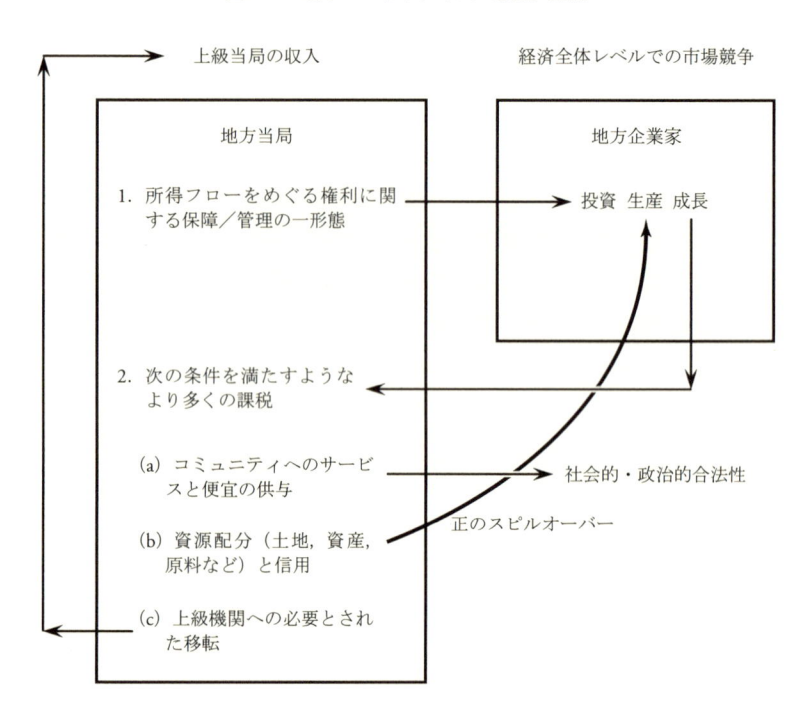

図5-1 地方コーポラティズム仮説:概観

[図: 地方当局と地方企業家の関係を示す概観図]
- 上級当局の収入
- 経済全体レベルでの市場競争
- 地方当局
  1. 所得フローをめぐる権利に関する保障／管理の一形態
  2. 次の条件を満たすようなより多くの課税
     (a) コミュニティへのサービスと便宜の供与
     (b) 資源配分（土地，資産，原料など）と信用
     (c) 上級機関への必要とされた移転
- 地方企業家：投資　生産　成長
- 社会的・政治的合法性
- 正のスピルオーバー

でになった (Naughton 2007: 93)．このように，そのプロセスは，国有企業を手荒く民営化したせいで後年のソ連で起こったような劇的な崩壊——それは 10 年余りも激烈な事業縮小が続くという結果を招いた——を回避してきた (Sapir 1998)．

このプロセスは，中国におけるソ連型の時期と現在との間に大いなる連続性があるという一般的見方と矛盾している．改革の初期段階において，政府の所有と支出は GDP の 3 分の 1 を占めていたが，分権化の成功と生産のダイナミズムにより，この比率は 1994 年には 11％にまで下落した．それ以降，この数字はわずかにしか回復していない (Naughton 2007: 102)．教育，健康，住宅に対する政府からの給付がほとんど見られないことから，これは，中国において政府は典型的なケインズ主義者でもベヴァリッジ主義者でもビスマルク主義者でもないことを意味する．反対に，政府は主として，経済を政治

へと，逆に政治を経済へと，そして地方を省へと，省を地方経済へと結び付けるような，インセンティブ契約の洗練されたネットワークの設計者でありつづけている．

　ある意味，これは驚くべきことではなく，過度の課税を抑制し，諸企業のさまざまな戦略を後押しするにあたっての連邦主義の長所を説く政治学の研究に関連づけることができよう．中国は大陸的な規模をもつので，公共支出の3分の2以上が地方政府によるものであってもおかしくはない（Lou and Wang 2007: 159）．このことはまた，政府介入の分権化とその恒常的な調整が重要であるということを意味する．たとえば，むしろ完全に課税体系を分権化したことによる行き過ぎは，1990年代半ばには再び課税体系の集権化を図ることによって修正されたのであり，その際，中央政府は各省間の収入再分配により積極的な役割を果たしたのであった．

3　明確な制度的アーキテクチャー──レギュラシオニストの分析

　これら一連の地方コーポラティズム間の相互作用についてのミクロ・メゾ分析を，われわれはどのようにして，中国経済のマクロ的動態の特性描写へと結び付ければよいのだろうか．フランスのレギュラシオン学派（Boyer and Saillard 2002）の目的は，まさしく制度諸形態の役割を明らかにすることにあり，制度諸形態とはメゾレベルの概念でミクロレベルとマクロレベルを架橋するものである．したがって，現代経済には単一のパタンや動態といったものはなく複数性が見られるのであり，それは多様な制度的アーキテクチャーと関連している（Amable 2003）．レギュラシオニストの研究のなかには（Chavance *et al*. 1999; Song 2001; Uni 2004, 2007; Aglietta and Landry 2007），中国の発展戦略の起源と限界についての解釈にすでに道を切り開いているものがある（**表5-3**）．それらの研究結果と本章の分析枠組みを照らし合わせるならば，中国は正真正銘の前例なき一個の資本主義ブランドを発展させつつあるといえる．

表5-3 中国に関するレギュラシオニストたちの研究

著者	時期と方法	主な結論
Chavance et al. (1999)	・1978-90年代 ・東欧・ロシア・中国のポスト社会主義的変容の比較分析	・レギュラシオン理論のカテゴリーは旧社会主義経済の移行を理解するのに使える ・当初の生産的・社会的形態が多様で,移行戦略が異なることから,国民的軌道が対照的となる
Song (2001)	・1978-98年 ・中国本土の変容の制度的・統計的分析	・1978年以後,政府は家計責任を改革し,これにより農村の所得が上がったが,1990年以降,田舎の農村所得と生産性は部分的に切断された ・中央政府によって定められたルールの下での地域間競争 ・大部分の工業部門での原子的競争意図せざる好循環は,1995年以後の成長鈍化やデフレーションで終わりを迎える
Uni (2007)	・1992〜1996年 ・多様な輸出主導型成長モデルの議論：賃金形成や為替相場体制の区分によるヒックス,パシネッティ,バラッサーサミュエルソン型	・1997年まで,賃金は輸出部門の生産性と連関：バラッサーサミュエルソン型成長体制 ・1998年以降,賃金は非貿易財部門の生産性と連関するようになり,賃金成長は鈍化
Aglietta and Landry (2007)	・1980〜2006年 ・中国の生産,需要,所得,金融のマクロ経済的分析	大量消費主導型体制に対する障害： ――1996年から2004年にかけて賃金シェアが低下 ――福祉の欠如 ――資本配分における非効率な金融システム
Boyer, Uemura and Isogai (2012)	・1980〜2009年 ・制度分析,マクロ経済分析,投入―産出分析,クラスター分析	――中国は単一のアジア資本主義の代表というわけではない ――政治と経済の共生 ――輸出および投資に牽引された成長

1) 競争の優越

　本質的に,資本主義の二つの基礎的社会関係として,市場競争と資本・労働関係がある．それらが結びつくと資本蓄積がこの社会経済的体制の支配的特徴となるのだが,それは安定的な状態ではまったくない．この点に関して,構造的分析は,これにかかわる中国の蓄積体制が高度に競争的であると主張

している．事実，さまざまな法的地位や地方属性（村，区，省など）をもった数多くの組織が，天然資源，設備，そして最終的には製品市場の獲得をめぐって常日頃から競争している．この論理は外国からきた多国籍企業にも適用されるのであるが，それらすべての企業は，好況を呈している中国市場と低い労働費用へのアクセスを欲している．したがって，それらの企業は技術移転にかかわる譲歩をする用意がある．他方，地方行政当局は，外国直接投資を招き寄せるために，土地税の免除や無償のインフラを提供している．経済の大きさや各地方コーポラティズムのダイナミズムは，公的当局が競争を法的に強制する能力を欠いていることをまさに埋め合わせている．実のところ，多くを占める固定費用や規模に関する収穫逓増がとても大きいので，それらは常に過剰投資の状態を生み出している．このアンバランスな成長パタンは，きわめて大きな生産性の上昇によって支えられている．すなわち，農村の労働者が非常に低い生産性の仕事から最先端の機械設備をつくるような技術職へと送り込まれている．したがって，この成長パタンは，外延的蓄積（より多くの労働者が資本主義的生産へと組み込まれる）と内包的蓄積（連続的な生産性上昇）の混合形態である．それに伴う過剰生産能力は，殺人的な競争，生産費の下落，付随して生じる市場価格の下落を引き起こすであろう．原材料価格の上昇は，ある部分，中国の成長それ自体によって引き起こされるのだが，それはこうしたデフレ傾向への対抗力としては唯一の存在である．

　二つ目の基本的な制度形態，すなわち資本・労働関係は，これまた，かなり変則的な状態にある．第一に，法的な見地からすると，労働者には単一の地位といったものがない．都市の労働者か農村の労働者かによって地位は著しく異なるのであり，こうした違いは戸籍によって監督されている．そうした理由から，最近になるまで，農村から都市へと移住した労働者は公的な権利をもたなかった．第二に，労働者組織は共産党それ自体のなかに埋め込まれているので，労働者たちは自らの利益を守ったり，企業，地位，地方の枠を越えて自分たちの闘争を連係したりするような自律性をもたなかった．結果として，賃労働関係は，細かく分断化され横並びにさせられたが，このことは匿名の市場諸力が労働者人口のすべてを支配するような競争的賃労働関

表5–4 五つの制度諸形態——中国の構図

制度諸形態	主な特徴	調整様式への影響	蓄積体制への影響
1. 競争形態	多種多様な組織(企業,省,地方自治体)間の熾烈な競争	生産費と価格の着実な低下傾向	蓄積の原動力
2. 賃労働関係	・二重の身分(農村・都市) ・分裂し並置された労働 ・労働者自身の集団組織の欠如	田舎の労働者が大量に存在していることが競争的賃金形成に強力に作用している	アンバランスな所得分配:低水準で低下しつつある賃金シェア
3. 金融・信用体制	大幅な分権化とマクロ経済レベルでのコントロールの必要との弁証法	急速に進化しつつある国内・国際経済に沿った微調整	高成長体制を維持・管理する手段
4. 国家／経済関係	・プラグマティックで予測的な中央政府 ・重層的で複雑なガヴァナンス	出現しつつある不均衡によく対応	制度諸形態の周期的再構成
5. 国際経済への編入	選択的な挿入 —対外直接投資に関する制限 —対外経常収支のコントロール —特殊な国内ノルム	為替相場は,国内の信用とともに,外部からの衝撃を緩和するのに重要な政治的変数である	貿易黒字は生産と需要の間の国内的不均衡の帰結である

係と厳密には同じでない(Zhao 2003; Knight and Li 2005). もちろん,移住労働者は産業予備軍の役割を果たすが,相応する戸籍をもって都市や農村の企業に雇われている他の労働者は,典型的なコーポラティズムと同じように,利潤分配から部分的に利益を得る(Song 2001). しかしながら,そうした地方コーポラティズムが数多くあるので,労働市場の分断や大きな不平等は中国の賃労働関係の通常パタンの特性となっている(表5–4).

2) 世界経済への参入——成長促進的な中国的(暗黙の)妥協の帰結

これは中国的成長体制の強力かつ独特な特徴である. 国際関係への参入は外部から押し付けられたものでなく,基本的に国内での意思決定による. 規模からすると中国経済の対外開放は印象的であるが,質的には,資本流入,規準管理,為替市場への介入,1997年アジア危機相当の危機を回避するための多くの引当金の設置に関して,行政当局がきわめて多くの部分をコントロールしている. 本章の中核となる議論は,そのことはイデオロギー的あるいは教義的な選好が現れたものでなく,国内的蓄積体制の世界経済への投影

図5–2　競争——中国における階層的上位の制度形態

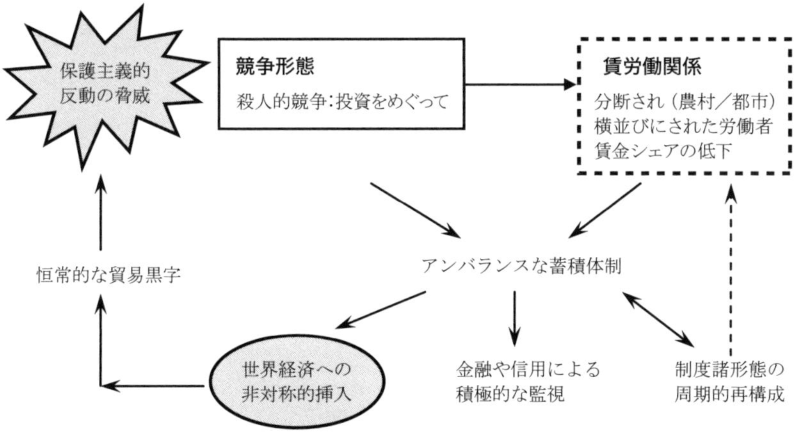

- 保護主義的反動の脅威
- 競争形態：殺人的競争：投資をめぐって
- 賃労働関係：分断され（農村／都市）横並びにされた労働者　賃金シェアの低下
- 恒常的な貿易黒字
- アンバランスな蓄積体制
- 世界経済への非対称的挿入
- 金融や信用による積極的な監視
- 制度諸形態の周期的再構成

なのだということである（**図 5–2**）．

　国際経済への統合が国内的制度諸形態の帰結であるような明白な階層性が，たしかに存在している．それにもかかわらず，中国の当局者は完全に自律的な対外政策を自由に採用できるわけではない．彼らは，殺人的競争が過剰投資傾向の原動力となっているような競争主導型蓄積体制のきわめて特殊なダイナミズムにうまく対処しなければならない．賃労働関係の従属的な性質——分断化され横並びにされ，多くの労働者にとって競争的であるような性質——が変わらないとすれば，そこから生じる過剰生産能力は家計消費のダイナミズムによっては減殺されえない．実際のところ，労働側が弱い交渉力しかもたない立場にあることと，国民所得における賃金シェアがほぼ一貫して低下してきたことには関係がある．このことによって平均利潤率の低下がくい止められて安定するのかもしれないが，生産能力と総需要のギャップが縮まることはない．さらにいえば，民間企業が信用へのアクセスに困難を抱え，そのことによってキャッシュフローを動因とした投資が引き起こされているのであり（Riedel, Jin and Gao 2007），また他方で，公的な福祉体制（失業給付，医療，住宅政策）が貧弱なことから，家族や個人のライフサイクルにおける不確実性に対処するために家計貯蓄が高く保たれる力が働いている．

10年以上にわたって中国の貿易黒字が持続的に増大していることは，このアンバランスな国内的蓄積体制の反映である．換言すれば，現代の中国は，国内レベルひいては世界レベルにおいても，競争が階層的に支配力をもつ代表的事例となっている．理論的見地から言えば，ほぼすべての制度諸形態が競争という性質を考慮に入れているのである．これはまさに制度階層性の一つの定義である（Isogai et al. 2000; Boyer and Saillard 2002; Boyer 2005）．実証的見地から言えば，2000年，上場企業のCEOたちは経営における最も重要な制約条件は商品市場であると述べており（79.1％），それに対して，株式市場（4.8％）あるいは労働市場（4％）は大した制約条件ではないとした（Naughton 2007: 321）．

4 マクロ経済体制——貿易黒字が構造的国内アンバランスを相殺している

レギュラシオン理論の目的は，偶然による整合的な制度的アーキテクチャー，両立性，補完性，階層性，あるいは共進化をもたらしたメカニズムを明らかにするだけではない．それは，質的な診断をさまざまな発展様式——短期の調整メカニズム（それらは調整様式と定義される）と長期の成長を支配する諸要因（それらは蓄積体制を支える）との結合体として定義される——の出現，成熟，危機といった量的な評価へと転換することを意図している．ここで中国の発展様式について，これにかかわる課題が考察されなければならない．

1）構造的にアンバランスな成長パタン

資本ストックの計測がいかに難しいとしても，産出資本比率が1990年代初め以来ずっと低下してきているという事実から，全体として過剰蓄積の統計的証拠を見つけることができる．それにもかかわらず，産出資本比率の低下に伴って利潤率は低下していないのだが，その理由は，利潤シェアがいわゆる「資本の生産性」の悪化を埋め合わせていることにある（図5-3）．利潤シェアが高くなれば，その分，賃金シェアが低くなるというメカニズムがある．賃金稼得者数は農村から都市への人口移動によって劇的に増大した一

第5章　中国経済の発展様式と国際システムの転換　179

図5-3　産出資本比率の低下と利潤シェア

Q/K：産出資本比率　　Pro/Q：利潤シェア　　Pro/K：利潤率

出典：Minqi (2007: 45)

図5-4　賃金シェアと家計消費の長期的低下

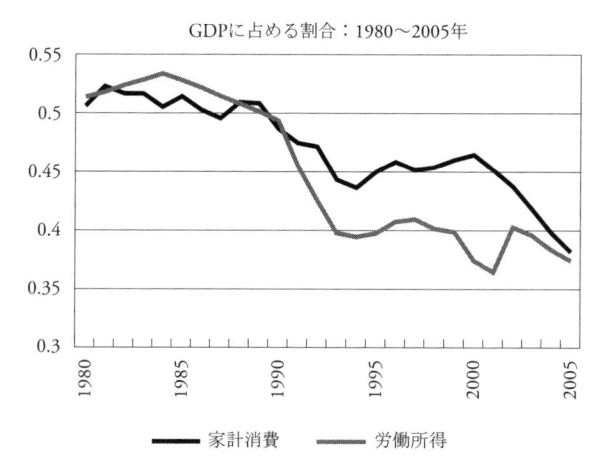

GDPに占める割合：1980〜2005年

家計消費　　労働所得

出典：Minqi (2007: 44)

図5-5　投資シェアの上昇傾向

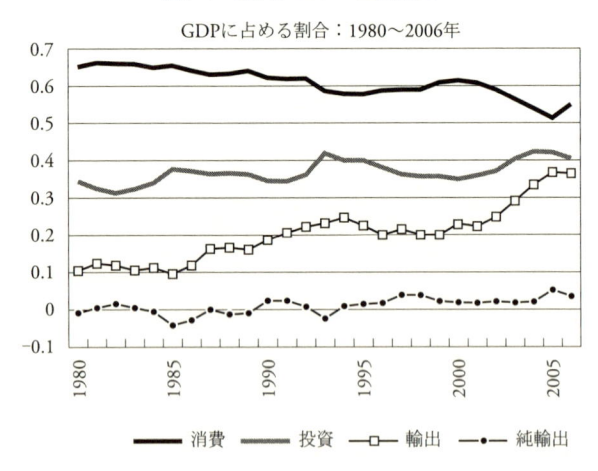

GDPに占める割合：1980～2006年

凡例：消費　投資　輸出　純輸出

出典：Minqi (2007: 43)

方，総需要における家計消費の割合は低下している（**図5-4**）．そうした傾向は，2000年の初めから中国政府が暗黙のうちに指向してきた賃金主導型成長体制をきわめて実現困難なものとしている（Aglietta and Landry 2007）．

　需要面においては，かなりはっきりした長期的傾向が観察できる．当然ながら投資率は加速期と減速期の繰り返しによって変動しているが，経済改革の各種局面を通じて増加傾向を基調としている．同時に，全生産量に占める輸出量の割合は，1980年の10％から2006年の40％近くにまで劇的に増加した．しかしながら，最も印象的な展開は消費シェアのほぼ一貫した低下にかかわる．最適成長モデルにおいては，初期の投資のビッグプッシュは最終的に一定シェアの投資および消費からなる安定的状態へと収束すると期待されている．これとは反対に，中国では資本の深化が現在進行中の過程であり，消費の相対的シェアは低下しているものの，過剰蓄積によって予想される危機は1980年から2006年にかけて生じていないのであって，それは実に長い期間なのである．華々しい輸出の伸びと，それほどではない穏当な貿易黒字の伸びは，きわめてアンバランスな国内成長体制を安定化させるのに決定的な役割を果たしている（**図5-5**）．

2) 中央政府の挑戦的な任務
——活発で膨大な数にのぼる地方コーポラティズムをコントロールすること

　こうした競争主導的蓄積体制の展開によって，三つの大きなアンバランスが生み出されている．第一に，公的福祉がほとんど破壊されたことにより，社会的不平等の拡大が引き起こされたが，貧困は成長のダイナミズムによって減少してきている．しかしながら，中国社会におけるほぼすべての集団が，教育，健康，失業からの保護といった基本的集合財へのアクセスやコストに困難を抱えている．それゆえ，中央政府はこうした社会的な，そして政治的でもありうるコンフリクトの潜在的な火種を消そうとしている．第二に，金融システムが近代化されて，信用を合理化し資本配分の失敗を減らすために集権化された組織がつくりだされている．しかしながら，分権化されたレベルでは，企業と行政当局の連携関係が不良債権を生み出しつづけている．彼らの目標は，資源配分の効率性にあるのではなく，継続中の社会政治的妥協を保持することにある．第三に，より重要なこととして，中央政府は農村から都市への移住労働者の流入を吸収するということだけのために，恒久的な過剰生産能力や高成長率を維持する必要に対処しなければならない．為替政策はこれに関連する政策の一部である．したがって，レベルや組織が多数あることは中国の成長にとって好機であるが，それはまた反復し潜在的には危険なアンバランスの源泉なのでもある（図 5-6）．

3) 重商主義的国家という外見

　したがって，ここでの分析は，中国の特殊性に関する一般的な診断——それは純粋に地政学的な理由から過度の蓄えを蓄積する重商主義的国家の現代版典型例であると診る——に対して批判的である．しかしながら，中国全体の制度的アーキテクチャーは，対外ポジションが重要な調整変数であることを前提としたマクロ経済的調整を生み出している．したがって，国内的蓄積体制の全体が設計しなおされない状況では，世界的不均衡を減少させるように中国の為替政策が決定されるようになると考えるのは，おそらく理解不足ということになろう．

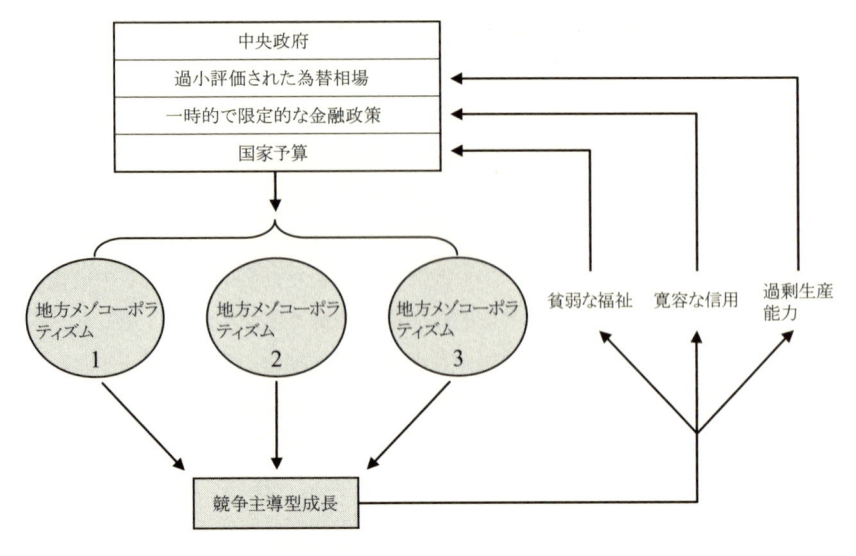

図5-6　地方から全国へ：中央政府の三つの主要な手段

5　2008年世界危機後における中国経済の方向転換とその国際関係再編への影響

　中国経済が本質的に輸出に依存していたとするならば，リーマン・ブラザーズの破綻とそれに由来する世界貿易量の減退によって，ドイツや日本で見られたような種類の景気後退が起こったはずである．しかし，そうはならなかった．というのも，3カ月もたたないうちに，北京政府は信用，インフラ支出，為替レートといった政策を動員することができ，それによって雇用問題が悪化しないよう十分に高い成長を保つことができたからである．

1) 中国国内における緊張の高まり

　ところが，こうした目覚ましい成功は2012年以降，限界を露わにしている．すなわち，以前ほどの成長率が見られないだけでなく，それ以上に，発展様式の構造的不均衡がかつてないほどの激しさで明らかになってきた（**表5-5**）．巨大な過剰生産能力が製造業部門で生じ，そこから引き起こされた

表5–5　2008年以後における中国の変容とその国際関係への影響

制度諸形態	中国から世界経済へ			
	2008年以後の変容	中国的発展様式に対する帰結	下記に対する影響	
			成熟諸経済	他の新興諸経済
競争形態	巨大な過剰生産能力ゆえの過当競争はなお継続	消費に立脚した成長の出現にブレーキがかかる	脱工業化の一要因／イノベーション競争の加速	・原材料への特化を強める ・国内産業への脅威
賃労働関係	・最低賃金の上昇　熟練労働の不足 ・社会保障の萌芽	・国内市場に立脚した成長に中心移動するための要素 ・マクロ経済に影響を与えるにはなお微弱すぎる	・労働に対する競争圧力の緩和 ・医療部門にとっての市場（医薬品，医療設備）	・いくつかの雇用につき立地移動の可能性（メキシコ） ・新興国のジェネリック医薬品にとっての販路（インド，ブラジル）
貨幣・信用体制	銀行利子率の自由化の開始	信用という中核的コントロール手段を失うおそれ	世界的金融仲介センターの再展開（ウォール街，シティ）	地域金融諸空間の組織化を誘発（ラテンアメリカ，アジア）
国家／経済関係	・不均衡是正の開始 ・マクロ経済面（消費の弱さ） ・社会面（不平等，都市化） ・政治面（腐敗汚職，市民権） ・環境面（大気，水，土壌）	・部分的に矛盾した諸目標 ・成長 対 環境 ・長期戦略に関する対立の出現 ・政治権力の正統性の喪失 ・環境の持続可能性なし；グリーン成長の誘発	・中国との地政学的難題（貿易，知的財産権） ・貿易摩擦の低下 ・賃金への圧力は微小 ・中国／アメリカ／EUの地政学的対立 ・グリーン経済設備をめぐる激しい競争（太陽光パネル，風力発電）	・中国／他の新興国の補完性の可能性 ・国内市場の拡大による成長を誘発 ・貧困撲滅闘争への切り札 ・国際組織において，また発展の考え方において，中国と一致する可能性 ・中国製設備の低価格輸入
国際経済への編入	・対外依存／輸出の低下 ・原材料のコントロール競争 ・為替準備の多様化	・中国的特化の惰性 ・自然資源および農地が国有化されていることに対する国民的反発のおそれ ・中国のソブリンファンドを経営することの困難さ	・国内市場への中心移動 ・新植民地主義の2形態（契約か市場か）の間の公然たる対立 ・ドルの国際的地位に関する暗黙の（やがて公然たる？）再検討	・国内産業の余地拡大 ・中国の特化と補完しあう特化に傾く：オランダ病 ・通貨戦争および為替相場不安定のおそれ

価格戦争によって，アメリカや欧州連合との明白なコンフリクトが増えている．最低賃金の引き上げは，ハイテクや高品質に向かってステップアップしていくのでなく，むしろ伝統的産業の競争力を削いでいる．加えて，（貧弱な）社会保障の構築を加速させてはいるが，それは高い貯蓄率を引き下げるには十分でなく，その結果，投資や輸出の代わりに中国人の消費が伸びるといったこともないのである．

　多国籍企業を含む各種企業における賃金労働者や農村地帯における農民の抗議が激増し，地方コーポラティズムと北京政府の間の緊張関係が高まっている．貧困を少なくしたからといって，不平等が拡大してもよいとはもはや言えない．都会人と農村民の生活水準や生活スタイルが乖離したことによって不平等が爆発したのであって，これは二重戸籍制度の改革という問題を突き付けている．それはまた，急速な都市化による矛盾とか，当局の眼の届かないインフォーマルな信用制度の暗躍によって加熱した不動産投機といった問題も突き付けている．また逆にそこから，共産党内部の紛争が白日の下にさらされたのであり，それは，自由化の利益を信奉する者と政治権力による経済管理への復帰を説く者との戦略的方向性をめぐるものであった．これは結局，地域ごとに異なる発展スタイルの問題でもある．最後に環境問題であるが，たとえそれが汚染された地域における平均余命の低下や，食品・健康への危険性によるものにすぎないとしても，環境問題は発展に対する大きな制約として現れている．

2）もうひとつの発展様式を求めて

　2000年代半ば以降，中国の当局者は発展様式における際立った不均衡を修正しようとしてきた．第一に，当局は研究組織を改革し研究開発支出を助成することによって，技術面での追い上げを奨励した．研究開発支出は一人当たり所得が同等規模の諸国のなかでは異例に高い水準となったが，その目的は，やがて社会的イノベーション・システムの自律性を保証し，自国に特殊な要請にうまく対応できるよう保証することにあった．第二に，投資，輸出，消費の関係を均衡あるものにすることは中核的な目標だと発表された．2010年代には熟練労働力の予備が相対的に枯渇することから，北京政府に

よる賃金上昇の奨励効果は高まった．もっとも賃金上昇は，それぞれの地方コーポラティズムのイニシアティブのもとに調整された．また，不平等が爆発的に拡大し，医療・教育サービスが一部民営化したために，これらサービスを受けることが困難になったことを受けて，社会保障制度を確立しようというプログラムが促進された．それは当初は貧弱で簡単なセーフティネットであったが，加速するグローバル化——これは旧来の連帯を寸断する——によって生じた不安定を埋め合わせるためには重要であった．最後に，国内レベルでの環境保護——といっても気候温暖化のことではない——はもはや副次的な目標ではなくなり，生産方式，都市化，生活様式をどう作り上げるかにかかわる優先事項となった．

　2013年現在，中国当局が望むレベルの成果はあがっていない．外資系の多国籍企業は依然として，中国のいわゆるハイテク輸出の大部分を支えている．というのも，最先端の部品や設備を支配しているのは多国籍企業だからである．新政権の方向性がはっきりしないということも消費拡大に重圧となっており，2008年9月以降変転する信用政策によって，結局は消費が抑制されてきた．他方，公共予算を通しての移転，税制，そして医療・失業・退職への保障開始についていえば，これらは消費主導型成長への移行を導くに十分な額ではない．

　しかしながら，このことは過激な国内競争によって主導された旧来の体制がこの先も長期的な生命力をもつ証拠だと解釈されてはならない．第一に，これまでのようなテンポで成長することはできないだろう．というのも，たとえ生産パラダイム進化の必然的論理のためとか，多くの領域で切迫しているエコロジー的限界のためであったとしても，とにかく限界知らずの規則的な成長という仮説は放棄されねばならないとすれば，中国は部分的に，日本や韓国がすでに通ってきた軌道を歩んでいるからである（Aoki 2013）．第二に，歴史研究（Boyer and Saillard 2002）は繰り返し以下のことを教えている．すなわち一方で，制度諸形態の変化が新しい発展様式や調整様式の出現となって示されるのは，何十年にもわたる模索プロセスの結果においてでしかなく，他方，黄金時代への回帰という願望——つまり構造的危機に陥った過去の社会経済レジームの復活——は必ず失敗するということである．さまざまな資

本主義の歴史は反復でなく，螺旋的進行なのである．最後に，2013 年に政権に就いた幹部たちの宣言には新しい響きがあった．というのもそこには，あるチャイニーズ・ドリームのプロジェクトが主張されていたからである．そこには，大部分の人々にとっての生活のレベルと質に関して，中国人の期待を十分に満たすような方向へと長期的に方向転換を図るということが暗示されていた．

3） 中国──世界経済の将来における主要アクター

　将来に向けた発展様式の細部の輪郭や成長テンポの面では不確実性が重くのしかかっているが，それ以上に，中国は生産と市場において影響力を獲得したので，この国は核心的な役割を担うようになった．このことによって，旧工業化諸国と他の諸国──便宜上「新興」の語で呼ばれている──の軌道の分岐が強まる恐れが出てきた．

　事実，市場のグローバル化によって規模の収益が再び重要となったが，これは前例なき分業の深化から生まれたものであり，中国に競争優位を与えるものであった．つまり，中国の工業化がテイクオフしたのは，モジュール化，輸送コストの低廉化，情報通信技術の貢献のおかげでバリューチェーンが世界化した時点においてである．結果として，成熟諸国の経済的軌道は分岐した．成熟経済が低レベルの製品への特化で満足するならば，その経済は脱工業化の加速に見舞われる（南欧）．成熟経済がイノベーションの最先端にあり，グローバル化した経済の新しい需要に適応するならば，その経済は繁栄し，脱工業化は限定されたものとなる（日本，韓国，ドイツ，北欧諸国）．

　減速したとはいえ，中国工業のダイナミズムは今後必ずや工業外の環境の各種限界に直面するだろう．例えば，工場・住宅建設や都市化による農地の減少，国内自然資源の枯渇，したがって，ラテンアメリカやアフリカを含む世界全体からの原材料輸入といったことである．ところが，そうした工業外の諸部門は，エネルギー分野を筆頭に，新投資によって新鉱脈が発見され利用されないかぎり，収穫逓減の性質をもつ．2003 年以来の自然資源価格の暴騰はこうした理由から説明されるが，この動向は 2013 年からの世界経済の減速によって緩和されもした．一方で，こうした地代収入しか依存するも

のがない国民は，自国の成長がテイクオフするのを目の当たりにし，その結果，例えばアフリカ——つい昨日まで危機・戦争・停滞に見舞われていた——が発展するための将来的突破口について診断が出されるまでになった．他方で，農業地代から工業化過程への転換を試みた国民は，いっそう高い所得成長を経験したのであるが，しかし往々にして，ゆっくりと——しかし後戻り不可能な形で——工業実体が失われてゆくという犠牲を払うことになった（ブラジル，アルゼンチン）．

　南側諸国の経済にとっては，また別の有利な帰結が存在する．第一に，アジアに向かって世界経済が反転したので，多数の政府にとって中国が参照基準たる経済となった．その結果，発展戦略の点でワシントン・コンセンサスに代わって北京コンセンサスが登場したとまで言われた．第二に，アメリカのスーパーパワーが侵食され，その新しい成長体制が不確実なことから，中国に有利な国際貿易フローの方向転換が広まりを見せている．中国はますます多くの国（例えばブラジル）にとって，最大の貿易相手国となった．最後に，旧来の南北対立やさらには中心／周辺対立に代わって，南々関係がやがて登場してくることを思い描けるだろう．さらに，こうした形で利害が一致するならば，国際金融関係の基軸としてのドルが放棄される可能性もないわけでなく，そこから国際システムの構図の変化に決定的に影響を与えることになるかもしれない．インドと比較するとき，中国はこうした変化の大部分について，その原因となるであろう．

6　歴史の前例からみた国際システムの将来

　今日の構図はある意味で新しいが，世界−経済(エコノミー・モンド)の形成史から貴重な仮説や直観を引き出すことができる．実際，フェルナン・ブローデルやイマニュエル・ウォーラーステインのおかげで，現代の世界経済を資本主義出現に関する長期的視野のうちに置き直すことができる．

1）世界−経済か帝国か——アメリカ対中国

　第一の教えは，さまざまな地域体が結ぶ関係の周期的再配置にかかわるも

のである.地域体そのものは,商業資本主義の躍進期における都市国家（16世紀におけるアントワープからジェノヴァへ,そして17世紀から18世紀初頭のアムステルダムへ）から,産業革命後には国民国家へ移変していった.もちろん,ビザンチン帝国をモデルとした帝国という形態も忘れるべきでない.こういった過去の発展に照らしてみれば,われわれは新しい国際システムの転換のなかにいるのかもしれない.

二つの世界システムを対比したのは,イマニュエル・ウォーラーステインの功績である（Wallerstein 1974, 1980）.ひとつは帝国という形態であり,これは政治によって統一がなされる場合である.もうひとつは世界-経済の形態であり,経済諸関係によってシステムの一貫性が生み出される場合である.それゆえ第二次世界大戦後,アメリカが大量生産・大量消費の出現によって出来上がった世界-経済の組織者であったと考えることができる.アメリカの地政学的支配はこうした経済的覇権を伴っていたのであり,それは何人かの政治学者が主張したように,「アメリカ帝国」とさえ見立てることもできよう.こうした構図はライバル意識や競争を駆り立てるので,このように作動させられた蓄積プロセスは他の国民国家——ドイツ,日本,等々——に広がってゆく.ある意味で,アメリカの支配の侵食は内生的なものである.これと対照的に,中国は伝統的に帝国である.というのも中国は,何世紀もの間,文化的同一性と政治的統制のうえに築かれた自己準拠体として自らを見なしてきたからである.最近30年間に生じた新しい点は,こうした帝国意識が外向化し,世界-経済への参加が促進されたということにある.それというのも,中国国内の分業のダイナミズムが国境をはるかに超えて,広範囲に影響を及ぼすようになったからである.

2）全能の覇権国から多極的世界へ

チャールズ・キンドルバーガーによれば,国際レジームの安定性は,自国の利益を守りつつシステム総体の生命力を保証するような覇権国（ヘゲモン）が存在するかどうかにかかっている.こうして彼は,戦間期の国際関係の危機を分析した（Kindleberger 1986）.大英帝国は自らの地位を保持しようとしたが,もはやそのための経済的手段を欠いており,他方,アメリカは勃興しつつある経

済大国であったが，覇権国の役割を演じようとはしなかった．その矛盾は第二次大戦後に解決された．というのもブレトンウッズ体制は，ドルの中心的役割を起点にして国際秩序を再構築するという，アメリカのプランを表現するものだったからである．こうした分析枠組みは，今日に関して一個の解釈を与えてくれる．つまり，その経済的権力は衰退したが金融の点で決定的役割を保持しているアメリカは，自らのスーパーパワーとしての地位を維持しようと欲しているが，他方，自国内の経済的・社会的安定性を強く心配している中国の当局者は，世界経済の不均衡を減じることのために国内的安定という目的を犠牲にしようとは考えていない．例えば彼らは，競争力と国内的成長の土台たる為替政策を放棄しようとはしていない．

　アンガス・マディソンは世界全体について超長期の国民経済統計を作成しなおした（Maddison 2006）．彼の仕事はもうひとつの解釈の鍵を提供してくれる．それによると，1820年まで遡れば，生活水準はヨーロッパとアジアではほぼ同じであり，世界の他のほとんどの地域でも事情はよく似ていた．産業革命がヨーロッパで飛躍的に進んだので，旧大陸の諸国が自分たちに有利なように分業を編成し，こうして中心と周辺という分割が生み出された．アフリカ，ラテンアメリカ，アジアがこの周辺というカテゴリーに投げ込まれ，低開発と呼びならわされたものを経験することになった．過去半世紀に独自なことは，ほかならぬアジアが独自な各種資本主義――日本・韓国・台湾・中国・ベトナム……の資本主義――の地として再登場したことである．中国だけでなくインドも含めて，アジアに有利な人口分布を考慮すると，それが意味するのは，最も活力のある蓄積拠点が反転したということであり，その裏で北米や，それ以上に欧州が後退したということである．ピエール・シャリアンとジャン＝ピエール・ラゴーの本の結論を引くならば，「おそらくわれわれは，世界経済におけるアメリカの優位の後退に立ち会っているのだが，危機という霧の彼方に仄見えているものは，数世紀来西洋が行使してきた絶対的覇権の終焉ということであろう」（Chaliand and Rageau 2012: 244）．

3）北京から見た世界――思考実験の有益性と必要性

　アメリカやヨーロッパで作られた地図では，中国は相変わらずインドより

も遠くに位置し，1世紀におよぶ外縁化と非発展によって周縁化されたものとしてある．しかし，これまでの分析の光に照らしてみれば，これとはまったく別の表象が現れてくる．事実，中華帝国は現代世界を横切る諸矛盾のもつれの中心に位置する．すなわちアジアでは，とりわけ日本とは，経済的特化による補完性と地政学的敵対関係の間のもつれ．アメリカとは，不自然な協力と公然たる紛争の間のもつれ．ラテンアメリカやアフリカとは，国際諸制度を設立しなおすための同盟と非対称的な統合との間のもつれ．ユーロといっしょになって，ドルに対抗できる通貨を保持する必要と——貨幣・為替政策は中国式調整の本質的道具だというのに——人民元が国際通貨となるような圧力との間のもつれ．中国はこうした各種もつれの中心にある．こうした地球規模のゲームにあって，欧州連合は日本よりもはるかに望ましくない位置にある．つまり，アメリカの金融に支配され，アジアからの競争の嵐にさらされて，EUは，将来の世界再編において何らかの地政学的権力を行使することをいずれも放棄した古い国民国家の集合体なのである（図5-7）．

7　結論——二つの世界再編に引き裂かれた日本

　望ましい位置にいるにもかかわらず，日本の政治的責任者は重苦しいジレンマに直面している．一方で日本は，アジアで資本主義の力学が根づきうることを示した最初の国のひとつであるが，第二次大戦後は，アメリカとの地政学的関係によって，西洋世界ないし——もっと正確には——アメリカ的世界−経済への帰属が特権化された．他方で2003年以降，日本の弱々しい景気回復によってアジアへの編入が深まり，大企業は高付加価値の設備財や部品を供給し，これに照応する消費財を逆輸入した．したがって現代日本は，事実上，アジア統合の主要環をなす．ところがアジアは，中国の蓄積動態に左右されている．それが意味するのは，防衛面でますます危険に満ちた新しい歴史的時期への移行ということであり，日本の安全はかつてないほどアメリカの盾に依存しているということである．

　言うまでもなく，長期の歴史ではいくつかの規則性が存在するという事実があるからといって，それは同じ推移やサイクルが同一の形で反復するとい

第 5 章　中国経済の発展様式と国際システムの転換　191

図5-7　北京から見た構造変化を遂げつつある世界

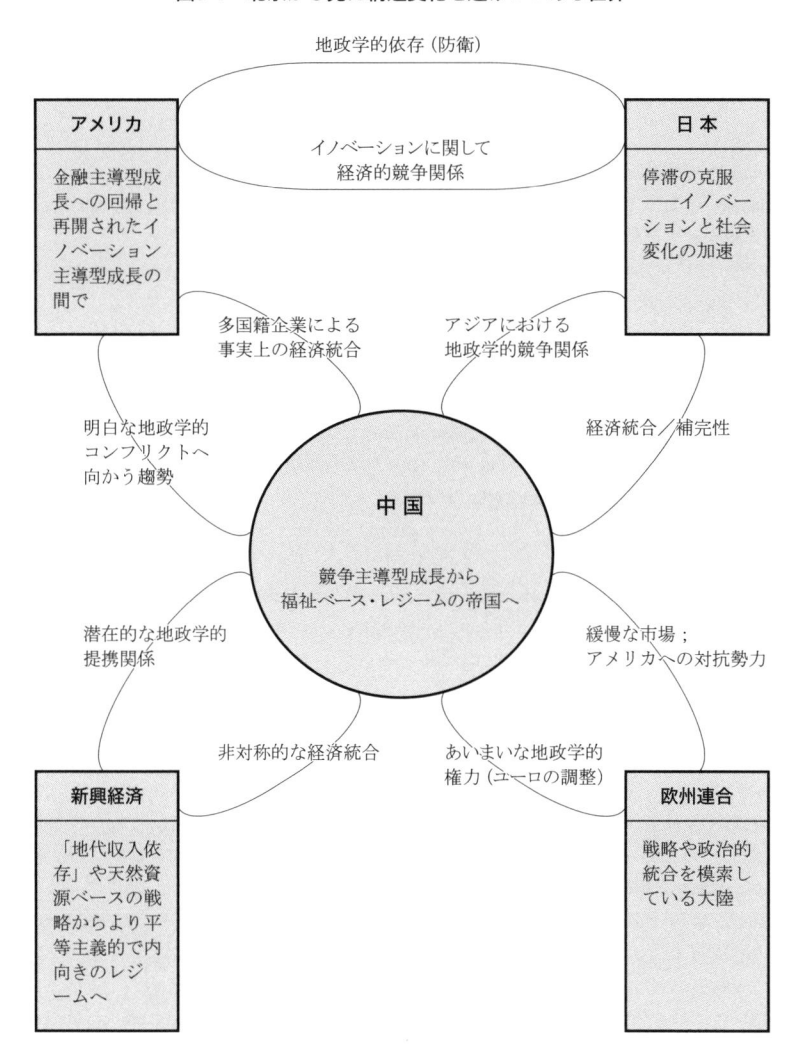

アメリカ
金融主導型成長への回帰と再開されたイノベーション主導型成長の間で

日本
停滞の克服――イノベーションと社会変化の加速

地政学的依存（防衛）
イノベーションに関して経済的競争関係

多国籍企業による事実上の経済統合

アジアにおける地政学的競争関係

明白な地政学的コンフリクトへ向かう趨勢

経済統合／補完性

中国
競争主導型成長から福祉ベース・レジームの帝国へ

潜在的な地政学的提携関係

緩慢な市場；アメリカへの対抗勢力

非対称的な経済統合

あいまいな地政学的権力（ユーロの調整）

新興経済
「地代収入依存」や天然資源ベースの戦略からより平等主義的で内向きのレジームへ

欧州連合
戦略や政治的統合を模索している大陸

うことを意味するわけではない．なぜなら，新しいものは古いものと組み合わさって，歴史的に前例のない構図を生み出すからである＊．

＊原文は Robert Boyer, 'The Chinese Mode of Development and the Transformation of the International System after the 2008 Crisis', mimeo, 2013 である．

参考文献

Aglietta, M. and Y. Landry (2007) *La chine vers la superpuissance*, Paris: Economica.

Amable, B. (2003) *The Diversity of Modern Capitalism*, New York: Oxford University Press.〔山田鋭夫／原田裕治ほか訳『五つの資本主義』藤原書店，2005 年〕

Aoki, M. (2013) 'Historical Sources of Institutional Trajectories in Economic Development: China, Japan and Korea Compared', *Socio-Economic Review*, 11 (2).

Bergère, M. -C. (2007) *Capitalismes et Capitalistes en Chine: XIXe-XXe Siècle*, Paris: Perrin Asie.

Boyer, R. (2005) 'Coherence, Diversity and the Evolution of Capitalisms, The Institutional Complementarity Hypothesis', *Evolutionary and Institutional Economic Review*, 2 (1).

Boyer, R. and Y. Saillard eds. (2002) *Régulation Theory: The State of Art*, London: Routledge.

Boyer, R., H. Uemura and A. Isogai eds. (2012) *Diversity and Transformations of Asian Capitalisms*, London and New York: Routledge.

Chaliand, G. and J.-P. Rageau (2012) *Géopolitique des empires: Des pharaons à l'imperium américain*, Champs, Essai.

Chavance, B. (2000) 'The Evolutionary Path away from Socialism: The Chinese Experience', in E. Makin and A. Simonovits eds., *Planning, Shortage, and Transformation: Essays in Honor of Janos Kornai*, Cambridge MA: MIT Press.

Chavance, B., E. Magnin, R. Motamed-Nejad and J. Sapir eds. (1999) *Capitalisme et socialisme en perspective: évolution et transformation de systèmes économiques*, Paris: La Découverte.

Domenach, J. -L. (2008) *La Chine M'Inquiète*, Paris: Perrin.

Fairbank, J. and M. Goldman (2010) *Histoire de la chine: des origines à nos jours*, Paris Tallandier: Trad. *China: a new history* (2006), Cambridge MA: Harvard University Press.

Grosfeld, I. (1986) 'Modeling planners' Investment Behaviour. Poland: 1956-1980', *Journal of Comparative Economics*, 11 (3).

Isogai, A., A. Ebizuka, and H. Uemura, (2000) 'Hierarchical Market-Firm Nexus as the Japanese Mode of Régulation', in R. Boyer and T. Yamada eds., *Japanese Capitalism in Crisis: A Régulationist Interpretation*, London: Routledge.

Kindleberger, C. (1986) *The World Depression 1929-1939*, Revised and enlarged edition, Berkeley: University of California Press.〔石崎昭彦／木村一朗訳『大不況下の世界　1929-1939 年』改訂増補版，岩波書店，2009 年〕

Knight, J. and S. Li (2005) 'Wages, Firm Profitability and Labor Market Segmentation in Urban

China', *China Economic Review*, 16 (3).
Krug, B. and H. Hendrischke (2007) 'Framing China: Transformation and Institutional Change through Co-evolution', *Management and Organization Review*, 4 (1).
Lin, J. Y. (2004) 'Lessons of China's Transition from a Planned to a Market Economy', Peking University, China Center for Economic Research.
Lou, J. and Wang, S. (2007) 'Public Finance in China', The World Bank.
Maddison, A. (2006) *The World Economy, vol.1: A Millennial Perspective*, Paris: OECD Publishing.〔金森久雄監訳／政治経済研究所訳『経済統計で見る世界経済2000年史』柏書房, 2004年〕
Minqi, L. (2007) 'US, China and the Unraveling of Global Imbalances', PERI Working Paper.
Naughton, B. (2007) *The Chinese Economy: Transition and Growth*, Cambridge MA: MIT Press.
Nee, V. (1992) 'Organizational Dynamics of Market Transition, Hybrid Forms, Property Rights, and Mixed Economy in China', *Administrative Science Quarterly*, 37 (1).
Oi, J. C. (1992) 'Fiscal Reform and the Economic Foundations of Local State Corporatism in China', *World Politics*, 45 (1).
Peng, Y. (2001) 'Chinese Villages and Townships as Industrial Corporations: Ownership, Governance, and Market Discipline', *American Journal of Sociology*, 106 (3).
Riedel, J., Jin, J. and J. Gao (2007) *How China Grows: Investment, Finance, and Reform*, Princeton NJ: Princeton University Press.
Sapir, J. (1998) *Le Krach russe*, Paris: La Découverte.
Song, L. (2001) 'The Limit of Gradual Reform without Long Term Perspective: Instability of Institutional Arrangements in Mainland China', mimeo, Nagoya University.
Uni, H. (2004) 'Export-biased Productivity Increase and Exchange Rate Regime in East Asia', mimeo, Kyoto University.
Uni, H. (2007) 'Export-biased Productivity Increase and Exchange Regime in East Asia', *Kyoto Economic Review*, 76 (1).
Wallerstein, I. (1974, 1980) *The Modern World-System*, vols. 1 and 2, New York: Academic Press.〔川北稔訳『近代世界システム (1)(2)』岩波書店, 1981年；川北稔訳『近代世界システム 1600-1750』名古屋大学出版会, 1993年〕
Xin, K. and J. L. Pearce (1996) 'Guanxi, Connections as Substitutes for Formal Institutional Support', *The Academy of Management Journal*, 39 (6).
Zhao, Z. (2003) 'Migration, Labor Market Flexibility and Wage Determination in China: A Review', Working Paper, Peking University, China Center for Economic Growth.
Zou, H.-F. (1991) 'Socialist Economic Growth and Political Investment Cycles', Working Paper Series, 615, World Bank.

第6章　中国経済の輸出主導型成長から内需主導型成長への転換条件
──賃労働関係の変化と社会保障システムを中心に──

厳　成男

1　はじめに

　中国が有する国土の広さと人口の多さから，ケネーは「中国市場は，ヨーロッパ諸国すべてが単一主権のもとに統合されたときの大きさ」と特徴づけ，アダム・スミスも「中国の国内市場が，おそらく広さの点で，ヨーロッパのさまざまな国のすべてをあわせた市場にあまり劣らないだろう」という見解を示していた（Arrighi 2007）．しかし，1990年代以降における中国の高い経済成長と産業構造の高度化を牽引してきたのは，輸出産業の著しい発展であった．とりわけ東南沿海部に集積された先進国・地域からの直接投資が技術集約的資本財と中間財を持ち込み，中国が国内の安価な労働力をベースに労働集約型組立工程を受け持ち，生産した完成品を世界に向けて輸出する，という輸出主導型成長体制が中国経済成長の原動力となった（厳 2011）．
　しかし，2008年のアメリカのサブプライムローン危機に端を発した世界金融危機により，約20年間にわたり中国の高度経済成長を支えてきた輸出主導型成長体制の持続不可能性が明らかになり，いま中国は，それからの脱却を迫られている．中国の輸出主導型成長は，国家的調整に基づく低賃金コストと相対的に低く設定された為替レートに大きく依存してきた．2008年以降，中国製品の輸出先であるアメリカ，ヨーロッパ，そして中国と同じくこれらの地域を主な輸出市場としてきた東アジア諸経済の停滞により，中国

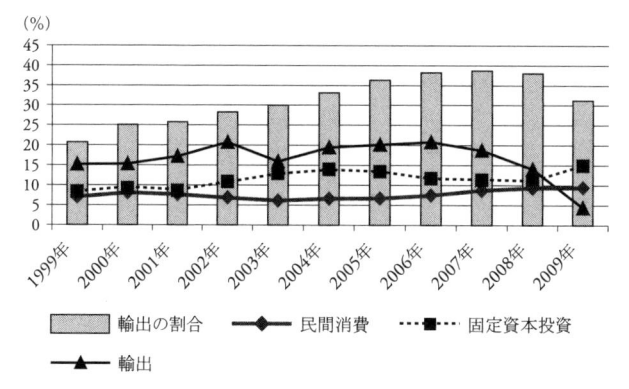

図6-1 民間消費，固定資本投資，輸出の変化率と輸出がGDPに占める割合

出所：UN Databaseに基づいて筆者が作成．
注：1．実質値（2005年価格）に基づいて計算．
　　2．単年度における急激な変動要因を取り除くため，3年間の移動平均値を示している．

の輸出需要は大きく低下した．輸出需要の低下を補うべく行われた大型財政投資が景気を下支えし，中国経済は内需主導で拡大を続けてきたが，2011年以降では景気減速が明らかになってきた．

　中国国内でも，輸出主導成長体制の持続可能性が乏しいことは認識されており，政府は2000年代の半ばから輸出主導型成長から内需主導型成長への転換を図ってきた（厳 2011）．しかし，輸出主導型成長からの脱却は難しく，2008年の世界金融危機の影響が中国の実体経済に波及するまでは，経済成長の輸出依存度は高まった（**図6-1参照**）．その結果，輸出需要の低下は経済成長率の低下に直結しており，輸出に代わる経済成長の牽引役が中国にはまだ存在しない．一方で，財政支出の拡大を通じた建設投資の増大を中心とする国内需要の拡大は，国内におけるインフレの上昇と過剰投資を引き起こし，インフレの沈静化に向けた財政・金融抑制政策によって，経済成長率は急速に低下している（2012年1〜3月期は8.1%，4〜6月期は7.6%）．

　国家的調整が経済調整の基軸をなす中国において，政府（中国共産党）の意向に反して輸出主導型成長体制からの脱却が進んでいないことの背景には，大きく以下の四つの要因があると考えられる．第一は年率8%という経済成長目標の硬直性，第二は産業構造高度化のテンポが遅れていること，第三は

戸籍制度などのさまざまな規制によって分断されている都市と農村の二重構造の存在，そして第四は市場メカニズムの浸透に伴う就労と生活にかかわるリスクの増大を緩和するための社会保障システムの未整備とその限定的な役割である．

2011年からはじまった『第12次5カ年規画』では，「消費需要の拡大を内需拡大の戦略的重点とし，そのための長期的に有効なメカニズムを構築する」ことが強調されている．そして，働く人々の就労と生活にかかわる将来不安を払拭し，消費需要の停滞を克服するための方策として，社会保障システムの整備が急がれている．温家宝首相は2010年の『政府活動報告』（第11期全国人民代表大会第3回会議）のなかで，「経済の着実な成長を維持するためには，健康や所得および社会保障に対する安心感に裏付けられた消費を原動力とする，さらなる内需主導型成長への転換が不可欠だ」と表明しており，消費中心の内需主導型成長を構築するための社会保障システム改革の重要性を訴えている．

本章の目的は，中国における輸出主導型成長から消費主導型成長への転換を促す条件の一つとして，社会保障システム[1]の役割を検討することである．具体的には，労働力の再生産という観点を中心に，中国の社会保障システムと，労働市場制度改革に伴う賃労働関係変化との相互関係（第2節），消費中心の内需主導型成長の原動力となる社会中間層の拡大との関係を考察する（第3節）．そして，社会保障システムと国家形態の相互関係に注目しながら，国家主導のコーディネーション[2]に基づく社会保障システムの構築に向けた一つのアプローチとして，国有資産（国有企業株）の運用による配当を国民に分配するメカニズムの可能性を検討する（第4節）．

2　雇用と所得における柔軟性と安全性の変化と社会保障システム

1）賃労働関係の変化と社会保障システム

ここではまず，労働力の再生産にかかわる賃労働関係と社会保障システムの相互関係について，理論的整理を行ったうえで，中国労働市場における柔軟性（Flexibility）と安全性（Security）の変化をフレキシキュリティ（Flexicurity）[3]

の視点から検討し，現在進行中の社会保障システム改革は限定的な役割しか果たさないことについて説明する．

社会保障システムが賃労働関係の変化と相まって，ある社会における労働力の再生産に及ぼす影響は，ミクロの側面では，労働者とその家族の生活と教育にかかわる福祉を向上する役割と，現代社会における就労と生活にかかわるリスクを緩和する役割として現れる．そして，マクロの側面では，所得再分配を通じた格差是正による社会の安定，将来不安の解消に伴う消費需要の拡大を通じて，内需主導型成長体制の構築と深く関係する．

レギュラシオン理論においては，労働力の再生産は，一方で，労働者の消費生活と消費ノルムと諸個人の社会的編成様式の問題として捉えられると同時に，他方で，労働者の消費様式が蓄積体制の主要な動因の一つとなっているというマクロ経済的視点から捉えられる．とりわけ労働力の再生産を実現する経済的行為は，所得の獲得とその支出として見ることができるが，労働者の所得には，労働の対価たる直接賃金以外に，主に国家の政策的福祉[4]に基づく間接賃金が含まれている（平野／花田 1999）．そして，このような国家によって提供される間接賃金所得の存在が，近代社会の中で急増する就労と所得にかかわるさまざまなリスクを緩和し，社会の格差を是正しながら，マクロ経済の側面では安心感に裏付けられた国内消費需要の増加を促す重要な条件となる．

中国においては，20年以上にわたる高度経済成長の過程で，「大量生産―大量輸出・消費」という，輸出主導型成長体制が構築された．その背景にあるのが，次の三点である．第一は労働者階級の利益を代表して，経営者と同等な立場で交渉しうる労働組合が存在しないこと，第二は失業者や退職者の増加に対応しうる社会保障システムの未整備，そして，第三は政労使の協議と合意，協働によって行われる社会単位の職業訓練・技能形成システムの不在であった．中国では，労働力の再生産にかかわる賃労働関係の多くの側面において，先進国でみられるような政労使の協議と合意に基づく制度的調整ではなく，国家的調整に大きく依存してきた．とりわけ，経済成長による雇用創出，マクロ的労働生産性上昇に準拠した賃金上昇，労働力の地域間，産業間での秩序ある流動の促進，およびその前提条件のひとつとなる社会保障

システムの漸次的拡充は，いずれも国家主導のコーディネーションの下で行われている．

もともと，雇用・賃金制度，技能形成システム，および社会保障システムの間には強い制度的補完性がある．中国においては，急激に進む産業構造や企業構造の変化，労働市場の拡大が，企業の雇用・賃金制度と技能形成システムにおける大きな変容をもたらしたが，企業単位の福祉と技能形成システムから，社会単位の社会保障システムと職業訓練・技能形成システムへの移行は遅れている．すなわち，柔軟な雇用関係が増加する労働環境のなかで，失職した労働者の所得を保障し，雇用される能力（Employability）を向上させるための職業訓練に参加する機会を提供する仕組みの整備が求められる．とりわけ，社会保障システムの拡充による所得安全性の保障と，積極的な労働市場政策による技能形成システムの再構築がないまま，労働市場の柔軟化が進むことが，働く人々とその家族の雇用と所得に対する将来不安を増幅させ，内需主導型成長への転換を困難にしていると考えられる．

2) 労働市場制度改革に伴う柔軟性の拡大と安全性の低下

一般的に，国際競争激化に伴う企業の業績変動幅の拡大，産業構造の高度化（機械化による雇用創出効果の低下），サービス産業がGDPに占める割合の増加（製造業より労働熟練要求が低く，流動性が高い）などは，労働市場における柔軟化要求を高めている（Auer and Casez 2003）．中国においても，1990年代以降の持続的な高度経済成長の下で，産業構造は（輸出産業に牽引される形で）高度化し，第一次産業から，第二次，第三次産業への労働力移動が起きた．その過程で，労働市場における雇用関係と賃金決定における柔軟性（数量的柔軟性）は大きく上昇したが，雇用と所得の安全性は著しく低下した．

もともと，労働市場における柔軟性の拡大は，安全性が確保されなければ，労働者の雇用と所得，および生活における不安定性を拡大させ，社会全体における格差や貧困を増幅させる可能性が高い．そのゆえに，柔軟性を拡大させるための雇用制度改革は，安全性を向上させるための諸施策と同時並行的に進めることが必要であるが，その成功例がデンマークやオランダのフレキ

シキュリティ戦略である．フレキシキュリティにおける柔軟な労働市場，広範かつ寛大な社会保障システム，および政労使の合意と協働に基づく積極的労働市場政策は，ゴールデン・トライアングルと呼ばれ，1990年代におけるデンマークとオランダでの成功をもとに，EUの戦略的な労働市場改革の指針となっている（厳2010）．

一方，中国の労働市場における柔軟性と安全性の変化をフレキシキュリティの枠組みに照らしてみると，柔軟な雇用形態を促進する契約雇用制度の普及が労働市場における外的数量的柔軟性を拡大させ，賃金硬直性の修正を目指した賃金制度改革が賃金柔軟性を拡大させている．そして，政府によって強力に推進された企業の所有制改革と流動的な労働市場の構築が，労働市場の柔軟性拡大のためのマクロ的環境を形成している．さらに柔軟な雇用関係と労働市場を通じた市場メカニズムの役割が拡大するにつれ，人々の技能形成に関する投資は，企業特殊，ないし産業特殊技能よりも，一般技能を選好するようになった（厳2011）．

総じて言うと，1990年代以降の中国労働市場における外的数量的柔軟性と賃金柔軟性は，国家が主導し，企業と個人がそれに対応して行動することにより大幅に拡大した．まず，数量的柔軟性を拡大させた雇用形態の変化の要因は二つあり，第一は，国家による統一計画に基づく国有部門の漸次的な縮小が，「終身雇用」と言われていた雇用関係を著しく縮小させたことであり，第二の要因は，市場競争原理に基づく民間部門の拡大が，労働市場を通じた新規雇用の増加を担っていることである．その結果，労働市場において雇用と所得の安定性が保障される公的部門の雇用の割合は低下し，民間部門の雇用が全体に占める割合の増加と共に非正規雇用が急速に増加し，労働市場の不安定性は高まった．

非正規雇用者数の推移については，その定義と集計範囲[5]の違いによって異なるが，中国人力資源と社会保障部の推計範囲に基づくと，2010年現在，都市部における非正規雇用者数は，非正規部門の就業者だけでも約1億人に達している．一方，正規部門で働く非正規就業者数に関する統計は，現時点で把握できないが，1億人以上にのぼる都市部で働く出稼ぎ労働者を加えると，都市部就業者数全体（3億4687万人）の6割以上が非正規雇用として

推計できる.これらの非正規雇用者の大半は,雇用期間の保障もなく,社会保障システムの適用も受けておらず,雇用と所得の不安定性はきわめて高い.

そして,柔軟な雇用関係の形成と流動的な労働市場の構築に向けて実施された,終身雇用制度から契約雇用制度への移行は,「年功賃金制度」の崩壊をもたらした.さまざまな新しい賃金制度が確立されているが,もっとも普及したのが,労働者の職務内容や職務能力に基づく「職務職能賃金制度」であった.現在もなお,中国における賃金水準は,「地域別・産業別賃金指導ライン」に代表されるように,国家的調整に強く依存しているが,近年では労働市場における需給状態と賃金との連動性が上昇する事例や,労使交渉による賃金決定の事例も増加している.

また,最近は労働者の賃金総額に占める業績連動型の成果主義賃金の割合が,ますます拡大されており,従来の地域間,産業間,企業間格差に加えて,企業内の従業員間の所得格差も見られる.そして,成果主義賃金制度は,企業のみならず,政府系の全機関でも導入され,職務給を主要部分とし,資格と業績の多段階評価に応じて成果給を付加する賃金制度が,公務員にも適用されるようになった.公務員の賃金制度改革は,2009 年から教育機関,公共衛生機関で,2010 年からはすべての公共事業部門で導入がはじまっている.

フレキシキュリティの成功例とされるデンマークでは,労働市場の数量的柔軟性の拡大と並行して,積極的な労働市場政策を通じて雇用安全性が増加し,そして充実した失業保険制度をはじめとする社会保障制度を通じて所得安全性が維持されたことにより,柔軟性と安全性の同時拡大を達成した.また,オランダでも労働市場の数量的柔軟性が拡大したが,それを補完するものとして,ワーク・ライフバランスの考え方と密接にかかわる組合せ安全性の拡大,およびデンマークと同じく充実した社会保障制度により所得安全性を維持する政策が実施された.しかし,中国においては社会保障システム,特に失業保険の整備が未熟であり,失業保険制度による所得安全性の確保ができていない.

1999 年の新しい失業保険制度では,その対象範囲が従来の国有企業の就業者のみから,都市部の企業・事業単位のすべての就業者に拡大された.また,失業保険料の負担が全額企業負担から政府,企業負担と個人負担の結合

へ変更されたことや，給付基準を同地域の法定最低賃金より低く，最低生活保障費よりは高い水準に設定したことなど，形式的にはILOの国際的基準に近づいた現代的な失業保険制度となっている．そして，2010年現在，失業保険の加入者数は1億3376万人であり，1990年の6900万人の2倍に増加している．この数字は，2010年の都市部の正規部門で働く人々の1億2767万人と，政府公表の失業者数908万人のほとんどをカバーしてはいるが，非正規部門を含む都市部就業者総数に対するカバー率は4割にも達していない低い水準である．さらに，失業保険の純所得代替率も低く（失業直前所得の半分以下），失業者が安心して職業訓練や生涯教育に参加して技能を向上させるための条件を満たしていない．つまり，雇用形態と賃金決定の柔軟性拡大を補完して，所得安全性を確保する役割を果たしていない．

そして，フレキシキュリティで見られるような政労使の協議と協働による社会単位での職業訓練プログラムの提供を含む積極的労働市場政策の実態はどうだろうか．中国政府は経済成長を通じた雇用の創出，および流動的労働市場の構築によって労働力の地域間・産業間・企業間の活発な移動を促進している．さらに，教育システムの改革と拡充を通じて，一般技能の習得機会を提供し，生涯教育の普及を促している．また，国家主導で職業訓練の機会を作り出し，技能向上に基づく雇用される能力の拡大を促進している．これらの政策的なバックアップは，柔軟性の拡大に伴う同職安全性の低下を補い，労働市場における勤労者の生涯を通じての雇用安全性の拡大に一定の好影響を及ぼすものと考えられる．

例えば，1997年からの再就職サービスセンターを原型とする教育訓練と職業斡旋機関が政府と民間によって多く設立されているし（2009年現在で約3.7万カ所，登録求職者数5806万人，登録求人数6046万人），2005年以降においては職業専門教育の再興が見られ，大学における生涯教育も政策的に促進されている．また，2009年からは政府主導の下，農民工を含む1300万人の職業訓練計画を実施している．とりわけ，既存の教育・訓練システムをさらに充実させながら，労働者の技能向上を促し，産業構造の高度化に対応しようとしている．しかし，改革はまだ途中にあり，フレキシキュリティにおける三つの領域（解雇が容易な柔軟な労働市場，寛大かつ広範な社会保障

システム，積極的な労働市場政策）の有機的な結合を成し得ていないのが実態である．

　概括すると，1990年代以降の中国労働市場における諸制度改革は，労働市場における柔軟性を大幅に拡大させたが，社会保障システムと社会単位での職業訓練・技能形成メカニズムが未整備であるため，雇用と所得の安全性は向上していない．その結果，労働市場における不安定性は増加した．よって，働く人々の将来不安は増加し，所得は貯蓄に回され，内需主導型成長への転換を妨げるのみならず，社会の安定にも悪影響を及ぼしている．それへの対応として，労働市場関連の新しい制度や方策が打ち出されている．紙幅の制限により詳しい説明は省くが，2008年から施行された「新雇用契約法」は行き過ぎた雇用柔軟性の修正を目標としている．また，東南沿海部の外資系企業が集積している地域において，団体賃金交渉の事例が増えていることも，フレキシキュリティ戦略の導入に一定の可能性を提供していると考えられる．

　ただし，中国においては，政府と経営者から独立した労働組合が公式的には認められていないことと，それが存在するとしてもその限定的な役割から，政労使の協調と協働に大きく依存しているヨーロッパ型フレキシキュリティのそのままの移植はすぐにはできない．その一方で，国家的調整が社会経済調整の基軸をなしている中国においては，第4節で述べるような国家主導のコーディネーションに基づく社会保障システムの拡充を通じて，柔軟性と安全性を同時に拡大させるための条件を作り出すことができると考えられる．そして，このような労働市場の柔軟性と安全性の変化に対応しうる社会保障システムの構築は，次節で説明する社会中間層の形成を通じた内需主導型成長の構築にも大きな影響を及ぼす．

3　社会保障システムの整備と社会中間層の拡大

1) 社会保障制度の整備：適用範囲の拡大

　社会主義市場経済システムの構築を目指し，賃労働関係の変化に伴う就労と生活環境の変化に対応すべく整備されつつある中国の社会保障制度の内容

を簡単にまとめたのが**表6-1**である.

　まず,中国の社会保障制度の大きな特徴であるが,都市と農村にはっきりと分断されている.形式的には農村部にも年金,医療保険が適用されており,出稼ぎ労働者向けの労災保険も整備に向かっているが,都市部との差異は大きい.また,都市部の労働者に適用されている出産保険は,農村部ではまだ整備されておらず,土地所有(正確には延長可能な30年間の使用権)による生活保障,という認識が残されていることがわかる.それゆえ,農村ないし農業従事者の割合が高い地域ほど,社会保険の加入率が低い.2010年現在,東南沿海部と西部地域の五つの社会保険の加入率における格差は,失業保険では1.4倍,年金保険と医療保険では約1.5倍,出産保険では1.7倍,そして労災保険では1.9倍になっている(『中国統計年鑑』2011年版).

　さらに,社会保障システムにおける都市と農村,都市部における産業別,雇用形態別の格差と並んで問題となっているのが,社会保障システムの再分配効果が弱く,格差是正の役割を果たしていない点である.多くの先進国では,税・社会保障給付による調整を通じて,約2〜5割の格差が修正される(経済産業省 2011b).しかし,中国の場合,所得税の徴収と年金給付による所得調整が行われた後も,格差の水準はほとんど変わらないし,格差が拡大する事例さえ見られる(雍煒/金子能宏 2010; 雍煒 2011).後者の場合は,社会保障給付は,所得の多い人により多く分配され,所得の低い人との格差をますます大きくしていることになる.

　その一方で,都市部における社会保障制度のカバー範囲は徐々に増加しており,**図6-2**に示すとおり,失業保険を除く四つの社会保険の加入率は,2000年以降において急速に拡大している.都市部における就労者が年々増加しているなか,失業保険の加入率が増加していないことの背景には,雇用全体に占める非正規雇用の割合の増加がある.とりわけ,都市部に流入した出稼ぎ労働者数の増加,法律や行政管理の隙間をかいくぐりながら失業保険に加入せず経営を行う零細企業(個人企業)の雇用増加があると考えられる.

　そして,特に大きく増加したのが医療保険である.その背景には,国有企業(医療機関もほとんどが国営企業であった)改革に伴う医療機関経営の独立性と自主性の拡大が,医療分野への市場メカニズムの導入を促し,その結

表6-1 中国の社会保障制度の概要

	都市部			農村部
	制度の名称	積　立	給　付	制度の名称, 積立, 給付
年金	『都市企業基本養老保険制度』 基礎年金 〈社会プール〉	企業負担分：給与の20% 〈賦課方式〉	計算式：［(地域の平均賃金＋本人の加入期間の平均賃金)÷2］×(加入年数÷100) を毎月支給	『新型農村社会養老保険制度』 〈全額個人負担, 個人口座の積立〉 積立：月2～20元の10段階の中から選択可能； 給付：個人口座残高の1/120を毎月支給
	〈個人口座〉	労働者負担分：給与の8% 〈積立方式〉	計算式：［積立残額÷(地域の平均寿命－退職時の年齢)×12］を毎月支給	
医療保険	『都市労働者基本医療保険制度*』 〈社会プール〉	企業負担分：給与の6%のうち約7割(地域によって若干異なる)	給付スタートライン(当該地域の年間平均給料の10%前後)～給付限度額(同約4倍)	『新型農村合作医療制度』 〈任意加入・共同出資〉 積立(2008年)：加入者個人が10元；地方政府が40元；中央政府が40元
	〈個人口座〉	労働者負担分：給与の2%	給付スタートライン以下の医療費	給付：給付スタートライン(地域別)～限度額
失業保険	『失業保険条例』	企業負担分：賃金総額の2%； 労働者負担分：月額報酬の1%	給付額：当該地域の最低賃金と最低生活保障の間；給付期間：保険加入期間に基づいて12カ月～24カ月	出稼ぎ労働者の加入を, 使用者と労働者本人に促している
労災保険	『労働災害保険条例』	全額企業負担(業種間の異なる労働災害のリスクによって異なる保険料率)	医療給付：入院治療時に出張食事代手当基準の70%；介護給付：地域の前年度平均賃金月額の3～5割；障害給付：障害等級に基づき, 一時金(本人給与の6カ月～24カ月), 毎月の障害者手当(同75%～90%)等	『出稼ぎ労働者「平安計画」』
出産保険	『企業従業員出産保険試行方法』	企業負担：地方政府が定めた保険料率(賃金総額の1%を超えない)	出産関連費用給付；有給休暇手当：当該企業の平均賃金の5～8割	ほとんど導入されていない

出所：各種資料に基づいて筆者が作成.
注：*都市部における非就労住民に対しては,『都市住民基本医療保険制度』でカバーする.

図6-2 中国における都市部就業者の社会保険加入率の推移

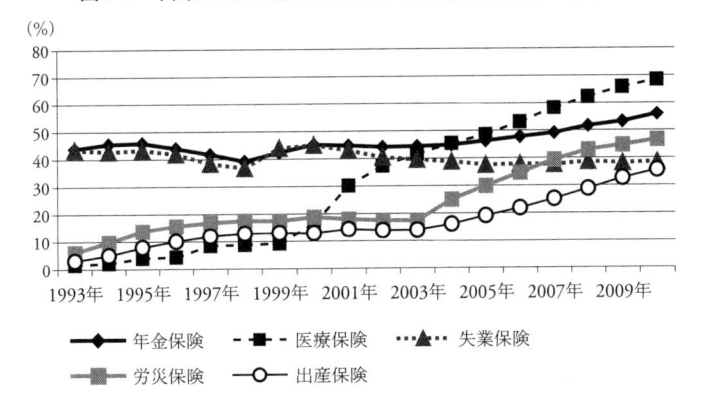

出所：中国国家統計局『中国労働統計年鑑』2011年に基づいて筆者が作成．
注：医療保険のデータは，『都市部労働者基本医療保険制度』の加入者の年次データがないため，『都市住民基本医療保険制度』加入者のうち，「職工」の年次データで代替している．

果として医療費が高騰し，深刻な社会問題となったことがある．また，労災保険と出産保険も，上記のような医療費の高騰に伴う労働者の負担を和らげ，中国の社会保障システムを国際水準の福祉制度に近づける事業として進められており，適用範囲は拡大している．しかし，その加入率が依然として50％を下回る状態であり，カバー率の拡大が急務となっている．従来の企業単位の福祉——長期安定雇用（終身雇用）の下では，国有企業内部構成員は，労働災害やライフイベントに伴う緊急な出費増加は，企業福祉でカバーされていた——から，社会単位の福祉への転換が進むなか，労災保険や出産保険に加入していないことは，就労と生活における急増するリスクへの対応を困難にしている．

　上記のような保険加入者の増加に伴い，中国都市部における五つの社会保険制度の財政は，**図6-3** に示しているとおり，各年度における保険料の収入が支出を上回っており，社会保険基金残高も増加している．その一方で，年金保険をはじめ，各基金残高の増加幅は縮小傾向にあり（もっとも高かった2002年の49％増から，2010年は21％増へ），少子高齢化の進行に伴い社会保険財政の逼迫が生じる可能性は残されている．企業単位の社会保障制度

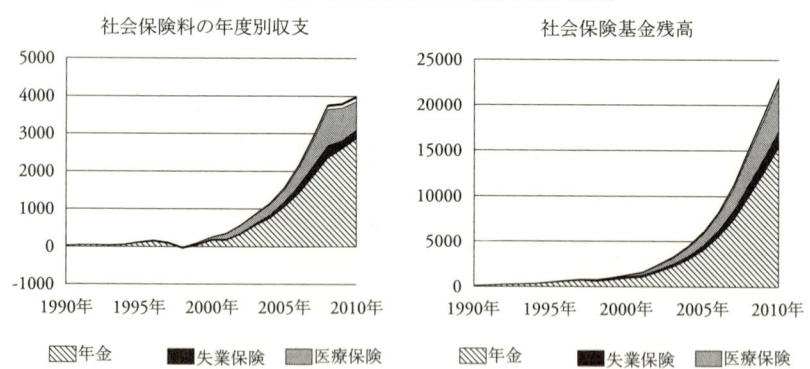

図6-3 中国の社会保険財政の推移(単位:億元)

社会保険料の年度別収支 / 社会保険基金残高

凡例：年金／失業保険／医療保険／労災保険／出産保険／失業保険

出所：中国国家統計局『中国統計年鑑』2011年版に基づいて筆者が作成.
注：1997年からはじまった国有企業の構造改革により，失業者が急激に増えたため，1998年度の失業保険収支はマイナス53億元となった．

から社会単位の社会保障制度への移行過程にある中国の社会保険制度は，運用方法にとしては賦課方式と積立方式の併用，財源調達方法としては社会保険方式を採用している．

社会保障システムと社会的連帯の関係[6]から言うと，積立方式と社会保険方式は，税方式と比べて，国民を単位とする連帯という側面が弱く，中国が標榜する社会主義と相反する側面もある．ただし，社会保険方式に基づいて積立された社会保障システムの基金が，国家による統一的な管理（実質的には地方政府による制度運用）の下で運用され，配分されている[7]点に関しては，社会保障財源調達の税方式がもつ国民を単位とする連帯の側面もあると考えられる．また，中央政府と地方政府の財政収入から，社会保障システムの改革と拡充に向けた多くの資金が投入されていることも，国民単位の社会的連帯の一形態として見ることができる（ただし，全国民の協議と合意に基づいて，すべての人々の賛同を得ているとは言い難い）．

2）社会中間層の形成を促す条件としての社会保障制度改革

このように，負担と給付面で格差があるいくつかの制度に分断され，所得

再分配効果も低い（負の場合も見られる）社会保障システムは，人々の消費意欲を減退させ，国内消費需要の増加を妨げ，消費中心の内需主導型成長の担い手となる社会中間層の形成における大きな障害となる可能性がある．

2010年における中国社会科学院の『現代中国における社会構造の変遷に関する研究』によると，中国の社会中間層は，経済成長に伴う雇用と所得の増加を背景に，年率1％のスピードで増加し，総人口の23％（約3億人）に達していると推計されている．そして，日本の2011年版『通商白書』によると，中国の社会中間層（上位と下位中間層の合計）は，すでに総人口の約48％（約6.4億人）を占め，2015年では約61％（約8.3億人），2020年では約66％（約9.1億人）に増加すると予測している[8]．すなわち，中国の社会中間層の将来展望に関して，海外ではより楽観的な推計がなされており，社会中間層の増加に伴う国内消費市場の拡大に対する期待は高い．

これらの社会中間層の階層構成や階層間移動について，菱田／園田（2005）はアジアの他の地域と異なる特別な性格を指摘している．とりわけ中国においては，地域間移動が国家によって強くコントロールされている点と，社会主義システムを維持しながら市場経済を導入している点から，農村戸籍をもつ者の社会中間層への転身が難しいこと，そして，国家主導の漸進的な社会変動の中で，「権力財」を所有した人が社会中間層となるケースが多く，政治優位の階層構造を呈していると言う．すなわち，国家主導のコーディネーションに基づく経済成長と社会発展は，「市場妥協＝政府の許容範囲内での市場競争への参加と経済利益の所有」の下で市場競争に参加し豊かになった自営業層（個人経営者，私営企業家層）と，「権力妥協＝人事権と財政決定権を握る中央政府が地方政府，および地方官僚の自主的な発展の業績を評価する」の下で権力財を握る中央と地方の官僚が，市場化の過程でその優越な地位を維持し，社会中間層の一部となったと考えられる．

また，戸籍制度が緩和されつつも依然として残されている中国において，社会中間層の多くは，もともと都市部に住んでいた人であり，その多くは従来の社会保障システムの適用を受けていた．さらに，企業の主導的な役割に基づく企業単位の社会保障システムから，国家主導の社会単位の社会保障システムに移行する過程において，これらの社会中間層に対する保障の範囲と

内容はますます充実された.一方で,新しく農村部から都市部に流入し,旧体制の周辺に新体制を構築する「増分改革[9]」の過程で社会保障システムの適用を受けている者(大学教育を受けた後都市部の企業に就職したか,公務員となった人々)は,社会中間層に加わることができたが,依然として社会保障の恩恵を受けず,不安定な雇用関係に基づく低賃金労働を強いられている者(出稼ぎ労働者)は社会保障システムの適用外に多く残されている.

また,農村部における「従来型の社会保障=農村五保制度[10]と土地所有による養老」から離脱し,都市部に移転する人々を,改革過程にある都市部社会保障システムがカバーしきれず,社会保障を享受できない人口比率は上昇している.これらの人々に対して,1999年に「都市部住民の最低生活保障条例」が公布され,また「社区」と呼ばれるコミュニティによる福祉サービスが拡充されているが,地方政府の財政不足と生活保護への需要増によって,地元政府が受給額を減額したり,受給者の数を制限したりする動きもみられている(澤田 2011).これらの都市部に移転し,激化する市場競争と拡大する格差の下,社会保障の恩恵を受けず,権力財を持たず,中間層に合流できない人々は,現体制への不満を露わにし,時折見られるデモなどを通じて政府批判を行っているのである.

4 結びにかえて——持続可能な社会保障システムの財源は,国有資産の運用益で

これまでの中国における賃労働関係の変化と社会保障システムの変容が,輸出主導型成長体制から内需主導型成長体制への転換に及ぼす影響に関する議論は,以下のような社会保障システム整備と経済成長の間の相互促進関係(いわゆる累積的因果連関)としてとらえると理解しやすい.

まず,社会保障システム整備から経済成長への経路においては,社会保障システムの整備が雇用関係の柔軟化に伴う雇用と所得安全性の低下を緩和し,働く人々の将来不安を和らげることから,国内消費需要の拡大をもたらす.また,社会保障システムの拡充によって雇用関係柔軟化の前提条件が整うことから,内需拡大に伴う活発な投資が促される.そして,国内消費と投資の活性化が,中国政府が志向している輸出主導型成長から消費中心の内需主導

型成長への転換の可能性を高める．一方，経済成長から社会保障システム整備への経路においては，経済成長による産業と雇用の創出が社会保障システムの整備を促し，さらには国有部門（国有株式企業，および国有土地）の収益と財政収入の拡大を通じて，社会福祉の拡充に必要な財源が確保され，社会保障システムの持続可能性を向上させる．以上は好循環の例であるが，制度的条件が異なると，経済停滞と社会保障システム縮小との悪循環に陥る可能性もある．

現時点で大きな問題となるのは，上記の好循環を始動するために，必要な社会福祉の拡充のための財源をどのようにして調達するのかということである．先に述べたように，賦課方式のもとで社会保険基金は積み上がっているが，将来予想される少子高齢化を考慮すると基金の積立額は不足しており，現時点でこれを取り崩すことはできない．中国における社会保障基金の不足分に関して，労働社会保障部は1.8〜2.9兆元，世界銀行は約2兆元，労働部社会科学研究所では約2.9兆元と推計していた．以下では，国有資産の有効活用の一つの手段として，そして国有資本の運用に基づく配当[11]を全国民に公正かつ平等に分配するメカニズムとして，国有株の運用益を社会保障システムの改革と拡充のための財源とする道について考えてみたい．

中国における国有企業（主に国有株式企業）の割合は，1990年代以降の社会主義市場経済システムの構築過程で大きく縮小したが，依然として基幹産業における支配的地位を維持している．これらの国有株式企業の存在に関しては，国家による直接的・間接的な関与が大きい国有企業の存在が，国内における市場メカニズムの正常な働きと自由な競争を妨げ，資源配分の歪みをもたらし，また腐敗やレントシーキングの多発を引き起こしているという主張が一方にある（呉2007; 中兼2010）．他方で，社会主義市場システムにおける国有企業を含む公的企業の存在を肯定的に捉え，公的企業の経営効率向上とイノベーションの促進に基づく経営成果の労働者，および社会構成員全体への公正な配分の可能性を論じる研究もある（Itoh 2012）．

中国の証券取引所で実際に流通されている株式数が，発行済み株式全体の一部にすぎないことはよく知られている．とりわけ，株式市場において自由に売買されているのは，国内上場人民元建て流通株（A株），国内上場外貨

建て流通株（B株），および国外市場上場株（H株）だけであり，それ以外の国有株，国有企業株，外資法人株からなる「発起発行株」と，従業員株，特定募集法人株，および転配株からなる「非発起発行株」は，株式市場で売買されない非流通株である．

　すなわち，国家や国有企業法人が発行済み株式の大半を所有し，国有株式企業のコーポレートガバナンスに強い影響力を持つと同時に，経営利益の配当に関しても強い発言力をもっている．中国国内では，このような国家による支配と結びつく株式所有構造を改革し，企業における正常なコーポレートガバナンスを可能にし，金融市場の正常な働きを促すべきだという議論が主流となっており，2000年以降において国有株の改革が何度も行われた．そのもっとも代表的な例が，2001年の国有株の放出による社会保障基金の調達であり，2005年からはじまった非流通株改革である．

　中国政府は2001年に，「国有株放出による社会保障資金調達の管理に関する暫定弁法」を公布し，国有経済の戦略的な転換と社会保障基金の確保を図った．しかし，大量の国有株の放出が予測されるなかで，証券市場において株価が急落し，国有株改革の第一ステージは予期した効果を得られなかった．とりわけ，株価の急落により，実際に売却された国有株の規模が小さかったことから，国有株が発行済み株式全体に占める割合の縮小は小幅にとどまった．その結果，調達した社会保障基金も小規模（約11億元）となり，社会保障基金の補充には不十分であった（徐2007）．

　そして，2005年にはじまった非流通株改革では，非流通株の流通株への転換を図り，既存流通株主に対して対価を支払う形で「流通権」を獲得する方法[12]で進められ，2006年まで約9割の対象上場企業の非流通株改革は終了した．2001年の国有株放出時と同じような株価の急落を防ぐために，転換された流通株の自由な売却は制限（3年間）されたが，それでも株価は下落し，株式市場の停滞を招いたことから，投資家の強い批判を浴びている．

　上記のような非流通株改革を経て，国有株の割合は大きく低下した．図6-4に示しているとおり，非流通株が発行済み株式総数に占める割合は，2002年からの10年間で（特に2008年以降において），当初の65%（時価総額では67%）から20%（同23%）に縮小した．その過程で，発行済み株式

図6-4 中国株式市場の規模と株価指数,および非流通株の割合の推移

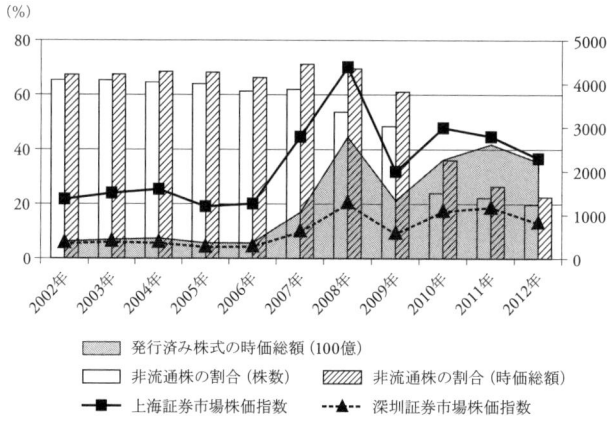

発行済み株式の時価総額(100億)
非流通株の割合(株数)
非流通株の割合(時価総額)
上海証券市場株価指数
深圳証券市場株価指数

出所:中国証券監督管理委員会『証券市場月報』各年一月号に基づいて筆者が作成.
注:1. 非流通株の割合は左軸,発行済み株式の時価総額と株価指数は右軸.
2. 2002年度(不明)以外は,各年度の1月1日の値を示している.

全体に占める国有株の比率も徐々に下がり,2005年の28%から2010年の14%に縮小した(大平ほか2011,p. 49).しかし,2010年においても国有株の時価総額は3兆元を超えている.同年における社会保障(五つの社会保険)基金の残高が2.3兆元であったことから,国有株の適切な処置を通じて社会保障制度を改革,拡充するための大きな可能性を提供していると考えられる.

選択肢としては主に二つの方法が考えられる.第一は,すべての国有株を売却し,その資金を社会保障基金に組み込み,その基金を再び証券市場などの金融市場で運用する方法である.第二は,国有株の所有を維持しながら,国有株式企業の経営業績に基づく配当を社会保障費の財源に充てる,という方法である.しかし,いずれの方法も,膨大な国有資産の運用を通じて,社会的責任を重視する企業のコーポレートガバナンスを促進すること,および株式市場における株価の適正な形成を促進することが課題となる.また,企業(第二の方法では国有企業)の収益性変動の影響を受け配当が不安定になることへの対策も大きな課題となる[13].

このような国有資産の積極的かつ有効な運用を通じた社会保障財源の調達

が，中国における国家主導のコーディネーションに基づく，消費需要増加に伴う内需主導型成長への転換に関して有する含意を整理すると，主に以下の三つがある．

第一に，国有株の売却益や配当を社会保障基金に移し，社会保障システムの拡充に必要な財源に充当することは，第3節で述べたフレキシキュリティの理念に基づく雇用システム改革のための条件を提供する．そして，柔軟かつ安全な雇用システムの創出は，国内における投資と消費の活性化を通じた内需拡大をもたらす．

第二に，もし，現在のような政府支配の運用機関ではなく，さまざまなアクターの利益を代表しうる新たな運用組織が形成されるならば，国家的調整から制度的調整への移行を促進する一つの有効な経路となりうる．すなわち，社会保障システムの財源となる国有資産の運用に際して，国家の直接的なコントロールから，社会的利益を重視した国有資産の運用に移行するならば，たとえば社会的責任を重視する企業などへの投資が拡大されるだろう．

第三に，国有資産の運用益に基づく社会保障財源の確保は，社会主義市場経済システムが，国有資産の共同的所有とその運用益の公正な分配にもつながり，社会主義市場経済システムの正統性の維持にも貢献するかもしれない．

最後に，本章の分析における今後の課題について述べておく．本章では賃労働関係の変化と国家主導の社会保障システム改革が，労働者の就業環境と所得の変化を通じて，さらに将来を展望する際の心理的な変化を通じて，消費需要の形成に及ぼす影響の分析に焦点を合わせている．よって，社会保障システムの改革が，企業経営に及ぼす影響，とりわけ企業の労働コストの変化を通じて雇用戦略に与える影響に関する実証的な分析はほとんど行っていない．労働力の再生産に直接にかかわる賃労働関係の変化と社会保障システムの変容は，企業内における労働者と経営者の間における，経営成果の分配をめぐる妥協と合意と強い制度的補完性を有しており，その詳細な分析が課題となる．

注

(1) 中国の社会保障システムには，狭義の社会保障制度，とりわけ五つの社会保険（**表6–1参照**）以外にも，社会救済，社会福祉，住宅補助，軍人優待，および商業保険も含まれている．本章では，主に労働力の再生産にかかわる賃労働関係の変化と社会保障システムとの関係が，成長体制の転換に及ぼす影響の分析を目的としているため，働く人々の雇用と生活と密接にかかわる狭義の社会保障制度を中心に議論を行っている．

(2) 中国における経済調整の基軸をなす「国家的調整」には，主に企業単位で行われる「関与」という調整パタン（国家が国民経済の基幹産業と企業に対する直接的・間接的影響を維持している）と，社会単位で行われる「国家主導のコーディネーション」という調整パタン（主として「市場の失敗」や「外部不経済」を回避するために行われる国家による規制を含む，制度および政策形成と実行における国家主導の社会的合意形成メカニズム）から構成されている．中国における国家的調整の特質，役割，並びに他の調整パタンとの比較に関するさらに詳しい論述は，厳（2011）を参照されたい．

(3) フレキシキュリティは，柔軟性と保障・安全性の結合による造語であり，四つの柔軟性要素と四つの安全性要素の柔軟な組合せを通じて，労働市場における柔軟性と安全性を同時に拡大させる統合的政策戦略のことである（Wilthagen and Tros 2004）．ここで，柔軟性の四つの要素には，雇用と解雇を通じた外部的数量的柔軟性，労働時間の調整に基づいた内部的数量的柔軟性，作業工程や作業チーム編成の調整に基づいた機能的柔軟性，および賃金コストの調整に基づいた賃金柔軟性が含まれる．一方，四つの安全性要素には，同じ職場で長期にわたり雇用が保障される同職安全性，労働市場のなかで失業と再就職を繰り返しながらもキャリアの断絶に遭遇することなく就労の機会が保障される雇用安全性，失業時の失業手当や社会的扶助によって生活のための収入が保障される所得安全性，および仕事と家庭生活の調和が可能なワーク・ライフバランスを促す諸施策による組み合わせ安全性が含まれる．フレキシキュリティの内容と特徴に関するさらに詳細な説明は，厳（2012）を参照されたい．

(4) 国家以外でも企業，NPOなどによって提供される場合もあるが，国家の政策が中心をなしており，広い意味での社会政策（労働・雇用政策，医療保障・所得保障・福祉サービス・公衆衛生を含む社会保障，さらに住宅政策，教育政策，余暇政策など）を構成している（平野／花田 1999）．

(5) 中国では，非正規雇用に関する公式的な定義がなされていないが，中国人力資源と社会保障部が毎年発行する『労働白書』の推計範囲から，非正規労働者とは，正規部門（従来の国有単位，集団所有単位，株式会社，ないし外資系企業）において正規の労働契約を結んでいない就業者と，非正規部門（私営企業，個人経営企業）の就業者を指す，と言う見方が一般的である（溝口 2012）．

(6) 社会保険制度の運用方式（賦課方式と積立方式）と財源調達の方式（社会保険方式と税方式）に基づく社会保障システムにおける社会的連帯の相違に関しては，宇仁（2012）を参照されたい．

(7) ただし，現在のところ，各々の社会保険制度が単独で財政黒字を維持しており，先進

国で一般的見られるような社会保険制度の間の財政移転は見られない．例えば，2010年度において，財政的にもっとも厳しいとされる新型農村社会養老保険（農村部において社会保障制度のカバー範囲を拡大しているため，若い内に年金保険料を支払っていない高齢者に受給資格を与えている）の基金収入（453億元）は基金支出（200億円）を上回っており，423億元の基金残高があった．

(8) 中国国内の統計における社会中間層の規模に関する報告に比べて，規模が2倍以上にもなっている原因の一つに，中国国内の統計では個人所得を，日本では家計所得をベースに計算していることがある．

(9) 「増量改革」とも言われている．とりわけ伝統的な国有部門の外で，新しい私有部門の発展を促してきた中国の計画経済から市場経済への移行戦略を指す（呉 2007）．

(10) 五保とは，身寄りのいない高齢者，孤児，未亡人，障碍者の生活を保障するために，地方政府が食糧，衣服，燃料，教育，および葬儀関連費用を給付するという制度であり，1950年代から中国の農村部で施行されてきた農村社会保障制度の重要な内容である．

(11) 2007年以降，中国政府は国有株の所有に基づく配当金の徴収をはじめているが（それまでは「国有企業の改革と発展を促進するため」に，暫定的に配当金の上納を免除した），2010年度における配当金総額（約440億元）は，国有企業の利潤総額（約2兆元）の5％にも達していなかった．2011年からは，それまでの徴収比率（利潤総額の何％を国有資本の配当金として国庫に納付するか）を，資源関連国有企業では10％から15％へ，そのほかの国有企業では5％から10％へそれぞれ引き上げている．さらに，2013年末の中国共産党第18期第3回中央会議にて，2020年までにその比率を30％にまで引き上げることを決定した．

(12) 非流通株が流通する際に発生しうる流通株の株価下落によって，既存の流通株主が被る損害に対して，非流通株主から，株式の譲渡，現金支給，非流通株の株式併合などの方法で代価が支払われた．非流通株の改革に関する詳細な説明に関しては，神宮／李（2007）を参照されたい．

(13) 図6-4 に示しているとおり，2000年代後半における株価の激しい変動は，政策的要因や金融資本の投機的な動きの影響も受けているが，概ね企業業績の変動を反映していると言える．

参考文献

Arrighi, G.（2007）*Adam Smith in Beijing: Lineages of the Twenty-First Century*, London: Verso.〔中山智香子ほか訳『北京のアダム・スミス——21世紀の諸系譜』作品社，2011年〕

Auer, P. and S. Casez eds.（2003）*Employment Stability in an Age of Flexibility: Evidence from Industrialized Countries*, Geneva: ILO.

Itoh, M.（2012）'Theoretical Possibilities of Socialist Market Economy and the Chinese Road,' *State, Market, the Public and Human Development in 21st Century*, Thesis Collection of the 7th Forum of WAPE, 235-250.

Wilthagen, T. and F. Tros（2004）'The Concept of 'Flexicurity': a New Approach to Regulating

Employment and Labour Markets,' *Transfer*, 10（2）: 166-186.

宇仁宏幸（2012）「日本の社会保障の縮小」松久寛編著『縮小社会への道』日刊工業新聞社，第 8 章.
大平浩二／佐藤成紀／西原博之／貴志奈央子（2011）「中国企業の経営者とガバナンス」『研究所年報』（明治学院大学産業経済研究所）28: 47-51.
経済産業省（2011a）『通商白書』2011 年版.
厳　成男（2010）「雇用に関する制度的調整の比較分析――フレキシキュリティによる社会的調整と日本の企業単位の調整」『経済論叢』184（2）: 55-70.
――（2011）『中国の経済発展と制度変化』京都大学学術出版会.
――（2012）「韓国労働市場の不安定性に関する一考察――Flexicurity の視点に基づいて」『商学論集』80（4）: 1-19.
呉敬璉著／青木昌彦監訳／日野正子訳（2007）『現代中国の経済改革』NTT 出版.
澤田ゆかり（2011）「人口と社会保障」加藤弘之／上原一慶編『現代中国経済論』ミネルヴァ書房，第 9 章.
神宮健／李粋蓉（2007）「終盤に入った中国非流通株改革」『季刊中国資本市場研究』（野村資本市場研究所），2007 年 Spring: 27-42.
徐涛（2007）「中国上場企業の国有株放出と「株権分断改革」」『北海学院大学経済論集』55（3）: 29-57.
中兼和津次（2010）『体制移行の政治経済学』名古屋大学出版会.
平野泰朗／花田昌宣（1999）「労働力再生産における産業的福祉の役割――日本における企業主義的レギュラシオン仮説の検討に向けて」山田鋭夫／R. ボワイエ編『戦後日本資本主義』藤原書店，第 5 章.
菱田雅晴／園田茂人（2005）『シリーズ現代中国経済 8　経済発展と社会変動』名古屋大学出版会.
溝口由己（2012）「中国の非正規就業の問題と特徴」『Newsletter 宇野理論を現代にどう活かすか』19: 1-17.
雍煒（2011）「中国における所得格差の要因分解と累進所得税・再分配政策の効果」『海外社会保障研究』177: 77-92.
雍煒／金子能宏（2010）「中国における公的年金制度の再分配効果と持続可能性との関係：保険数理的な将来設計による分析」『比較経済研究』47（1）: 67-79.

第 7 章　いわゆる中国経済モデル論の起源，構成と問題点
——代替案のための考察——

宋　磊

　中国経済の規模が拡大するにつれて，中国経済に関する研究が重視されるようになってきた．しかし，市場志向の経済改革が始まって以来，中国経済研究には一つのパズルが存在する．すなわち，中国経済が明らかに市場経済になりつつあるにもかかわらず，市場経済多様性アプローチ（Aoki and Dore 1996; Hall and Soskice 2001; Amable 2003）が中国経済研究に明確な形で導入されることはなかったということである．

　ところが，「中国モデル」論が 2004 年に提起されてからは，中国経済研究において重要な変化が生じてきた．中国モデル論の提起は，中国の学界における主流派といわゆる新左翼を中心とするグループとの潜在的な対立を表面化させると同時に，その中心である中国経済モデル論が市場経済多様性アプローチを中国経済研究に導入するきっかけを提供することになった．というのは，イデオロギー色の濃い中国経済モデル論は数多い難問を抱え，経済理論には程遠いものであるとはいえ，それは市場経済の多様性問題を間接的に提起することになったからである．それゆえ，中国経済モデル論の起源，構成と問題点をより詳しく分析することを通して，市場経済多様性アプローチに基づく中国経済研究の基礎を構築することが可能ではないかと考える．

　本章は，このような問題意識に依拠しながら，いわゆる中国経済モデル論の到達点と限界を確認した上で，市場経済多様性論に基づく代替的分析を行うための初歩的な準備作業を行うことを目的とする．

1 中国モデル論：学界を二分させる野心的な仮説

　中国モデルという用語は，2004年に出版された『北京コンセンサス』（Ramo 2004）によって初めて用いられた．外国人ウォッチャーによって書かれたこの短いレポートや2008年の金融危機に勇気付けられ，中国モデル論という研究ブームが急速に形成され，中国モデルをキーワードとする中国語の著書が何十冊も出版された．中国モデル論の支持者によれば，過去の30年の間に実現した成長は体系的な経験によってもたらされたものであり，これらの経験は中国モデルというべきである．かれらの論点の中には単なる時論あるいは宣伝に過ぎないものもあるが，一目を置くべきものもいくつかある．

　大別すれば，中国モデル論には二つのバージョンがある．中国モデル論を構成する要素を全面的に論述したという意味において，政治学者である潘維の研究（潘維 2009）が注目に値する．下記の引用からうかがえるように，彼によれば，中国モデル論が中国政治モデル論，中国経済モデル論や中国社会モデル論からなり，そして，これら三つのサブ・システムには西側諸国のそれらとは本質的に異なる特徴が含まれているので，中国モデルそのもの自体がユニークなものとなる．

> 　筆者によれば，中国モデルを三つのサブ・システムにわけることができる．これらのサブ・システムは，（土地の国有制，国有企業，自由な労働力市場，製品市場と資本市場を柱とする）国民経済，（民本思想，業績競争を基本とする地方官僚の昇進制度，無私な与党，中国式分権体制を柱とする）民本政治，そして（家庭を基本単位とする社会組織，コミュニティーや職場を中心とする社会ネットワーキングと行政ネットワーキングとの重なり，社会組織や行政管理に浸透する家庭倫理を柱とする）社会体制を指す．社会体制，国民経済と民本政治は三位一体となり，中国モデルを構成する．　　　　　　　　　　　潘維（2009: 6）

中国モデル論のもう1人の理論家である甘陽は，やや異なる視点から中国

モデルの構成要因を論じる．彼によれば，中国モデルは毛沢東が開拓した社会主義の伝統，鄧小平が提唱した市場経済の伝統と儒教の伝統からなる（甘陽 2012: 29）．

中国モデル論の提唱者の中には，伝統的な左翼と御用学者と呼ばれるものはもちろんのこと，新儒教主義者，そして新左翼も含まれている．中国モデル論に対する伝統的な左翼と御用学者の支持は当然であるといえるが，新左翼と新儒教主義者が中国モデル論を支持し，後者の理論的な基盤の構築に大きく貢献することは常識に反しているようにみえる．というのは，西側諸国における新左翼は政府の施策に対して批判的な立場を取るのが一般的であり，また，儒教は社会主義と対立するイデオロギーとして一貫して排除されてきたからである．プロレタリア大衆の真の代弁者を自認する新左翼が，社会の秩序すなわち階級構造の持続を正当化する儒教知識人と結盟することは奇妙としかいいようがないが，この難解な連盟を理解するポイントは，いわゆる「第二回思想解放（second emancipation of thought）」に遡ることによって得られる．

最も真摯な新左翼の 1 人である崔之元によれば，計画経済と市場経済とは絶対的に相容れないという教条を廃棄した 1978 年に始まった改革開放が第 1 回目の思想解放であるが，1990 年代半ば以降の中国にはアメリカを中心とする西側諸国の実践を超越する第 2 回目の思想解放が必要だと主張していた（崔之元 1994）．彼のいう新たな思想解放とは，新進化論（ネオ・ダーウィニズム），分析的マルクス主義と中国の伝統などを理論的な源泉とするものであるが，儒教との融合を視野に置いたものでもあった[1]．

これに対して，自由主義を信奉する中国学界の主流は，中国モデル論者が主張する極端な論点に対する皮肉を除けば，中国モデル論は論評に値しないとして黙殺する姿勢を見せている．

ところで，中国モデル論を全面的に評価することは筆者の能力を遥かに超えるが，下図が示すとおり，本章の主題と関連して，中国モデル論には少なくとも二つの問題点が存在すると考えられる．まず，中国モデル論が経済，政治，社会という三つの部分からなるという立場からすると，この 3 者の間の関係，特に中国の政治体制や社会体制がいかにして中国の経済成長を支え

図7-1 中国モデル論の問題点

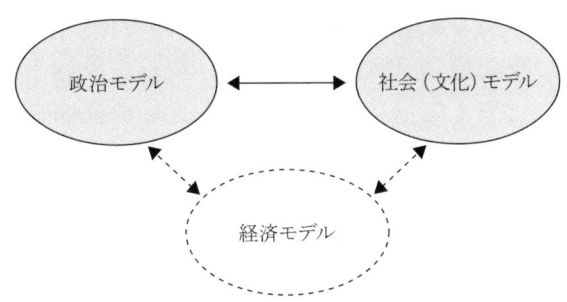

政治モデル ⇔ 社会（文化）モデル
　　↕　　　　　　　↕
　　　経済モデル

注：点線が究明されていない部分を示す．前述のように，潘維によれば，中国モデルが政治，経済，文化モデルからなる．しかし，このバージョンの中国モデル論でも中国の伝統文化がいかに経済発展を支えてきたかは究明されていない．日本の伝統文化と日本の経済発展との関係が日本経済研究の重要な主題であり（武田1999），日本文化論が日本モデル論の重要な部分であることと比較すれば，中国モデル論には構造上の問題があることがわかる．

てきたかは必ずしも究明されたとは言いがたい．この意味で，中国モデル論は依然として自己完結的なものではない．そして，中国モデル論の流行は中国経済の成長によって刺激されたものであり，この仮説の成否は経済成長の持続可能性や中国経済モデル論の質によって左右されるといえよう．しかし，続く第2節で示すように，中国経済モデル論は数多い問題を抱えている．総じて，中国モデル論に構造上の問題があり，しかもその問題はいずれも中国経済モデル論それ自体と関わるものだといえる（図7-1参照）．

2　中国経済モデル論の起源，構成と限界

大国の急速な成長は往々にして社会科学の発展を刺激する．例えば，19世紀末から20世紀初頭までのアメリカ経済の成長は，経済史家たちにとって格好の分析の素材となり，経営学の発展に貢献した（Chandler 1977; Hounshell 1982）．同様に，20世紀後半の日本経済の発展も経営学や経済学の新たな進展に貢献した（Itami 1982; Aoki 1986）．これらと同様に，中国経済の成長も研究者に中国の実践を理論化するチャンスを与えたのかもしれない．しかし，経済成長は社会科学の発展だけではなく，経済イデオロギーの

形成をも促進する．さらに，経済成長によって刺激される社会科学の理論の新たな進展では，その議論形成の初期において，往々にしてイデオロギー的な側面が強く前面に押し出されることがある．例えば，政治学の立場から日本の高度成長を解釈する，いわゆる開発国家論（developmental state）が提起された際には，イデオロギー的な部分が含められていたし（Johnson 1982），そのイデオロギー色が薄められるようになるのは，90年代半ば以後においてであった（Evans 1995）．中国経済モデル論は，中国の経済成長を理論化しようとする同時に，中国の改革を正当化しようとするものでもある．それゆえ，それは経済理論と経済イデオロギーの混合物ともいえる．

ところで，中国経済モデル論者によれば，中国経済モデルを構成する要素は多岐にわたり，それらの要素には重複するものも多い．かれらの代表的な論文を吟味し，主要な論点を摘出するならば，移行様式，工業化の新しいタイプと政府の役割という三つにまとめることができるだろう．

中国の改革開放においては，急激な改革と比べて，漸進型移行が一定の成功を収めたことは事実である．だが，中国経済モデル論はもともと中国経済が成長するメカニズムの解明を目指すものであって，体制移行論として議論されるものとは趣旨が異なるはずである．また，改革からすでに30年余りを経た現在においては，移行の様式よりも移行の目標の方が重要である（宋磊ほか 2011）．

工業化の新しいタイプを提唱する論者たちによれば，中国の経済成長はいままでの途上国のそれとは違って，「自主的」であると主張される．だが，中国経済における外資系企業の重要性をさしおくとしても，2006年から，いわゆる「自主革新（indigenous innovation）」戦略が提唱されたことは，明らかに2006年までの成長が自主的ではなかったことを意味する．また，「自主革新」戦略自体も明らかに日本や韓国の高度成長期におけるイノベーション戦略をモデルにしたものであった．

現段階において，中国経済モデル論者が最も力点を置くテーマが政府の役割である．その中には，国有企業の存在やマクロ政策の成功という表面的な議論に終始するものもあれば，地方政府間の競争がいかにして経済成長を加速させたか，そして政府がいかにして特定の利益集団に偏らない「中立的な

政府」であり得るかなど，問題をかなり特定のものに絞り込んだ研究も数多く存在する（賀大興ほか 2011）．

　国有企業の役割を強調することは，改革の対象である国有企業を経済発展の動力とすることを意味し，改革の基調とは矛盾する．また，中国のマクロ政策は西側諸国のマクロ政策の理論的基礎と一致し，それが独創的なものであるとは言いがたい．学界の主流派が中国経済モデル論に対して批判的な立場を取る根拠はこのような認識にあると言えよう．これらの問題と異なって，中国経済モデル論者が提起する地方政府の活動という問題は注目に値する．というのも，中国の地方政府は中国の経済活動における重要なプレイヤーの一つであるからである[2]．しかし，経済活動の真の主体は企業であるので，地方政府の活動が企業経営にいかに影響を及ぼしたかが議論の鍵となる．だが，この問題を正面から議論する研究は少ない．

　われわれの本章での検討が示すように，現段階の中国経済モデル論は中国の経済発展のメカニズムを解明したとはいえ，経済理論といえるものには程遠い．実際のところ，中国経済モデル論の提唱者の1人である崔之元は，現段階の「社会主義市場経済」の経済学的な含意は乏しいと指摘し（崔之元 2010），中国経済モデル論に同情的である黄宗智も「社会主義市場経済」の内実をより充実したものにする必要があると主張する（Huang 2012）[3]．中国経済モデル論と「社会主義市場経済論」とは重なる部分が多いので，崔之元と黄宗智の指摘は，現段階の中国経済モデル論は経済理論的な内実を欠き，想像の域を超えるものでないことを意味すると理解してよいだろう．

3　市場経済多様性アプローチと中国経済研究：到達点と問題点

　すでに述べたように，イデオロギー的な部分が先行したがゆえに，中国モデル論の基礎であるはずの中国経済モデル論も自己完結的ではない．しかしながら，間接的にではあるが，中国経済モデルの論者たちは市場経済の多様性問題に触れている．それゆえ，中国経済モデル論の流行が市場経済多様性アプローチに基づいて中国経済を研究する契機を提起したことは看過すべきでないと考えられる．

市場経済多様性論者による中国経済研究はすでにいくつか存在しているが，中国経済を市場経済の一つの類型として位置づけようとする試みは少ない[4]．こうした中で，中国経済研究にはじめて市場経済多様性アプローチを導入した原田と遠山の研究は注目に値する．原田らの研究は二つの部分からなる．一つはレギュラシオン派研究者がOECD諸国について類型学的研究を行う際の統計的手法を大幅に修正したうえで，アジア経済の多様性という新しい研究視点を導き，いくつかの制度分野の特徴づけを行った上で，アジア経済における中国経済を含む途上国経済の位置づけを特定したことである．もう一つは世界銀行などの国際機関が公表したデータから企業行動の特徴を反映する部分を丁寧に抽出し，アジア諸国の企業行動のパタンを確認したことである．かれらの研究によれば，製品市場，労働市場や金融市場の自由化の程度や社会保障などの側面において，中国はマレーシアやタイに類似する．しかし，中国経済における政府の役割はより大きく，企業の行動もマレーシアやタイのそれとは異なるので，「大陸型混合経済」と位置づけることができる．さらに，原田らは1990年代から21世紀初頭まで，「大陸型混合経済」はアジア経済のほかの類型に収斂しなかったことも発見した（Harada and Tohyama 2012）．

　レギュラシオン派による市場経済の多様性研究には二つの進路がある．一つは特定の国の賃労働関係，競争形態，国際体制などの制度ドメインにおける制度編成に関する研究を通じて特定の国の位置づけを確認することであり，もう一つは特定の国の代表的企業に関する研究を通じて特定の国の経済の特徴を識別することである．そして，この二つの研究方法が往々にして併用される[5]．例えば，アメリカ経済や日本経済に関するレギュラシオン派の研究には両国の制度アレンジメントが考察されるだけではなく，狭義のフォーディズムやトヨティズムも分析の対象とされる（Aglietta 1978; Boyer and Yamada 2000; Boyer and Freyssenet 2002）．この意味で，原田らの研究はレギュラシオン派の伝統を反映しているといえるし，レギュラシオン派の分析枠組みに照らしながら市場経済の一類型としての中国経済を考察する際には，マクロレベルの制度分析やミクロレベルの企業組織のあり方に関する具体的な分析が併用されることが望ましいといえよう．けれども，レギュラシオン派

の分析手法を中国経済に関する研究に援用する際にはいくつかの前提があることを忘れてはならないだろう．その前提とは，各制度ドメインには統一した制度編成があること，そして各地域における代表的な企業組織のあり方には大きな差がないことである．ただし，これらの前提が，現在の中国経済において果たして満たされるかどうかは疑問である．

　第一に，中国の各地域においては，レギュラシオン派の言う制度編成には大きな差が存在する．例えば，正規的金融が主流を占める地域は多いが，非正規的金融が重要な役割を果たしてきた地域もある．また，国際体制への編入形態について言えば，沿岸部は国際貿易やFDI（対外直接投資）に大きく依存するが，内陸部に対する国際貿易やFDIの影響は低い．第二に，後述するように，中国の各地域における代表的な企業の所有制の形態や企業組織のあり方には大きな差が存在する．

4　市場経済多様性アプローチと中国経済研究：ひとつの代替案

　一般的に言って，レギュラシオン派を含む市場経済多様性論は，特定の国にはマクロレベルの制度や企業組織のあり方には大差がないことを前提する．ところが，中国経済には様々な多様性が存在するので，この前提が満たされるとは必ずしもいえない．それゆえ，市場経済多様性論を中国経済研究に導入する際には予め中国経済における多様性を識別する必要があると考えられる．周知のように，中国の内陸部と沿岸部とでは，その発展様式が異なる．しかし，比較可能性という問題が存在するので，沿岸部内部に存在する差異にもっと注意を向けるべきである．実際のところ，中国の研究者たちは沿岸部には広東モデルと浙江モデルという相異なるモデルが存在することを指摘してきた．だが，それらの指摘は体系的ではなく，十分な展開がなされてきたとはいえない．本節では，発展様式や生産様式を中心に，世界経済と密接にかかわり，世界資本主義の一部になりつつある広東モデルと国際市場のみならず，国内市場にも依拠し，ローカル企業間のネットワーキングを中心とする浙江モデルを比較し，市場経済多様性アプローチに基づく中国経済研究のための初歩的作業を行う．

1) 輸出主導型成長の二つの類型：外資主導とローカル企業主導

計量的な研究成果が示すように，1990年代以降の中国の経済成長は典型的な輸出主導型成長であった（宇仁ほか 2003）．データの制約が存在するので，同様な方法を使用して省レベルの分析を行うことはできない．けれども，沿岸部の広東と浙江の経済成長が輸出主導型に属することは疑いない．ただし，両地域の輸出成長の差異を見過ごしてはいけない．まず，広東の輸出依存度は全国平均の3倍にも達するに対して，浙江のそれは大体全国平均の1.5倍に過ぎない．そして，広東の貿易総額の約7割を占めるのは加工貿易であるが，浙江の貿易の主体は一般貿易である．加工貿易の主な担い手は外資系企業であるので，輸出の主体からみれば，広東と浙江の輸出主導型成長はそれぞれ外資主導とローカル企業主導と位置づけることができる[6]．

2) 生産様式の差異：富士康主義 vs. ローカル資本主義

輸出に関するデータや輸出企業の国籍の違いからもうかがえるように，広東と浙江の経済発展のミクロ的主体はそれぞれ多国籍企業とローカルな民間企業である．言うまでもなく，中国のどの地域にも，国有企業，多国籍企業とローカルな民営企業という3種類の企業が存在する．けれども，各地域における代表的な企業はそれぞれにおいて異なる．内陸部における代表的な企業は国有企業であるが，改革開放の先進地域と言われる広東省と国民所得が最も高い浙江省におけるそれぞれの代表的な企業は多国籍企業とローカルな民営企業である[7]．この現象は両地域のリーディング産業において最も典型的に現れる．具体的には，広東のリーディング産業である電子産業の主体はほかならぬ富士康（Foxconn）を代表とする電子機器受託製造サービス業（electronics manufacturing service）の多国籍企業であるのに対して，浙江のリーディング産業である，いわゆるローエンド製造業の主体はローカルな民営企業である．また，両地域の経済発展の違いは，代表的な企業の所有制に留まらず，生産活動のあり方を含む生産様式（mode of production）にも反映される．

生産様式はマルクス主義経済学の用語であり，労働プロセスが組織されるパタンを指すが（Braverman 1974），市場経済多様性論の分析装置でもある

（Lazonick 1990）．筆者はかつて中国の現実を念頭に置きながら，生産様式を狭義的なものと広義的なものに分けることを試みた．狭義の生産様式は労使関係や企業間関係を中心とするものであり，広義の生産様式は労働者−社会関係や政府−企業間関係をも含む（宋磊ほか 2012）．このように分類する理由は，戸籍制度が存在する中，労働者−社会関係は労使関係の一部を成し，地方政府は労働力の供給や土地，租税政策などを通じて企業の生産活動の様態に影響を与えることができるからである．以下では，珠江デルタと長江デルタの代表である広東と浙江を抽出し，両地域の代表的企業に体現される生産様式の差異を確認する．

労使関係と労働者−社会関係[8]　広東を中心とする珠江デルタにおける労使関係と比べれば，浙江を中心とする長江デルタにおける労使関係はより平和的，建設的であること，そして珠江デルタにおける出稼ぎ労働者と現地社会との関係と比べれば，長江デルタにおけるそれがより融合的であるという認識は，中国の学界の通念であり（外来農民工課題組 1995; Pun 2005; 徐小洪 2008）[9]，二つの地域を対象とする大規模なアンケート調査の結果によっても裏付けられる．賃金，労働契約，労働時間，保険と福祉，作業環境，基本人権，労使関係に対する労働者の主観的評価などの重要な問題に関する調査結果によれば，広東の労使関係と浙江のそれとは対照的であり，また，両地域における労働者−社会関係に関する主観的，客観的データに照らしてみれば，広東と異なって，浙江で働く出稼ぎ労働者がより円滑に現地社会に受け入れられていることがわかる（万ほか 2006; 劉ほか 2011）．これらの実証研究と関連して，広東と浙江の出稼ぎ労働者の離職率や現地社会との関係などを念頭に置きながら，両地域における労使関係や労働者—社会関係を特徴づけるならば，それぞれを次のように述べることができるだろう．すなわち，珠江デルタにおいては流動的（disembedded），長江デルタにおいては融合的（embedded）と特徴づける（孫暁冬ほか 2013）ことができる．

企業間関係　広東と浙江における企業間関係は，両地域における代表的な企業をめぐる企業間関係に集約されると言っても過言ではない．前述したよ

うに，広東における代表的な企業は電子機器受託製造サービス業の世界最大手，富士康である．富士康をめぐる企業間関係は，アップルなどの発注企業やキーコンポーネントを提供する西側諸国の企業に主宰され，富士康はこれらの企業に追随する立場に置かれる．また，電子機器受託製造サービス業者が数多く存在する中，富士康はコスト優位を絶えず追求せざるを得ない[10]．すなわち，キーコンポーネントがますますブラック・ボックス化する中，生産能力の拡大を通じた技術能力の上昇が望めなくなるだけではなく（Song 2012)，競争者による脅威が存在するので，アップルなどが主導する分断的，垂直的企業間関係を容認せざるを得ない．

広東とは対照的に，浙江の代表的企業は在来産業におけるローカル企業である．これらの企業が形成された初期においては，資本の制約に直面した結果，各企業の規模は小さく，それぞれ特定の部品や工程に集中する傾向が顕著であった（蔡盈盈 2012)．それゆえ，この地域における企業間関係はもともと協力的，水平的であった[11]．

生産様式の多様性の根源：モジュール化の発生メカニズム　上述したように，広東と浙江では異なる生産様式が形成され，発展しつつある．生産様式の形成や発展は数多くの要因に左右されるが，生産力−生産様式−生産関係原理や技術−組織補完性仮説（Boyer 2005）が示すように，技術変化は重要な原因である．これらの原理や仮説に即して言えば，広東と浙江の生産様式の形成や発展の原因の一部は，製品や工程のモジュール化の発生メカニズムにあるといえる．

ところで，製品アーキテクチャについては，2種類の定義が存在する．一つの定義は，製品の構成と機能との対応関係に着目するものである（Ulrich 1995)．もし部品と機能との対応関係が一対一に近いなら，製品アーキテクチャはモジュール型に近く，もし部品と機能との対応関係が一対複数なら，製品アーキテクチャは擦り合わせ型に近い．もう一つの定義は製品を構成するサブ・システム間のインターフェースに着目するものである（Baldwin and Clark, 2000)．もしインターフェースが標準化されるならば，製品アーキテクチャはモジュール型に近く，もしインターフェースが標準化されなけれ

ば，製品アーキテクチャは擦り合わせ型に近い．また，アダム・スミスのピン工場の例が示すように，部品から構成されず，異なる工程を経て完成される製品もある．藤本は，このような工程型製品のアーキテクチャを把握する方法を提起した（藤本 2004）．彼によれば，もし製品を加工する工程間の相互干渉が少なければ，製品アーキテクチャはモジュール型に近いが，もし工程間の相互干渉が多ければ，製品アーキテクチャは擦り合わせ型に近い．

　これらの定義に照らしていえば，いわゆるモジュール化は製品アーキテクチャが擦り合わせ型からモジュール型にシフトするプロセスである．産業レベルのモジュール化は主に先進国の企業によって推進され，モジュール化を研究する研究者たちも基本的に先進国における実践を重視する．しかし，モジュール化の発生メカニズムには，先進国企業が主導するモジュール化と途上国企業が主導するモジュール化という二つのパタンがある．途上国企業からみれば，前者は外部からのモジュール化であり，後者は内部からのモジュール化であるが，西側諸国の研究者は外部からのモジュール化のみに注目し，途上国企業が主導する内部からのモジュール化を無視している．

　一般的に，工程型製品の生産は一つの企業の内部で完成するが，浙江では，数多くの中小企業がそれぞれ特定の工程（や部品）に集中している．図7-2

図7-2　中国におけるモジュール化の発生メカニズム

		モジュール化の発生メカニズム	
		内生的	外生的
モジュール化の基準	部品	ローエンド電子産業 一部の在来産業 Ⅰ	ハイエンド電子産業 Ⅱ
	工程	一部の在来産業 Ⅲ	Ⅳ

に示されるように，これは事実上，工程型製品のアーキテクチャをモジュール型にシフトさせたといえるだろう．

　上述した技術変化のプロセスの差異は生産組織のあり方などに影響を及ぼした．技術-組織補完性仮説によれば，技術変化に適合する場合に，企業の競争力が形成され，維持される．そういう意味では，技術変化は企業内や企業間の分業の様態を形作る要因の一つである．すなわち，この仮説に従えば，外生的モジュール化と内生的モジュール化は，労使関係や労働者-社会関係をある程度規定したといえよう．ところが，主に経営学者によって推進されるこの仮説は，技術決定論的な色合いが強いことは否めない．生産力-生産様式-生産関係原理が示すように，技術変化が組織形態を一方的に決めるわけではなく，所有制を中心とする生産関係も生産様式や技術変化に影響を及ぼす．広東における外生的モジュール化を推進してきたのは，台湾系企業を含む外資企業であるのに対して，浙江における内生的モジュール化を起動させたのは，主に起業者が労働者やイノベーターをも兼ねる小規模な企業である．さらに，これら浙江企業の従業員の中には，起業者の家族，親戚そして現地の住民が多い．企業の規模が拡大するにつれて，外部からの出稼ぎ労働者の割合が増えるが，広東の企業と比べれば，浙江の企業における従業員に占める現地の住民の割合は高い．同一労働，同一賃金という原則のもとで，浙江企業は露骨な差別ができず，外部からの労働者にも現地出身の労働者並みの賃金を支給することになる．これが浙江における労使関係や労働者-社会関係がより融合的であることの一つの理由である（劉ほか 2011）．また，この点において，従業員のほとんどが出稼ぎ労働者である広東の企業とは異なるのである．

　本章の問題意識に即して言えば，広東と浙江の生産様式には共通する部分もあるが，異なる部分も存在する．そうした両者の差異は，主としてモジュール化の発生メカニズムの違いに起因する．したがって，両地域における生産様式の特徴に基づいて，富士康主義とローカルな資本主義という中国沿岸部経済における二つの理念型を確認することができ，それは**図 7-3**のように示すことができる．

図7-3　モジュール化の発生メカニズムと中国沿岸部経済の理念型

	モジュール化の発生メカニズム	
	内生的	外生的
労使関係、労働者─社会関係、企業間関係：流動的、垂直的、融合的、水平的 上段	Ⅰ	富士康主義　Ⅱ
労使関係、労働者─社会関係、企業間関係：流動的、垂直的、融合的、水平的 下段	ローカルな資本主義　Ⅲ	Ⅳ

5　小　結

　中国の学界では，現在，中国経済モデル論が一つの流行になっている．だが，その議論の力点が政府の役割に置かれる．それは，いわば生産様式なき生産関係論，あるいはミクロ的基礎なき政府-企業関係論にほかならないと言わざるをえない．日本経済論が形成された初期においても国家の役割が重要視された．だが，研究が深化するにつれて，企業こそ経済成長の主因であることが認識されるようになったことを想起すれば，現段階の中国経済モデル論は経済理論的な内実を持つには程遠いものと言えよう．ただし，間接的にせよ，中国経済モデル論は市場経済の多様性問題に触れたことが，市場経済多様性アプローチを中国経済研究に導入するきっかけを提供したことについては一定の評価をしなければならない．

　しかも，中国経済モデル論とは直接的な関係はないものの，市場経済多様性論に基づきながら，中国経済を市場経済の一類型として位置づけようとするHarada and Tohyama（2012）のような研究がすでに登場してきている．しかしながら，市場経済多様性論には国民経済の内部に大きな差異は存在しな

いという重要な仮定がある．ところが，中国では，この仮定は必ずしも満たされない．このような問題意識に基づき，本章では中国経済における多様性に注目し，市場経済多様性論を中国経済研究に導入するための予備的な考察を行うことを試みた．具体的には，われわれは沿岸部経済の代表である広東省と浙江省における発展様式や生産様式の特徴を確認したうえで，両地域の生産様式の差異がモジュール化の異なる発生メカニズムと関わるという仮説を提起した．今後は，この仮説を精緻なものにすると同時に，同じ分析手法を使って国有企業が主流を占める内陸部の生産様式を考察し，これらの生産様式の進化についての分析を次なる研究課題としたい．

注
(1) 新儒教主義者が中国モデル論を支持する原因は，中国の社会主義を儒教化するところにあるという推測がある．
(2) 地方政府の重要性に関する初期の研究については，Oi（1992），Walder（1995），Qian and Weingast（1997）を参照．
(3) 社会主義市場経済論は 90 年代における中国経済モデル論ともいえる．
(4) 本章が重視するレギュラシオン・アプローチに基づく中国経済研究に関するサーベイについては，Boyer（2012）を参照．
(5) 市場経済多様性論者の中，マクロレベルの制度アレンジメントあるいは企業レベルの組織形態について抽象的に分析し，代表的企業に関する具体的な研究を無視する研究者が多いが（Hall and Soskice 2002），両方を重視することがレギュラシオン派の特徴の一つであるといえよう．
(6) 広東と浙江に関するデータは『広東統計年鑑』と『浙江統計年鑑』各年版に基づいて推定されるものである．
(7) ここで言う代表的企業は理念型（ideal type）である．
(8) 二つの地域における労使関係やモジュール化の発生メカニズムとの関係に関する分析は，孫暁冬ほか（2013）に多くを負っている．本章では，両地域の労使関係に重要な位置を占める労働過程に関する比較が行われなかったが，今後の研究課題としたい．しかし，筆者はかつて富士康における労働過程について初歩的な考察を行ったことがある（宋磊ほか 2012）．その考察によれば，現段階の富士康の作業現場の労働過程は，極端に進んだ分業と管理者による厳格な管理，監視によって特徴付けられる．ただし，このような労働過程は，富士康という台湾系企業の特徴というよりは欧米先進企業が主導する生産体系に起因するものとして理解すべきである．というのは，アップルなどの欧米企業が主導する生産体系に参入し，その地位を維持するためには，富士康はコスト，生産の規模，そして反応の速度を絶えずに追求せざるを得ないからである．

(9) 広東と浙江において，労働者の主体となっているのは出稼ぎ労働者である．
(10) 富士康の創業者は「われわれは永遠に発注者と競争しない」と明言する原因はここにある．すなわち，もし富士康が自社ブランド商品の製造や販売を始めたら，アップルなどは製造先を他の受託製造サービスに切り替えるだろうからである．
(11) 広東の在来産業においてもローカル企業間の水平的分業が見られるが，これらの企業は広東の代表的企業とはいえない．同様に，浙江にも外資系が掌握する国際分業体系に参入した組み立て企業が存在するが，これらの企業も浙江の代表的企業とはいえない．企業間の協力関係を中心に広東と浙江の経済発展を詳細に考察した研究として，王（2001）を挙げることができる．しかし，彼女は技術変化に注目していない．

参考文献

Aglietta, M.（1979）*A Theory of Capitalist Regulation: The US Experience*, London: NLB.〔若森章孝ほか訳『資本主義のレギュラシオン理論』増補新版，大村書店，2000年〕

Amable, B.（2003）*The Diversity of Modern Capitalism*, Oxford: Oxford University Press.〔山田鋭夫／原田裕治ほか訳『五つの資本主義』藤原書店，2005年〕

Aoki, M.（1986）'Horizontal vs. Vertical Information Structures of the Firm', *American Economic Review*, 76 (5): 971-983.

Aoki, M. and R. Dore eds.（1994）*The Japanese Firm: Sources of Competitive Strength*, Oxford: Oxford University Press.〔NTTデータ通信システム科学研究所訳『システムとしての日本企業』NTT出版，1995年〕

Baldwin, C. and K. Clark（2000）*Design Rules: The Power of Modularity*, Cambridge: The MIT Press.〔安藤晴彦訳『デザイン・ルール』東洋経済新報社，2004年〕

Boyer, R. and T. Yamada eds.（2000）*Japanese Capitalism in Crisis*, London: Routledge.

Boyer, R. and M. Freyssenet（2002）*The Productive Models: The Conditions of Profitability*, New York: Palgrave Macmillan.

Boyer, R.（2005）'Coherence, Diversity, and the Evolution of Capitalisms: The Institutional Complementarity Hypothesis', *Evolutional and Institutional Economics Review*, 2 (1): 43-80.

Boyer, R.（2012）'The Chinese growth regime and the world economy', in Boyer *et al.*（2012）.

Boyer, R., H. Uemura and A. Isogai eds.（2012）*Diversity and Transformations of Asian Capitalisms*, London: Routledge.

Braverman, H.（1974）*Labor and Monopoly Capital: The Degradation of Work in the Twentieth Century*, New York: New York University Press.〔富沢賢治訳『労働と独占資本――20世紀における労働の衰退』岩波書店，1978年〕

Chandler, Jr.（1977）*The Invisible Hand: The Managerial Revolution in American Business*, Cambridge: Belknap.〔鳥羽欽一郎ほか訳『経営者の時代（上）（下）』東洋経済新報社，1979年〕

Evans, P.（1995）*Embedded Autonomy: State & Industrial Transformation*, Princeton: Princeton University Press.

Johnson, C. (1982) *MITI and the Japanese Miracle: The Growth of Industrial Policy, 1925-1975*, Stanford: Stanford University Press.〔矢野俊比古訳『通産省と日本の奇跡』TBS ブリタニカ, 1982年〕

Hall, P. and D. Soskice (2001) *Varieties of Capitalism: The Institutional Foundations of Comparative Advantage*, New York: Oxford University Press.〔遠山弘徳ほか訳『資本主義の多様性』ナカニシヤ出版, 2007年〕

Harada, Y. and H. Tohyama (2012) 'Asian capitalisms: institutional configurations and firm heterogeneity', in R. Boyer *et al.* (2012).

Hounshell, D. (1982) *From the American System to Mass Production, 1800-1932*, Baltimore: The John Hopkins University Press.

Huang, C.C. (2012) 'Profit-Making State Firms and China's Development Experience: "State Capitalism" or "Socialist Market Economy"?', *Modern China*, 38 (6): 1-39.

Itami, H. (1982) *Mobilizing Invisible Assets*, Cambridge: Harvard University Press.

Lazonick, W. (1990) *Competitiveness on Shop Floor*, Cambridge: Harvard University Press.

Oi, J. C. (1992) 'Fiscal reform and the economic foundations of local state corporatism in China', *World Politics*, 45 (1): 99-126.

Qian, Y. and B. Weingast (1997) 'Federalism as a commitment to preserving market incentives', *Journal of Economic Perspectives*, 11 (4): 83-92.

Pun, N. (2005) *Made in China: Women Factory Workers in a Global Workplace*, Durham: Duke University Press.

Ramo, J. (2004) *The Beijing Consensus*, London: The Foreign Policy Centre.

Song, L. (2012) 'Development mode and capability building in the age of modularization and regional integration: origins of structural adjustments of Chinese economy', in R. Boyer *et al.* (2012).

Ulrich, K. (1995) 'The Role of Product Architecture in the Manufacturing Firm', *Research Policy*, 24: 419-440.

Walder, A. (1995) 'Local governments as industrial firms: An organizational analysis of China's transitional economy', *American Journal of Sociology*, 101 (2): 263-301.

宇仁宏幸ほか (2003)「韓国と中国の輸出主導型成長 (1)」『経済論叢』172 (1).
武田晴人 (1999)『日本人の経済観念』岩波書店.
藤本隆宏 (2004)『日本のものづくり哲学』日本経済新聞社.

王輯慈等 (2001)《創新的空間:企業集群与区域発展》北京大学出版社.
潘維 (2009)《中国模式:解読人民共和国的60年》中央編訳出版社.
甘陽 (2012)《文明・国家・大学》三聯書店.
崔之元 (1994)《制度創新与第二次思想解放》,《二十一世紀》, 1994 (4): 5-16.
崔之元 (2010)《重慶民生工程的政治経済学》,《中共中央党校学報》, 2010 (10): 5-10.

賀大興／姚洋（2011）〈社会平等，中性政府与中国的経済発展〉,《経済研究》, 2011（1）: 4-17.
蔡盈盈（2012）《群衆式工業化》, 北京大学政府管理学院博士学位論文.
宋磊／孫暁冬（2011）〈社会主義市場経済的潜在的政治経済学含意〉,《学術研究》, 2010（2）: 6-71.
宋磊／孟捷（2012）〈富士康現象的起源，類型与演進〉,《開放時代》, 2013（4）.
孫暁冬／宋磊／張街（2013）〈模組化的発生機制与労働者 - 社会関係的類型〉,《教学与研究》, 2013（3）.
万向東等（2006）〈工資福利，権益保障与外部環境：関与珠江三角洲与長江三角洲外来工的比較研究〉,《管理世界》, 2006（6）.
劉林平等（2011）〈労働権益的地区差異〉,《中国社会科学》, 2011（2）: 107-123.
外来農民工課題組〔出稼ぎ労働者研究チーム〕（1995）〈珠江三角洲外来農民工状況〉,《中国社会科学》, 1995（4）: 92-104.
徐小洪（2008）〈浙江省的労資関係：自己組織化与双贏〉,《浙江社会科学》, 2008（11）: 9-15.

Ⅲ　韓国資本主義

第 8 章　韓国における金融システム変化と蓄積体制

梁峻豪

1　はじめに

　本章は，社会経済システムにおける制度変化が持つマクロ経済に対する規定性に焦点を合わせているレギュラシオン・アプローチの方法に基づいて，韓国資本主義における金融制度の変化および金融システムのメカニズムを明らかにする．その主な目的は，このような金融的な要因が，韓国における 1997 年の通貨危機（いわゆる「IMF 経済危機」）および 2008 年のグローバル金融危機を通じて，韓国資本主義の蓄積体制にどのような影響を及ぼしたのかを実証的に検討することである．レギュラシオン・アプローチの場合，多様な制度諸形態の中で特に賃労働制度に焦点を合わせ，その分析を土台としながら蓄積体制を議論するのが一般的であった．その第一の理由は 20 世紀における各国の資本主義の蓄積体制に対する労働制度が持つ強い規定性である．第二の理由は先進諸国において 1945 年前後および 1970 年代のオイルショック前後に，賃労働関係に関わる諸制度が著しく変化したことである．しかし本章は，制度変化がマクロ経済の秩序に及ぼす強い規定性を強調する既存のレギュラシオン・アプローチの中心的問題意識を継承しながらも，韓国資本主義における蓄積体制に関連する金融の問題に焦点を合わせて議論したい．その第一の理由は，20 世紀末以降の韓国の蓄積体制に対する金融制度が持つ強い規定性である．第二の理由は 1997 年の通貨危機を契機とする

金融システムの急激な変化である．本章の分析を通じて，蓄積体制について議論する際に金融レジームに焦点を合わせることの有効性と可能性を証明してみたい．

本章の構成は次のとおりである．第2節では，韓国における金融システムの変化について，銀行貸出の景気変動パタン，銀行の大型化，直接金融化，為替レートの変動性に焦点を合わせて論じる．第3節では，第2節で検討した金融システムの変化が韓国の蓄積体制に及ぼした影響について述べる．第4節では，結論として，韓国における今後の望ましい金融システムと蓄積体制を提言する．

2　金融システムの変化

1）銀行貸出の景気弾力性

図8-1は1997年の通貨危機以前の韓国における銀行の企業向け貸出の景気弾力性を図示したものである[1]．この図を見ると，通貨危機以前における韓国の銀行は景気変動と関わりなく一定水準の企業向け貸出を維持してきたことがわかる．銀行の全体企業向け貸出の中で大企業を対象とする貸出が約20％にすぎなかった点を考慮すると，通貨危機以前の韓国の銀行は，大企業に比べて，企業パフォーマンスが景気変動の影響を受けやすい中小企業に対しても，いわゆる「忍耐強い資本」としての役割を果たしていたとみてもよかろう．つまり通貨危機以前の韓国の銀行は景気変動とは関わりなく貸出を維持することによって，企業の設備投資および研究開発を資金供給の側面で安定的に支援するように機能していたと考えられる．

図8-2は通貨危機以降の韓国の銀行の企業向け貸出の景気弾力性を示している[2]．この図をみると，通貨危機以降の韓国における銀行の企業向け貸出は非常に強い景気弾力性を示していることがわかる．景気弾力性を表している係数の大きさは，通貨危機以前は-0.604であり，むしろ企業向け貸出は景気変動とは逆の方向（いわゆるカウンターサイクリカル）に動いていた．しかし，通貨危機以降は，この係数は1.415であり，景気変動と同じ方向（いわゆるプロサイクリカル）に動いている．このような銀行の景気弾力的な企

第 8 章　韓国における金融システム変化と蓄積体制　239

**図8–1　通貨危機以前の銀行の企業向け貸出の景気弾力性
（1974年第1四半期〜1997年第2四半期）**

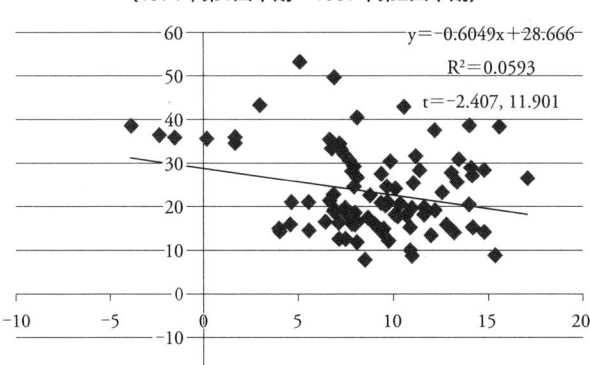

$y=-0.6049x+28.666$
$R^2=0.0593$
$t=-2.407, 11.901$

出所：韓国銀行 ECOS の四半期データを用いて筆者が算出．
注：すべての変化率は対前年同期比（％）で計算した．横軸は産出量変化率で縦軸は銀行貸出変化率である．

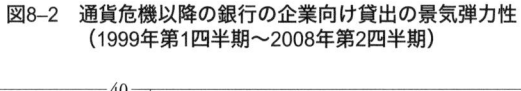

**図8–2　通貨危機以降の銀行の企業向け貸出の景気弾力性
（1999年第1四半期〜2008年第2四半期）**

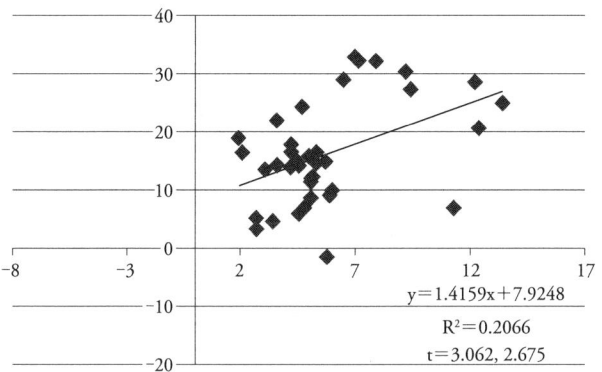

$y=1.4159x+7.9248$
$R^2=0.2066$
$t=3.062, 2.675$

出所と注：図 8–1 と同じ．

業向け貸出しは，韓国企業の設備投資および研究開発などの生産的活動の不安定性または変動性を増大させた．また金融機関はその本来の目的である安定的資金供給の媒体としての役割よりもむしろ，企業向け貸出を通じた利益のみ追求するいわゆる「収益性原理」を重視するようになったと考えられる．これは1997年の通貨危機直後にIMFが主導した新自由主義的な金融改革の結果としてみることができる．代表的な例は，1998年2月に銀行法第2条に銀行の自己資本比率の下限を規制する「BIS規定」に関する条項を追加した制度変更である．この制度変更によって，通貨危機以降の韓国における金融システムは「市場主義的」な基調を持つようになったとみることができよう[3]．

2) 銀行の大型化と貸出先の変化

図8-3は1992年以降の韓国における商業銀行の貸出総額と貸出先構成の推移を示している．商業銀行の貸出総額は持続的に増大している．しかし，商業銀行の貸出総額に占める企業向け貸出の割合は通貨危機以降に傾向的に低下したことが確認できる．通貨危機直後に韓国政府が断行した銀行大型化政策は，韓国における金融システム全般の合理化および企業向け貸出しの効率的な運営を目的とした．しかし，現実の結果は，この目的とは違って，銀行は持続的に企業向け貸出の割合を減らしたのである．その代わりとして，不動産担保付き貸出などの，銀行にとってコストが相対的に低い家計向け貸出（消費者向け貸出）が，急激に増大した．いいかえれば，韓国における銀行の大型化を通じて，銀行貸出は，コストが高くつく企業向け貸出から，より少ないコストでより容易に利益をあげることができる消費者向け貸出へと誘導された．その結果，国民経済全般におけるマクロ経済的安定性の維持にとって，非常に重要な企業投資の安定性は低下した．また銀行の無分別なクレジット・カード発行によって消費者向け貸出が拡大し，いわゆる「不良信用者」と呼ばれる過剰債務者が量産された．さらに不動産担保付き貸出の拡大は，不動産価格の暴騰をもたらした．韓国における銀行の大型化をもたらした代表的な制度変化としては，2000年6月の銀行法施行令によって，銀行の合併および認可に対する規制が緩和され，また関連法律が制定されたこ

第 8 章　韓国における金融システム変化と蓄積体制　241

図8-3　韓国における銀行の総資産と銀行貸出先の構成

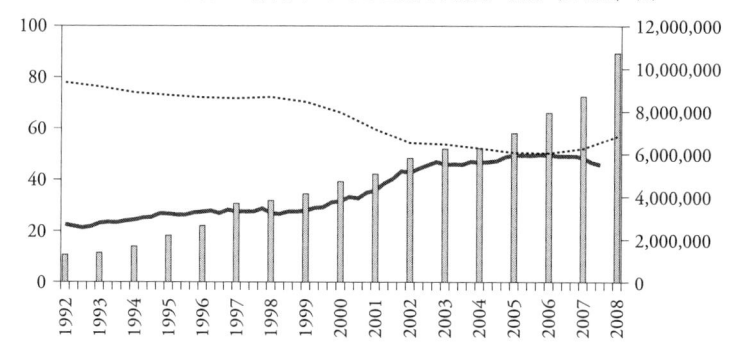

- 商業銀行の総資産（右目盛, 億ウォン）
- 銀行の全体貸出における家計貸出の割合（左目盛, %）
- 銀行の全体貸出における企業向け貸出の割合（左目盛, %）

出所：韓国銀行 ECOS および韓国金融監督院データより筆者が算出.

図8-4　韓国における銀行の資産規模と中小零細企業向け貸出との関係

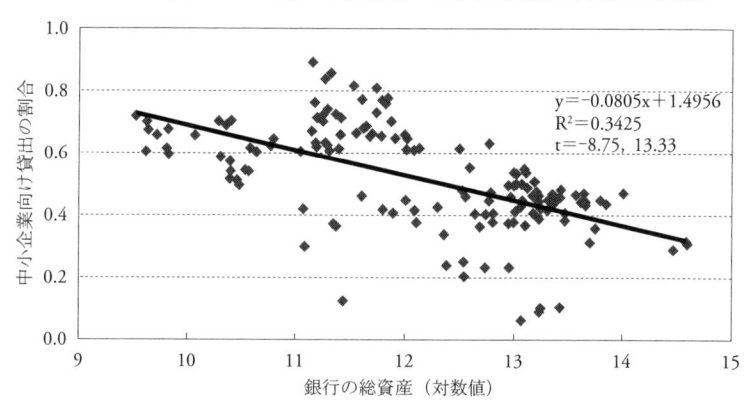

$y=-0.0805x+1.4956$
$R^2=0.3425$
$t=-8.75, 13.33$

縦軸：中小企業向け貸出の割合
横軸：銀行の総資産（対数値）

注：特殊銀行（政策銀行）を除いたすべての一般商業銀行のデータを用いた．また銀行の総資産規模は銀行勘定と信託勘定を合算したものであり，1億ウォンを単位とした．
出所：韓国金融監督院の『銀行経営統計』より筆者が算出.

と，およびこれに基づいて全国の大都市で活動していた多数の地方銀行の合併が断行されたことをとりあげることができよう．このような1997年の通貨危機後の金融改革は個々の商業銀行の大型化をもたらし，また通貨危機以前まで地方銀行が果たしてきた地域密着型の銀行経営を急激に縮小させた．それによって，地域の中小零細企業と密接に連携して関係指向的観点から資金を貸出すという地方銀行のリレーションシップ・バンキングの機能が著しく弱まった．

図8-4は，横軸を銀行の資産規模（対数値），縦軸をその銀行の企業向け貸出額に占める中小零細企業向け貸出の割合とする平面に，韓国の72社の銀行のデータをプロットしたものである．この図8-4から確実にわかるように，韓国における銀行の資産が増大すれば，つまり銀行が大型化すればするほど，企業向け貸出に占める中小零細企業に対する貸出の割合が低下する．

3) 直接金融化

1997年通貨危機以降の金大中政権が断行した「株式市場活性化政策」と「金融機関構造調整」は，株式市場などの資本市場の活性化と銀行の資産運用パタンの変更をめざすものであり，結果として，企業の資金調達パタンを著しく変化させた．

表8-1は，企業の資金調達構造の推移を示している．この表からわかるように，金融危機以降，企業の資金調達に占める直接金融の比率が急激に大きくなった．1981〜97年までの期間において，直接金融比率の平均値は，39.5％であったが，金融危機以降の平均値は69.8％である．通貨危機以降においては，IMFの監督および管理を受けて韓国における金融市場が全面的に自由化され，またいわゆる「株式市場活性化政策」がとられ，そして銀行も巨大化されることによって，直接金融の割合が急増したのである．

また，企業の資金調達に占める間接金融の比率の変動係数を計算すると，1981〜97年の期間における変動係数は0.042と非常に小さく，これは間接金融の割合はそれほど大きな変動なしに推移したことを示している．しかし，1999〜2008年の期間における間接金融の変動係数は0.4129であり，通貨危機以前に比べて高まった．これに基づくと，銀行からの間接金融による資金

表8-1　企業部門の資金調達構造（単位：％）

	1981-1985	1986-1990	1991-1995	1996	1997	1998	1999	2000	2001	2002.6
総額（兆ウォン）	14.0	29.0	73.7	118.4	118.0	28.0	52.9	66.5	51.9	42.7
構成比（％）	100.0	100.0	100.0	100.0	100.0	100.0	100.0	100.0	100.0	100.0
間接金融	39.9	35.7	37.2	29.1	37.2	−56.6	4.1	17.1	2.1	67.1
預金銀行	19.9	17.4	16.7	15.2	12.9	0.9	29.3	35.1	6.5	63.4
非預金銀行	20.0	18.3	20.4	13.9	24.3	−57.5	−25.1	−18.0	−4.5	3.7
直接金融	30.2	41.9	43.6	47.3	34.7	174.7	46.8	30.7	71.5	25.2
株式	15.9	21.8	13.7	10.9	7.7	52.5	82.6	35.6	40.8	44.6
会社債	10.9	13.7	16.1	17.9	22.9	163.9	−5.3	−3.2	22.6	−18.6
企業手形	3.4	6.4	7.7	17.5	4.1	−41.7	−30.4	−1.7	8.1	−0.8
企業間信用	12.6	7.9	7.3	6.8	10.6	−26.9	10.2	6.8	6.5	3.8
海外借入れ	1.9	3.0	6.3	10.4	5.6	−33.7	24.1	23.7	4.4	8.6
その他	15.5	11.6	8.6	7.9	10.2	42.5	14.7	21.7	15.3	−4.7

出所：韓国銀行，経済統計システム『資金循環』より筆者が算出

表8-2　主要国の外部資金調達構成比（％）

	銀行	株式	その他
アメリカ	43.7	6.5	49.8
イギリス	37.1	24.2	38.7
ドイツ	30.1	41.8	28.1
フランス	30.3	18.7	51
マレーシア	28.3	18.8	52.9
インドネシア	78.6	0.0	21.4
シンガポール	61.6	18.2	20.2

出所：梁峻豪（2005）．
注：韓国の企業が金融危機以前のような高い負債比率を低めるための手段として1998年から1999年にかけて極めて大量の株式を発行しなければならなかったという特殊な状況を考慮しても，それ以降の株式発行による資金調達の比重は，先進諸国や開発途上国に比べて，非常に高い水準である．

調達が安定的に行われなかったといえる．

このように，金融危機以降の韓国における資金調達パタンに関しては，**表8-2**に示す他の諸国のデータと比べても，株式発行による資金調達の比重が非常に高い[4]．結果的に，1997年の金融危機以降，金大中政権による金融改革によって，韓国における企業の資金調達パタンは顕著に直接金融主導型へとシフトしたといえる．

4) 為替レート変動性の増大とウォンの減価

　1980年代以降の韓国における為替レート制度をみると，1980年から1990年までは固定為替レート制度と変動為替レート制度との中間にある「複数通貨バスケット制度」を維持してきたが，1990年以降「市場平均為替レート制度」へと変わった．このように，為替レート制度は部分的に変化したのであるが，基本的にこれら二つの制度は為替市場に対する政府当局による積極的な介入を前提とするものであったため，為替レートに対する完全な「市場的調整」を許す形態の制度ではなかったといえよう．例えば，「市場平均為替レート制度」の下において，為替レートの変動許容の幅に対する為替レート当局の制限および介入は通貨危機直後の1997年12月まで続いていた．つまり通貨危機以前における，企業投資が主導した韓国経済の高度成長は，政府当局の為替市場に対する積極的な介入を前提としていた．そして，**図8-5**を見ればわかるように，1997年以前は，ウォンの対ドルレートは比較的安定的であり，ウォンの実質的なドルペッグが実現されていたといえる．このような政策および制度による対ドルレートの安定化は，投資の安定性に貢献したとみることができよう．

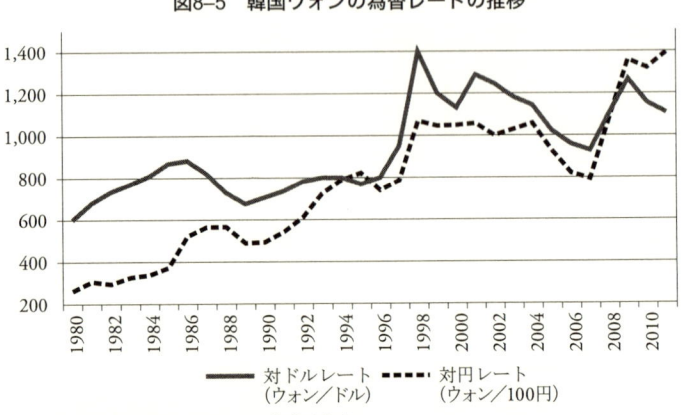

図8-5　韓国ウォンの為替レートの推移

出所：韓国銀行 ECOS より筆者が作成．
注：対ドルレートおよび対円レートともに年平均値データを用いた．

表8–3 対ドルレートの水準および為替レート変動性の時期別比較

	市場平均為替レート制度	市場変動為替レート制度			
	通貨危機以前 (90.3〜97.12)	リーマンショック以前 (99.1〜08.9.12)	グローバル金融危機期 (08.9.15〜09.3)	2009年4月以降 (09.4〜10.12)	
対ドルレート平均値	794.3	1,139.0	1,371.8	1,188.6	(1,156.0)
前日比変動幅	2.3	4.5	22.7	7.0	(6.9)
前日対変動率	0.21	0.37	1.69	0.58	(0.60)
内在変動性	—	7.56	41.4	15.3	(13.9)
変動係数	0.005	0.009	0.044	0.012	(0.013)

注：通貨危機前後の時期区分は為替レート制度の違いによるものである．つまり，韓国における為替レートの変動は為替レート制度の影響を大きく受けるという点を考慮して，「市場平均為替レート制度」が適用されていた1997年12月を通貨危機以前の時期の終期とした．「前日比変動幅」は今日終価から前日終価をひいたものであり，「前日比変動率」は「前日比変動幅」を前日終価で割ったものである．「内在変動性（Implied Volatility）」は通貨オプション1ヵ月物の価格に内在された変動性（年率基準）として計算した．また，変動係数は月別変動係数の平均であり，（ ）内は2010年基準である．さらに単位はウォンと％である．
出所：韓国銀行ECOSのデータおよびBloombergのデータを用いて筆者が算出．

　しかし通貨危機以降，IMFの主導の下で金大中政権によって進められた市場主義的な経済改革および金融改革の一環として，為替レート変動を公式的には全面的に為替市場の需給状況に任せる「市場変動為替レート制度」が1998年から導入された．このような「市場的調整」を重視する為替レート制度の導入により，韓国における為替レートの変動幅は大きくなった．**表8–3**に示すように，「市場平均為替レート制度」が適用されていた1990年3月から1997年12月のウォンの対ドルレートの前日比変動幅の平均は2.30であったが，「市場変動為替レート制度」が導入された1998年1月からリーマンショック以前の2008年9月の変動幅は4.50へと大きく増大した[5]．また，1990年3月から1997年12月までの期間におけるウォンの対ドルレートの変動係数は0.005であったが，1998年1月からリーマンショック以前の2008年9月までの期間における変動係数は0.009へと大きく増大した．
　つまり**図8–5**に示すように，ウォンの対ドルレートは通貨危機以前には比較的安定的であったのに対して，通貨危機以降にはその変動性が大きくなった．また，通貨危機以降，ウォンは，対ドル，対円で大幅に減価した．このウォン安は，韓国の輸出財の国際価格の低下をもたらし，その国際競争力の強化に役立った．このウォンの減価は，後で述べるように，内需主導の

蓄積体制から輸出主導の蓄積体制への転換の大きな要因の一つである．

3　金融システムの変化と蓄積体制

この節では，今まで議論してきた韓国における金融システムの変化が蓄積体制に及ぼす影響を検討する．「蓄積体制」とは，マクロ経済的一貫性を有するメカニズムであり，その一貫性は制度諸形態によって規定される．本章第 1 節でも述べたように，20 世紀末以降の韓国資本主義の蓄積体制は，金融制度によって強く規定されている．このことと，1997 年の通貨危機を前後とする金融システムの急激な変化をふまえて，韓国の蓄積体制と金融システムとの関係を考察する．

1) 通貨危機以前の蓄積体制：「韓国的フォーディズム」としての消費‒投資主導型蓄積体制

本章の第 2 節で実証的な観点から概括したように，1997 年の通貨危機以前の韓国における金融システムは「制度的に調整された金融システム（Coordinated Financial System）」であったとみることができよう．つまり当時の韓国の金融レジームは金融当局の積極的な介入および規制の下で，第一に，銀行の貸出しは景気変動の影響をそれほど受けない形で行われていたし，第二に，銀行の大型化は進行しなかったし，第三に，企業は主に金融機関からの間接金融を通じて資金を安定的に調達していたし，第四に，国内投資の変動性を大きく左右する為替レートの変動性は通貨危機以降に比べて小さかった．

このような金融システムは金融当局による金融機関に対する規制，たとえば企業向け貸出に対する規制，銀行大型化に対する規制，資本市場規制，為替レート規制などによって支えられたものである．またこのような各種の金融規制によって「調整された金融システム」が，マクロ経済全体における安定性に寄与したと考えられる．図 8‒6 に示すように，通貨危機以前の韓国においては，投資の変動と GDP 変動との間の相関関係を示す係数は 2.3 であり，この値は，後で図 8‒8 で示す通貨危機以降の係数 5.5 に比べてかなり

図8–6　通貨危機以前における投資の景気弾力性
（1974年第1四半期〜1997年第2四半期）

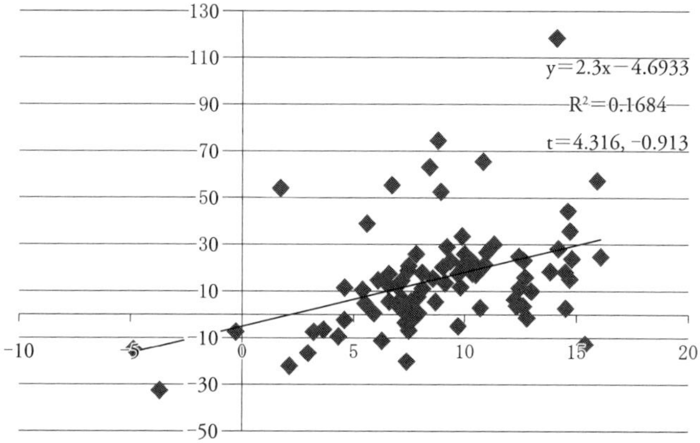
130
110
90
70
50
30
10
−10
−30
−50
−10
−5
0
5
10
15
20
y＝2.3x－4.6933
R²＝0.1684
t＝4.316, −0.913

出所：韓国銀行 ECOS の四半期データを用いて筆者が算出.
注：すべての変化率は対前年同期比（%）で計算した．横軸は GDP 変化率で縦軸は投資変化率である.

小さい．すなわち GDP が低成長の年においても，投資の成長率はかなり高い年もある．つまり，通貨危機以前においては，投資それ自体の安定性が相対的に高かったといえよう．金融機関の企業に対する貸出の安定性，為替レートの安定性，および「忍耐強い資本」を機能させる間接金融を中心とする企業の資金調達構造が，この投資の相対的な安定性を支えていたと考えられる．また銀行などの金融機関の中小企業に対する貸出も景気変動からの影響をそれほど大きく受けないかたちで維持されていたことも，韓国企業の 98%を占める中小企業の投資の安定化に貢献したと考えられる.

結局，通貨危機以前の韓国における「制度的に調整された金融システム」というべき金融システムは，1987 年以降における実質賃金上昇による消費増大に牽引された投資の増大傾向と相まって(6)，韓国における総投資の安定的成長をもたらし，内需を中心とする「消費−投資主導型蓄積体制（韓国的フォーディズム）(7)」を支えたのである．**図 8–7** は通貨危機以前における韓国の蓄積体制の基本的構図を示している.

248 Ⅲ 韓国資本主義

図8-7 通貨危機以前の韓国における蓄積体制

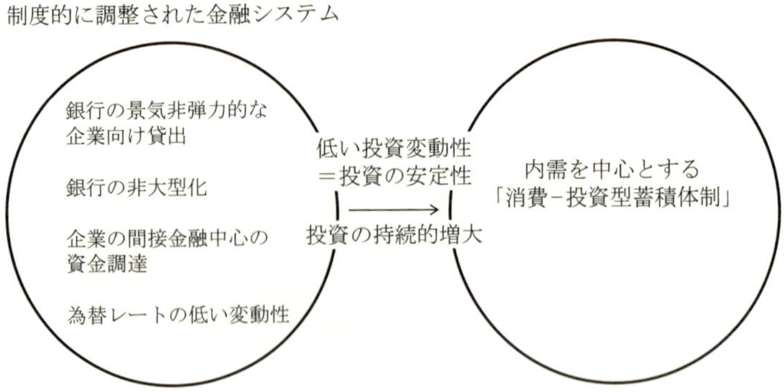

制度的に調整された金融システム

銀行の景気非弾力的な企業向け貸出
銀行の非大型化
企業の間接金融中心の資金調達
為替レートの低い変動性

低い投資変動性
＝投資の安定性
→
投資の持続的増大

内需を中心とする
「消費−投資型蓄積体制」

出所：筆者作成．

2) 通貨危機以降の蓄積体制：自由主義的金融システムに支えられた輸出主導型蓄積体制

　本章の第2節で示した諸事実にもとづくと，1997年の通貨危機以降の韓国における金融システムは「制度的に調整された金融システム（Coordinated Financial System）」ではなく「自由主義的な金融システム（Liberal Financial System）」であることがわかる．「自由主義的金融システム」とは次の四点によって特徴づけられる．第一に，銀行の企業向け貸出は通貨危機以前に比べて景気変動の影響を大きく受けるようになり，第二に，銀行の規模が大型化し，第三に，企業は主に間接金融よりも直接金融を通じて資金を調達するようになり，第四に，為替レートの変動性は大きくなった．このような金融レジームは，BIS規制の導入，銀行大型化政策，資本市場活性化政策，市場為替レート変動制度の採用など各種の金融規制緩和および市場主義的な金融制度改革によって構築された．またこれらは投資の景気弾力的な変動を大きく増幅することによってマクロ経済全体の不安定性をもたらしたとみることができよう．図8-8に示すように，通貨危機以降は，GDP成長率と投資の成長率の間に非常に明確で強い相関関係がみられる．つまり銀行の企業に対する貸出の景気弾力性および不安定性の増大，為替レート変動の不安定性，そして直接金融による企業の資金調達の拡大は輸出主導型蓄積体制への転換を

図8-8　通貨危機以降における投資の景気弾力性
（1999年第1四半期〜2008年第2四半期）

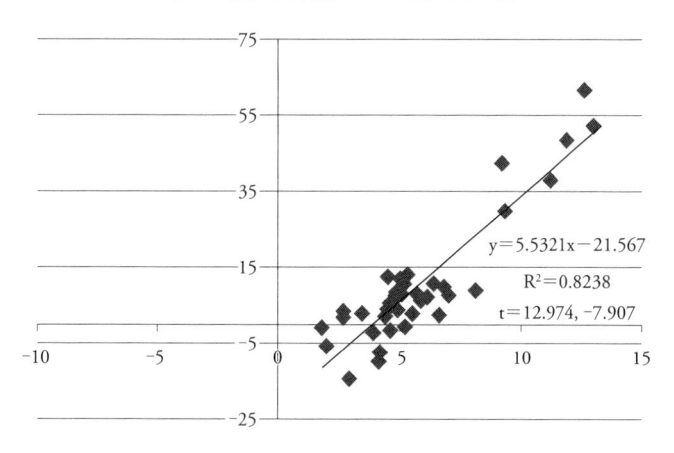

$y = 5.5321x - 21.567$
$R^2 = 0.8238$
$t = 12.974, -7.907$

出所と注：図8-6と同じ．

もたらした．銀行などの金融機関に対する大々的な規制緩和は，金融機関が自由にクレジット・カードを発行できるようにさせ，またこれは国内消費をある程度増大させる効果を有した．しかし，その結果，金融機関はクレジット・カードを乱発したので，個人債務が急増しただけではなく，個人債務返済不履行者（いわゆる「不良信用者」）が増加した．また金融市場における景気弾力的な企業向け貸出および資本市場を通じての直接金融の拡大によって企業投資の不安定性が増大すると同時に中小企業の投資資金難の問題が起きた．さらに資本市場自由化などの金融規制緩和は韓国企業の資本市場への依存度を大きく高めたので，企業経営に対する株価が持つ規定性が急激に強くなった．これは通貨危機以降の韓国における蓄積体制が輸出主導型という性質に加えて金融主導型の性質をも有することを意味する．

　結局，1997年の通貨危機以降の韓国における「自由主義的金融システム」というべき金融レジームは，総投資の変動性を大きく増大させることによって，内需を中心とする「消費-投資主導型蓄積体制（韓国的フォーディズム）」を崩壊させ，輸出主導型蓄積体制への転換をもたらしたとみることができる．図8-9は通貨危機以降における韓国の蓄積体制の基本的構図を示している．

250　Ⅲ　韓国資本主義

図8-9　通貨危機以降の韓国における蓄積体制

自由主義的金融システム

（左円）
- 銀行の景気弾力的な企業向け貸出
- 銀行の大型化
- 企業の直接金融中心の資金調達
- 為替レート変動の増大

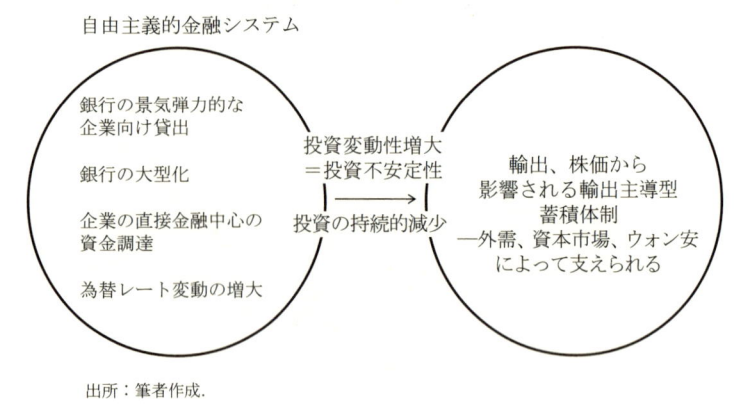

投資変動性増大
＝投資不安定性
↔
投資の持続的減少

（右円）
- 輸出、株価から影響される輸出主導型蓄積体制
- ―外需、資本市場、ウォン安によって支えられる

出所：筆者作成.

表8-4　時期別にみた韓国の投資関数

	通貨危機以前 （1987年第4四半期 〜 1997年第2四半期）	通貨危機以降 （1999年第1四半期 〜 2008年第2四半期）
α（定数項）	−18.658*** (−1.795)	−20.506** (−6.762)
β_1（消費の係数）	3.575*** −2.251	3.011* −9.624
β_2（輸出の係数）	−0.225** (−0.637)	1.048*** (6.970)
β_3（株価指数の係数）	−0.557* (−0.804)	0.291** (2.018)
R^2	0.451	0.805

出所：韓国銀行 ECOS のデータを用いた.
注：1）（ ）の中はt値である.
　　2）***，**，* はそれぞれ有意水準1％，5％，10％で有意であることを表す.
　　3）労働改革による労働者の実質賃金が大幅上昇し消費主導型成長が始まった1987年第4四半期を，期間の起点とした.

　表8-4は，被説明変数を名目投資とし，説明変数を名目消費，名目輸出および株価指数とする投資関数のOLSによる推計結果である．この推計結果によると，1997年の通貨危機以前において投資に対する正の影響力を持ったのは消費だけであったことがわかる．また輸出と株価指数のような要因はむしろ投資に対して負の影響を及ぼしていることが分かる．通貨危機以降に

おいては，消費の係数の値は通貨危機以前に比べて低下し，輸出と株価指数の係数は正の値を示すようになった．つまり通貨危機以降は，消費は以前に比べるとその影響力が弱まり，輸出と株価指数が投資に対して正の影響を及ぼすようになった．1997年の通貨危機以降は，それ以前の蓄積体制の消費主導性は大きく弱まり，輸出主導と金融主導という性格が現れたと考えられる．

4　むすびにかえて：今後の望ましい金融システムと蓄積体制

本章第3節で検討したように，1997年通貨危機以降の韓国においては，投資の景気弾力性が非常に大きく増大した．それに，もう一つの国内需要要因である消費も，通貨危機以降，景気に弾力的に動くようになった[8]．つまり，通貨危機以降の投資と消費は同じ方向に動くようになったが，この二つの需要要因の動きを組合せて考えると，これは韓国のマクロ経済の不安定性を増大させる効果をもったとみることができよう．したがって，今後の韓国においては，消費と投資の景気弾力性を低めることによって，マクロ経済を安定化させる政策が必要だろう．

投資の景気弾力性を小さくするためには，銀行などの金融機関による，景気変動に左右されにくい安定的な企業向け貸出が求められる．このような貸出を促進するための金融制度改革を行うべきである．通貨危機以降，財務安定性が重視されることによって商業銀行などの民間金融機関のリスク管理が保守的になり，金融取引が分散されるようになった．その結果，長期的投資を支援していた産業金融の領域が縮小し，企業向け貸出，特に中小企業向け貸出の景気弾力性が拡大した．中小企業向け貸出の景気弾力性を小さくするためには，中央銀行である韓国銀行の「総額限度貸出制度」をより弾力的に運用し，また公的信用保証制度および中小企業に対する支援のための財政融資事業も景気対応性を強化していくべきである．また中小企業に対する景気非弾力的な金融支援のためには，ドイツの復興銀行（KfW）のように，中小企業の自己資本を増大させる形の「メザニン金融（Mezzanine Finance）」を導入することによって，商業銀行の中小企業向け貸出の活性化を図るべきで

ある．中小企業に対する多様な形態および経路の資金供給システムを拡充すれば，一般の金融市場の与件の変化と中小企業金融がお互いに対立することなく，補完しあって，中小企業が必要とする資金が供給されるだろう．

　消費の景気弾力性を小さくするためには，労働者の実質消費支出能力を高める労働改革のみならず，労働者の基本的な生活のための資金需要を充足させてあげるマイクロクレジットのような低利融資を通じて貧困層の自立を支援する「社会的金融」がより活性化される必要がある[9]．もちろん，この「社会的金融」は，民衆の資金需要に順応する資金供給だけにとどまらず，資金需要者の所得水準の向上および返済能力の向上のための多様なコンサルティングと並行して行うべきである．通貨危機以降の韓国においては，金融市場における競争が激しくなるにつれて，金融がもつ公共的性格よりも商業性を重視する傾向が強くなったし，社会的収益性に比べて私的収益性が低い庶民向け金融が縮小するようになった．信用度が低い低所得者および低信用者の金融へのアクセスがより難しくなる「金融排除（Financial Exclusion）」現象も韓国における社会経済的不平等を深化させた．基本的な金融サービスは経済活動に必須の普遍的サービスであるがゆえに，所得水準および信用度による金融差別を最小化すべきである．庶民および零細自営業者という人的資源が，「知識を基盤とする経済（Knowledge Based Economy）」に適応し実質的に自立化するためには，社会政策的支援だけではなく彼らの金融へのアクセスを保障する政策的支援が不可欠である．このために「社会的金融」は必要である．

　また，銀行の大型化および企業の直接金融中心の資金調達というトレンドにブレーキをかけるためには，これに直接に関連する金融規制だけではなく，地域社会における零細中小企業および自営業者に対するリレーションシップ・バンキングを行う地域密着型金融機関を活性化することが必要であろう．このためには，地域密着型金融機関に対する「BIS比率規制」を緩和することに加えて，市民の共同出資による協同組合的地方銀行設立を奨励することによって，利益よりも社会的価値を優先する公共的投資の増大をサポートすることも求められる．

　さらに，為替レートの短期的変動性を低下させるとともに，その長期的な

水準を適正な水準に調整することが必要である．そのためには，かつての「市場平均為替レート制度」のように，為替レートの変動許容幅に関する政府当局による制限および介入が必要である．また，本書第3章で述べられているような「共同的に管理されたフロート制」がアジアにおいても構築されることが望ましい．この場合の「フロート」とは，輸出財労働生産性上昇率と名目賃金上昇率との差に応じた各国の為替レートを長期的観点で調整することを意味する．また「共同的な管理」とは，このような調整の必要性と責任を共有する各国政府の制度化された協力にもとづく管理を意味する．現在の韓国が採用している「市場変動為替レート制度」は，事実上，ドルペッグ制あるいはドルと円とで構成されるバスケットペッグ制にすぎないがゆえに，長期的調整には不適当である[10]．現在韓国における為替レート管理は，平時は「市場的調整」に委ねつつ，ウォン高が進むとウォン安誘導のために政府当局が一時的に市場介入を行うというものである．つまり，韓国の為替政策は，輸出の増大のための景気対策として用いられている．この政策は為替レートの変動性を低めるためのものではなく，内需中心の中小企業ではなく輸出中心の大企業を支援するためのものである．輸出大企業のためのウォン安政策によって輸入価格が上昇するので，内需に対しては悪影響を与える．その一方で，輸出大企業への利潤集中は加速化されている．つまりウォン安政策がもたらす利益は少数の財閥大企業とそれに投資した外国人投資家に集中するのに対して，ウォン安政策がもたらすコストは国民が負担するという，非対称性がある．為替政策の目標を，輸出増大のためのウォン安促進におくべきではなく，生産性上昇の利益を自国民に還元して国民全体を豊かにすることにおくべきである．

　今まで述べたように，「制度的に調整された金融システム」と「社会的金融」が組合せられると，第一に，より安定的な企業向け貸出が保障され，企業の投資が持続的に増大すると同時に投資の景気弾力性が小さくなるだろう．特に韓国の中小企業の内需市場戦略のための投資が，より安定的となりまた持続的に増大するだろうし，投資による雇用の増大も期待できる．第二に，民衆の所得水準が保障され，彼らの消費支出能力が維持され，あるいは高められることによって，消費の増大および消費の安定化がもたらされるだろう．

図8-10 韓国における望ましい金融システムと蓄積体制

制度的に調整された金融システム

- 銀行の景気非弾力的な企業向け貸出
- 銀行の非大型化 ＋地域密着型銀行 ＋協同組合銀行
- 企業の間接金融中心の資金調達
- 為替レートの安定性
- マイクロファイナンス

社会的金融

低い投資変動性 ＝投資安定性
投資の持続的増大
消費増大
消費の安定性
金融排除の抑制

消費および投資中心の内需主導型蓄積体制

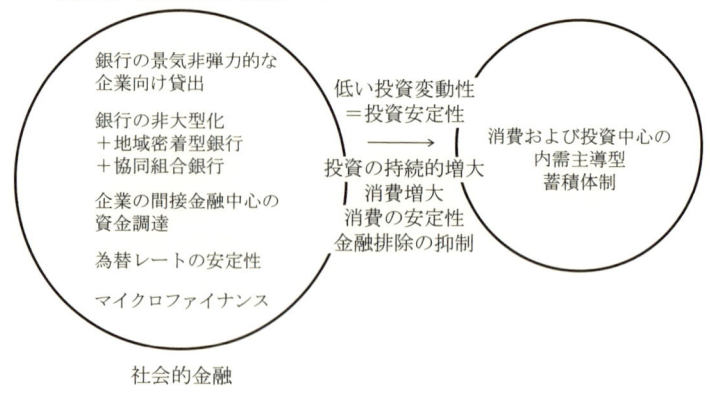

出所：筆者作成．

このような方向での金融システム改革は，消費と投資を中心とする内需主導型蓄積体制への移行に貢献するだろう．図8-10は，この望ましい蓄積体制の基本的構図を示している．もちろん，このような蓄積体制への移行のためには，「制度的に調整された金融システム」と「社会的金融」とを組合せるという金融システム改革のみならず，雇用および賃金の安定性を保障する労働改革が不可欠である．このような諸改革を通じて，これまでの輸出主導型蓄積体制の下で深まった輸出中心の大企業と内需中心の中小企業の間の格差も弱まるだろうし，またマクロ経済的な安定性の増大によって，より持続可能な経済システムが構築されるだろう．

注

(1) ここでの「通貨危機以前」という期間の始期を1974年第1四半期としたのは，韓国における銀行貸出変動率を前年同期対比で計算できるデータベースが構築され始めた時期だからである．また，終期は通貨危機直前の1997年第2四半期とした．
(2) ここでの「通貨危機以降」という期間の始期を1999年第1四半期としたのは，IMFが主導した金融改革の進められていた1997年第3四半期から1998年第4四半期までの時期を除くためである．終期はリーマンショック直前の2008年第2四半期とした．通

貨危機前後の韓国経済における金融システムの変化を実証的に議論する先行研究の多くがこのような時期区分を用いている．
(3) ここでの「市場主義的」な基調をもつ金融システムとは，次のような意味をもつ．第一に，アメリカ型の銀行監督規制である「BIS 比率規制」のために，銀行は相対的にリスクおよびコストが高い企業向け貸出を避けて不動産担保付貸出のような相対的にリスクおよびコストが低い家計向け貸出に主力することによって，収益のみを銀行経営における核心的な基準とするようになる．第二に，銀行は，企業がもつ定性的なデータ（Soft Information）に基づいて貸出決定を行う長期的取引を特徴とするリレーションシップ・バンキングを避けて，企業が持つ財務諸表などの数量的データに基づいて貸出決定を行うことによって，企業と銀行，そして企業と企業との間のネットワーク関係を大きく萎縮させるようになる．
(4) ゾ・ボッキョン（2003）は，1999 年から 2000 年までの外部資金調達パタンに関する世界 80 カ国の企業経営者に対する世界銀行によるアンケート結果をとりあげながら，先進国の場合，銀行からの間接金融は大体 30～40％であり，株式発行による資金調達は平均 20％にすぎないという．
(5) また，通常，為替レートの変動性の尺度であるウォンの対ドルレートの「前日比変動率」も 1990 年 3 月から 1997 年 12 月までの期間においては 0.21％であったが，通貨危機以降の 1999 年 1 月から 2008 年 9 月までの期間においては 0.37％であり，以前に比べると約 1.8 倍となった．
(6) 梁（2005）は，1987 年以降の韓国において，実質賃金上昇が消費増大をもたらし，「消費主導型蓄積体制」に近いマクロ経済のメカニズムを構築させたことを，賃労働関係の変化に焦点を合わせて実証的に分析している．
(7) 1997 年通貨危機以前の韓国においては，第一に，消費増大による投資増大が労働生産性を高めるというレギュラシオン・アプローチにおける典型的なフォーディズム的資本蓄積のメカニズムが存在した．また，第二に，銀行貸出の安定性がもたらした負の遺産としてではあるが，大企業主導の「高負債－高投資」構造が消費増大と関わりなく国内需要を生成しまたそれによって投資が促されていく資本蓄積のメカニズムも存在した．この二つのメカニズムが混在していたことをふまえて，ここでは「消費－投資主導型蓄積体制」とよぶ．
(8) 梁（2010）は，本稿における投資の景気弾力性の計測と同じ時期区分をもって韓国における消費の景気弾力性を OLS で計測しているが，これによると，通貨危機以前の係数が 0.3404（t 値は 4.772）であったが，通貨危機以降の係数は 1.685（t 値は 15.891）となり，消費の景気弾力性は非常に大きく増大したことがわかる．
(9) 「社会的金融」は，金融市場における価格（金利）の上下運動によって資金需要と資金供給との間の量的不均衡を解消することを目指す一般的な金融とは違って，資金需要者と資金供給者が事前的な協議を通じて需給不均衡を解消するものである．
(10) 宇仁／宋／梁（2003; 2004）．

参考文献

〈日本語文献〉

宇仁宏幸（2009）『制度と調整の経済学』ナカニシヤ出版.

宇仁宏幸／宋磊／梁峻豪（2003）「韓国と中国の輸出主導型成長——カルドアの視点から」『経済論叢』172（1）: 1-20, 172（2）: 77-94.

宇仁宏幸／宋磊／梁峻豪（2004）「東アジアの輸出主導型成長と為替体制」『経済論叢』第174巻第5・6号, 1-15, 第175巻第1号, 1-16.

宇仁宏幸／山田鋭夫／磯谷明徳／植村博恭（2011）『金融危機のレギュラシオン理論——日本経済の課題』昭和堂.

梁峻豪（2005）「1980年代以降の韓国における制度的補完性とマクロ経済的安定性の変化——「韓国的フォーディズム」・金融危機・新自由主義的経済改革」『調査と研究』第31号.

〈韓国語文献〉

ゾ・ポッキョン（2003）「金融と銀行、そして株式市場——銀行中心的システムと資本市場中心的システム」『参与政府の金融産業政策の方向』代案連帯‐全国金融労組政策大討論会資料集.

劉哲圭（1997）「韓国の金融自由化と金融改革の性格」『韓国経済の危機と改革課題』プルビッツ.

梁峻豪（2008）『中小企業政策金融と韓国企業銀行の進路』全国金融労働組合金融経済研究所.

梁峻豪（2010）『金融委員会の政策および機能に関する批判的考察——金融公共性の観点に基づいて』2009年韓国国会政務委員会研究報告書, 大韓民国国会.

梁峻豪（2011）『社会的経済——概念・事例・政策課題』ドナム出版社.

第9章　韓国における非正規労働の増加と雇用の二重構造化

金　埈永

1　はじめに

　韓国では1997年の通貨危機以降，経済構造は急速に変化した．その変化の一つとして労働市場の柔軟化が進み，その結果，雇用の非正規化が急速に進んだ．非正規労働問題は韓国社会で経済的・政治的・社会的争点の一つになった．韓国の非正規雇用の比率を把握できる統計は，統計庁の「経済活動人口調査労働形態別付加調査」（以下，「付加調査」と呼ぶ）である．この調査に基づく政府の推計によると，非正規雇用の比率は2001年8月では26.8％であったが，2004年8月には37.0％にまで上昇し，その後は緩やかに減少したものの，2012年8月においても33.3％の高い水準にある．

　韓国における非正規労働の問題は，通貨危機以降における韓国経済社会システムの変化を最も直接的に反映している．労働権が社会権として完全に確立していない状況下で，通貨危機以来，大企業の短期主義的な経営戦略と労働市場の柔軟化戦略が追求された結果，非正規労働問題が社会問題化したと捉えられている（ジョンビョンュ 2009）．そして非正規労働問題は，企業と産業における二重構造をそのまま反映している現象であるといえるのと同時に，労働市場での不平等を引き起こす主な原因でもある．また，雇用の非正規化は，貧困の増加と若者層の就業問題にも直接に関係している現象でもある．

　韓国社会で，非正規雇用の増加が注目度の高い社会的争点になった理由は，

次のようにまとめられる．第一に，非正規雇用の規模が大きく，金融危機以降に短期間で急速に増加した．韓国社会では，非正規労働が，経済全体のレベルでも個別企業のレベルでも過度に濫用されているという認識が広がっている．第二に，韓国の非正規雇用の割合は，1997年の通貨危機以前も高かった．1966年から始まった統計庁の「経済活動人口調査[1]」(以下，「本調査」と呼ぶ)は，従業上の地位を基準にして，賃金労働者を常用労働者，臨時労働者，日雇労働者と三つに区分している．この調査によれば，賃金労働者全体に占める臨時労働者と日雇労働者の割合は，通貨危機の直後の2000年には52.1%まで増加したが，1991年でもすでに45%に達していた．第三に，賃金だけでなく，社会保険の適用の有無など労働条件の面でも，正規労働と非正規労働の間の格差が大きく，非正規労働に対する差別が存在する．第四に，非正規労働者の権利を主張できる労働組合や社会的セーフティーネットが整っておらず，非正規労働者に対する社会的排除が深刻な状況にある（ウンスミ他 2008）．第五に，非正規労働は，正規労働を補完する目的ではなく代替する目的で活用されることが多いという特徴を持っている（Kim J.Y. 2010）．また，非正規労働から正規労働への転換を進めるシステムは，事実上存在していない．

韓国における非正規労働問題は，経済・社会的アクターの間の利害関係や，非正規労働をみる視点や世界観の相違などとも複雑に絡み合っており，簡単に解決できない非常に難しい問題である．したがって，韓国の非正規労働問題の解決のためには，正規労働も含む全体の雇用システムを再検討することが必要であり，さらに，雇用システムの特徴と経済・産業構造との関係を明らかにするなど，より包括的なアプローチが必要である（ジョンイファン 2009）．

しかし，本章の目的は，そのような韓国の非正規労働問題への包括的なアプローチを提示することではない．本章は，2000年代以降の，韓国政府を含む様々な諸主体による非正規労働に関わる諸研究を批判的に再検討することを通じて，非正規労働問題の有効な解決の方向性を示したい．まず第2節では韓国の非正規労働の現状と特徴について検討する．そして第3節では，非正規労働の形成要因を制度論の視点から考察する．さらに第4節では，非

正規労働問題の改善のための対策と課題を説明する．最後の第5節では本稿の結論を示す．

2　非正規労働の現状と特徴

1) 非正規労働の定義

　2000年以前については「付加調査」が行われていないので，韓国の非正規雇用の動向を正確に把握することはできない．そのため，非正規労働の動向を中長期的に検討する場合には，「本調査」[2]から導出される非常用労働者の数（臨時労働者数と日雇労働者数の合計）が雇用者総数に占める比率（以下，「非常用労働者比率」と呼ぶ）を，非正規労働者比率として使用することが多い．このような非常用労働を非正規労働とみなすことが正当であるかについては議論の余地があるが，この方法が雇用形態別労働者構成の長期時系列的な変化をみる唯一の方法である．したがって，韓国の非正規雇用の動きを時系列的に考察する際には，2000年までは「本調査」から導出される非常用労働者比率を，それ以降は「付加調査」から導出される非正規労働者比率を見ることが一般的である．

　「本調査」によれば，非常用労働者の比率は，高度経済成長期にあった1989年に，すでに45%超に達している．この比率の動きを見ると，1990年から1993年までは減少したが，1995年から増加傾向に転じ，1996年に43.7%に達した．1997年の通貨危機を経てから，この比率は急増し，1999年には51.6%に，さらに2000年には52.1%にまで高まった．したがって，通貨危機をきっかけに，韓国で非正規労働者が急増したことに関しては疑問の余地はない．2002年以降はこの比率の低下が始まり，2012年には37.3%まで下落した．

　1997年の通貨危機以降の非正規雇用の急増に伴い，議論が活発化したが，非正規雇用の概念や規模に関して，労働者，経営者および政府の間で大きな認識の相違があった．2002年7月になってようやく労使政委員会[3]において，非正規労働者の定義と範囲に関する合意が形成された[4]．この合意された基準に基づいて韓国政府は「付加調査」を実施することにより，非正規労働の

規模や構成を把握している．この合意によると，非正規労働者は，第一に労働時間を基準に識別されるパートタイマーなどの短時間労働者，第二に雇用契約期間と雇用の継続性の有無を基準に識別される有期雇用労働者，そして第三に労働提供方法を基準に識別される非典型労働者（派遣労働，請負労働，呼出労働，特殊雇用[5]，家内労働）という三種に大きく分けられる．そして有期雇用労働者は，（1）雇用期間を定める労働者，（2）雇用期間に定めがないが非自発的な理由から継続的な勤務が期待できない労働者に細分される．有期雇用労働者でありつつ非典型労働者でもあるケースなど，複数の雇用形態区分に属する労働者も存在するので，その重複数を除いて，上記の三つの区分の労働者数を合計した値が，非正規労働者の総数になる．この基準（以下，「政府基準」と呼ぶ）によって計算すると，賃金労働者全体に占める非正規労働者の割合は2012年8月現在，33.3％（591万1000人）に達している．

一方，労働組合側は，このような政府基準に加えて，政府基準では正規労働者に分類されるが，正式な雇用契約を結ばず，正常な労働条件や待遇を受けないまま，長期にわたって就労をしている臨時と日雇労働者（**表9-1**のDに属する労働者にあたる）を非正規労働の範囲に入れて計算している．労働組合側の基準（以下「労働側基準」と呼ぶ）に基づけば，非正規労働の比率は2012年8月に，47.8％（847万7000人）に達することになる．

非正規労働の規模推定方法における政府基準と労働側基準の間の相違は，

表9-1 経済活動人口調査・付加調査による雇用形態の区分（2012年8月）

従業上の地位別の分類（本調査）	区分	雇用形態別の分類（付加調査）				
		非正規			正規	計
		有期雇用	短時間	非典型		
	常用	非正規・常用（A） (194万6000人，11.0％) [非正規労働者]			正規・常用（C） (925万7000人，52.2％) [正規労働者]	A＋C 1120万3000人 (63.2％)
	非常用 (臨時・日雇)	非正規・非常用（B） (396万4000人，22.3％) [非正規労働者]			正規・非常用（D） (256万6000人，14.5％) [脆弱労働者]	B＋D 653万人(36.8％)
	計	A＋B 591万1000人(33.3％)			C＋D 1182万3000人(66.7％)	1773万4000人 -100.00％

出所：統計庁，2012年8月の「経済活動人口調査」と「同調査の付加調査」の個票データから筆者計算
注：［　］内は本章で使用する名称である．

表9–1のDにあたる労働者（正規・非常用）を非正規労働者に含めることが正当かどうかに関わっている．すなわち，政府基準が非正規労働者を除いたすべての臨時労働者と日雇労働者を正規労働者として見なしているのに対して，労働組合側は臨時労働者と日雇労働者のすべてを非正規労働として見なしている．

したがって，政府基準と労働側基準の間には，2012年8月現在，非正規労働者の絶対数では256万人，非正規労働の比率では14.5％ポイントもの差異がある．非正規雇用の規模をめぐる見解の相違は，非正規雇用保護や労働市場規制緩和の是非をめぐる社会的対立に直結している．以下で説明するように，政府基準では正規労働として分類される臨時と日雇（表9–1のD（正規・非常用）に当たる）は，いわゆる「脆弱労働階層[6]」であり，非正規労働者より劣等な賃金や労働条件に処されている階層でもある．

「本調査」の従業上の地位により区分される非常用労働者（臨時と日雇）は，正式な雇用契約を結ばず，国家と企業から正式の雇用者としての待遇も与えられていない「前近代的」および「非公式的」な性格が強い労働者層である．一方，「付加調査」の雇用形態により区分される非正規雇用（表9–1のAとB）は，企業の雇用柔軟化戦略が新たに生み出した労働者層である（ジョンビョンユ 2009；ジョンイファン 2009）．すなわち，雇用関係の前近代性は，表9–1の正規・非常用雇用（D）を非正規雇用（A，B）から区別する特徴である．この前近代的な正規・非常用雇用（D）を，本章では「脆弱労働者」と呼び，正規労働者から分離して考察する．つまり，以下の分析では，政府基準と労働側基準のどちらかを採用するのではなく，雇用形態を，表9–1の（C）に当たる正規労働者，（A）と（B）に当たる非正規労働者，そして（D）に当たる脆弱労働者の三つに区分して，韓国労働市場の現状と特徴を検討する．

2）非正規労働の現状と特徴

表9–1によれば，2012年8月現在，韓国における非正規労働者の数は591万1000人であり，雇用者全体の33.3％を占めている．非正規労働者の中では，有期雇用労働者が349万8000人で，雇用者全体の19.7％を占めており，これは非正規労働者全体の59.2％に当たる．非正規労働者全体の中で，このよ

うに有期雇用労働者の割合が過半を占めることは，韓国の非正規労働が正規労働を補完する形態ではなく，正規労働を代替する形態で増加してきたということを意味する[7]．個々の企業や産業で，正規労働者数の増加にともなって非正規労働者数が増加する場合は，非正規労働と正規労働は「補完的」と判断され，正規労働者の減少にともなって非正規労働者が増える場合は「代替的」と判断される．宇仁（2009）の日本の製造業の産業小分類別雇用形態別雇用者数データを使った計測によると，1996～2001年において，正規労働とパートタイム労働との間には，弱い補完性が確認され，他方，正規労働と派遣・請負労働との間には，かなり強い代替性が確認された．日本では，パート労働が非正規労働の過半を占めるが，韓国では，パートタイマーなど短時間労働者の割合は小さく，有期雇用労働者や非典型労働者の割合が大きい．このことが，韓国では，非正規労働と正規労働との代替性が強い一因であると考えられる．代替的か補完的かの判定は，上記のようなミクロデータを使う方法に加えて，マクロデータを使う方法もある．図9-1は，2002～12年の雇用形態別の構成比の推移を示している．2002～06年において，正規労働者の構成比が減少するなかで，非正規労働者の構成比が急増したことがわ

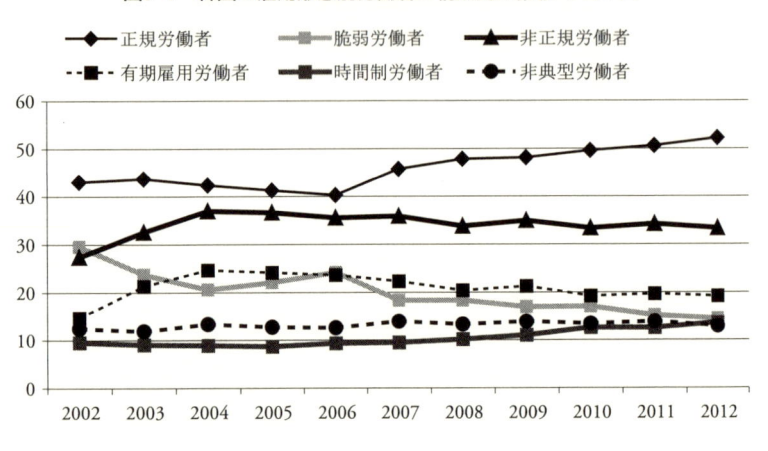

図9-1　韓国の雇用形態別労働者の構成比の推移（単位：％）

出所：統計庁「経済活動人口調査付加調査」各年8月のデータより筆者作成．

かる．また，非正規労働者構成比の増加の大部分は，有期雇用労働者の増加である．つまり，マクロデータからみても，正規労働者から有期雇用労働者への代替が，2000年代前半に進んだことが確認できる．なお，脆弱労働者の構成比は長期的にみて低下傾向にある．

この強い代替性ゆえに，正規労働と非正規労働の間の労働時間における相違は小さいものの，賃金や労働条件には非常に大きな格差が存在する．**表9–2**は，雇用形態別に，人数と賃金，労働時間などの労働条件を示している．

表9–2 韓国における雇用形態別の労働者数，賃金，労働時間（2012年8月）

	規模		労働条件			
	人数（千人）	構成比（％）	月平均賃金（万ウォン）	時間当たり賃金（万ウォン）	週当たり労働時間（時間）	雇用契約書を作成している者の割合（％）
賃金労働者全体	17,734	100.0	210.4	1.33	39.2	53.6
(C) 正規労働者	9,257	52.2	277.0	1.74	40.0	64.1
(D) 脆弱労働者注1)	2,566	14.5	142.1	0.76	45.8	20.0
(A, B) 非正規労働者注2)	5,911	33.3	135.8	0.94	35.0	51.7
うち有期雇用労働者注3)	3,498	19.7	147.5	0.99	36.7	70.3
短時間労働者注4)	1,826	10.3	60.7	0.75	20.1	33.1
非典型労働者	2,286	12.9	138.2	0.9	38.8	43.0
うち呼出労働者注5)	871.0	4.9	115.2	0.85	35.1	3.6
特殊労働注6)	545.0	3.1	181.3	1.15	37.8	43.2
派遣労働	214.0	1.2	162.0	1.06	37.2	77.0
請負労働注7)	682.0	3.8	126.4	0.72	45.2	81.7
家内労働注8)	69.0	0.4	66.3	0.66	31.7	7

出所：統計庁「経済活動人口調査付加調査（2012.8）」の個票データから筆者が計算．

注：1) 脆弱労働者とは，雇用期間が1カ月を超える，または定めのない者であるか，契約の反復更新あるいは期間の定めなく長期にわたって雇用されている者であるにもかかわらず，常用雇用としての処遇ではなく臨時労働者としての処遇を受けている者を指す．
2) 非正規労働者は定義上で重複する部分がある．したがって，構成比を合計すると1を上回る．
3) 有期雇用労働者は，雇用期間の定めがある者に加えて，定めがない者のうち，非自発的な理由から継続的な勤務が期待できない者をいう．
4) 主たる職場で週当たり労働時間が36時間未満である者を指す．
5) 契約期間を定めず，仕事がある場合に限り，日単位あるいは週単位で働く形態の労働者を指す．特殊労働，派遣労働，請負労働に該当する場合は除外される．
6) 自らの事務所，店舗，または仕事場を有さずに，あるいは非独立的な形態で業務を遂行するが，労働力の提供の方法，労働時間などは独自に決定する者をいう．たとえば，個人的に募集・販売・配達・運送などの業務を通じて顧客を探したり，商品やサービスを提供し，仕事をしたりした分だけ賃金を得る場合を指す．
7) 請負会社に雇われて，業務上の指揮・監督もこの会社が行うが，この会社と用役契約を組んだ他の会社で労働を提供する形態で働く者を指す．
8) 事業所が提供した共通の作業場ではなく，家庭内で作業をする場合，あるいは，自分の家庭ではなくても，隣家または近所の他の家庭に集まって作業をする場合もこれらにあたる．

2012年8月において，非正規労働者の月平均賃金は135.8万ウォンであり，正規労働者の277.0万ウォンの49％にすぎない．時間当たり賃金でも，正規労働と非正規労働の間には40％以上の格差が依然として存在する．学歴など個人の属性の違いや，企業規模など企業の属性の違いを考慮した賃金関数を推計して，これらの属性の違いによる賃金格差を差し引いたとしても，正規労働者と非正規労働者の間には，月平均賃金で20～25％の賃金格差が残る（イビョンフン2009）．

週当たり労働時間では，パートタイマーなど短時間労働者の労働時間は20.1時間であり正規労働者の約半分である．しかし，有期雇用労働者と非典型労働者の労働時間は，正規労働者よりもわずかに下回るだけである．また，非正規労働者の中で請負労働者は，正規労働者より5.2時間上回る．他方，脆弱労働者の週当労働時間は45.8時間で，正規労働者よりも5.8時間長く働いているが，時給は0.76万ウォンで正規労働者の1.74万ウォンの半分にも満たないし，非正規労働者の0.94万ウォンに比べても約2割低い．このような脆弱労働者の劣悪な労働条件は，労働組合側が彼らを正規労働者としてみなすことはできないと主張する理由の一つである．

労働者の雇用に伴う企業の金銭的な負担としては，賃金費用だけではなく，社会保険料と企業内の福利厚生制度の運営にかかわる費用もある．正規労働者と非正規労働者の間には，賃金格差に加えて，社会保険加入率と福利厚生制度の適用率に関しても，大きな差がある．**表9-3**に示すように，2012年8月現在，正規労働者の社会保険加入率は，公的年金で98％，健康保険で99％，雇用保険で84％であることに対し，非正規労働者はそれぞれ37％，43％，41％にすぎない．社会保険料については，一般的に雇用主は被雇用者の社会保険料の半分を負担するが，法律で決められている要件を満たさない一部の労働者については，社会保険料の雇用主負担の適用が除外される．その要件は，社会保険の種別によって異なるが，年齢，労働時間や雇用期間によって規定される点は共通している．例えば，公的年金制度では，日々雇用される労働者，1カ月未満の期間を定めて雇用される日雇い労働者や臨時労働者，週当たり労働時間が15時間未満のパートタイマーについては，社会保険料の雇用主負担が適用除外になる．そして雇用保険制度では，65歳以

表9-3 韓国における雇用形態別の社会保険加入率と
福利厚生制度適用率(2012年8月)（単位：％）

	社会保険加入率			福利厚生制度適用率			
	公的年金	健康保険	雇用保険	退職金	賞与	時間外手当の割増	有給休暇
賃金労働者全体	66.5	70.0	61.2	66.7	66.6	45.2	58.0
(C) 正規労働者	97.5	98.9	83.7	99.4	96.4	70.4	89.2
(D) 脆弱労働者	23.5	26.9	27.3	16.6	33.5	8.1	9.6
(A, B) 非正規労働者	36.7	43.3	40.6	37.2	34.4	21.6	30.1
うち有期雇用労働者	52.8	61.9	56.5	53.5	46.4	30.2	44.4
短時間労働者	12.2	14.6	14.8	10.1	12.7	6.7	6.8
呼出労働	0.1	0.2	4.4	0.6	2.0	3.8	―
特殊労働	3.7	5.6	5.8	2.0	10.9	0.5	1.8
派遣労働	64.0	70.0	70.2	67.9	61.0	40.1	54.2
請負労働	53.4	81.8	68.0	75.9	57.6	31.3	47.8
家内労働	5.8	5.8	5.6	5.1	6.4	2.7	2.7

出所：表9-2と同じ．

上の労働者，1カ月未満の日雇い労働者などは義務加入の対象外になる．つまり非正規労働者の多くは，これらの要件に該当するので，非正規労働者を採用すれば，雇用主は社会保険料の負担を免れることができるのである．

しかし，**表9-3**に示される正規労働者と非正規労働者の間の社会保険加入率格差は，上記のような社会保険の適用除外要件だけでは十分に説明できない．つまり，韓国においては，社会保険制度の死角が大きいので，雇用主が非正規労働者の弱い立場に乗じて，非正規労働者を，法的には加入義務のある社会保険に加入させないような違法な労務管理が依然として蔓延している．**表9-3**に示される社会保険加入率格差は，このような事実も反映している（ジョンビョンユ 2009）．さらに，**表9-3**に示されるように，脆弱労働者と正規労働者の間の格差は，非正規労働者と正規労働者の間の格差よりも大きい．

また，**表9-3**によれば，実際に企業が提供する福利厚生の各種制度の適用率においても，雇用形態によって大きな差がある．正規労働者については各種福利厚生制度の適用率は，退職金が99％，賞与が96％，時間外手当の割増が70％，有給休暇が89％であることに対し，非正規労働者については

それぞれ，37％，34％，22％，30％で，正規労働者の半分にも満たない．パートタイマーなど短時間労働者と，非典型労働者のうち呼出労働者と特殊労働者について，福利厚生制度の適用率はさらに低い．また，正規労働者と脆弱労働者の間の適用率格差は，正規労働者と非正規労働者の間の格差より大きい．

3 韓国における非正規労働の形成要因

前節で説明したように，韓国の非正規労働の特徴として次の三点が挙げられる．まず，非正規労働者と脆弱労働者が雇用者全体に占める比率が高い．第二に，正規労働者と非正規労働者・脆弱労働者との間には，賃金と労働条件における格差が大きい．第三に，非正規労働と正規労働との関係は，補完性よりも，代替性が強いことである．以上のような特徴をもつ非正規労働が，韓国においてどのような要因に基づいて形成されたのか．この問いに答えるため，制度論的に分析することが本節の目的である．「新自由主義労働体制論」，「企業内部労働市場論」および「韓国雇用関係の前近代性論」という三つの見方を批判的に検討する．新自由主義労働体制論は，上記のような特徴をもつ非正規労働の形成要因を，通貨危機以降の新自由主義的労働改革に求める．また，企業内部労働市場論は，正規労働者からなる内部労働市場が硬直的であるため，雇用と賃金量の柔軟な調節を可能にするために非正規雇用が必要となるととらえる．また，韓国雇用関係の前近代性論は，非正規労働の存在理由を，小規模・零細企業における近代的な雇用契約関係の欠如に求める．

1) 新自由主義労働体制論

新自由主義労働体制論では，1997年の通貨危機以降，韓国は新自由主義的改革の下で，企業の構造改革と労働市場の柔軟化が急激に進み，その結果の一つとして非正規労働者が増加した，と説明される．すなわち，通貨危機以降，雇用調整の容易さと労働費用の節減を目的として，事業主は正規労働者を削減する一方で，非正規労働者を多く採用した結果，非正規労働者の比率が急増したと説明する．この見解によると，通貨危機をきっかけに，韓国

の雇用システムが質的に変化し，米国と類似した新自由主義的労働体制が成立したとされる．すなわち，韓国では1987年のいわゆる「労働者大闘争」以降に成立された「フォーディズム体制」が，通貨危機以降に新自由主義的な構造調整によって崩壊し，代わりに新自由主義的体制が成立したという主張である（ジョンイファン 2008）．

このような新自由主義労働体制論は，通貨危機以降における，韓国の労働市場の急激な柔軟化を理解するために重要である．通貨危機直後の1998年に導入された整理解雇制，派遣業の規制緩和などを中心とする労働市場柔軟化政策が本格化した結果として，それまで財閥大企業の男性労働者を中心に形成されてきた内部労働市場の雇用安定性は大きく動揺することになった．実際に，通貨危機直後には，それまでは安定的な雇用環境で働いていた大企業の男性正規労働者も整理解雇の対象になり，非正規労働者に置き替えられるケースも起きた．

しかし，新自由主義労働体制論には，通貨危機以降の非正規職の増加を説明することに関して限界があるという指摘もある．たとえば，労働柔軟性が高い米国やイギリスの場合，雇用者全体に占める非正規労働者の割合が低いのに，なぜ韓国では，労働市場の柔軟化が非正規労働者の割合の増加を伴ったのかという問いには，新自由主義労働体制論は十分に答えられない（ジョンイファン 2009）．また，前述したように，韓国の非正規労働者の割合は，通貨危機以降だけではなく，高度経済成長期であった1980年代末にも，非常用労働者の比率が45％に達するほど高かった．新自由主義労働体制論のみでは，通貨危機以前にも存在していた相当な規模の常用労働者に関して説得力がある説明を提供できないのである．

2）企業内部労働市場論

企業内部労働市場論は，非正規労働の性格は，非正規労働と企業内部労働市場との関係を検討することを通じて明瞭に理解できると主張する．内部労働市場では外部労働市場と比べて，賃金と雇用の安定性が高いので，内的・外的ショックに応じて，賃金と雇用量を弾力的に調節することが難しい．このような調節の難しさのため，企業は内部労働市場の大きさを制限して，正

規労働者を非正規労働あるいは外部労働と代替しようとする傾向が生じる（Aoki 1988）．この代替を通じて，企業は労働の数量的柔軟性を高めるとともに，労働費用を減らすことが出来る（Kim J.Y. 2010）．しかし，このような代替は，企業にとっては技能の低下や，労働意欲の減退などの潜在的損失をもたらす．もし，企業が高品質，高価格，高技能のような，いわゆる「ハイロード（high-road）」戦略を選択すれば，内部正規労働者の高技能は企業の競争力の源泉になるので，事業主は，正規労働者を非正規労働者で代替しようとしないだろう．

　一方，通貨危機のような深刻な経済危機の下で，新自由主義的な構造調整が本格化するなかで，企業が費用削減と労働柔軟化を力強く推進するようになると，企業が内部労働市場を縮小するために，正規労働者を減らして，代りに非正規労働を増やそうとする傾向はより強まるだろう．この点で新自由主義労働体制論と企業内部労働市場論は相互補完的な説明を提供する（ジョンイファン 2009）．これら二つの見解を結びつければ，韓国と日本のように企業内部労働市場が発展している国で，とくに景気不況期に非正規労働が急増したことがよく説明できる．

　韓国の非正規労働の特徴の一つは，非正規労働者が遂行する業務は正規労働者の業務を補完する性格よりも，代替する性格が強いということである（Kim J.Y. 2010）．そして，韓国の非正規労働の性格が補完型より代替型に近い理由の一部は，次のように，韓国における企業内部労働市場の非効率性から説明することができる（ジョンゴンファ 2003; ノヨンジン／ウォンインソン 2003; Kim J.Y. 2010）．韓国の企業内部労働市場の形成の発端は 1970 年代半ばにまでさかのぼるが，大企業で男性正規労働者を中心に本格的にそれが形成され始めたのは 1987 年の「労働者大闘争」以降である．韓国の企業内部労働市場は，「労働者大闘争」以後，急速に成長した労働組合の要求によって短期間で拡大したのである．そのせいもあり，日本企業に典型的にみられるような長期雇用制度，年功的賃金制度，企業内賃金交渉制度，企業内技能形成制度など間の制度的補完性は，韓国企業においては不十分である．たとえば，当時，韓国の内部労働市場の賃金体系は年功的な性格が強かったが，内部労働者の技能水準を高める効率的で体系的な職業訓練プログラムはほと

んど存在しなかった．したがって労働者の勤続期間が長くなるほど労働生産性と賃金の間の格差が大きくなって，内部労働市場を維持するためのコストは大きくなるなどの非効率性は増加する．この非効率性増加への対策として，韓国企業は1997年以前から内部労働市場の大きさを制限しようとする試みを行い，その具体的な方策の一つが多様な形態の非正規労働を増やすことであった．たとえば，現代自動車では1980年代初めからすでに社内下請労働者[8]を活用し始めたが，1990年代に入ってからは，社内下請労働者が，既存の清掃，警備，包装，運送などの間接部門業務を越えて，組立て業務にまで投入され始めた（キムボソン2011）．

さらに，企業内部労働市場の非効率性は，韓国の高度経済成長（1970～1990年代初め）を導いた成長体制にも起因する．当時，韓国の成長体制はフォード主義的大量生産と大量輸出が結合された「周辺部フォード主義」であった．このような韓国式フォード主義の競争力の源泉は，低賃金と半熟練労働力の結合を通じて生産された低価格の商品にあった．したがって，労働者の多技能化や企業特殊的な技能形成を通じて達成される内部労働市場の効率性の向上などは，労働組合だけではなく経営者においても重要な関心事ではなかった．このような韓国の生産システムの性格は，1987年以後も基本的には変化がなかった．たとえば，2000年代における韓国自動車産業の生産方式は，労働者の技能に依存するよりも，エンジニアが主導する柔軟自動化に強く依存しており，このような点で韓国自動車産業の生産システムは「システム的な合理化モデル」に近いと評価される（ゾソンゼ2008）．

新自由主義的な構造調整の推進による企業の労働柔軟化と企業内部労働市場の非効率性は，通貨危機以後の非正規労働の急増に対して説得力ある説明を提示する．すなわち，韓国の非正規労働問題は，大企業の内部労働市場の硬直性と非効率性，そして前近代的で不公正な下請関係などが企業の労働柔軟化の推進と結合して現われたのである．したがって，韓国の非正規労働問題を理解するためには，非正規労働市場そのものだけでなく，内部労働市場までを包括する雇用システム全体の性格，および成長体制の性格を考察する必要がある．しかし，新自由主義労働体制論と同様に，企業内部労働市場論も，1997年の通貨危機以前にも，非正規労働者の規模が大きかったことに

関しては十分な説明ができない．このような韓国非正規労働の特徴を説明するためには，これら二つの理論があまり注目していない韓国労働市場の「前近代性」あるいは「インフォーマル性」を検討する必要がある（ジョンイファン 2009）．

3）韓国雇用関係の前近代性論

「本調査」によれば，非常用労働者の割合は高度経済成長期であった1989年にはすでに45％以上で，通貨危機直前の1996年には43.2％であった．常用／臨時・日雇という分類と正規／非正規・脆弱という分類を同一視することはできないが，「本調査」の非常用労働者比率の過去の推移からみて，1997年以前にも韓国では相当な規模の非正規労働者や脆弱労働者が存在していたと判断できるだろう．

このように，通貨危機以前にも大きな規模の非常用労働者が存在していたことは，韓国の雇用関係の「前近代性」という概念で説明できる．すなわち，この前近代性論によると，非常用労働者の大部分は，正式な雇用契約を結ばず，国家と企業から雇用者としての正当な待遇を受けていない「前近代的」および「インフォーマル」な雇用関係におかれている者であったと判断される（ゾンイファン 2008）．たとえば，「付加調査」によると，2012年8月においてさえ，明文化された雇用契約書を作成した労働者が雇用者全体に占める比率は53.6％（949万9000名）にすぎない（表9-2参照）．雇用形態別で見れば，雇用契約書を作成した労働者の比率は，正規労働者では64.1％，非正規労働者では51.7％である．なお，脆弱労働者の中で雇用契約書を作成した者の比率は20％ほどにすぎない．すなわち，韓国では相変わらず半分に近い労働者が，雇用契約書を作成していない．正規労働者でさえ相当数は雇用契約書を作成しないまま雇用されている状態である．**表9-4**は，雇用契約書を作成している者の割合を雇用形態別・事業所規模別に示している．この表によると，事業所規模が小さくなるほど，この割合は低い．

表9-5は，2012年8月現在の，事業所規模別の正規労働，非正規労働，そして脆弱労働の分布を表している．まず，目立つのは，事業所規模が小さいほど正規労働者の割合が小さいということである．正規労働者の割合は，

表9–4　雇用形態別・事業所規模別の雇用契約書を作成している者の割合（2012年8月）（単位：%）

	1—4人	5—9人	10—29人	30—99人	100—299人	300人以上	計
正規労働者	41.7	53.3	60.6	63.7	75.1	75.7	64.1
非正規労働者	23.0	40.1	62.6	76.1	83.7	85.2	51.7
脆弱労働者	9.4	18	32.1	39.8	56.2	57.3	20.0

出所：表9–2と同じ．

表9–5　雇用形態別・事業所規模別の雇用者分布（2012年8月）（単位：千人，%）

	1—4人	5—9人	10—29人	30—99人	100—299人	300人以上	計
正規労働者	625 (18.4) [6.8]	1195 (39.1) [12.9]	2151 (53.2) [23.2]	2219 (64.8) [24.0]	1303 (75.2) [14.1]	1763 (84.7) [19.0]	9256 (52.2) [100.0]
非正規労働者	1669 (49.1) [28.2]	1181 (38.7) [20.0]	1379 (34.1) [23.3]	1025 (29.9) [17.3]	368 (21.2) [6.2]	288 (13.8) [4.9]	5910 (33.3) [100.0]
脆弱労働者	1104 (32.5) [43.0]	678 (22.2) [26.4]	511 (12.6) [19.9]	180 (5.3) [7.0]	62 (3.6) [2.4]	30 (1.4) [1.2]	2565 (14.5) [100.0]
計	3398 (100.0) [19.2]	3054 (100.0) [17.2]	4041 (100.0) [22.8]	3424 (100.0) [19.3]	1733 (100.0) [9.8]	2081 (100.0) [11.7]	17,734 (100.0) [100.0]

出所：表9–2と同じ．
注：各欄の2行目の（　）内は各事業所規模における雇用形態別構成比を示し，3行目の［　］内は各雇用形態における事業所規模別構成比を示す．

300人以上事業所においては84.7%と大きいが，事業所規模が小さくなるにつれて減少し，1-4人規模の事業所では18.4%にすぎない．小規模の事業所は，大規模の事業所に比べて賃金水準が低く，労働条件も劣悪である．たとえば，「付加調査」によれば，2012年8月現在，月平均賃金は1-4人規模の事業所では125万ウォンで，300人以上規模の事業所の342万ウォンと比較すれば，その約37%にすぎない．また，通貨危機以後，小企業と大企業の間での，賃金を含む労働条件の格差は拡がる傾向もある（雇用労働部2011）．

他方，韓国の雇用構造の特徴として，零細企業で働く労働者の比率が高いということを指摘できる．たとえば，1-4人規模の事業所で働いている労働者の数は339万8000人で，雇用者全体（1773万4000人）の19.2%にあたるのに対し，日本の場合，「労働力調査」によれば，2011年に1-4人規模の

事業所の雇用者は374万人で，雇用者全体に占める割合は7.2%にすぎない（総務省統計局，2011）．また，この小規模・零細事業所は，その賃金と社会保険適用率を含む労働条件が，大規模の事業所に比べて低いだけではなく，雇用保障の程度も非常に低い状態である．

以上の論議から分かるように，韓国で非正規労働者・脆弱労働者の規模が大きい要因のひとつは，近代的な雇用契約関係が確立されていない小規模・零細事業所で働いている労働者の比率が大きいことにある．とくに脆弱労働者の分布は小規模・零細事業所に集中している．この脆弱労働者あるいは非公式部門労働者の割合が高いことは，韓国雇用構造の重要な特徴の一つであり，また，小企業・零細企業に従事する労働者の高い比率は，韓国就業者の中で自営業者の比重が高いという事実とも一脈相通じることがらでもある．2011年現在，就業者に占める自営業者の割合は，韓国が23.1%で日本の9.0%と比べて2.5倍以上であり，家族従事者の割合も韓国が5.2%で日本の2.9%をはるかに上回っている[9]．したがって，前近代的小規模・零細企業で雇われている脆弱労働者・非正規労働者と近代的大企業部門で働いている非正規労働者とを区別することは，韓国非正規労働市場の特徴を理解するためには，非常に重要なことである（ソンゼミン／イシキュン 2007）．

4　韓国における非正規労働問題の対策と課題

1）非正規労働問題と労働組合運動

非正規労働の増加や正規労働者との差別的処遇は，韓国社会で重大な社会問題となり，非正規労働者の組織化と正規職化を含む処遇改善は，韓国労働組合運動の重要な課題として位置づけられてきた．

しかし，実際には，2000年以降における韓国の企業別労働組合運動の重要な特徴の一つは，非正規労働問題に関する消極的な態度，あるいは無関心である．「正規労働者の企業別の組織」としての性格が強い韓国の企業別労働組合は，非正規労働者を正規職労働者の雇用安定のために必要な「雇用バッファ」として認識し，「非正規雇用の正規職化」や非正規労働者の労働組合結成への支援などに関して，消極的な態度をとってきた．たとえば，通貨危

機以降，労働柔軟化をめざす経営者側の攻勢の中で，企業別労働組合は，内部労働市場の存続と正規労働者の雇用保障と引き換えに，企業内での非正規労働者の採用拡大を黙認してきた（Kim J.Y. 2010）．

主に製造業の大企業を基盤にする民主労総に属する労働組合の中でも，非正規労働問題に対して意識的に背を向ける企業別労働組合が現れた．例えば，組合員数が1万8000人に達し，韓国を代表する企業別労働組合である「現代重工業労働組合」は，社内の非正規労働者に対する差別的処遇に抗議する遺書を残して自ら命を絶ったパクイルスさんの自殺事件（2004年3月）について，消極的な対応をし，民主労総金属連盟の調査と活動を故意に妨害したということで，民主労総から除名された．民主労総に属する企業別組合が上部組織から除名されたことは，韓国の労働運動史上初めての事件であったこと，また，大企業の正規労働者労働組合の非正規労働に対する敵対的態度が公然化したことにより，この事件は韓国社会に大きな衝撃を与えた．

こうした状況の中で，非正規労働者は，既存の正規労働者の中心の労働組合とは別の組織化をし始めた．とくに2000年5月に「韓国非正規労働センター」が結成され，専門研究者による調査，相談，学習，組合作り支援などの活動が本格的に始まった．そして韓国非正規労働センターは，韓国労働組合の2大ナショナルセンターである民主労総と韓国労総に対して非正規労働者問題へのより積極的な態度をとるように圧力をかける役割も果たした（脇田 2012）．

しかし，そのような動きにもかかわらず，非正規労働者の労働組合加入率はまだ低水準にとどまっている．**表9–6**に示すように，2012年8月現在，正規労働者の中で労働組合に加入している者の割合が20.1％に達していることに対し，非正規労働者の労働組合加入率は2.5％にすぎない．そして非正規労働者のうち84.5％は，事業所に労働組合がないと答えており，労働組合があると回答した者の中で71.2％は加入資格がないと答えている．有期雇用労働者は3.6％が労働組合に加入していると回答したが，77.1％は労働組合がないとしている．請負労働者は4.8％が労働組合に加入していると回答したが，89.9％は労働組合がない，労働組合があると答えた労働者の中で43.5％は加入資格がないとした．他方，派遣労働者は労働組合加入率が1.9％

表9-6　雇用形態別の労働組合加入率(2012年8月)（単位:％）

	労働組合がないと答えた者の比率	労働組合の加入率	労働組合があると回答した者の中で，加入資格がないと答えた者の比率
賃金労働者全体	74.9	11.5	31.1
（C）正規労働者	63.0	20.1	19.1
（D）脆弱労働者	95.6	1.1	67.5
（A，B）非正規労働者	84.5	2.5	71.2
うち有期雇用労働者	77.1	3.6	70.7
短時間労働者	87.8	0.3	95
呼出労働	98.6	0.0	100.0
特殊労働	90.8	0.0	94.0
派遣労働	86.5	1.9	62.1
請負労働	89.9	4.8	43.5
家内労働	98.6	0.0	100.0

出所：表9-2と同じ．

にすぎず，さらにその他の非正規の雇用形態の場合，労働組合加入率は1％にも及ばない．そして，脆弱労働者の労働組合加入率は，非正規労働者の半分以下の1.1％にすぎない．

　非正規労働者の労働組合加入率が低い理由の一つは，**表9-6**が示しているように，正規労働者に比べて非正規労働者は，労働組合のない事業所で働いている者の比率が高いからである．韓国では事業所に規模が小さくなるほど労働組合がない事業所の割合が高くなる．2012年8月の「付加調査」によれば，労働組合組織率（労働組合加入者数／賃金労働者総数）は，1～4名の事業所では0.2％，5～9名で1.7％，30～99名で12.0％，300名以上で33.8％と，規模が小さくなると労働組合組織率が著しく低下する．すなわち，韓国の非正規労働者の労働組合加入率が低い重要な理由の一つは，非正規労働者は，小規模・零細事業所で所属する者の割合が高いからである（**表9-5**参照）．

　非正規労働者の労働組合加入率が低いもう一つの理由は，労働組合があっても加入資格がない者の割合が高いからである．労働組合があるが加入資格がない者の割合は，正規労働者の場合は19.1％にすぎないが，非正規労働者は71.2％に達する（**表9-6**参照）．これは，つまり，韓国の企業別労働組合

の多くは，正規労働者だけで組織され，非正規労働者に開かれていない組織であることを示唆する．

2) 政府の対応：非正規労働者保護法を中心に

　非正規労働の濫用と，賃金や労働条件に関する差別的処遇が大きな社会的問題になり，非正規労働者の保護に関する社会的な議論が展開された．とくに，2000年から労使政委員会において，非正規雇用に関する法規定が必ずしも明確ではなく，多くの脱法的な雇用関係が発生していた事実が問題視され，法的な改善策について持続的に議論された．

　このような議論の末，2006年に韓国政府は，労働組合側と経営者団体の反対にもかかわらず，「期間制（有期）雇用及び短時間勤労者保護等に関する法律」（以下，「有期雇用法」と呼ぶ）の制定と，「派遣勤労者保護などに関する法律」（以下，「改正派遣法」と呼ぶ）及び「労働委員会法」の改定を決定した．これらの法律は2007年7月から施行された[10]．

　「有期雇用法」と「改正派遣法」の主な内容は次の通りである．第一に，有期雇用労働者とパートタイマーの濫用を制限するために，有期雇用労働者の雇用期間を最長2年で制限し，パートタイマーの超過労働時間を週当たり最長12時間に制限した．第二に，非正規労働者（有期雇用，パートタイマー，派遣労働者）に対する不合理な差別を禁止して，差別是正の手続きを用意した．差別を受けた労働者が労働委員会に対してその是正要求を提出すれば，その差別的処遇に合理的な理由があったことの立証責任は雇用主に課せられることになった．また，非正規労働者に対する差別を労働委員会が認めたにもかかわらず，雇用主が改善をしなかった場合には，最高1億ウォンの罰金が科されることになった．第三に，派遣労働者に対する非合理的な差別と濫用を改善するために，2年を超えて派遣労働者を雇用していた場合，その事業主に，この派遣労働者を直接雇用することを義務付けた．

　しかし，この法律の制定時から，次のような欠陥を指摘する批判があった．第一に，この法律は，非正規雇用の利用事由を制限する「入口規制」ではなく，雇用期間を制限する「出口規制」を採用しているが，出口規制では，むしろ「非正規雇用を法によって公認し，固定化する」可能性がある．第二に，

非正規雇用の最長雇用期間である2年に達する直前での,雇止めを誘発する可能性がある.第三に,差別是正の実効性が不十分である.第四に,非正規雇用を理由とする差別以外の格差,たとえば企業の生産性格差や企業規模の違いによる賃金や労働条件の格差は解決できない.第五に,この法律の適用を回避するため,事業主が社内下請や請負を増やす可能性が高い,という諸点などが,法律施行後も絶えず批判の的となった.

　その結果,法律施行後2年が経過した2009年7月において,有期雇用労働者の状況がどのように変化したのかという問題が大きく注目を集めた.すなわち,「有期雇用法」による雇用期間の制限が,有期雇用労働者の正規雇用への転換を促進したのか,それとも雇用期間2年に達する直前での雇止めが多発し,有期雇用労働者の雇用がさらに不安化したのかについて議論が盛り上がった.当時,李明博政権は,雇用期間を最長2年に制限する「有期雇用法」が現状のままであれば,およそ100万人の有期雇用労働者が雇止めになり失職する可能性が高いと主張し,最長雇用期間の延長を内容とする有期雇用法の改正案も持ち出した.しかし,2009年7月になっても,政府が主張した有期雇用労働者の大量解雇の兆しは現れなかった.労働部が2009年9月4日に発表した「事業体期間制(有期雇用)勤労者の実態調査」によれば,雇用期間が2年を経過した有期雇用労働者の約70%が,正規労働者あるいは無期契約労働者に転換されたことが分かった.

　「付加調査」によると,2007年8月から2008年8月の1年間に,正規雇用は76万人増加し,非正規雇用は39万人減少した.非正規雇用をきめ細かく区分してみれば,有期雇用労働(-25万人),呼出労働(-10万人),家内労働(-9万人),特殊雇用(-5万人),派遣労働(-4万人)などの順で減少規模が大きい.この中で,契約期間の定めがある有期雇用労働者の多くは,正規労働者に転換されたと思われる.有期雇用法の実施は,このような非正規雇用の減少に影響を与えたと思われる.しかし,次の1年間,つまり2008年8月から2009年8月の期間では,正規雇用(+23万人)と非正規雇用(+15万人)がともに増加した.非正規雇用を細かく区分して見ると,有期雇用労働が45万人増加したが,それは政府が,2008年秋に起きたアメリカ発の世界金融危機の対応策として「希望勤労プロジェクト[11]」と「青

年インターン」など有期雇用労働者の採用を増やしたからである．

イビョンヒ（2011）は，「付加調査」の個票データを利用し，有期雇用法の効果を検討した．その結果として，①300人以上の大規模事業所では，非正規労働者が正規労働者に移動する確率が増加したこと，②雇用期間制限が，有期雇用労働者の雇用の不安定性を高めたという証拠は見つからなかったことなどを明らかにした．

また，キムヨンソン（2009）は，「付加調査」の個票データを利用して，「有期雇用法」の実施以後，非正規労働者がそのまま非正規労働者にとどまる確率は低下し，正規労働者へ移動する確率と，未就業状態に移動する確率がともに上昇したことを明らかにした．

一方，有期雇用法の実施以後も，非正規労働者に対する賃金や労働条件の差別的処遇はほとんど改善されなかった．「付加調査」によれば，正規労働者の月平均賃金を100とすると，非正規労働者の賃金は2007年8月の50.6から2009年8月には46.3まで下落し，2012年においても49.0にとどまっている．また，社会保険の適用率も，2007年8月以後から増加傾向であるが，2012年8月においても，相変わらず正規労働者の半分にすぎない．

3）非正規雇用問題に関する今後の課題

第一に，非正規雇用の最長雇用期間を制限する「有期雇用法」の効果が不十分であり，非正規労働の増加にともなう社会・経済的な負担が相変わらず維持される場合には，非正規労働の利用事由制限の導入が考慮に値するだろう．利用事由制限は，仕事に関する制限であるが，最長雇用期間制限は人の制限である．最長雇用期間制限は，結局のところ，使用者に雇用形態の幅広い選択権を与えて，雇用の不安定性を拡大させる原因になるという懸念が，利用事由制限を支持する考え方の基礎にある．多くのヨーロッパ諸国は利用事由制限を採用し，有期雇用を，季節的，臨時的な仕事のみに限定している．

しかし，利用事由制限は，現在の労使間の力関係を考えると，当分の間，簡単には実現できない政策であろう．ただし，柔軟な形の利用事由制限に関しては，現実性のある代案として提示すべきであると思われる．たとえば，有期雇用労働者を入れ換えることによって有期雇用を継続するやり方を阻止

するために，同一業務に関する有期雇用労働者の入れ替え雇用を禁止する法案などは，現実的な法案として考慮すべきだろう．ジョンビョンユ（2009）が提案したように，柔軟な形式の「利用事由制限」として，「期間制限＋事由制限」のような方式を考えられる．

第二に，「有期雇用法」の施行以降に増えている社内下請けや違法派遣などの間接雇用や特殊雇用に対応するための適切な法律的・制度的措置が必要である．この問題について，韓国大法院（日本の最高裁判所にあたる）が違法派遣について2年経過後，派遣先での正規雇用化を命じる判決を相次いで下したことは注目される[12]．

第三に，非正規労働者の正規雇用への転換を促進する積極的な政策支援が必要である．第2節で見たように，正規雇用と非正規雇用の間に存在する賃金と労働条件に関する大きな格差を考えると，非正規職の正規職への転換は，企業の自主的努力に委ねる場合は，きわめて難しいと思われる．したがって，政府の積極的な介入と支援を通じて，非正規労働者の正規雇用への転換を促進する方策が不可欠であろう．

5 おわりに

本章では，韓国における労働力非正規化の現状とその原因について考察した．たとえ2001年以前に関しては，非正規労働者の規模を正確に把握できる統計資料がないが，非正規労働者の規模が1997年の通貨危機以降，急速に増加したことに関して議論の余地がない．しかし，通貨危機以前にも，非正規労働者は相当な割合で存在していた．また，政府基準では正規労働者に含まれるが，従業上の地位によって正規労働者とは区別される「脆弱労働者（正規・非常用労働者）」は，2012年8月に雇用者全体の14.5%を占めるほど大きい．すなわち，韓国の労働市場の特徴の一つは，「前近代的」あるいは「インフォーマル」な雇用関係が，現在にも相当に残っていることである（ソンゼミン／イシキュン 2007; 横田 2007）．

また，正規労働者と非正規労働者の間では，賃金を含む労働条件の格差が大きい．2012年8月の非正規労働者の月当たり賃金と時間当たり賃金はそ

れぞれ，正規労働者の約49%と約54%にすぎない．社会保険加入率と福利厚生制度適用率でも，非正規労働者は正規労働者の半分にも及ばない．しかし，労働時間と業務内容においては，正規労働者と非正規労働者の間に大きな差が存在しない．つまり韓国の非正規労働者の職務は正規労働者の職務を代替する性格が強い（Kim J.Y. 2010）．このように，代替型の非正規労働が大量に使用されていながら，正規労働者と非正規労働者の間には大きな労働条件格差が存在することは，非正規労働者に対する不当な差別であると認識を広め，非正規労働問題は大きな社会問題になった．

そして，このような格差を解消するための様々な対策が議論され，一部は実施された．これまでの社会的議論における二つの軸は「非正規労働者の正規職転換」と「雇用形態間の均等待遇の確立」である．2012年12月19日に行われた大統領選挙で，第18代大統領に当選した保守政党セヌリ党の朴槿惠も，公共部門を中心に「非正規労働者の正規職転換」を推進することと「非正規労働者の社会保険適用の拡大」を中心的公約のひとつとして掲げ，正規労働と非正規労働の間の格差問題の解決に積極的な意欲を示した．

しかし，正規労働者と非正規労働者の間に存在する大きな格差を考慮すると，韓国では「非正規労働者の正規職化」は非常に難しい課題であろう．「非正規労働者の正規職化」が実現されれば，大企業や公共部門においては差別の解消に大きく貢献できると予測される．しかし，賃金が企業別に決定される韓国の状況を考慮すると，正規労働者についても賃金を含め労働条件が低くて，正規労働者と非正規労働者の間の格差が大企業ほど大きくない中小企業では，この措置が労働条件改善に大きく寄与するとは思われない．さらに，2000年代以降には，正規労働者と非正規労働者の間の格差よりも大企業－中小企業間の格差が，韓国においてより重要な不平等の源泉になっているという事実もある（ジョンイファン 2007; Kim J.Y. 2010）．したがって，「非正規労働者の正規職化」だけではなく，大企業と中小企業の間の格差の縮小など，労働市場全体の公正性を高めることがより重要である．労働市場全体における公正性の向上のためには，職務を基礎とする横断的な労働市場の形成，大企業－中小企業の間の不公正な下請関係の改善，非正規労働者の実質的保護を可能とするための社会福祉システムの構築など，雇用システム，企業シス

テム，社会保障システムなどを含む経済社会システム全般の改革が必要である（ウンスミ他 2008）．

注
(1) 日本の総務省統計局「労働力調査」に当たる調査である．
(2) 「本調査」は 1966 年から始まり，次のような基準に基づいて雇用者を常用労働者，臨時労働者，日雇労働者という三つに分類する．

	雇用契約期間が定められた者	雇用契約期間が定められていない者
常用労働者	1年以上	①会社内規により採用され，人事規定の適用をうける場合 ②退職金，賞与，各種手当を受ける場合
臨時労働者	1カ月以上1年未満	①②③④以外の場合
日雇労働者	1カ月未満	③毎日雇われ，日給あるいは日割りで賃金が計算され支給される場合 ④一定の作業場がないまま，仕事をした分の報酬をもらう場合

(3) 韓国の労使政委員会は，日本の政労使委員会に当たる組織であり，1998年1月，通貨危機下において国際通貨基金（IMF）による資金援助の条件となる「労働市場改革」を円滑な推進のため，整理解雇制の導入を中心に，失業問題や企業の構造調整について政労使が協力する目的で設置された組織であり，労働組合，使用者団体，政府それぞれの代表からなる．
(4) 非正規労働の定義と規模の推定に関する韓国内の論争については，横田（2003）と大沢真知子／金明中（2010）などを参照．
(5) 日本の「一人親方」に当たる雇用形態である．
(6) 政府基準の非正規労働者のカテゴリーには含まれないが，雇用が不安定で労働基準法上の保護や各種社会保険の適用から除外されている労働者を指す．キムユソン（2012）などの研究者によって，このタイプの労働者は「長期臨時労働者」とも呼ばれることもある．脆弱労働者は，雇用の不安定性と長時間労働の点で日本の「疑似パート」と相当部分重なる概念である（横田 2003）．
(7) 韓国の非正規雇用の「代替型」的な特徴については，Kim J.Y.（2010）を参照．
(8) 元請会社の業務の一部が外部下請会社に委任され，元請会社の内部で遂行される場合，外部下請会社に雇われている労働者を「社内下請労働者」と呼ぶ．下請労働者は元請会社の業務を遂行するが，雇用契約は下請会社と締結するので下請会社の雇用者である．
(9) 自営業者と家族従事者の割合は，韓国については 2011 年の「経済活動人口調査」から，日本については同年の「労働力調査」から計算した．
(10) ただし従業員 300 人未満の事業所は 2008 年 7 月 1 日から段階的に適用されることになった．
(11) 「希望勤労プロジェクト」は，韓国政府が世界金融危機に対応するため，雇用脆弱階

層（失業者，廃自営業者，女性家長など）を対象に短期的な働き口を提供する目的で実施した公共事業である．
(12) 2010年7月，現代自動車の蔚山工場の社内下請け事件について，大法院は2年を経過した原告労働者の正規職化を命じた．2010年現在，韓国の製造業全体で約33万人の社内下請け労働者が存在していると推測され（雇用労働部 2011），大法院の判決によれば，その多くを正規職化すべきことになる．

参考文献
〈英語文献〉
Aoki, M. (1988) *Information, Incentives, and Bargaining in the Japanese Economy*, Cambridge: Cambridge University Press.〔永易浩一訳『日本経済の制度分析』筑摩書房，1992年〕
Kim, Joon-Young (2010) 'A Comparison of Non-regular Employment in Korea and Japan: Nature, Difference, and its Possible Reasons', *Evolutionary and Institutional Economics Review*, 6 (2): 299-328.

〈日本語文献〉
宇仁宏幸（2009）「日本における企業内・企業間分業構造の変化」宇仁宏幸『制度と調整の経済学』第4章，ナカニシヤ出版，81-120.
横田伸子（2003）「韓国における労働市場の柔軟化と非正規労働者の規模の拡大」『大原社会問題研究所雑誌』535: 36-54.
──（2007）「1990年代以降の韓国における就業体制の変化と労働力の非正規化」奥田聡編『経済危機後の韓国──成熟期に向けての社会・経済的課題』アジア経済研究所，59-101.
大沢真知子／金明中（2010）「経済のグローバル化にともなう労働力の非正規化の要因と政府の対応の日韓比較」『日本労働研究雑誌』595: 95-112.
脇田滋（2012）「非正規雇用問題と労働運動──韓国との比較などを通して」『月刊全労連』184: 26-33.

〈韓国語文献〉
雇用労働部（2012）(고용노동부)「사업체규모별 임금총액（事業所規模別の金総額）」報道資料.
──（2010）(고용노동부)「사내하도급 실태조사（社内下請け実態調査）」報道資料.
キムボソン（2011）(김보성)「자동차업종 사내하청 조직화 투쟁의 쟁점과 평가：현대 및 기아차를 중심으로（自動車業種における社内下請の組織化闘争の争点と評価：現代車と起亜車を中心に）」全国金属労働組合（http://www.metalunion.kr）.
キムユソン（2012）(김유선)「비정규직 규모와 실태──통계청, 경제활동인구조사부가조사（2012.8）의 결과（非正規職の規模と実態──統計庁，経済活動人口調査付加調査（2012.8）の結果）」韓国労働社会研究所.

キムヨンソン (2009) (김용선)「비정규직의 이동성에 관한 연구 (非正規職の移動性に関する研究)」ユジョンジュン編『非正規職問題総合研究』韓国開発研究院, 185-220.
キムヒョンギ (1996) (김형기)「1980년대 한국자본주의：구조조정의 10년 (1980年代の韓国資本主義：構造調整の10年)」『経済学研究』(韓国経済学会) 44 (4): 253-285.
ノヨンジン／ウォンインソン (2003) (노용진, 원인성)「내부노동시장의 성격과 비정규직 고용의 비율 (内部労働市場の性格と非正規職雇用の比率)」『労働政策研究』(韓国労働研究院) 3 (2): 47-67.
パクジュンシク (2001) (박준식)『세계화와 노동체계 (世界化と労働体制)』ハンウル.
ソンゼミン／イシキュン (2007) (성재민・이시균)「한국노동시장의 비공식노동 (韓国労働市場の非公式労働)」『産業労働研究』(産業労働学会) 13 (2): 87-123.
イビョンフン (2009) (이병훈)「경제위기와 비정규직의 노동권 (経済危機と非正規職の労働権)」『産業労働研究』(産業労働学会) 第15巻第2号, 1-21.
イビョンヒ (2011) (이병희)「비정규직법 시행 3년의 고용효과 (非正規職法施行3年の雇用効果)」『労働政策研究』(韓国労働研究院) 10 (2): 235-258.
ウンスミ／オハクス／ユンジンホ (2008) (은수미・오학수・윤진호)『비정규직과 한국노사관계 시스템의 변화 (II) (非正規職と韓国労使関係システムの変化 (II))』韓国労働研究院.
ジョンビョンユ (2009) (전병유)「한국 비정규직 문제의 실태와 대안 (韓国における非正規職問題の実態と代案)」『한일 비정규 노동 포럼 2009 자료집 (日・韓非正規労働フォーラム 2009 資料集)』한일 비정규노동포럼 2009 조직위원회 (日・韓非正規労働フォーラム組織委員会), 63-75.
ジョンゴンファ (2003) (정건화)「노동시장의 구조변화에 대한 제도경제학적 해석：내부노동시장의 이완과 비정규노동의 증가 (労働市場の構造変化に対する制度経済的な解析：内部労働市場の弛緩と非正規労働の増加)」『経済と社会』57: 8-41.
ジョンイファン (2007) (정이환)「기업규모인가 고용형태인가：노동시장 불평등의 요인분석 (企業規模なのか, 雇用形態なのか：労働市場不平等の要因分析)」『経済と社会』第73号, 332-355.
ジョンイファン (2008) (정이환)「신자유주의와 한국 고용체제 (新自由主義と韓国雇用体制)」『韓国社会』9 (2): 5-28.
ジョンイファン (2009) (정이환)「비정규노동과 한국 고용체제의 성격 (非正規労働と韓国雇用体制の性格)」『한일 비정규 노동 포럼 2009 자료집 (日・韓非正規労働フォーラム 2009 資料集)』日・韓非正規労働フォーラム組織委員会, 3-22.
ゾソンゼ (2008) (조성제)「자동차산업의 노동유연성과 고용관계 (自動車産業の労働柔軟性と雇用関係)」『産業関係研究』19 (3): 57-89.

第10章　韓国現代自動車の低コスト生産システムの分析
―― 賃労働関係を中心に ――

金　佑眞

　2000年代半ば以降，日本自動車産業はグローバル金融危機，アメリカでのトヨタ車の大量リコール，東日本大震災などの影響により，全般的な不振に陥った．他方，韓国の自動車産業は驚異的な成長を成し遂げ，韓国経済の成長の原動力の役割を果たした．特に2000年に現代グループから分離され，自動車専門の企業グループとして新たに発足した現代自動車グループは，急速に成長し，世界自動車市場でその影響力を強めた．現代自動車グループは，大胆な経営改革を断行するとともに，関連子会社を統合した生産システムを構築することにより強力な国際競争力を備えた．本章では，この現代自動車グループの生産システムを「系列ベースの統合生産システム」と呼ぶ．それは，自動車の最終組立だけでなく，自動車のフレームをはじめとする主要部品のグループ内での生産についても低コストで行っている．この低コスト生産システムは，世界的自動車市場において現代自動車がもつ強力な競争力の源泉となった．図10-1に示すように世界市場での現代自動車のシェア（起亜自動車を含む）は，2000年において4.0%であったが，2012年第3四半期には8.6%に達した．また，米国市場での現代自動車のシェアは2000年において1.4%であったが，2011年には5.1%に達した．

　このような系列ベースの統合生産システムの飛躍的成功については，モジュールメーカーである「現代モービス」の貢献が大きい．本章では，過去12年間にわたる生産システムの構築過程において最も重要な役割を果たしてきた現代モービスに焦点をあてる．グループ内の他の部品会社と比べ，現

284　Ⅲ　韓国資本主義

図10-1　現代自動車の世界市場でのシェアと販売台数（1995〜2011年）

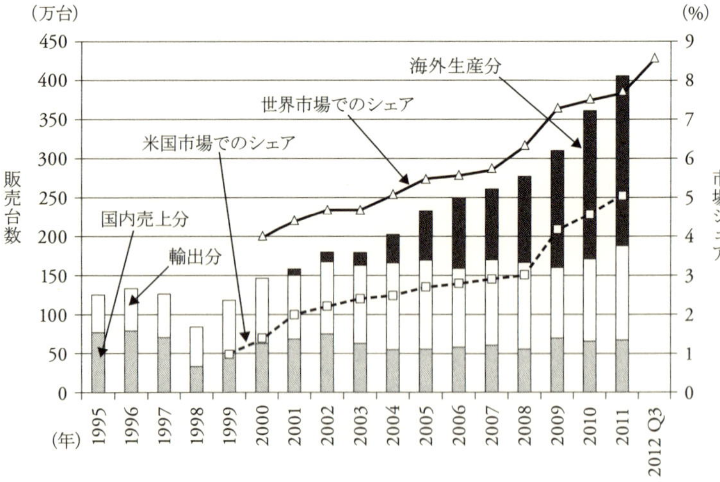

注：1. 世界市場でのシェアは現代自動車と起亜自動車の合計である．
　　2. 米国市場でのシェアは，現代自動車のみのものである．
出所：『自動車産業年鑑』韓国自動車産業協会（KAMA）1995〜2001年，および自動車ニュースデータセンターと韓国投資証券会社のデータに基づき筆者作成．

代モービスが最も速いスピードで成長した要因は二つある．第一は自動車生産工程の変化，特に自動車部品のモジュール化という「技術的要因」である．第二は，現代自動車と現代モービスの間の雇用・賃金制度と労使関係制度の違いという「制度的要因」である．この二つの要因は現代自動車グループの低コスト生産システムにも深く関係している．

1　現代自動車グループのコーポレート・ガバナンスと生産システム

1) 系列ベースの統合生産システム

　図10-2 は，現代自動車グループを構成する主要企業の間の資本関係を示している．日本の自動車産業に典型的な「系列」システムは，完成車メーカーを頂点として，その下に一次サプライヤー，さらにその下に二次サプライヤーが位置するピラミッド型の構造であり，上から下へ一方向の出資によって資本関係が築かれている．図10-2 に示される現代自動車グループの企業間関

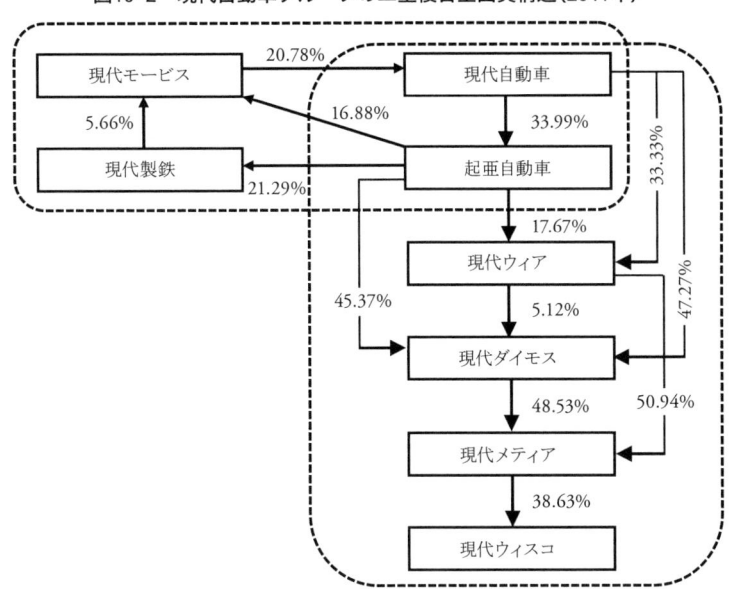

第10章　韓国現代自動車の低コスト生産システムの分析　285

図10-2　現代自動車グループの二重複合型出資構造（2011年）

```
現代モービス ──20.78%──→ 現代自動車
  ↑                         │
  │5.66%      16.88%         │33.99%         33.33%
  │          ←──────         ↓              ↑
現代製鉄 ←──21.29%── 起亜自動車
                              │
                            17.67%
                              ↓
                          現代ウィア ←──47.27%──
                              │
                            5.12%
                              ↓
                  ──45.37%──→ 現代ダイモス ←──50.94%──
                              │
                            48.53%
                              ↓
                          現代メティア
                              │
                            38.63%
                              ↓
                          現代ウィスコ
```

注：株主総会で自分の意思を行使できる議決権が付与された普通株式の比率である．
　　議決権を持たない優先株は除く．
出所：金融監督院の電子公示システム（DART）のデータに基づき筆者作成．

係は，系列関係を一部に含むとはいえ，日本の典型的な系列システムとはかなり異なっている．本章では，現代自動車グループ独自のこのシステムを「系列ベースの統合生産システム」と呼び，次の三つの側面について，説明する．すなわち，①コーポレート・ガバナンス，②グループ内の取引関係，そして③部品メーカーの統合方法，である．以下に説明するように，現代自動車グループでは，上記の三つの側面でそれぞれ異なる二つの独立的構造が存在し，この二つの構造が複合されることによって，システムの安定化が図られている．

　第一のコーポレート・ガバナンスの特徴は，グループ内の企業間の資本関係に表されている．それは，要約すると，循環出資構造と二重垂直出資構造が複合された形態だといえる．この複合的な出資構造を通じて現代自動車は，グループ内のそれぞれの会社の支配を複数の方法で行使することができる．

循環出資構造は，異なる事業領域を担当する完成車メーカー（現代自動車と起亜自動車），モジュールメーカー（現代モービス），そして鉄鋼メーカー（現代製鉄）で構成されており，**図 10-2** の上部の枠内に示されている．ここでは，完成車メーカーが鉄鋼メーカーとモジュールメーカーへ出資し，鉄鋼メーカーはモジュールメーカーへ，そしてモジュールメーカーは再び完成車メーカーに出資するという循環的な出資関係となっている．この構造を構成している四つの企業は，循環出資方式を通じてお互いの株式を一定部分所有することにより直接的・間接的に相互に影響を及ぼしているが，お互いの関係は片方が他方を一方的に支配する関係，あるいは垂直的な関係ではなく，お互いに対等な関係である．特に，モジュールメーカーである現代モービスは完成車メーカーである現代自動車の株式 20.78％[1] を所有している．このような高い割合の株式保有が示唆するのは，現代モービスと現代自動車との関係は，水平的であるという事実である．つまり，日本の完成車メーカーと部品メーカーの間で一般的にみられるような垂直的関係ではない．

　現代自動車グループのコーポレート・ガバナンスのもう一つの軸は，二重垂直出資構造である．この構造は，完成車メーカー，モジュールメーカーおよび部品メーカーで構成され，**図 10-2** の右部の枠内に示されている．この枠内の六つの企業をみると，完成車メーカー（現代自動車と起亜自動車）はモジュールメーカー（現代ウィアと現代ダイモス）に，モジュールメーカーは部品メーカー（現代メティアと現代ウィスコ）に垂直的に出資する方式をとっている．そして，それは一重の垂直出資構造ではなく，二重の垂直出資構造となっている．つまり，六つの企業を縦に貫く垂直出資構造が一次的に形成されているが，ここにさらに完成車メーカーとモジュールメーカーが，個別的に部品メーカーに再出資する関係が加わっている．現代自動車グループにおいて，このような二重の垂直出資構造が形成された理由は，自動車の核心部品を供給する部品メーカーに対する支配力を一層強化し，グループ内で安定した関係を持続的に維持するためである．

　また，モジュールメーカーは，いくつかの部品会社の株式を所有しており，これはグループ内でモジュールメーカーの役割と影響力が完成車メーカーに劣らず重要であり，実際に強力な支配力を行使していることを意味する．

第二の側面である企業グループ内の取引関係をみると，現代自動車グループの部品会社は，完成車メーカーとの直接取引とモジュールメーカーとの直接取引とを並行して行うという，二重の取引関係を有している[2]．このような二重取引構造は，部品会社のモジュールメーカーへの依存度が完成車メーカーへの依存度に劣らず重要であることを示している．つまり，ほとんどの部品会社は，完成車メーカーに部品を直接供給する1次サプライヤーとしての役割だけではなく，モジュールメーカーにも独立して部品を供給する2次サプライヤーとしての役割を同時に果たしている．このような構造が示唆するのは，系列ベースの統合生産システムを構築する過程で，モジュールメーカーの役割がしだいに増加し，このシステムを構成する重要な主体として位置づけられるに至ったという事実である．

　第三の側面である部品メーカーの統合方法を見ると，現代自動車グループによる「系列への編入」と現代モービスによる「垂直的統合」が同時に行われている．現代自動車グループは，モジュール，ギアボックス，エンジンなど主要な自動車部品の独自生産が可能な企業を確保するため，多くの部品メーカーを系列へ編入した．現代自動車グループが大規模企業集団として指定された2001年4月，グループ内の自動車関連会社は，二つの完成車メーカー，四つの自動車部品メーカー，そして三つの鉄鋼メーカーにすぎなかった．しかし，核心的な自動車部品メーカーを体系的に買収・合併することにより，11年後の2012年現在，現代自動車グループは18の自動車関連会社から構成されるに至った．こうして自動車の核心部品に関連するすべての生産工程がグループの中で行われる「系列ベースの統合生産システム」が完成した．また，2000年以降の9年間，現代モービスはモジュール生産に必要な部品を供給することができる九つの自動車部品メーカーと生産工場を買収・合併するという「垂直的統合[3]」を行った．現代自動車グループが行ったモジュール中心の自動車生産方式への移行に対応して，現代モービスが行った垂直的統合は，現代モービスの成長過程に大きな影響を及ぼし，巨大モジュールメーカーとして発展する推進力となった．結果的に，このような垂直的統合は，現代モービスを中心とするコアモジュール生産および組立，そしてこれによる現代自動車の最終生産ラインの簡素化という，生産プロセスの変化をもた

らした.

2) 自動車部品のモジュール化と現代モービスの役割の増大

　現代自動車グループの系列ベースの統合生産システムは，事実上の完成車メーカーである現代自動車とモジュールメーカーである現代モービスとを両輪として動いている．このシステムの構築を通じて現代モービスのグループ内での役割は徐々に増加した．この役割増加は，前節で述べた三つの側面における現代モービスの役割を見ることで証明できる．現代モービスの役割に注目する理由は，現代自動車グループの低コスト生産システムと密接に関連しているからである．技術的な観点からみると，現代モービスの役割の増大は，自動車生産工程における「モジュール化[4]」の発展によるものである．現在，現代自動車は，自動車の生産と組み立てに必要な部品を一つ一つ部品メーカーから納入し，直接組み立てる生産方式ではなく，モジュールメーカーによってあらかじめ組み立てられたモジュール[5]形式の部品を納入し，それをかなり単純な方法で組み立てるモジュールベースの自動車生産方式をとっている．モジュールによって一台の自動車が組み立てられる程度をモジュール化率と定義すれば，現代自動車のモジュール化率は，生産ラインや車種によって異なるが，約12.5～42.0%[6]である．欧州や日本の自動車メーカーに比べて，現代自動車は大規模にこの生産方式を導入したので，世界で最も高いモジュール化率を示している[7]．モジュール化によって，現代自動車の自動車組立工程の一部が，現代モービスへ移転され，賃金コストが削減され，低コスト生産システムが実現する（賃金コストが削減される理由については後述する）．現代モービスの側から見れば，モジュール化という生産工程の技術的な変化によって，現代自動車がかつて担当した組立工程の一部を引き受けることにより，グループ内の他の部品系列会社と比べて，自社の重要性が増す結果となった．現代自動車の側においては，最終組立工程は簡素化され，熟練労働者による組立から非熟練労働者による組立への移行が加速化された.

2 現代自動車グループの賃労働関係

1) 現代自動車の労働者構成

　2010年現在,現代自動車の総労働者数(非正規労働者は除く.役員324人を含む)は5万6461人で,五つの職種で構成されている.一般職(管理職,事務職などが含まれる)1万1355人,研究職6790人,生産職3万1765人,営業職6270人,その他の281人である.全労働者のうち,生産職の割合が56.3%で最も多く,一般職が20.1%,研究職12.0%,営業職11.1%の順で構成されている(図10–3).2000年から2010年にかけて,総労働者数は14.5%増加したが,職種別に分けてみると,一般職と生産職はそれぞれ59.5%,2.8%増加し,営業職は7.3%減少した.特徴的な事実は,労働者数増加の大部分は,生産職ではなく,一般職の増加であるという点である.2000年と2010年の職種別構成比をみると,一般職＋研究職は23.2%から32.1%に増加したが,生産職は63.0%から56.3%に,むしろ減少している.つまり現代自動車では,一般職割合の継続的な増加と生産職割合の継続的な

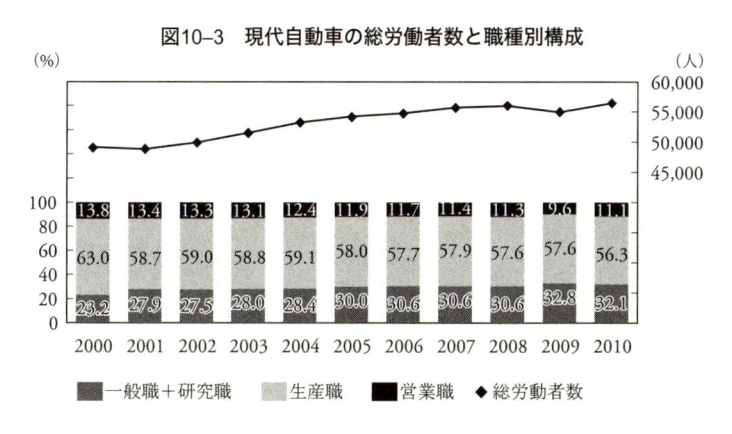

図10–3　現代自動車の総労働者数と職種別構成

年	一般職＋研究職	生産職	営業職
2000	23.2	63.0	13.8
2001	27.9	58.7	13.4
2002	27.5	59.0	13.3
2003	28.0	58.8	13.1
2004	28.4	59.1	12.4
2005	30.0	58.0	11.9
2006	30.6	57.7	11.7
2007	30.6	57.9	11.4
2008	30.6	57.6	11.3
2009	32.8	57.6	9.6
2010	32.1	56.3	11.1

注:2000年から2009年までのデータには,役員数が含まれていないが,2010年のデータでは,324人の役員が含まれている.
出所:金融監督院の電子公示システム(DART),現代自動車の各年度の事業報告書(現代自動車,2011b)のデータに基づき筆者作成.

減少が同時に進行していることが容易に確認できる．生産職割合の減少をもたらした最も大きな原因は，モジュール化による現代自動車内部での生産機能の縮小と簡素化であると考えられる．

現代自動車には正規労働者だけでなく，非正規労働者も働いている．非正規労働者を含めると 2010 年現在の生産職は 3 万 9415 人であり，そのうち，19.4％にあたる 7650 人[8]は非正規労働者である．しかし，この生産職に占める非正規比率は現代モービスでは 51.7％である．現代自動車の非正規比率は現代モービスと比較すると著しく低い数値であり，現代自動車は，自動車組立工程において正規労働者へ強く依存しているといえる．また，現代自動車の労働者は，急速に高齢化しつつある．2011 年現在，正規労働者の平均勤続年数は 17.6 年であり，12.3 年であった 2002 年と比べて 5.3 年増加した．1 年当たり平均 0.59 年ずつ高齢化していることになる[9]．このような労働者の高齢化現象は，生産職でも例外ではない．2008 年の現代自動車の生産職 2 万 9497 人[10]のうち 15.2％は入社 1〜10 年目，40.6％は入社 11〜20 年目，42.5％は入社 21〜30 年，そして 1.7％は入社 31〜39 年目であった[11]．この中で最も高い割合を占めているのが勤続年数 22 年目に該当する生産職で，その割合は 11.5％であり，続いて 20 年目，21 年目，そして 23 年目の順番で並んでいる．これら上位四つの合計割合は 39.4％であり，その年齢[12]は，高校卒業後に就職したと仮定した場合，41〜44 歳，大学卒業後に就職したと仮定した場合，45〜48 歳である．したがって，現代自動車の生産職は，40 代半ばの年齢層が最も大きな比重を占めている．

2）現代モービスの労働者構成

2010 年現在，現代モービスの総労働者数（非正規労働者は除く．役員 145 人を含む）は 6389 人で，一般職（管理職，事務職などが含まれる）2549 人，生産職 2505 人，研究職 1291 人で構成されている[13]．一般職の割合が 39.9％で最も多く，生産職 39.2％，研究職 20.2％である（**図 10-4**）．年齢別分布をみると，全労働者の 16％が 20 歳代，38.9％が 30 歳代，35.6％が 40 歳代，そして 9.5％が 50 歳代となっている．30〜40 歳代が現代モービス労働者の主力であり，その割合は総労働者の 74.5％に相当する．2000 年から

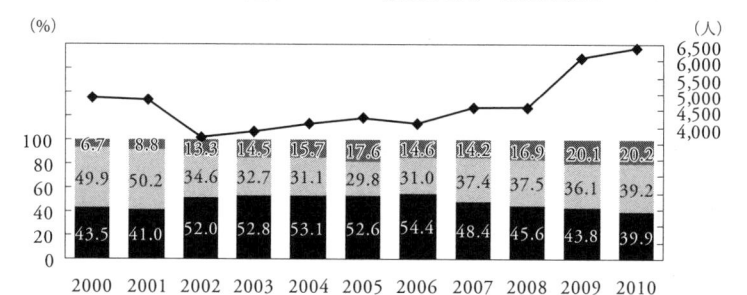

図10-4 現代モービスの総労働者数と職種別構成

年	一般職	生産職	研究職
2000	43.5	49.9	6.7
2001	41.0	50.2	8.8
2002	52.0	34.6	13.3
2003	52.8	32.7	14.5
2004	53.1	31.1	15.7
2005	52.6	29.8	17.6
2006	54.4	31.0	14.6
2007	48.4	37.4	14.2
2008	45.6	37.5	16.9
2009	43.8	36.1	20.1
2010	39.9	39.2	20.2

凡例：■一般職　生産職　研究職　◆総労働者数

注：2000年から2009年までのデータには，役員数が含まれないが，2010年のデータでは，145人の役員が含まれる．
出所：金融監督院の電子公示システム（DART），現代モービスの各年度の事業報告書（現代モービス，2011b）のデータに基づき筆者作成．

2010年まで，総労働者数は28.2％増加したが，職種別では，一般職は20.3％，生産職は3.1％，そして研究職は298.5％増加した[14]．特に注目すべき点は，過去11年間，現代モービスの労働者数の増加の大部分は生産職ではなく，研究職の増加によるという点である．2000年と2010年の職種別構成比率をみると，研究職は6.7％から20.2％に大幅に増加した．一方，生産職は49.9％から39.2％に，一般職は43.5％から39.9％に減少した．しかし，このような正規労働者に占める生産職割合の低下は，非正規労働者による正規労働者の代替が進んでいることが大きく影響している．このことは，現代モービスの正規労働者と非正規労働者の構成比から確認できる．2010年現在，生産職の正規労働者は，2505人であるが，生産職の非正規労働者は2684人[15]もおり，両者を合わせた生産職の合計は5189人である．この生産職合計に占める非正規労働者の割合は51.7％となり，現代自動車（19.4％），起亜自動車[16]（11.1％）と比べて非常に高い数値である．すなわち，現代モービスは，モジュールの生産と組立作業において非正規労働者への依存度が高いといえる．また，現代モービスでも現代自動車と同様に，労働者が徐々に高齢化しつつある．2011年現在，全体の正規職労働者の平均勤続年数は12.4年であり，これは2002年と比べて2.3年増加しており，毎年平均0.26

年ずつ高齢化が進んでいることとなる[17].しかし,これは,毎年平均0.59年ずつ高齢化している現代自動車の半分にも満たない数値で,現代モービスにおける高齢化の速度は現代自動車よりはるかに緩やかである.

3) 正規労働者と非正規労働者との間の賃金格差

現代自動車の生産職の正規労働者と非正規労働者の間には,勤続年数が同じ場合でも,大きな賃金格差がある.図10-5は,勤続年数がそれぞれ4.3年の正規生産職と非正規生産職の賃金格差を示している.勤続年数が4.3年である正規生産職の基本給は122万ウォンである.一方,非正規生産職の基本給は100万ウォンで,正規生産職の約82.0%に相当する.所定内給与では,正規生産職は,140万ウォンであり,非正規生産職は102万ウォンで,正規生産職の73.3%の水準に過ぎない.また,非正規生産職の月割賞与は正規生産職の52.4%の水準,通常手当は12.3%の水準,時間外手当は81.2%の水準である.以上の給与項目を総合し,月給を比較してみると,正規生産職の月給は312万ウォンである.一方,非正規生産職の月給は214万ウォンで,正規生産職の68.7%に相当する.

正規職労働者と非正規労働者との間の賃金格差は,現代モービスでも存在する.例えば2004年3月の時点で勤続年数が12年であり,月労働時間が

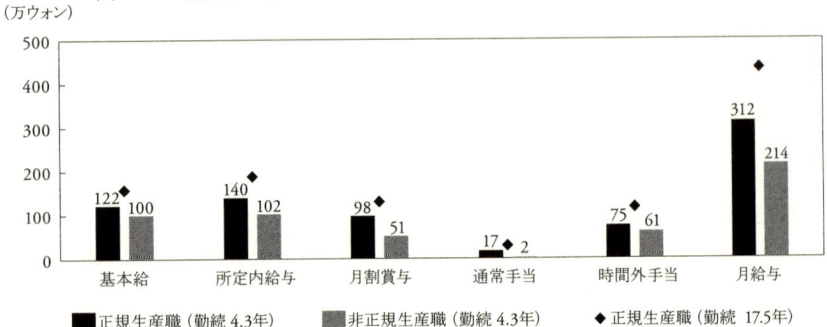

図10-5 現代自動車の正規生産職と非正規生産職の賃金比較(2008年)

(万ウォン)

	基本給	所定内給与	月割賞与	通常手当	時間外手当	月給与
正規生産職(勤続4.3年)	122	140	98	17	75	312
非正規生産職(勤続4.3年)	100	102	51	2	61	214
正規生産職(勤続17.5年) ◆						

注:労働組合員ベースのデータである.正規生産職の賃金は,2008年2月末基準,非正規生産職は2008年1月末基準である.
出所:全国金属労働組合(2009),p.55のデータを筆者が再構成して作成.

463.5時間，一日平均16時間労働した非正規生産職の月給総額は150万ウォン[18]であった．それに対し，同時期，現代モービスが事業計画書に開示した正規労働者（すべての職種を含む）月平均賃金総額は404万ウォン（年収4800万ウォン）であった．非正規生産職の月給総額は正規労働者の37.2%に過ぎない．さらに，現代モービスの正規労働者と非正規生産職労働者の間の賃金格差は，現代自動車と比べても大きい．現代自動車の場合，2010年10月の時点で勤続年数が4年の非正規生産職の月給総額は338万ウォン[19]であり，これは事業計画書に開示されている正規労働者（すべての職種を含む）の月平均賃金総額の667万ウォン（年収8000万ウォン）の50.7%にあたる．つまり正規労働者と非正規労働者の間の賃金格差は，現代モービスの方が現代自動車よりも大きい．

以上まとめると，現代モービスにおいては，生産職に占める非正規労働者の割合が，現代自動車よりはるかに高く，正規労働者と非正規生産職との間の賃金格差も大きい．すなわち，現代モービスの労働力構成は，部品の研究開発や人材管理に携わる少数の正規労働者と，モジュールの生産組立に携わる多数の非正規労働者とからなる二重構造が顕著である．そして，非正規労働者と比べて相対的に高い賃金が要求される多数の正規労働者で構成される現代自動車は，モジュール化を通じてその組立工程の一部を現代モービスの生産ラインに移転することによって，賃金コストを削減できるのである．すなわち，現代モービスの低賃金‒非正規生産職労働者を活用することにより，現代自動車は生産コストを削減し，価格競争力を高めることができる．

3　現代自動車グループの低コスト生産システム

1）賃金コストの上昇圧力：労働者の高い正規比率と高齢化

現代自動車グループ全体で賃金体系は同一であるが，労働者の勤続年数が増えるほど賃金が段階的に上昇する構造であるため，労働者の高齢化は，賃金コストを上昇させる．ここで2011年の現代自動車と現代モービスの正規労働者の平均勤続年数を比べると，それぞれ17.6年，12.4年となっており，現代自動車の労働者1人当たり賃金が相対的に高いことが分かる．また先に

述べたように，高齢化の速度も現代自動車の方が現代モービスよりも速いので，賃金コスト上昇圧力も現代自動車の方が大きい．組立工程の一部を現代モービスに継続的に移転することは，この賃金コスト[20]上昇圧力を回避することにつながる．その結果，現代自動車の最終組立ラインの縮小と作業の単純化が進行している．こうして，現代自動車中心の生産システムから現代モービス中心の生産・組立システムへ次第に変わりつつある．このような変化のため，現代自動車の生産ラインの労働者構成は，熟練労働者よりも単純労働者中心の構成に変化しており，その結果，熟練労働者の重要度は徐々に減少している．そして現代自動車では，総生産量，総売上高，および総労働者数が毎年着実に増加しているにもかかわらず，生産職の割合は徐々に減少している．現代自動車グループの生産システムは，現代モービスによるコアモジュールの製造・組立と現代自動車によるモジュールの単純組立で成立している．このような生産システムの急速な変化は，労働者の高齢化による賃金コストの上昇圧力を緩和する効果をもつ．また，現代自動車の組立工程の移転先が現代自動車グループ外の企業にではなく，グループ内の系列会社である現代モービスであるため，グループ内の低賃金労働力を活用した低コスト生産が実現している．これと同様のことは，起亜自動車と現代ウィアとの関係にもあてはまる．現代ウィアは，かつて起亜自動車が現代自動車グループに合併される以前には，起亜自動車に核心的な部品を供給した部品メーカーであった．現在は起亜自動車に核心的なモジュールを供給するモジュールメーカーとなっており，起亜自動車の組立工程の一部がそこに移転され，図10-6に示すように，多くの非正規生産職がその工程を担っている．

2節3) で述べたように，現代自動車グループの正規生産職と非正規生産職の間には大きな賃金格差が存在する．このような賃金格差は，現代自動車だけでなく，現代モービスでも存在する．同じ勤続年数と同じ職務であるにもかかわらず，賃金格差があるという事実を念頭におけば，生産職労働者の80.6％が正規職労働者である現代自動車は，その割合が48.3％である現代モービスと比べて，生産職の非正規化を進める余地は大きい．しかし，現代自動車には強力な労働組合が存在しているため，生産職を非正規化する試みは，労使関係を不安定にさせる可能性が高い．そのため，その代案として，

図10-6 現代自動車グループ各社の生産職労働者の構成(2010年)

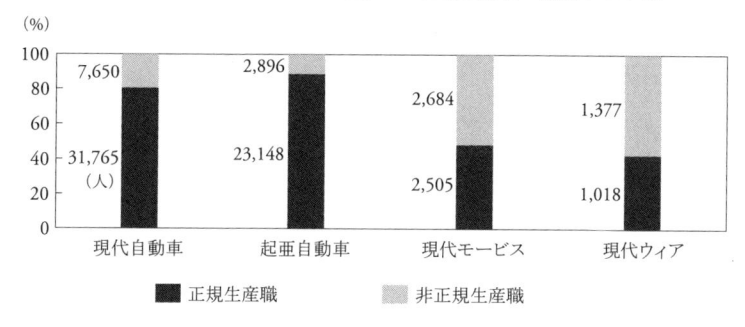

[棒グラフ: 現代自動車 正規31,765(人)/非正規7,650, 起亜自動車 正規23,148/非正規2,896, 現代モービス 正規2,505/非正規2,684, 現代ウィア 正規1,018/非正規1,377]

■ 正規生産職　□ 非正規生産職

注：1. 現代自動車，起亜自動車，現代モービス正規生産職の数は，役員数が含まれている数値であり，現代ウィア正規生産職の数は労働組合員数である．
2. 現代モービスの正規生産職数は2010年の「持続可能性報告書」に公開された全役職員6,389人，39.2%に相当する数値である．
3. 非正規生産職の数は全国金属労働組合（2011: 6, 8）から引用．
出所：金融監督院の電子公示システム（DART），各会社の2011年持続可能性報告書，金属労働組合（2011）のデータに基づき筆者が作成

現代自動車の組立工程の一部を，現代モービスに移転し，現代モービスの非正規生産職に担当させているのである．

2）現代モービスへの生産工程移転と低コスト生産システムの実現

　以上述べたように，低コスト生産システムの実現は，かつて現代自動車が担っていた組立工程を現代モービスへ移転することによって可能となった．コストが低下する理由は，賃労働関係が現代自動車と現代モービスとで異なるので，両社の間に賃金格差があるという点にある．このことは，製品製造費用に占める賃金費用の割合にも示されている．**図10-7**に示すように，現代モービスにおけるこの割合は，現代自動車に比べてかなり低い．2010年の時点で，現代自動車の場合，賃金費用は1兆2039億7700万ウォンであり，製品製造費用のうち4.2%を占めている．一方，現代モービスの場合は，賃金費用は2349億1500万ウォンであり，これは製品製造費用の2.2%にすぎず，この割合は現代自動車の約半分である．

　表10-1は現代自動車と現代モービスにおける製品製造費用と賃金費用の推移を示している．現代自動車と現代モービス両社に共通していえることだ

296 Ⅲ 韓国資本主義

図10-7 製品製造費用に対する賃金費用の割合(2000～2010年)

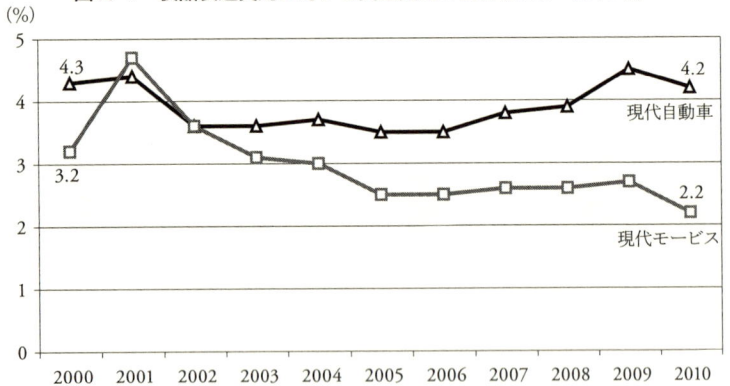

出所：表10.1のデータから筆者が計算した.

表10-1 製品製造費用, 賃金費用, 生産労働者数(2000～2010年) （単位：百万ウォン）

現代自動車				現代モービス		
生産職労働者数(人)	製品製造費用	賃金費用	年	生産職労働者数(人)	製品製造費用	賃金費用
30,879	13,064,275	561,824	2000	2,429	1,781,631	56,803
28,673	14,049,992	611,831	2001	2,407	2,210,511	104,512
29,420	18,276,719	653,714	2002	1,270	3,304,986	117,637
30,269	18,633,283	674,965	2003	1,252	4,214,284	130,071
31,446	21,134,839	772,951	2004	1,277	5,103,039	151,517
31,398	22,332,483	778,018	2005	1,271	6,163,716	156,943
31,551	22,931,061	810,031	2006	1,264	6,625,730	162,546
32,233	25,119,427	954,718	2007	1,715	6,954,961	183,655
32,260	25,490,197	985,385	2008	1,707	7,285,029	189,892
31,646	25,010,803	1,126,521	2009	2,204	8,244,752	220,686
31,765	28,435,496	1,203,997	2010	―	10,596,470	234,915

注：1. 製品製造費用と賃金費用は，各社の 2000 年から 2010 年までの各年の損益計算書を元にしている．
2. 生産職労働者数は，正規労働者だけを含む．
3. 2010 年より，現代モービスは正規生産職労働者の数を公表していない．
4. 現代モービスの製品製造費用は公表されていないため，損益計算書より，売上と期首・期末在庫高を用いて筆者が計算した．
出所：金融監督院の電子公示システム（DART）のデータから筆者が作成．

が，生産量の増加にともなって，製品製造費用，賃金費用と生産職労働者数は増加している．表10-1によると，2002年から2010年にかけて現代自動車の場合，製品製造費用は55.6％増加し，賃金費用は84.2％，生産職労働者数は8.0％上昇した．そして現代モービスの場合においても同期間にで，製品製造費用は220.6％増加し，賃金費用は99.7％，生産職労働者数は73.5％増加した[21]．そして，この表で最も注目すべき点は次の事実である．それは，現代モービスの場合，賃金費用の増加率は製品製造費用の増加率よりも小さいが，現代自動車の場合は，賃金費用の増加率は製品製造費用の増加率よりも大きいということである．

　図10-7が示すように，現代自動車と現代モービスの両社において，製品製造費用に占める賃金費用の割合は変化している．2002年においては，現代自動車の製品製造費用は前年比30.1％上昇した．しかし，賃金費用は前年比で6.8％にとどまった．その結果，製品製造費用に占める賃金費用の割合は急速な減少を見せている．その後，2007年まで，この割合はほぼ不変であった．2007～09年において，この割合は上昇傾向にある．これは，賃金費用がゆるやかに上昇する一方で，製品製造費用がほぼ不変であったためである．現代モービスの場合，2002年から2006年にかけて製品製造費用に占める賃金費用の割合は着実に減少した．これは，各年の賃金費用増加率が製品製造費用増加率に及ばないためである．そして2007～09年においては，この割合はほぼ不変である．その結果として，2002年においては，製品製造費用に占める賃金費用の割合は，両社でほぼ等しかったが，2010年には2.0％ポイントのギャップが生じている．

　表10-1と図10-7から，副次的に示されるのは，現代自動車が直面している賃上げ圧力は，現代モービスが直面している圧力よりも相対的に大きいということである．そしてその理由のひとつは，現代自動車においては労働者の高齢化が急速であり，正規労働者比率が高いということである．その結果として，現代自動車では，賃金費用増加率は製品製造費用増加率よりも高くなるのである．逆に，現代モービスにおいては，賃上げ圧力が弱いので，賃金費用増加は製品製造費用増加率よりも低くなる．

　結局，現代自動車と現代モービスとの間にある賃労働関係の違いが，現代

自動車グループの低コスト生産システムを可能にしているといえる．また，この賃労働関係の違いは，なぜグループ内での現代モービスの役割が年々拡大し，またなぜ現代自動車が組立工程の一部を，現代モービスに移そうとしているのか，という問いへの回答を提供する．

3) 低コスト生産システムの維持

　現代自動車が直面した最も大きな問題であり，現代自動車グループの次元で必ず解決しなければならない問題は，正規職労働者の多さと，急速に進行している労働者の高齢化とに起因する賃金コストの上昇圧力である．この問題の解決は，「系列ベースの統合生産システム」を通じて，低コスト生産システムを今後も安定的かつ継続的に維持できるかにかかっている．18の自動車関連子会社は独立的に現代自動車グループ内でそれぞれの役割を果たしている．それぞれの子会社は互いに独立した役割を果たしているが，いつでも他の系列会社から工程の一部を移転することができる条件を備えている．その理由は「系列」という一つの垣根の中に存在するからである．もし現代自動車が担ってきた一部の組立工程が，現代自動車グループとは関係のないグループ外の企業に移転されたならば，その企業を管理し，制御する必要が新たに生じてしまう．しかし，一部の組立工程の移転がグループ内系列会社であれば，移転した組立工程の管理と制御そのものがグループ企業によって行われるため，現代自動車は安心してその負担から逃れられる．現在，非正規化による賃金コスト削減は現代モービスへの組立工程の移転によって実現されている．しかし，もし現代モービスへの移転が限界に達した場合には，現代自動車グループ内の他の系列会社に移転することができる．結局，現代自動車が生産コストの上昇問題に直面した場合，グループ外の企業ではなく，グループ内の関連会社への組立工程の移転を通じてコストを削減できる．これは堅固に構築された「系列ベースの統合生産システム」のもとで，18の自動車関連会社が一つのグループの中でお互いに有機的に結びついているからこそ可能となるのである．

4　結　論

　各国ごとに多様な資本主義システムが存在しているので，企業は，その国独自の制度的環境の中で活動している．韓国の現代自動車グループも，米国や日本の自動車メーカーが採用している生産システムではなく，独自の生産システムを構築している．現代自動車グループの生産システムは，「系列ベースの統合生産システム」と定義することができる．この生産システムが低コスト生産を可能とする基本的な原動力となっている．

　自動車産業は，電気，電子，繊維，化学，金属，鉄鋼など様々な分野で生産される2万5千余りの部品を組み立てて1台の完成車を生産する組立産業である．そのため，多くの企業との取引は避けられない．そして，生産コストを削減しようとする自動車メーカーの努力は，様々な生産システムをもたらした．Williamson（1971；1983；1985）によると，代表的な自動車生産システムである垂直的統合は，企業間の取引の際に発生する取引費用を削減するために構築された．当該企業の「上流部門」と「下流部門」にある諸企業との間で発生する市場取引の取引費用が大きいという問題が浮上した場合，当該企業がそれら諸企業を自己組織化の一環として内部化することで，取引費用の問題を解決することができる．このような垂直的統合は，自動車産業の発達初期の米国のフォード社で現れた．フォード社は垂直的統合を通じて，自動車とその原材料の生産，販売に関連するすべての工程を1社に統合しようとした．一方，韓国の現代自動車グループの場合，フォード社が行った垂直的統合と類似する部分はあるが，大きな違いが存在する．この違いを明確にするために，以下では，統合の形態を考察する．

　図10-8はフォード社と現代自動車グループに関して，統合形態を比較している．フォード社の垂直統合の主体は完成車メーカーであるフォード社自身であり，部品メーカーがフォード社の内部に合併・吸収されたことにより，一つの企業内に，すべての生産過程が存在する．しかし，現代自動車グループの場合，準統合と垂直的統合とが組み合わされている．第一の形態は，多数の独立した系列会社からなる現代自動車グループという準統合である．こ

300　Ⅲ　韓国資本主義

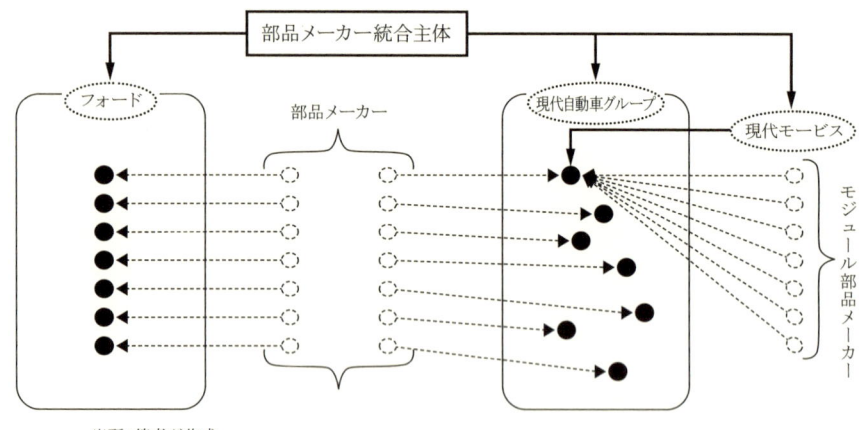

図10-8　部品メーカーの統合形態の比較

出所：筆者が作成.

の準統合において，各部品メーカーは現代自動車という一企業に統合されているわけではなく，現代自動車グループという大組織の中に編入されている．その目的は，取引費用の削減以外にある．第二の形態はモジュールメーカーである現代モービスによる部品メーカーの垂直的統合である．現代モービスは，市場取引の際に発生する取引費用の削減のために，モジュール部品メーカーを吸収・合併した．このように準統合と垂直的統合とが組み合わされているので，現代自動車グループのケースを，純粋な意味での垂直的統合と定義することはできない．そのため本章ではこれを「系列ベースの統合」と名付けた．

　現代自動車グループの生産システムとして定義される「系列ベースの統合生産システム」は，系列ベースの統合によってその枠組みがつくられ，系列という垣根の中で自動車関連会社が独立的に，有機的に動くことを可能にしている．この枠組みのもとで，技術的要因によるモジュール化と制度的要因による賃金格差を前提にして，組立工程の継続的な企業間移転により，低コストを実現することができる．

注
(1) データは現代モービス（2011a），金融監督院の電子公示システム（DART）．
(2) Kim（2012）．
(3) 「19世紀末から20世紀初めにかけて，アメリカの大量生産企業は，部品，原料製造部門や販売，購買部門を創設したり，あるいは部品，原料生産企業や販売企業を合併したりすることによって，市場取引を内部化していった．製造という機能の前方にある部品，原料生産を組織的に統合すること，および後方にある販売を統合すること，この両者はあわせて垂直的統合とよばれる．」（宇仁 2009, p. 113）．
(4) モジュール化とは，統合設計され，機能別にシステム化された多くの部品がモジュールという形で開発及び生産され，最終組み立てラインに投入されることをいう．最も代表的なモジュール化の事例といえる運転席モジュールの場合，インパネルと各種計器板，オーディオなどの電装部品，エアコンディショナー／ヒーティングシステム，エアバッグなどで構成される．
(5) 自動車の複合部品であるモジュールは，一定の機能を遂行するための様々な小さい部品の結合体を意味する．
(6) Kim（2011: 77）．
(7) 『韓国経済マガジン』第752号（2010. 5. 5）．
(8) 全国金属労動組合（2011: 77）．
(9) このデータは社員ベースである．現代自動車（2011a）による．
(10) このデータは労働組合員ベースである．2008年現在，全生産職労働者数は3万2260人であり，このうち91.4％が現代自動車労働組合の組合員である．
(11) 全国金属労動組合／韓国労動社会研究所（2008）のデータをもとに直接計算した．
(12) 入社時期は高等学校卒業者21歳，大学卒業者25歳（軍服務期間各2年ずつ合算）と仮定した．
(13) 現代モービスは2010年から職種別労働者数の代わりに総労働者数（A）と職種別の割合（B）のみを公開しているため，2011現代モービス持続可能性報告書 p. 36に公開されている職種別の割合をもとにして，数式（A）X（B）により人数を直接計算した．生産職2505人は，現代モービスの区分では「現場職」1329人と「生産職」1176人に分けられる．
(14) 一般職，生産職，研究職の2010年のデータは役員数が含まれた数値である．
(15) 全国金属労動組合（2011: 17）．
(16) 現代自動車と起亜自動車の場合，それぞれ異なるブランドで事業が運営されていたが，1999年合併されて現在は同じグループに運営されている．
(17) データは現代モービス（2011a）．
(18) 毎日労働ニュース（2004. 6.17）: http://www.labortoday.co.kr/news/articleView.html?idxno=39952
(19) 韓国経済（2010. 12. 7）: http://www.hankyung.com/news/app/newsview.php?aid=2010120736741
(20) 2008年現代自動車労働組合の月平均賃金は520万1950ウォンであり（全国金属労動組合／韓国労動社会研究所 2008），2012年の現代モービス労働組合員の月平均賃金は

364万9000ウォンである(全国金属労働組合連盟 2012).
(21) 2010年において,モービスは正規生産職労働者のデータを公開していないため,2009年のものを使用した.

参考文献

Kim, C. S. (2011) *The Growth of Large Firm and Labor Instability: The Analysis on Value chain, Production Method and Employment Relationships in Korea's Automobile Industry*, Beaksanseodang. (in Korean)

Kim, W. J. (2012) 'A Study on the Production System of Korea's Automobile Industry: Focused on the Automaker-Parts Maker Relationship within Hyundai Motor Group' (Master's thesis), Kyoto University.

Williamson, O. E. (1971) 'The Vertical Integration of Production: Market Failure Considerations', *The American Economic Review*, 61 (2): 112-123.

—— (1983) *Markets and Hierarchies, Analysis and Antitrust Implications: a study in the economics of internal organization*. New York: Free Press.

—— (1985) *The Economic Institutions of Capitalism: Firms, Markets, Relational Contracting*, New York: The Free Press.

宇仁宏幸 (2009)『制度と調整の経済学』ナカニシヤ出版.
現代自動車 (2011a)「事業報告書」.
—— (2011b)「持続可能性報告書」.
現代モービス (2011a)「事業報告書」.
—— (2011b)「持続可能性報告書」.
全国金属労動組合 (2009)「金属労組産別賃金政策のための研究報告書」http://metalunion.kr/admin/bbs/down.php?code=policy4&idx=84799&no=1, 2012年2月21日アクセス.(韓国語ワーキングペーパー)
—— (2011)「悪い働き口追放,2011 金属働き口報告書」http://metalunion.kr/admin/bbs/down.php?code=news_press&idx=117146&no=1, 2012年2月21日アクセス.(韓国語ワーキングペーパー)
全国金属労動組合/韓国労動社会研究所 (2008)「金属産業の賃金構造と賃金体系分析報告書」http://www.metalunion.kr/admin/bbs/down.php?code=policy4&idx=80762&no=1, 2012年2月20日アクセス.(韓国語ワーキングペーパー)
全国金属労働組合連盟 (2012)「2012 団体交渉指針——第2編,賃金交渉指針」http://www.metall.or.kr/admin/down/data2/20120207%EC%9E%84%EA%B8%88%EA%B5%90%EC%84%AD%EC%A7%80%EC%B9%A8.hwp, 2012年3月27日アクセス.(韓国語ワーキングペーパー)

Ⅳ　東南アジア・インドの資本主義

第11章　インドIT産業における高度化と能力構築
―― 新興国知識集約型産業における後発発展 ――

徳丸宜穂[1]

1　はじめに

　アジア新興国は深刻な矛盾を孕みつつも「安価な製造拠点」「安価な知識労働拠点」としての位置づけを脱し，徐々に本格的な製品・技術開発拠点としての意味を帯びるようになってきている（都留／守島 2012）．このことは，知識労働に雇用増加を期待する先進諸国にとっても重大な意味を持っている．特に本稿が分析対象とするインドIT産業は，欧米向けのオフショア開発で有名になった業務用情報システム分野のみならず，製造業製品で用いられる組込システム分野でも開発拠点として注目されるに至っている．その典型例の一つは，インドを代表するIT企業の一つであるHCL Technologiesが開発し，ボーイングのドリームライナーに搭載されている無視界着陸システムである（Kumar and Puranam 2011）．また，世界経済が停滞しているにもかかわらず，2011年段階で，インドIT産業の輸出は16.3％，国内売上は16.7％それぞれ増加しており，潜勢力の高さを示している[2]．それゆえ，インドIT産業は，新興国における知識集約型産業発展について研究する上で，非常に重要な事例であると言える．さらに，表面的な現象を追うのみならず，その背後にどのような製品・技術開発システムが現れつつあるのかを明らかにすることが枢要な課題になりつつあると言えよう．

　一般に後発国・経済は，先発国・経済とは量的・質的に異なる資源・需要

に直面しているため,後発発展は先発国とは異なる制約と可能性の下で行われる.ガーシェンクロンの「後発性の利益」概念はこの事態を端的に表現したものである(Gershenkron 1962).そこでの戦略的選択や試行錯誤の結果,先進国とは異なる経済システムや発展経路を生み出すというパタンが繰り返し観察されてきた(Hobday 1994; 藤本 1997; Mathews and Cho 2000).すなわち,当該時期の技術や世界経済のあり方に応じて,経済・産業発展のパタンは歴史的に異なるのである(金 1988; Amsden 1989).ことに現在では,国際分業の中に組み込まれての発展が通常であり,技術も市場も海外に求めるという東アジア NIEs の発展はその典型例だと言える(平川 1998).しかしながら,NIEs の時代の後発発展と今日のそれとは異なる条件下にあることも事実である.第一に,BRICS と称される現在の後発発展の極である新興市場諸国は,巨大な潜在的国内市場を抱えているという意味でも(平川 2010),また第二に,産業組織の「垂直分裂」化(丸川 2007)や,技術知識そのものの明文化の進展(Arora and Gambardella 1994)の結果,中間財・資本財や知的財産の形で技術を入手することが相対的に容易になっているという意味でも,後発発展の条件は変容している.こうした後発発展の異なる条件に呼応して,インド IT 産業は先発国とは異なる製品・技術開発システムを生み出していることが予想されるので,その内実を明らかにする必要がある.

インド IT 産業に関する先行研究では,輸出指向性が強いがゆえに[3],インド IT 産業の発展には限界があると論じられてきた.例えば D'Costa(2009)や Parthasarathy(2005)は,国内市場という豊富な学習機会を失っているインド IT 企業は,人材という投入資源の量に依存した「線形的・外延的成長」を遂げているに過ぎず,国内市場から切り離された「飛び地モデル」での発展には限界があると論じる.また,輸出志向であるため,国内企業どうしの相互作用は弱く,イノベーションを生み出しやすい環境になっていないとも論じられた(Vijayabaskar and Krishnaswamy 2004; Taganas and Kaul 2006; D'Costa 2009; Okada 2010; Sonderegger and Täube 2010).ところが,こうした停滞的な構図の打破を促す賃金高騰などの環境変化に対応して(Athreye 2005),IT 産業が徐々に高度化しているとする断片的な証拠が出されるようになってきている(Parthasarathy and Aoyama 2006; Okada 2008).こうした経緯を考える

ならば，インドIT産業の高度化の現状を確実に把握した上で，弱点とされてきた，イノベーションにつながるようなローカルな相互作用・情報獲得が行われているのかを明らかにする必要があるだろう．

しかし，上述のような，発展を制約・促進する表層的な諸条件については比較的よく研究されてはいるが，競争力を生み出す深層の仕組みについては明らかにされていない面が多い．例えばAthreye（2005）は，年々30％にものぼる賃金高騰によって，インドIT産業が単にコスト優位性だけで競争することはもはや難しいので，「企業特殊的組織能力（firm-specific organizational capability）」を構築することによって，製品・サービスの差別化による競争を行う必要が出てきていると述べている．この視点と指摘は正当だが，企業特殊的組織能力の内実は明らかでない．その担い手が究極的には人であることに着目するならば，能力をもったエンジニアをどのように育成・確保しているのかという，雇用システムの内実を明らかにする必要がまずはあるだろう．

すなわち，先行研究には（1）高度化の現状，および（2）ローカルな相互作用・情報獲得の現状，換言すれば産業クラスターの現状が的確に把握されていないという問題点がある．さらに，（3）競争力を生み出す深層の組織的仕組み，とりわけ雇用システムの仕組みの内実が明らかになっていないという重要な限界がある．そこで本稿は，バンガロールおよび首都圏（NCR）の企業に対するアンケート調査の分析を行うことによって，インドIT企業の（1）高度化の現状,（2）ローカルな相互作用・情報獲得の仕組みの現状,（3）雇用システムの内実を明らかにした上で，（4）（1）から（3）の相互関係を明らかにすることを目的とする．本稿の構成は以下の通りである．第2節では分析枠組と仮説を設定する．第3節では，企業アンケート調査の分析を仮説に沿って行う．第4節で，分析結果を踏まえた考察を行い，第5節で結論と今後の課題を述べる．

2　分析枠組と仮説

1) 事業と競争優位の特質

　第1節で述べたように，インドIT産業で「高度化」が不可避なのだとすれば，高度化の度合を識別できる指標で事業の特質を把握することが必要である．浅沼（1997）は，自動車部品サプライヤが果たしている機能を分析するために「承認図」「貸与図」の概念を導入し，ある種の提案機能を果たしているかどうかによりサプライヤを分類した．本稿でも，IT企業がどれだけの提案機能を果たしているかによって，事業の特質を把握するが，ソフトウェアの場合，「図」という表現はそぐわない．そこで本稿ではIT企業の事業を「ソリューション指向」「サービス指向」という理念型で把握する．サービス指向のIT企業は，顧客が作成した要求仕様通りにソフトウェア開発を行うため，提案機能を発揮する余地がない．このタイプの企業にとって重要な能力は，品質基準を遵守し，コストを正確に管理し，納期通りに納入する能力である．したがって，これら企業の競争優位の特質は「コスト優位性」（Porter 1985）に近い．それに対してソリューション指向のIT企業の場合，顧客の要求仕様作成をも行うため，提案機能・能力を発揮する必要がある．パッケージソフトウェア企業は，個別顧客ではなく不特定多数の一般顧客への提案機能を発揮しているので，ソリューション指向の極にある存在である．それゆえ，これら企業の競争優位の特質は，Porter（1985）の区分では「差別化」である．

　また，貸与図サプライヤから承認図サプライヤへの進化が高度化であると浅沼（1997）が論じたのと同様に，本稿では，サービス指向企業からソリューション指向企業への進化を「高度化」と理解する．

2) 外部情報源と立地の優位性：仮説1

　IT企業がサービス指向からソリューション指向へと高度化すると，徐々にイノベーションが必要となる．先行研究では，新たに知識を生み出すために企業外部からの情報取得，とりわけ密接な相互作用によるそれが重要であ

ると言うこと，および，イノベーションにとって重要な情報には粘着性（stickiness）があるため，ローカルな相互作用が重要であり，それがイノベーションのもととなる学習を促すことが強調されてきた（Fujita 2007; Lundvall 1992; von Hippel 1988）．さらに，Jacobs（1969）やFujita（2007）は，都市内で主体間の相互作用パタンが多様であればあるほど，新しい知識が生み出され，イノベーションが生み出されやすくなると論じた．同様に，Porter（1998）も，先進国と後発国の産業クラスターを比較して，前者では相互作用が複雑であるから，そこに立地する企業の差別化をサポートしうるが，後者では相互作用が単純なので立地企業の差別化を促さないと論じている．したがって個々の企業からみれば，差別化を目指す企業は多様な外部情報源を保持しようと試みるはずだと考えることができる．

以上より，以下のような仮説1が得られる．

仮説1：ソリューション指向の企業は，サービス指向の企業に比して多様かつローカルな外部情報源を求める．また，そうした企業が集積する産業クラスターは豊かな内部リンケージを持つ．

3）雇用システム：仮説2

上述のような，イノベーションを行う企業による外部情報の獲得を重要視する先行研究は，その企業内部での組織能力やその構築のありかた（藤本1997）にはほとんど焦点を当ててこなかった．しかしCohen and Levinthal（1989）が説得的に論じ，実証したように，外部情報を消化する能力（吸収能力：absorptive capacity）がイノベーションの成果を左右するのだとすれば，企業外部のリンケージと同時に組織能力に着目することが不可欠である．

組織能力を担うのは究極的には個人であるから，本稿では雇用システムのあり方に着目する．ソリューション指向で差別化を目指す企業は，企業特殊的組織能力を必要とするようになるであろうから（Athreye 2005），内部労働市場を確立し，技能形成を指向した長期的な雇用システムを実現しようとするだろう（Hall and Soskice 2001; Laursen and Foss 2003; Michie and Sheehan 1999）．

それゆえ，得られる仮説2は次のようになろう．

仮説 2：ソリューション指向の企業は，サービス指向の企業に比べて企業特殊的技能を一層必要とするから，内部労働市場を確立・維持する諸施策を実施し，内部人材育成に力を入れる．また，技能形成を促す長期指向のインセンティブ付与を行い，リテンションを可能とする施策を実施する．

3 企業アンケート調査の分析[4]

本節では，インドIT産業の競争力の特質と，その背後にある「組織的仕組み」を把握するために，筆者らが実施したアンケート調査結果を分析する[5]．アンケート調査は2010年8月から11月にかけて，バンガロールおよびデリー首都圏（NCR）に所在するIT企業を対象に実施された．これら2地域の企業を対象としたのは，IT企業の2大集積地だからである[6]．サンプリング台帳は All India IT Directory 2010 であり，調査方法は訪問面接法であった．調査対象企業の状況は**表11-1**の通りである．以下では二つの仮説に沿って分析を進めてゆく．

表11-1 記述統計量

	バンガロール					首都圏（NCR）				
	観測数	平均	標準偏差	最大値	最小値	観測数	平均	標準偏差	最大値	最小値
企業年齢（年）	99	10.4	5.9	36.0	2.0	100	10.2	4.0	19.0	4.0
従業員数**	100	156.1	598.9	5850.0	6.0	100	38.9	18.6	83.0	4.0
売上高（百万ルピー）***	96	226.3	685.9	5000.0	1.5	100	18.7	9.1	40.0	1.7
海外売上比率（％）***	100	33.1	34.3	100.0	0.0	100	6.2	9.1	30.0	0.0

注：1）平均値の差について，***は1％水準，**は5％水準で有意．
　　2）「海外売上」とは，外資系企業・インド企業にかかわらず，海外拠点向けの売上を意味する．

1) 需要変化と事業の高度化

まず，各社の事業と競争優位性の特質についてみよう．顧客による要求とその変化を評価してもらった結果が**表11-2**である．首都圏の企業は「品質」「コスト」といった，いわゆるQCD（品質・コスト・納期）に関わる要因が極端に高い得点を得ているのに対して，バンガロールの企業は「コスト」得

表11-2 顧客による要求とその変化(2005〜09)

	バンガロール (N = 100) 要求度	変化	NCR (N = 100) 要求度	変化
コスト***	8.64	0.79	9.15	0.11
品質*	9.75	0.35	9.59	0.00
リスクマネジメント***	6.10	0.39	3.45	−0.05
定時での納品***	9.50	0.08	6.71	0.02
最新基盤技術***	8.50	0.66	7.39	−0.13
顧客課題の分析・解決***	9.45	0.24	4.17	0.04

注：要求度は10点満点での評価．要求度の差について，*** は1％水準，** は5％水準，* は10％水準でそれぞれ有意

点が低い一方で，「顧客課題の分析・解決」といった，ソリューション指向を指し示す項目の得点の高さが顕著である．またすべての要因で，バンガロール企業の方が高度化する要求に直面している．すなわち，首都圏企業よりもバンガロール企業の方が，直面する需要の質はすでに高く，高度化が進行していると言える．

次に，紙幅の都合上詳細は省略するが，競争優位の要因を10段階評価してもらった結果，首都圏の企業は「品質」「低コスト」「定時での納品」「リスク管理」といった，いわゆるQCD（品質・コスト・納期）に関わる要因が極端に高い得点を得ているのに対して，バンガロールの企業はこれらの項目に加えて，「サービス・製品の差別化」「ビジネスモデルの差別化」「顧客課題の分析・解決力」といった，ソリューション指向を指し示す項目の得点も高かった．そこで，各企業のソリューション指向度合を測定するために，「サービス・製品の差別化」「ビジネスモデルの差別化」「顧客課題の分析・解決力」「営業・マーケティング力」の4変数の単純平均によって，ソリューション指向の合成尺度としよう（Cronbach's $\alpha = 0.88$）[7]．これに基づき作成された**表11-3**の第1段より，バンガロールの企業の方が平均してソリューション指向が高いことが分かる．

以上より，バンガロール企業では需要の高度化が進行しており，それに対応して事業もソリューション指向の方向へと高度化していることが確認できる．

表11-3 事業の特徴と情報源・ローカル学習機会

	バンガロール		首都圏（NCR）	
	平均	標準偏差	平均	標準偏差
ソリューション指向***	7.93	1.34	1.93	1.00
情報源のオープン度***	6.94	0.90	1.17	0.30
ローカル学習機会***	7.59	0.56	2.88	1.81

注：各項目の差について，*** は1％水準で有意．

2) 産業クラスターの高度化：仮説1

次に，企業のソリューション指向と外部情報源・立地の優位性との関連に関する仮説1の検討に移る．

まずは仮説1の前段について検討する．紙幅の都合上詳細は省略するが，「イノベーションにとって重要な情報源」を10段階評価してもらった結果，首都圏の企業は「自社R&D」「顧客」「自社従業員」といった，自社もしくは取引相手という比較的クローズドな情報源を重要視しているのに対して，バンガロールの企業が重視する情報源はオープンであることがわかった．そこで，各企業が重視する情報源のオープン度を測るため，「自社R&D」「顧客」「自社従業員」「サプライヤ」の4変数を除いた11変数の単純平均により，合成尺度「情報源のオープン度」としよう（Cronbach's $\alpha = 0.98$）．情報源のオープン度を都市間で比較した表11-3の第2段は，バンガロール企業が重視する情報源が首都圏企業のそれよりも平均してオープンであることを示している．

ソリューション指向と情報源のオープン度の関係を示しているのが表11-4の左列である．明らかに，企業のソリューション指向が強いほど，情報源が有意にオープンになっていることがわかる．このことから，仮説1の前段が示す関係は確認された．

次に，仮説1の後段について検討しよう．同様に詳細は省略するが，「現在の立地から得られる優位性」を10段階評価してもらった結果，首都圏の企業が「人材へのアクセス」「交通の利便性」「市場の近接性」といった，ある一時点での競争優位性を与える要因を高く評価しているのに対して，バンガロールの企業はこれらの要因に加えて，「技術情報へのアクセス」「市場・製品情報へのアクセス」「他社・他組織との情報共有」などの，競争優位性

表11-4　ソリューション指向と情報源・ローカル学習機会の関係

ソリューション指向	情報源のオープン度　平均	ローカル学習機会　平均
弱い	1.00	2.51
やや弱い	1.94	4.47
やや強い	3.52	7.27
強い	3.76	7.21
	$\rho = 0.81$***	$\rho = 0.66$***

注：情報のオープン度は4分位点によって「小さい」(1点) から「大きい」(4点) に得点化し，ローカル学習機会は8分位点によって「少ない」(1点) から「多い」(8点) に得点化した．末尾の順位相関係数は原得点によって計算した．
*** は1％水準で有意．

を持続させるのに必要な学習機会の発生源として地元都市を高く評価している．各企業が地元都市に学習機会を確立している度合を測るために，「技術情報へのアクセス」「市場情報へのアクセス」「他社・他組織との情報共有」「業界団体からのサポート」「地方政府からのサポート」の単純平均により，合成尺度「ローカル学習機会」を構成した（Cronbach's $\alpha = 0.87$）．都市間で比較した結果は**表11-3**の第3段の通りで，バンガロールの企業の方が首都圏の企業よりも地元都市に学習機会を確立していると言える．

表11-4の右列は，ソリューション指向とローカル学習機会の確立度合の関係を示している．ここから分かるように，ソリューション指向が強いほど，ローカル学習機会を有意により強く確立していると言える．このことは，ソリューション指向の企業が集積するバンガロールの産業クラスター自体が複雑化・高度化を遂げていると見ることができる．したがって，仮説1の後段が示す関係性についても確認された．

以上より，事業が高度化するのに対応して企業の情報源はよりオープンになり，また企業の所在都市が学習機会として重要な意味を持つようになることが分かった．すなわち，事業の高度化と産業クラスターの高度化が車の両輪のように進行していると見ることができる．

3）雇用システムの高度化：仮説2

つづいて，企業のソリューション指向と雇用システムの関連に関する仮説2の検討を行う前に，両都市の雇用システムに関する要約を**表11-5**に示す[8]．

両都市における雇用システムの平均像の相違は以下のようにまとめられよう．**表11-5** の (1) (2) より，バンガロール企業の方がエンジニアのリテンションに相対的に成功しており，相対的に職務経験が浅い技術人材から構成されている．(3) は，エンジニアの査定にとって重要な要因を二つ選択してもらい，重要な順に2点，1点を付けたものである．首都圏の企業では「目

表11-5 雇用システム　記述統計

(***：1%水準で有意，**：5%水準で有意，*：10%水準で有意)

(1) エンジニアの離職率（2009年）　括弧は2005年

	平均***	標準偏差	最小値	最大値
バンガロール（N＝90）	20.2 (7.2)	12.9 (4.9)	3 (3)	70 (45)
NCR（N＝100）	9.3 (9.8)	1.0 (1.1)	8 (8)	12 (12)

(2) エンジニアの職務経験年数（2009年）

	平均***	標準偏差	最小値	最大値
バンガロール（N＝94）	3.6	1.5	1	8
NCR（N＝100）	11.3	4.0	5	22

(3) 重要な査定要因

	目標達成度*** 平均	標準偏差	コミットメント*** 平均	標準偏差	コミュニケーション 平均	標準偏差	チームワーク*** 平均	標準偏差	積極性*** 平均	標準偏差	その他*** 平均	標準偏差
バンガロール（N＝94）	0.87	0.96	0.97	0.90	0.13	0.42	0.62	0.69	0.38	0.61	0.03	0.18
NCR（N＝100）	1.58	0.64	1.24	0.62	0.17	0.38	0.00	0.00	0.00	0.00	0.00	0.00

(4) 査定頻度（単位：%）

	月毎（＝1）	四半期毎（＝2）	半年毎（＝3）	1年毎（＝4）	平均***
バンガロール（N＝95）	9.5	26.3	33.7	30.5	2.9
NCR（N＝100）	44.0	34.0	22.0	0.0	1.8

(5) 高業績者へのインセンティブ

	昇給** 平均	標準偏差	ボーナス* 平均	標準偏差	一時金*** 平均	標準偏差	昇進 平均	標準偏差	ストックオプション*** 平均	標準偏差
バンガロール（N＝100）	0.91	0.89	0.85	0.81	0.38	0.49	0.53	0.88	0.26	0.68
NCR（N＝100）	0.63	0.86	0.63	0.90	1.03	0.96	0.64	0.48	0.00	0.00

注：(3) および (5) は，重視する項目二つに対し，重要度順にそれぞれ2点，1点をつけてもらった結果である．

標達成度」「コミットメント」といった，成果そのものや，成果に直接影響を及ぼす，いわば「アウトプット」指向の項目が重視されているのに対して，バンガロールの企業では「チームワーク」「積極性」といった，いわゆる「プロセス」項目も重視されている点が特徴である．(4)は業績評価の頻度を示しているが，バンガロールの企業の方が評価間隔が長期的であるから，プロセス項目も重視した査定要因と整合的であろう．(5)は，高業績者へのインセンティブとして重要な手段二つを選択してもらった上で，重要度順に2点，1点を付けたものである．首都圏の企業で顕著なのは，アドホックな報酬形態である一時金[9]の重要度である．それに対してバンガロールの企業では，昇給やボーナスのような，制度化された体系的なインセンティブが重要である．このことから，バンガロール企業の方が高業績者のリテンション手段を相対的に確保できていると言える．

　これより，仮説2の検討を行う．まず，ソリューション指向と人材育成の関係について検討しよう．**表11–6–(1)** は，訓練のカテゴリー毎に両者の関係を示している．ここから分かることは，ソリューション指向が強いほど，セミナー受講による新技術習得などを意味する社外Off-JTを重視する反面，OJTを重視しないという関係性である．社内Off-JTについては，ソリューション指向のいかんにかかわらず6割弱の企業が実施し，半数以上の企業が3-4点の高評価をしている．以上より，社外Off-JTについては仮説2が成り立っているものの，社内Off-JTおよびOJTについては成り立っていないと言える．この点については第4節の考察で触れる．

　次に，ソリューション指向とインセンティブ付与の関係を分析しよう．まず，ソリューション指向と査定要因の関係を **表11–6–(2)** に示す．ソリューション指向が強いほど，「目標達成度」「コミットメント」というアウトプット指向の査定要因が重視されなくなる一方，「チームワーク」「積極性」というプロセス指向の査定要因が重視されるようになることが分かる．また，ソリューション指向と業績評価頻度の関係については，**表11–6–(3)** が示す通り，ソリューション指向が強まるにしたがって業績評価の頻度は減るという関係にある．以上より，ソリューション指向が強いほど長期指向のインセンティブ付与になっていることが確認されるので，仮説2が成り立っていると言える．

表11-6 ソリューション指向と雇用システムの関係

ソリューション指向	(1) 訓練 社内Off-JT	社外Off-JT	OJT	(2) 査定要因 目標達成度	コミットメント	コミュニケーション	チームワーク	積極性
弱い	1.89	0.66	3.10	1.62	1.22	0.15	0.00	0.00
やや弱い	2.47	1.00	2.59	1.13	1.31	0.31	0.19	0.06
やや強い	1.96	1.42	2.69	0.93	1.07	0.18	0.57	0.25
強い	1.98	1.52	2.77	0.85	0.90	0.10	0.64	0.46
	0.04	0.24***	−0.18***	−0.33***	−0.14***	−0.08	0.49***	0.42***

ソリューション指向	(3) 業績評価 評価頻度	(4) 高業績者へのインセンティブ 昇給	昇進	一時金	ボーナス
弱い	1.73	0.56	0.67	1.04	0.65
やや弱い	2.53	1.06	0.24	0.65	0.88
やや強い	2.76	0.80	0.73	0.43	0.73
強い	2.87	0.97	0.48	0.38	0.83
	0.43***	0.18**	−0.19**	−0.28***	0.10

注:(1)「訓練」は,重要度を4点満点で評価してもらった結果.「査定要因」「高業績者へのインセンティブ」「評価頻度」は,表11-5に同じ.
(2) 最下段は順位相関係数. *** は1%水準, ** は5%水準で有意.

最後に,高業績者のリテンションにとって重要なインセンティブの内容との関係について示すのが**表 11-6-(4)**である.ソリューション指向が強まるほど,高業績者のリテンションには限界があるアドホックなインセンティブである「一時金」の重視度は低下すること,また,体系化されているがゆえにリテンションへの有効性が高いと考えられる「昇給」の重視度が高まる.これらの関係性については,確かに仮説2が成り立っていると言える.ただし,昇給と同様に体系性が高いインセンティブである「昇進」については,ソリューション指向が高まるにつれて逆に重視度が低下している.前節でみられたように,昇進は通常昇給も意味することを考えるならば,一つの可能性としては,ソリューション指向の弱い企業が昇給で報いようとするならば,昇進という手段に頼らざるを得ないという事態が考えられる.事実,データは省略するが,ソリューション指向の弱い企業は平均して規模も小さいので,「昇進なき昇給」が可能となる体系的な賃金制度が整備されていない可能性がある[10].そうだとすれば,アドホックな一時金が重視されていることと

も矛盾しないだろう．

4 考察：流動的外部労働市場と内部指向・長期指向の雇用システム

確かにAthreye（2005），Chaminade and Vang（2008），Parthasarathy and Aoyama（2006）などの先行研究は，賃金高騰などの圧力が高度化を必須にすると指摘し，またその兆候となる事例を挙げている．しかしそれらの研究では，どのような仕組みが背後に備わっていれば高度化が可能なのかという重要な問題に対する解答を与えるものではなかった．それゆえ本稿は，差別化に必要な情報・能力の確保という観点からこの問題に着手したのである．その結果，第3節の分析より，確かにインドIT企業がソリューション指向に高度化してきていることが確認された．また，高度化した企業には，必要な外部情報を獲得するローカルな仕組みと，必要な能力を持った人材を確実に育成・保持する仕組みが整合的に備わってきていることが分かったのである．特に，問題点の指摘は多くなされてはきたものの（Agrawal *et al*. 2012; Kuruvilla and Ranganathan 2008），先行研究では具体的に明らかにされてこなかったインドIT企業の雇用システムについて，整合性をもった内部指向・長期指向のシステムが現れてきていることを明らかにしようとした点に，本稿の意義があると考えている．そこで以下の考察も，雇用システムの側面に絞る．

分析から浮かび上がってきた，インドIT企業の雇用システムの特質は，高い流動性を持つ外部労働市場という与件にもかかわらず，ソリューション指向に整合的な内部指向・長期指向の雇用システムが確立してきていると言うことである．米国についてしばしば指摘されるように（Capelli 1997），外部労働市場の流動性が高い条件下では訓練投資が抑制されるなど，内部指向・長期指向の雇用システムが成り立ちにくいと考えられる．にもかかわらず，インドIT企業で内部指向・長期指向の雇用システムが成立しているのはなぜだろうか．換言すれば，内部指向・長期指向の雇用システムの「インドIT企業的特質」は何であろうか．

この問いに答える手がかりは，本稿では触れていない聞き取り調査の分析，およびアンケート調査の分析において見いだされた，仮説から乖離した二つ

の事実にあると考えられる．すなわち第一に，データは省略せざるを得ないが，企業年齢とソリューション指向の間には明確な関係が見られず，またエンジニアの平均経験年数が低い企業でソリューション指向が高くなっているという事実である．また第二に，3.3項で指摘したように，企業がソリューション指向か否かにかかわらず，訓練，とりわけOff-JTがおしなべて重視されているという事実である．

　もし仮に，企業特殊的技能・知識がエンジニア個人によって担われているものだとすれば，ソリューション指向とエンジニアの平均職務経験年数にも正の相関が見られるはずである．しかし，期待された相関関係が観察されなかったと言うことは，インドIT企業においては，企業特殊的技能・知識は個人の技能・知識として担われているのではなく，むしろ組織自体がそれを担っていると言うことを強く示唆していると考える．それは藤本（1997）が言う「組織能力」の内実をなしているだろうが，西野／福澤（2012）が指摘するように，組織能力を個人の能力の総和に還元することはできず，組織ルーティンとして組織自体が担っている部分が小さくないだろう．

　この実例をビビッドに提供していると考えられるのは，本稿では扱っていない聞き取り調査が対象とした，ソフトウェア検証に特化したA社の事例である．同社では，常設組織が「科学的検証法」という同社固有の基盤技術の革新を担っており，またマネジャー層が具体的に適用される検証プロセスの改善を担っている．いうなれば彼らが組織的知識を担い，更新するという役割を担っている．その結果が形式的に体系化され，Off-JTの訓練として社内外に提供されている．それゆえ，エンジニアに期待されているのは，教育された検証プロセスの確実な遂行であって，経験的に蓄積された技能の発揮ではない．つまり，組織が相当程度知識を掌握しているという知識分有の組織的仕組みを有しており，その知識を確実に形式化・体系化することで，Off-JTによる促成的育成が可能になっている．

　企業特殊的技能・知識が組織によって担われている以上，エンジニアに対して一律にリテンションを図る必要はなく，組織の知識を担い更新する役割を負う，限定された人数のマネジャー層および専門的エンジニアさえリテンションできればよいので，流動的な外部労働市場という環境とも整合的である．

以上より，流動的な外部労働市場という環境下にもかかわらず Off-JT による訓練投資を重視し，内部指向・長期指向の雇用システムが確立しているのは，その背景に，インド IT 企業が適応の末独自に編み出してきた知識と仕事の組織方法，すなわち，重要な企業特殊的技能・知識が組織的に担われている上，それを形式的に体系化するという組織方法が存在するためであると考えられる[11]．インド IT 企業における雇用システムと組織方法のこうした組み合わせ方を，これほどまでには Off-JT による訓練を重視していない東アジアの業務用情報システム企業（尹 2012）と対比すると，インド IT 企業は東アジアの IT 企業とは異なる，独自の能力形成メカニズムを発展させてきたと考えられる．それゆえ，インド IT 企業は東アジアの IT 企業とは異なる競争優位性を発揮するであろうということを強く示唆している．

5　結　語

本稿の目的は，企業聞き取り調査と企業アンケート調査により，新興国の知識集約型産業の典型事例であるインド IT 産業がどのような高度化を遂げているのかを明らかにした上で，その高度化を可能にしている，情報獲得と組織能力形成の仕組みを明らかにすることであった．分析の結果，(1) 確かに多くの企業が「ソリューション指向」という方向に高度化を遂げていると言うこと，(2) その高度化と整合的な，外部情報を獲得する仕組みがローカルに形成されていると言うこと，および，(3) 同様に高度化と整合的な雇用システムが成立していると言うことを明らかにした．また，特にインド IT 産業を特徴付けると考える雇用システムに着目し，その背後には，重要な知識を組織的に掌握し体系化するという独特の知識分有のあり方が存在するという解釈を示した．

最後に，今後の課題を一つだけ述べて本稿を閉じたい．それは，他のアジア新興国，特に中国との国際比較を念頭に置いて，インド IT 企業の組織能力について研究を深める必要があるということである．第4節で考察を行った通り，インド IT 企業の雇用システムの裏側には，特徴のある知識分有の仕組みが存在するはずだと言うことを，分析結果は強く示唆している．この

ことは，インド IT 企業は独自の組織能力を培っているであろうことを予想させる．組織能力は企業・産業の競争優位性を規定する一大要因であるから，重要な研究対象であるものの，本稿ではほとんど扱うことができていない．人材・組織面での中国との対比については Nollen and Siddharthan（2008）が軽く触れており，人材面ではインド IT 企業の方に優位性があることを示唆しているが，内実はほとんど明らかにされてはいない．製造業基盤が確立しており，それゆえ国内製造業顧客との連関が強い中国の IT 企業は，その連関を相対的に欠くインド IT 企業とは異なる能力形成が行われ，それゆえ発展軌道も異なっているものと予想される．しかも製造業が徐々に発展し，国内製造業との連関が形成されつつあるインド IT 企業においては（Majumdar 2012），製造業との連関が中国の場合とは異質であるかも知れない．このような背景を考えると，知識集約型産業発展の異なる二つの型の「ミクロ的基盤」を，人材・組織面から明らかにすることが重要だろうし，アジアにおける比較資本主義論に一つの基礎を提供するものと考える．

注

（1）本研究の遂行に当たっては，日本学術振興会科学研究費・基盤研究（B）（課題番号 20402027）の助成を受けたことに謝意を表する．その共同研究で，数度の調査を共同で行い多くを負っている，平川均，新海尚子，マンダル・クルカルニ（いずれも名古屋大学・当時）の各氏にお礼申し上げる．また本稿作成に当たっては，都留康（一橋大学），森田穂高（ニューサウスウェールズ大学）両氏より有益なコメントをいただいた．ここにお礼申し上げたい．
（2）業界団体 NASSCOM（www.nasscom.org）のデータによる．2012 年 5 月 7 日アクセス．
（3）例えば，危機前の 2008 年段階で，NASSCOM 加盟企業の輸出比率は 64.0％であったが（*NASSCOM Strategic Review 2009*），トップ 5 企業のそれは 95-98％であった．
（4）なお，企業聞き取り調査の分析もあわせ，より詳細な計量分析を行った別稿を準備中である．
（5）アンケート調査の詳細と，他の視角からの分析については，Hirakawa, Lal, Shinkai and Tokumaru（2012）を参照のこと．
（6）IT 業界団体 NASSCOM の *Annual Report 2010-11*, p.10 によれば，会員企業本社の 22％がデリー首都圏に，21％がバンガロールにある．
（7）クロンバッハの α は，合成尺度の内的整合性を判定するための係数である．以下いずれの場合も 0.8 以上であり，信頼性のある尺度だと見なしうる．

(8) なお，**表 11-5-(1)** が示す通り，世界金融危機直後である 2009 年の離職率はバンガロールで高騰している．それゆえ，定常的な特質を把握するためには 2005 年の離職率を用いる方が適切だと考えられる．そこでのちの分析でも，2005 年の値を用いている．
(9) ボーナスも広義では一時金であるが，ボーナスは支払時期・方法などがルール化されているという点で，ここで言う一時金とは区別される．
(10) さらに，表には示していないが，昇給と昇進の相関係数は−0.46 であった（1%水準で有意）ことも，この推論の傍証と言えよう．
(11) この見解は，インド IT 企業の強みがその管理能力にあるとする石上（2010），およびインド IT 企業の労働過程を「ネオ・テイラー主義」と特徴付ける Upadhya（2009）によっても裏付けられる．

参考文献

Agrawal, N. M., N. Khatri and R. Srinivasan (2012) 'Managing growth: Human resource management challenges facing the Indian software industry', *Journal of World Business*, 47 (2): 159-166.

Amsden, A. H. (1989) *Asia's Next Giant: South Korea and Late Industrialization*, Oxford: Oxford University Press.

Arora, A. and A. Gambardella (1994) 'The changing technology of technological change: general and abstract knowledge and the division of innovative labour', *Research Policy*, 23 (5): 523-532.

Athreye, S. S. (2005) 'The Indian software industry and its evolving service capability', *Industrial and Corporate Change*, 14 (3): 393-418.

Cappelli, P. (1997) *Change at work*, Oxford: Oxford University Press.

Chaminade, C. and J. Vang (2008) 'Globalisation of knowledge production and regional innovation policy: Supporting specialized hubs in developing countries', *Research Policy*, 37 (10): 1684-1696.

Cohen, W. M. and D. A. Levinthal (1989) 'Innovation and learning: The two faces of R&D', *Economic Journal*, 99 (397): 569-596.

D'Costa, A. P. (2009) 'Extensive growth and innovation challenges in Bangalore, India', in G. Parayil and A. P. D'Costa eds., The *New Asian Innovation Dynamics: China and India in Perspective*, Basingstoke, U.K.: Palgrave Macmillan.

Fujita, M. (2007) 'Towards the new economic geography in the brain power society', *Regional Science and Urban Economics*, 37 (4): 482-490.

Gershankron, A. (1962) *Economic Backwardness in Historical Perspective*, Cambridge, Mass.: Belknap Press of Harvard University Press.〔絵所秀紀ほか訳『後発工業国の経済史』ミネルヴァ書房，2005 年〕

Hall, P. A. and D. Soskice eds. (2001) *Varieties of Capitalism: The Institutional Foundations of Comparative Advantage*. Oxford: Oxford University Press.〔遠山弘徳／安孫子誠男／山田

鋭夫／宇仁宏幸／藤田菜々子訳『資本主義の多様性――比較優位の制度的基礎』ナカニシヤ出版, 2007年〕

Hirakawa, H., K. Lal, N. Shinkai and N. Tokumaru eds.（2012）*Servitization, IT-ization and Innovation Models: Two-Stage Industrial Cluster Theory*, Abington, Oxford: Routledge.

Hobday, M.（1994）*Innovation in East Asia: The Challenge to Japan*. Aldershot: Edward Elgar.

Jacobs, J.（1969）*The Economy of Cities*, New York: Random House.〔中江利忠／加賀谷洋一訳『都市の原理』鹿島出版会, 2011年〕

Kumar, N. and P. Puranam（2011）*India Inside: The Emerging Innovation Challenge to the West*, Boston: Harvard Business Press.

Kuruvilla, S. and A. Ranganathan（2008）'Economic development strategies and macro- and micro-level human resource policies: The case of India's "outsourcing" industry', *Industrial and Labor Relations Review*, 62（1）: 39-72.

Laursen, K. and N. J. Foss（2003）'New human resource management practices, complementarities and the impact on innovation performance', *Cambridge Journal of Economics*, 27（2）: 243-263.

Lundvall, B-A.（1992）'User-producer relationships, national systems of innovation and internationalisation', in B.-A. Lundvall ed., *National Systems of Innovation: Towards a Theory of Innovation and Interactive Learning*, London: Pinter.

Majumdar, S. K.（2012）*India's Late, Late Industrial Revolution: Democratizing Entrepreneurship*, Cambridge: Cambridge University Press.

Mathews, J. A. and Cho, D-S.（2000）*Tiger Technology: The Creation of a Semiconductor Industry in East Asia*, Cambridge: Cambridge University Press.

Michie, J. and M. Sheeman（1999）'HRM Practices, R&D expenditure and innovative investment: Evidence from the UK's 1990 Workplace Industrial Relations Survey（WIRS）', *Industrial and Corporate Change*, 8（2）: 211-234.

Nollen, S. and N. S. Siddharthan（2008）'Software and hardware firms in India and China: How they differ', in S. R. Hashim and N. S. Siddharthan eds., *High-tech Industries, Employment and Global Competitiveness*, New Delhi: Routledge.

Okada, A.（2008）'Small firms in Indian software clusters: Building global competitiveness', in S. R. Hashim and N. S. Siddharthan eds., *High-tech Industries, Employment and Global Competitiveness*, New Delhi: Routledge.

Okada, A.（2010）'Innovation through long-distance conversations? Experience from offshoring-based software clusters in Bangalore, India', in A. Kuchiki and M. Tsuji eds., *From Agglomeration to Innovation: Upgrading Industrial Clusters in Emerging Economies*, Basingstoke, U.K.: Palgrave Macmillan.

Parthasarathy, B.（2005）'The political economy of the computer software industry in Bangalore, India', in A. Saith and M. Vijayabaskar eds., *ICTs and Indian Economic Development: Economy, Work, Regulation*, New Delhi: Sage Publications.

Parthasarathy, B. and Y. Aoyama (2006) 'From software services to R&D services: Local entrepreneurship in the software industry in Bangalore, India', *Environment Planning A*, 38 (7): 1269-1285.
Porter, M. E. (1985) *The Competitive Advantage: Creating and Sustaining Superior Performance*, New York: Free Press.
Porter, M. E. (1998) *On Competition*, Boston: Harvard Business School Press.
Sonderegger, P. and F. Täube (2010) 'Cluster life cycle and diaspora effects: Evidence from the Indian IT cluster in Bangalore', *Journal of International Management*, 16 (4), 383-397.
Taganas, R. A. L. and V. K. Kaul (2006) 'Innovation systems in India's IT industry: An empirical investigation', *Economic and Political Weekly*, 41 (39): 4178-4186.
Upadhya, C. (2009) 'Controlling offshore knowledge workers: Power and agency in India's software outsourcing industry', *New Technology, Work and Employment*, 24 (1): 2-18.
Vijayabaskar, M. and G. Krishnaswamy (2004) 'Understanding growth dynamism and its constraints in high technology clusters in developing countries: A study of Bangalore, southern India', in S. Mani and H. Romijn eds., *Innovation, Learning, and Technological Dynamism of Developing Countries*, Tokyo: United Nations University Press, 178-201.
von Hippel, E. (1988) *The Sources of Innovation*, Oxford: Oxford University Press.

浅沼萬里（1997）『日本の企業組織　革新的適応のメカニズム』東洋経済新報社.
石上悦朗（2010）「インド ICT 産業の発展と人材管理」夏目啓二編『アジア ICT 企業の競争力』ミネルヴァ書房.
金泳鎬（1988）『東アジア工業化と世界資本主義――第 4 世代工業化論』東洋経済新報社.
都留康／守島基博編（2012）『世界の工場から世界の開発拠点へ――製品開発と人材マネジメントの日中韓比較』東洋経済新報社.
西野史子／福澤光啓（2012）「製品開発と人材マネジメントの分析枠組み」都留／守島編（2012）所収.
平川均（1998）「技術の「従属」と「脱従属」」佐藤元彦／平川均『第四世代工業化の政治経済学』新評論.
平川均（2010）「東アジア経済の構造変動と新産業集積」平川均／多和田眞／奥村隆平／家森信善／徐正解編『東アジアの新産業集積――地域発展と競争・共生』学術出版会.
藤本隆宏（1997）『生産システムの進化論』有斐閣.
丸川知雄（2007）『現代中国の産業――勃興する中国企業の強さと脆さ』中央公論新社.
尹諒重（2012）「業務用情報システム開発と人材マネジメントの日中韓比較」都留／守島編（2012）所収.

第 12 章　マレーシアにおける経済発展と労働

吉村真子

1　はじめに

　マレーシアは1970年代以降の新経済政策の下で工業化をテコとした経済成長を実現し，産業構造の転換と労働力構造の変化がもたらされた．
　マレーシアは，マレー（ムラユ）系66％，華人（中国系）25％，インド系8％，その他1％のマルチ・エスニック社会（人口2840万人）である（Malaysia 2010, 10MP Table 10: 377）．
　1971年から実施された新経済政策（New Economic Policy: NEP）は，英領植民地時代に形成されたマレー系と非マレー系の経済格差を是正することを目的として，ブミプトラ（Bumiputera: マレー語で「土地の子」の意．おもにマレー系を指す[1]）優先の特徴を持っており，その方針は現在も継続されている．そのため，マレーシアの経済政策は歴史的，政治的な背景からエスニック政策の性格を有している．
　そして1970年代以降，マレーシア経済の発展による産業構造の変化と工業化の進展，そして労働力不足の深刻化などもあり，労働力構造も大きく変化した．そうした労働力構造の大きな変化として，第一にブミプトラ（マレー系）優先によるエスニック集団別の就業構造の変化，第二に女性（とくにマレー系女性）の労働市場参加の増加,第三に労働力不足による移住（外国人）労働力の導入が挙げられる．

本章では，新経済政策以降のマレーシアの経済発展と労働力構造の変化から，マレーシアにおけるさまざまな労働をめぐる問題とその構造について検討することを課題とする．

2 マレーシアの新経済政策と経済成長

1）新経済政策以降のマレーシアの経済成長

マレーシアは，1970 年代以降，新経済政策のもとで工業化をテコとした開発戦略をとり，高い経済成長を実現してきた．

経済成長率（実質）は 1971〜75 年 7.1％，76〜80 年 8.6％と高い成長を遂げ，1981〜84 年も 5.9〜7.8％であった．図 12-1 に見られるとおり，世界的な経済停滞と半導体不況の影響を受けて，1985 年には独立後はじめてのマイナス成長を示し，86 年にも 1.2％と伸び悩んだが，1987 年以降は持ち直し，1988 年以降の成長率は 8％以上となっている．そのため，1970〜90 年の経済成長率は，80 年代半ばの不況による落ち込みがあったものの，年平均 6.7％となっており，1991〜95 年は年平均 8.7％と高い成長率を達成し

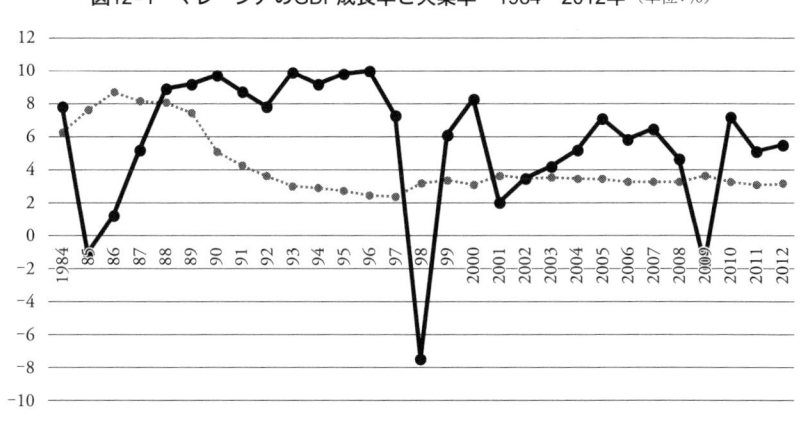

図12-1 マレーシアのGDP成長率と失業率　1984〜2012年（単位：％）

出所：Ministry of Finance, Malaysia, *Economic Report*, various issues.

ている.

　1990年代後半は1997年のアジア通貨・金融危機による影響もあって成長率も4.9%（1996～2000年）となり，その後，2001～05年4.5%，2008年のリーマンショックの影響で08年4.7%から09年 –1.7%とマイナスに転じ，06～09年は平均3.85%と低い水準になっている．しかしその後，2010年にはマレーシアの実質GDP成長率は7.2%に持ち直している．

　マレーシア経済の中心は輸出であり，貿易収支306億9900万米ドル，経常収支194億1800万米ドルで，外貨準備高1377億8400万米ドル，対外債務残高818億2900万米ドルである（2012年）．なお為替レートは3.0888リンギ／米ドルとなっている（Malaysia Department of Statistics; Ministry of Finance; Bank Negara Malaysia）．

　マレーシア経済は，1957年の独立以降，ゴムと錫の輸出に依存する植民地型モノカルチュア経済構造からの脱却を課題とし，工業化の推進と農業の多角化を目標としてきた．独立前はゴムと錫の二大産品の輸出が中心であったが，マレーシアはその後，ヤシ油，原油，木材など，輸出における一次産品の多角化に成功しており，しかもそうした一次産品の輸出によって得られた国際収支の黒字も工業化を支える構造となってきたのである．1970年代以降は輸出に占める製造業品の比率も大きく伸び，1970年には11%しかなかった製造業品の比率は，1980年代半ばに工業製品が輸出の過半を占めるようになり，1990年には59%を占めるまでになり，95年には全輸出の80%を占めるまでになっている．とくに電気，電子が最大の品目となっており，製造業の輸出額のうち44%を占めている（Malaysia, Ministry of Finance 2012: Table 3.7）．輸出先は2007年までは米国向けの輸出が大きかったが，リーマンショックなどの影響もあり輸出に占める米国の占める比率は下がり，シンガポールと中国の占める比率が伸びることとなった．

　1970年代以降，就業構造も大きく変化している．図12-2の部門別就業構造の変化をみると，農業部門の急速な縮小と製造業，サービス業の増加を示している．2012年の就業構造を部門別比率で見ると，農林水産業11%，製造業29%，建設業6%，サービス業54%となっている（Malaysia, Ministry of Finance 2012: Table 3.27, 112）．

図12-2 マレーシアにおける雇用, 1990～2012年 (単位:万人)

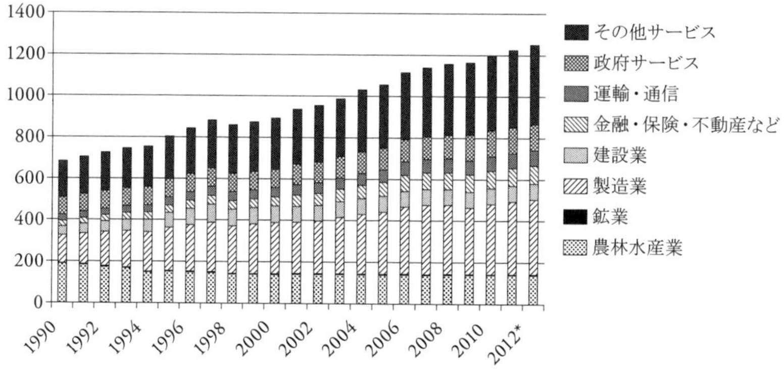

凡例: その他サービス／政府サービス／運輸・通信／金融・保険・不動産など／建設業／製造業／鉱業／農林水産業

*2012年の数値については推計.
出所:Ministry of Finance, Malaysia, *Economic Report, various issues*.

2) 新経済政策の背景と特徴

　マレーシアの新経済政策（New Economic Policy: NEP）は，国民統合を目標として，社会的・経済的不均衡を是正するために，①貧困の根絶，②社会構造の再編成の二つの目的を持つ経済政策であり，1971～90年に実施された後，1991～2000年は国民開発政策（National Development Policy: NVP），2001～10年は国民展望政策（National Vision Policy: NVP）と引き継がれている．

　新経済政策は，1969年の5月13日事件をきっかけとして制定された．同事件は，1969年5月10日の下院選挙と州議員選挙で華人系野党が躍進し，首都クアラ・ルンプルで華人の若者たちの祝賀行進とマレー系の若者たちの祝賀行進との衝突から起こった事件であり，その後，そうした暴動が全国に広がっていった．同事件はマレーシア独立以来の最大の事件であり，独立以降の政治的安定やエスニック集団間の調和が表面だけのものであったことを示し，エスニック問題を抜きにマレーシアの経済問題は考えられないという認識を生み出し，新経済政策の策定のきっかけとなった．とくに同事件の背景には，マレー系と非マレー系の所得格差に対する不満があるとして，マレー

シア政府はエスニック集団（民族，種族）間の所得格差の是正のための政策を打ち出すことが必要となったのである．

1970 年当時，マレー系の平均所得は 179 リンギ／月で，華人 387 リンギ，インド系 310 リンギと，マレー系と非マレー系の所得格差は 2 倍ほどと大きなものであった．また貧困率はマレー系 62％，華人 26％，インド系 39％で，都市 25％，農村部 59％であり，農村部の貧困が問題となっていることが明白である（Malaysia 1973, Table 1-2: 4; Malaysia 1976: 180）．

マレー系は農村部で生産性の低い農業に従事しているために所得が低い世帯が多く，新経済政策の目的である「貧困の根絶」は，マレー系の多い農村部の開発なども含めて貧困対策がマレー系の所得向上につながっている．また「社会構造の再編成」についても，商工業といった近代部門で人口におけるエスニック比率を考慮してマレー系の雇用を優先するなど，マレー系の所得を引き上げてエスニック集団間の所得格差を是正しようとするものである．そして経済成長によって全体のパイを大きくする中でマレー系の所得向上をあげることで，非マレー系の利害を損ねることがないようにすることが求められている．

このように，新経済政策はブミプトラ優先を特徴としており，エスニック政策としての政治的な性格を有している．

そして同政策の下，資本所有，雇用，教育，許認可，土地・住宅の取得とローン，貸付金等々のあらゆる分野でマレー系に有利な割当制度や特権が設けられた．株式資本の所有はマレー系 3 割（非マレー系マレーシア人 4 割，外国人 3 割），雇用も人口のエスニック比率を反映することが望ましいとされる．

「第 8 次マレーシア計画中間報告」（MTR-8MP）では，公共事業や政府調達のブミプトラ割当比率が 30％から 60％に引き上げられている．またブミプトラ資本比率の達成目標 30％については，2001 年の国民展望政策では2020 年までに達成すると明記していたが，「MRT-8MP」では達成時期が2010 年に繰り上げられ，「第 9 次マレーシア計画」ではさらに 2020 年に延期している．

このマレー系優先は，英領植民地時代のマレー人保留地法にさかのぼるこ

とができ，1957年の独立時に制定された現マレーシア憲法の第153条「マレー人およびサバ，サラワク原住民に対する公務員，許認可に関する割当制の保留」に関する一連の条項文で「マレー系の特権」についても規定されている．新経済政策のブミプトラ優先の法的正当性はこれに依拠しているが，マレー系優先はマレー系の一部の利権となっているとの批判もあり，2006年以降，新経済政策の見直しを求める議論ともなっている[2]．

　2010年3月にはナジブ首相直轄の国家経済諮問審議会（NEAC）が「新経済モデル（New Economic Model: NEM）」を発表し，①高所得，②包括性，③サステナビリティ（持続性）をキーワードに，国民の生活の質を確保し，民間投資を高め，高成長，高所得経済を達成するとした．政府が1990年代から提唱している2020年には先進国になるとする「Wawasan 2020（展望2020年）」を受けて，年平均6％の高成長を目標としている．このNEMの報告書では，下位40％の低所得層[3]に焦点を当てた貧困対策を打ち出しており，エスニック・ベースでなく平均所得ベースであることからマレー系右派から批判を受けた．そのため2010年6月に発表された「第10次マレーシア計画」では，「下位40％の低所得層」がターゲットとはされたが「資本所有のブミプトラ比率30％」は目標として明記され，新経済政策のマレー系優先の方針が維持されていることが示された．

3　新経済政策以降の労働力構造

1）新経済政策以降の労働力構造の変化

　新経済政策以降，マレーシアの労働力構造は大きく変化している．その変化は，第一にエスニック分業の構造変化，第二に女性雇用の増加，第三に移住（外国人）労働者の増加が特徴としてあげられる．

　第一にエスニック分業の構造変化は，新経済政策によって商工業の近代部門にマレー系が優先して雇用されるようになってもたらされた．

　英領植民地時代に，19世紀後半に西海岸を中心として華僑資本によって錫鉱山の開発が進み，その労働者に中国人クーリーが導入され，20世紀初頭から英系資本を中心にゴム・エステート（大規模経営農園・プランテーショ

ン）が開かれ，インド人タッパーが導入された．そうした錫産業とゴム産業の発展の中で，マレー人は小農（ゴム，稲作など）・漁民などとして経済発展に取り残された．こうした英領植民地時代に形成された「農村部の小農のマレー人，錫鉱山の労働者や都市部の商工業部門の中国人，ゴム・エステート労働者のインド人」といったエスニック分業の就業構造は，独立後も基本的には変わらず，マレー系と非マレー系の経済格差につながったのである．

そして新経済政策による工業化と公的部門の拡大の中で，おもに農業に従事していたマレー系は近代的部門（製造業，サービス業）に移動し，マレー系賃金労働者が生成され，就業構造におけるエスニック分業は少しずつ変化していった．

1970年のマレー系の就業の部門別分布（半島部マレーシア）は農林水産業が66％と多く，製造業は12％に過ぎず，非マレー系は農林水産業34％，製造業29％となっている．1990年にはマレー系の就業は農林水産業29％，製造業31％，サービス部門41％と就業構造はかなり変わってきたが，非マレー系は農林水産業14％，製造業40，サービス部門47％となっている．

第二に女性雇用の増加は，1970年代以降の工業化戦略でマレーシアは多国籍企業を積極的に誘致し，そうした企業は大量に若年女性を雇用していった．彼女たちは電気・電子，繊維・衣服産業などの労働集約的工程の不熟練労働者として雇用された．そして新経済政策のマレー系優先によって，農村出身のマレー系の女性たちがリクルートされていった．

新経済政策によるマレー系優先は，男性と女性でその影響が異なってあらわれている．同政策によって製造業部門でマレー系が多く雇用されたが，マレー系の男性の場合は資本集約的な生産工程における熟練・半熟練労働力として雇用されるのに対して，マレー系の女性の場合は労働集約的な生産工程における不熟練・半熟練労働力として雇用される傾向がある．とくに電子・電気産業や繊維・衣服産業といった業種は，1970年代以降のマレーシアの経済開発において大きな役割を果たしてきたが，その労働力の中心は農村出身のマレー系の若年女性である．

第三に移住（外国人）労働者の増加は，1980年代以降の経済成長の中で人手不足・労働力不足が深刻化し，次第にいろいろな部門で見られるように

図12-3 マレーシアの移住労働者(不熟練・半熟練) 1990〜2012年*(単位:万人)

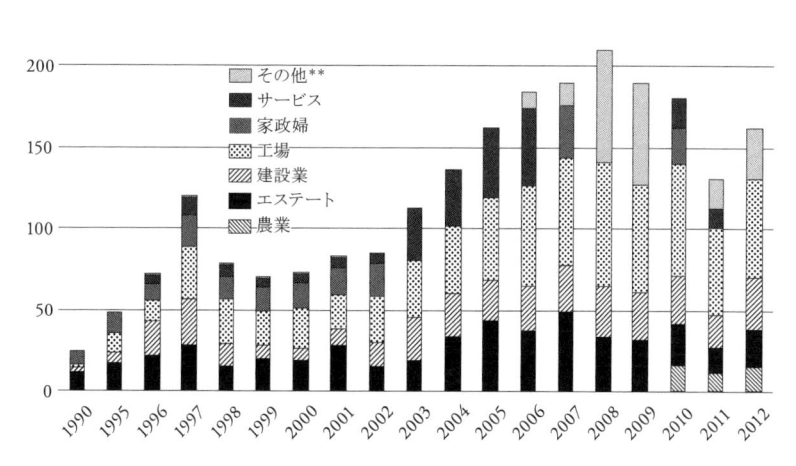

その他**
サービス
家政婦
工場
建設業
エステート
農業

*年度によって公表されたデータの政府による分類が異なる.
**「その他」には内訳不明の分を含む.とくに2008年,09年は家政婦とサービス業も含むため比率が増えている.
出所:Ministry of Home Affairs, MalaysiaおよびDepartment of Immigration, Malaysiaから筆者に提供された
データ,およびEconomic Report各年度版のデータから作成.

なった.移住労働者の雇用は,当初は3K(キツイ,キタナイ,キケン)職種・業種における「不法」就労が中心であったが,その増加が社会問題化し,マレーシア政府は不熟練・半熟練労働においても移住労働者の雇用を認め,1989年に農園(エステート),建設業,家政婦における「不法」就労の移住労働者の登録(「合法化」)プログラムを実施し,さらに1991年には製造業での移住労働者の雇用の認可申請を認めるようになり,現在は各部門で移住労働に大きく依存する構造になっていった.

現在,移住労働者は162万人(2012年)が正規登録されており,未登録(「不法」)の移住労働者も100-200万人いるとも推計されている(**図12-3**).

こうした移住労働者の増加の背景には,全般的な労働力不足の状況に加えて,マレーシアの若者はブルーカラーに分類される労働条件の劣る不熟練労働(いわゆる3K職種・業種)を避ける傾向があり,マレーシアの経済成長,教育水準の向上や生活スタイルの変化などを背景として人々の就業意識も変わってきたことがうかがわれる.

2) マレーシアの工業化と女性工場労働者[4]

　1970年代以降の工業化で誘致された多国籍企業は，労働集約的な工程の不熟練労働として，たくさんの若年女性を雇用した．

　電子・電気産業や繊維・衣服産業などの多国籍企業が女性労働を選好する理由としては，①女性の賃金水準が低い，②新卒が豊富に供給される，③就業年数が比較的短く雇用調整が容易，という労働市場での条件のほかに，④女性は指先が器用，⑤視力がいい，⑥作業がていねい，⑦辛抱強い，⑧従順・素直，などの「女性労働独自の性質」とされるものが指摘される．

　しかし，「女性は器用」とよくいわれるが，この「器用な指先」は遺伝的・生物学的な性質というよりは，女性として幼少期から家事労働の一環として私的領域で訓練されて形成された熟練・技能である．⑤も同様の特徴である．しかしこうした私的領域で形成された「技術」や「熟練」は家事労働と同じく支払いの対象とされず，労働市場に参入してきた女性労働者は低賃金の不熟練労働として雇用される．そして⑥⑦⑧も女性の「特質」として形成されたものである．「辛抱強い」ために長時間の単調作業に耐え，「従順・素直」で厳しい管理下でも働き，しかも「作業がていねい」と考えると，女性労働こそが生産性も高く，効率的で，管理しやすく，しかも安価で，資本にとって便利な労働力といえよう．

　1970年代には，マレーシアの工場で「集団ヒステリー」がしばしば報告された．工場内で数十人，数百人の女性労働者がいっせいにヒステリーの発作を起こし，操業は中断，事態の収拾に数時間から数週間かかることもあった．農村出身の若年女性が閉鎖的な無機的な工場で，きついノルマや納期を課せられ，長時間の単純作業に従事し，電子産業では3シフト制の24時間体制で働くなど，かなりのストレスとプレッシャーである．そう考えると「集団ヒステリー」と呼んで神経的な「女性的症状」と片付けることは誤りであり，そうした症状を引き起こした不健康で抑圧的な労働条件をこそ，議論すべきであろう．

　また1970年代，80年代を通じて女性の工業部門への進出が増えていく中で，マレーシアでは工場で働く女性に対して「派手」で「すれていて」，「ふしだ

ら」といったネガティブ・イメージが出現してきた．一部の女性工場労働者について，金遣いが荒くなってついには売春まで行う事例など，女性工場労働者の性的なイメージがセンセーショナルに報じられて，メディアでしばしば取り上げられて社会問題化し，政治家やイスラーム教関係者も非難するような状況であった．

マレー系はほとんどがイスラーム教徒であるが，そうしたイスラームの伝統的な価値観からは，女性工場労働者が派手な服装をしたり，買い物や映画に出歩く，都会や工場で一人暮らしという様子は，イスラーム教徒の女性としては好ましくないと捉えられ，さらに男性とも気楽に付き合うとして「遊び好き」，「身持ちが悪い」，「不道徳」と見なされた．

イスラーム教徒の女性は肌を出さないように丈の長い長袖の服を着ている．そのため，工場の制服が半袖でスカートといった手足の出る服の場合，その制服を着ただけで「ふしだら」で「西洋かぶれ」と判断されることもある．また男性と同じ職場で働いているために同僚として交流をしていることも，問題とされることもあった．

外国企業の経営側も，制服をズボンに変えたり，長袖の私服を下に着用することを許可したりなど，マレー系の女性に対する配慮をしている．しかしながら，工場の経営側が労働者の勤労意欲を高めるためにはまず労働者の消費性向を高めてより多くの収入を求めて働くようにさせることが肝心と考え，工場内で化粧講習会や服のセールをおこなったり，近所にショッピング・センターを建てたり，さまざまな試みを行って消費文化にふれるようにした．また工場内で美人コンテストを行うことも人気を集めており，そうした女性工場労働者の消費行動や競争心もあおっている．

また工場での就労も労働集約的な工程の不熟練労働であり，6カ月の契約を更新する雇用形態も多く，昇進や将来への展望もなかった．当時の女性工場労働者は解雇後にはキャリアアップや有利な転職の道もなかったのが実情であった．

マレーシアの電子産業の女性工場労働者については，新国際分業論や欧米のフェミニスト経済学者の分析対象として議論されることも多かったが，資本主義の初期段階で女性労働が安価な労働として使われることは欧米の先進

工業国でもあったこと（日本の『女工哀史』なども想起されよう）である．このようにグローバル化の進む中で開発途上国の女性労働は資本と政策のシステムに組み込まれていったのである．

3) 労働力不足と移住（外国人）労働者の雇用

　1980 年代以降の経済成長による労働力不足で，3K 職種・業種を中心に移住（外国人）労働者の「不法」就労が増加し，マレーシア政府は不熟練労働における移住労働者の雇用を認めるようになった．

　1989 年に「不法」就労の移住労働者の「合法化」のために，「許可なきインドネシア人移住者の合法化プログラム」（Program Pemutihan Pendatang Tanpa Izin Indonesia）を導入した．また「不法」就労の外国人家政婦については「アムネスティ（恩赦）」プログラムで雇用登録の手続きを進めた．その後，1991 年には製造業も認め，現在はサービス業も含めて，マレーシア経済の多くのほとんどの不熟練労働は移住労働者に依存する構造となっている．

　2002 年 2 月には，外国人の雇用に関して，雇用期間・手続きの見直しや健康診断の義務化がなされ，また新たにその出身国に規制が出された．マレーシアの外国人労働者はインドネシア人が中心であるが，今後はそれを半減していくとの方針が出され，タイ，カンボジア，ネパール，ミャンマー，ラオス，ベトナム，フィリピンからの労働者は製造業，サービス業，建設業，エステート（プランテーション）とそのほかの農業で就労が認められるが，ウズベキスタン，トルクメニスタン，カザフスタンからの労働者は製造業，サービス業，建設業，インド人はエステート産業での就労が許可された．

　移住労働者は隣国のインドネシア人が 7 割を占めており，バングラデシュ人，フィリピン人と続くが，2000 年に従来マレーシアに出稼ぎに来ていなかった国からの要請で二国間の覚え書き（MOU）を結び，部門・職種も指定したうえで就労を認めるようになったため，国籍も多様化している．

　隣国インドネシアの場合は，歴史的には同じマレー世界であり人の移動も多く，マレー語やイスラームといった共通点や生活・社会習慣の類似性も多い．バングラデシュ人もイスラーム教徒である．しかし，教育水準の低い層

からルートに乗って出稼ぎに来るインドネシア人に対して，バングラデシュ人の場合は中等・高等教育を受けている場合でも自国では就職先がないとしてマレーシアへ出稼ぎに来て不熟練労働に従事するケースが多い．

　家政婦の国籍分布はインドネシア人6割，フィリピン人3割であり，2000年代になってインド人やスリランカ人やカンボジア人の雇用も認められるようになった．インドネシア人はイスラーム文化・慣習の共通点はあるが，学歴も低く家事の技能レベルも低いと一般的に言われ，対照的にフィリピン人は家事の技能レベルも高く英語も話せる家政婦のプロと認識されており，(マレーシア政府曰く)「市場価値が高いため」給料も高い．

　現在，エステート部門や製造業で働く移住労働者は派遣労働者として働いている場合がほとんどである．悪質な派遣業者の場合，移住労働者の登録や賦課税（Levy）の支払いなどきちんとした手続きをせず，パスポートの取り上げ，給料のピンハネ，突然の解雇などの事例が後を絶たない．そして何かトラブルがあっても，実際に労働者を就労させている働き先の企業は，派遣業者の問題として責任を回避する．また家政婦の場合は，乳幼児がいる家庭の場合は24時間労働に近く，子どもの世話や高齢者の介護も含めて週1日の休日も許されない場合も多い．また家政婦は住み込みがほとんどであるために，虐待や暴力の対象となることも少なくない．

　マレーシア政府は，マレーシア人の雇用を優先するために，移住労働者の雇用には，新聞の広告や職業安定所への問い合わせなどを行ったという書類の提出を義務付けている．しかしマレーシア人雇用者側では，マレーシア人の若者にいわゆる3K職種は人気もなく，移住労働者なら勤勉にまじめに働いてくれるという声も多く，職に応募してきたマレーシア人を断って移住労働者を雇う場合もある．

　こうした移住労働への依存については政府も問題としており，1990年代後半に外国人の雇用が100万人規模になった際に移住労働への依存を減らすことが国の方針として打ち出されたが，その後，依存構造は変わっていない．

4　労働をめぐる問題

マレーシアでは英領植民地時代の法制度が基本となっており,雇用法,労働組合法,労使関係法といった雇用や労働に関する法制も施行されている.また労働者に関わる社会保障に関しては,日本の厚生年金制度に似た従業員積立制度(Kempulan Wang Simpanan Pekerja: KWSP もしくは Employee Provident Fund: EPF) と労災に関する社会保障制度 (Pertubuhan Keselamatan Sosial: PERKESO もしくは Social Security Organisation: SOCSO) が設けられている.

労働組合は,職種別,職業別,職能別,事業所（企業）別,産業別に結成することが可能だが,産業別の組合が一般的である.いずれの場合も,人的資源省に登録申請し,認可を受け,その後,使用者の承認も必要である.ただし登録の申請を行っても認可のおりない場合もあり,そうした恣意的な認可のあり方については労働側からの批判もある.

労働組合のナショナル・センターはマレーシア労働組合会議（MTUC）であり,労働者の代表と政府に認められている.マレーシア政府が,労働問題を議論する際に政府・経営・労働の三者会談を開催する際には,労働の代表として MTUC が呼ばれるのが通常である.ただし,労働者の組織率は年々低下しており,現在8％である.

またマレーシアでは社会運動や政治活動は,政府の政策と法制度によって規制されている.具体的には,①国内治安法（Internal Security Act: ISA）や公的機密法（Official Secrets Act 1972: OSA）,②印刷機・出版法（Printing Presses and Publication Act: PPPA）や官庁のチェック,③団体法（Societies Act: SA）や大学法（Universities and University Colleges Act: UUCA）などがあげられよう[5].

とくに国内治安法については,英領植民地時代から政治運動や労働運動を抑圧する法制として代表的なものであり,日本の戦前・戦中の治安維持法のように令状なしに逮捕・拘留ができ,治安を乱すと政府に見なされると逮捕されるとして社会運動や労働運動のグループからは指摘されていた.同法はマレーシア国内のみならず,国際社会からも民主主義に反する法制として批

判され，2011年についに同法の廃止が公表された．しかし同時に同法に替わる治安違反法（Security Offences（Special Measures）Act 2012）が策定され，市民団体からは懸念の声があがっている．

　マレーシアは，1970年代以降の外国企業の誘致のために，自由貿易区の設置や所得税の減免などの優遇措置を設けた．そして同区では，労働運動の規制も行った．またマレーシアにおける輸出志向型工業化の戦略部門となったのは電子産業部門であったが，電子産業における労働組合（産業別）の組織化は許可されず，女性労働者の深夜就労禁止も除外された．電子産業の労働組合の組織化はMTUCや電気産業労働組合などによる労働運動の大きな争点となった．そしてその後，電子産業の労働組合組織化についてはようやくマレーシア政府は（日本的な）企業内組合の形で認めることとなったが，経営側の承認やチェックが前提の形式で問題も指摘されている．

　マレーシアの労働運動において長年の運動の重要目標の一つであったのが，最低賃金の設定であった．最低賃金の設定は，近隣のタイやインドネシアではすでにあったが，マレーシアでは国際競争力を阻害するとして，市場原理で考えればいいと政府は最低賃金の設定に対して否定的でもあった．人的資源省では1990年代から省内で最低賃金の設定についての研究と検討が進められており，2000年代には省内で最低賃金の設定金額について「500リンギ／月では少なすぎるか」「首都圏の賃金水準をどう考えるか」といった検討がされていた[6]．人的資源省が700リンギとした案を提示した際にはMTUCは首都圏で1500リンギは必要であると反論していた．その後，政府の検討が具体的に進められ，2012年に最低賃金法の制定が決定し，2013年初頭から半島部マレーシア900リンギ，東マレーシア（サバ州，サラワク州）700リンギとして実施されることとなった．しかし雇用者団体は労働コストの負担から国際競争力の低下を懸念して，導入には最後まで反対していた．

　また定年制度に関しても，政府は労働力不足への対策として既存の人材を活用するとして60歳定年制を提唱し，労働側も定年年齢の引き上げを労働運動の課題の一つとしており，2013年から実施すると決めたが，企業は実質的な労働コストの上昇ともなるとの指摘もしている．

5 おわりに

マレーシアでは新経済政策以降の経済成長の中で労働力構造は大きく変化している.

エスニック就業構造が新たなる状況に変わり，女性労働はグローバル経済に組み込まれ，そして労働力不足の深刻化から移住労働に対する依存が構造化される．このように労働をめぐる問題は多く，すでに述べた問題も含めて，労働組合の組織率の低さの改善，電子産業労働者の全国規模での組織化，週休2日制の促進，最低賃金制度の賃金基準の引き上げ，EPF や SOCSO の充実，失業手当の導入の必要性なども課題としてあげられる.

また労働組合団体は，労働組合法や雇用法の改正を求めており，とくに労働組合の登録が制限されていることは ILO 条約にも反すると主張している．また雇用法は，半島部マレーシアには適用されているが，東マレーシアのサバ州，サラワク州には適用されていない．失業手当については，MTUC は 2000 年代から日本の失業保険をモデルとして National Retrenchment Scheme を提唱しており，解雇された労働者のための基金の設置を求めている.

政府と企業は，2000 年代から労働生産性の向上に連動した賃金制度の導入を検討している．競争力の強化や人材開発の促進を目的としているが，従来の自動的な昇給を組み込んだ制度から大きく転換することともなり，業績評価がどのように実施されるか，労使間の議論が不可欠であろう.

そして最大の問題は移住労働者への依存と派遣労働をはじめとする労働の非正規化の進行である．MTUC や市民団体は移住労働者の組織化や労働者としての保護のために活動しているが，困難も多い．ILO が提起するディーセント・ワークこそが求められる状況である.

1990 年代以降グローバル化は急激に進行し，資本や物，人の移動はさらに増加している．マレーシアの場合，英領植民地時代から外国資本が経済の成長を担い，輸出に依存し，移住労働者を活用する経済構造であった．現在，産業の中心はゴム，錫から電子・電気産業などの製造業に変わったが，経済は対外的要因に影響を受けやすく，移住労働者に依存し，労働者としての権

利が侵害されるケースも多いという点では構造は似ているともいえよう．そしてその状況はマレーシア人労働者の雇用にも影響を及ぼしており，労働者の権利や雇用の安定が十分に守られているとは言えない状況である．

政府は競争力の強化や人材開発の促進を提唱するが，制度の構築が十分にできているとは言えず，企業は労働コストの低減や効率性を求めた合理化を進める．しかし，いまやマレーシアは一人当たりGDPが1万304米ドル（2012年）の経済水準となっており，もはや労働集約的工程を中心とした工場の立地先としての候補とはなれない．そうした状況で，移住労働者が安価な労働力として使われ，搾取されるとしたら，国内の労働運動に求められる課題は大きい．

注
(1) マレー系のほか，先住民 Orang Asli や東マレーシアのサバ州・サワラク州の少数民族も含む．
(2) 新経済政策のマレー系優先は，国内のマジョリティ（多数派）に対するアファーマティブ・アクションともいえるため，その点についての議論も必要である．この議論については，吉村（2012）を参照されたい．
(3) 下位40％の低所得層は，実際にはその70％がブミプトラであり，実質的には新経済政策の方針と変わらないと NEAC の ISIS 所長も言っている（2011年8月の筆者のヒアリング調査）．
(4) この項目は，吉村（1998）第4章の議論と内容をもとに構成している．
(5) マレーシアの市民社会（Civil Society）の議論と社会運動に関しては，吉村（2008）を参照されたい．
(6) マレーシアの人的資源省で研究を進める担当官からインフォーマルなヒアリングで聞いたが，省内でも公開の報告書の形にもならず，省としての対外的な公表もしていない．

参考文献

Jomo, K. S.（2004）'New Economic Policy and the Interethnic Relations in Malaysia', UNRISD Identities, Conflict and Cohesion Programme Paper, November.

Malaysia（1973）*Mid-Term Review of the Second Malaysia Plan, 1966-70*, Kuala Lumpur: National Printing Department.

Malaysia（1976）*Third Malaysia Plan, 1976-1980*, Kuala Lumpur: National Printing Department.

Malaysia（2010）*Tenth Malaysia Plan 2011-2015*, Putrajaya: The Economic Planning Unit, Prime Minister's Department.

Malaysia, Ministry of Finance（various years）*Economic Report various issues*, Kuala Lumpur:

Percetakan Nasional Malaysia Berhad.
National Economic Advisory Council (NEAC) (2010) *New Economic Model For Malaysia Part 1*, Putrajaya: NEAC.
Yoshimura, M. (2007) 'Affirmative Action for Majority Groups', in *The Blackwell Encyclopedia of Sociology,* Volume I, Oxford: Blackwell: 42-45.

小野沢純 (2009)「マレーシアのナジブ新政権とブミプトラ政策の行方」『季刊 国際貿易と投資』77: 87-105, 2009 年秋.
―― (2010)「マレーシアの新開発戦略――「新経済モデル」と「第 10 次マレーシア計画」」『季刊 国際貿易と投資』81: 38-63, 2010 年秋.
鳥居髙編 (2006)『マハティール政権下のマレーシア――「イスラーム先進国」を目指した 22 年』日本貿易振興機構アジア経済研究所.
堀井健三／萩原宜之編 (1988)『現代マレーシアの社会・経済変容――ブミプトラ政策の 18 年』アジア経済研究所.
堀井健三編 (1989)『マレーシアの社会編成と種族問題――ブミプトラ政策 20 年の帰結』アジア経済研究所.
吉村真子 (1998)『マレーシアにおける経済発展と労働力構造――エスニシティ，ジェンダー，ナショナリティ』法政大学出版局.
―― (2004)「マレーシアにおけるエスニシティと社会――グローバリゼーションにおける多民族社会」『社会志林』(法政大学) 50 (3): 44-58, 1 月.
―― (2008)「マレーシアのジェンダーと市民社会」アジア政経学会監修，竹中千春／高橋伸夫／山本信人編著『現代アジア研究〈2〉市民社会』第 10 章: 227-255, 慶應義塾大学出版会.
―― (2012)「多数派（マジョリティ）のためのアファーマティブ・アクション――マレーシア，南アフリカ，フィジー」宮島喬／吉村真子編『移民・マイノリティと変容する世界』第 7 章: 177-198, 法政大学出版局.

第13章　インドネシアにおけるアグリビジネス改革
――パーム油バリューチェーンの分析から[1]――

頼　俊輔

1　はじめに

　1998年，経済危機によって深刻な経済的・社会的混乱に陥ったインドネシアは，IMFの監視の下で着実に構造改革を実施し，その結果，危機から順調な回復を見せており，2008年のリーマンショックがもたらした世界的な金融危機の際にも，国内経済への危機の波及を最小限に留めるなど，新興国としての存在感を増してきている．
　しかし，ひとたびマクロ経済の好調さから社会の現実に目を転じれば，一部の富裕層が急速に富を蓄積する一方で，貧困対策は進まず，格差問題がその根の深さを露呈し，また，労働者全体の6割を非正規労働者が占める状況に変化はなく，労働者が待遇改善を求めて大規模なデモを実施するなど，労働問題も深刻化している．経済危機後のインドネシア経済はこうした問題を生み出しながら成長を遂げてきており，経済の実態を捉えるには，高成長や投資資金の流入といった「光」だけでなく，その背後に存在する「影」についての検討が必要である．
　そこで本章では，その収益性の高さから世界中の企業や投資家から大きな注目を集め，インドネシア経済の「光」の部分を体現しているパーム油について，その生産がもたらす「影」の部分に焦点を当てて，インドネシアで起きている経済の構造変化の一端に接近してみたい．

パーム油およびその関連製品は，上流部のアブラヤシ農園段階から下流部の加工段階を経て生産されるが，その一連の生産工程は，インドネシア国内で完結しているわけではなく，世界中に分散しており，小規模農家から多国籍アグリビジネス企業までさまざまな主体が生産に関わっている．このパーム油の商品連鎖過程（グローバル・バリューチェーン）における各主体間の関係性を分析することで，末端の小規模農家と大規模農園企業・多国籍アグリビジネス企業の関係に象徴的に表される権力・情報の非対称性の問題や，それに基づいて形成されている寡占的な産業構造の問題を明らかにすることが出来よう．

2　グローバル・バリューチェーン論とパーム油部門

近年，新興国での旺盛な資源需要や，世界的な金融緩和政策を背景とした投機市場への資金流入によって，資源価格が上昇傾向にあり，多くの途上国では，利潤や雇用の創出を目的とした一次産品開発が積極的に進められ，高成長の源泉となっているが，そもそも一次産品開発は，途上国の持続的な成長に対して否定的な見方がとらえられてきた[2]．

これに対し，近年，一次産品開発においてグローバル・バリューチェーン（Global Value Chain: 以下，GVC）論と呼ばれる新たな潮流が生まれてきている．GVC とは，世界的に広がる商品ネットワークにおいて，労働者，生産企業，流通企業などの経済主体から構成される，上流から下流に至る一連の商品連鎖過程のことを指す[3]．GVC 論はもともと世界システム論から派生しており，両者とも商品連鎖過程を分析対象としている点で共通しているが，世界システム論は，資本主義世界システムの長期，歴史的，全体論的な動態の行方に関心を置くため，個別の企業の動向や国家の関与は分析の対象とはならず，途上国の経済発展の可能性は閉ざされてしまうが，一方の GVC 論では，産業ごとに様々な生産・流通過程が分析対象となり[4]，商品連鎖における各経済主体の関係や国家の産業政策の影響次第で，途上国での生産の高付加価値化を通じて途上国の経済発展が可能となる[5]．つまり，途上国の一次産品であっても，余剰が周辺から中心に収奪される関係を脱し，東南アジ

アにおける農産物加工産業の形成に見られるように，途上国の生産者や企業が商品連鎖を上流から下流へと下り，生産の高付加価値化が展望出来るようになる．

具体的な例に即して考えてみよう．タンザニア産コーヒー豆の生産・流通・消費過程を詳細に分析している辻村（2004）は，タンザニアにおける近年の構造調整政策により，政府によるコーヒー豆の生産者価格支持政策の廃止，農薬や肥料などの投入財への政府補助金の廃止および投入財流通の自由化が生産者の経営を圧迫しており，これに加えて，流通業者と生産者との間のコーヒー豆価格を巡る情報の非対称性や価格交渉力の差がコーヒー豆生産者の立場をより一層困難なものにしていることを明らかにした．しかし，辻村は同時に，産地現物市場や協同組合の存在を，流通業者の需要独占の力に対抗し，コーヒー豆の生産者価格を引き上げる手段として位置づけ，産地現物市場形成に向けた政府の規制や生産者協同組合の機能強化により，生産者の所得向上の可能性を示唆している．さらに，コーヒーの場合，フェアトレードによる生産者価格の引き上げや，生産と環境保全とを両立させた高付加価値のスペシャリティーコーヒー生産への転換により，生産者に有利な商品連鎖システムの形成が可能になる[6]．

では，GVC論によって，本書の分析対象であるパーム油についてはどのような示唆が得られるだろうか．以下，アグリビジネス改革のなかで積極的に進められてきたアブラヤシ農園開発による経済，小農，地域社会・環境への影響の分析を通じて検討してみる．

3 アグリビジネス改革の展開とアブラヤシ開発

1）構造調整政策とアグリビジネス改革

17世紀のオランダ植民地期以降，現在まで，プランテーション開発はインドネシア経済の主要部門であり続けているが，特にその経済成長や雇用に果たす役割が重視されることになるのは，1980年代半ばに実施された世界銀行の構造調整政策の影響が大きい．

インドネシア政府は，1980年代前半まで，豊富な原油収入を背景に輸入

代替工業化を積極的に推進し，鉄鋼やセメント，肥料などを自国で生産するために各種の産業保護政策を行ってきたが，オイルショックの終焉に伴う原油価格の低迷によって原油収入が大きく減少したことに加え，国営企業の非効率性や汚職といった保護政策の弊害が目立つようになってきたことから，世銀の構造調整政策のもとで経済の輸出指向化を図ることになった．構造調整政策は，非石油・ガス部門の輸出振興を主目的としており，政府は89年からの第5次5カ年計画において，輸出産業として有望な農業部門の改革に乗り出し，民間資本の導入による農業経営の効率化・大規模化を目指したアグリビジネス改革を実施することになった．これ以降，現在まで輸出用作物であるアブラヤシ，天然ゴム，コーヒー，カカオや茶などの農園開発が民間資本によって積極的に行われるに至っている．なかでも，本章で検討するパーム油の原料であるアブラヤシの農園面積は90年の113万ヘクタールから2010年の783万ヘクタールへと拡大しており，他の作物と比較にならないほどの勢いで開発が進められている．

2）パーム油の生産と消費

アブラヤシの特性　アブラヤシはヤシ科アブラヤシ属の植物であり，インドネシアやマレーシアを始め，ナイジェリアやコロンビアなどの赤道付近の熱帯地域で大規模に生産されている．インドネシアでは，広大な森林地帯を有するスマトラ島やカリマンタン島で農園開発が進められてきたほか，近年ではパプアなど，東部地域での開発も計画されている．

アブラヤシは，土地の整地作業の後，苗を植えてから最初の収穫まで3～5年ほどかかる．農園で収穫されたアブラヤシ果房（Fresh Fruit Bunch: FFB）は腐蝕が進まないように，24時間以内にパーム油工場へと運ばれる．工場へ運ばれたアブラヤシ果房は加圧消毒された後，パーム果肉，パーム核（種子），パーム繊維に分別される．パーム果肉は搾油工程に回され，ここでパーム原油（Crude Palm Oil: 以下CPO）が製造される．CPOはそのまま海外に輸出されるか，または，国内のパーム油精製工場へと運ばれる．パーム油精製工場では，CPOの精製が行われ，RBD（Refined: 精製, Bleached: 漂白 and Deodorized: 脱臭）パーム油，RBDパームオレイン，RBDパームステア

リンが生み出される．これらの製品は輸出されるほか，国内の食品および工業向けの加工工場へと出荷される．他方，搾油工場で分別されたパーム核からもパーム核油（Palm Kernel Oil: PKO）が生産され，加工残滓であるパーム繊維も，空果房や中果皮繊維が肥料やバイオマス燃料として利用される場合があり，アブラヤシは捨てるところがない植物であると言える．

　パーム油を原料とする製品のなかで最も一般的な品目は食用油であるが，それ以外にも幅広い用途をもち，マーガリン，ショートニング，石けん・洗剤の原材料として利用される他，合成ゴム，界面活性剤，化粧品などにも使われている．こうした伝統的な製品に加え，パーム油の新たな用途として注目を浴びているのが，燃焼過程で二酸化炭素を排出しない「クリーン」なエネルギーとされるバイオディーゼルである[7]．新興国の経済成長に伴い原油の需給が逼迫していることに加え，商品先物市場への投機マネーの流入により原油価格が上昇し，その代替エネルギーとしてバイオエタノールやバイオディーゼルの研究・開発が世界中で進められてきている[8]．

パーム油の生産と消費　パーム油はインドネシアとマレーシアが二大生産国であり，2009年の両国のシェアを合わせると全体の85％になり，ほぼ世界市場を独占している状態である．かつてはマレーシアが世界最大のCPO生産国であったが，ここ10年間の急激な農園開発によって，2007年以降，インドネシアが世界最大の生産国になっている．それ以外にも，広大な森林地帯を擁するブラジルやペルーを始めとした中南米や，西アフリカでの生産が拡大することが見込まれており，リベリアやガボンではマレーシア資本やシンガポール資本によるアブラヤシ農園開発が計画されている（*Financial Times*: Aug. 17, 2010）．

　世界の食用油脂市場では，1970年代から90年代までは大豆油の生産量が最大であったが，2000年代に入り，パーム油の生産量が大豆油を抜き世界最大となっている．食用油脂の1ヘクタール当たりの収量は，菜種油（1トン），ひまわり油（0.8トン），ココナツ油（0.4トン），大豆油（0.4トン）に対し，パーム油（4～5トン）は圧倒的な大きさを誇り（Sheil, *et al*. 2009: 21），低コストかつ高収量の生産を背景として，中国やインドなどの新興国や途上国での

需要が伸びている.

3) 政府の支援政策

　政府は，経済と雇用の両面で大きな役割を果たすアブラヤシ農園開発を様々な形で支援してきたが，なかでも1970年代に導入された中核農園（Perkebunan Inti Rakyat: PIR）システムの導入は，その後の農園拡大に道を拓くことになった．中核農園システムは，中核農園（Inti）の周辺に小農（Plasma）を配置する農園経営方式で，中核となる大規模農園は周辺の小農に対し，アブラヤシの栽培技術指導や種苗や肥料，農薬などの農業資材の供与を行う．また，中核農園は，収穫後の劣化・腐食が早いアブラヤシ果房の搾油を行うために，24時間以内に農園の果房を集荷出来る場所に搾油工場を作り，そこで小農が収穫したアブラヤシ果房を買い取ることになっている．小農には，2ヘクタールの栽培農地に加え，1ヘクタールの食用作物用地と住居が与えられる．これらの土地の造成にかかった費用は小農がアブラヤシの売上から12～15年にかけて返済していく．パーム油生産では，搾油工場の稼働率を保つのに必要な一定量のアブラヤシを確保するために大規模な投資を行わなければならないが，中核農園システムのもとでは，政府が小農への土地の供与や資金の手当てを行うため，当時，資金力に乏しかった国内の民間農園資本はこの制度を活用し，次々に農園開発に乗り出していった．

　政府はパーム油関連製品にかかる輸出関税の税率を削減し，農園企業を支援する政策も進めている．以前は，国内の食用油の安定供給を目的として，CPO輸出に対して高率の関税がかけられていたが，経済の輸出指向化のもとで，海外からの投資を呼び込むために輸出関税の引き下げを求めるIMFとの協議の結果，1999年に税率を最大10％以内に抑えることが合意された（Casson 2000: 40）．その後も農園企業からの要求に応えるように，政府はCPOの輸出関税を段階的に引き下げている．

4　上流部門と下流部門における大規模農園資本の進出

1）農園の保有構造

　政府による積極的な関与によって，アブラヤシ農園面積は急拡大してきたが，同時に，保有主体別の農園開発面積においても大きな変化が生じている．

　図13-1は，1987年から2010年までのアブラヤシ農園の保有主体別開発面積の推移を表している．第一に指摘できるのは，民間農園による開発面積の増大である．民間農園の面積は，87年には16万ヘクタールであったが，これ以降，毎年増加を続け，2010年には389万ヘクタールに達している．この間，とくに97年から98年にかけて，民間農園面積が急増しているが，これには，経済危機後に政府とIMFの間で交わされた経済の自由化・規制緩和政策が影響している．98年1月に外資導入・輸出主導型経済成長を目指すIMFとの合意のもとにアブラヤシ農園開発への外資参入規制が緩和さ

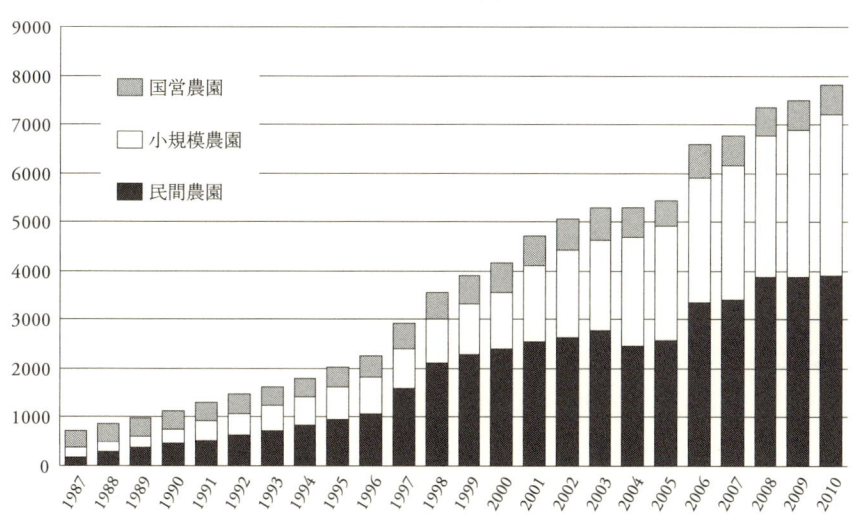

図13-1　保有主体別アブラヤシ農園面積の推移（千ヘクタール）

注：農園面積は計画ベースで，2009年と2010年はそれぞれ速報値と推計値．
出所：インドネシア農業省農園総局ウェブサイト（URLは巻末を参照）のデータを抜粋．

れ、99年2月には規制が完全に撤廃された．この結果，多くの外国資本にアブラヤシ農園開発の門戸が開かれ，規制緩和後半年間のうちに，外資50社から合計92万ヘクタールの参入申請があり，これ以降も，マレーシアを中心としたアブラヤシ農園の新規参入・事業拡張が続いている．

第二に，小規模農園の面積も一貫して増加してきている．小規模農園面積は1987年の20万ヘクタールから10年の331万ヘクタールへと拡大し，とくに2000年代に入ってからの伸びが大きい．ここでいう小規模農園のほとんどは中核農園システムの導入によって生み出された小農であり，中核農園である大規模民間農園の拡大に比例してその面積も増加している．第三に，国営農園の農園開発が停滞していることを指摘できる．民間企業による農園開発が本格化する前は，国営農園会社（PT. Perkebunan Nusantara: PTPN）がアブラヤシ農園開発を先導してきたが，90年以降，目立った農園面積の拡大は見られず，民間農園とは対照的な推移を示している．

このように，構造調整政策によって農業部門への民間活力の導入が図られるなかで，国内外の民間農園企業がアブラヤシ農園開発を牽引してきたことがわかる．

2）大規模農園企業の事業展開

次に民間農園内部の農園保有構造について見てみよう．農園経営を行っている企業は多数存在し，インドネシアパーム油生産者協会の会員になっている企業だけでも約180社ある．しかし，これらの企業の大部分は大規模農園企業の子会社であり，全体として，いくつかの農園企業グループに分けることが出来る．一つの企業で保有できる農園面積に制限がかけられていることから[9]，大規模農園企業は子会社を多く設立し，それぞれの子会社を通じて農園開発を進めており，合計で10万ヘクタールを越えるような広大な農園を保有している企業グループがいくつか存在している．

Raja Garuda Masグループは全体で70万ヘクタールを上回る農園面積を持つとされ，アグリビジネス部門を担当するグループ企業Asian Agriの子会社であるPT. Inti Indosawit Suburは主に北スマトラ州，リアウ州，ジャンビ州，西スマトラ州などのスマトラ島の地域で農園開発を行っている．Sinar Mas

グループは，傘下のアグリビジネス企業 PT. SMART を通じてスマトラ島やカリマンタン島などで農園経営を行い，約 28 万ヘクタールの農園を保有しているほか，下流部門でも国内有数の食用油ブランドである FILMA の製造を行うなど，上流・下流と一貫した農園経営を進めている．Astra グループは，PT. Astra Agro Lestari を中心に 43 の子会社が農園開発を行っており，約 23 万ヘクタールの農園を有している．Salim グループは，経済危機後の不良債権処理の過程で，保有していた農園企業 Minamas を IBRA（インドネシア銀行再編庁）に手放すことになったが，その後，傘下の PT. Indofood Sukses Makmur が老舗の農園企業である PT. London Sumatra Indonesia を買収するなどし，約 11 万ヘクタールの農園を確保している．また，その他にも Bakrie, Surya Dumai などが積極的な農園・加工部門開発に乗り出している．こうした企業グループに共通しているのは，スハルト元大統領と近い関係にあり，製造業，林業，金融業など様々な分野において政府から特権的な地位を与えられてきたという点である．これらの企業は，経済危機やスハルト体制の崩壊という困難に見舞われながらも，アブラヤシ農園開発において着々と地歩を固めている．また，近年新たに農園経営に参入してきた企業もあり，国内でたばこの販売を行っている Gudang Garam や Sampoerna は，本業のたばこ業の行き詰まりから農園開発に乗り出し，その他にも金融業・不動産業で有名な Artha Graha や食料品メーカーの Sosro なども農園開発を進めている．

　他方，外国資本による農園開発投資も積極的に行われており，なかでもマレーシア企業の進出が目立っている．Sime Darby Plantation[10] は，Minamas を通じてインドネシアの農園開発を進めている．Minamas は，元々は Salim グループの所有であったが，2000 年に Sime Darby Plantation の前身である Kumpulan Guthrie に買収され，現在までカリマンタン島やスマトラ島を中心に 20 万ヘクタールを越えるアブラヤシ農園を保有している．マレーシア国内で最大の農園面積を有する国営企業 FELDA（Federal Land Development Authority）もインドネシアを始め，パプア・ニューギニアやブラジルに農園用の土地を確保している（*The Star*: June 26, 2008）．その他にも，IOI, KL Kepong はインドネシアにそれぞれ 8 万ヘクタール，10 万ヘクタールの農園を持ち，Kuok グループとの合弁事業を開始した Wilmar International もイン

ドネシアでの事業展開を進めている．マレーシア企業のインドネシア進出の背景としては，半島部マレーシアでの農園用の土地の枯渇やマレーシア国内の労働者不足があり，マレーシア企業が国内制約を突破し，インドネシアへ向けて外延的拡大を図っている様子がうかがえる（岩佐 2005: 209-210）．

各農園企業グループの農園保有の実態は複雑であり，農園面積の正確な数値は不明であるものの，民間農園のほとんどはこうした国内外の大規模農園企業グループによって占められていると言えるだろう[11]．

3) 低付加価値のままのパーム油輸出

政府による農業部門の輸出指向化政策は下流部門であるパーム油関連産業にどのような影響を与えたのであろうか．表 13-1 は，生産したパーム原油・パーム核油の輸出と加工の取扱量を示している．アブラヤシ果肉から搾油された CPO の他に，CPO に一次加工を施したパーム精製油，クルードオレイン，RBD パームオレインなどの「その他パーム油」やパーム核から搾油された「パーム核油」が輸出されており，2009 年では，全輸出量 1850 万トンのうち，「CPO」が 957 万トン，「その他パーム油」が 726 万トン，「パーム核油」が 167 万トンになっている．他方，加工部門ではパーム油やパーム核油などを原料とした食用油，石けん・洗剤，オレオケミカル，マーガリン，バイオディーゼルが代表的な加工製品である．加工製品のなかで最も取扱量が多いのが食用油で，2009 年で 477 万トンである．パーム油を原料とした食用油は，インスタント麺の揚げ油として産業用の需要があるほか，家庭でも最も一般的な食用油として使われている．続いて石けん・洗剤が 72 万トン，オレオケミカルが 67 万トン，マーガリンが 50 万トン，バイオディーゼルが 30 万トンで，食用油には及ばないものの，それぞれ一定のシェアをもっている．

輸出と加工の取扱量を見てみると，2000 年では，パーム油の輸出総量 469 万トンに対し，加工用のパーム油の消費量は 465 万トンで，輸出と国内で加工するために消費するパーム油の量はほぼ同水準で，輸出がわずかに上回る程度であった．しかし，政府によるパーム油の輸出関税の引き下げ効果が出始め，それ以降は，その差は拡大する一方である．2000 年から 2005 年までに，国内加工用のパーム油の取扱量がほぼ 300〜500 万トン程度となっているの

第 13 章　インドネシアにおけるアグリビジネス改革　351

表13-1　パーム油とパーム核油の輸出・加工（千トン）

	パーム油・パーム核油生産量	輸出				加工					
		CPO	その他パーム油	パーム核油	合計	調理油	石けん・洗剤	オレオケミカル	マーガリン	バイオディーゼル	合計
2000年	9,343	1,818	2,292	579	4,689	2,572	572	529	338	—	4,654
2001年	9,628	1,849	3,054	582	5,485	2,686	590	521	356	—	4,143
2002年	10,725	2,805	3,529	738	7,072	2,347	545	453	334	—	3,653
2003年	12,551	2,892	3,494	660	7,046	3,629	520	490	345	—	5,505
2004年	13,106	3,820	4,842	904	9,566	2,364	350	557	267	1	3,540
2005年	14,350	4,566	5,811	1,043	11,419	2,066	342	263	230	30	2,931
2006年	20,836	5,199	6,902	1,274	13,375	5,282	836	755	488	100	7,461
2007年	21,202	5,701	6,174	1,335	13,211	5,370	879	809	534	400	7,991
2008年	21,760	7,904	6,387	1,357	15,648	4,121	683	573	435	300	6,112
2009年	25,461	9,567	7,262	1,671	18,500	4,771	720	674	495	300	6,960

出所：Badan Pusat Statistik ウェブサイト（URL は巻末を参照），CIC: *Study on Industry and Investment Prospect of Oil Palm in Indonesia 2007*, Table-3.3, 3.5, 5.5, 5.7, 5.9, 5.11 および 2009, Table-23, 25, 27, 29, 32, 34 のデータを抜粋．

に対し，パーム油の輸出は2005年に1142万トンに達し，2000年から大きく増加している．2006年以降では，加工部門，なかでも調理油部門でのパーム油の取扱量が国内需要の高まりを背景に大幅に増加しているが，依然としてそれを上回る勢いでパーム油が輸出されている．インドネシア政府は，国内においてより高付加価値なパーム油加工製品の生産を促進させるため，11年10月から加工製品にかかる輸出関税の上限を従来の25％から13％へと引き下げる措置を行っており（*Reuters*: Aug. 26, 2011），今後，国内加工用のパーム油の出荷が増加することが見込まれるが，現段階では，加工製品よりパーム油という形で，全体として低付加価値の製品のまま輸出されている現状が伺える．

4）多国籍アグリビジネス企業による原料調達戦略

　低付加価値のままでパーム油が輸出される背景には，国内要因と国外要因の二つが考えられる．国内要因としては，国内資本によるパーム油加工業への投資不足が挙げられる．近年のパーム油部門開発においては，まず上流部門（農園段階）への投資が先行し，下流部門（加工段階）への投資は後回し

になっている．経済危機によって大きな打撃を受けた国内資本には，上流部門に加え，下流部門もあわせた一貫した投資を行うだけの体力がなかったと考えられるが，さらに，先に述べた CPO 輸出関税の削減によってパーム油加工製品よりも CPO の輸出が優先されてきたことや，電力や道路などのハード面および法制度などのソフト面のインフラ整備が立ち遅れていることも，その要因であろう．

　国外要因としては，多国籍アグリビジネス企業の原料調達戦略が大きく影響している．パーム油は食用油や石けん・洗剤など各種加工製品の原料であり，中国やインドなどの新興国が経済成長を達成するなかで，これらの地域でパーム油関連製品の需要が見込まれること，さらに，先進国においても原油価格の高騰と環境問題への配慮からバイオディーゼル需要の伸びが予想されることから，パーム油部門への多国籍アグリビジネス企業の参入・投資拡大が相次いでいる．

　特筆されるのが，マレーシア系資本とアメリカ資本の動向である．マレーシアの華人系企業グループである Kuok（郭）グループとアメリカの大手アグリビジネス企業 ADM（Archer Daniels Midland）が共同出資している Wilmar International は，マレーシアとインドネシアを通じて最大のパーム油精製企業であり，中国，インド，マレーシア，インドネシア，ヨーロッパなど，世界各地にパーム油精製施設を保有している．中国やインド，インドネシア，ベトナムでは食用油やショートニングなどの家庭用食料品に一定のシェアを持っており，他にも産業用の脂肪酸や脂肪アルコールの製造も行っている．上流部門でもマレーシアとインドネシアに 23.5 万ヘクタール（2009年）のアブラヤシ農園を保有しており，上流・下流の一貫した製造ラインを持っている．

　IOI グループは，2002 年にオランダの多国籍日用品企業である Unilever からアブラヤシ農園子会社を，また 2006 年には食用油精製大手の Pan Century Edible Oils と Pan Century Oleochemical をそれぞれ買収している．IOI グループはマレーシア国内外に年間 380 万トンの CPO 精油所を持ち，さらに，年間 75 万トンの生産能力を誇るオレオケミカル工場も保有している．食用油脂の分野でも，オランダ，北米，マレーシアに合わせて年間 60 万トンの生

産施設を有し，世界65カ国に輸出している．

　国営企業のFELDAはアメリカの化学会社Twin Rivers Technologiesの株式を100％取得し，パーム油を利用したオレオケミカル，バイオディーゼル，食用油脂の事業展開を進めており（*The Star*: Aug. 28, 2007），その他にもSime Darbyはオランダやシンガポールに食用油脂工場を持つほか，近年ではバイオディーゼル部門への投資を進めており，国内2カ所に年間9万トンの工場を保有しており，KL Kepongはイギリスや中国に食用油脂や石けんの工場を保有している．

　マレーシア以外の企業では，アメリカの大手アグリビジネス企業であるCargillとADMがパーム油関連事業を進めている．Cargillは，マレーシアやインド，ドイツ，オランダなどでパーム油精製工場を保有しており，インドネシアの自社農園（5.6万ヘクタール）やその他の農園から調達したCPOが各地域の精製工場へと運ばれている．最近では，2006年にハンブルグにある食用油の精製工場の設備拡張やロッテルダムのヤシ油とパーム核油の精製設備の40万トンへの増強がなされ，2010年には，5000万ドルを投じてマレーシアでの加工施設の建設を発表されている．ADMはWilmar Internationalへの資本参加による事業展開に加え，ハンブルグの既存の精製設備に新たに35万トンのパーム油精製設備を建設している（『油脂』59巻10号）．

　このように，パーム油精製部門では大規模な精製・加工施設を有する多国籍アグリビジネス企業が存在し，さらに近年では，合併や買収による農園・精製部門の集約化が進んでいる．インドネシア国内の農園企業も食用油やバイオディーゼルなど下流部門への投資を進めているが，現段階ではインドネシアで生産されたCPOやパーム精製油は国内で加工されずに，こうした大規模加工施設を持つ企業によって買い取られる場合が多い．

　農業部門の輸出指向化のなかで政府が積極的に進めてきたアブラヤシ農園開発によって，インドネシアのアブラヤシ農園はマレーシア系資本やアメリカ資本を始めとした多国籍アグリビジネス企業によって垂直的に統合され，低付加価値のパーム油輸出を行う，いわば原料供出地域として位置づけられるようになったと言えよう．

5 農園開発による地域社会・環境への影響

1) 民間企業主導の中核農園システムへの変容

　中核農園システムは1970年代から政府が中心となって実施されてきたが，90年代半ば以降は，政府に財政上の余裕がなくなってきたことと，市場経済を活用した農園開発を図る必要性が出てきたことから，政府の役割は限定されることになり，新たな中核農園システムであるKKPA（Kredit Koperasi Primer Anggota）の下で，政府が担ってきた機能のいくつかが農民によって組織される協同組合に移管され，中核農園である民間農園企業と協同組合の「協力」で農園開発が進められることになった．

　民間企業を中核農園とするシステムへと変化するなかで，中核農園と農民・地域社会との関係に及ぼす影響について，いくつかの重要な変化が生じている．一つ目は，小農の生産方法に個人主義的な手法が用いられるようになったことである．Jelsma et al.（2009: 40）は，1980年代前半に西スマトラ州で実施された中核農園システムについて，小農によって収穫された果房の売り上げは農家の集団間でほぼ等しく配分されることになっており，この制度のもとでは各農家は果房の生産についてその他の農家に対して責任を持つという集団的な農園経営が行われていた，と述べている．しかし，90年代後半に実施されたその他の地域のKKPAプロジェクトでは，小農の集団としてKUD（農村協同組合）はあるものの，KUDは中核農園の影響下にあり，小農をとりまとめる機能を担っていたわけではなく，各農家は自らの農園で収穫高に応じた収入を得ており，その他の農家に対する責任を負っていない．この個人主義的な農園経営の導入により，農家間の協調による農園経営の改善という側面が失われ，中核農園と小農が一対一で関わるという意味合いが増すことになった．

　二つ目は，民間農園企業の進出に伴い中核農園の土地所有が拡大する傾向を示している点である．国営企業主導期の中核農園システムでは，中核農園と小農との土地の配分は20：80であったが，民間企業を中核農園とする場合，土地の配分は40：60であったり（Colchester et al. 2006: 75），さらには，

2000年代に入り中核農園が最低でも土地の20％を小農に配分すればよいという事例も出てきている（Zen, et al. 2008: 2）．周辺農家の土地の配分が少ないと言うことは，中核農園による小農の育成費用がかからないということに加え，中核農園が所有する搾油工場の稼働のために，小農からの果房の買い取りに依存しなくて済むことになる．また，林田（2007）によれば，雇用される農園労働者は，小農の小規模農園よりも民間・国営の大規模農園の方が少ないと推計されており，大規模農園の拡大によって小農と農園労働者が減少することになり，当初の中核農園システムが掲げていた地方での雇用増大という理念は失われてしまう[12]．

結果として，中核農園と小農との力関係がますます中核農園側に傾き，企業は小農を農園開発のパートナーとしては見なさないようになっていった．中核農園システムは，民間企業重視の農園開発のなかで，徐々に，農民の所得向上という目的とは離れて，民間農園企業の利益を確保する手段へと変化していったと考えられる．

2) 小農の経営状況

近年，アブラヤシの買い取り価格が高水準にあるため，小農の所得は地域の最低賃金を大きく上回っており，全体として，アブラヤシ農園開発は農民の所得向上に大きな役目を果たしている．農園地域周辺の都市部では，農家の購買力の増加に伴って，商業施設の建設や道路整備が進み，現住地での生活が便利になってきている一方，小農の出身地では移住する際に農地を家族に分配してしまっていることから，出身地には戻りたがらない小農も多い．

他方で，小農の農園経営は国際的な原油価格およびCPO価格に左右され，決して安定しているとは言えない．図13–2は原油価格，CPO価格，アブラヤシ果房（FFB）の買い取り価格の推移を示しているが，二つの特徴を見出すことが出来る．一つ目は，原油価格，CPO価格，FFB価格がそれぞれ連動していることである．原油やCPOは国際的な商品先物市場で取引されており，商品市場の好不況により価格が同様の動きを示すことが考えられるが，加えて，CPOは原油の代替燃料であるバイオディーゼル用としての需要もあることから，原油価格上昇の結果としてバイオディーゼル・CPOの需要増・

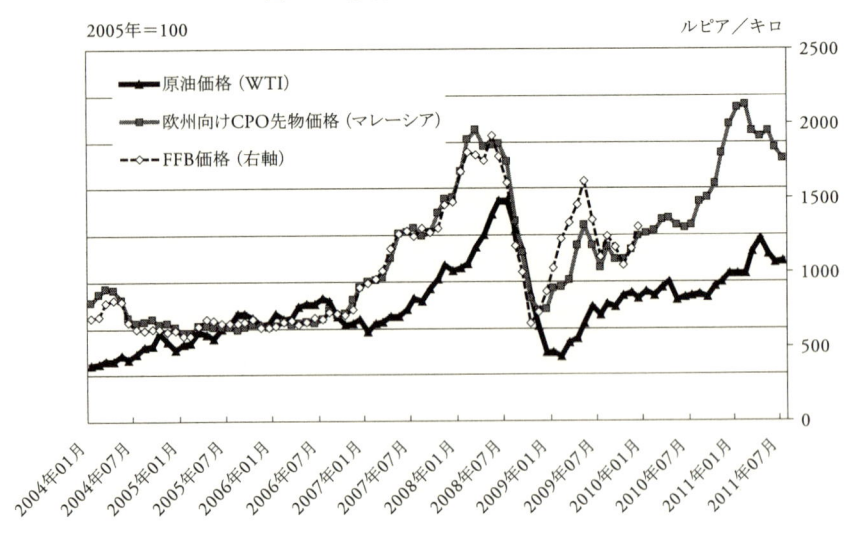

図13-2　原油・CPO・FFB価格の推移

注：2005年の平均価格はCPOが1トンあたり368ドル，原油価格が1バレル56ドル．
出所：IMF, The Primary Commodity Price tables（URLは巻末を参照）及び Hikmah Jaya地区農村協同組合資料（2010年2月入手）を基に筆者作成．

価格上昇という風に，国際的な原油価格の動向によってCPO価格が左右される側面を持っていることも指摘できる．FFB価格はCPO価格に係数をかけて算出されることから，両者は強い連動性を示している．この係数は政府機関および搾油工場を持つ農園企業によって決定され，農園企業と周辺農家の力関係上，農家の声は買い取り価格に反映されにくい．

　二つ目は，価格が乱高下しやすいということである．商品先物市場は，その時々の世界経済の状況に大きな影響を受けやすく，例えば，2008年以前の世界経済は，新興国を始めとして高水準の成長を達成しており，資金が新興国市場や商品市場に流入し，結果として原油価格とCPO価格は過去最高値を更新したが，ひとたびリーマンショックが起こり，市場から資金が引き上げ始めると価格は急速に下落した．最近では，景気回復を目論む米国を始めとした先進国の金融緩和政策により大量の資金が市中に供給されたことや，2011年に入り，中東情勢が不安定化し原油の供給に不透明感が出てきたこ

とから，商品市場に再び資金が流入し，原油価格，CPO 価格ともに上昇傾向を示していたが，その後，米国の金融の量的緩和政策第 2 弾（QE2）が終了したことや，米国債の格下げなどを受けて，再び資金が流出し，価格が下落し始めている．CPO 価格は，大豆や菜種といった食用油の分野でパーム油と競合する作物の出来などに影響を受けやすいことも価格の浮動性を高めている．

FFB 価格は，2004 年から 2006 年あたりまでは，1 キログラム当たり 600～700 ルピアで取引されていたが，2007 年に入ってからは CPO 価格に引きずられる形で価格が急上昇し，2008 年 5 月には 1920 ルピアで，過去最高値となった．しかし，6 月以降は国際的な原油価格と CPO 価格の下落にあわせて，FFB 価格も下落し，8 月には 1 キログラム当たり 1176 ルピアになり，わずか 3 カ月で約 40％ も価格が下がっている．原油価格の高騰によって国内の肥料価格が上がっており，アブラヤシ生産への支出が増大し，これ以上果房の買い取り価格が下がれば，農園経営が厳しくなるとの声も聞かれている．

3) 地域社会の変貌

土地を巡る紛争　アブラヤシ農園開発では，スマトラ島やカリマンタン島を中心に，各地で農園企業と地元住民との間で土地をめぐる争いが多数生じており，なかには両者の衝突により，死者やけが人が出る場合も珍しくない．スハルト政権では，企業と住民が対立している場合，政府が企業の代わりに住民と話し合いを行っていたが，解決しない場合は軍を動員して企業の要求を呑むように迫ることもあった．スハルト退陣後の「民主化」された現在では，政府が前面に出てくることはなく，企業と住民が直接話し合うようになっているが，政府や自治体は，地域開発の重要な柱であるアブラヤシ農園開発を積極的に推進する立場から，住民側に協力的な姿勢を示すことはほとんどない．

筆者が訪れたリアウ州プララワン県でもアブラヤシ農園企業と住民との間で同様の争いが起きており，1990 年代に入り同地域に進出してきた農園企業ムシンマスは地元住民に説明なく土地を占有し農園事業を行っており，住

民は土地を奪われたままとなっている．農園事業が開始されてから，この地域の自然環境は大きく変化している．付近を流れるナプー川およびタンジュン・ブリンギン川などでは，住民による漁業が営まれており，この地域において重要な役割を果たしてきたが，湿地と森林が農園に変わり，土壌の保水力が落ちた結果，雨が降らないと川が干上がってしまって漁業ができない場合も出てきている．また，農園からの排水が河川に流れ込むことにより，水質が悪化した結果，生息している魚の種類が減少し，漁業収入が低迷している．

土地の集約　アブラヤシ農園の広がりは，住民を土地から排除するという問題だけでなく，住民を農園開発に取り込むことで，住民間の格差問題を引き起こしている．McCarthy（2010）は，スマトラ島南部のジャンビ州でのアブラヤシ農園と地域社会との関係について実施した調査を通じて，かつては，村落全体が同様の階層で，広範な共有地で焼き畑によるコメやゴムの生産を行っていた社会において，アブラヤシ農園の広がりによって，土地所有を拡大させる住民と，土地を失って農業労働者となる住民とに階層が分化していると指摘している．McCarthyが調査した地域の住民は，農園事業の開始から実際にアブラヤシの収穫が始まり収入が得られるまでの数年間の一時的な農園労働や，森林地帯に配分された土地への移転を敬遠する傾向があり，1997年に中核農園システムによって配分された土地を翌年に売却してしまった．また，土地売却の背景として，貧困層は土地を担保にして地域の有力者から生活費を貸与されている場合があるが，返済不能に陥った際は土地を失うことになるほか，かつて共同体内で気軽に行われていたような，子供の結婚式や断食明けのお祭り用の支出，バイクの購入費など当座の現金確保のための土地の売買の習慣を改められなかったことも原因として挙げられている．

　その結果，農園企業だけでなく，その他の地域の多くの住民のように中核農園システムに参加し農園経営に成功した農家や，かつては森林の違法伐採で利益を確保していた地域の有力者や役人らが土地取引業者を通じて土地を買収していく一方，土地を売却した住民は，低収量の苗の利用，少ない肥料

投入，土壌管理不足に特徴付けられる伝統的かつ低収益のゴム農園経営を継続するか，土地無し農民となって，アブラヤシ農園での農業労働，森林の違法伐採，河川での砂利の採取，といったより一層不安定な職に就くことになる．

文化・連帯の喪失　農園開発の広がりは，文化や連帯といった地域の社会的基盤にも様々な変化を生んでいる．一つ目に，アブラヤシ農園によるモノカルチャー生産の広がりによって，多様な作物を生産し培われてきた地域文化および地域の連帯が失われてきている．住民は中核農園システムで小農となり，果房の買い取り価格の上昇に伴って豊かになったため，住民同士の相互依存関係や社会的連帯が希薄になっており，かつては，住民の合議によって意思決定がなされていたが，個々人がそれぞれで行動することが増えている．農園労働は雇用している農園労働者によって行われるため，農家の仕事は資金・資材管理というより経営的側面に近い分野に移ってきており，なかには，近隣の都市や別の州の大都市に移住し，不在地主化する農家も出てきている[13]．また，移住者の進出によってこうした問題がより根深いものになっている．2001年には，カリマンタン島に移住したマドゥラ島からの移民と現地住民の間で土地をめぐる紛争が起き，500人以上の移住者が殺害されるという事態が発生している[14]ほか，その他の多くの地域でも潜在的な紛争の可能性があると考えられる．

　二つ目は治安・風紀の変化で，農園地域では強盗による窃盗被害が相次いでおり，住居だけでなく，農園も果房の窃盗被害を受けている．その他にも，ギャンブルや売春の横行も指摘されており（Marti 2008: 92），地域の治安・風紀は悪化している．

アブラヤシの素材的側面と地域社会　アブラヤシ農園開発は農家の所得向上効果が高い一方で，農家の収入を不安定な国際投機市場にさらし，農園企業と住民の間で数多くの土地紛争を引き起こし，地域社会に「持つ者」と「持たざる者」の格差を広げ，地域社会の文化・連帯を失わせるなど，中長期的な地域の発展に大きな影を落としている．

これらの諸問題は，アブラヤシのもつ，以下の三つの素材的な側面と大きく関係している．一点目に，収穫された果房は保存がきかず，かつ，搾油・加工に大規模な設備投資が必要であることから，農家は価格が低いときに貯蔵し，高いときに農園企業に売却することが出来ないため，国際価格からほぼ自動的に算出される買取価格を受け入れざるを得ず，また，資金面・人材面の不足から，協同組合が独自に搾油所を運営して高付加価値化を目指すという途が展望しにくいことから，農家は中核農園企業へ依存せざるを得なくなる．二点目に，安定したアブラヤシ生産には，肥料の投入や農薬の散布，品種改良された種苗の調達が必要であり，こうした初期段階での投資が出来ない場合は，農家は土地を手放さなければならず，結果として，農園企業や富裕農家への土地の集約が進むことになる．三点目に，収穫は二週間に一回の頻度で行われ，毎日の農園の手入れも行われないことから，農家は農園労働者に作業を任せ，自身は土地を離れ都市部へ移住するという風に，農園地域において不在地主化が進行しやすい．

4）農園開発と環境問題

　インドネシアは，ブラジル，コンゴ民主共和国に次いで世界第3位の熱帯林面積（世界の約10%）を有しており，この豊かな森林資源は，世界の約20%（約32万5000種）に相当する野生動植物の主な生息地として世界的にも貴重な生物多様性を支えている．しかし，アブラヤシ農園開発をはじめとして，近年の経済発展に伴う森林開発の勢いは急速で，森林面積は1990年の1億1855万ヘクタールから2010年には9400万ヘクタールへと減少してきており，1分間に約4面分のサッカー場が消失していることになる（FAO *Global Forest Resources Assessment 2010*）．農園開発によって，森林に生息する野鳥やシカ，サルの個体数の減少に加え，オランウータン，スマトラトラやスマトラゾウのような希少動物が絶滅の危機にさらされているといった事例が報告されている．また，ボルネオ島では3000種のアリ（全世界で12000種）が生息しており，アリは，トカゲ，ネズミ，蛇，鳥のえさとなることで，熱帯林の食物連鎖の重要な役割を果たしているが，熱帯林の伐採により，地表が直射日光にさらされ，土地の乾燥が進んだ結果，アリの生息域

が減少するという問題も発生している．

　アブラヤシ農園開発は，かつては開発の手が及んでこなかった泥炭地へと進出しており，それに伴い，温室効果ガスの排出という新たな環境問題を生み出している．スマトラ島やカリマンタン島の沿岸部に広がる泥炭地の土中には二酸化炭素やメタンガスが埋蔵されているが，これまでは表土が水面下にあったため，これらの温室効果ガスが大気中に放出されることはなかったが，農園開発のために水が抜かれると，土中の微生物による有機物の分解が進み，温室効果ガスが泥炭地から放出されることになる．インドネシアでは乾燥した泥炭の分解によって年間約6億トン，泥炭の火災によって約14億トン，合わせて20億トンの二酸化炭素が排出されていると推計され，この数字は，日本の化石燃料消費による二酸化炭素排出量を凌駕し，米国，中国に次いで世界第3位の排出量に相当し[15]，地球温暖化の進行に顕著に寄与することが懸念されている．

　その他にも，上流部での農園開発によって河川に流れ込んだ土砂が下流域に堆積し，河床が上昇した結果，雨季になり降雨量が増えるとすぐに洪水が発生するといった問題や，CPOの搾油工場から排出される汚水に含まれる鉛やその他の重金属，農園で使用されている化学肥料により河川の生態系が破壊される問題が起きている．

6　おわりに

　これまで，構造調整政策が実施された1980年代半ば以降のインドネシアにおけるアブラヤシ農園開発について論じてきたが，農園開発がもたらした帰結について以下の三つの点についてまとめてみよう．

　一つ目は経済への影響について，政府は，輸出用作物として有望であるアブラヤシ農園部門への外国資本参入の規制緩和を進め，民間企業主体の農園開発を奨励してきたが，結果として，上流部門（農園段階）では，国内を中心とした大手農園企業による寡占的な農園保有状況が生み出され，下流部門（加工段階）では，国内での投資が進まず，低付加価値のままのCPO輸出が行われることになった．民間企業主導の経済開発を目的とする構造改革のな

かで積極的に推進されてきた農業部門のアグリビジネス化であるが，アブラヤシ農園部門においては，国内の有力資本家による農園保有の寡占化を生み出し，また，多国籍アグリビジネス企業による世界的な原料調達戦略への垂直的な統合をもたらしている．

　二つ目は小農への影響についてであるが，パーム油はその素材としての特性上，アブラヤシを収穫してから24時間以内に搾油しなければ商品として成立しない．つまり，小農にとって，アブラヤシの買い取り価格が低いうちに貯蔵しておき，価格が上昇したときに売却するという戦略をとることが出来ず，常に農園企業が提示してくる価格を受け入れざるを得ない．また，アブラヤシの生産量は，生産者の熟練した生産技術というよりは，科学的に管理された高収量の苗や化学肥料を使うことが出来るかに依存しており，工業化された農業の典型と呼べ，生産者からアブラヤシを買い取り，また，彼らへの苗や肥料の販売を握っている企業に対して生産者は従属的な地位に置かれざるを得ず，資本や技術が集中する大企業による商品連鎖過程の支配力が強まることになる．

　三つ目に地域社会および環境への影響であるが，アブラヤシ生産においては，肥料の投入や農薬の散布，品種改良された種苗の調達など，ある程度の生産費が必要であり，これを負担できない小農は土地を手放さなければならず，結果として，農園企業や富裕農家への土地の集約が進みやすくなる．また，アブラヤシ生産には毎日の農園の手入れが行われないことから，農園労働者に作業を任せ，自身は土地を離れ都市部へ移住する農家が出現するという風に，不在地主化が進行しやすい．環境への影響についても，熱帯林の伐採による生態系の破壊，泥炭地開発による温室効果ガスの放出，下流域での洪水の頻発などの問題を引き起こしている．

　このように，一次産品の素材的な特性に着目することによって，その高付加価値化へ向けた発展の可能性はその他の一次産品とは大きく異なる．経済成長や小農の貧困削減を目的としてインドネシアを始め，世界中で推進されているアブラヤシ農園開発であるが，短期的にはその目的を達成しているとしても，生産が科学的に管理された作物であることから，高度な生産技術を持つ多国籍アグリビジネス企業を頂点とし，小農が従属的な地位に置かれる

商品連鎖過程が形成され，また，市場経済を支える地域社会や環境の維持可能性が失われているという点を考慮に入れれば，その長期的な発展は必ずしも保障されているわけではない．

　本章では，インドネシアについて論じてきたが，その他の東南アジア地域でも，物流インフラ整備に加えて域内外の経済自由化が急速に進んだ結果，多くの分野で国境を越えた商品連鎖過程が域内に形成されつつある．それぞれの商品連鎖過程に着目することで，域内各国間の経済格差の問題や国内企業の多国籍化およびその市場支配力の問題，といった東南アジア経済における主要な研究課題についても示唆を得ることができよう．

注
(1) 本章は，頼（2012）を基にしており，より詳細な内容についてはそちらを参照されたい．
(2) たとえば，プレビッシュとシンガーは，先進国での工業製品生産の技術革新は，生産者の利益として所得の増加をもたらすのに対し，途上国での一次産品生産の技術革新は，消費者の利益として価格の低下をもたらし，先進諸国に対する発展途上国の交易条件は構造的悪化傾向をたどるとした（絵所 1997: 20-21）．
(3) 商品連鎖を「サプライチェーン」と呼ぶ場合や「バリューチェーン」（あるいは「コモディティチェーン」）と呼ぶ場合があるが，前者の場合，商品の生産・流通・消費過程のどの段階でどの企業が高付加価値生産を実現しているかという点が見えにくくなってしまうため，本書では，後者の意味で使用することにする．
(4) Gereffi *et al.*（2005）は，GVCを産業ごとの，①取引の複雑性，②取引の複雑性を緩和するための情報のコード化の可能性，③発注企業の要求に応え得るサプライヤーの能力の有無，の組み合わせによって区分し，各経済主体間の権力の非対称性が高い順番に，Hierarchy（階層型），Captive（専従型），Relational（関係型），Modular（モジュラー型），Market（市場型）の五つの型を提示している．たとえば，階層型や専従型の場合は，主導企業とサプライヤーとの間に不平等な力関係が存在し，情報や統制の一方的な流れがあるのに対し，市場型やモジュラー型では，経済主体間の対等な関係を前提とし，水平的なGVCが形成されている．なお，GereffiらのGVCの分析が経済主体同士の関係性に特化し，経済主体に対する政府の政策や規制の果たす役割が軽視されているとの批判もあり，たとえばRichardson（2009）は，砂糖の生産・流通過程の分析から，GVC分析に政府の役割を取り込んだ産業レジーム論を主張しており，Patel-Campillo（2010）は，コロンビアの切り花輸出企業の米国市場進出に際して果たした米国とコロンビア両国の政治的関係を指摘している．
(5) 世界システム論からGVC論への展開については，小井川（2008）を参照．
(6) それでも，コーヒーは最終消費地が先進国であり，いくら生産者が高付加価値化を目

的として豆の「収穫」から「焙煎」へと移行していったとしても,コーヒーの味の決め手が焙煎後の鮮度にあるため,生産地から消費地への輸送時間を考えれば,生産者にとっての商品連鎖の高度化には限界があると考えられる(詳細は妹尾 2009: 216 を参照).
(7) 本章の後半部分で述べるように,パーム油自体の生産過程で深刻な環境破壊を伴う.
(8) インドネシアでは,パーム油の他に,ジャトロファ(ナンヨウアブラギリ)とココナッツオイルからのバイオディーゼル生産の,そして,キャッサバ,サトウキビ,スィートソルガムなどからのバイオエタノール生産の研究開発がそれぞれ進められている(小泉 2009).
(9) 2002 年農業大臣通達第 357 号によれば,一つの企業が保有できる農園面積は一つの州内で最大 2 万ヘクタール,国内全体で最大 10 万ヘクタールまでとなっている.
(10) 2007 年 11 月,いずれもマレーシアの農園企業大手である,Sime Darby, Golden Hope, Kumpulan Guthrie が合併し,新しく Sime Darby Plantation として事業を行っている.
(11) インドネシア事業競争監視委員会(KPPU: Komisi Pengawas Persaingan Usaha)委員長の Syamsul Maarif は,国内のパーム油産業では上流・下流部門ともに少数の企業による寡占化が進んでおり,需要と供給の関係にもとづくパーム油製品の適正な価格付けが損なわれる可能性があるとして,パーム油産業内部の不公正な事業行為について調査に着手したと述べている(*The Jakarta Post*, June 14, 2007).
(12) アブラヤシ農園の先進国であるマレーシアの民間の大規模農園では収穫作業の機械化が進められており,技術の進展によりさらなる農園労働者の減少が懸念される.
(13) 西スマトラ州の西パサマン県で 1980 年代から実施されている中核農園システムのプロジェクトでは,2009 年の段階で 60%の農民が不在地主化している.農民の中には,農園地域を離れて,県内のシンパン・ウンパットやシンパン・ティガ,州の主要都市であるパダンやブキッティンギ,その他の州へと移住する場合もある.不在地主化の一般化により,農民間のつながりが希薄化し,今後,個人では対応が難しい植え替えに直面した際に,問題が起きるのではないかと懸念されている.詳細は Jelsma *et al.* (*op. cit.*: 46-47).
(14) Human Right Watch, Indonesia: The Violence in Central Kalimantan, Feb. 28, 2001 (http://www.hrw.org/legacy/backgrounder/asia/borneo0228.htm).
(15) Wetlands International (http://www.wetlands.org/WatchRead/tabid/56/mod/1570/articleType/ArticleView/articleId/1491/Peat-CO2.aspx).

参考文献

Casson, A. (2000) *The Hesitant Boom: Indonesia's Oil Palm Sub-Sector in an Era of Economic Crisis and Political Change*, Center for International Forestry Research.
Colchester, M., N. Jiwan, S. Andiko, M. Sirait, A. Firdaus, A. Surambo and H. Pane (2006) *Promised Land Palm Oil and Land Acquisition in Indonesia*, Forest People Programmes & Sawit Watch, Jakarta.
Gereffi, G., J. Humphrey and T. Sturgeon (2005) 'The governance of global value chains', *Review

of International Political Economy, 12 (1).
Jelsma, I., K. Giller and T. Fairhurst (2009) *Smallholder Oil Palm Production Systems in Indonesia: Lessons Learned from the NESP Ophir Project*, University of Wageningen, Plant Production Systems, Wageningen.
McCarthy, J. F. (2010) 'Processes of inclusion and adverse incorporation: oil palm and agrarian change in Sumatra, Indonesia', *The Journal of Peasant Studies*, 37 (4).
Marti, S. (2008) *Losing Ground: The human rights impacts of oil palm plantation expansion in Indonesia*, Friends of the Earth, LifeMosaic and Sawit Watch (http://www.foe.co.uk/resource/reports/losingground-summary.pdf).
Patel-Campillo, A. (2010) 'Rival commodity chains: Agency and regulation in the US and Colombian cut flower agro-industries', *Review of International Political Economy*, 17 (1).
Richardson, B. (2009) *Sugar: Refined Power in a Global Regime*. London: Palgrave MacMillan.
Sheil, D., A. Casson, E. Meijaard, M. Nordwijk, J. Gaskell, J. Sunderland-Groves, K. Wertz and M. Kanninen (2009) *The impacts and opportunities of oil palm in Southeast Asia: What do we know and what do we need to know?*, Occasional paper 51, CIFOR, Bogor, Indonesia.
Zen, Z., J. McCarthy and P. Gillespie (2008), 'Linking pro-poor policy and oil palm cultivation', The Australian National University. Australia Indonesia Governance Research Partnership, Crawford School of Economics and Government, College of Asia and the Pacific (http://www.aigrp.anu.edu.au/docs/projects/1018/mccarthy_brief.pdf).

岩佐和幸 (2005)『マレーシアにおける農業開発とアグリビジネス――輸出指向型開発の光と影』法律文化社.
絵所秀紀 (1997)『開発の政治経済学』日本評論社.
小井川広志 (2008)「グローバル・バリュー・チェーン (GVC) 分析の展望――世界システム, アップグレード, ガバナンスの概念をめぐって」『經濟學研究』58 (3).
小泉達治 (2009)「インドネシア・マレーシアにおけるバイオディーゼル政策と生産構造についての比較・分析」『農林水産政策研究』15.
妹尾裕彦 (2009)「コーヒー危機の原因とコーヒー収入の安定・向上策をめぐる神話と現実――国際コーヒー協定 (ICA) とフェア・トレードを中心に」『千葉大学教育学部研究紀要』57.
辻村英之 (2004)『コーヒーと南北問題――「キリマンジャロ」のフードシステム』日本経済評論社.
林田秀樹 (2007)「インドネシアにおけるアブラヤシ農園開発と労働力受容――1990年代半ば以降の全国的動向と北スマトラ・東カリマンタンの事例から」『社会科学』79.
頼俊輔 (2012)『インドネシアのアグリビジネス改革――輸出指向農業開発と農民』日本経済評論社.

Ⅴ　日本資本主義

第 14 章　企業主義的調整の麻痺と社会保障改革

平野泰朗／山田鋭夫

　21世紀初頭の今日，日本経済はアジア域内分業の深化を含むグローバル化，金融主導化，少子高齢化のうねりのなかにある．そのなかで日本は各種の難問に直面しているが，社会保障改革の問題はその筆頭に挙げられよう．以下，この問題を「調整様式の変化」という観点から追跡し，さらには必要な制度改革のあり方について検討する．

1　企業主義的レギュラシオンとその機能不全

1) 企業主義的レギュラシオン

　戦後日本を特徴づける調整様式について，われわれはかつて「企業主義的レギュラシオン」という仮説を提起した（山田 1999，平野／花田 1999）．とりわけ 1970 年代以降の日本は輸出主導型成長体制によって「経済大国」になったが，この成長体制を支えた日本独自の調整様式として，われわれは「企業主義」という視点を提起した．しかしこの企業主義的調整は，1990 年代以降の日本経済の長期停滞のなかで，さらには 2008 年以降の世界金融危機のなかで大きく変容を迫られ，むしろ機能不全に陥っている．その実態を明らかにするためにも，まずは戦後日本経済の調整様式としての企業主義について，簡単に整理しておこう．

　企業主義的レギュラシオンの二大支柱は，雇用保障をめぐる労使妥協と，経営保障（企業存続保障）をめぐる企業-銀行間妥協である．すなわち，ア

メリカ・フォーディズムにおいて〈テーラー主義（限定的職務）の受容 対 生産性インデックス賃金の提供〉という賃金妥協が大量生産−大量消費の成長体制を導いたのとは対照的に，戦後日本の成長を導いたものは〈無限定的職務の受容 対 雇用保障の提供〉という雇用妥協であった．日本にあっては，労働者（特に大企業男子正規従業員）は無限定の義務を受け入れて会社に献身する代わりに，かれらが最も切実に要求したものは賃金上昇ではなく雇用保障であり，しかも自らがいま所属する企業での雇用維持であった．こうした労働側の要求は，試行錯誤の果てに経営側も受容するところとなり，やがていわゆる終身雇用（および年功賃金）が労使間のゲームのルールとなり，社会的規範となっていった．

　雇用保障を核心とする賃労働関係が確立されるためには，企業の存続が保障されねばならない．間接金融優位の場合には，企業は，特定の銀行を優先的かつ長期的な取引先および株主として固定し，その代わりに企業経営が困難に陥ったときには，その銀行から各種の救済措置（追加融資，優遇金利，役員派遣など）を受ける．こうして銀行によるコーポレート・ガバナンスが遂行されるとともに，企業の存続がはかられる．これがメインバンク制度であり，それは企業の経営保障にとって核心的な位置をしめる金融妥協（企業−銀行妥協）を示している．加えて，企業間関係においては株式持合いや系列関係，銀行−政府間ではいわゆる護送船団方式などが確立して，企業経営の安定と存続が保障された．

　このようにして賃労働関係における雇用保障と金融関係（および企業間関係）における経営保障は，相互に制度補完性を形成しつつ，企業主義的レギュラシオンの中核をなしたのであった．石油ショック後からバブル崩壊に至る日本経済は，この企業主義的レギュラシオンによる生産性上昇に支えられて，輸出主導型成長体制を構築しつつ「経済大国」となっていった（**図 14-1** 参照）．

2) 経営保障の崩壊

　1980 年代以降顕著になったアメリカ発のグローバリゼーションの動きは，「労働」に対する「金融」の優位を確立しつつ，日本に対しても「金融自由化」の圧力を高めていった．こうして長期停滞下の日本において，金融の規制緩

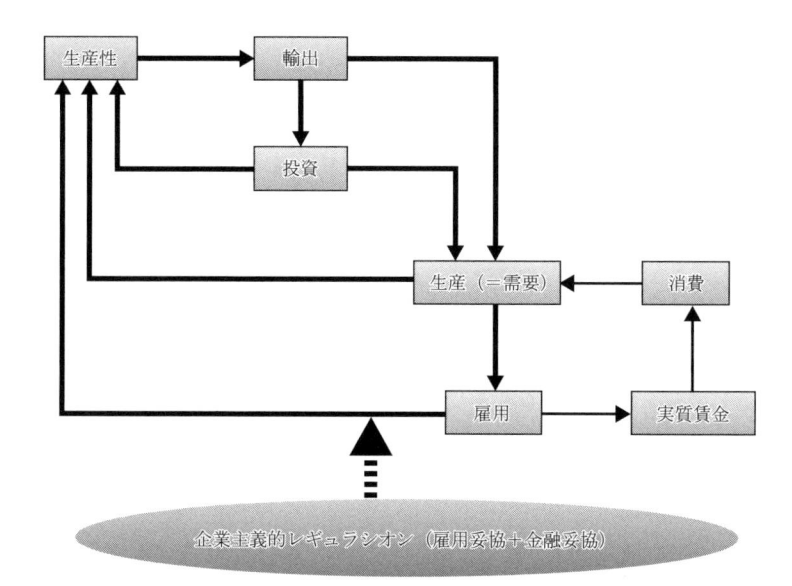

図14–1　企業主義的レギュラシオンと輸出主導型成長体制

（生産性 → 輸出 → 投資 → 生産（＝需要） ← 消費；生産 → 雇用 → 実質賃金 → 消費；企業主義的レギュラシオン（雇用妥協＋金融妥協）→ 雇用）

出典：山田（1999）一部修正．

和と市場化に向けた各種の政策が実行され，また企業の資金調達構造も大きく変容した．それはまた，企業主義的レギュラシオンの重要な一角を担った従来型の企業–銀行関係，企業間関係，そして銀行–政府関係を解体するものであり，つまりは企業の経営保障メカニズムを解体するものであった．

周知のとおり，戦後日本における企業の資金調達の特徴としては，当初，借入金比率が大きく有価証券比率が小さかったが，1980年代以降，大企業は内部資金比率を高め，借入金比率を低下させた（伊藤1995; 鍋島1999）．大企業の銀行離れは，資金調達において，大企業を中心に間接金融（銀行借入）から直接金融（株式，社債）に移行したことを意味し，資金調達が市場化したことを意味する．これと並行して，1990年代以来，株式所有構造も大きく変化した．金融機関（都銀・地銀）がもつ株式の割合は1990年代後半以降，急速に低下し，また事業法人等のそれも低下した．これらが意味することは，銀行–企業間の紐帯が弛緩し，メインバンクによるコーポレート・

ガバナンス機能が低下したということである．大企業は資金調達源としては銀行から離反し，また銀行自身も大企業に対する監督・指導の意思も能力も失った．ここにメインバンク制度は崩壊した（内閣府 2008）．

さらに 1990 年代以降，銀行を含む各種企業間の株式持合いの比率が低下し，外国人株主が急増した．外国人株主は基本的に，高利回りや高株価を期待する短期的保有者であるから，全体として企業は，一方，短期収益重視・株主利益重視の経営への圧力を受けるとともに，他方，資金調達や経営の面で安定性を失った．加えて，政府による銀行保護政策（護送船団行政）も放棄された．日本企業のアジア進出とアジア間分業の展開とともに，かつての系列や企業集団にみられた安定的な企業間関係も再編ないし解体され，この面からも企業の経営保障は弱体化した．こうして 1980 年代に満面開花した企業主義的レギュラシオンの一角をなした金融妥協，すなわち銀行による経営保障ないし企業存続保障は崩壊した．

3) 雇用の非正規化と雇用保障の限定化

グローバリゼーションのもと，制度階層的に上位に立った「金融」は「労働」を大きく変化させていった．すなわち，上にみた金融の市場化は，たんに金融にとどまらず賃労働関係に大きな変革を迫った．経営保障と雇用保障の相互補完性からなっていた企業主義的レギュラシオンにあって，経営保障の解体は雇用保障にいかなる影響を与えたか．

最近 10 年間の賃労働関係における最大の変化は，雇用面での「雇用の非正規化」と賃金面での「賃金上昇の停止」にある．雇用の非正規化についていえば，1997 年以降，正規雇用者は一貫して減少しつづけ，逆に非正規雇用者は急激に増加した．その結果，非正規雇用比率は，1980 年代半ばには約 15％であったが，それが 2000 年代後半には約 33％になった（内閣府 2009）．その増加要因としては，もともと非正規比率の高いサービス産業の比率が高まったという産業構造的要因のほかに，製造業を含むすべての産業内部における非正規の増加という雇用形態的要因を指摘することができる．

加えて，1990 年代には非正規雇用の増加は主として中小企業において見られたが，2000 年代に入ってからは，増加の主役は大企業に移っている（内

閣府 2006)．しかも，非正規雇用のうちでは，所定労働時間の短いパート労働者の増加は頭打ちの状態であるのに対して，フルタイムで働く派遣社員や契約社員が増加している．総じて大企業では正規雇用は減少しているので，以上のことは日本経済の中核をなす大企業において，非正規雇用による正規雇用の代替が進んでいることを示す（宇仁 2009）．しかも，いったん非正規雇用比率を高めた企業は，2002～07年の景気回復期において正規雇用比率を上げるという行動には出ていない（内閣府 2007）．これは企業行動および労働制度における明らかな構造的変化であり，要するに「雇用の非正規化」は，現代日本の賃労働関係を構造的に特徴づけるもののひとつとなった．

他方，最近10年間における賃金面での変化は「賃金上昇の停止」にある．実際，従来は景気回復局面での企業収益の増加とともに賃金も増加していたのだが，1999年の景気回復期以降は，企業収益が回復しても賃金はまったく伸びなくなった．それどころか2002年以降は，企業業績の向上にもかかわらず賃金は低下している（図14-2参照）．その結果，1980年代までの日本経済を特徴づけた，労働生産性と実質賃金との正比例関係は完全に消滅し，

図14-2　景気回復局面における企業収益と賃金の関係

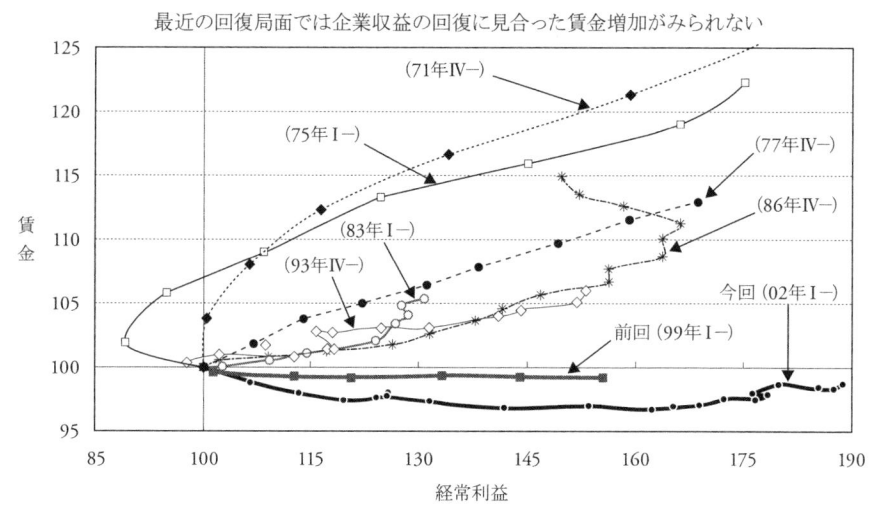

最近の回復局面では企業収益の回復に見合った賃金増加がみられない

出典：内閣府（2007）

生産性は上昇しても賃金は伸びないという経済構造が出現した．

　以上，従来の賃労働関係から大きく変化した要素として，「雇用の非正規化」と「賃金上昇の停止」を確認した．問題はこれによって，企業主義的な賃労働関係の核心をなす「雇用保障」——とりわけ大企業男子正規従業員におけるそれ——がどのようになったか，である．これに関する各種調査がほぼ共通に報告しているところによれば，大企業を中心にして企業は，正規雇用者の長期雇用（つまり可能なかぎりの雇用保障）を維持しており（内閣府 2008），また今後も維持するつもりだということである（宮本 2007）．つまり大企業において，近年における非正規雇用比率の上昇は著しく，大企業正規雇用者は精選され減少しているのであるが，しかしその細くなった正規従業員に対しては雇用保障が継続しているのであり，しかも企業はそれを今後も継続しようとしているのである．これをして「雇用保障の限定的維持」と呼ぶことができる．

　このように近年の雇用においては，「雇用の非正規化」と「雇用保障の限定的維持」という，一見相反する二つの事態が並行的に——否，むしろ補完的に——進行している．資金調達の市場化が進行し，メインバンク中心の金融妥協（企業存続保障）が崩壊した結果，雇用面では「雇用の非正規化」と「雇用保障の限定化」が進行したが，それでもなお残った中核労働者に対して「雇用保障の維持」を死守しようとしているのが，今日の日本企業である．日本の賃労働関係は，雇用形態および分配関係では大きく変化しつつも，生産性上昇の主要源泉（中核労働者の雇用保障）の面では不変にとどまっている．

　要するに従来の企業主義的レギュラシオンを全体としてみると，かつての制度的金融（メインバンク制度）は市場化（直接金融化）され，また労働面でも雇用保障制度が縮小されて市場化（外部労働市場化）された．あるいは，メインバンクによる企業存続保障が崩壊して雇用保障のみが残るという片肺飛行となり，また，その雇用保障においても適用対象労働者が限定化されるとともに，雇用保障のない非正規労働者が激増するという形で，やはり片肺化が進んでいるのである．こうして企業主義的レギュラシオンは機能不全を起こし，麻痺し，そして危機に陥った．

2　企業主義的福祉レジームの特質と社会保障改革の方向性

　では，雇用保障を中核に据えた企業主義的調整様式は社会保障にとって何を意味したのか．端的にいってそれは，企業単位の雇用保障による社会保障の代替であり（宮本 2008），それゆえ国民的レベルでの社会保障制度の未発達を結果した．すなわち大企業は男性稼ぎ手を雇用保障によって企業内に囲い込み，生活費保障的な年功賃金・家族賃金によって従業員家族の生計を保障し，専業主婦をはじめとする家庭内女性労働力が養育・介護等の無償福祉サービスを担当するという仕組みである．

　ただし，この企業に守られた家族的福祉レジームという視点だけではすべてを説明できない．大企業の場合には，職域別の企業年金や退職金，各種の企業福利の制度なども企業主義的福祉を支え，これらが固有の社会保障制度に代替し，あるいはその補完をなした（平野／花田 1999）．大企業以外の中小企業や地方農村では，利権誘導型政治による公共事業の誘致が人びとの雇用と所得を保障し，そうした「土建国家」が社会保障の代替をなしたのである．なお，政府政策レベルで固有の社会保障が実現されるかぎりでは，高齢者層をターゲットとしたそれ（年金，医療）に主力が置かれ，「人生前半の社会保障」（保育，教育，住宅，失業）は手薄であった（広井 2006）．加えてまた，社会保障給付の形態としては，現物・サービス給付よりも現金給付の比重が相対的に高いものであった．

　また，日本の社会保障は，制度的には職域（企業）別と地域別の併存という形で編成されていった．前者は，厚生年金や健康保険を代表とするものである．これには，厚生年金基金や健康保険組合等，事実上，企業別に組織される制度が包含されている．後者は，国民健康保険を代表とするものである．こうした制度の分立は，ドイツやフランス等，社会保険を主軸にした社会保障体制の国にもみられる．

　日本の職域別・地域別制度は，やがて統合化が試みられる．それは，1986年の二階建て年金制度や 1983 年の老人保健制度に現れる．前者は，分立していた各制度を基礎年金（国民年金）と報酬比例型年金からなる二階建て制

度に統合した．後者は，老人医療費を公費と各医療保険制度からの拠出金から支出するようにした．しかし，これらにあっては，財政調整は統合的に行われたものの，制度の運営は，別々に行われた．すなわち，基礎年金や老人医療費における財政調整は政府が行い，経営，とくに各共済組合や健康保険組合の経営は，個々の制度ごとに別個に行われたのである．

　この点が，フランスなどと異なる．フランスでは，社会保障の経営は，政府からは独立した公益法人により行われる．法人経営は，理事会が決定し，事務局が遂行する．理事会では各職種（民間労働者，経営者，自営業者等）から理事が選出され，重要な事項を決定する．ここでは，経営レベルでの討議・利害調整が行われながら，社会保障が経営されている．日本では，経営レベルでの利害関係者の討議がないため，企業間や職種間の妥協が生まれない．したがって，制度改革期に突然利害対立が顕在化し，改革案に抵抗・拒否が生まれやすい．

　とはいえ，企業による雇用保障を中核とした生活保障体制は機能不全を起こしている以上，それに対応的な社会保障制度は改革されなければならない．さらに，財政的な危機が目前に迫っているので，その面をも考慮した社会保障改革がなされなければならない．

　しかし，新しい社会保障体制は未成立である．そこで，ここでは，仮に，社会保障改革の基本的な方向を以下のように定めておこう．すなわち，社会保障改革は，雇用保障の再編を主軸にして行う，と．なぜなら，企業主義のポジティブな面は，雇用保障にあったからである．ただし，それを可能にしたのは広範な技能形成であった．これが労働生産性を上昇させ，企業内での雇用保障を可能にした．しかし，経営保障が崩壊し，雇用の非正規化が進行している以上，企業の枠内で技能形成を再生するのは困難である．そこで，技能形成の社会化を図り，それにより転職を活性化し，雇用を保障するのである．それは同一企業内での雇用保障から，企業間移動による雇用保障への転換を意味する．そしてこの時，技能形成のノウハウを蓄積している企業を活用する．この日本版積極的労働市場政策とでも呼べるものが，社会保障改革の出発点となるよう構想する．もし，雇用保障が再生されれば，社会保障の財源確保も容易となる．

そこで，以下では，まず，技能形成の社会化を取り上げよう．

3　技能形成の社会化

1) 日本版デュアルシステム

さて，日本の技能形成は，主として企業における OJT により行われてきた．それは，関連のある職務を継続的に経験することで技能形成を図るシステムであるがゆえ，労働者の長期雇用を前提としていた（小池 1981）．しかし，近年の雇用の非正規化により，長期雇用労働者の割合は減少している．ここに労働者の技能形成の危機が存在する．それは，とりわけ若者に集中する．というのも，企業は，既存の雇用システムを維持しつつ雇用調整をするためには，まず，新規採用を控える行動をとってきたからである．その結果，フリーターと呼ばれる若年労働者の数は，1990 年代から 2000 年代前半にかけて急増し，その後高止まりしている．こうした労働力人口は，決まった職に定着しにくいので，技能形成の機会を得にくい．このことは，これまで企業が技能形成に果たしてきた役割が低下したことを意味している．したがって，企業に替わる技能形成の実施主体が必要とされる．それは，さしあたり，公的機関を主体とする以外にない．しかし，これまで技能形成の役割を縮小してきた公的機関に，すぐに技能形成（職業訓練）を任せられるであろうか．ノウハウの蓄積が少ないため，おそらく単独で企業の代替を務めるのは無理であろう．さらに，職業能力は，実際に仕事をして身に付く．すなわち，OJT が必要である．そこで，OJT を行える企業と公的機関をつなぐ，社会的技能形成システムを構築する必要がある．ここで参考になるのが，ヨーロッパの職業訓練制度，とりわけドイツのデュアルシステムである．

ドイツのデュアルシステムでは，若者が週に 1～2 日（全訓練時間の約 3 割），職業学校で職業に係る理論を学び，残りの 3～4 日（全訓練時間の約 7 割）は企業で職場実習をする．ここでは，企業における OJT が，職業学校における理論学習とともに職業訓練プログラムの中に組み入れられている．因みに，このプログラムは，労使代表が関与する公的機関により策定される．訓練生は，こうして，実践的技能を身につけ，公的職業資格を取得して就職す

る.

　こうした制度は,日本にも移植可能であろう.事実,日本版デュアルシステムとして,文部科学省および厚生労働省の政策として試行的に実施されている[1].このうち,実習期間が相対的に長い厚生労働省の事業をみておこう.
　この事業は,教育訓練機関主導型と企業主導型に分かれる.前者は,教育訓練機関が若者を訓練生として受け入れ,実習先企業を選定し,企業とともに理論学習の内容を決めるものであり,後者は,企業が若者を有期パートタイム労働者等として雇用し,教育訓練機関を選定し,OffJTをそこに委託し,自社でOJTを行うものである.また,教育訓練機関には,公的職業訓練施設や専修学校が含まれる.
　この事業は,2004年から始まっており,試行錯誤を続けながら一応,継続している.また,この制度を拡充したのもとして実践型人材養成システム(実習併用職業訓練)がある.今後は,これらの事業を拡充していくことが望まれる.その際に留意する点を掲げておこう.
　まず,課程修了後の職業能力の評価についてであるが,できるだけ企業の枠を超えた基準で判断できるようにすることが望ましい.なぜなら,第1節で見たように,日本の終身雇用慣行は次第に希薄になりつつあるので,今後,何度か転職をするのが普通になるであろう.そうすれば,企業の枠を超えた職業能力の評価は,転職をスムーズに行わせることに貢献するであろう.そのためには,労使が共同で産業ごとに評価基準を作るのが望ましい.日本では業界団体や春闘のための産業別組織があるので,必ずしも実現不可能というわけではない.
　こうした産業別の職業能力評価基準が策定されるためには,実は,それに先行して,実習先企業と理論学習を主とする教育訓練機関との間で,労使共同参画をベースにした職業教育プログラムが,企業の枠組を超えて作成されねばならないだろう.いわゆる「日本版デュアルシステムコーディネート事業」の成立である.これも,業界団体の成立や労働組合の産業別調整組織(単産)をベースにすれば成立可能であろう.また,県によっては,大学と企業の間でインターンシップの仲介をする「インターンシップ推進協議会」が組織されているケースもあり,これも企業と教育機関の連携を担う組織の一つ

である．こういった組織のあるところでは，それを活用することもできるかもしれない．

2）職業訓練と職業紹介の連携

　最後に，職業訓練と職業紹介の連携にも留意する必要がある．職業訓練にOJTが取り入れられれば，実践的能力が形成される．このこと自体が職探しを容易にするであろうが，これとは別に，企業で実習を行う過程で，様々な調整が必要になり，そのことが採用・就職の事前調整の役割をも果たすであろう．つまり，実習中に訓練生と実習先との間で様々な誤解や思い違いが生じるであろうが，それを当事者間で，あるいは教育訓練機関が仲介して，解決していけば，実習先企業と訓練生との労働契約が結ばれる可能性も高まるであろう．この場合，教育訓練機関が仲介できることが，事態の解決を促す点で有効であろう．類似の有効性は，すでに，障害者の就労に際して見られる．そこでは，ジョブコーチと呼ばれる者が，障害者の特性を職場に説明して，彼らの就労条件を整備する役割を果たしている．これと同様の効果が，健常者の職業訓練の場合にも期待できる．ただし，卒業後の実習先就職を重要視しすぎると，実習先の事情に合わせすぎた教育プログラムが作成されることにもなりかねない点は，注意を要するであろう．課程修了後の職業評価に関して述べたように，形成される技能の内容は，企業の枠を超えて同じ職種に共通に通用するものであることが望ましいからである．その結果，両者の自由意志により労働契約が締結されれば，それは，望ましいことであろう．

　職業訓練（特にOJT）と職業紹介の連携重視という意味では，職場適応訓練やトライアル雇用も，今後，機能拡大を図る必要があろう．職場適応訓練は，雇用保険事業の一つで，いわば，デュアルシステムの実習部分のみが実施される事業である．受給者は失業給付等を受給しながら，特定企業で6カ月以内の訓練を受け，一定の技能習得や作業環境に適応する．その間，企業には雇用保険から訓練費が支給される．訓練終了後は，当該企業に雇用されることが期待される．トライアル雇用は，職業紹介を円滑に進める制度である．企業は，労働者を原則3カ月，試行雇用し，当該労働者の適性等を把握する一方，労働者は，実際に働くことを通じて企業の求める能力・技能・適

性等を理解する．試行雇用期間終了後に，当該労働者を常用雇用するか否かを決定する．

以上の諸点に留意しながら，OJT を行える企業と公的機関をつなぐ社会的技能形成システムの構築を図るべきである．技能形成の促進は，マクロ経済的には，労働者の賃金を上げて消費需要を促進する効果をもたらすと同時に，生産性上昇をもたらすことにより経済成長をも促す．そうすれば，社会保障の財源増加をもたらしうるので，社会保障の制度選択にも，余裕が出てくるはずである．したがって，社会的技能形成システム構築は，労働者自身の生活を改善する手だてとなるばかりでなく，社会保障制度の潜在的財源増大にも貢献することになろう[2]．

4　年金改革

雇用保障再編の次に，狭義の社会保障改革を取り上げよう．とは言っても，この問題は，医療・福祉・年金等の領域に多岐にわたって存在する．そこで，ここでは，最大の焦点たる年金問題のみを取り扱う．

1) 年金の二つの機能

戦後世界の社会保障制度は，大きくは二つのタイプに分かれる．一つは，ドイツに代表されるビスマルク型で，社会保険方式で所得比例給付が中心である．他はイギリスに代表されるベヴァリッジ型で，税方式で定額給付中心である（Barbier and Théret 2004）．年金制度も，最初は，二つのタイプがかなりはっきりと分かれていた．すなわち，前者が所得比例型給付方式であり，後者が定額給付方式であった．後者は，ナショナルミニマム原則により運営されていた．しかし，その後，後者の年金制度に所得比例給付が加わり，年金制度の多くは，所得比例型給付機能を備えるようになった．それは，おそらく，フォーディズムの進展により平均所得が上がる一方，平均寿命の延長により老後の所得保障の必要額も上がったためであろう．こうして，年金制度には，従前所得保障機能（所得比例型給付）が備わるようになった．さらに，国によっては，ミニマム保障機能をも備えている．イギリスの二階建て

年金制度がそうであり，1986年以降の日本の年金制度もそうである．また，1999年に制度変更を行ったスウェーデンの年金制度も，制度変更の前後とも，ミニマム保障機能を備えている．後に見るように，今後の年金制度を展望する上で，年金の二つの機能（ミニマム保障と従前所得保障）のどちらを優先するのかが，重要な視点となる[3]．

2) 格差の程度に対応した年金の機能

さて，現在の日本の年金制度は長期的には破綻しうるという試算が，いくつか行われている（宇仁 2012b）．この最大の原因は，少子高齢化の進展である．この問題への対処は，大きく分けて二つある．一つは，制度を大きく変更することであり，もう一つは，制度の大枠を変えずに，拠出金（社会保険料や税金）や給付を調整することである．後者の場合，制度変更の枠外で，生産性の上昇や高齢者労働力率の上昇，女性の継続雇用の増加が，システム維持にプラス要因として働く．また，制度の大枠変更が議論されるのは，社会階層間の経済的格差の度合いが開くときであろう．なぜなら，経済的格差が拡大する場合は，ミニマム保障機能を強化することが社会的課題となり，拡大しない場合は，フォーディズム期に形成された従前所得保障を維持することが社会的課題となるであろうからである．

まず，格差が拡大しないケースを想定しよう[4]．この場合，年金制度の目標は，引き続き従前所得保障に置かれるであろう．例えば，2004年改革時に設けられた「所得代替率50%維持」という目標が掲げられよう．問題は，それが財政的に持続可能かどうかにある．技能形成の社会化等が成功し生産性上昇が確保され，高齢者や女性の雇用も増大するなど，システム維持要因がプラスに働けば，システム維持は可能であろう．ただし，少子高齢化の進展に備え，マクロ経済調整という給付削減自動化の仕組みも強化されねばならないだろう．マクロ経済調整とは，少子高齢化により増大する扶養負担率を低下させるため，年金給付から一定の率を差し引く仕組みのことである．現在の日本の制度では，年金裁定時には名目賃金上昇率から，裁定後は物価上昇率から一定率を差し引くとされている．ただし，今のマクロ経済調整は物価下落時には適用されないという条件が付いているため，デフレ時には発

動されない不完全なものとなっている．少なくともこうした仕組みは，修正されねばならない[5]．ともあれ，こうした仕組みを強化しつつ，長期的財政均衡を図れば，システムは維持されよう．

しかし，そうしたシステム維持要因が十分に働かない場合は，たとえ社会的要請が従前所得保障にあっても，財政的に持続可能とならず，年金制度を維持できない状況に追い込まれるであろう．この場合は，制度の目標である従前所得保障は後退ないし廃棄となろう．

代わって財政支出総額が小さいミニマム保障機能の強化が追求されよう．この場合は，年金財政への税投入はしやすい．なぜならミニマム保障は，現代国家の責務の一つだからである．ただし，どういう形で税を投入するかは，慎重に検討する必要がある．少なくとも累進課税の原則を生かした税方式が望ましく，逆累進性の高い税は望ましくない．なぜなら，それはミニマム保障という目的にそぐわないからである．この意味からは，消費税の投入は避けることが望ましい．

また，ミニマム機能を強化することと裏腹に，従前所得保障は，縮小ないし廃止されることになるので，既存の年金制度に保険料を払い込んできた人の年金権（年金財政にとっての年金債務）をどう処理するかという問題が浮上する．まず，積立金を取り崩すことが求められるが，それだけでは不十分であることは，すでに2004年の年金改革時で推計されている[6]．したがって，この処理にも，上記のマクロ経済調整を伴いつつ，一定の税が投入される必要がある．税投入の論理は，ここでも累進課税的とならざるをえないであろう．なぜなら，これらの年金債務の返済は，特定世代への年金給付という形をとるので，広く薄い課税ベースをとると，世代間の不公平を助長する結果を招くからである．したがって，世代横断型の負担よりも，高額所得層を中心に負担を課す方法がとられることになろう．

3) 格差拡大とミニマム保障の重視

次に，格差が拡大するケースを想定しよう．所得比例型年金（日本では厚生年金と共済年金）においては，就労時の所得格差が年金受給にも反映する．したがって，所得格差が拡大すれば，タイムラグをともなって年金にも格差

が広がる．この場合，年金制度に関する社会的要請は，二つのケースが考えられる．一つは，平等志向の立場から，年金制度内での所得再分配機能の強化を要請し，他は，拡大する格差を嫌い，ミニマム保障の強化を要請する．

前者は，アメリカの年金制度のように，裁定時のベースとなる賃金額に段階を設け，低い賃金レベルには高い支給率を掛け，高い賃金レベルには，低い支給率を掛けて年金額を決定する仕組みを求めることになろう（厚生労働省 2011）[7]．ただし，この社会的要請が財政的に可能であるためには，生産性の上昇，高齢世代の就業率向上，女性の継続雇用増加といったシステム維持要因がプラスに働くという条件が必要である．もちろん，システム維持要因がプラスに働く場合でも，拡大する格差を嫌い，ミニマム保障の強化を求めることはありうる．

他方，システム維持要因が働かない場合は，後者のミニマム保障機能強化を選択せざるをえない．この場合，所得比例型年金部分は，廃止されることになるだろう．というのも，それは，財政的に持続するという展望を与えないと同時に，拡大した年金格差が，人々に不公平感を与えるからである．この場合，先に見たのと同様に，既存の年金制度に保険料を払い込んできた人の年金権（年金財政にとっての年金債務）をどう処理するかという問題が浮上する．そこでは，まず，積立金を取り崩すことが求められ，次に，マクロ経済調整を伴いつつ，一定の税の投入が求められる．税投入の論理は，ここでも累進課税的とならざるをえないであろう．

では，ミニマム保障を実現する累進課税方式とは，具体的にどのようなものが考えられるのであろうか．それは，現在の基礎的年金の拠出・給付モデルに近いものとなろう．

人は年金を受給するのであるから，その対価として保険料拠出を求められる．ただし，低額所得者には保険料の減免が必要であろう．また，ミニマム保障であるので，給付は定額ないしそれに近い形式となろう．しかし，この給付の財源のすべてが保険料からなる必要はない．それ以外に税からの拠出があってもよい．事実，現在の基礎年金の拠出は，保険料と国庫負担金からなる．問題は，この部分の税源をどこに置くかである．ミニマム保障を目的としているので，逆累進的税（例えば，一般消費税）は望ましくない．累進

性の高い所得税ないし資産税が望ましい．例えば，フランスは，賃金所得，年金等の移転所得，資産所得にかかる税として一般社会拠出金という税を社会保障目的税としている．こうした方式は大いに参考になるだろう．

4) 鍵となる生産性上昇

これまで見てきたように，システム維持要因がプラスに働く場合は，アメリカ年金制度に見られるように制度内再分配を強化して，従前所得保障を追求する道が残されているとはいえ，経済的格差が拡大するときには，ミニマム保障重視に制度が変更される可能性が高い．特に年金システム維持に働く要因がないときは，そうである．また，経済的格差が拡大せず，社会的要請が従前所得保障に傾くとしても，財政的にシステム維持が出来なければ，ミニマム保障重視に制度変更されるであろう．だとすると，今後の年金制度の行方を左右するのは，経済的格差の度合いと年金システム維持に働く要因（生産性上昇，高齢者労働力率上昇，女性の継続雇用増大等）の有無にあると言える．

その意味では，われわれが第一に指摘した技能形成の社会化の成否が，社会保障改革に大きな影響を与えることになろう．ここに失敗すると，年金における従前所得保障は頓挫することになるであろう．

5 まとめ

年金改革は，社会保障改革の一部にすぎない．医療や福祉分野等における改革は，それぞれ固有の課題を解決していく必要がある．それをここで展開する余裕はないが，社会保障改革に共通して言えることが一つある．それは，年金改革において述べたように，財源を確保するためには，社会全体の労働生産性を上げる必要があるということである．本論においては，まず，その必要条件を満たすこと明らかにした．それが，技能形成を社会化するということであった．これは，社会保障改革にのみ資することではない．近年縮小している雇用保障を再生することにもつながる．

先にも見たとおり，現代日本において，経営保障システム（メインバンク

制度など）は崩壊し，また雇用保障システム（いわゆる終身雇用制度）はその適用範囲を大幅に縮小しつつ，細々と生き長らえている．全体として企業主義的レギュラシオンは機能不全に陥った．そしてグローバル化，金融主導化，高齢化という世界的・時代的環境のなかにあって，こうした企業主義の機能不全は数々の難題を生み出している．すなわち，(1) 非正規労働・格差社会問題の克服のために必要な教育・技能形成体制の不備，(2) 年金・医療・福祉など高齢化社会に必要なサービスの需要供給体制の不備，などがそれである．これらはいずれも，従来の企業主義的レギュラシオンの枠組みでは対処不可能な課題である．

これら新しい課題を解決し，新たな成長体制を構築するためには，新たな調整様式が必要である．その再編の一つの起点になるのが，これまでみたように，雇用保障再編と社会保障改革である．この改革は，まず，社会的技能形成システムを整え，広範な技能形成を再び実現しようとする．それができれば，社会的レベルで労働生産性が上がる．その上で，社会保障制度を財政的に維持可能な社会保障改革を行おうとするものである．

しかし，こうした体制が整えられるためには，中央・地方政府の政治的選択が先行しなければならない．そして，中央・地方政府の政治的選択とタイアップしつつ，日本版デュアルシステムに垣間見られるように，公的部門，企業，各種の非営利団体（教育機関，業界団体，労働組合等）の連携が広範に展開されなければならない．この面で将来の日本は，政治的選択を社会のニーズに適合させる制度や運動（政策本位の政党政治，金のかからない選挙制度等）が形成されると同時に，各種のネットワークが経済的調整の表舞台に登場してくる必要がある．

要するに今後，日本の経済社会がそれなりに発展するためには，従来の企業主義がもたらしたポジティブな面（高技能をもった労働者層の広範な形成）を生かしつつ，ネガティブな帰結を，政治的選択をともないつつ社会的ネットワークの広範な展開によって克服していくことが必要であると言える．

注

(1) ここでは，紙数の制限上，職業訓練政策全般を取り上げることはできない．また，企業における実習を取り入れている職業訓練政策をすべて取り上げることもできない．日本版デュアルシステムを取り上げたのは，企業でのOJTを社会的規模のシステムに組み入れられるか否かを，代表的事例を通して考察するためである．

(2) 社会保障改革における教育・職業訓練制度改革の重要性を指摘したものに，宇仁 (2012a; 2012b) がある．そこで行われているシミュレーションは，教育・職業訓練制度の改革が社会保障制度改革にプラス効果をもたらしうることを示すものとして重要である．

(3) ちなみに，日本では，2004年の年金改革において，所得代替率50％保障という数値目標が掲げられている．これが，現在の日本の年金保障目標であり，これは，従前所得保障を意味している．しかし，その前提には，この数値は，ミニマム水準を上回るという前提があるはずである．

(4) 以下のいくつかのケースの推論には，年金財政の見通しが必要である．その点に関して，本稿では，宇仁 (2012a; 2012b) のシミュレーションに依拠している．

(5) 2004年の年金改革におけるマクロ経済調整の問題に関しては，平野 (2007)，宇仁 (2012b) を参照されたい．

(6) およそ540兆円の年金債務が推計された．この点に関しては，平野 (2007) を参照されたい．

(7) アメリカにおける年金額算定式は以下のとおり．基本年金額＝ 0.9A ＋ 0.32B ＋ 0.15C，ただし，A：賃金月額711ドルまでの分，B：賃金月額711〜4288ドルまでの分，C：賃金月額4288ドル以上の分．

参考文献

Barbier, J.-C. and B. Théret (2004) *Le nouveau système français de protection sociale*, La Découverte. 〔中原隆幸ほか訳『フランスの社会保障システム——社会保護の生成と発展』ナカニシヤ出版，2006年〕

Boyer, R., H. Uemura and A. Isogai eds (2012) *Diversity and Transformations of Asian Capitalisms,* London and New York: Routledge.

Yamada, T. and Y. Hirano (2012) 'How Has the Japanese Mode of Régulation Changed?: The Whereabouts of Companyism', in Boyer, Uemura and Isogai (2012).

磯谷明徳／植村博恭／海老塚明 (1999)「戦後日本の制度分析——『階層的市場-企業ネクサス』論の観点から」山田／ボワイエ (1999) 所収．

伊藤修 (1995)『日本型金融の歴史的構造』東京大学出版会．

宇仁宏幸 (2009)『制度と調整の経済学』ナカニシヤ出版．

宇仁宏幸 (2012a)「日本経済の縮小」松久 (2012) 所収．

宇仁宏幸 (2012b)「日本の社会保障の縮小」松久 (2012) 所収．

小池和男（1981）『日本の熟練』有斐閣．
厚生労働省（2007）「日本版デュアルシステムの今後の在り方についての研究会報告書」．
厚生労働省（2008）『平成20年版厚生労働白書』ぎょうせい．
厚生労働省（2011）『保険と年金の動向2011／2012』厚生労働統計協会．
谷本寛治編（2007）『SRIと新しい企業・金融』東洋経済新報社．
佐藤厚（2012）「企業における人材育成の現状と課題」社会政策学会（2012）所収．
社会政策学会（2012）『社会政策』3（3），ミネルヴァ書房．
内閣府（2006）『平成18年版経済財政白書』国立印刷局．
内閣府（2007）『平成19年版経済財政白書』時事画報社．
内閣府（2008）『平成20年版経済財政白書』時事画報社．
内閣府（2009）『平成21年版経済財政白書』日経印刷株式会社．
内閣府（2011）『平成23年版経済財政白書』佐伯印刷株式会社．
鍋島直樹（1999）「戦後日本における金融のレギュラシオン――金融的調整様式の解体と現代危機」山田／ボワイエ（1999）所収．
日本経済団体連合会（2006）「新たな時代の企業内コミュニケーションの構築に向けて」
　　http://www.keidanren.or.jp/japanese/policy/2006/029/index.html
平沼高（2012）「戦後公共職業訓練の史的展開とその現状」社会政策学会（2012）所収．
平野泰朗／花田昌宣（1999）「労働力再生産における産業的福祉の役割――日本における企業主義的レギュラシオン仮説の検討に向けて」山田／ボワイエ（1999）所収．
平野泰朗（2007）「社会保障改革における制度の問題」山田／宇仁／鍋島（2007）所収．
平野泰朗（2011）「公的部門の経営――フランス年金基金のケース」『摂南経済研究』1（1/2）．
広井良典（1999）『日本の社会保障』岩波書店．
広井良典（2006）『持続可能な福祉社会――「もうひとつの日本」の構想』ちくま新書．
松久寛編（2012）『縮小社会への道』日刊工業新聞社．
宮本太郎（2008）『福祉政治――日本の生活保障とデモクラシー』有斐閣．
宮本光晴（2007）「コーポレート・ガバナンスの変化と日本企業の多様性――人材マネジメントの4類型」労働政策研究・研修機構編『日本の企業と雇用――長期雇用と成果主義のゆくえ』労働政策研究・研修機構編，所収．
山田鋭夫（1999）「日本資本主義と企業主義的レギュラシオン」山田／ボワイエ（1999）所収．
山田鋭夫／ロベール・ボワイエ編（1999）『戦後日本資本主義――調整と危機の分析』藤原書店．
山田鋭夫／宇仁宏幸／鍋島直樹編（2007）『現代資本主義への新視角』昭和堂．
労働政策研究・研修機構（2009）「海外労働情報・フォーカス公共職業教育訓練」．

第15章　日本における制度変化と新自由主義的政策
―― 国際比較の観点から ――

セバスチャン・ルシュバリエ

1　はじめに

　1980年代初頭以降の日本資本主義の軌道は，資本主義多様性論に新たな発見をもたらす価値があることをふまえれば，日本のケースに対してだけでなく，広く多様な問題関心を喚起するものである（Lechevalier 2012b; Amable et al. 2013）．これまで，日本資本主義の軌道は，しばしば二段階の過程として理解されてきた．すなわち，1980年代の成功とそれに続く1990年代以降の長期不況である（例えば Cargill and Sakamoto 2008）．そこでの共通理解は，世界経済には大きな環境変化が生じており，日本経済はこの変化に適応できなかったというものである．より具体的に言えば，「関節炎にかかった日本」という支配的なイメージがある（Lincoln 2001）．また，「調整過剰」におちいっているという議論もある（Witt 2006）．さらに，グローバリゼーションの新局面と技術進歩の新波動によって特徴づけられる新しい状況において，自らを変化させ，改革することができなくなっているとも主張されている（Amyx 2006; Aoki 2000）．

　本章では，これらとは異なった分析を試みたい．すなわち，日本は，危機の以前にすでに大きな，しかも漸進的な制度変化を経験しており，それは機能的な理由によってではなく，政治的な理由によってもたらされたというものである．ここで強調したい点は，この時期の日本を特徴づける制度変化に

対して新自由主義的政策がいかなる役割を持っていたかということであり，この点に関する既存研究をふまえて議論を展開することにしたい（Vogel 1996, 2006; Dore 2000; Tiberghien 2007, Lechevalier 2014）．われわれの考えでは，通常の理解とは異なって，1980年代以降，強い連続性が存在している．それはまた，日本がこの時期に孤立した存在ではなく，新自由主義的政策に，少なくともヨーロッパ諸国同様に影響を受けてきたということでもある．しかも，この新自由主義の経験は，通常考えられているより，広くかつ深いものである．

ここ30年間の日本資本主義を特徴づける制度変化を分析するために，「レギュラシオン学派」によって提起された理論的枠組み，すなわち，「古典的な」日本資本主義を「企業主義的レギュラシオン」として理解してきた枠組みを，修正し発展させることにしたい（Boyer and Yamada 2000; Boyer, Uemura and Isogai 2012）．この点をより正確に言えば，ここでの分析は，三つのレベルから成り立っている．すなわち，企業レベル，コーディネーション（調整）レベル（マクロレベルとメゾレベルのコーディネーション・メカニズムを分析することを目的とする），社会的妥協レベルである（**表15–1**）．企業レベルにおいては，技能形成の促進，企業組織内のイノベーション，正規労働者の雇用保障と非正規労働者の柔軟な雇用調整との両立性のもとで，企業主義が形成されていた．これは，マクロ経済レベルでは，系列構造，下請システム，春闘，「官僚制多元主義」，産業政策といったコーディネーション・メカニズムによって，企業主義的調整様式へと統合されていた（Lechevalier 2007）．

社会的妥協のレベルについては，われわれの分析は，Amable and Palombarini

表15–1　日本資本主義とその進化を分析する──三つのレベル

レベル	焦　点	資本主義分析上の重要点	日本における1980年代初頭以降の進化
企業	組織とパフォーマンスの異質性	平均的関係だけでなく分散に焦点を合わせた分析が必要	異質性の増加
メゾおよびマクロ	調整の諸形態	企業の異質性の調整	衰退と再生
社会的妥協	不平等	資本主義の各形態の構造的性質が現れる	不平等の増大

（2009）によって提起された政治経済学へのネオリアリスト・アプローチにヒントを得ている．つまり，われわれの分析は，企業レベルの社会的妥協ではなく，社会全体のレベルにおける政治の媒介的役割に焦点を合わせるものである．この観点は，まず最初に，日本の社会と政治におけるコンフリクトの重要性を認識することを要求する（Krauss *et al.* 1984; Eisenstadt and Ben-Ari 1990）．たしかに，日本はコンフリクトを特殊なかたちで管理していることによって特徴づけられるのであり，それはたんにコンセンサスに基づく社会ではないのである．この観点をもつことによって，われわれは日本における新自由主義的転換の内生的性質を強調することができるだろう．

　より詳しく言えば，古典的な日本資本主義においては，支配的社会ブロックの中核は，日本の地理的「中心」（関東から関西にわたる）に位置している製造業大企業の中年ホワイトカラー正規従業員であった．この中核部分は1960年代および70年代には，次のような要素を包摂することに成功をおさめていた．すなわち，それらは中小企業（「コーディネートされた分断化」Lechevalier 2007），ブルーカラー労働者（「ブルーカラーのホワイトカラー化」Koike 1995），非正規労働者（「社会階層と社会移動全国調査」の分析によって示されているように比較的顕著な社会的移動性を持っている），女性（「家父長的」賃労働関係の文脈に位置している，Arai and Lechevalier 2005），若年層（労働市場への参入が比較的容易，Genda 2005），退職者および各種リスクに直面した人びとであり，彼らは企業による社会的保護の対象となった（Boyer and Lechevalier 2012），周辺部分（官僚制多元主義，Aoki 1988）である．この結果として，1970年代には，大多数の日本人が，日本社会は中流社会だと考えるようになり，その内部の対立する利害は，自由民主党によって調整されるものとなっていたのである．

　われわれの主張は，次のように要約することができる．第一に，日本資本主義は，何年にも及ぶ一見小さな変化ののちに，最終的に2000年代後半には転換を遂げた．その結果として，今日では，それは1970年代の「古典的な」日本資本主義とは明らかに異なったものとなっている．つまり，日本は，1980年代初頭以来，Streeck and Thelen（2005）が理論化した「漸進的制度変化」の興味深い事例となっているのである．第二に，資本主義分析に「政治」を

再導入しようとしているレギュラシオニストの研究成果を取り入れつつ, 次のように主張したい (Boyer 2005a; Amable and Palombarini 2009). ここ30年間の日本資本主義を特徴づけるとても顕著な制度変化は, グローバリゼーションや技術進歩ではなく, あるいは1990年代初頭以降直面してきた危機の直接的な影響でさえもなく, 1980年代初頭以降継続的に導入されてきた一群の新自由主義的政策によって生み出されてきたものであると. ここで, われわれが焦点を合わせるのは, 新自由主義イデオロギーではなく, 新自由主義的政策である. 第三に, 新自由主義的政策の明示的あるいは暗黙の目的が, 自由主義タイプの資本主義への収斂を促進することであったにもかかわらず, 日本的変種においては, このような期待された効果を生み出しはしなかったことも重要である. 市場型のコーディネーションが興隆する代わりに, 日本では企業の異質性の増大が産み出されたのである (Vogel 2006; Lechevalier 2007, 2011). それは, それまで存在してきた補完性の弱体化であり, より一般的に言えば制度的補完性の解体であり, すなわち, 形成されつつある新しい日本資本主義が首尾一貫性を持たないものであることを示している[1].

本章の構成は, 次のようになっている. 第2節では, 新自由主義に明確な定義を与え, その日本的タイプの特徴を示す. 第3節では, この新自由主義的移行の諸原因を分析する. そして, 第4節では, 新自由主義的政策が日本の制度変化に与える影響を三つの次元——企業組織, 調整の諸形態, 社会的妥協——において検討する. そして, 第5節では結論を述べる.

2 新自由主義の日本的変種 (1980～2010年)

1) 新自由主義をどのように定義するか, どのように分析するか

新自由主義は, どのように定義することができるのか. Mudge (2008) は「それは, 社会科学において, しばしば非難されているが, 適切に定義されていない概念である」と言っているが, そのとおりだろう. われわれのアプローチは, 次の二つの特徴をもっている.

第一に, われわれは, 新自由主義の知的あるいは政治的な側面よりは, 官

僚主義的側面に焦点を当てる（Mudge 2008）．実際，われわれが最も興味を持っているのは，新自由主義的政策である．それらの政策は，いわゆる「構造改革」よりは，広い意味で考えられなければならない（Jabko 2006）．例えば，そこでは社会的妥協全体が問題とされなければならないのである（Lechevalier 2011）．

　第二に，われわれは，たんに資本主義の新自由主義的タイプ（Amable 2003）だけでなく，コーディネートされた環境における新自由主義の実施と普及，および制度変化を生み出していくその力に興味を持っている．したがって，われわれは，（緊縮政策の傾向に関する指摘が欠如しているとの批判はあるものの（Mudge 2008））Campbell and Pedersen（2001）によってなされた次のような制度的定義を採用する．「20世紀最後の20年間は，新自由主義の興隆の時代として記述されてきた．すなわち，市場の規制緩和，国家の分権化，経済問題一般への国家介入の縮小の時代だとされる．これらの言葉に注目すると，新自由主義は，第二次世界大戦以降かつてなかった規模での制度変化に関わる政治的プロジェクトであり，しかも労働市場での合意，労使関係システム，再分配型租税制度，社会保障プログラムを含む戦後の政治経済的解決のいくつかのものを転換しようとする政治的プロジェクトだったのである」（Campbell and Pedersen 2001: 1）．

　われわれの時代を理解するためには，グローバリゼーションなどと同様に，新自由主義を理解することが重要である点が強調されてきた（Berger and Dore 1996; Boyer and Drache 1996）．しかし，それは主流派経済学の研究対象ではなかった．主流派経済学にとっては，「新自由主義」という概念を使用することは，社会科学的研究というよりも，プロパガンダのように考えられてきたのである．

　本章では，このような非難を考慮して，日本における新自由主義的改革について客観的説明を与えることにつとめたい．われわれは，日本における新自由主義の歴史を提示しようとするものではない．それは，研究主題として魅力的なものであり，そのような政治理念の興隆と日本資本主義へのその影響は興味深いものである．しかし，ここではいくぶん異なるかたちで，政策のイデオロギー的起源でなく，政策とその帰結に焦点を合わせたい．

2）日本における新自由主義政策の特殊性

　以上でわれわれの分析方法が明確になったので，次に，日本における新自由主義的政策をどのように特徴づけるかということについて述べる．新自由主義的政策は，漸進的かつ段階的に導入された．まず，市場の規制緩和（金融市場，財市場，労働市場），民営化（国鉄，電電公社，郵便局），行財政改革，労使関係の変化，公的部門の規模縮小などであり，それらは政府債務の増大，レーガン政権の影響下での行財政改革などを伴っていた[2]．それらの帰結として，新自由主義的政策は戦後の社会的妥協（Gordon 1998 による）の次元に大きく関わるものとなった．これらの政策は，企業，家族，学校などの諸制度のイデオロギー的基礎にも動揺をもたらした（Lechevalier 2014; Takeda 2008; Kariya and Rappleye 2010）．

　このような簡単な説明からも直ちに明らかであるように，日本における新自由主義的政策を分析するためには，「構造改革」（例えば，規制緩和や民営化など）にしっかりと焦点を合わせ，それらを金融市場，財市場，労働市場ごとに研究する必要がある．しかし，同時に，単なる「経済領域」を超えた領域にまで考察を広げる必要がある（教育システム，子育て，福祉，家族など）．そして，それが社会規範や社会的価値に与える影響を考慮することも大切である．全体として，新自由主義的政策は「ゲームのルール」を修正し，新しいインセンティブを作り出しているので，それはアクターたちの実践を修正するのである．

　それらは，表面的なレベルでは典型的な特徴を持っているが，詳細に分析するとより特殊な性格をもったものであることがわかる．例えば，Vogel（1996）はイギリスの経験と比較することによって，日本の規制緩和の特殊性を強調している．要約すれば，日本における規制緩和は，より「戦略的な強化策」であり，それは，諸官庁がルールを変化させようとする特権の中心部分を放棄していないということを意味していると言うのである．これに対して，イギリスにおいては，いっそう「競争志向型の撤退（pro-competitive disengagement）」であり，それは政府の経費削減と市場諸力の増大に対応している．日本型の規制緩和がイギリスのケースと異なるという事実は，新自

由主義的政策が制度変化に何の影響も持たなかったということを意味しているわけではない．この事実は，例えば Campbell and Pedersen（2001）や Konzelmann *et al.*（2010）が強調しているように，1980年代初めからグローバルな傾向であったにもかかわらず，世界中での新自由主義的経験の多様性を確認するものでもある．そして，このことは，日本の新自由主義的経験がどのような点において特殊なものであるのかについて，以下のようなより詳細な分析へと我々を導く．

第一に，その過程は，きわめて非線形的かつ不連続であり，そのことは，新自由主義的諸改革を時系列に沿って分析することによって明らかになる．諸改革は，整合的な枠組みをもって迅速に実行されたわけでなかった．反対に，2000年代前半における転換点までは，いくつかの波をもってゆっくりと導入されたのである．したがって，この全過程に関しては，新自由主義的「革命」としてではなく新自由主義的「移行」として特徴づける方が適切なのである．より正確に言えば，この過程は二つの改革期間に分割することができる．一つ目は，1980年代で，中曽根康弘が首相になったときである．二つ目は，1996年から2006年で，橋本，小渕，小泉と続く首相の時期である．これらの期間は，改革過程において10年の隔たりがある．2006年以降は，改革は次第に停止した．この非線形的な年代記は，改革において首尾一貫性が欠如していたという印象を与えるだろう．実際，主要な改革は，既存のシステムの支持者の間で不満が盛り上がるのを避けるために，改革に反する政策によってしばしば緩和されてきた．実際，中曽根内閣と小泉内閣のもとでの数カ月の例外を除いて，「改革者」は，改革過程を十分に支配することはできなかったのである．しかし，この大変漸進的なアプローチにも関わらず，2000年代半ばまでには日本は明らかに新自由主義的移行を成し遂げたのである．

第二に，日本における新自由主義的政策は，明らかに中曽根内閣（1982～86年）や小泉内閣（2001～06年）のようなシンボリックなリーダーと同一視されてきたが，与謝野馨や竹中平蔵などのブレインは，決してアメリカ合衆国やイギリスにおけるように新自由主義を強く押し出すことはなかった．

また，新自由主義はフランスや他のヨーロッパ諸国におけるようには，強い反対をもたらすこともなかったことを認識することも重要である（Dore 2000）．たとえば，1993 年において，細川首相によって推進されたプログラムは，中曽根内閣によって実行された政治的プログラムと連続性があるものと特徴づけられる．実際，両者の対立は，ヨーロッパやアメリカ合衆国ほどには明確なものではない．より根本的な問題として，新自由主義的政策の実施に関して開かれた討論が存在していなかったが，それには少なくとも二つの理由がある．第一は，中曽根内閣が労働組合を弱体化させるのに成功した結果である（Miura 2012）．第二は，改革の概念と実行に関する政府の戦略に関連している．それは，本質的にアドホックな委員会の形成によっている．それらの委員会は改革を有効にするための過程を通して，その委員の構成を変化させていった．一つの示唆的な例は，Dore（2000）によって報告されている，敵対的な M&A に関する政策提案に関わる経済産業省の企業価値研究会の構成メンバーの変化であろう．

第三の特殊性は，日本資本主義の初期条件によって説明される．例えば，日本の新自由主義政策は福祉国家を掘り崩すことを目的とするものではなかった．なぜなら，福祉国家は実際には存在しなかったからである（Tachibanaki 2000）[3]．それとは対照的に，一層の市場メカニズムを導入する非常に多くの試みがなされてきた．というのは，1980 年代における多くのアメリカの書物によって強調されたように，日本は理論的な市場経済とは大きく異なっていたからである（Lechevalier 2012b）．

同時に，新自由主義的改革の前でさえ，日本資本主義は，例えばドイツと比べれば分権化の水準がより高いものと性格づけられる．このことは，新自由主義が受け入れられてきた枠組みに関するいくつかの含意を示している（Dore 2000）．

3 日本における新自由主義的移行をどのように説明するか

1) 機能的説明――グローバリゼーション,技術進歩,危機に対する機能的対応としての自由主義的移行

　様々な論者が示したように(例えば Vogel, 1996),1980 年代初頭からの規制緩和の波は,一連の客観的要因によって説明されうる.その中には,1970 年代初頭とは明らかに区別されるものがあった.技術発展と市場諸力,グローバリゼーション,そして経済停滞である.われわれの目的は,これらすべての事実が現実の制約や変化を含意するものではないことを示すことである.もっとも,同時に,われわれの見解は,それらが規制緩和,自由化,民営化の理念を促進してきたという事実を否定しようとするものでもない.Kariya and Rappleye (2010) が示しているように,例えばグローバリゼーションは,日本における教育制度を自由化するための主張として使用されてきた.そうすることによって,改革者たちはグローバリゼーションによってもたらされた現実の制約に言及することなく,より競争的な文脈における教育の自由化や規制緩和の重要性のようなグローバリゼーションのいくぶん空想的な架空の効果に言及したのである.彼らは,中曽根首相を引用することによって,この点をより明確にしている.中曽根首相は,教育改革に関する臨時教育審議会を発足させる主要な理由を説明している.それは,第二次大戦の終戦から 1970 年代末までの主要な政策目標が,「他の政策にもまして経済問題に置かれ,経済再生に努力が注がれたこと,西欧に追いつくことであった」.しかし,「これらの目標がともかく達成されたとき,新しい目標,新しい国家的計画や戦略が明確になった」と言うのである(いずれも Nakasone 2002: 12).

　簡潔に言えば,日本における新自由主義への移行は機能主義的主張によって正当化されてきた.この議論によれば,日本資本主義は,グローバリゼーションと新しい技術進歩によって性格づけられた新しい文脈においてその競争力を失ってきたのであり,したがって構造改革が要請され,それが唯一適切な解決策である,ということになる.実際,これはヨーロッパの文脈にお

いて用いられた主張ときわめて類似したものである（Amable 2009）.

日本における新自由主義的改革を基礎づける主張としてのグローバリゼーション　この項では，日本における制度変化へのグローバリゼーションの影響を分析する代わりに，「改革者たち」が新自由主義的政策の実施を正当化するために，それをどのように使用したかを分析する．グローバリゼーションに関するこれまであった考えのなかで，最も広く受け入れられたものは，確かに次のようなものである．すなわち，国民経済が国際競争に生き残り，衰退を避けるためには，この外生的で自然な現象に自らを適応させるべきだというものである．日本の場合，古典的日本モデルが，変化する環境に対して調整不全を起こし，したがってグローバリゼーションのもとでの日本型資本主義の生き残りに関する問題だというかたちで受け止められた．

　われわれは，グローバリゼーションそれ自体が，1970年代から1990年代にかけて日本経済にとって好ましくない方向に進化してきたという見方に賛成する．客観的にみて，日本は，1980年代末までのグローバリゼーションの第1期においては，制度的な比較優位から恩恵を得ていた．それは，本質的に貿易と産業に関するものであった．この文脈において，パフォーマンスの決定要因は，戦略的産業部門の特定化，貿易政策，製造業部門の競争力とイノベーションである．特に，日本は，効率的な生産組織（いわゆる「トヨティズム」）と「新重商主義」と命名されうる通商戦略を有していたのである．しかし，「金融化」によって特徴づけられるグローバリゼーションの第2局面において，日本は優位性をさほど有してはいなかったのである．とりわけ，Boyer and Yamada（2000）は，グローバリゼーションの第2局面と日本資本主義の戦後の発展を支えた制度的インフラストラクチャーの潜在的なシステミックな非両立性を指摘している．この新しい文脈においては，国民経済の比較優位は，国際資本市場にそれが巻き込まれる環境のなかで，主として構築されている．他国の金融システムとの競争は，日本資本主義を不安定化させてきた．

　しかしながら，この解釈においては，グローバリゼーションそれ自体の本質に関する明確な説明が欠如している．われわれは，グローバリゼーション

は自然現象ではなく，人的構築物であると考える．それは，確かに，財市場，資本市場，労働市場，サービス市場の一層の統合とコーポレート・ガバナンスのノルムと実践の収斂に向かわせる圧力によって性格づけられている．しかしながら，ます第一に，これは，一連のルールであり，プレーヤー自身によって，パワーバランスに依存しつつ修正されることがありうる世界秩序である．実際，日本はグローバリゼーションの第 2 局面の出現に，その自由主義的な質的変化に，不参加という態度を通じて参加してきたのである．なぜならば，日本は世界における第二の経済大国の地位にもかかわらず，グローバル・レベルでのルールの概念化と施行に積極的に参加してこなかったからである（Lechevalier and Onaka 2004）．

これに関連した議論は，アメリカの圧力がグローバリゼーションと新自由主義的改革の必要性を結びつけるさいに大きな影響を与えているという認識に関するものである．1990 年代後半においては，特にアメリカとヨーロッパから日本への対内直接投資の増加がみられた．それに対応して，日米間の経済関係の協議事項も，貿易不均衡の問題から日本におけるアメリカ企業の活動の条件へと変化していった．いいかえれば，内圧が外圧に継承されていったということである．すなわち，このことは，アメリカの圧力は，貿易や直接投資の「伝統的な」障壁ではなく，より国内の改革に関わるものとなっていったのである．それは，例えば，コーポレート・ガバナンスの「改善」，労働市場改革，医療のなどのキーセクターの規制緩和である．

同時に，これらの改革が 1986 年の前川レポートのなかに含意されていたという事実を考えると，単なるアメリカの圧力を超えて，グローバリゼーションということが，より根本的には，国内政策の目的のために用いられてきたといえる．実際，グローバリゼーションは，主として日本の貿易相手国からの経済の開放の圧力を通して考えられているのである．そして，これらの圧力は，改革論者によって彼らの政治的目標を実行するために使用されてきた．それは，「制度的キャッチングアップ」と呼ばれ，アメリカ資本主義の諸制度が日本資本主義のそれよりも「よりよい」ものと考えられてきたのである（Lechevalier and Onaka 2004）．

技術的説明　グローバリゼーションとともに，情報通信技術（ICT）とバイオテクノロジーが出現し発展することによって性格づけられる技術進歩の新しい波が存在する．この波は，構造改革の実施を促進してきた二つの主張のうちの一つである．より正確にいえば，この技術的説明は，日本では次のように展開されている．出発点は，1990年代の新しい技術は，日本でなく主としてアメリカで発展したものであり，それは，1980年代において多くの者によって，予想されて（あるいは危惧されて）いたように日本において発展したものではなかった．それらの新技術は，新産業の誕生をもたらし，これらの産業は，成長に好ましい効果を与えた．ここから引き出される直接的な結論は，日本のイノベーション・システムはキャッチ・アップの時期には成功したが，新しい技術的諸条件のもとでは，もはや有効性を失っているというものである．したがって，唯一の解決は，この新しい環境において最も成功をおさめているシリコンバレー・モデルに向かってのイノベーション・システムの収斂を促進することだとされたのである．

　この収斂をどのように組織するのであろうか．主要な改革は，次のようなものである．知的所有権レジームを強化すること，企業の設立を支援する企業-大学間協力を促進すること．また，これと補完的に，労働者や研究者の移動を促進し彼らの技能を向上させるために労働市場を自由化することが重要である．さらに，ベンチャーキャピタル市場を発展させるために，金融市場の自由化が必要とされる．これが，技術的要因が構造改革の目標を生み出すと言われるさいの要点である．

　しかしながら，新産業の出現に関する近年の研究によれば，他国よりも優れている国民的イノベーション・システムといったものは存在しないのである．情報通信技術とバイオテクノロジーは，とても特殊な技術と産業であって，それらに妥当することが，例えば個人向けロボットのような他の産業にも同様に妥当するわけではない（Lechevalier, Nishimura and Storz 2014）．したがって，市場主導の諸改革を通してシリコンバレー・モデルへ収斂させる必要は必ずしもないのである．

日本における新自由主義的移行を説明する際の機能主義的主張の限界　上記

の機能主義的主張がもつ主要な問題は,それが,なぜ 1980 年代に,すなわちJモデルの黄金時代に,中曽根康弘によって構造改革プログラムが導入されたのか説明していないことである.構造改革を推し進める理由としてグローバリゼーションや技術変化に言及することは必ずしも説得的ではないと考えられるのである.

したがって,他の説明を検討する必要がある.日本における新自由主義的移行の内生的性質を強調するわれわれ自身の説明を紹介するまえに,「政治的企業家」の役割を強調する説明について簡単に言及しておこう.

2) 政治的企業家の役割

政治的企業家の役割については,欧州連合に関してはJabko (2006) によって,日本に関してはTiberghien (2007) によって強調されてきた.この主張にしたがえば,新自由主義的改革の導入は,根本的に個人の政治的戦略の結果である.すなわち,かなりの数の政治家が,彼ら自身の経歴を高めるために,市場を利用してきたのである.このことは,新自由主義的改革が不連続であって,正しい計画の形成に対応してはいないということを説明するだろう.この命題は,魅力的であり,日本のケースにおける定型化された事実のかなり多くを説明することができる.

しかしながら,この説明は民間の企業家の役割と日本資本主義の分権的性格を分析するまでには至っていない.これは,日本資本主義の分析に政治的ゲームの問題を入れて考えることを可能にするが,それは左翼と右翼の対立の形態を考慮しておらず,労使関係というより根本的な問題が視野の外におかれる傾向がある.日本における新自由主義の波及は,日本の経済と社会がどうあるべきかということに関して明確で完全な考えを持っているイデオローグたちによって進められたということでは必ずしもない.彼らは,様々な種類の利害に従う旗手であったのであり,その利害の中心には製造業や金融業の日本の巨大多国籍企業の利害があったのである.最も重要なことは,Tiberghien 自身によって提起された次のような質問に十分に満足の行くかたちで解答を与えることができないことである.どのようにしたら,人々の要求と矛盾する政策を導入することが可能なのであろうか,と.

3) 内生的変化としての新自由主義的移行

　政治的企業家に関するこれまでの問いに対して異なった答えを用意することも可能である．Amable and Palombarini（2009）にしたがって，われわれはその問題を支配的社会ブロックと政治家による媒介の動態に結びつけることができよう．そのような政治家は，必ずしも「企業家」ではないのである．このアプローチの興味深い点は，これによって日本における新自由主義の普及の異なった段階に多かれ少なかれ対応するいくつかのケースについて考えることができるということである．第一に，この政策は，それを好む社会ブロックの全体を形成することなしに支配的社会ブロックから生じるグループの要求に対応することができる．例えば，それは 1970 年代以降日本の金融部門を自由化させようとする日本の多国籍企業と金融機関の要求である．支配的社会ブロックの一定のメンバー（例えば，地方銀行）からの反対にもかかわらず，彼らは自らの欲するものを手に入れたのである．なぜなら，グループの中心における彼らの交渉力はとても強いものだったからである．その結果として，このような政策は 1980 年代半ばにおいて，新しい条件を創出しながら支配的社会ブロックを維持するという日本政府の意思と合致することが可能だったのである．

　そして，1990 年代末からは，長期化する不況のなかで新たな政治的媒介方式の出現をみることができる．その目的は，それまで支配的であった社会ブロックの一部のメンバー（農民，中小企業やその経営者）を排除することによって，新しい支配的社会ブロックを創出することだった．このような理解の仕方は，現代日本社会の分析の中心部分にあるコンフリクトに注目する多くの研究プロジェクトによって指示されており，それは，企業レベルから政治のダイナミックな領域まで様々レベルで行われている（Krauss *et al*. 1984; Eisenstadt and Ben-Ari 1990）．その主要な結論は，コンフリクトに対処する特殊な管理方法を明らかにしている．それは，全体の合意を最も重視する社会という日本社会のイメージを完全に否定するものである．

4 日本における新自由主義的政策と制度変化

新自由主義的政策が制度変化に与えるインパクトを分析するということは、こうしたインパクトがたいていは間接的でしかも他の多くの諸要因と相互作用しあっているので、格別に困難な仕事である。加えて Kariya and Rappleye (2010) が強調するように、意図したのに現実化しなかった効果もあれば、予想外の効果もある。それゆえ本節の目的は、これら諸政策のインパクトについて簡単に説明をする点にある。その際、詳細な経験的事実については立ち入らないでおこう（この点については Lechevalier (2011a) を参照）。

1) J企業モデルは終焉に向かうのか

古典的な日本企業は利害関係者(ステークホルダー)間の長期的関係によって特徴づけられ、彼らの目標は短期的利潤の極大化でなく、企業成長の極大化にあった。こうしたモデルは日増しに圧力にさらされ、ついにはそんなもの存在しないと言えるほどになった。もっと正確にいえば、1980年以来日本資本主義が経験した大いなる転換は、経営者と労働者の間の客観的同盟から株主支配モデルへの移行である（Dore 2000）。こうした新しい文脈では収益性の基準は金融界によって支配されており、労働者はもはや企業内で社会的妥協の中心をなすことはなく、調節されるべきコストの一部になった。そこから、人的資源管理、調整方式、技能形成の面で明白な帰結がもたらされた。したがって、長期的な金融および雇用への上記のような圧力からすれば、日本型企業モデルは自由主義モデルに向かって収斂したのか否かを検討すべきであろう（Lechevalier 2012a）。

要するに、次のようなパラドックスが存在するのである。新自由主義的改革の推進者のなかには日本型モデルがアングロサクソン型モデルへと収斂することを期待した者がいる一方、そうした改革はむしろ組織面での企業の多様性を拡大することにつながった、というパラドックスである。この事実は Aoki *et al.*(2007) によってとりわけ見事に示されており、2000年代初頭の日本企業は、「伝統的」モデル、ハイブリッド・モデル（関係ベースの雇用

と市場金融），および逆ハイブリッド・モデル（関係ベースの金融と市場型雇用）という，三つのモデルの共存によって特徴づけられることが，クラスター分析によって示されている．それゆえ，J企業モデルは終焉したと結論することはできないのであり，それは消滅していない．となると選択肢はひとつしかない．日本企業の異質性が増大したという象徴的な事実である．明らかなことは，日本企業は組織や業績の点で多様だということでなく，そうした異質性が増大し，しかも同等規模の企業や狭い幅での同一部門に属する企業においてさえ異質性が見られるという点である（Lechevalier 2007; Ito and Lechevalier 2009）．

このような企業の異質性の増大をどう説明したらよいのだろうか．企業業績の観点からこうした傾向の原因に関する体系的な分析をした研究はほとんどない．一例として Ito and Lechevalier（2009）は，日本経済の国際化が拡大することによって企業間のこうした新しい分断が生じたのであって，（情報通信技術のような）新しい技術によって生じたのではないことを示している．組織面での多様性の拡大をもたらす規定要因に関しては，研究はあまり進んでいないが，以下の諸要因を確認することができよう．例えば Aoki *et al.*（2007）は，日本におけるコーポレート・ガバナンスの異質性が増大した理由は，すべての企業が等しく変化の圧力にさらされたわけではないこと，および，現存の諸制度によってもまた変化が特定の方向に制限されたことにあると示唆する．例えば，海外投資家はいくつかの企業に集中しており，これによってそれら企業のコーポレート・ガバナンスは強いインパクトを受ける．つまり，外国人の株式所有比率が高い企業は「アングロアメリカン」型の企業改革や事業再構築方式を採用しがちである．さらにまた，もっと一般的な別の理由もある．すなわち，1980 年代から最先進経済諸国において自由化が進展したが，それによってルールが消滅したわけではなく，新旧ルールの共存が生まれたのである．こうした制度的重層によって，各企業に特殊な特徴にしたがって新旧のビジネス慣行が差別的に採用されるに至った．こうした一般的事実は日本においては特に妥当する．日本では，改革が選択権を拡大するという性質が強調された．例えば 2002 年の取締役会改革や，1997 年

の持株会社解禁がそれである（Jackson 2003; Okazaki 2004）．旧ルールを保存し，これと共存する新ルールを創出しつつ，改革者たちは事実上，企業の立場から組織面で可能な選択肢を増やしてきた．こうして，1980年代および1990年代になされた制度変化は，企業の組織的多様性に影響を与え，それゆえまた企業業績の分散に影響を与えることになった（Lechvalier 2007）．

議論をさらに一歩進めて，新自由主義的政策，新自由主義的企業観，日本企業の異質性増大の間の連関を分析することは可能だろうか．最後のものはあまりに複雑すぎて，これを1980年代以来の新自由主義的政策の結果だと説明することはできない．しかしながら，新自由主義的企業観が強調する考え方は，各企業は唯一無二のものであり，一般的なルールや規制によって攪乱されるべきでないというものであり，そこからすると新自由主義的企業観は，Coutrot（1998）が力説するように企業の多様性の増大ときわめて相性がよい．これに加えて，こうした日本企業が示す多様性の内部で，大多数の日本企業に共通するトレンドがあるということは，きわめて興味深い．それは，フランス企業の労働編成の進化を描写するために10年以上前にCoutrot（1998）が考案した表現を使えば，「強制された協力」とでも呼びうるものである．簡単にいえば，トヨティズム企業の場合とよく似た努力が従業員に要請されるのであるが，しかしトヨティズム的妥協の基礎にあった雇用安定や昇進の保障なしに要請されるのである（あるいは，そうした保障はますます限定された労働者層にしか与えられないものとなっている）．

最後に議論すべきは，新自由主義的政策は二つのレベルにおいて一定の役割を果たしたということである．つまり，この政策は企業の多様性に直接のインパクトを与えると共に，古典的なコーディネーション形態という圧力を通して間接のインパクトを与えたのである．後者については次項で分析する．これらのコーディネーション形態は各種アクター間の補完性を生み出すために重要であり，それが衰退したことによって，企業の異質性が拡大することの潜在的なプラス効果がマイナス効果に転じてしまったのである．

2）日本資本主義は依然としてコーディネートされた資本主義か

本項は，五つの主要なコーディネーション形態——系列，下請，春闘，「官

僚制多元主義」，産業政策——を区別しつつ，具体的なコーディネーション形態とその変化に焦点を当てる．このリストからわかるように，非市場的コーディネーションと国家介入とは同義語でない．というのは，系列と下請は民間の二つの非市場的コーディネーション形態だからである．これらのコーディネーション形態に対する新自由主義的政策のインパクトについていえば，それは企業の異質性拡大の場合よりもはるかに直接的なインパクトを与えている．

1990年代以降，これら五つのコーディネーション形態はすべて衰退した．系列主導の産業構造は激変し，系列がどの程度生き残っているかの線引きを画定するのは困難であり，分析目的のために系列を使用することさえ困難となってしまった（Shaede 2006）．下請関係についても同じことが言え，それは流動化している（Isogai *et al*. 2000）．次に，春闘は，まずこれに参加する企業数が減少した点で，次いでその目的そのものの点で，根本的に崩壊した．春闘交渉では賃上げはますます関心事でなくなり，（諸々の労働条件のように）たしかに重要ではあるが結果を出すのが難しい問題にかかわるようになった．こうした変化は1995年の経団連報告書が定式化した要請に沿っており，そこでは，コーディネーション・メカニズムを小さくして，個別企業レベルで賃金決定を行うという考え方が推奨されている（Sako 2006）．最後に，産業政策が核心的なコーディネーション・メカニズムになるのだという野心は，1990年代後半までには大きく揺らいだ．それは通商産業省（現・経済産業省）の予算が伸び悩んでいることにも見られ，またいくつかの計画があまり野心的でないことにも見られる（Lechevalier 2006）．官僚制多元主義に関していえば，これもまた衰退し，その最初の犠牲となったのは，長期継続的な金融危機という状況下に置かれた大蔵省（現・財務省）だったことは間違いない（戸矢 2003）．

1980年代初頭から導入された新自由主義的政策は以前の非市場的なコーディネーション形態を衰退に導いたが，かといって，もっと効率的な市場的コーディネーション・メカニズムを出現させはしなかった．この点について，議論を進めよう．いちばん明白な事例は公的なコーディネーション形態にかかわる．Vogel（1996）は正当にも，規制緩和は必ずしも政府の縮小を意味

しないと論じ，一例として日本のケースを挙げている．しかしながら，客観的な効率性問題と並んで，新自由主義思想は，産業政策や官僚制多元主義の正統性を批判し，そのマイナスの副作用を強調することによって，それらの衰退に確実に貢献した（Lechevalier 2014）．春闘が衰退した原因はもっと複雑であるが，一般的論理はよく似ている．その責任の一部は連合などの労働組合にあるが，主要な原因は企業の賃金政策の側にある．企業は労働コストを削減することによって春闘を掘り崩し，さらにもっと重要な点だが，賃金決定の個別化を促進したのであった（Sako 2006）．最後に，下請関係の流動化は，長期的な利得と短期的なコストの間のトレードオフのバランス関係が従来とは異なるものになったことによって生じている（Isogai *et al.* 2000）．

　結果として，古典的なコーディネーション形態（系列，下請，春闘，産業政策，官僚制多元主義）はたしかに退化した．とはいえ，次の段階で観察されたのは，別の特徴と論理を備えたコーディネーション形態が出現したということである．例えば持株会社（Okazaki 2004），生産のアジア内フラグメンテーション（Fukao *et al.* 2003），新しい形の企業間研究開発協力（Lechevalier, Ikeda and Nishimura 2011），イノベーション政策という名の産業政策の復活（Lechevalier 2006）である．こうした復活を見ていると，日本資本主義は依然として根本的にコーディネートされていることが確認できる．しかも，市場型コーディネーションは格別に非効率であっただけに，これはなおいっそう当てはまる．

　新自由主義という文脈のもとにあって，こうしたコーディネーション形態が復活したことをどう説明するのか．われわれの仮説は，これはインセンティブや短期と長期との間のトレードオフという観点からみて変化を遂げた文脈に対応するための，様々なアクターたちの制度的・組織的イノベーションによって生じている，というものである．新自由主義的政策はたしかに旧来のコーディネーション形態を衰退させたが，しかし，効率的で共有された市場型コーディネーション形態を推進できていないのである．もっとも，これら各種の新しいコーディネーション形態が両立するものかどうかの問題は，なお残されている．

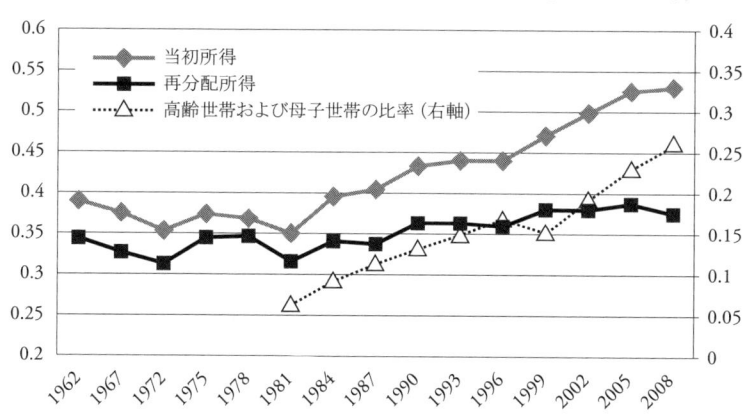

図15-1 日本における再分配前後のジニ係数の推移（1962～2008年）

出所：厚生労働省所得再分配調査 (http://www.mhlw.go.jp/toukei/list/96-1.html).

3）日本における不平等の拡大――社会的妥協はどう変化したのか

　不平等の程度と原因に関する論争に決着がついたわけではないが，日本において不平等が拡大したというのはいまや周知の事実である（Kambayashi et al. 2008）．実際，日本資本主義の現代的変容がいちばんよく観察できるのは，社会的妥協および不平等の領域においてなのである（図15-1）．

　われわれの資本主義多様性論的アプローチにあっては，不平等はある資本主義形態から生じる結果（GDPの伸びのような）でもなければ，資本主義多様性論の圏外の事実でもない（グローバリゼーションや技術進歩のインパクトを考慮するならば）．不平等――その構造と深刻度――は，まさしく各資本主義形態の本性に関する構造的な何ものかを暴露するのである．不平等は，根底にある社会的妥協――とりわけ付加価値およびリスクの分配に関するそれ――の性質を理解させてくれる．

　さきに強調しておいたように（本節第2項），新自由主義的改革の立案と実施における小泉首相の役割は，あまり誇張されるべきでない．たいていの改革は彼の前任者たちによって準備され，考案されていたからである．しかしながら，小泉首相は他の誰よりも，経済政策面だけでなく社会的妥協とヴィジョンの面でいかに新自由主義的原理を具体化させるかについて，よく知っ

ていた．彼のいくつかの演説や声明のうちには，弱者保護に関する国家責任の否定を読み取ることができる．メディアの言説として勝ち組・負け組の対立という表現がごく普通になったのは，小泉内閣のもとにおいてであってそれ以前ではない．社会的妥協におけるこうした変化は，不平等の拡大のうちにいちばんよく現れている．もうひとつの帰結は世代間連帯の低下である．若者は文字通り，こうした新しい社会的妥協の最大の犠牲者となった（Genda 2005）．

日本は平等主義的妥協から新自由主義的妥協へとどのようにして移行したのか．換言すれば，不平等拡大の原因は何なのか．Moriguchi and Saez（2008）の歴史的展望によれば，技術や税制の変化だけでは日米の経験の比較を説明できない．そうでなく，内部労働市場や労働組合構造といった制度的要因が賃金所得集中の決定因として重要である．Lechevalier（2011b）が確認するところによれば，日本における不平等の基盤は労働市場にある．非正規労働者は以前から増大していたが，それが激増に転じたのは小泉内閣のもとでの労働市場の規制緩和によって説明できる．また成長鈍化や金融危機は，雇用保障における不平等の拡大の主要原因ではない．成長鈍化や金融危機は全般的なリスク増大の原因ではあるが，リスクの分配――これは主として企業の特徴によって決定される――に影響を与えたわけではない．例えば「就業形態の多様化に関する総合実態調査」（厚生労働省 1987, 1994, 1999, 2004）の分析によれば，非正規職はいくつかの特定の企業に集中している（Lechevalier 2014）．Ito and Lechevalier（2010）が示しているように，企業の生き残りは過去の研究開発投資と輸出に大いにかかっている．

全体として，「日本的労働市場の再分断化」が見られるのである．つまり，新しい分割線に沿った不平等の拡大ということである．労働市場で生じたこうした過程のなかでは，産業構造が決定的な役割を演じたのであり（Kalantzis et al. 2012），この産業構造は新自由主義的政策によって直接に影響を受けてきたのである．

5　結　論——日本における新自由主義と制度変化

　1980年以降の日本の経験から得られるさまざまな教訓のなかで，理論的観点から見ていちばん重要なことは，間違いなく，新自由主義的政策の遂行によって主導された大いなる——とはいっても漸進的な——制度変化の可能性ということである．

　日本における新自由主義的政策のインパクトを評価するためには，国際比較をするのが有益であろう．多くの点で日本における状況は，Amable（2009）が分析したように，大陸ヨーロッパで観察された状況と比較できるように思われる．事実，両ケースとも，構造改革を行った結果，旧来の補完性が弱体化したが，代わりに新しい補完性が出来あがったかというと，それはきわめて怪しい．そこから，構造改革の結果が実績面でなぜかくも低調であったかが説明できるのかもしれない．しかし，われわれの議論は補完性に焦点を当てるものではない．経済的パフォーマンスがよくないことの主要な原因としてわれわれが強調するのは，アクターたちの異質性が増大し，これに関連するコーディネーションが欠如していたということである．この見方は，企業の多様性に焦点を当てる産業経済学ないし進化経済学に通じるだけでない．コーディネーションという概念には政治経済学的側面もあるのであって，これは Amable and Palombarini（2009）が提起した見方に近い．われわれの強調する異質性は，ミクロレベルでの業績および組織の多様性のみならず，利害の分岐も含むものである．この観点からすると，30年間の新自由主義的移行ののち，日本社会はフランスやイタリアの社会よりもはるかに分断されたと言うことができる．そこから，構造改革を支持する「支配的社会ブロック」を構築する点で，日本は，フランスやイタリアよりもはるかに困難であったことが説明できよう（イタリアおよびフランスの事例の分析については Amable *et al.* 2011 を参照のこと）．こうした観点に立つと，日本と韓国が社会の二重化という点で，いくつか重要な類似性をもっていることが理解できよう（Boyer *et al.* 2011; Peng 2012）．しかし，日韓の決定的な相違は新自由主義的プログラムの実施速度であり，韓国は日本よりもはるかにそのスピー

ドが速く,Tiberghien (2007) が強調するとおり,韓国はある意味でイギリスとよく似ているのである.それゆえ,次のように問うて然るべきであろう.新自由主義的改革それ自体が,日本の環境に適さないのか,それとも,この改革の実施過程に問題があったのか,と.国際比較のもうひとつのタイプは,日独比較として Dore (2000) が示唆したそれである.ドーアは確信をもって,さまざまな理由から,ドイツよりも日本の方が新自由主義のインパクトは大きかったという.とりわけ,集団行動面で反対派(例えば労働組合)がいなかったこと,また新自由主義に代わる政治プロジェクトが存在しなかったことが,間違いなく核心的な理由である.

全体として,日本資本主義の新自由主義的移行は,およそルールが消滅したということでなく,むしろ,Vogel (1996) が確言したように,アクターたちの実践・慣行を司るルールの定義が大きく変化したということを意味する.この意味でこの移行は,戦後期に日本が経験したそれに匹敵するような制度変化だと特徴づけることができる.

最後に,われわれの分析から得られる教訓は,新しい日本資本主義の性質を定義することの困難性ということである.たしかに日本資本主義はグローバル化され,市場指向化され,企業レベルで多様化し,コーディネーションが減退かつ異質化し,おまけに分断化された.しかしながら現時点で,日本資本主義は移行局面を終え新しい制度レジームに到達したというのに,これをもっと正確に定義し命名することは依然としてむずかしい.一貫性を欠いているからである.われわれの意見では,探求すべき解決策があるとすれば,それは財政レジームと福祉制度を結びつけて分析することである.待ったなしの財政再建と不平等の激化という二重の文脈のなかで,課題はまさに,受容可能な不平等の水準と財政負担を分かち合う方法について交渉を再開することにある.それが,生まれつつある新しい日本資本主義を定義していくに当たって鍵となるであろう(Boyer and Lechevalier 2014).

※本稿の執筆にあたっては,社会科学高等研究院(EHESS)修士課程に所属する上條雄一郎氏に文献収集等の助力を賜った.

注

(1) 補完性，両立性，首尾一貫性という三つの概念の区別と関連に関する議論としては，Boyer（2005b）を参照．
(2) Moriguchi and Saez（2008）によれば，日本における財政改革は，その意志と効果において比較的穏健なものであった．それは，日本においては，法人税と消費税の水準がすでに十分に低いものであったからである．
(3) Campbell and Ikegami（1997）は，医療は1980年代からある程度発展してきたことを示している．それは，日本における新自由主義的傾向は，より包括的な社会保障制度へのいくつかの反対の傾向を阻害してはいなかったのである（Boyer and Lechevalier 2012）．

参考文献

Amable, B., S. Casper, S. Lechevalier and C. Storz（2013）'Bringing Asia into the Comparative Capitalism Perspective: an introduction', *Socio-Economic Review*, 11（2）（Special issue）.

Amable, B.（2003）*The Diversity of Modern Capitalism*, Oxford: Oxford University Press.〔山田鋭夫／原田裕治ほか訳『五つの資本主義』藤原書店，2005年〕

Amable, B. and S. Palombarini（2009）'A Neorealist Approach to Institutional Change and the Diversity of Capitalism', *Socio-Economic Review*, 7（1）: 123-143.

Amable, B.（2009）'Structural reforms in Europe and the（in）coherence of institutions', *Oxford Review of Economic Policy*, 25（1）: 17-39.

Amable, B., E. Guillaud and S. Palombarini（2011）'The political economy of neoliberalism in France and in Italy', *CES Working Papers*, N° 2011-51.

Amyx, J.（2006）*Japan's Financial Crisis: Institutional Rigidity and Reluctant Change*, Princeton: Princeton University Press.

Aoki, M.（1988）*Information, incentives and bargaining in the Japanese economy*, Cambridge: Cambridge University Press.〔永易浩一訳『日本経済の制度分析』筑摩書房，1992年〕

Aoki, M.（2000）*Information, Corporate Governance, and Institutional Diversity: Competitiveness in Japan, the USA, and the Transitional Economies*, Oxford: Oxford University Press.〔青木昌彦『経済システムの進化と多元性』東洋経済新報社，1995年〕

Aoki, M., G. Jackson and H. Miyajima（2007）*Corporate Governance in Japan: Institutional Change and Organizational Diversity*, Oxford: Oxford University Press.

Arai, M. and S. Lechevalier（2005）'The Inequalities between Men and Women in the Japanese Labour Market: A Regulationist Approach', *Keizai Kagaku*, 52（4）.

Berger, S. and R. Dore eds.（1996）*National Diversity and Global Capitalism*, Ithaca: Cornell University Press.

Boyer, R. and D. Drache eds.（1996）*States Against Markets: The Limits of Globalization*, London and New York: Routledge.

Boyer, R.（2005a）'How and why capitalisms differ', *Economy and Society*, 34（4）: 509-55.

Boyer, R.（2005b）'Coherence, Diversity, and the Evolution of Capitalisms: The Institutional

Complementarity Hypothesis', *Evolutionary and Institutional Economics Review*, 2 (1): 43-80.

Boyer, R. and T. Yamada eds. (2000) *Japanese Capitalism in Crisis. A régulationist interpretation*, Routledge.

Boyer, R. and S. Lechevalier (2014) 'Understanding welfare diversity and evolution in Japan, Korea, and China', *Discussion Paper ISS*, The University of Tokyo.

Boyer, R., H. Uemura and A. Isogai eds. (2012) *Diversity and Transformations of Asian Capitalisms*, London and New York: Routledge.

Campbell, J. C. and N. Ikegami (1997) *The Art of Balance in Health Policy: Maintaining Japan's Low-Cost Egalitarian System*, Cambridge: Cambridge University Press.〔池上直己／ジョン・クレイトン・キャンベル『日本の医療——統制とバランス感覚』中央公論社, 1996年〕

Campbell, J. L. and O. K. Pedersen (2001) *The rise of neo-liberalism and institutional analysis*, Princeton: Princeton University Press.

Cargill, T. F. and T. Sakamoto (2008) *Japan since 1980*, Cambridge: Cambridge University Press.

Coutrot, T. (1998) *The neo-liberal firm, a new capitalist utopia?*, Paris: La Découverte (in French).

Dore, R. (2000) *Stock Market Capitalism: Welfare Capitalism – Japan and Germany versus the Anglo-Saxons*, Oxford: Oxford University Press.〔藤井眞人訳『日本型資本主義と市場主義の衝突——日・独対アングロサクソン』東洋経済新報社, 2001年〕

Eisenstadt, S. and E. Ben-Ari eds. (1990) *Japanese Models of Conflict Resolution*, Kegan Paul.

Fukao, K., H. Ishido and K. Ito (2003) 'Vertical intra-industry trade and foreign direct investment in East Asia', *Journal of the Japanese and International Economies*, 17.

Genda, Y. (2005) *A nagging sense of job insecurity: the new reality facing Japanese youth*, International House of Japan.〔玄田有史『仕事のなかの曖昧な不安』中央公論新社, 2001年〕

Gordon, A. (1998) *The Wages of Affluence: Labor and Management in Postwar Japan*, Cambridge MA: Harvard University Press.

Isogai, A., A. Ebizuka and H. Uemura (2000) 'The Hierarchical market-firm nexus as the Japanese mode of Regulation', in Boyer and Yamada (2000).

Ito, K. and S. Lechevalier (2009) 'The Evolution of the Productivity Dispersion of Firms: A reevaluation of its determinants in the case of Japan', *Review of World Economics*, 145 (3).

Ito, K. and S. Lechevalier (2010) 'Why some firms persistently out-perform others? Investigating the interactions between innovation and exporting strategies', *Industrial and Corporate Change*, 19 (6).

Jabko, N. (2006) *Playing the Market: A Political Strategy for Uniting Europe, 1985-2005*, Ithaca: Cornell University Press.

Jackson, G. (2003) *Corporate Governance in Germany and Japan: Liberalization Pressures and Responses during the 1990s*, in Yamamura and Streeck (2003).

Kalantzis, Y., R. Kambayashi and S. Lechevalier (2012) 'Wage and Productivity Differentials in

Japan: The role of Labor Market Mechanisms', *Labour: Review of Labour Economics and Industrial Relations*, 26 (4).

Kambayashi, R., D. Kawaguchi and I. Yokoyama (2008) 'Wage Distribution in Japan, 1989-2003', *Canadian Journal of Economics*, 41 (4): 1329-1350.

Kariya T. and J. Rappleye (2010) 'The Twisted, Unintended Impacts of Globalization on Japanese Education', *Research in Sociology of Education*, 17: 17-63.

Kariya, T. (2009) 'From credential society to "learning capital" society: A rearticulation of class formation in Japanese education and society', in H. Ishida and D. H. Slater eds., *Social Class in Contemporary Japan*, London and New York: Routledge.

Koike, K. (1995) *The Economics of Work in Japan*, LTCB International Library Foundation. 〔小池和男『仕事の経済学』東洋経済新報社, 1991 年〕

Konzelmann, S., M. Fovargue Davies and G. Schnyder (2010) 'Varieties of Liberalism: Anglo-Saxon Capitalism in Crisis?', *Cambridge Centre for Business Research Working Paper*, No. 403.

Krauss, E., T. Rohlen and P. Steinhoff eds. (1984) *Conflict in Japan*, University of Hawaï Press.

Lechevalier, S. (2006), 'Recent Changes in the Japanese Public Research and Innovation Policies: Lessons for Europe', *Report for the European Union - Delegation of the European Commission to Japan*.

Lechevalier, S. (2007) 'The Diversity of Capitalism and Heterogeneity of Firms: A case study of Japan during the Lost Decade', *Evolutionary and Institutional Economics Review*, 4 (1): 113-142.

Lechevalier, S. (2011) 'The Increasing Heterogeneity of Firms in Japanese Capitalism: Facts, Causes, Consequences and Implications', in Boyer, Uemura and Isogai (2011).

Lechevalier, S. (2012a) "The Japanese firm: from the analysis of a model to the understanding of its increasing heterogeneity", in Michael Dietrich and Jackie Krafft (ed.), *Handbook on the Economics and Theory of the Firm*, Edward Elgar, 2012 (chapter 16, pp. 194-208).

Lechevalier, S. (2012b) '*Ni pure abstraction, ni simple généralisation: Leçons japonaises pour une refondation de l'économie politique*', in *Faire des Sciences Sociales*, Paris: Editions de l'EHESS.

Lechevalier, S. ed. (2014) *The Great transformation of Japanese Capitalism*, Routledge.

Lechevalier, S., Y. Ikeda and J. Nishimura (2011) 'Investigating Collaborative R&D Using Patent Data: The Case Study of Robot Technology in Japan', *Managerial and Decision Economics*, 32 (5): 305-323.

Lechevalier, S., J. Nishimura and C. Storz (2014) "Diversity in patterns of industry evolution: how an "intrapreneurial" regime contributed to the emergence of the service robot industry in Japan", *Research Policy* (Special Section "The path dependent dynamics of emergence and evolution of new industries", edited with J. Krafft, S. Lechevalier, F. Quatraro & C. Storz), 43 (7).

Lechevalier, S. and K. Onaka(2004)'Japan and Globalization: The role of representations', in E. Dourille-Feer and J. Nishikawa eds., *Finance and Money in the Globalization Age: Comparing Europe and Asia*, Paris: L'Harmattan(in French).

Lincoln, E. J.(2001)'Arthritic Japan: The Slow Pace of Economic Reform', *JPRI WP*, No. 81.

Miura, M.(2012) *Welfare through Work: Conservative Ideas, Partisan Dynamics, and Social Protection in Japan*, Ithaca: Cornell University Press.

Moriguchi, C. and E. Saez(2008)'The Evolution of Income Concentration in Japan, 1886-2005: Evidence from Income Tax Statistics', *The Review of Economics and Statistics*, 90(4): 713-734.

Mudge, S. L.(2008)'What is neo-liberalism?', *Socio-Economic Review*, 6: 703-731.

Nakasone, Y.(2002) *Japan: A state strategy for the twenty-first century*, Routledge Curzon.〔中曽根康弘『二十一世紀日本の国家戦略』PHP 研究所, 2000 年〕

Okazaki, T.(2004)'Holding Company and Bank: An Historical Comparative Perspective on Corporate Governance in Japan', *Seoul Journal of Economics*, 17(3).

Peng, I.(2012)'Economic Dualization in Japan and Korea, in P. Emmenegger, S. Häusermann, B. Palier and M. Seeleib-Kaiser eds., *The Age of Dualization: The Changing Face of Inequality in Deindustrializing Societies*, Oxford: Oxford University Press.

Sako, M.(2006) *Shifting Boundaries of the Firm: Japanese Company – Japanese Labor*, Oxford: Oxford University Press.

Schaede, U.(2006)'The Strategic Logic of Japanese Keiretsu, Main Banks and Cross-Shareholdings, Revisited', *Working Paper*, n° 247, CJEB, Columbia University.

Streeck, W. and K. Thelen eds.(2005) *Beyond Continuity: Institutional Change in Advanced Political Economies*, Oxford: Oxford University Press.

Tachibanaki, T.(2000)'Japan Was not a Welfare State but...', in R. T. Griffiths and T. Tachibanaki eds., *From Austerity to Affluence: The Transformation of the Socioeconomic Structure of Western Europe and Japan*, Basingstoke, Palgrave Macmillan: 188-208.

Takeda, H.(2008)'Structural Reform of the Family and the Neoliberalisation of Everyday Life in Japan', *New Political Economy*, 13(2), 2008: 153-72.

Tiberghien, Y.(2007) *Entrepreneurial States: Reforming Corporate Governance in France, Japan, and Korea*, Ithaca: Cornell University Press.

Vogel, S.(1996), *Freer Markets, More Rules: Regulatory Reform in Advanced Industrial Countries*, Ithaca: Cornell University Press.

Vogel, S.(2006) *Japan Remodeled: How Government and Industry Are Reforming Japanese Capitalism*, Ithaca: Cornell University Press.

Witt, M. A.(2006) *Changing Japanese Capitalism: Societal Coordination and Institutional Adjustment*, Cambridge: Cambridge University Press.

Yamamura, K. and W. Streeck eds.(2003) *The End of Diversity? Prospects for German and Japanese Capitalism*, Ithaca: Cornell University Press.

厚生労働省（1987，1994，1999，2004）「就業形態の多様化に関する総合実態調査」．
橘木俊詔（2010）『日本の教育格差』岩波新書．
戸矢哲朗（2003）『金融ビッグバンの政治経済学——金融と公共政策策定における制度変化』青木昌彦／戸矢理衣奈訳，東洋経済新報社．
山田鋭夫／ロベール・ボワイエ編『戦後日本資本主義——調整と危機の分析』藤原書店，1999年．

第16章　賃金デフレと迷走する金融政策

服部茂幸

1　はじめに

　1990年代初め，バブルが崩壊すると日本経済は長期停滞に陥った．この長期停滞を指して，今では「失われた20年」とも言われている．けれども，この20年の間一貫して不況が続いていたわけではない．2000年代には戦後最長のいざなみ景気もあった．いざなみ景気期には日本企業の経常利益は，1980年代後半のバブル期を上回っていた．1人あたりGDPで計算すると，経済成長率はアメリカと変わらなかった．1990年代に始まる経済停滞が単純に2000年代にも続いていたわけではない．
　けれども，いざなみ景気は同時に実感なき好景気とも言われていた．いざなみ景気の驚くべき特徴は，戦後最長の好景気にもかかわらず，賃金が名目でも，実質でも減少を続けていたことである．圧倒的大多数の国民は賃金を稼いで生活をしている．賃金が減少する状況では，好景気の実感がないのは当然であろう．
　しかし，戦後日本で初めての異常事態は，新自由主義レジームの常態でもある．すでに，アメリカでは，1970年代半ば以降，40年の長きに渡り，普通の労働者の実質賃金，普通の家計の実質所得は停滞を続けている．2008年以降の世界的な金融・経済危機の前，アメリカ経済は順調に長期成長を続けてきたと思われている．しかし，普通のアメリカ人にとっては，アメリカ

経済の成長は実感なき成長だったと言えよう[1]．

今では，アメリカが貧困大国であることはよく知られているし，広がる貧困の主因の一つが新自由主義の制度と政策にあることも広く論じられている（例えば Pollin 2005; Stiglitz 2004; Krugman 2009）．新自由主義の制度と政策が広がるにしたがって，アメリカのような格差と貧困が日本に広がったことは不思議なことではない．しかも，不平等が拡大し，消費性向の高い層から低い層へと所得が移転したことが，2008年からの世界的金融危機・経済危機の主因の一つであるという主張もある（Reich 2011 Introduction: 1-7, 邦訳，序章: 3-10; Stiglitz 2010: 19, 邦訳: 49）．むしろリベラル派の間ではこれがコンセンサスとなっている．

賃金停滞[2]は新自由主義レジームの特徴と言える．けれども，通常のマクロ経済モデルでは代表的個人や集計的概念が使われている．全ての要因を一つのモデルに組み込むことは不可能であるから，代表的個人のモデルが全ての場合に不適切とは言えないであろう．しかし，賃金停滞という分配問題が経済成長に無視できない影響を与える場合には，代表的個人のモデルは役立たない．他方，カレツキ以来，ポスト・ケインズ派は利潤と賃金の分配が経済成長にどのように影響を与えているかを問題にしてきた．本章ではこうしたポスト・ケインズ派の伝統にしたがい，賃金デフレが日本の経済停滞を引き起こすメカニズムを解明する．

もちろん，賃金だけが需要に影響を与えているわけではない．また経済政策によって，需要を拡大させることも，可能である．主流派経済学は金融緩和，量的緩和による日本経済の立て直しを訴えてきた．筆者は金融緩和の効果を全否定するものではない．例えば，ITバブル崩壊後，アメリカではグリーンスパンは金融緩和によって住宅バブルを引き起こすことによって，経済を復活させた．しかし，ケインズなどの流動性の罠論が示すように，金融政策は万能薬ではない．日銀批判者，量的緩和派の代表的人物のバーナンキも，アメリカの現在の経済停滞に際しては，金融政策には限界があり，金融リスクを金融政策により中立化することはできないと述べている（Bernanke 2012b）．

第2節では，戦後最長の好景気いざなみ景気の下で，賃金デフレ，賃金停

滞によって消費停滞が生じていたと同時に，賃金抑圧が新自由主義レジームの下では常態であることを示す．第3節では賃金デフレの経済モデルを示す．第4節では金融政策，具体的にはITバブル崩壊後のグリーンスパンの金融緩和と，日米の量的緩和政策を論じる[3]．第5節では賃金上昇が消費と生産を拡大させる効果を持つと同時に，物価を引き上げることを実証する．同時にほぼゼロ金利下にある日本経済において，マネタリーベースの増加は物価にも，消費にも，生産にも影響を与えていないことを明らかにする．第6節では所得分配問題と流動性の罠論を再考する．一方では資産家が，他方では生活に苦しむ失業者とワーキング・プアーがいるのが，現在の日本経済の姿である．こうした世界では分配問題を無視したマクロ経済政策はあり得ないであろう．第7節は結論である．

2　新自由主義レジームと賃金デフレ

1) いざなみ景気とは何だったのか

　1990年代以降，日本経済は長期停滞に陥った．しかし，全体としてみれば，経済は成長していた．加えて，2000年代には戦後最長のいざなみ景気もあった．この20年間，一貫して経済が不況だったわけでもない．例えば，岡田／浜田（2009: 380-3）は1990年代以降の長期停滞を，1997年の金融危機以前の停滞局面，金融危機以後の危機局面，いざなみ景気期の回復局面の三つに区分する．

　他方，2008年にサブプライム金融危機が生じるまでは，アメリカ経済は順調に成長を続けてきたと言われていた．しかし，アメリカは人口が年率1%で成長する国であり，日本は人口が停滞から減少に転じた国である．国全体で比較した時，アメリカの方が経済成長率が高くなるのは，むしろ当然の話である．1人あたりで見れば，いざなみ景気期の実質経済成長率はアメリカとほとんど変わらない．しかも，日本で人口が増加するのは高齢者である．現役世代1人あたりで考えるならば，日本の相対的なパフォーマンスはさらに向上する．

　けれども，いざなみ景気は実感なき景気と言われていた．ここにいざなみ

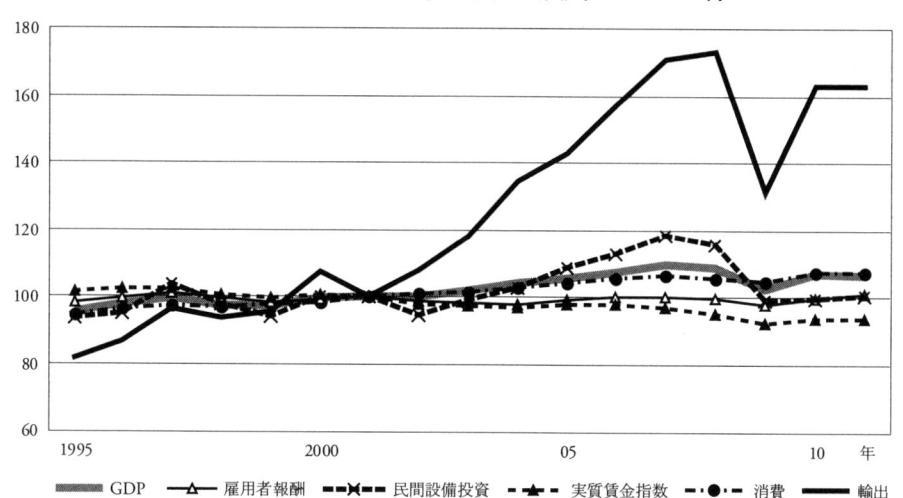

図16-1　GDPとその各項目, 実質賃金の推移 (1995〜2011年)

凡例: GDP　雇用者報酬　民間設備投資　実質賃金指数　消費　輸出

出所: 内閣府ホームページ「国民経済計算」
http://www.esri.cao.go.jp/jp/sna/data/data_list/sokuhou/files/2012/qe122_2/gdemenuja.html, 厚生労働省ホームページ「毎月勤労統計調査」http://www.mhlw.go.jp/toukei/list/30-1.htmlのデータをもとに筆者作成.
注1: 2001年を100とする指数.
注2: 実質賃金指数は『毎月勤労統計調査』の産業, 従業員規模5人以上, 現金給与総額の指数である.

景気の特異性がある．図 16-1 では GDP とその項目，実質賃金を図示した．いざなみ景気を支えたのは，中国特需に代表される輸出であった．2001〜07 年の間に，輸出は 7 割も増加した．輸出の急増に後押しされ，民間企業の設備投資も大きく増加した．けれども，戦後最長の好景気には実感がないとよく言われていた．その原因は実質賃金が低下していたことにある．ほとんどの家計は賃金によって生活をしている．賃金が上昇しない状況では，景気の実感がないのは当たり前と言えよう．同時に雇用者報酬，家計可処分所得の停滞を反映して，消費の増加もわずかであった．

日本の名目賃金が低下を始めたのは，1997〜98 年の金融危機以降のことである．1997〜2011 年の間で, 名目賃金は 12% も低下した．この間, 年率 2%で名目賃金が上昇していたとすると，2011 年には 1997 年よりも 3 割以上増加することになる．現実と比較すると，5 割以上の名目賃金の上昇である．

14 年間で 5 割の名目賃金の上昇が及ぼす効果について考えよう．賃金上

昇は企業のコストが上昇するということである．賃金上昇の大部分は価格に転嫁され，物価を引き上げるであろう．こうしておそらくデフレーションが解決したであろう．逆に賃金上昇が物価の引き上げに転嫁されない場合を考えよう．大部分の家計は賃金によって生活をしているので，賃金上昇は家計の名目購買力の増加でもある．物価が上がらない場合には，名目の増加は実質の増加となる．デフレーションが解決しないとするならば，逆に消費不況が解決できるであろう．

2) 新自由主義レジームと賃金停滞

いざなみ景気の特異性は，好景気にもかかわらず，賃金が停滞し，それによって消費も低迷していたことにある．戦後日本では経験したことのない異常事態であるが，現在の新自由主義レジームではこれが常態になっている．

例えば，アメリカでは，1970年代半ば以降，男性労働者の中位の実質賃金，家計の中位の実質所得は長期的に停滞している．2000年代前半，アメリカは住宅バブル景気に沸いていたはずであるが，男子労働者の中位の実質賃金も家計の中位の実質所得も停滞，むしろ低下していた．それどころか，両者が停滞を続けているのは1970年代半ば以降のことである（例えば，男子労働者の中位の実質賃金については，服部 2011: 99 図3-3参照）．いざなみ景気が実感なき好景気ならば，住宅バブル期のアメリカもまた，実感なきバブル景気である．あるいは，40年間のアメリカの経済成長自体が実感なき成長と言えるであろう．

英米において，新自由主義の理念に基づく政策が始まったのは，レーガン，サッチャーからである．彼らは市場の効率性を主張するとともに，ケインズ主義，大きな政府，福祉国家，労働市場と金融市場の規制といった戦後資本主義を支えてきた枠組みを破壊した[4]．

新自由主義レジームが本格的に始まった1980年代から，左派の経済学者の間では，新自由主義レジームの目的は，労働者を抑圧し，賃金を抑圧することによって利潤を回復することにあると論じられていた（例えばBowles *et al.* 1983）．マネタリズムの金融政策についても，当時の英米のマネーサプライの増加率は極めて高かった．それに基づいて，カルドア（Kaldor 1983）

はマネタリズムの理論に基づく金融政策はスローガンにすぎないと比較的早い段階から論じていた．彼によると，本当の目的は高金利政策により，不況を作り出し，賃金を抑圧することにあったのである．

戦後資本主義から新自由主義レジームへのレジーム転換にともない，英米では格差と貧困が広がった．今ではスティグリッツ（Stiglitz 2004），クルーグマン（Krugman 2009）といったアメリカを代表するリベラル派の主流派経済学者もまた，格差と貧困の原因が新自由主義レジームにあることを認めている．この点に関して，ポスト・ケインズ派，その他の非主流派，主流派の区別なく，リベラル派の間にはコンセンサスが形成されている．

1980年代において，日本の中曽根もまた，レーガン，サッチャーとならぶ新自由主義政権の代表だと考えられていた．当時の日本は巨額の財政赤字を抱えていた．しかし，経済成長率は先進国の中では高かった．アメリカでも日本に学ぶべきだという声は強かったし，日本経済がアメリカ経済を追い抜くという話もされていた．そのため，中曽根の新自由主義の改革は，政府赤字の削減と，民営化に限られ，本格的なものとはならなかった．

ところが，バブル崩壊後，日本は長期停滞に陥った．他方，英米経済は表面的には良好に見えた．その結果，90年代以降，日本では改めて英米に学び新自由主義的な改革を導入すべきだという主張が強まった．こうして日本に新自由主義の制度と政策が浸透するにしたがい，新自由主義の病が，英米以上に日本にも広がることとなった．日本では賃金停滞を超えた賃金デフレが始まったのである．

3　賃金デフレのモデル

ケインズは所得が高い家計ほど消費性向は小さくなると考えていた．そして，一般的に高所得者になるほど賃金所得に依存していない．すると，賃金が抑圧され，ワーキング・プアーが拡大すると，消費が停滞することになる．実際，リベラル派の間では，アメリカの拡大する格差が，2007年からの世界的金融危機の遠因であるという主張がなされている（Reich 2011: 1-7, 邦訳：3-10; Stiglitz 2010: 19, 邦訳：49）．

単純なケインズ経済学の論理にしたがっても，分配の問題が経済成長の問題でもあることが理解できる．しかし，代表的個人に基づくマクロ経済モデルは，こうした分配問題を初めから排除している．他方，ポスト・ケインズ派はカレツキ（Kalecki 1991）以来，賃金と利潤の所得分配が経済成長に与える効果を論じてきた．本節では，カレツキ・モデルを修正し，賃金デフレが経済停滞を招くメカニズムを理論的に示す．

費用は労働費用のみとし，収穫不変を仮定する．今，生産物1単位あたりに必要な労働投入をl，貨幣賃金率をωとする．企業の価格は賃金費用に（1＋マークアップ率）をかけて決まる．しかし，賃金費用が上昇した時，企業はその一部を価格に転嫁できないために，マークアップ率は低下する．これを踏まえて，マークアップ率は賃金率の減少関数 $m-a\omega$ とする．数学的には，賃金率が極めて高くなると，マークアップ率はマイナスとなる．けれども，現在の日本経済において賃金率が年率数％も上昇することは考えられないので，マークアップ率がマイナスとなる場合を考える必要はないであろう．すると，価格 p は次のようになる．

$$p = (1 + m - a\omega)\omega l \quad \cdots\cdots (16.1)$$

その結果，実質賃金率 w は，貨幣賃金率 ω の関数となる．

$$w = \frac{1}{(1+m-a\omega)l} \quad \cdots\cdots (16.2)$$

政府と外国貿易が存在しない場合，（実質）国民所得 Y は消費 C と投資 I からなる．したがって，

$$Y = C + I \quad \cdots\cdots (16.3)$$

である．国民所得が増加するほどより多くの労働者が必要となる．そのため，総実質賃金 W は，

$$W = wlY \quad \cdots\cdots\cdots\cdots\cdots\cdots \quad (16.4)$$

となる.

利潤 Q からの貯蓄性向 s_p は賃金 W からの貯蓄性向 s_W よりも大きいとする[5]. すると, 消費 C は,

$$C = (1-s_W)W + (1-s_P)Q = (1-s_W)wlY + (1-s_P)(Y-wlY) \cdots\cdots (16.5)$$

である. 今, 投資 I が I_0 で一定であるとすると[6], 国民所得 Y は,

$$Y = \frac{I_0}{s_p + (s_w - s_p)wl} = y(\omega) \cdots\cdots \quad (16.6)$$

利潤 Q は,

$$Q = \frac{(1-wl)I_0}{s_p + (s_w - s_p)wl} = q(\omega) \cdots\cdots \quad (16.7)$$

となる. すなわち, 国民所得は貨幣賃金率の増加関数, 利潤は貨幣賃金率の減少関数となる.

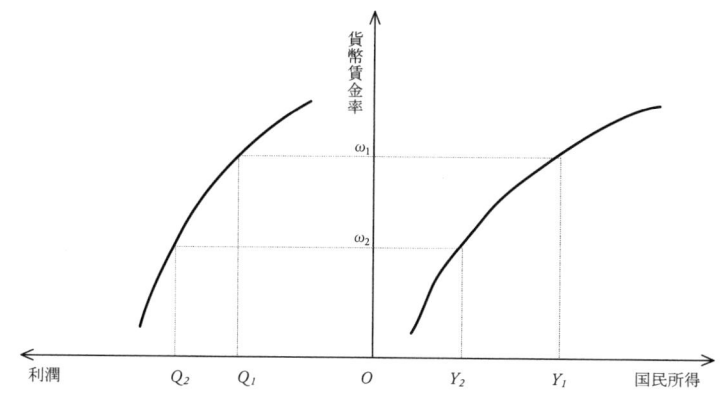

図16-2 貨幣賃金率, 国民所得と利潤の関係

図 16-2 において，賃金率が ω_1 の時，国民所得は Y_1，利潤は Q_1 である．1980 年代以降，新自由主義の政策は労働者の力を弱めてきた．また資本移動と金融取引は自由化するが，移民の自由は認めないという非対称的なグローバリゼーションもまた，労働者の力を弱めてきた．こうして実質賃金が ω_2 まで低下すると，国民所得は Y_2 に減少し，逆に利潤は Q_2 まで増加する．

4 迷走する金融政策

1) グリーンスパンの金融緩和の再評価

　消費だけが需要ではないし，賃金だけが消費需要を決めるわけではない．実際，賃金デフレにもかかわらず，2000 年代の日本では輸出が拡大し，経済を成長させてきた．あるいは 00 年代にはアメリカでも，大部分の労働者の実質賃金が低下していたにもかかわらず，住宅バブルの中で，家計は借金を行い，住宅投資，消費を増加させていた．

　金融政策もまた，需要の拡大に寄与することができる．実際にも，1990 年代以降の日本の長期停滞を解決するために，クルーグマン（Krugman 1998）は調整インフレ論を主張した．インフレーションを引き起こすことによって，実質金利を引き下げるべきだと主張したのである．クルーグマンの主張は日本の量的緩和政策論に大きな影響を与えている．

　このクルーグマン・モデルを批判したのが，吉川（2009a, 2009b）である．吉川はクルーグマン・モデルは実質金利に対する投資の弾力性が高いと想定していることを指摘する．しかし，当時の日本は不良債権を抱えていた．こうした状況では実質利子率が増加しても，投資はそれほど増加しない．それでも，例えば，実質利子率が大きくマイナスになれば，経済は回復するかもしれない．けれども，それはハイパー・インフレーションを意味するので，かえって望ましくない．

　ところで，2000 年にアメリカで IT バブルが崩壊した時に，アメリカでも，日本型のデフレーションが生じるのではないかという懸念が広がった．この時，グリーンスパンは金融を緩和し，比較的短期間でアメリカ経済を復活させた．当時は，これもまたグリーンスパン神話の一つだと考えられていた．

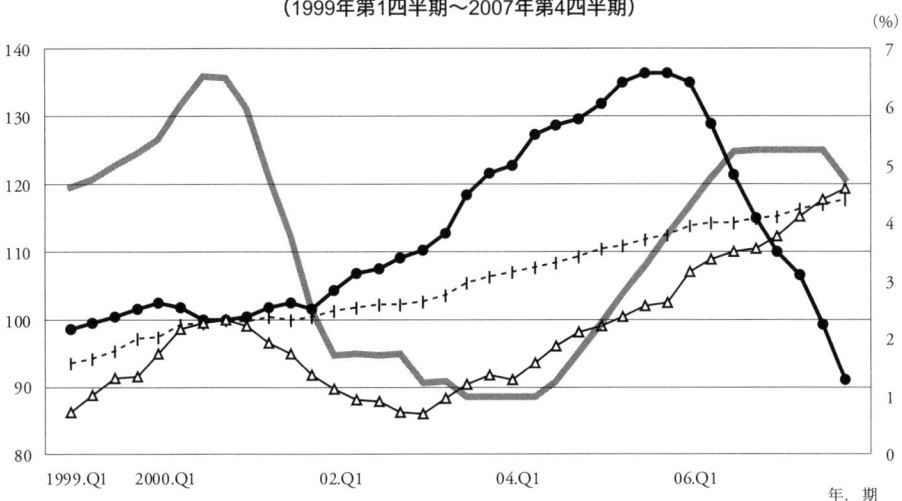

図16-3 アメリカのGDP, 住宅投資, 設備投資, フェデラル・ファンド・レート
（1999年第1四半期〜2007年第4四半期）

出所：Homepage of U.S. Department of Commerce, Bureau of Economic Analysis, http://www.bea.gov/index.htm, homepage of the Federal Reserve Bank of St. Louise, "Economic Data," http://research.stlouisfed.org/fred2/ のデータをもとに筆者作成．
注1：フェデラル・ファンド・レートは右目盛り, 他は左目盛り．
注2：GDP, 住宅投資, 設備投資は景気のピークの2000年第4四半期を100とする指標．
注3：フェデラル・ファンド・レートは2月, 5月, 8月, 11月．

しかし，グリーンスパンの金融緩和は本当は失敗であった．

図16-3は，アメリカのGDP，設備投資，住宅投資とフェデラル・ファンド・レートを図示したものである．2000年終わりからグリーンスパンは金利を引き下げた．しかし，ITバブル崩壊後，企業は過剰設備と過剰負債を抱えていた．そのため，金融緩和にもかかわらず，企業の設備投資は減少し続けた（Pollin 2005: 91-4, 邦訳：107-11にも同様の指摘がある）．設備投資がかつてのピークの水準まで回復するのは，05年であり，その時にはすでに金融政策は引き締めに転じていた．

崩壊後に不良債権問題を引き起こさなかったITバブルは後始末が容易なバブルである．それでも，ITバブル崩壊時には，歴史的な金融緩和は設備投資を回復させなかった．現在のアメリカでは，家計の過剰負債と住宅の過

剰在庫に加えて，不良債権問題によって住宅金融市場が機能しなくなっている．すると，バーナンキの量的緩和政策がアメリカの住宅市場と住宅金融市場を回復できないことは，当然の話と言えよう．積極的な金融緩和にもかかわらず，住宅市場の低迷，家計の過剰負債がアメリカ経済の回復を遅らせていることは，バーナンキ自らが繰り返し述べることである（例えば Bernanke 2012a, 2012b）．こうした状況でも実質利子率が－10％，あるいは－30％になれば，投資は完全雇用水準まで回復するかもしれない．けれども，そのためにはハイパー・インフレーションが必要であり，それはかえって望ましいことではないであろう．

　00年代初めのグリーンスパンの金利引き下げに大きく反応したのは，住宅投資であった．グリーンスパンがアメリカ経済を復活させたとしたら，それは住宅バブルを作り出したからに他ならない（Pollin 2005: 91-4, 邦訳：107-11 も参照）．

　さて，ニュー・ケインジアンは金融政策が期待に与える効果を重視する．しかし，彼らの考える期待とは，消費者物価に対する期待である．しかし，期待が決定的に重要なのは，消費財の市場ではなく，資産市場，特にバブルの形成である．金融政策が期待に与える影響を理論化したいのであれば，金融政策が期待を通じて，バブルを形成するという問題を考えるべきである．グリーンスパン・プットという言葉があった．バブルが崩壊した時，グリーンスパンは金融を緩和して，証券市場を支えてきた．それによって，通常は危険な証券投機も危険ではないと考えられていたのである．グリーンスパン・プットは，投機家たちにバブル期待を作り出すことによって，サブプライム・バブル，住宅バブルを支えていたのである．

　以上のような筆者の評価は，グリーンスパンやバーナンキの評価とは正反対である．グリーンスパン（Greenspan 2010）は金利低下が住宅バブルを引き起こしたことは認める．しかし，その際の金利は長期金利である．この長期金利の低下は世界的な貯蓄過剰が作り出したものである．バーナンキは世界的貯蓄過剰に加えて，ウォール街がインタレスト・オンリーなどの金融商品を作り出したにも原因があると述べる（Bernanke 2010）．こうしてアメリカの経済危機の責任が他に転嫁される．しかし，グリーンスパンの金融緩和

がアメリカ経済を復活させたと主張しながら，アメリカ経済を曲がりなりにも復活させたバブルと金融政策が無関係と主張するのは単純な矛盾である[7]．

2) 日米の量的緩和政策

　日本では 2001 年 3 月～06 年 3 月まで量的緩和政策が実施された．08 年 9 月のリーマンショック以後，バーナンキは 2 度にわたり量的緩和政策を実施した．しかし，経済停滞が続くため，12 年 9 月から，彼は 3 度目の量的緩和政策を実施している．日本でもアメリカでも，量的緩和政策は効果があったと言われながらも，経済を抜本的に立て直すことができなかった．

　なぜ，そういう結果になったのであろうか．日本の量的緩和政策の効果についての実証結果をサーベイしたのが，鵜飼（2006）である．その結果は金融システムの安定性にはある程度の効果を発揮したが，物価や総需要への効果は限定的というものである．鵜飼の評価が量的緩和政策に対する一般的な評価であろう．逆に量的緩和政策の成果を積極的に主張するのが，原田／増島（2009）である．しかし，必ずしも彼らの主張は鵜飼，あるいは量的緩和政策の一般的評価と必ずしも矛盾するわけではない．吉川（2009a: xx）の要約によると，原田／増島は量的緩和政策は銀行貸し出しの増加や，時間軸効果ではなく，資産価格を上昇させることによって，生産を回復させたことを実証した．そして，量的緩和政策は金融部門の流動性不安を和らげ，海外の投資家の日本株の購入を生み出ことによって，株価を上昇させたのである．

　アメリカの量的緩和政策も基本的に同様である．例えば，『世界経済の潮流 2011 年 Ⅰ』はアメリカの量的緩和政策第 2 弾は，株価の上昇，社債スプレッドの低下および社債発行数の増加，デフレーションの克服の三つの成果をあげたと論じる．けれども，日本と同じく，信用創造に対する効果は限定的であった（内閣府政策統括官 2011: 230-2）．確かに株価は上昇したし，社債の発行数も増加した．しかし，危機の前まで回復したわけではない．しかも，アメリカでも実体経済に対する効果は限定的であった．1 人あたりの実質 GDP は，2012 年になっても 2007 年第 4 四半期のピークに回復しなかった．

　中央銀行による大量の流動性供給は金融システムを安定化させ，生産を回

復させることができる．けれども，流動性供給は金融システムを安定化させるための弥縫策にすぎない．日本でも，アメリカでも，金融システム不安の根本原因は不良債権問題であり，それにともなう過小資本問題である．これを抜本的に解決できるのは，不良債権処理であり，公的資金注入である．バーナンキも金融緩和は金融リスクを中立化できないと述べている（Bernanke 2012b）．今頃こうしたことに気づくのは遅すぎるだけでなく，無責任とも言えるが，主張自体はその通りである．

アメリカにおいて，2008年9月の危機を一応解決したのは，不良資産買い取りプログラムであった．この財政出動がなければ，アメリカの危機が収束しなかったことは，バーナンキも認めるところである．だから，彼は当時の財務長官ポールソンとともに，緊急経済安定化法の成立に尽力したのだった．日本においても小泉政権の構造改革の中で低下を続けていた株価を反転させたのは，2003年5月のりそな銀行に対する公的資金注入であった．しかし，公的資金の投入には莫大な財政負担がかかる上，金融システムが元通りになったとしても，実体経済も元通りになる保障はない．

5 実　証

本節ではVARモデルを用い，日本の賃金上昇が消費の増加を通じて，需要を拡大するとともに物価を引き上げることと，量的緩和政策がデフレの脱却にも，経済の立て直しにも役立っていないことを示す．

モデルは消費のモデルと，生産のモデルの二つを作る．変数はマネタリーベース，消費者物価指数，消費もしくは生産，賃金である．配列順序もこの順序とする．ラグは6期とする．しかし，配列順序を変えても，ラグを変えても結果には大きな変化はなかった．

量的緩和政策はマネタリーベースの増加政策であるから，政策変数としてマネタリーベースを採用した．（名目）賃金は「毎月勤労統計」の決まって支給する給与（5人以上の事業者）を採用した．消費者物価は総合指数を採用した．消費は「全産業供給指数」の個人消費を採用した．生産は全産業活動指数である．期間は1999年1月～2007年12月である．この時期は1997

年〜98年の金融危機と，2008年の世界金融危機の間の時期である．以上のデータは全て月次データで季節調整済みのものである．1999年12月と2000年1月には，2000年問題ダミーを入れた．ダミー変数以外，全てのデータは対数の差分を使っている．

図16-4-1，図16-4-2は1標準偏差のショックの累積インパルス応答を図示した．破線はモンテカルロによる2標準偏差の誤差を示す．何れも結果は基本的に同じである．賃金の増加は消費および生産を拡大させる．他方，マネタリーベースの増加は，物価上昇にも，賃金上昇にも，消費，生産の拡大にも効果を発揮していない[8]．また消費者物価の上昇は賃金を上昇させる．一般的に景気のよい時は，物価と賃金の両方が上昇する．しかし，物価上昇に賃金上昇が遅れた場合，家計の購買力の低下をもたらす．こうした場合には，消費や生産が拡大しないことは当然の話と言える．

6　流動性の罠　再考

本節では，流動性の罠論を再考する．

日本の家計は多額の金融資産を保有していることは，よく指摘される．現金・預金の保有量だけでも800兆円を超え，日本のGDPの2倍に近い．金融資産全体では1500兆円であり，GDPの3倍を超える．けれども，日本の家計が流動性の罠の下にあるとするならば，ケインズ（Keynes 1973: 208, 邦訳: 205）がかつて述べたように，貨幣の増加は問題を解決しない．

しかし，ここでも集計量は必ずしも全体の姿を示さない．金融資産は一部の富裕層や高齢者に偏っている．流動性の罠の下にある彼らの資産がさらに増加しても，彼らは支出を増加させないであろう．全く増加しないというのは極端としても，わずかにしか増加しないことは確実である．しかし，経済停滞の中で増加を続ける失業者，ワーキング・プアーも同様に流動性の罠の下にあると考えることはできないであろう．

すると，多額の金融資産を抱えた人々の支出を促進させると同時に，貧困層に購買力をつける政策が必要となる．前者に関して，ケインズ（Keynes 1973: 353-8, 邦訳: 354-8）はゲゼルのスタンプ貨幣を紹介している．スタン

430 V 日本資本主義

図16-4-1
VARモデルの累積
インパルス反応関数
(消費のモデル)
(1999年1月～
2007年12月)

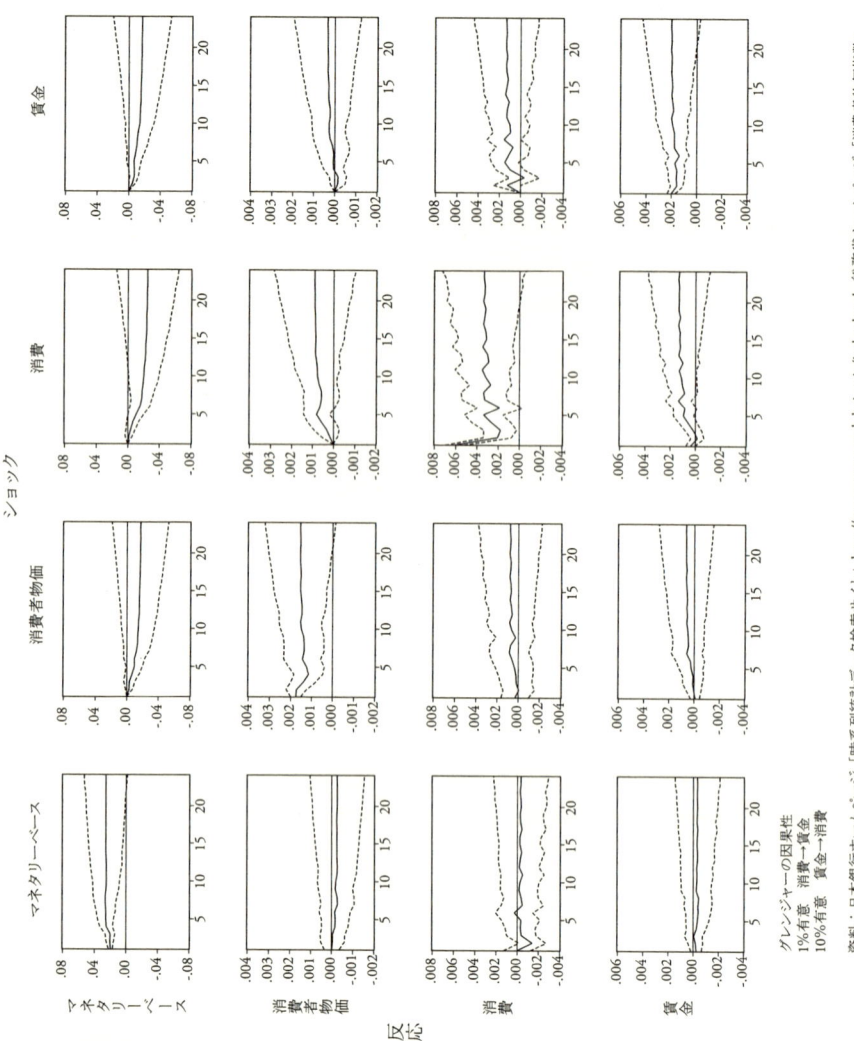

グレンジャーの因果性
1％有意 消費→賃金
10％有意 賃金→消費

資料：日本銀行ホームページ「時系列統計データ検索サイト」http://www.stat-search.boj.or.jp/index.html、総務省ホームページ「消費者物価指数」http://www.stat.go.jp/data/cpi/、総務省ホームページ「毎月勤労統計調査」http://www.mhlw.go.jp/toukei/list/30-1.html、経済産業省ホームページ「全産業供給指数」http://www.meti.go.jp/statistics/tyo/zenkatu/index.html のデータをもとに筆者作成。
注：チョラスキー。(1標準偏差のショック)。

第 16 章　賃金デフレと迷走する金融政策　431

図16-4-2
VARモデルの累積
インパルス反応関数
（生産のモデル）
(1999年1月〜
2007年12月)

グレンジャーの因果性
1%有意　マネタリーベース→生産，生産→賃金
5%有意　賃金→生産

資料：日本銀行ホームページ「時系列統計データ検索サイト」http://www.stat-search.boj.or.jp/index.html，総務省ホームページ「消費者物価指数」http://www.stat.go.jp/data/cpi/，総務省ホームページ「毎月勤労統計調査」http://www.mhlw.go.jp/toukei/list/30-1.html，経済産業省ホームページ「全産業供給指数」http://www.meti.go.jp/statistics/tyo/zenkatu/index.html のデータをもとに筆者作成。
注：チョラスキー（1標準偏差のショック）。

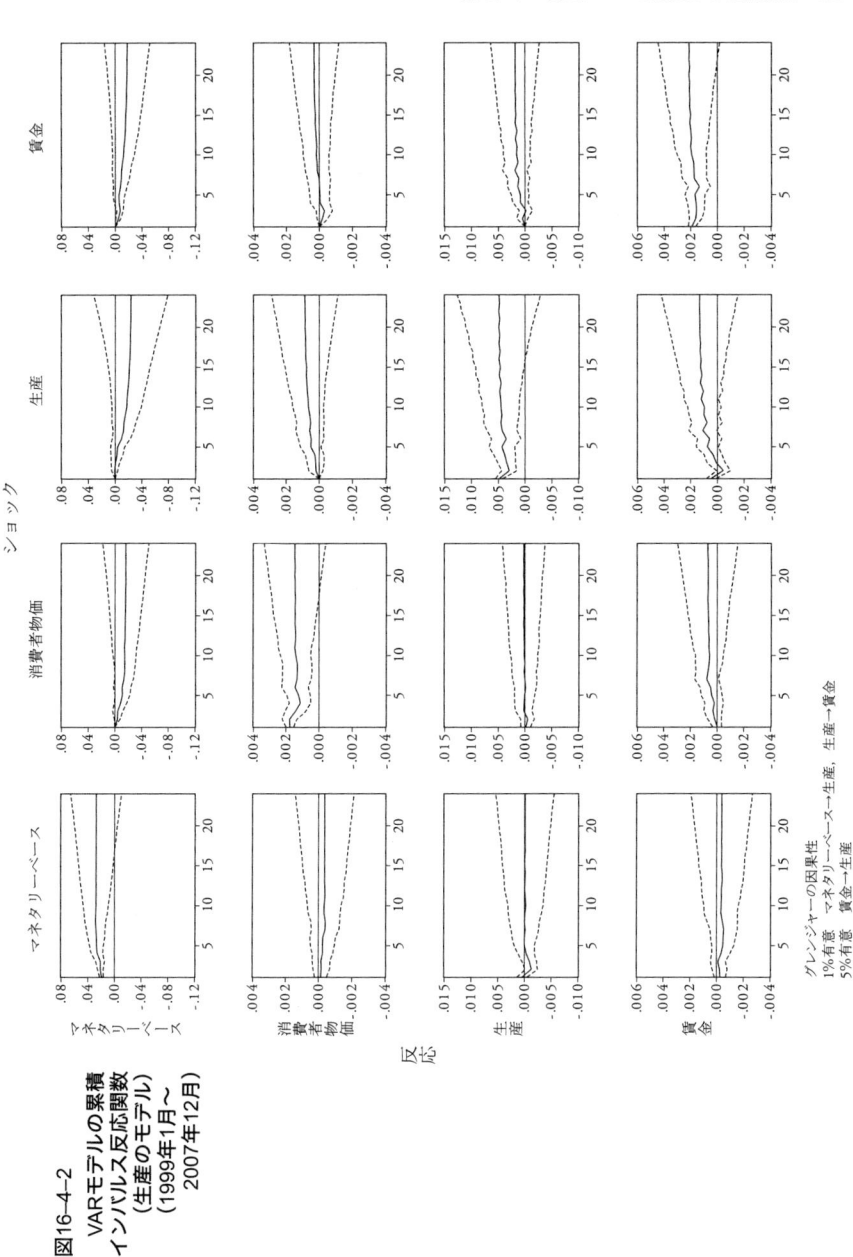

プ貨幣は一定期間が経過するごとにスタンプを押し，その価値を低下させる貨幣である．それによって，貨幣の所有者に支出を促すのである．現在では紙幣だけではなく，全ての金融資産，あるいは全資産にスタンプを押すべきであろう．これは金融資産課税，あるいは富裕税ということになろう．富の所有に税をかけることにより，支出を促進するのである．

　他方，貧困層に購買力をつける政策は最後の雇い手政策である．これは政府が直接失業者を雇うというものである．ニュー・ディール期のアメリカでは実際，こうした政策がとられていた（例えば Minsky 2008: 345-7, 邦訳：385-8）．逆にフーバーは大恐慌時に均衡財政と小さな政府に固執して，大恐慌を悪化させたと批判されている．ところが，日本でもアメリカでも，新自由主義経済学が提案する案はフーバー路線である．2012年のアメリカ大統領選挙においても，共和党は，金持ち減税と小さな政府による経済回復を訴えている．しかし，需要創出効果は減税，特に金持ち減税が最低であり，政府支出が最高である．すなわち，金持ち減税と政府支出削減は経済を悪化させる最悪の政策である．逆に富裕税と最後の雇い手政策は，財政に負担をかけずに，経済を回復させるための政策と言える．

　こうした時代遅れとも，破滅的とも言える政策が影響力を持つ理由の第一は，経済理論とイデオロギーにある．経済学と経済政策はケインズ以前，大恐慌以前に戻ってしまった．第二の理由が政府不信である．不況脱出のために政府の支出拡大，雇用確保のために公務員の採用拡大という主張は，政府不信が広がる現在，国民の支持を受けないであろう．逆に無駄な仕事を減らし，公務員を減らすべきだという主張が支持を受ける．しかし，公務員の規模で考えるならば，日本は先進国では非常に小さな政府である．すでに少ない日本の公務員を減らす結果，公務員のサービス残業が増加する．あるいは，今まで以上の仕事を遂行するために，低賃金の派遣労働者を雇うということになる．こうして政府自らが雇用を破壊し，官製ワーキング・プアーを作り出し，賃金デフレを引き起こしているのである．

　それだけではない．経済政策は誰かの利益のために行われる．そもそも誰の利益にもならない政策は無益な政策である．しかし，全ての人々に利益しかもたらさない政策は理想かもしれないが，実際には存在しないであろう．

結局，政策論は利害対立の話であり，政治の話でもある．富裕税と最後の雇い手政策は，失業者，ワーキング・プアーには利益となるが，金持ちには負担のみかかる．逆に1%のスーパー・リッチにとって望ましいのは，金持ち減税と小さな政府である．日本やアメリカにおいて，経済停滞を促進する新自由主義の政策は，政治的には極めて合理的なのである．

けれども，ケインズ以前の経済学が大恐慌を作り出したとするならば，新自由主義経済学が第二の大恐慌を引き越したこともまた，歴史の必然と言えるのではないのだろうか．

7　結　論

消費は最終需要の中でも最大の項目である．そして，家計の大部分は賃金によって生活しているから，賃金が停滞すると消費も停滞するはずである．本章では，実際に日本の賃金デフレが消費停滞と経済停滞を招いていることを明らかにした．同時にケインズ以来の流動性の罠論が示すように，量的緩和政策が日本の経済回復にもデフレ脱却にも効果をあげていないことを示した．

インフレ・ターゲットのチャンピオンで，2013年1月まで連邦準備制度理事会（FRB）議長を務めていたバーナンキは，日本の経済停滞は，日銀が金融を緩和させ，デフレを克服すれば，すぐに解決すると主張していた（Bernanke 2000）．正しい金融政策を行っているアメリカでは，景気循環は深刻な問題となり得ないと論じていた（Bernanke 2004）．ところが，数年後，彼が引き起こしたのが大恐慌を上回る金融危機と大恐慌以来最悪の経済危機である．バーナンキはかつて日銀に薦めていた量的緩和政策を3度も採用した．持論だったインフレ・ターゲットも導入した．積極的な金融緩和にもかかわらず，1人あたりのGDPで見れば，12年になっても危機前に達しなかった．逆説的に量的緩和政策の度重なる採用自身が量的緩和政策の効果の少なさを証明すると言えよう．金融危機はバーナンキに代表される経済学をも破綻させたのである．

ユーロ圏はアメリカ以上に混迷している．もっとも，ユーロ問題は統一通

貨ユーロを無理に導入した結果だと言われている．それは部分的には確かであろう．しかし，ユーロ問題の陰に隠れているが，ユーロに属さないイギリス経済の状況は，ユーロ圏の大国ドイツ，フランスよりも悪い．そもそも日米欧ともに金融政策によって，危機から脱した国は一国もないのである．他方で，中国，インドなどの新興国は世界的な危機の中でも，比較的順調な経済成長を続けている．しかし，新興国の相対的な成功が優れた金融政策にあると論じる者はいない．

今では，アメリカでもヨーロッパでも現状では金融政策によって経済が復活する望みは薄い．バーナンキ自身が経済と雇用が正常化するためには長い時間がかかると述べている．運よく経済が回復しても，新自由主義的な賃金停滞システムが続く限り，実感なき景気回復となる可能性が極めて高い．そうだとすると，賃金を上昇させ，雇用を回復させるとともに，富を下へ降ろす政策が必要となるであろう．

注

(1) しかも，1990年半ば以降の経済成長はITバブルと住宅バブルに支えられていた．それだけでなく，住宅バブル期の経済成長率はバブルにもかかわらず，むしろ低かった（服部 2011: 98-101）．そして，住宅バブルが崩壊すると，大恐慌を上回る金融危機と，大恐慌以来最悪の経済停滞である．アメリカの繁栄自体も，一般的に思われるほど，大したものではなかったのである．

(2) 実質賃金の上昇が労働生産性の上昇から大きく遅れることを賃金抑圧，実質賃金が停滞することを賃金停滞，名目賃金が停滞もしくは低下することを賃金デフレと定義するのが便利であろう．一般的には，年率1％未満の消費者物価の上昇はデフレーションのうちというのが，現在の経済学者のコンセンサスである．これに依拠すれば，名目賃金の停滞，わずかな上昇も賃金デフレに含めることもできよう．

論理的には消費者物価が急低下して，賃金デフレの下で，実質賃金が急上昇することはあり得るし，1930年代の大恐慌期のアメリカでは実際にもそれが生じていた．しかし，現在の日本経済では，名目賃金が物価以上に低下することによって，実質賃金を引き下げている．これを踏まえて，本章では賃金デフレという言葉の意味の中に実質賃金の低下も含めて使用する．

(3) 本章の元となる原稿は，アベノミクスが始まる前の2012年9月末に提出された．本来ならば，原稿を書き直してアベノミクスも論じるべきかもしれない．しかし，アベノミクスについては服部（2013）で論じているので，本章では割愛する．

(4) スローガンは現実ではない．政策フレームワークの何が本当に変わったのかは慎重に

検討する必要があろう．例えば，レーガン政権下に実施された軍事拡大と金持ち減税は，平時における最大のケインズ政策と言われていた．ブッシュ（子）政権の下でも同様の政策が実施された．

　スティグリッツなど新自由主義に批判的な経済学者は共通して，新自由主義の掲げる市場の自由は建前であり，実際には企業の既得利益を守るためには，政府は市場に介入してきたと論じ，それを実証してきた（例えば Stiglitz 2004）．2008年9月の金融崩壊の後も，ウォール街の金融機関は不良資産買い取りプログラム（TARP）により救済された．ウォール街の金融機関は金融に対する史上最大の政府介入に反対しなかった．他方，救済された金融機関の経営者が多額の報酬を受け取ることを規制することに対しては，市場の自由を損なうと主張して，反対した．市場の自由はウォール街の利益になる限りは遵守されるが，利益に反する場合には速やかに放棄されるのである．

　戦後の福祉国家は貧困の撲滅を目指して市場に介入した．現在の新自由主義はウォール街，企業，金持ちの利益を守るために介入する．市場に介入することには違いがないが，介入の方向は正反対になったのである．ここに戦後資本主義と新自由主義レジームの本当の違いが存在する．

（5）同じ労働者といっても，高給の労働者とワーキング・プアーでは貯蓄性向は大きく異なるであろう．複雑化すれば，労働者間の貯蓄性向の違いもモデルに組み込むことができる．しかし，単純化のために，本章ではこうした問題は扱わない．

（6）マーグリン＝バデュリ（Marglin and Bhaduri 1991）では，投資は将来の利潤の見通しと稼働率によって決まる．そのため，賃金率が上昇し，利潤が圧迫されると，投資が減少し，国民所得が減少する場合もある．論理的に筆者はこうした状況は否定しない．しかし，本章で扱いたい問題とは違うので，本章では取り扱わない．

（7）グリーンスパンは，金融引き締めではバブルをつぶすことはできないと主張し，自身の政策を正当化する．もっとも，彼は FRB 金利の大幅な上昇がバブルを崩壊させることは認めている．しかし，同時に経済にも大きな悪影響を引き起こすので望ましくないと反対する（Greenspan 2010: 242）．このグリーンスパンの反論は逆に使うべきである．吉川や本章が論じているように，バブル崩壊後に経済を復活させるためには，実質利子率を大きくマイナスにすることが必要となる．ところが，そのためにはハイパー・インフレーションを必要とするから，かえって悪影響をもたらすであろう．そもそも，経済が停滞し，賃金が上昇しない中で金融緩和によってハイパー・インフレーションを引き起こすことができるかどうかも疑問である．バブル崩壊後の後始末戦略に大きな効果が期待できないとすると，バブルは予防するしかない．

（8）VAR モデルの結果は計測期間と配列順序によってしばしば変わる．計測期間を量的緩和政策の採用期，2001年3月～06年2月にし，配列順序を工夫すれば，マネタリーベースの増加は物価上昇と生産拡大に寄与するという結論を得ることができる．

参考文献

Bernanke, B. S.（2000）'Japanese Monetary Policy: A Case of Self-Induced Paralysis?', in R. Mikitani and A. S. Posen eds., *Japan's Financial Crisis and its Parallels to U.S. Experience*, Special Report 13, Washington, D.C., Institute for International Economics, September.〔「自ら機能麻痺に陥った日本の金融政策」清水啓典監訳『日本の金融危機――米国の経験と日本への教訓』東洋経済新報社, 2001 年, 所収〕

Bernanke, B. S.（2004）'The Great Moderation', at the Meetings of the Eastern Economic Association, Washington, D.C., February 20.

Bernanke, B. S.（2010）'Monetary Policy and the Housing Bubble', at the Annual Meeting of the American Economic Association, Atlanta, Georgia, January 3.

Bernanke B. S.（2012a）'Housing Markets in Transition', at the 2012 National Association of Homebuilders International Builders' Show, Orlando, Florida, February 10.

Bernanke B. S.（2012b）'Monetary Policy since the Onset of the Crisis', *The Changing Policy Landscape*, at the Federal Reserve Bank of Kansas City Economic Symposium, Jackson Hole, Wyoming, August 30 - September 1.

Bowles, S., D. M. Gordon and T. E. Weisskopf（1983）*Beyond the Waste Land: A Democratic Alternative to Economic Decline*, Garden City, New York: Anchor Press.〔都留康／磯谷明徳訳『アメリカ衰退の経済学――スタグフレーションの解剖と課題』東洋経済新報社, 1986 年〕

Greenspan, A.（2010）'The Crisis', *Brookings Papers on Economic Activity*, No.1, Spring.

Kaldor, N.（1983）'The Facade of Monetarism', in N. Kaldor, *The Economic Consequences of Mrs Thatcher: Speeches in the House of Lords 1979-1982*, N. Butler ed., London: Duckworth.

Kalecki, M.（1991）*Theory of Economic Dynamics: An Essay on Cyclical and Long-Run Changes in Capitalist Economy*, in J. Osiatyński ed., *Collected Works of Michał Kalecki*, Vol. II: *Capitalism: Economic Dynamics*, Oxford: Oxford University Press.〔宮崎義一／伊東光晴訳『経済変動の理論――資本主義経済における循環的及び長期的変動の研究』改訂版, 新評論, 1967 年〕

Keynes, J. M.（1973）*The General Theory of Employment, Interest and Money, The Collected Writings of John Maynard Keynes*, Vol. VII, London: Macmillan.〔塩野谷祐一訳『雇用・利子および貨幣の一般理論――ケインズ全集第 7 巻』東洋経済新報社, 1983 年〕

Krugman, P.（1998）'It's Baaack: Japan's Slump and the Return of the Liquidity Trap', *Brookings Papers on Economic Activity*, No.2.

Krugman, P.（2009）*The Conscience of a Liberal*, New York: W. W. Norton.〔三上義一訳『格差はつくられた――保守派がアメリカを支配し続けるための呆れた戦略』早川書房, 2008 年〕

Marglin, S. A. and A. Bhaduri（1991）'Profit Squeeze and Keynesian Theory', in E. J. Nell and W. Semmler eds., *Nicholas Kaldor and Mainstream Economics: Confrontation and Convergence?*, London: Macmillan.

Minsky, H.（2008）*Stabilizing an Unstable Economy*, New York: McGrow-Hill.〔吉野紀／浅田統一郎／内田和男訳『金融不安定性の経済学——歴史・理論・政策』多賀出版，1989 年〕

Pollin, R.（2005）*Contours of Descent: U.S. Economic Fractures and the Landscape of Global Austerity*, 2nd ed, London: Verso.〔佐藤良一／芳賀健一訳『失墜するアメリカ経済——ネオリベラル政策とその代替策』日本経済評論社，2008 年〕

Reich, R. B.（2011）*Aftershock: The Next Economy and America's Future*, New York: Vintage.〔雨宮寛／今井章子訳『余震——そして中間層がいなくなる』東洋経済新報社，2011 年〕

Stiglitz, J. E.（2004）*The Roaring Nineties: Why We're Paying the Price for the Greediest Decade in History*, London: Penguin Books.〔鈴木主税訳『人間が幸福になる経済とは何か——世界が 90 年代の失敗から学んだこと』徳間書店，2003 年〕

Stiglitz, J. E.（2010）*Free Fall: America, Free Markets, and the Sinking of the World Economy*, New York: W. W. Norton.〔楡井浩一／峯村利哉訳『フリーフォール——グローバル経済はどこまで落ちるのか』徳間書店，2010 年〕

鵜飼博史（2006）「量的緩和政策の効果——実証結果のサーベイ」『金融研究』25（3），10 月．
岡田靖／浜田宏一（2009）「バブルデフレ期の日本の金融政策」吉川（2009c）所収．
内閣府政策統括官室（2011）『世界経済の潮流　2011 年　I ——歴史的転換期にある世界経済，「全球一体化」と新興国のプレゼンス拡大』日経印刷．
服部茂幸（2011）『日本の失敗を後追いするアメリカ——「デフレ不況」の危機』NTT 出版．
服部茂幸（2013）「積極的な金融緩和は日本経済を復活させるか——アベノミクスを支える経済理論の問題」『世界』第 842 号，4 月．
原田泰／増島稔（2009）「金融の量的緩和はどの経路で経済を改善したのか」吉川（2009c）所収．
吉川洋（2009a）「デフレ経済と金融政策」吉川（2009c）所収．
吉川洋（2009b）「デフレーションと金融政策」吉川（2009c）所収．
吉川洋編（2009c）『デフレ経済と金融政策』（内閣府経済社会総合研究所企画・監修『バブル／デフレ期の日本経済と経済政策』第 2 巻）慶應義塾大学出版会．

第 17 章　日本経済の成長体制と脱工業化

田原慎二／植村博恭

1　はじめに

　日本経済では，1990年代以降の長期的経済停滞のなか，急速な脱工業化（de-industrialization）が生じている．脱工業化とは，製造業の産出量や雇用量が相対的に低下する現象で，先進国一般にみられるものであるが，日本経済の場合，国内製造業を支える諸制度と国際経済関係の変化によって加速的に進行していることが大きな問題となっている．1960年代に高度成長を実現し，1980年代には安定的な輸出主導型成長を謳歌した日本経済は，現在，20年以上に及ぶ長期的な経済停滞を経験し脱工業化が進んでいる．こうしたなかで，いま，新たな産業構造を創出し，安定的な成長体制を確立することが求められている．
　本章の目的は，1980年代以降の日本経済の長期的成長過程を，成長体制の転換および産業構造の変化の観点から分析することであり，それによって，日本経済に生じている脱工業化の構造的性質と問題点について理解を深めることである．このために，レギュラシオン理論の成長体制に関する理論的フレームワークを，産業構造変化を視野に納めて拡張し，特に，国内において生じている制度変化・構造変化と国際経済関係の変化の影響を分析する．また，データ面では，SNA（国民経済計算）とともに，日本産業生産性データベース（JIP データベース）を用いることによって，中間投入構造の変化を

考慮して脱工業化の分析を行う．

ここでの分析においては，特に次の点が重視されている．第一に，日本経済の長期的成長過程を，R. ボワイエや P. プチなどのレギュラシオン理論の観点から，特に制度諸形態の変化と成長体制の転換に焦点を合わせて分析する．第二に，日本経済が，輸出財製造業，非輸出財製造業，対事業所サービス，対個人サービス，公共サービスからなる重層的産業構造を持っている点に着目し，産業部門別の構造動態分析を行う．第三に，製造業の構造変化とサービス経済化との相互連関に着目し，日本経済の脱工業化の構造的特徴を分析する．そのために，R. フランケと P. カルムバッハによって展開された産業連関分析に基づく脱工業化研究のフレームワークを積極的に活用する[1]．

2　成長体制の動態と構造変化

経済成長過程においては，長期的な需要要因と供給要因の動態的な相互作用が重要であり，また実物的要因と金融的要因の相互作用も経済の変動に大きく影響を与える．ここでは，特に製造業とサービス業の動態と構造変化を視野におさめて説明する．この基本構図を示したのが，**図 17-1** である．

まず，長期的な需要要因と供給要因の相互作用から見ていこう．レギュラシオン理論では，安定的な経済成長が実現されているときに，そこに一つの成長体制が形成されていると考える．そのさい，成長体制のダイナミズムを生み出すものは，生産性上昇と需要成長との相互促進的効果である（Boyer 1988; Kaldor 1978; Petit 1986）．また，この過程で実現した所得が賃金と利潤への分配を介して需要を形成し，これは賃金シェア（労働分配率）と利潤率に反映される．

ここで，需要形成の論理は，以下のようになる．生産性上昇の成果は賃金と利潤に分配され，利潤の増大は期待利潤率を上昇させ設備投資を増加させる．次に，それは高水準の利潤を実現させる．このとき，高利潤を期待して設備投資が計画され，信用供給がなされるならば，高水準の設備投資が持続する．したがって，通常，資本蓄積率と利潤率との間には，相互促進的な関係が存在する（Marglin 1984）．また，設備投資は他の製造業やサービス業部

440　V　日本資本主義

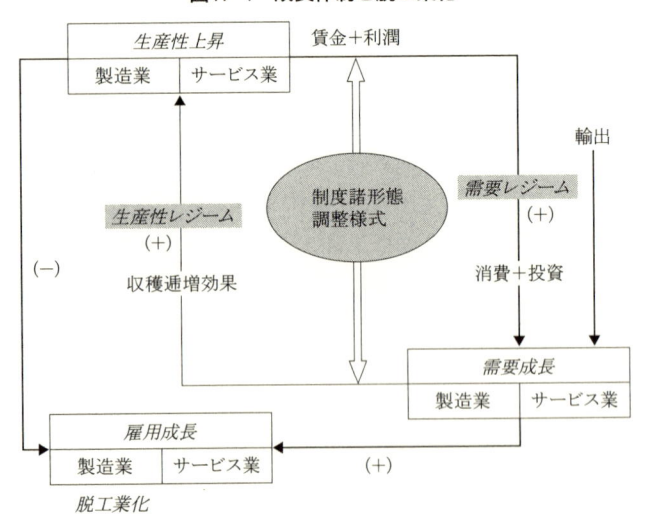

図17-1　成長体制と脱工業化

```
                生産性上昇          賃金＋利潤
              ┌─────┬─────┐         ↑
              │製造業│サービス業│         │
              └─────┴─────┘         │
                                        │
                                        │         輸出
                              ┌─────┐   │          ↑
                  生産性レジーム │制度諸形態│ 需要レジーム│
                     (＋)      │調整様式 │   (＋)     │
                              └─────┘              │
         (－)                                        │
                    収穫逓増効果           消費＋投資 │
                                                    ↓
                                              ┌─────┬─────┐
                                              │  需要成長   │
                                              ├─────┼─────┤
                                              │製造業│サービス業│
                                              └─────┴─────┘
              ┌─────┬─────┐
              │  雇用成長    │
              ├─────┼─────┤←──────(＋)────────
              │製造業│サービス業│
              └─────┴─────┘
                脱工業化
```

門からの中間投入を拡大させる．他方，賃金上昇は，消費需要の増大をもたらし（Rowthorn 1982），さらに耐久消費財と対個人向けサービスに対する需要を拡大させる．

　次は，消費から投資への連関が存在する．この連関は需要増加を介して作用し，そこには短期的効果と長期的効果の二つが存在する．短期的効果としては，需要変動が製造業の稼働率調整を通じて設備投資に影響を与えるという経路である．長期的効果は，消費需要の持続的拡大が投資収益に対する期待形成に影響を与えて投資の持続的成長をもたらすものである（Boyer 1988）．もちろん，現実の設備投資の決定においては，これらの効果が絡み合っており，しかも設備投資の水準は必ずしも産業ごとに均一ではない．以上の効果の合成結果として，賃金と利潤の間の所得分配が経済成長率にどのような影響を与えるかが決まる．より具体的な論理としては，賃金上昇―消費需要増加―投資増加―経済成長という連鎖が強く働くか，利潤増大―投資増加―経済成長という連鎖が強く働くかによって，効果が異なってくる[2]．また，輸出財製造業部門においては，生産性上昇―輸出財単位当たりの生産コストの低下―輸出増加という連鎖が強く作用しており，これが「輸出主導型成長」

の基本論理である．以上の生産性上昇から需要形成への連関は，レギュラシオン理論では「需要レジーム」と呼ばれる．

　次に，総需要の成長から生産性上昇への連関を説明しよう．まず，設備投資の増加は，資本設備の更新をもたらすことによって生産性を上昇させる．これは，製造業においても非製造業においても生じるが，製造業においては特に顕著である．そこでは，新設備の導入と旧設備の廃棄のダイナミズムが，産業内の競争に規定されつつ生み出される．また，総需要の増大は，製造業において「規模の経済」を通じて生産性上昇をもたらす．これは，しばしば「カルドア・ヴェルドーン法則」とも呼ばれる．これらの効果が，いわば「生産性上昇のマクロ的基礎」を形成する．これに加えて，生産性上昇の独立した源泉は技術革新であり，各国あるいは各地域において，固有の制度的特徴を持ったイノベーション・システムが存在する．同時に，労働者に対するインセンティブ・メカニズムも重要な役割を演じる．以上の生産性上昇を促進する連関は，レギュラシオン理論では「生産性レジーム」と呼ばれる．「需要レジーム」と「生産性レジーム」の相互促進的作用によって，経済成長の「累積的因果連関」が生み出されると考えられる．

　製造業とサービス業との連関に関しては，特に次の点を指摘する必要がある．第一に，製造業内部では産出量成長と生産性上昇との間に累積的な相互促進的関係（＝動学的規模の経済）が強く働く．また，製造業内部の構造変化がある．そこには，製造業自体の「部分システム動態（sub-system dynamics）」（Landesmann and Scazzieri 1996）が存在する．第二に，サービス業は，製造業ほどには「規模の経済」が働かず，したがって，サービス業への需要シフトが起こりサービス化が進行した場合，国民経済全体として累積的因果連関の作用が弱まる可能性がある．第三に，製造業部門とサービス部門との間では，互いに中間投入がなされることによって，それぞれの部門の産出量と生産性とに及ぼす相互作用が存在する（Petit 1988）．産出量に関しては，両部門間で中間需要の波及効果が存在し，生産性については対事業所サービスが製造業の生産性上昇に寄与したり，サービス業への機械設備の導入がその生産性を上昇させるといった相互連関が存在する．

　「需要レジーム」と「生産性レジーム」によって，雇用成長の動態が決定

される．実質産出量成長率－労働生産性上昇率＝雇用成長率であるから，ここから雇用変動が生み出されるのである(Pasinetti 1981)．これが，雇用量タームでの脱工業化を発生させる基本的論理である．すなわち，農業部門の雇用シェアが小さなものとなっている「成熟経済」において，雇用量タームで脱工業化が発生する条件は，製造業部門の実質産出量成長率から労働生産性上昇率を引いた値が，サービス部門における実質産出量成長率から労働生産性上昇率を引いた値よりも小さいことである．このような雇用のシフトの影響を初めて理論化したのは W. ボーモルであり，R. ローソンの脱工業化モデルもこの論理を脱工業化のプロセスに応用したものである（Baumol 1967; Rowthorn and Wells 1988)．ただし，後に見るように，脱工業化の分析においては，サービス部門から製造業部門への中間投入も視野におさめなければならない．また，貿易と対外直接投資に関しては，財貿易とサービス貿易との間で特化がなされることが，国民経済のダイナミズムに大きな影響を与える．例えば，製造業は規模の経済性が働き，かつ世界市場に向かって大量に輸出可能な製品を生産することによって，経済成長と生産性上昇の累積的因果連関の起点となり，しばしば累積的成長が生み出される．また，対外直接投資が進み製造業の生産基盤が海外に移転されることによって，輸出財製造業の産出が停滞し，場合によっては産業空洞化が発生することもある．

3　日本経済の成長体制と産業構造の長期的動態

1) 日本経済の長期的成長パタン

　日本経済の長期的動態をみるために，**図 17-2** によって，高度経済成長期から現在に至る期間の資本蓄積率と利潤率の趨勢と変動を確認することにしよう．

　まず，日本経済は，全体としてみると資本蓄積率と利潤率とが相互規定的な動態を示していることがみてとれる．特に，1960 年代の高度経済成長期においては，資本蓄積率と利潤率との間に強い相互規定関係が存在し，これによって，利潤―投資主導型成長が生み出された．高度成長は，国内耐久消費財需要の飽和と賃金上昇によってその終焉を迎え，さらに 1973 年のオイ

図17-2 資本蓄積率と利潤率

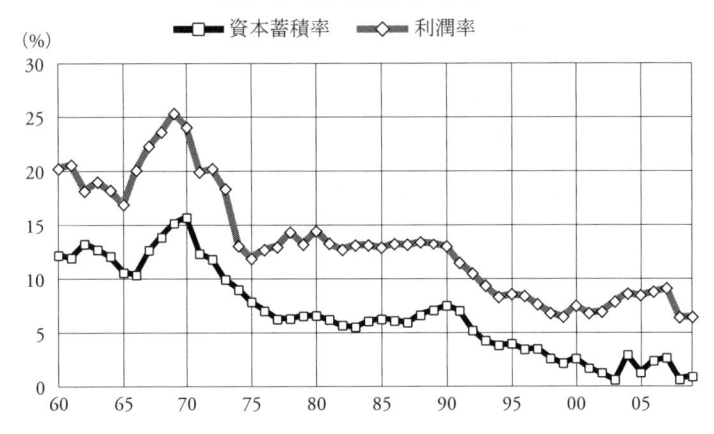

(グラフ：資本蓄積率と利潤率、1960年～2009年)

出所：内閣府，『国民経済計算』(60～95年は1968年基準, 95～09年は2000年基準).

ルショックによって打撃を受けることによって，70年代の日本経済は構造調整期を迎えた．日本経済は，1970年代末には景気回復し，新たな輸出主導型成長に向かうことになった．1980年代における利潤率と資本蓄積率は比較的安定していたが，1980年代末には，利潤率が低下し始めているにも関わらず資本蓄積が加速化するという過剰蓄積の傾向が発生した．こうした過剰蓄積とバブルの崩壊によって，1990年代には長期的な構造不況が続いたが，この時期には利潤率も大きく低下している．2002年から景気回復が始まったが，この過程で利潤率は多少回復したものの，資本蓄積率は低迷したまま留まった．これは，この時期の景気回復が外需に依存した輸出財製造業中心のものであったためで，その後2008年のリーマンショックによって，利潤率も大きく低下してしまった．

利潤率の変動の背後には，賃金シェア（労働分配率）の変動が存在する．これを，実質GDP成長率との関係で表したのが，**図17-3**である．

日本経済においては，製造業大企業を中心に不況期でも労働保蔵があるために，賃金シェアは，カウンター・サイクリカル（反循環的）に変動する[3]．**図17-2**からは，この性質がみてとれる．ただし，2002年以降における賃金シェアの急速な低下は，それだけでなく製造業における賃金抑制と大量解雇

図17-3 GDP成長率と労働分配率

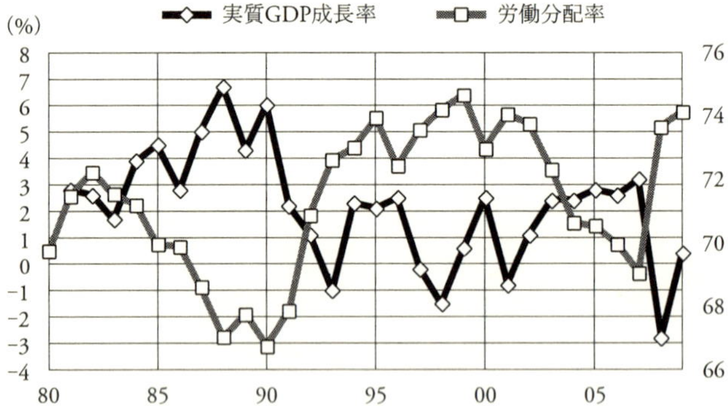

出所：内閣府,『国民経済計算』(2000年基準).

という制度変化によってもたらされたものである[4]．そして，2008年のリーマンショックによる経済のマイナス成長によって，賃金シェアは再び上昇し雇用調整圧力を強めている．こうしたなかで，消費需要は低迷している．

2) 日本経済の産業構造とその動態

　日本経済の長期的動態を理解する場合，産業構造上の特徴を踏まえておく必要がある．特に，輸出財製造業部門が経済成長において中心的な役割を演じており，また製造業内部の構造変化とサービス業の拡大との相互連関が重要な役割を演じている．このような経済構造を分析するためには，適切な部門分割を行う必要がある．このため，日本と比較的類似した産業構造を持っているドイツの脱工業化を分析したフランケ＝カルムバッハによる産業分類を援用することにする（Franke and Kalmbach 2003, 2005）．表17-1は，これを日本経済にあわせて修正した産業分類である[5]．

　この部門分類では，製造業を「輸出コア製造業」と「その他製造業」にわけることで，経済成長に対する「輸出コア製造業」の動態的な役割を明確にし，またサービス業を「狭義の対事業所サービス」「広義の対事業所サービス」「対個人サービス」「公共サービス」に分けることによって，製造業とサービス業との構造的連関を明確にしている．図17-4は，この部門分類に基づいて，

表17-1　産業構造分析のための部門分類

1	農林水産業	農業，林業，漁業，畜産
2	輸出コア製造業	自動車，機械，電子・電機機器，精密機械
3	その他製造業	輸出コア以外の製造業，事務用品
4	その他工業	建設，電気，ガス，水道，鉱業
5	狭義の対事業所サービス	金融，リース，広告，情報サービス，整備修理
6	広義の対事業所サービス	卸売，研究，通信，運輸
7	対個人サービス	小売，保険，不動産，運輸，放送，娯楽，飲食，宿泊
8	公共サービス	教育，医療，保健衛生

図17-4　産業構造の長期的変化

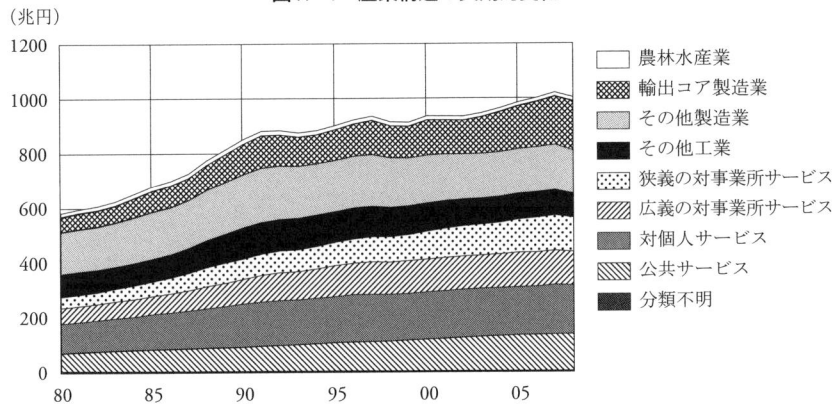

図17-5　部門別実質成長率

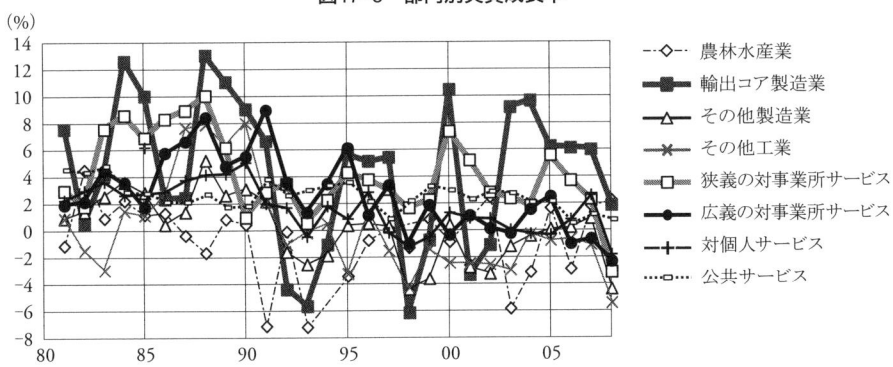

出所：RIETI, JIPデータベース2012．

446　V　日本資本主義

図17-6　部門別資本蓄積率

(グラフ：1970年から2000年代後半までの部門別資本蓄積率の推移)

凡例：
- 農林水産業
- 輸出コア製造業
- その他製造業
- その他工業
- 狭義の対事業所サービス
- 広義の対事業所サービス
- 対個人サービス
- 公共サービス

出所：RIETI, JIPデータベース2012.

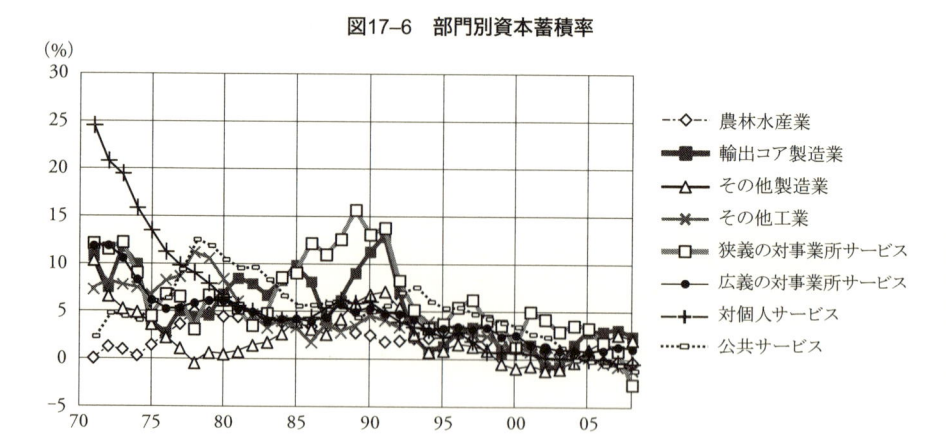

日本経済の産業構造の長期的変化を部門別産出量によって示したものである．

また，統合されたそれぞれの部門の実質成長率の動態を示したのが，**図17-5**である．ここから，「輸出コア製造業」は外需の変動の影響を受けて大きく変動しており，これが日本経済の他の部門に影響を及ぼしていることがみてとれる．また，「狭義の対事業所サービス」が「輸出コア製造業」の変動にかなり連動した動きを示していることも確認される．日本の場合，レギュラシオン理論のいう「需要レジーム」はこのように部門ごとに異なった動態を示している点が重要である．

また，部門別資本蓄積率を示したのが，**図17-6**である．資本蓄積率でみても，「輸出コア製造業」が1980年代末に大きく伸びており，それが過剰蓄積を生んだ原因だったことがみてとれる．また，このような「輸出コア製造業」の成長によって，「狭義の対事業所サービス」における資本蓄積も進んでいることが確認される．

次に，部門別労働生産性上昇率について，**図17-7**において確認することにしよう．労働生産性上昇率においても，「輸出コア製造業」が突出した上昇率と大きな変動を示しており，労働生産性上昇率が低位に安定している「その他製造業」「その他工業」とは明らかに異なり，不均等な発展の動態がみ

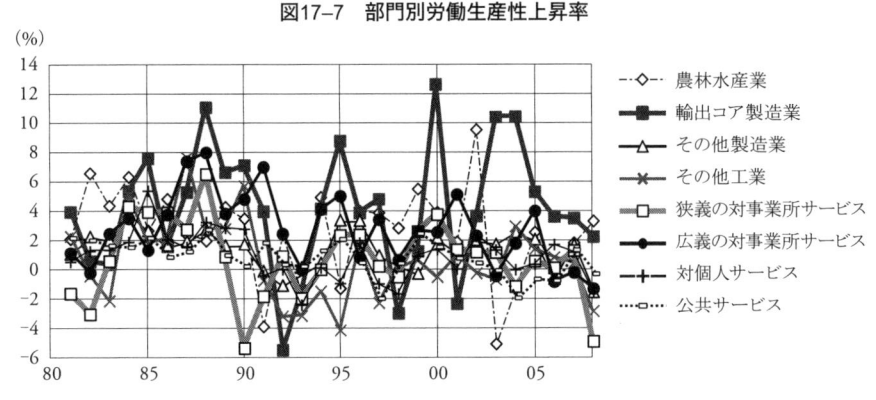

図17-7 部門別労働生産性上昇率

凡例：
- 農林水産業
- 輸出コア製造業
- その他製造業
- その他工業
- 狭義の対事業所サービス
- 広義の対事業所サービス
- 対個人サービス
- 公共サービス

出所：RIET, JIPデータベース2012.

てとれる．また，サービス業の労働生産性上昇率は全体として比較的低位にとどまっているが，「狭義の対事業所サービス」「広義の対事業所サービス」は，それなりの高い上昇率が実現している．しかし，2008年のリーマンショックに際しては，労働生産性上昇率はすべての部門で大きく低下している．「輸出コア製造業」と「その他製造業」との間に大きな労働生産性上昇格差が存在する点，および「対事業所サービス」と「対個人サービス」が労働生産性の変動で異なるパタンを示している点は，日本経済の重要な構造的特徴である．

4 日本経済の制度変化と成長体制の転換

1990年以降，日本経済においては，成長体制の停滞と転換が生じている．それは，国内において制度変化が進行しているにもかかわらず，それを調整することができる調整様式を確立することができないでいることに起因している[6]．このような成長体制の転換を生じさせている要因を，ここでは産業構造変化と関わらせながら論じることにしたい．

1) 日本経済の制度変化

　日本経済では，1990年代から2000年初頭にかけて大きな制度変化が生じた．特に，金融システムと企業システム・雇用システムは大きく変容をとげており，1990年代長期不況における資本設備の過剰，不良債権の過剰，雇用の過剰がこれに大きく影響を与えた．

　まず，1980年代後半の過剰蓄積の結果，1990年代に顕著となった過剰設備の圧力は，日本企業の生産システム，企業組織，企業間関係に大きな変化をもたらした．日本企業は，資本設備の廃棄，工場の整理や閉鎖，企業組織の選択と集中，そして，下請企業の再編を進めていた．こうしたなかで，製造業の企業内部の様々なサービス活動を対事業所サービスとして外部化する傾向が強まった．これが，のちに見るように日本の脱工業化過程に大きく影響を与えている．

　次に，1990年代においては，不良債権問題の深刻化によって不況が長期化した．特に，1997年においては，金融危機によって銀行のバランスシートに対する不良債権の影響は急速に増大し，信用の収縮が進行した．こうしたなかで，メインバンク・システムや株式相互持ち合いの弱体化が生じた．また，「金融ビッグバン」以降，資本市場への外国人投資家の参入が増えている．このような変化は，対事業所サービスのなかでも特に金融サービスの拡大を考えるうえで重要な点である．

　雇用の過剰については，1990年代の長期不況のなかでは，大企業においては正規労働者の雇用保蔵が生じた結果，図17-3でみたように賃金シェアが上昇したが，その結果，企業は総賃金費用を抑制するために，急速に非正規労働者を増加させた．さらに，1990年代末から2000年代にかけて雇用保障が弱まり，製造業において正規労働者に対しても解雇がなされるようになった．これは，生産性が伸び悩んでいた非輸出財部門の製造業だけでなく，輸出財部門である電機機械産業などの大企業においても行われた．それは，図17-7で示されている輸出コア製造業における労働生産性の高い上昇に反映されている．さらに，春闘の形骸化によって，各産業で賃金の抑制も急速に進んだ．このような制度変化によって，賃金シェアの急激な低下がもたらされたのである（図17-3）．

2）東アジア経済統合のもとでの日本企業の直接投資と海外生産

　国際経済関係の変化としては，1990年代半ばから対アジア向け直接投資が急増したことがあげられる．特に，輸出コア製造業の日本企業は，多国籍企業として中国，韓国，台湾，そしてASEAN諸国など東アジア全域にわたって国際生産ネットワークを拡大させ，それに伴って，アジア地域全体にわたる中間財貿易が急速に増加していった[7]．こうしたなかで，日本の製造業の多国籍企業の戦略も大きく変化した．それまでは，日本国内の諸階層の利害に配慮する傾向があったが，アジア展開が進むに伴って，日本国内から相対的に独立した多国籍企業独自の戦略を持つようになったのである．

　図17-8は，製造業における日本企業の海外生産比率の推移を示したものである[8]．2008年のリーマンショック以降も海外生産比率は落ちておらず，2010年には，製造業計で18.1％，輸出コア製造業の中核である輸送機械では39.2％となっており，これが脱工業化を加速させる一つの要因ともなっている．

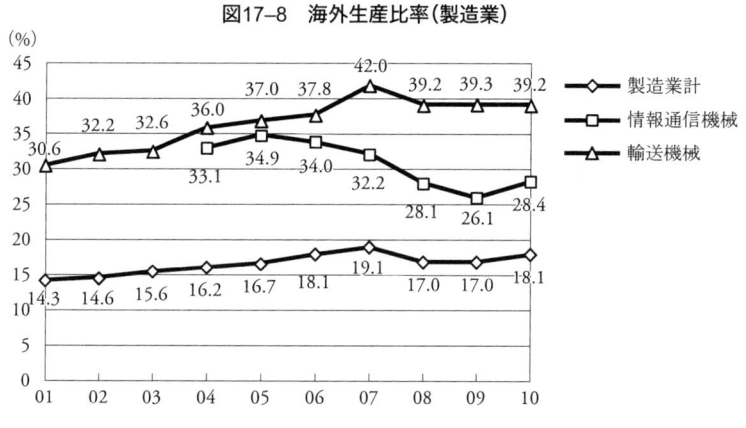

図17-8　海外生産比率（製造業）

出所：経済産業省，『海外事業活動基本調査』．

5 脱工業化と製造業・サービス業連関

1) 脱工業化プロセスの諸類型

1990年代には長期不況のもとで資本設備の過剰，金融危機，雇用保障の弱まり，国際的な生産ネットワークの拡大など，成長体制の転換につながる様々な現象が生じている．こうした状況のもとでは，製造業の企業の生産活動が変化し，投入構造に変化が生じている．例えば，製造業からリース業への外注が増えれば，対事業所サービスからの中間投入が増加し，これが投入構造に反映される．

先に雇用タームでの脱工業化が起こる条件として，実質産出量成長率と労働生産性上昇率の差に着目したR. ローソンの議論を紹介したが，ここではさらに議論を深めて，日本経済の脱工業化を分析するために理論的精緻化を試みたい．R. ローソンは，脱工業化について二つの類型を示している．一つは，製造業の労働生産性上昇によって労働力が排出され，労働生産性上昇率が相対的に低いサービス業へと移動するものである．この経路は，製造業において産出の増加（あるいは維持）と雇用の減少が生じ，サービス業の雇用が増加するもので，「ポジティブな脱工業化 (positive de-industrialization)」と呼ばれる．もう一つは，製造業への需要減少と生産の停滞によって，製造業の雇用が減少しサービス業へ移動するものである．この経路は，製造業の産出と雇用がともに減少し，サービス業の雇用が増加するもので，「ネガティブな脱工業化 (negative de-industrialization)」と呼ばれる．

これら二つがR. ローソンが示した脱工業化へのプロセスであるが，さらにこれら以外のプロセスが存在する．それは，製造業自体の構造変化により脱工業化が進行するという経路である．製造業の構造変化に伴って対事業所サービスからの中間投入が増えれば，製造業部門の産出量が増加したときに対事業所サービスの産出量も増加する．このとき雇用タームでは，サービス業の雇用が増加して脱工業化が生じることになる．これは「製造業とサービス業の連関を通じた脱工業化」として，R. ローソンのいう「ポジティブな脱工業化」と「ネガティブな脱工業化」に次ぐ第三の類型として定式化できる．

表17-2 脱工業化の四類型

	労働生産性		産　出		雇　用	
	製造業	サービス業	製造業	サービス業	製造業	サービス業
経路① ポジティブな脱工業化	十分上昇	—	増加あるいは不変	—	不変あるいは減少	増加
経路② ネガティブな脱工業化	—	—	減少	—	減少	増加
経路③ 製造業とサービス業の連関を通じた脱工業化	—	—	増加	増加	—	増加
経路④ サービス需要の拡大による脱工業化	—	—	—	増加	減少	増加

　さらに第四の経路として，需要サイドからの脱工業化への経路が存在する．最終需要構成は R. ローソンの議論では長期的に一定であると想定されているが，先進諸国では最終需要の長期的シフトがしばしば発生している．実際，日本経済においては，1970年代になると主だった耐久消費財の普及は頭打ち状態となり，1980年代になると「消費のサービス化」が進行し始めている．この第四の経路を，「サービス需要の拡大による脱工業化」と呼ぶことにする．以上の四つの脱工業化の発生メカニズムについて整理したのが，**表17-2**である．

　ここでローソンの議論とわれわれの議論との相違として強調しなければならないのは，これらの脱工業化のメカニズムは，各産業部門の動態によって発生していることである．経済の内部において脱工業化を発生させるメカニズムは単一ではなく，産出量が拡大している成長産業ではポジティブな脱工業化のメカニズムが働き，産出量が減少して衰退傾向にある産業ではネガティブな脱工業化のメカニズムが働く[9]．脱工業化が単一のメカニズムによって進行しているのではなく，各時期の経済状況に応じて部門レベルで異なったメカニズムが作用していることに注意すべきであろう．

2) 製造業・サービス業連関の分析モデル

　ここでは，「製造業とサービス業の連関を通じた脱工業化」について，より詳細に考察したい．そこで，R. フランケと P. カルムバッハの枠組みに用い投入構造分析を行うことで，製造業とサービス業の連関が脱工業化に与え

る効果を確認する．

　彼らの研究の特徴は，産業連関分析における投入係数を「技術係数」と「国内調達比率」に分割し，投入構造についてより詳細な分析を可能にした点にある．Franke and Kalmbach（2003）に従ってモデル式を記述すると，産業連関表の構造から部門別産出量ベクトル x は以下のように定義される．

$$x = Ax + y$$
$$= (I-A)^{-1} y \quad \cdots\cdots\cdots(1)$$

　ここで，x は産出量ベクトル，A は投入係数行列，I は単位行列，y は最終需要ベクトルを表している．投入係数行列 A は，国内調達比率行列 H（中間投入を国内に求める比率）と技術係数行列 A_T (technology coefficient) とに分割される．これは中間投入に特に注目するという分析の目的によるもので，国内からの調達と海外からの調達を区別するためである．

$$A = H \circ A_T \quad \cdots\cdots\cdots(2)$$

　ここで注意する必要があるのが，投入係数行列 A は国内調達比率行列 H と技術係数行列 A_T との積ではなく，それぞれの行列内の各項目の積となっていることである（アダマール積）．

$$a_{ij} = h_{ij} \cdot a_{T,ij} \quad \cdots\cdots\cdots(3)$$

　このように投入係数について，技術係数と国内調達比率の二つに分割することにより，投入構造の変化を国際的な中間財貿易の動向をも含めて詳細に分析することが可能になっているのである．

　データとしては経済産業研究所（RIETI）が公開している産業連関表の長期接続データである JIP データベース 2012（以下 JIP2012）を用いた．分析期間は 1980 年から最新の 2009 年までの 29 年間とし，5 年毎の変化を検証している（ただし，2005～2009 年の期間については 4 年間である）．

　ある部門が生産を行うさいには，様々な部門から中間投入物を調達して生

産を行う．産業連関表の中間投入行列は，各部門が生産を行うにさいしてどの部門からどれだけ中間財を投入したかを示している．財1単位を生産するのに必要な投入物は投入係数と呼ばれる．この投入係数の値は一定ではなく変化する．これはある財を一単位生産するにあたって必要な中間投入の量が変化したことを意味し，その背景には投入構造の変化が存在する．例えば，製造業部門が財を1単位生産するのに必要なサービス投入が前期と比べて増加すれば，製造業とサービス業の連関が強まっていることを意味する．また，投入構造の変化は波及効果をもって増幅され，経済全体の産出量を変動させる．

　ここでの分析方法は，最終需要や製造業を除く部門の投入構造は固定し，製造業の技術係数のみが変化したときに，各部門の産出量がどのような値となるか推計するものである．この方法により，製造業の構造変化が諸産業の産出量にどれほどの影響を与えるかを抽出することができる．技術係数の変化には製造業の構造変化が反映されていると考えられるので，この推計手続きによって得られた各部門の推計産出量は，製造業の構造変化が他産業に与える影響を波及効果をも含めて示したものである．

　この分析の特徴は，投入係数を技術係数と国内調達比率とに分割していることである．投入係数のみを用いる分析では，中間財が国内から調達されたのか，あるいは国外から調達されたのか判定できない．仮にある財の中間投入量が増えたとしても，それが専ら海外から調達されたのであれば，国内経済への影響は少ない．また，中間投入量が一定であったとしても，国内から海外へ調達先のシフトが起これば，国内経済への影響が生じる．こうした調達先の変動による影響を考慮するために，投入係数の分割を行っており，これによって構造変化の影響をより正確に分析することが可能となっている[10]．

3）製造業の構造変化と各部門への影響

　二つのシナリオの結果が，**表 17–3** と **表 17–4** に示されている．これらの結果から，日本の製造業の構造変化について，いくつかの特徴を見出すことができる．

表17-3 「輸出コア製造業」の構造変化による部門別産出量の変化(年率換算)(%)

	1980〜85	1985〜90	1990〜95	1995〜2000	2000〜05	2005〜09
輸出コア製造業	0.25	0.68	1.02	0.41	0.69	0.31
その他製造業	−0.41	−0.07	−0.85	−0.31	−0.88	−3.49
狭義の対事業所サービス	−0.04	1.50	1.66	1.57	1.99	2.85
広義の対事業所サービス	−0.04	−0.17	0.66	2.27	−0.28	−1.28
対個人サービス	0.05	0.29	−0.53	−0.17	−0.32	−1.06
公共サービス	−0.03	−0.14	−0.41	−0.04	0.10	−0.10
総産出	−0.10	0.06	−0.41	0.23	0.00	−0.91

表17-4 「その他製造業」の構造変化による部門別産出量の変化(年率換算)(%)

	1980〜85	1985〜90	1990〜95	1995〜2000	2000〜05	2005〜09
輸出コア製造業	−0.08	0.22	1.04	0.60	1.29	0.81
その他製造業	−0.30	−0.05	−1.10	−0.04	−0.47	−3.94
狭義の対事業所サービス	−0.43	2.44	1.17	1.89	2.65	2.30
広義の対事業所サービス	−0.17	0.27	0.78	1.86	0.56	−2.43
対個人サービス	−0.08	0.43	−0.54	−0.20	−0.19	−1.06
公共サービス	−0.11	−0.11	−0.38	−0.03	0.12	−0.07
総産出	−0.39	0.26	−0.48	0.44	0.45	−1.24

　まず，「輸出コア製造業」の構造変化による産出量変化を示した**表17-3**をみると，同じ製造業に対しても自部門には0.25〜1.02％の産出増大に作用し，その他製造業には−0.07〜−3.49％のマイナスに作用している．これは「輸出コア製造業」において内部連関が強まっていることを意味している．
　また，サービス業に対する影響をみると，「狭義の対事業所サービス」の産出を増大させており，その度合は年々大きなものとなっている．これは「輸出コア製造業」の生産活動において，自部門との内部連関と対事業所サービスとの連関を強める方向で構造変化が進行していることを示している．
　次に，「その他製造業」の構造変化の影響を示した**表17-4**をみると，輸出コア製造業とは異なる傾向がみられる．「輸出コア製造業」では自部門および「狭義の対事業所サービス」の産出を増大させていたのに対して，「その他製造業」の構造変化は「輸出コア製造業」の産出を増大させ，自部門の

産出は減少させる方向で作用しているのである．サービス業に対しては，「輸出コア製造業」の構造変化と同じく「狭義の対事業所サービス」の産出増大に作用している．これは「輸出コア製造業」と「その他製造業」とで性質の異なる構造変化が進行していることを示している．

以上二つのシナリオから，両製造業部門における構造変化は「輸出コア製造業」と「狭義の対事業所サービス」の産出量を増大させ，「その他製造業」の産出量を減少させる方向で作用していることが明らかとなった．これらの効果は近年になるほど大きく，特に「狭義の対事業所サービス」への産出増大効果は，「輸出コア製造業」と「その他製造業」のどちらにおいても2005〜2009年の期間には年率で2%を上回っている．これは，製造業の構造変化を通じたサービス業の拡大が，脱工業化の一つの経路となっていることを明瞭に示すものである．

また，「輸出コア製造業」が輸出によって自部門の産出を増大させるだけでなく，構造変化によっても産出を増大させている点は注目される．国内最終需要，輸出，輸入といった最終需要系列の変動だけでなく，構造変化が「輸出コア製造業」の拡大に寄与しているのである．そして，この「輸出コア製造業」の拡大は，連関の深い対事業所サービスの成長にもつながっている．「輸出コア製造業」と「狭義の対事業所サービス」は，相互連関関係を強めつつ，近年の日本において成長産業の地位を保っている．この事実は新たな成長体制の構築について検討するうえで重要な論点となると考えられる．

6 製造業の構造変化と脱工業化：産業連関分析

1) 産出量変化の要因分解モデル

前節では脱工業化の類型を整理するとともに，第三の経路である「製造業とサービス業の相互連関を通じた脱工業化」について検証した．本節では視野をさらに拡大し，成長体制の転換のもとで脱工業化がどのように進行していたのかについて明らかにする．方法としては，前節と同じくJIP2012のデータを用いて産出量変化の要因分解を行う．産出量が変化する背景には様々な要因が考えられるが，この手法では産出量変化を国内需要，輸出，輸入，技

術変化,国内調達比率の変化,残余項の六つの要因に分解することで,それぞれの要因がどの程度影響を与えていたのか推計するものである[11].

具体的なモデルは,以下のものである.産業連関分析ではレオンチェフ逆行列を用いて,ある年の最終需要ベクトル y から産出量を推計することが可能である.表記の簡略化のためにレオンチェフ逆行列を $B=(I-A)^{-1}$ とし,これを用いて部門別産出量ベクトル x の変化分を次のように求めることができる.

$$\Delta x = B^0 \Delta y + (B^1 - B^0)\Delta y \\ + B^0 (H^0 \circ \Delta A_T) x^0 + \left[B^1 (H^1 \circ \Delta A_T) - B^0 (H^0 \circ \Delta A_T)\right] x^0 \quad \cdots\cdots\cdots \quad (4) \\ + B^0 (\Delta H \circ A_T^0) x^0 + (B^1 - B^0)(\Delta H \circ A_T^0) x^0$$

Δx は0期から1期までの x の変化量を表すベクトルである.係数右上の添字は0期と1期をあらわす.ここで,第1項は最終需要の変化に起因する産出量変化を表す.第3項は技術係数の変化に起因する産出量変化を表す.第5項は中間投入の国内調達比率の変化に起因する産出量変化を表す.また第2項と第4項と第6項は,それらに含まれない残余(residual)に起因する産出量変化を表している.

ここで最終需要ベクトル y は,国内最終需要 y^{dfd},輸出 y^{ex},最終財の輸入 y^{fim} の三つにさらに分割することができ,以下のように示される.

$$y = y^{dfd} + y^{ex} - y^{fim} \cdots\cdots\cdots\cdots\cdots\cdots (5)$$

このようにして,産出量変化を国内需要,輸出,輸入,技術変化,国内調達比率の変化,残余項の六つの要因に分解することができる.この方法の利点は,需要成長の要因に着目すれば成長体制を検証でき,各部門の動向に着目すれば脱工業化がどのようなメカニズムで進んでいるか確認できるので,成長体制の転換と脱工業化を同時に扱うことが可能となることである.

2) 産出量変化の要因と脱工業化の進行

分析結果を期間ごとに整理すると,1980年代の安定成長期,1990年代の

長期不況期，2000年代前半の回復期，2000年代後半の世界金融危機のもとでの不況期に大別することができる．この30年間に脱工業化は一貫して進行し続けてきたが，成長体制の変遷に伴って脱工業化の発生メカニズムが各期間で変化している点が重要である．

表17-5は1980年代の産出量変化の要因分解の結果を示したものである．1980～85年の期間においては輸出の貢献が大きかったが，1985～90年にはプラザ合意後の円高のため製造業輸出の貢献分は縮小している．しかし，バブル経済のもとで国内最終需要が増加し，いずれの産業に対しても産出増加

表17-5　産出量変化の要因分解(1980～85年，1985～90年)　(年率換算:％)

1980～85年	産出量変化	最終需要	輸出	輸入	技術係数	国内調達比率	残余項
1 農林水産業	0.04	0.05	0.01	−0.01	−0.04	0.04	−0.01
2 輸出コア製造業	0.74	0.38	0.36	−0.01	0.01	0.01	0.00
3 その他製造業	0.62	0.69	0.18	−0.09	−0.10	0.04	−0.11
4 その他工業	−0.02	0.00	0.02	0.05	0.01	0.05	−0.14
5 狭義の対事業所サービス	0.43	0.28	0.05	−0.01	0.12	0.00	−0.01
6 広義の対事業所サービス	0.30	0.22	0.10	−0.01	−0.02	0.03	−0.03
7 対個人サービス	0.72	0.59	0.03	0.00	0.06	0.03	0.02
8 公共サービス	0.46	0.46	0.01	0.00	−0.01	0.00	−0.01
総産出	3.29	2.67	0.77	−0.09	0.04	0.20	−0.29

1985～90年	産出量変化	最終需要	輸出	輸入	技術係数	国内調達比率	残余項
1 農林水産業	0.00	0.08	0.01	−0.04	−0.06	0.03	−0.02
2 輸出コア製造業	0.98	0.72	0.21	−0.12	0.12	0.01	0.04
3 その他製造業	0.67	1.13	0.11	−0.37	−0.16	0.09	−0.15
4 その他工業	0.90	1.00	0.02	−0.08	−0.21	0.36	−0.19
5 狭義の対事業所サービス	0.61	0.48	0.05	−0.09	0.14	0.04	0.00
6 広義の対事業所サービス	0.69	0.63	0.03	−0.08	0.06	0.05	0.00
7 対個人サービス	0.84	1.01	0.03	−0.09	−0.10	0.03	−0.04
8 公共サービス	0.25	0.33	2.00	−0.01	−0.05	0.00	−0.02
総産出	4.94	5.39	0.45	−0.88	−0.26	0.60	−0.38

注：総産出の成長率を各要因に分割したものである．値を合計すると総産出の成長率（例えば1980～85年には3.29％）に等しくなる．

に作用した．結果として1985～90年は年率換算で4.94％という分析期間中最大の成長率を実現している．

　こうした日本経済の好況のもとで，1980年代には既に国内生産拠点の海外移転が始まっていたが，輸出財製造業では，累積的成長によって産出量が増加したため，脱工業化の顕在化が抑制されていたのである．1980年代はいわゆる「産業空洞化」への懸念が叫ばれた時期であり，実際に製造業の海外移転が進行している．しかし，製造業の国内における雇用シェアは低下したものの，雇用者数をみればほぼ横ばいであり，雇用タームの脱工業化は抑制されていた．つまり，サービス業の雇用量増加が製造業のそれを上回っていたため，雇用シェアでみればサービス経済化が進行していたものの，絶対値としては製造業の雇用量は減少してはいなかったのである（図17-9および図17-10）．この時期の脱工業化は，製造業からサービス業への雇用移動ではなく，サービス需要の拡大による雇用拡大を伴って進行していた．これは前節で述べた経路でいえば第四の「サービス需要の拡大による脱工業化」に対応する．

　1990年代初頭になると，過剰蓄積とバブル崩壊により日本経済は一気に失速する．バブル崩壊の実物経済への影響は，国内需要の縮小が第一に挙げ

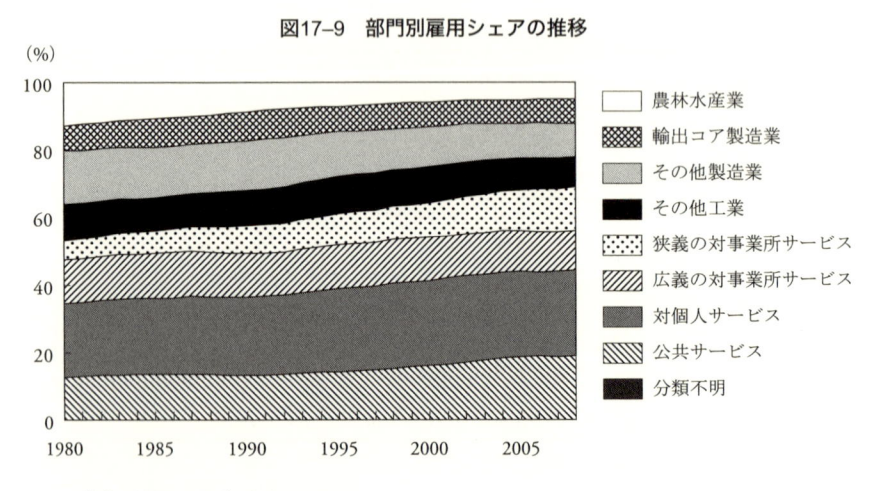

図17-9　部門別雇用シェアの推移

出所：RIETI，JIPデータベース2012．

図17-10 部門別雇用量の推移

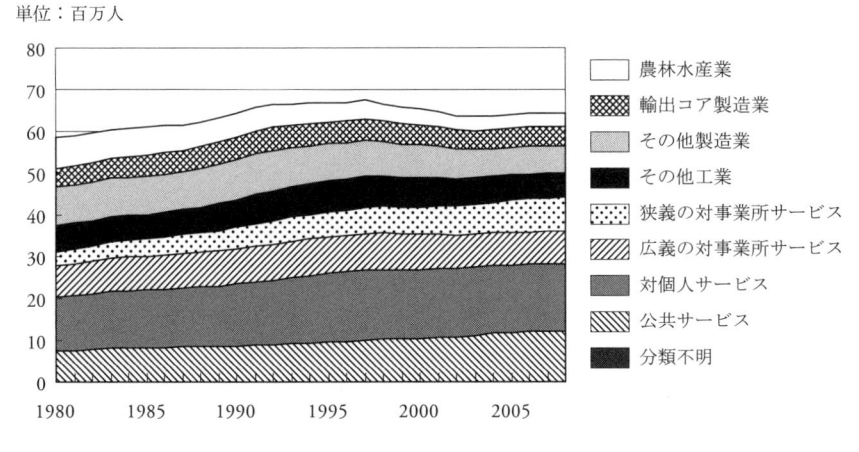

単位：百万人

凡例：
- 農林水産業
- 輸出コア製造業
- その他製造業
- その他工業
- 狭義の対事業所サービス
- 広義の対事業所サービス
- 対個人サービス
- 公共サービス
- 分類不明

出所：RIETI, JIPデータベース2012.

られる．先にみたように，1980年代の成長は輸出と国内需要に支えられたものであったので，その一方を担っていた内需の縮小したことは，日本経済に深刻な影響をもたらした．国内需要が縮小した状況下で，経済成長を牽引したのは輸出財製造業である．「輸出コア製造業」は，円高のもとでも高い国際競争力を維持していた自動車産業や電子電機産業を中心とした輸出拡大などを背景として，1990年代前半の第二次産業のなかでは総産出量変化への貢献が唯一プラスになっている．他方，「その他製造業」は産出量変化への貢献がマイナスとなり，産出面における縮小を開始した．

この時期にも脱工業化は一貫して進行しているが，そのメカニズムは80年代とは大きく異なっている．それは製造業からの雇用排出が始まり，サービス業が雇用の受け皿となったことである．雇用シェアの推移を時系列でみると，「農林水産業」，「その他製造業」，「その他工業」の雇用が縮小し，雇用はサービス業へと吸収されている（**図17-10**）．

1990年代の脱工業化のメカニズムは，以下のように要約できる（**表17-6**）．「輸出コア製造業」においては，産出量と労働生産性の両方が上昇しており，「ポジティブな脱工業化」のメカニズムが作用した．これに対して，「その他製造業」においては，産出量の減少と労働生産性の上昇がみられ，余剰化し

表17-6 産出量変化の要因分解(1990〜95年, 1995〜2000年) (年率換算:%)

1990〜95年	産出量変化	要因分解					
		最終需要	輸出	輸入	技術係数	国内調達比率	残余項
1 農林水産業	−0.06	0.00	0.01	0.00	−0.07	0.01	0.00
2 輸出コア製造業	0.02	−0.07	0.15	−0.08	0.06	−0.04	−0.01
3 その他製造業	−0.15	−0.02	0.10	−0.14	−0.13	0.05	−0.01
4 その他工業	−0.04	−0.10	0.01	−0.04	−0.04	0.13	−0.01
5 狭義の対事業所サービス	0.25	0.13	0.03	−0.01	0.08	0.01	0.00
6 広義の対事業所サービス	0.55	0.25	0.02	−0.01	0.26	0.03	0.00
7 対個人サービス	0.24	0.26	0.01	0.00	−0.04	0.01	−0.01
8 公共サービス	0.35	0.36	0.00	0.00	−0.01	0.00	0.00
総産出	1.16	0.80	0.33	−0.29	0.13	0.21	−0.02

1995〜2000年	産出量変化	要因分解					
		最終需要	輸出	輸入	技術係数	国内調達比率	残余項
1 農林水産業	−0.01	0.00	0.01	0.00	0.00	−0.01	0.00
2 輸出コア製造業	0.36	0.19	0.28	−0.18	0.14	−0.07	0.00
3 その他製造業	−0.27	−0.04	0.13	−0.08	−0.12	−0.13	−0.02
4 その他工業	−0.19	−0.22	0.02	0.00	0.13	−0.10	−0.02
5 狭義の対事業所サービス	0.37	0.14	0.05	−0.04	0.23	−0.02	0.00
6 広義の対事業所サービス	0.14	0.08	0.13	−0.06	0.03	−0.04	0.00
7 対個人サービス	0.10	0.15	0.03	−0.02	−0.04	−0.01	0.00
8 公共サービス	0.27	0.26	0.00	0.02	0.00	0.00	0.00
総産出	0.76	0.57	0.64	−0.38	0.39	−0.39	−0.06

た労働力がサービス業へと移動していくという「ネガティブな脱工業化」が作用していた．また，製造業とサービス業の連関の強まりによって，対事業所サービスの産出量が増大しており，「製造業とサービス業の連関を通じた脱工業化」が強く進行していたと考えられる．このように，1980年代には需要構成の変化に起因する脱工業化への経路が主にみられたが，1990年代になると複数の脱工業化への経路が顕在化することになったのである．

「失われた10年」と呼ばれた長い経済停滞期を抜けて，2002年から日本経済は回復局面に入った．2000〜05年の分析結果はこの拡大期をカバーしたものである（**表17-7**）．1980年代の経済成長は内需と輸出の両方が貢献していたが，長期不況のもとで内需が抑制された1990年代後半以降は，輸

表17-7 産出量変化の要因分解（2000〜05年）（年率換算：%）

2000〜05年	産出量変化	要因分解					
		最終需要	輸出	輸入	技術係数	国内調達比率	残余項
1 農林水産業	−0.02	0.00	0.01	−0.01	−0.01	−0.02	0.00
2 輸出コア製造業	0.59	0.42	0.45	−0.30	0.12	−0.08	−0.02
3 その他製造業	−0.26	0.10	0.23	−0.17	−0.15	−0.22	−0.05
4 その他工業	−0.19	−0.13	0.03	−0.03	0.21	−0.16	−0.10
5 狭義の対事業所サービス	0.42	0.20	0.08	−0.04	0.25	−0.05	−0.02
6 広義の対事業所サービス	0.14	0.24	0.12	−0.05	−0.05	−0.09	−0.04
7 対個人サービス	0.06	0.17	0.04	−0.03	−0.09	−0.02	−0.02
8 公共サービス	0.31	0.31	0.00	0.00	0.01	−0.01	0.00
総産出	1.04	1.32	0.95	−0.63	0.29	−0.64	−0.25

出が主な成長要因となり，2000〜05年の期間は，その傾向がさらに強まった時期であるといえる．

労働分配率の抑制による消費需要の冷え込みと製造業の輸出拡大により，それまでの輸出主導型成長体制とは異なる局面に日本経済は達した．そこで見られた特徴は，以下の点である．まず，製造業内において輸出財を生産する製造業とそれ以外の製造業との間で業績の差が一層拡大した．また，サービス業においては，国内需要が冷え込んだ状況のもとで対個人サービスの業績は伸び悩み，中間需要を通じて他産業との連関が強い対事業所サービスの産出量が増加している．かつての輸出主導型成長体制のもとでは，輸出製造業以外の部門にも成長が見られていたが，この2000年代前半の景気拡大期にはもっぱら「輸出コア製造業」とこれとの連関の強い対事業所サービスが成長した．このように，2000年代前半の経済成長は，製造業の輸出に強く依存したものであり，従来の輸出主導型成長とは異なる特徴を持っている[12]．

2005〜09年の分析結果（**表17-8**）は，リーマンショックをきっかけに発生した世界金融危機が日本経済に与えた影響を反映している．総産出の成長率は年率換算で−1.87%となり，分析期間中初めてマイナスの成長となっている．

この期間においては各部門の産出量が減少したが，特にこれまで成長を牽

表17-8　産出量変化の要因分解(2005〜09年)　(年率換算：%)

2005〜09年	産出量変化	要因分解					
		最終需要	輸出	輸入	技術係数	国内調達比率	残余項
1　農林水産業	−0.01	−0.03	0.00	0.01	0.00	0.00	0.00
2　輸出コア製造業	−0.53	−0.28	−0.51	0.29	0.01	−0.04	0.00
3　その他製造業	−0.58	−0.31	0.00	0.12	−0.43	0.00	0.04
4　その他工業	−0.32	−0.31	−0.01	−0.06	0.08	0.00	−0.02
5　狭義の対事業所サービス	−0.12	−0.16	−0.02	0.03	0.03	0.01	−0.01
6　広義の対事業所サービス	−0.54	−0.32	0.01	0.02	−0.29	0.03	0.02
7　対個人サービス	0.06	0.06	−0.02	0.04	−0.03	0.00	0.00
8　公共サービス	0.16	0.14	0.00	0.00	0.02	0.00	0.00
総産出	−1.87	−1.22	−0.55	0.46	−0.60	−0.01	0.04

引してきた「輸出コア製造業」が，1980年以降初めてマイナスの貢献となり，総産出を0.53%減少させている．世界金融危機は，為替レートの円高化や製造業の輸出需要の急激な減少をもたらし，製造業の業績を悪化させた．そうした世界金融危機当時の経済状況が，この分析結果には反映されている．サービス業に目を向けると，狭義および広義の「対事業所サービス」では産出が減少し，「対個人サービス」はほぼ横ばいで，「公共サービス」は産出増に貢献しているが0.16%に過ぎないなど，「輸出コア製造業」を代替するほどの成長は示していない．

　以上を総括すれば，1980年代には輸出主導型成長と旺盛な国内需要によって安定的な成長が実現していたが，1990代初頭のバブル崩壊後の長期停滞のもとで成長体制は転換を迫られ，脱工業化の発生メカニズムにも変容が生じたことが，まず重要である．こうした状況下でも「輸出コア製造業」と「狭義の対事業所サービス」が高い成長率を示し経済成長を牽引した．しかし，1990年代後半以降は各部門の成長率にバラつきが大きくなり，「その他製造業」「その他工業」「対個人サービス」では成長への貢献がマイナスあるいはゼロに近い水準が続いた．製造業の輸出が経済成長を牽引しているとはいえ，こうした各部門間の差異の拡大や，「狭義の対事業所サービス」との連関強化は，1980年代までの輸出主導型成長には見られなかったものである．日本経済の新たな成長体制を検討するにあたっては，このような輸出主導型成

表17-9 主要部門の実質産出量成長率・労働生産性上昇率・雇用成長率(5年間) (%)

		1980～85	1985～90	1990～95	1995～2000	2000～05	2005～09
輸出コア製造業	産出量成長率	58.72	35.32	-5.54	0.77	0.03	-24.94
	労働生産性上昇率	34.98	27.58	2.92	6.20	6.72	-21.86
	雇用成長率	17.59	6.06	-8.22	-5.11	-6.27	-3.94
その他製造業	産出量成長率	26.26	24.95	-0.65	-6.18	-4.94	-18.81
	労働生産性上昇率	26.83	21.33	5.64	7.08	12.51	-12.15
	雇用成長率	-0.45	2.99	-5.96	-12.38	-15.51	-7.59
狭義の対事業所サービス	産出量成長率	40.83	53.71	19.70	16.82	7.38	-5.83
	労働生産性上昇率	11.66	19.65	4.07	6.15	-7.13	-15.08
	雇用成長率	26.13	28.47	15.01	10.05	15.63	10.89
広義の対事業所サービス	産出量成長率	21.23	45.89	28.53	-1.48	2.08	-17.21
	労働生産性上昇率	14.38	40.99	22.43	3.37	9.84	-13.87
	雇用成長率	5.98	3.48	4.99	-4.68	-7.07	-3.88
対個人サービス	産出量成長率	39.18	36.51	16.06	3.09	-1.18	2.12
	労働生産性上昇率	29.27	26.56	5.33	2.05	1.40	1.81
	雇用成長率	7.67	7.86	10.18	1.01	-2.54	0.31
公共サービス	産出量成長率	36.53	21.15	26.41	12.81	8.39	4.45
	労働生産性上昇率	23.79	15.72	13.92	3.57	-5.29	3.21
	雇用成長率	10.29	4.69	10.97	8.93	14.45	1.20
総産出	産出量成長率	32.62	35.98	11.55	2.04	-0.31	-7.53
	労働生産性上昇率	27.46	29.13	7.23	4.55	1.78	-6.59
	雇用成長率	4.04	5.31	4.02	-2.40	-2.05	-1.00

注:ただし,2005～2009年の期間は4年間の変化率.また,5年間(4年間)分の変化率を取っているため,産出量成長率,労働生産性上昇率,雇用成長率の相互関係に誤差が生じている.

長の変容をふまえて議論される必要があろう.

3) 脱工業化と雇用構造のシフト

　成長体制の転換と脱工業化メカニズムの変化は,雇用構造にも影響を与える.表17-9は,各部門の産出量,労働生産性,雇用の変化率を5年毎の数値で示したものである.第2節で紹介したW.ボーモルやR.ローソンらの理論に示されているように,産出量成長率を上回って労働生産性が上昇するとき,生産過程では雇用過剰の状況となり,当該部門の雇用は減少する.反対に,産出量の成長率に労働生産性の上昇が追いつかない場合には,労働投入量の増加が促進され,雇用量が増加する.このように産出量,労働生産性,雇用の変化率を相互に比較することにより,雇用シフトがどのような要因に

よって発生しているか確認することができる[13].

1980年代から輸出コア製造業とその他製造業との間で成長率格差が生じていたが、輸出主導型成長体制のもとで旺盛な国内需要もあり、産出量成長率はいずれもプラスであり、雇用タームでの脱工業化の発生は抑制された.しかし1990年代になると、長期停滞のもとで各部門の差異が顕在化することになった.「輸出コア製造業」からはポジティブな脱工業化のメカニズム(経路①)によって、「その他製造業」からはネガティブな脱工業化のメカニズム(経路②)によって雇用が排出された.また、製造業・サービス業連関を通じた脱工業化のメカニズム(経路③)による「対事業所サービス」の産出量増大が生じてサービス業の雇用の増加に寄与した.世界金融危機の影響を反映した2005～09年においてさえ、「狭義の対事業所サービス」は「輸出コア製造業」と連動して10.89%という高い雇用成長を示している.

製造業から排出された労働力は、サービス業で吸収される.「対個人サービス」と「公共サービス」は、1990年代以降において労働生産性上昇率が低下しているにもかかわらず、雇用は依然として増加傾向にあり、製造業で余剰化した労働力を吸収する役割を果たした.世界金融危機の影響があった2005～2009年の期間においても、サービス業は「広義の対事業所サービス」を除いてプラスの雇用成長率を示している.

ここで制度分析の観点から重要な問題がある.製造業によって排出された労働力が「対事業所サービス」で吸収されるプロセスの背後には、製造業内部で行われていたサービス活動の外部化がある.しかも、「対事業所サービス」では、しばしば労働力が非正規労働者として再雇用されている.サービス業での雇用吸収と非正規労働者の増加傾向は、連動しているのである.また、構造分析の観点からみると、製造業からの雇用の排出とサービス業による雇用再吸収は、製造業には労働生産性上昇をもたらすと同時に、サービス業の労働生産性上昇には抑制効果をもつ.これは、労働生産性上昇率の高い製造業や対事業所サービスと、相対的に低い「対個人サービス」や「公共サービス」との間での二極化を促進することを意味する.こうした現象は1980年代の輸出主導型成長の時期には見られなかったもので、1990年代後半以降の「輸出コア製造業」が突出した経済成長のもとで生じている.本章での分

析期間はデータの利用可能な 2009 年までであるが，日本経済は 2010 年以降に世界金融危機の深刻化や 2011 年の東日本大震災を経験した．これらはいずれも成長を牽引する「輸出コア製造業」に対して強くマイナスに作用するものであり，2010 年以後はより一層厳しい状況となっている．

7 まとめ

本章では，レギュラシオン理論の成長体制分析と脱工業化の産業連関分析を統合することによって，日本経済における成長体制の転換と脱工業化過程の分析を行ってきた．最後に得られた結果を整理し，脱工業化が進行するもとでの新たな成長体制の可能性について検討したい．

第一に，1990 年代の構造的不況によって，日本経済の成長体制は転換を余儀なくされたが，2000 年代に入っても適切な調整様式が未確立であった．このため，2002 年以降の景気回復過程では，労働分配率を押し下げることで利潤率を回復させたものの，新たな成長体制を生み出すことはできなかった．輸出主導型成長の体質は継続されたが，それを支える生産性上昇メカニズムと国内諸制度のコーディネーション（調整）機能は低下してきた．2008 年のリーマンショック以降も，日本経済の停滞が続いており資本蓄積率は低位に留まっている．

第二に，日本経済は不均等発展的な構造的特質を持ちつづけており，1980 年代以降一貫して「輸出コア製造業」と「その他製造業」とでは，成長率や労働生産性上昇率に大きな差異がみられた．また，サービス業においては，「狭義の対事業所サービス」「広義の対事業所サービス」と「対個人サービス」「公共サービス」とでは，製造業に対して異なった構造的連関を持っている．1990 年代になると国内需要が停滞するもとで，輸出需要に大きく依存する「輸出コア製造業」が成長を支えたが，この「輸出コア製造業」の成長は中間需要を通じて対事業所サービスの増大をもたらした．この間，「輸出コア製造業」の海外生産は増加してきたが，国内における「輸出コア製造業」の産出量はそれなりに維持された．しかし，2008 年のリーマンショック以降においては，逆にこの輸出依存的な産業連関によって不況の連鎖が強まった．

第三に，日本経済の脱工業化のメカニズムについては，次のことが確認できる．1980年代には輸出需要と国内需要の拡大によって脱工業化の進行が緩和されていたが，そのなかでは「サービス需要の拡大を通じた脱工業化」が作用した．1990年代の長期不況期には，「輸出コア製造業」の「ポジティブな脱工業化」と，「その他製造業」の「ネガティブな脱工業化」のメカニズムが同時に作用し，雇用タームでの脱工業化が進行した．また，「製造業とサービス業の連関を通じた脱工業化」は，特に1990年代以降顕著なものとなり，1990年代以降長期不況と構造変化のもとで脱工業化が加速した．

　第四に，製造業内部の構造変化としては，1990年代以降，「輸出コア製造業」では内部連関が強まっており，「対事業所サービス」は製造業との結びつきを反映した技術係数効果と国内最終需要効果によって産出量を増加させている．「対個人サービス」は，国内最終需要の効果によって拡大してきた．こうしたサービス業の拡大は，「輸出コア製造業」と「その他製造業」で排出された雇用の受け皿となったが，しばしばサービス業では非正規労働者として再雇用されている．2008年のリーマンショック以降，「輸出コア製造業」が落ち込みをみせ，「対事業所サービス」もまた雇用吸収力は急速に低下させており雇用問題が深刻化している．

　以上をふまえて，将来の日本経済の成長体制をどのように展望すべきだろうか．まず確認すべき点は，現在，適切な調整様式が未確立であり，安定的な成長体制が不在であることである．2002年以降の景気回復局面においては，製造業の輸出に牽引された経済成長が実現した．しかし，この成長は1990年代初頭までの輸出主導型成長と比べると輸出への依存度がとりわけ高く，また他産業への波及効果が小さいために，輸出製造業とそれに関連する産業のみが突出して成長するという特徴を持っていた．

　1980年代の成長と1990年代後半から2000年代半ばまでの成長は，どちらも「輸出主導型成長」と呼ぶことができるが，その内実は大きく異なっている（Uemura 2012）．これまで製造業の輸出の増大は，国内経済への波及が期待できることから，積極的に受け取られることが多かったが，こうした考えの背景には，輸出製造業部門が国内他部門との間で中間投入や投資需要形成を通じた連関効果を持っていること，所得のスピルオーバーによって家計

消費を通じた諸産業への波及効果が存在することが前提となっている．そうした国内諸要素の構造的連関が弱くなれば，輸出主導型成長によって国内経済は恩恵を受けることは難しくなる．また，輸出依存度の高い経済は，海外の経済状況の変動に大きく影響されるという脆弱性を持つ．リーマンショック以降の世界金融危機においては，それが現実のものとなり，国内経済は深刻な不況に陥ったのである．さらに，ここでの分析期間以降の出来事として2011年の東日本大震災があるが，これにともなう国内生産拠点の活動停止や円高による輸出製造業の業績悪化が生じて，それが瞬く間に国内経済全体に波及してしまった．日本経済の構造問題として，輸出財製造業およびこれに関連する産業と，それ以外の産業との間で二極化が進行している点は特に深刻である．このような産業間格差はやがて所得や雇用に反映され，経済格差や失業といった社会経済的問題を引き起こす要因となる．この点で，産業間格差問題は，単なる個別産業の課題としてではなく，広く社会全体の問題として認識される必要がある．

　以上の課題に応えるために重要なことは，まず国内に適切な調整様式を確立し，東アジア経済統合のもとで国際分業を牽引できるダイナミックな製造業を創出することである．今後，東アジアでの国際生産リンケージは一層発展することだろう．そのさい，中国などアジア諸国の急速な工業発展に直面して，将来的にも日本の製造業における雇用の相対的減少は避けられない．しかし，そのような傾向が不可避的だからこそ，日本の製造業全体の衰退が生じないように，国際分業をリードする先端分野の製造業を創出し維持し続けることが決定的に重要なものとなる．他方で，サービス業については，対事業所サービスだけでなく，医療や介護，教育といった対個人サービスの分野でもイノベーションを生み出していくことが重要である[14]．この分野では，製造業とサービス業との二分法的発想を超えた融合型のイノベーションが重要なものとなる．そのためにも適切な国内制度の構築と調整様式の確立が不可欠である．日本経済は輸出大企業のみが突出し，他産業や中小企業の活動との整合性が失われ調整様式が機能不全に陥っている．新しい成長体制のもとでは，医療，福祉，教育といった様々なサービス産業の成長を促進しつつ，雇用を維持し発展させることができるように，金融システム，賃労働関係，

そして国家財政システムにわたって新たな制度的・構造的両立性が打ち立てられなければならない．そのさい，正規労働者と非正規労働者双方を包摂した技能形成，雇用安定，賃金決定，社会保障に関する社会的レベルでの合意と調整を確立することが望まれるのである．

注

(1) これまで，レギュラシオン理論に基づき脱工業化の分析を行ったものとして，植村（1991），原田（1997, 2007）がある．また，レギュラシオン理論のマクロ構造分析を産業連関分析によって発展させたものとしては，宇仁（1998）があり，そこでは累積的成長と構造変化が統一的に分析されている．

(2) レギュラシオン理論やポスト・ケインジアン理論においては，しばしば賃金上昇—消費需要増加—投資増加—経済成長という需要形成の連鎖と利潤増大—投資増加—経済成長という需要形成の連鎖を対比して分析することがある．前者は「賃金主導型成長（wage-led growth）」と，後者は「利潤主導型成長（profit-led growth）」と呼ばれることがある（Boyer 1988; Marglin and Schor 1990）．また，輸出主導型成長においては，賃金コストの抑制が輸出需要を増加させるので，賃金から利潤への所得のシフト（あるいは生産物価格の低下）が生じやすい．もちろん，各国に成長過程において，異なった時期には異なった需要形成のパタンが存在してきた．日本経済は，これまで「利潤主導型」の性質を強く持ってきた（Uemura 2000）．本書第3章における西洋の計量分析でも，「利潤主導型」であることを確認している．また，大熊（2013）は，これらと同一のカレツキアン・モデルによって環境対策費用が経済成長に与える効果を分析している．

(3) この点は，すでにUemura（2000）およびUemura（2012）で分析している．

(4) この賃金シェア（労働分配率）の急激な低下について，野田／阿部は，「2000年以降は生産性上昇が大きく見られるなかで，同時に賃金が大幅に低下していたことがわかる．その意味でこの時期の労働者は生産性の上昇の効果を享受できていなかったといえる」（野田／阿部 2010: 40）と説明している．

(5) 「輸出コア製造業」に分類されるのは，「機械」「電子・電機機器」「自動車」「その他輸送機械」「精密機械」の5部門であるが，それは1980年から2009年までの期間において産出量に占める輸出の比率が高かった産業を選んでいる．

(6) この点は，宇仁／山田／磯谷／植村（2011）およびBoyer, Uemura and Isogai（2012）において，レギュラシオン理論の観点から詳細に論じているので，参照されたい．

(7) この点についてはBoyer, Uemura and Isogai（2012）および本書3章の図3-5を参照されたい．

(8) 海外生産比率＝現地法人売上高／（現地法人売上高＋国内法人売上高）×100%．

(9) この点に関して，本章で用いている「ポジティブな脱工業化」と「ネガティブな脱工業化」の概念は，R. ローソンのオリジナルとは若干異なっている．R. ローソンは「ポ

ジティブな脱工業化」「ネガティブな脱工業化」の概念を，経済全体の脱工業化過程を特徴づけるものとして用いている．これに対して，本章での「ポジティブな脱工業化」「ネガティブな脱工業化」は，R. ローソンの議論をもとに産業部門レベルの動態を説明するものとして用いている．
(10) 中間投入行列の具体的な分割方法としては，5 年毎に作成されている産業連関表の付帯表である輸入表，および WIOD（World Input-Output Database）のデータを用いて，中間投入に占める輸入の割合を示す行列を求め，これに基づいて JIP2012 より作成した 9 部門の中間投入行列を技術係数行列と国内調達比率行列とに分割した．
(11) モデルの詳細については Franke and Kalmbach (2003, 2005) および田原（2009, 2010）を参照されたい．
(12) これは植村（2011）で示されている「未完成な成長体制」に対応するものである．
(13) JIP2012 のデータは，実際に行われた取引の推計値を示したものであるので，労働生産性の値が生産技術の水準を示すものでは必ずしもないことには，留意が必要である．雇用量は短期的な変動が難しく，不況期には「労働保蔵」が起こり生産性の過小評価が起こる．また好況期には，生産性の過大評価が生じる．景気循環による労働生産性の循環的変動に留意する必要がある．
(14) R. ボワイエは，日本における「人間創造型成長体制」の具体的姿として，「イノベーションと地域経済統合に主導された成長体制」という発展の可能性を示している．高齢化が進む日本においては，福祉，医療，教育などの領域の潜在的需要に対応し，高品質の製品を開発していくイノベーションが必要だと指摘している．ボワイエ（2013）を参照されたい．

参考文献

Baumol, W. A. (1967) 'Macroeconomics of Unbalanced Growth: the Anatomy of Urban Crisis', *American Economic Review*, 57 (3).

Boyer, R. (1988) 'Formalizing Growth Regimes', in G. Dosi, C. Freeman, R. Nelson, G. Silverberg and L. Soete eds., *Technical Change and Economic Theory*, London and New York: Pinter Publishers.

Boyer, R. and P. Petit (1991) 'Kaldor's Growth Theories: Past, Present and Prospects for the Future', in E. Nell and W. Semmler eds., *Nicolas Kaldor and Mainstream Economics: Confrontation or Convergence?*, London: Macmillan.

Boyer, R. and T. Yamada eds. (2000) *Japanese Capitalism in Crisis: A regulationist interpretation*, London and New York: Routledge.

Boyer, R., H. Uemura and A. Isogai eds. (2012) *Diversity and Transformations of Asian Capitalisms*, London and New York: Routledge.

Franke, R. and P. Kalmbach (2003) 'Structural change in the manufacturing sector and its Input on business related services: an Input-Output study for Germany', *IKSF Discussion paper*, 29.

Franke, R. and P. Kalmbach (2005) 'Structural change in the manufacturing sector and its Input on business related services: an Input-Output study for Germany', *Structural Change and Economic Dynamics*, 16.

Kaldor. N (1978) *Further Essays on Economic Growth*, Gerald Duckworth. 笹原昭五／高木邦彦訳『経済成長と分配理論』日本経済評論社, 1989年.

Landesmann, M. and R. Scazzieri eds. (1996) *Production and Economic Dynamics*, Cambridge: Cambridge University Press.

Marglin, S. (1984) *Growth, Distribution and Prices*, Cambridge MA: Harvard University Press.

Marglin, S. and J. Schor eds. (1990) *The Golden Age of Capitalism: Reinterpreting the Postwar Experience*, Oxford: Clarendon. 〔磯谷明徳／植村博恭／海老塚明監訳『資本主義の黄金時代――マルクスとケインズを超えて』東洋経済新報社, 1993年〕

Pasinetti, L. L. (1981) *Structural Change and Economic Growth: A Theoretical Essay on the Dynamics of the Wealth of Nations*, Cambridge: Cambridge University Press. 〔大塚勇一郎／渡会勝義訳『構造変化と経済成長――諸国民の富の動学に関するエッセイ』日本評論社, 1983年〕

Petit, P. (1986) *Slow Growth and the Service Economy*, Frances Printer.

Petit, P. (1988) *La croissance tertiaire*, Paris: Economica. 〔平野泰朗訳『低成長下のサービス経済』藤原書店, 1988年〕

Petit, P. (2004) *Croissance et richesse des nations*, Paris: La Découverte.

Rowthorn, R. (1982) 'Demand, Real Wages and Economic Growth', *Studi Economici*, 18.

Rowthorn, R. and J. Wells (1987) *Deindustrialization and Foreign Trade*, Cambridge: Cambridge University Press. 〔横川信治／野口真／植村博恭訳『構造変化と資本主義の調整』学文社, 1994年に一部所収〕

Uemura, H. (2000) 'Growth, Distribution, and Structural Change in the Post-war Japanese Economy', in Boyer and Yamada (2000).

Uemura, H. (2012) 'Institutional changes and the transformation of the growth regime in the Japanese economy: Facing the impact of the world economic crisis and Asian integration', in Boyer, Uemura and Isogai (2012).

植村博恭 (1991)「脱工業化と資本蓄積の構造変化――蓄積論的アプローチ」『経済評論』40 (11).

植村博恭 (2004)「「選択と集中」と雇用システム――バリューチェーン変化のもとでの雇用と内部労働市場の職種別分析」都留康編『選択と集中　日本の電気・情報関連産業における実態分析』有斐閣.

植村博恭 (2011)「日本経済の制度変化と成長体制――新たな構造的危機へ」宇仁ほか (2011) 所収.

植村博恭／磯谷明徳／海老塚明 (2007)『新版　社会経済システムの制度分析――マルクスとケインズを超えて』名古屋大学出版会.

宇仁宏幸 (1998)『構造変化と資本蓄積』有斐閣.

宇仁宏幸（2007）「90 年代日本と米国の構造変化と資本蓄積」山田ほか（2007）所収．
宇仁宏幸／山田鋭夫／磯谷明徳／植村博恭（2011）『金融危機のレギュラシオン理論　日本経済の課題』昭和堂．
大熊一寛（2013）「環境対策と経済成長の関係に関する理論的・実証的研究――レギュラシオン理論及びポスト・ケインジアン成長モデルに基づく日本の経済・環境分析」博士学位論文（横浜国立大学）．
田原慎二（2009）「製造業とサービス業の相互連関と構造変化――1980-2000 年の日本経済の産業連関分析」『横浜国際社会科学研究』14（3）．
田原慎二（2010）「製造業の構造変化と部門別産出量・雇用量への影響――1980-2000 年の日本経済の産業連関分析」『横浜国際社会科学研究』15（3）．
田原慎二（2011）「製造業の構造変化とサービス経済化――日本経済の産業連関分析」博士学位論文（横浜国立大学）．
野田知彦／阿部正浩（2010）「労働分配率，賃金低下」樋口美雄編『労働市場と所得分配』慶應義塾大学出版会，所収．
原田裕治（1997）「脱工業化の理論モデル的考察――不均等発展と累積的因果連関を中心に」『経済科学』45（3）．
原田裕治（2007）「産業構造の変化の多様性――多変量解析による類型化の試み」山田ほか（2007）所収．
深尾京司編（2009）『マクロ経済と産業構造』慶應義塾大学出版会．
深尾京司／宮川努ほか（2003）「産業別生産性と経済成長――1970-1998 年」『経済分析』170．
深尾京司／宮川努ほか（2008）『生産性と日本の経済成長――JIP データベースによる産業・企業レベルの実証分析』東京大学出版会．
藤川清史（1999）『グローバル経済の産業連関分析』創文社．
藤川清史（2005）『産業連関分析入門』日本評論社．
ボワイエ，R.（2013）「ユーロ危機，アベノミクス，日本の将来」訳・構成／植村博恭,『環』53．
山田鋭夫／宇仁宏幸／鍋島直樹編（2007）『現代資本主義への新視角』昭和堂．
吉川洋（1999）『転換期の日本経済』岩波書店．

結　語

宇仁宏幸／植村博恭

1　アジア資本主義の制度諸形態と成長体制の多様性

　本書の大きな特徴の一つは，これまでわれわれが行ってきたアジア資本主義の多様性分析（Boyer, Uemura and Isogai 2012）を，ASEAN 諸国やインドを含めることによって積極的に発展させたことである．特に，第 2 章ではアジア資本主義を「大陸混合型資本主義」（中国），「イノベーション主導型資本主義」（日本，韓国，台湾），「都市型資本主義」（シンガポール，香港），「貿易主導型工業化資本主義」（マレーシア，タイ），「島嶼半農型資本主義」（インドネシア，フィリピン），「IT 主導型統制資本主義」（インド）というかたちで類型化し，その制度的多様性を分析してきた．ここでは，さらに各章における分析の結果をふまえて，各資本主義の制度諸形態（競争形態，貨幣・金融形態，賃労働関係，国家形態，国際経済への編入）と成長体制の特徴を整理しておくことにしたい．それを示したのが，**表 18–1** である．
　ここ 20 年間，アジア資本主義は多様性を示しつつ，グローバリゼーションのもとで進化をとげてきた．特に，アジア諸国は，国民経済の規模，国内の社会経済制度，そして発展段階も大きく異なっているため，レギュラシオン理論でいう調整様式も成長体制も異なった特徴を示している．第 3 章における成長体制（需要レジーム）の計量分析で詳しく確認したように，日本，中国，韓国の 3 カ国をとってみても，制度の補完性と階層性の性質が相違し，

表 18-1 アジア資本主義の制度

	大陸混合型資本主義	イノベーション主導型資本主義		
	中 国	日 本	韓 国	台 湾
競争形態	各省が中央政府からの投資資金獲得や外資受入れで激しい競争．企業税収入をもとにインフラ整備．「地方レベルのコーポラティズム」（ボワイエ）．新規事業や事業撤退に対する規制，農業・製造業製品の価格統制が行われている．	製品市場競争において大企業間で激しい競争が存在．1980年代以降，輸出財大企業と下請け中小企業のネットワークからなる階層的構造が存在してきたが，90年代以降下請け再編に伴い，「構造的両立性」が緩みつつある．	輸出財生産企業が寡占的支配の下で海外展開する一方，多数の中小企業が併存している．アジア金融危機以降，金融機関の貸出行動の変化に伴って中小企業の資金調達が困難になった．事業の立ち上げに比較的時間とコストが必要．	製造業，特に電機・電子産業において，国際競争力をもつ中小企業の分業ネットワークが発展している．また，人々の起業志向が強い．
貨幣・金融形態	国営銀行の役割が大きくマクロレベルの信用コントロールが効いている．金融市場の対外開放度は低い．アジア金融危機，リーマンショックの影響は小さかった．為替レートは管理フロート制である．	メインバンクの役割は低下しているが，株式市場は低調．1990年代の不良債権問題と金融ビッグバンによって，資本市場の自由化と中小金融機関の淘汰が進んだ．サブプライム危機の影響を大きく受けた．	アジア金融危機の影響が大きかった．金融危機以降，「自由主義的金融システム」に変容．銀行が収益性を重視するようになり，貸出行動が循環的に変動するようになった．	アジア金融危機の影響は小さかった．政府主導型の公営銀行，民間銀行，中小金融機関が併存している．中小銀行の新規参入が増えている．
賃労働関係	戸籍制度（農村戸籍と都市戸籍）が存在．地域によって労働市場の流動性が異なる．団体交渉制度は存在しない．多国籍企業は，国籍と進出地域によって異なる雇用システムを形成している．	大企業の賃金妥協・賃金上昇が弱まる．雇用保障の限定化．「企業主義的妥協」は大企業で存続しているが，非正規労働者の急増，春闘の消滅で「企業主義的レギュラシオン」は機能不全に陥っている．	1997年通貨危機以降のIMF指導の下で，労働市場は急速に流動化した．非正規労働者が増加し，労働市場の二重構造化と雇用の不安定化が急速に進んでいる．	労働市場は流動的で，転職が一般的にみられる．国民の福利厚生の水準は比較的高い．近年，外国人出稼ぎ労働者受入れが増加傾向にある．
国家形態	地方政府レベルでの調整が成立し，地方政府は公共サービスにより企業を成長させ税収を拡大させている．「中国共産党一党支配――国民の生活水準の向上」という妥協が存在（ボワイエ）．社会保障への公的支出は低い．	政府は大企業が提供できない公共サービスを提供．1990年代以降新自由主義的な政策が本格的に導入された．金融自由化が進むなかで，政府による国債発行・国内消化は限界に達しつつある．	経済発展過程においては政府主導型政策．1997年通貨危機以降，新自由主義的政策が推進された．銀行の統合が促進され，公企業の民営化が進んだ．社会保障への公的支出は低い．	国家によって調整された経済発展．公的教育支出に占める高等教育の比率が高い．社会保障への公的支出は低いが，年金の所得代替率は比較的高い．
国際経済への編入様式	為替コントロール，直接投資コントロールが行われている．多国籍企業を受け入れ，中間財輸入が拡大．輸出の増加が国内のマクロ構造問題を緩和．対外直接投資も始まる．国際資本移動に対する規制は緩い．	1970年代以降輸出主導型成長が持続．80年代は米光，90年代以降は対アジア向け輸出と直接投資が中心．アジア向け中間財輸出が拡大している．経常収支の黒字，資本収支赤字だが，経常収支赤字化の危険性もある．	アジア通貨危機以降導入された，自由変動相場制は，ウォン安を通じて輸出に有利に作用してきた．自動車や電機産業など大企業のアジア展開が進んでいる．輸出・輸入ともに対外取引への依存度が高い．	国際収支の黒字，資本収支赤字（国外への投資が積極的），輸出・輸入ともに対外取引への依存度が高く，特に近年大陸中国との結びつきが強まっている．
調整様式	各省や市における「地方政府レベルのコーポラティズム」（ボワイエ）に基づく資本蓄積競争とそれをコントロールする中央政府の国家的調整様式が存在．地域間で経済システムの相違がみられる．	「企業主義的レギュラシオン」が中心．しかし企業の異質化が進み麻痺しつつあり，代替的調整様式は未確立．下請け再編と非正規労働者の増加によって「階層的ネクサス」の機能は弛緩している．	支配的大企業と国家による誘導を中心とする調整様式．大企業の海外活動が急展開しており，政府による誘導は弱まりつつあり，国内経済の二重構造が拡大している．	市場競争型調整と国家による公的調整の混合型の調整様式．労働生産性上昇と比べて賃金上昇が抑制されている．
成長体制	賃金シェア・消費シェアの低下傾向．輸出需要に大きく依存．高い貯蓄率による高水準の投資，段階的な対外開放政策による外資の導入によって技術移転と輸出主導型成長体制を実現．	利潤主導型・輸出主導型の成長体制で，輸出財部門の成長と生産性上昇が突出．アジア経済統合が進むなかで安定的な成長体制は未確立．1990年代以降，脱工業化が加速している．	1990年代には消費と投資とが並行的に増加（「消費（賃金）」．アジア金融危機以降は「金融主導型（利潤主導型）・輸出主導型成長」を示している．	輸出志向型工業化が成功．現在でも輸出主導型成長で成長しているが，世界市場の変動から影響を受けやすい．

結語　475

諸形態・調整様式・成長体制

都市型資本主義	貿易主導型工業化資本主義	島嶼半農型資本主義	IT主導型統制資本主義
シンガポール・香港	マレーシア・タイ	インドネシア・フィリピン	インド
経済発展過程において外国企業の直接投資を積極的に受け入れてきた．シンガポールでは市場経済が特に重視され，IT産業が発展している．製品市場の規制は低水準にとどまる．	多国籍企業の直接投資によって製造業の生産拠点が発展し，世界市場に向けて輸出が行われている．マレーシアでは，天然ゴムなどのプランテーションが存在する．	プランテーションにおける多国籍企業の生産・流通支配が存在（特に，インドネシアのパーム・オイル）．製品市場の規制の度合いが高い．高い参入退出コストと政府による価格統制．	ハイテク産業とサービス産業が急速に発展．製品市場の規制が強く，企業の市場参入や退出の規制は厳格．1990年代以前は，民間企業に対しては産業許認可制度があったが，90年代以降は自由化が進んだ．
国際的な金融センターとして，資本市場が発展してきた．また，多国籍銀行・多国籍企業は高収益を実現している．国際金融危機の影響を強く受けてきた．	マレーシアでは，民間銀行に脆弱性が存在．タイは銀行中心型金融システムであるが，企業は外国金融機関からの資金調達に大きく依存してきた．	銀行中心型の金融システムであるが，国際金融市場の影響を受けやすい．インドネシアにはイスラム銀行（利子を取らない）も存在している．	国家に指導された公的金融機関が中心で，預金に関する民間銀行のシェアが低い．近年は資本市場が発展しつつある．
国際化した流動的な労働市場が発展．シンガポールの労働者の7割が中国系．失業手当等の未整備．香港では国際的な労働市場が発展し，外国人労働者の流入が顕著．	マレーシアでは労働力不足から移民労働者の受け入れが顕著．マレー系と非マレー系との格差が大きい．タイで，インフォーマルセクターが雇用を吸収，労働時間の調整は柔軟．賃金水準は低い．	労働市場の規制の度合いは高く，解雇が比較的困難．農村部に過剰労働力が存在し，都市部に流入している．女性の低賃金労働も存在している．	都市人口と比べ農村人口の割合が大きい．労働市場の規制度合いは高い．強力な解雇規制に対して，最低賃金は低い水準．自営業者の比率が高い．とても多くの貧困層が存在している．
シンガポールは，強い国家指導のもとで市場経済の発展が促進されてきた．教育への公的支出は大きいが，社会保障支出は小さい．香港は中国へ返還後，「一国二制度」．	マレーシアは多民族国家で国家財政・所得分配問題が顕在化している．高等教育が重視されている．タイは，均衡財政主義であるが，租税制度の不備が目立つ．	インドネシアでは長期にわたる独裁支配と政治的民主主義の遅れが存在．フィリピンでは，土地所有者の強い利権が存続し，政治的不安定性が高い．	1980年代以前は社会主義的経済計画が存在，1990年代以降は経済の自由化が進んだ．社会保障への公的支出は小さい．初等教育における教員当たりの生徒数が多い．
高い対外開放度を持った中継貿易型都市国家．シンガポールは外需向け加工貿易によって成長，自由貿易体制により世界市場とのつながりが発展．貿易依存度はきわめて高い．	1980年代後半以降，とりわけ90年代後半からは多国籍企業の最終組み立て拠点として発展し，最終財の輸出が行われている．比較的高い貿易依存度が特徴．ASEANを重視．	アジア金融危機以降，新自由主義的政策が導入される．国際資本移動に対する規制は課税を通じて行われ，多国籍企業の支配的影響が増している．ASEANを重視．	近年IT関連サービスの輸出が急拡大し，これが経済成長を牽引している．国際資本移動に対する規制は課税を通じて行われている．英連邦との結びつきが強い．
シンガポール，香港ともに市場の自由化度が高く開放的な調整様式．シンガポールでは国家主導のもとで市場を開放し，多国籍企業を誘致し産業発展を実現してきた．香港は，中国領土であるが「一国二制度」の市場経済を発展させている．	マレーシアでは，多民族間の棲み分けと共存に基づくガバナンスと調整様式が形成．タイは，多国籍企業の積極的誘致を行うとともに，都市部のインフォーマルセクターが労働力の調整を担っている．	政治経済の内生的な危機とIMFによって構造調整が進んだ．近年，比較的大きい内需の拡大に資金が向かう．フィリピンでは，戦略的な海外出稼ぎ労働者の送り出しを成長戦略の一部としている．	国家的調整のもとで，地域，産業（製造業・サービス業）ごとに複合的な調整様式をもっている．近年，ハイテク産業の発展を国家が誘導している．
高い貿易依存度と金融市場開放度をもった開放的な成長体制．国際金融市場の変動や世界市場の需要変動から影響を受けやすい．	タイは，非国家主導型の経済発展を実現．マレーシア，タイともに多国籍企業の生産に担われた輸出主導型成長体制を実現している．	一次産品の輸出に大きく依存した成長体制．海外出稼ぎ労働者からの送金が成長を支える．島ごとの成長格差が存在している．	巨大人口による堅調な内需の拡大．ITサービスを含む幅広い分野への投資によって多様性ある産業構造を形成．サービス輸出の急増によって支えられた成長体制を実現．

したがって経済成長，所得分配，負債構造の関連とマクロ経済変動について異なった性質がみてとれる．しかも，現在アジア最大の経済大国となった中国が，国家的調整をもった独自の混合経済体制として急速に発展している点は，アジア地域にとって最も重要な歴史的出来事となっている．第5章で解明されているように，中国資本主義においては地方政府レベルでの強蓄積のメカニズムが存在し，それが輸出・投資主導型の成長体制を生み出している[1]．また，その中国とアジア地域全体との相互依存関係が発展し，これを日本や韓国などの多国籍企業が牽引して，経済統合の推進力となってきた．中国は日本の2倍以上の輸出規模を持つ輸出大国となったが，その中国の輸出の半分以上が外資系多国籍企業の生産物である．こうしたなかで，シンガポールや香港など，国際市場に大きく開放された自由主義的経済が発展し，国際金融センターにもなっている．また，ASEAN諸国は独自の地域経済統合を進めている．さらに，現在IT関連のサービス産業を軸に経済発展が進むインドは，将来的に中国とならぶ巨大な国民経済となっていくことが予想されている．アジア資本主義の全体的構図は，いま大きく転換しつつある．そして同時に，各アジア資本主義の転換は，それぞれの社会経済制度に規定されて経路依存的性格を持っているのである．

　こうしたなかで，日本においては，企業の異質性の増大と非正規労働者の増加によって，経済と社会の調整に機能不全が生じている．また，マクロ的には，輸出財部門の突出した成長に行き詰まりがみられ，雇用面では脱工業化が加速している．まさに，日本は大きな岐路に立たされている．国際競争力をもった産業の育成，社会保障制度の整備など，真に効果的な長期的成長戦略の構築が必要となっているのである（日本の分析については，第14～17章を参照）[2]．

2　グローバリゼーションと多様性のもとでのアジア経済統合

　アジア資本主義の最大の特徴は，その制度的多様性とマクロ経済構造・変動の異質性であるが，同時にアジア域内の生産と貿易の相互依存性が急速に強まっていることも重要である（第3章と第4章を参照）．国民経済の多様

性のもとで急速に進んでいる事実上（デ・ファクト）の経済統合が，アジア資本主義の将来を大きく規定している．現在，アジア地域で事業展開する多国籍企業の活動によって，国際生産ネットワークが形成され，グローバル・バリューチェーンが発展している．これに対応して，アジア諸国間で中間財貿易が急速に拡大し，従来型の「雁行形態発展論」の理解に修正をせまる新しい貿易と発展のパタンが形成されつつある[3]．このような生産と貿易を通じた域内経済の相互依存性は，今後一層強いものとなっていくことだろう．また，日本，韓国，中国，香港，シンガポールなどを中心に国際金融市場の相互依存性も急速に発展している．

　したがって，ここに多様なアジア資本主義を包摂した経済統合と国際レジームの形成をいかに達成するかという共通の課題が生まれている．そのためには，アジアにおいてどのような国際的制度化が必要か，そして可能かということが問題となる[4]．すでに様々な論者によって指摘されているように，アジアの場合，経済統合がやがて政治統合をもたらすはずだとする単線的な機能主義的理解は成り立たない．アジアにおける地域統合は，まず第一に多国籍企業によって牽引された経済的なものであり，統合の制度化は大きく遅れて部分的になされてきただけである．二国間FTAのような二国間合意のネットワークを，いかに多国間の国際制度に収斂させていくかという問題を考えるさいにも，地域統合の行為主体は，国家だけでなく，多国籍企業，国内利益団体，そして市民など様々な主体が統合の過程において重要な役割をはたすことに注意しなければならない．欧州の地域統合においては，第二次世界大戦後の独仏などの欧州主要国間の政治的合意から始まり，その後，共同市場，通貨，人の移動にわたって漸進的な制度形成が進み，経済と政治の統合が達成されてきた（ボワイエ 2013）．これに対して，これまでのアジアにおける地域統合の過程をみると，浦田秀次郎が言うように，欧州の「制度誘導型地域統合」に対して，アジアは「市場誘導型地域統合」と特徴づけることができる（浦田 2012）．アジアにおいて地域統合を進めているのは，多国籍企業と国際市場の論理である．アジアにおいては，ASEANを別にすれば，地域内での国際レジームの形成はたち遅れているのが現実である．アジアを見る場合，われわれはリアリストでなければならない[5]．

しかし，本書第1章で平川均が強調しているように，今後，アジア地域においても貿易と通貨・金融に関する国際制度を形成することによって，経済統合自体を安定的に誘導していくことが望まれている．また，環境問題についても共通ルールの構築が必要である．すでに制度形成が進んでいるASEANを軸として，日本，中国，韓国が参加するかたちでアジア地域の制度化が進んでいくことが展望される．また，日本にとっては，オーストラリアやニュージーランドとの連携も重要である．このような制度形成の努力によって，貿易と生産に関する強い相互依存性が存在するアジア域内で，域内需要の安定的拡大を達成することが展望できるのである．第5章でロベール・ボワイエが強調しているように，中国の経済発展とアジアの地域統合がいかに進むかが，現在の国際システムの転換において重要な意味を持っている．しかも，各国間の合意による地域統合レベルでの国際制度の形成と各国国内の制度変化とが重層的に規定しあって進行している．アジア各国内の制度変化は，各国固有の経済的要因，技術的要因，政治的要因によって規定されると同時に，他方で国際的な制度形成には，経済的利害，各国間の理念や規範の共有，各国の政治的パワーなどが複雑に絡み合う．これまでは，アジアでは主として経済的利害に突き動かされて統合が進んできたことは否めない．

このようななかで，いま日本の長期的な外交戦略が問われている．日本は，先進国の主要メンバーであるとともに，地政学的にアジアに位置した国である．今後は，日本と中国がともに統合に伴う共通の利益を認識することが重要であり，それによって，アメリカの支配的影響を相対化しつつ他のアジア諸国・オセアニア諸国やEU諸国とも連携をとり，経済と政治の両面にわたってアジア地域統合に果たす役割は大きいといえよう．

3 アジア資本主義の成長体制の転換

表18-1にも要約されているが，本書の各章の分析によるとアジア資本主義のこれまでの主な成長体制は輸出主導型成長であった．輸出主導型成長の典型は，1960〜80年代のNIEsであり，日本から資本財と原材料を輸入し，加工・組立の後，アメリカ市場に輸出するという，いわゆるトライアングル

構造の下で，当時の発展途上国の中では例外的な高成長を実現した．この輸出主導型成長を可能とした国内の諸条件としては，第一に多国籍企業を引きつける豊富な低賃金労働力の存在，第二にドルペッグ制（自国通貨レートを米ドルに連動させる固定為替制度）のもとで結果的に過小評価された為替レート，などが挙げられる．第 6 章で述べられているように，1990 年代以降の中国も，この二つの条件の下で，輸出主導型成長を達成した．第 1 章の図 1–8 では，この輸出主導型成長の段階は「NIEs 型発展段階」と呼ばれ，先進国資本が，輸出向け生産に使う低賃金労働力を求めて，発展途上国に移動するという構図で説明されている．しかし，この図 1–8 によると，1990 年代末頃から新たな構図が出現しつつある．つまり，先進国資本は，低賃金労働力だけではなく，発展途上国の潜在的に大きな市場を求めて移動するという新たな傾向がみられる．この新たな発展段階は「ポブメス型発展段階」（PoBMEs: Potentially Bigger Market Economies: 潜在的大市場経済）と呼ばれている．

　NIEs 型発展段階からポブメス型発展段階への移行の要因として，第 1 章では，先進諸国の国内市場の成熟化つまり成長鈍化が挙げられているが，それに加えて，発展途上国内部の変化も挙げることもできよう．それは，豊富な低賃金労働力の存在という輸出主導型成長に不可欠な条件のひとつが，多くのアジア諸国で崩れつつあるという点である．例えば，中国とバングラデシュに工場をもつ日本の衣料品メーカーのオーナー経営者である小島（2013）は，1990 年頃の中国の状況と，現在の中国，バングラデシュ，カンボジアおよびミャンマーの状況を比較して，ヒト，モノ，カネのいずれの面においても，大きな違いがあるので，「アジア諸国は，中国の奇跡を再現することはできないし，先進各国の転進企業も大儲けすることはできない」と述べている．小島が，ヒトの面の違いとして強調しているのは，「無権利の低賃金労働者が無尽蔵」に存在した 1990 年の状況と，「人手不足」「ストライキの嵐」「権利意識に目覚めた労働者」という現在の状況との違いである．アジア諸国の内部で賃労働関係の転換が現在起きているという認識は，本書のいくつかの章でも述べられている．たとえば，マレーシアでの最低賃金法の 2013 年施行などの諸変化（第 12 章第 3 節），韓国での「有期雇用法」と「改正派

遣法」の2007年施行による非正規労働者の状況の部分的改善（第9章第4節），中国での「新雇用契約法」の2008年施行がもたらす労働者の権利保障強化（厳2011）などである．

　次に問題となるのは，このようなアジア諸国内部の変化が，輸出主導型成長に代わる新たな成長体制の確立につながるのかどうか，また新たな成長体制が確立するとすれば，それはどのようなものであり，どのような諸条件が必要なのかといった諸問題である．このような諸問題の検討にとって，レギュラシオン理論の「成長体制」概念が有益である．成長体制とは，成長，蓄積の規則的な進行をもたらす，マクロ経済諸変数間の関係であり，主要な関係は次の二つのレジームに集約できる．一つは「需要レジーム」であり，生産性上昇益が，賃金や利潤などの諸所得の増加として分配され，また諸所得の支出を通じて消費需要や投資需要などが増加するプロセスを表す．もう一つは「生産性レジーム」であり，需要の増加が，技術革新や組織革新を介して生産性上昇をもたらすプロセスを表す．これら二つのレジームは**図18-1**に示すように結びついており，累積的な因果連関を構成している．この累積的な因果連関の結果としては，生産性と需要との累積的な上昇をもたらすケース（好循環）と，累積的な低下をもたらすケース（悪循環）とがある．好循環になるか悪循環になるかを左右するのは，**表18-1**にも示されている制度諸形態である．

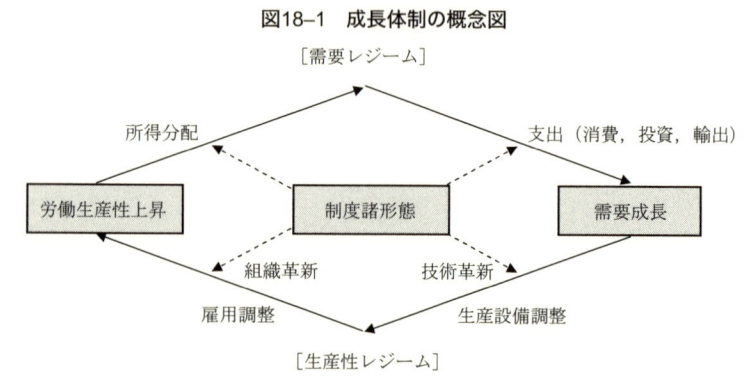

図18-1　成長体制の概念図

［需要レジーム］

所得分配　　　　　　　　　　支出（消費，投資，輸出）

労働生産性上昇　　　制度諸形態　　　需要成長

　　　　　組織革新　　技術革新
　　　雇用調整　　　　　　生産設備調整

［生産性レジーム］

出所：宇仁（2009）

レギュラシオン理論が類型化した様々な成長体制の中で，最もよく知られているのは，1950〜70年の先進諸国の高成長をもたらした「フォーディズム」と呼ばれる内需主導型の好循環である．この好循環をもたらした主な制度的要因は，賃労働関係の転換であり，労働者がテーラー主義的労働編成を受け入れる代わりに，経営者が生産性上昇に準拠した賃金上昇を認めるという労使妥協の成立である．これによって生産性上昇→賃金上昇→消費需要増加という経路を主軸とする需要レジームが形成された[6]．

　他方，輸出主導型成長も好循環としてとらえることができるが，そこでの需要レジームの主軸となっている経路は，生産性上昇→輸出価格低下→輸出需要増加という経路である．この経路を支えている制度的要因は，既に述べたように，無権利状態におかれた豊富な低賃金労働力と，過小評価状態におかれた固定為替レートであった．仮に，生産性上昇に応じて賃金が上昇するとすれば，輸出価格は低下しないだろう．また賃金が上昇しないとしても，生産性上昇に応じて為替レートが切り上がるとすれば，輸出価格は低下しないだろう．したがって，低賃金と過小評価された為替レートはともに，輸出主導型成長にとって不可欠な条件である．

　アジア諸国における「人手不足」「ストライキの嵐」「権利意識に目覚めた労働者」という現在の状況が示していることは，輸出主導型成長を支えた制度的条件が崩れつつあるという現実である．また，発展途上国の潜在的に大きな市場を求めて移動するという新たな傾向を見せている先進国資本が期待しているのは，発展途上国における内需主導型の好循環の成立であろう．しかし，発展途上国の成長体制を，輸出主導型成長から「フォーディズム」のような内需主導型成長に転換するためには，次節で述べるような諸課題を解決しなければならない．つまり「ポブメス型発展段階」を，先進国資本の期待にとどまらず，現実のものにするためには，発展途上国はいくつかの障壁を乗り越える必要がある．

4　豊かなアジアに向かうための諸課題

　これまでの多くのアジア諸国の経済成長は輸出主導型であったが，労働生

産性上昇率，賃金上昇率および為替レート変化率に着目すると，次のようなパタンが，アジア諸国では一般的である（具体的数値データは第4章参照）．
(1) 輸出財の労働生産性上昇率は，非貿易財のそれを大きく上回る．
(2) 賃金上昇率は，輸出財の労働生産性上昇率を大きく下回る．その結果，輸出財の自国通貨建ての単位労働コストは低下する．
(3) 対ドル為替レートは1990年代半ば以降，減価傾向にあるので，ドル建ての輸出価格も低下する．

　第4章の**表4-2**の「台湾型」が示すように，上記のようなパタンの下では，価格が低下した台湾製品を購入する貿易相手国の国民が，台湾の労働生産性上昇益の大部分を享受しており，台湾国民に分配される部分はごくわずかである．もし，(2)の低賃金と，(3)の過小評価された為替レートという二つの条件が変化すると，労働生産性上昇益の分配はどのように変わるだろうか．まず，賃金上昇率が高まり，労働生産性上昇率に近づくと，労働生産性上昇益の多くは，実質賃金率上昇という形で自国の労働者に分配されるようになる．また，為替レートが増価すると，輸入財価格の低下を通じて，自国の輸入財購入者が利益を享受するようになる（このように生産性上昇益の大部分を自国民が享受するパタンを**表4-2**では「チェコ型」と呼んでいる）．したがって，アジア諸国において低賃金と過小評価された為替レートという二つの条件が崩れることは，アジアの民衆にとっての豊かさの実現という点では，むしろ好ましいことなのである．ただし，生産性上昇に応じた賃金上昇と適正に評価された為替レート[7]という新たな条件の下で，フォーディズムのような内需主導型の成長体制が確立されることが必要である．アジア諸国において内需主導型の成長体制を確立し，アジアの民衆にとっての豊かさを実現するには，次のような一連の諸課題の解決が求められる．

　第一に，成長体制を転換するためには，**表18-1**に挙げられている複数領域の制度諸形態の大部分の刷新を必要とする．レギュラシオン理論や「資本主義の多様性」アプローチなどが明らかにしたように，高い経済パフォーマンスにとって，複数領域の制度間の補完性が重要である．つまり，一部分の制度を変えるだけでは，制度間の補完性が崩れ，経済パフォーマンスが低下するという結果しか生まれないのである．高い経済パフォーマンスを有する

結　語　483

内需主導型成長を実現するためには，複数領域における制度を整合的に転換し，新たな補完性を創りだす必要がある．第6章と第14章では，この観点から，中国と日本における労働制度改革と社会保障制度改革の方向性が論じられている．また，第11章では，インドのIT産業において，流動的外部労働市場と内部指向・長期指向の雇用システムという一見背反的に見える二つの制度間の補完性の存在が実証されている．雇用・賃金，社会保障，金融，財政，為替，貿易，技術開発などの各領域の諸制度をどのような形のものに転換すれば諸制度間の補完性は確保できるのか，そのために必要な政策はどのようなものかといった諸問題をさらに解明する必要がある．

　第二に，ある制度を安定的に維持しているのは諸主体（諸階級，諸階層，諸民族，諸政党，諸宗派など）間の力関係の安定であるとすれば，制度を刷新するには，諸主体間の既存の力関係を変更することが必要である．たとえば，賃労働関係の転換を確実なものにするためには，生産性上昇に応じた賃金上昇が安定的な労使間合意として制度化されなければならない．しかし，今日のアジア諸国においては，この「労」も「使」も，ともにその内部に利害対立や分断を抱えている．輸出主導型成長は輸出財生産部門を中心とする好循環であるのに対し，内需主導型成長は消費財や投資財の生産部門を中心とする好循環である．輸出財生産部門の成長にとって低賃金が必要条件であるが，消費財生産部門の成長にとっては，むしろ高賃金が必要条件である．主にこの点をめぐって資本内部で部門間の利害対立がある．多くのアジア諸国において，現在は，金融資本や多国籍資本を含む輸出財生産部門の資本が，大きな経済的権力を握っている．韓国では，アジア金融危機を契機として，金融資本や多国籍資本を含む輸出財生産部門の資本が経済的権力を掌握した．この権力移行プロセスを描いた第8章で触れられているように，この権力移行には新自由主義イデオロギーが大々的に動員された[8]．また第15章と第16章で述べられているように1980年代以降の日本においても新自由主義の影響下で漸進的な制度変化や経済政策の迷走が起きた．そして新自由主義的政策の帰結として，労働者の非正規化が進行したので，現在のアジア諸国の多くで，労働者は深く分断されている（非正規化の現状については日本：第14，15，17章，韓国：第9，10章，中国：第6章，マレーシア：第12章参照）．

輸出財生産部門の資本が握る大きな経済的権力，新自由主義イデオロギーの浸透，非正規化による労働者の分断という三点において，現在のアジア諸国の状況と，フォーディズムの確立前の先進諸国の状況とは大きく異なっている．アジア諸国において内需主導型成長を確立するためには，これらの三点の障壁を乗り越えなければならない．その糸口は上記の諸章の結論部分に記されている．

第三に，いくつかのアジア諸国は，膨大な人口を抱える大国であるという事情からくる，エネルギーと環境にまつわる諸課題がある．たとえば，人口は中国約 14 億人，インド約 12 億人，インドネシア約 2.4 億人などとなっている．さらにインドやインドネシアでは今後も人口増加が続くと予測されている．国際エネルギー機関（IEA）の 2009 年のデータによると，人口 1 人当たりエネルギー消費量は，アメリカを 100 として，中国 24，インド 8，インドネシア 13 である（日本は 53）．また人口 1 人当たり二酸化炭素排出量は，アメリカを 100 として，中国 30，インド 8，インドネシア 10 である（日本は 51）．もし，これらの大国が，今後，内需主導型の成長を続けて，今日のアメリカのような，エネルギー大量消費型，二酸化炭素大量排出型の社会に近づいていくとすれば，エネルギー資源枯渇や地球温暖化が顕在化することはほぼ間違いない．すでに，これらの国では，近年の賃金上昇に後押しされて，家電製品や自家用自動車の中間層への普及が始まっている．そして，インドネシア以外のアジア諸国では，石油と天然ガスの埋蔵量が少ないので，その需要増加は，輸入増加に直結する．アジア諸国の主なエネルギー輸入先は中東諸国とロシアであるので，内需主導型成長のもとでは，中東諸国とロシアへのエネルギー依存が高まっていくと予想される．その場合，第 2 節で述べたような，輸出財とその中間財を媒介とする，日本とアメリカも深く関わる現行のアジア地域内相互依存関係よりも，エネルギーを媒介とするアジア諸国と中東諸国・ロシアとの相互依存関係の方が重要性を増す可能性が高い．Calder（2012）は後者の相互依存関係を「新大陸主義」と名付け，多くの事実を挙げながら，すでに多くのアジア諸国（とくに大国）において，国際的相互協力の相手国の変更や重点の移動が起きていると述べる．もし，アジア諸国の内需主導型成長にともなって，このような「新大陸主義」が発展

していくとすれば，そこでの日本の役割として，省エネルギー技術や脱炭素技術のアジア諸国への移転が重要性をもつだろう．日本の人口 1 人当たりエネルギー消費量や二酸化炭素排出量のデータが示すように，日本はこの分野で技術的優位性を持つ．その技術移転は，アジア諸国内部での省エネルギーや脱炭素化を促進するための制度整備と並んで，アジアの大国の経済成長と環境の維持とを両立させるために不可欠である．

注

(1) 本書第 5 章のボワイエによる中国資本主義分析のほかに，レギュラシオン理論の観点からの中国資本主義の長期分析としては，アグリエッタ／バイのものがあり，ここでは中国の成長体制の持続可能性に関して，国内諸制度の分析に基づいて考察されている（Aglietta and Bai 2013）．また，中兼（2012, 2014）は，社会構造と人々の意識の変化を指摘し，今後の経済発展にとって，中国政府が政策決定権を，党が人事権を，企業が利益配分権を持っているという構造自体の問題点を指摘している．
(2) 世界システムの転換のもとで日本が直面している岐路について，ボワイエ（2013）が示唆に富む考察を行っている．この考察は，本書第 5 章の分析にも活かされている．
(3) 多国・多部門間の相互依存性と中間財貿易を考慮した場合，従来の貿易理論を大きく修正する必要が生じる．この点については，Shiozawa（2007）が参考となる．植村（2014）は，Shiozawa（2007）で示されたリカード貿易モデルと東アジア地域における国際生産ネットワークを念頭において，「雁行形態発展論」の有効性を検討したものである．中間財貿易を通じた「付加価値貿易」の発展によって古典派的枠組の重要性が増している点を指摘している．
(4) 国際レジーム・制度の形成に関しては，レギュラシオン理論やその他の制度経済学における制度論と国際政治学における制度論とが連携をとって，理論を発展させることが期待される分野である．後者の国際政治学の理論については，山本（2008, 2012）および飯田（2007）が参考となる．この問題に関しては，制度形成と制度変化が，経済的利害，理念・規範の共有，政治的パワー・集合行為の相互作用によって規定されることがとりわけ重要である．これは，「制度と進化の経済学」の主要テーマともなっている（Bowles 2004）．
(5) アジアの地域統合に関しては，経済統合が政治統合をもたらすと考える機能主義的理解も，政治が経済統合を誘導すると考える目的論的理解もともに成り立たない．実際に進行している経済過程とそれが各国に与える利益と損失をしっかりとみすえ，政策的対応の可能性と限界性を考えていくリアリストの観点が重要であろう．
(6) この賃金上昇が経済成長をもたらすというメカニズムは，本書第 3 章第 3 節，第 16 章第 3 節に示されているようなカレツキアン・モデルによっても説明でき，「賃金主導型成長」と呼ばれる．

(7) アジア地域において適正な為替レートを実現するためには，第4章第6節で説明されている「共同的に管理されたフロート制」の構築が前提となる．
(8) 新自由主義の経済的な影響については服部（2013）が，新自由主義と輸出主導型成長との関わりについては佐野（2013）が詳しい．

参考文献

Aglietta, M. and G. Bai（2013）*China's Development: Capitalism and Empire*, Routledge.
Bowles, S.（2004）*Microeconomics: Behavior, Institutions, and Evolution*, Princeton: Princeton University Press.〔塩沢由典／磯谷明徳／植村博恭訳『制度と進化のミクロ経済学』NTT出版，2013年〕
Boyer, R., H. Uemura and A. Isogai eds.（2012）*Diversity and Transformations of Asian Capitalisms*, London and New York: Routledge.
Calder, K. E.（2012）*The New Continentalism: Energy and Twenty-First-Century Eurasian Geopolitics*, New Haven: Yale University Press.〔杉田弘毅監訳『新大陸主義——21世紀のエネルギーパワーゲーム』潮出版社，2013年〕
Shiozawa, Y（2007）'A New Construction of Ricardian Trade Theory – A Many-country, Many-commodity Case with Intermediate Goods, and Choice of Production Techniques', *Evolutionary and Institutional Economics Review*, Vol.3, No.3.

飯田敬輔（2007）『国際政治経済』東京大学出版会．
植村博恭（2014）「雁行形態発展論と東アジアの国際生産・貿易ネットワーク——中間財貿易の古典派的理解による理論化」塩沢／有賀編著（2014）所収．
植村博恭／磯谷明徳／海老塚明（2007）『新版 社会経済システムの制度分析——マルクスとケインズを超えて』名古屋大学出版会．
宇仁宏幸（2009）『制度と調整の経済学』ナカニシヤ出版．
浦田秀次郎（2012）「東アジアにおける地域経済統合」浦田秀次郎／金ゼンマ編著『グローバリゼーションとアジア地域統合』勁草書房．
黒岩郁雄編著（2014）『東アジア統合の経済学』日本評論社．
厳成男（2011）『中国の経済発展と制度変化』京都大学学術出版会．
小島正憲（2013）「アジアに中国の奇跡の再現はない」大森經德／板東慧／小島正憲／川西重忠編著『激動するアジアを往く』桜美林大学北東アジア総合研究所．
佐野誠（2013）『99%のための経済学 理論編』新評論．
塩沢由典／有賀裕二編著（2014）『経済学を再建する——進化経済学と古典派価値論』中央大学出版部．
中兼和津次（2012）『開発経済学と現代中国』名古屋大学出版会．
中兼和津次編（2014）『中国経済はどう変わったか——改革開放以後の経済制度と政策を評価する』国際書院．

服部茂幸（2013）『新自由主義の帰結』岩波新書.
ボワイエ，R.（2013）『ユーロ危機——欧州統合の歴史と政策』山田鋭夫／植村博恭訳，藤原書店.
ボワイエ，R.（2013）「アメリカの超パワーと中国の不確実性という二つの制約に直面する日本」坂口明義訳，『環』52.
山田鋭夫（2008）『さまざまな資本主義——比較資本主義分析』藤原書店.
山本吉宣（2008）『国際レジームとガバナンス』有斐閣.
山本吉宣（2012）「地域統合の理論化と問題点」山本吉宣／羽場久美子／押村高編著『国際政治から考える東アジア共同体』ミネルヴァ書房.

図表一覧

I　アジア資本主義の多様性と転換

第1章　構造転換の世界経済と東アジア地域の制度化
頁
- 図1-1　主要国・経済圏GDPのキャッチアップ率（対アメリカ） …………… 27
- 図1-2　主要国・経済圏の財・サービス貿易収支推移　1980〜2009年 …………… 28
- 図1-3　中国，NIEs，ASEANの対日キャッチアップ推移　1980〜2015年 …………… 29
- 図1-4　世界の主要経済圏の域内輸出比率推移 …………… 30
- 図1-5　三経済圏における財別域内貿易構成 …………… 32
- 図1-6　高度化する東アジア成長のトライアングル構造 …………… 33
- 図1-7　主要地域別直接投資流入シェア　1981〜2011年 …………… 37
- 図1-8　資本，労働，市場の空間関係の変遷：概念図 …………… 38
- 図1-9　ASEANの発展と東アジアの制度化 …………… 47
- 表1-1　IT関連機器（合計―部品―最終財）の貿易（2000, 2007年） …………… 34
- 表1-2　TPP交渉参加国と日本に関するGDP構成 …………… 51

第2章　アジア資本主義の多様性
- 図2-1　2000年代中葉における各国経済の制度的多様性 …………… 65
- 図2-2　2000年代後半（2007〜11）におけるアジア諸経済および先進諸国の相対的位置 … 68
- 図2-3　各国経済の相対的位置の推移（1990年中葉〜2010年代初頭） …………… 71
- 図2-4　2000年代後半（2007〜11）におけるアジア諸経済および先進諸国の相対的位置 … 74
- 図2-5　韓国と台湾のパテント水準の推移 …………… 80
- 図2-6　シンガポールと香港のパテント水準の推移 …………… 80
- 図2-7　フィリピンとインドネシアのパテント水準の推移 …………… 81
- 図2-8　マレーシアとタイのパテント水準の推移 …………… 81
- 図2-9　中国とインドのパテント水準の推移 …………… 82
- 表2-1（a）　イノベーション：新製品ラインの開発 …………… 84
- 表2-1（b）　イノベーション：既存の製品ラインの更新 …………… 84
- 表2-2（a）　新製品ラインの開発と輸出 …………… 87
- 表2-2（b）　既存の製品ラインの更新と輸出 …………… 87
- 表2-3（a）　新製品ラインの開発と所有形態 …………… 88
- 表2-3（b）　既存の製品ラインの更新と所有形態 …………… 88
- 付録1　第2節の分析に用いた変数およびデータ出所の一覧 …………… 90-91

第3章　東アジア資本主義の制度的階層性とマクロ経済的多様性
- 図3-1　累積インパルス応答関数（日本：1991〜2010年） …………… 108
- 図3-2　累積インパルス応答関数（韓国：1990〜2009年） …………… 113
- 図3-3　累積インパルス応答関数（中国：1982〜2005年） …………… 120
- 表3-1　分散分解の結果（日本経済） …………… 109

489

表 3–2	分散分解の結果（韓国経済）	114
表 3–3	分散分解の結果（中国経済）	121
表 3–4	中国・日本・韓国のマクロ的費用構造	123
表 3–5	東アジアの貿易構造	126
表 3–6	東アジア3カ国の成長体制と国際経済関係	127

第4章 アジアにおける共同的な為替レート調整の可能性

図 4–1	ユーロ圏諸国における経常収支の対GDP比率	138
図 4–2	拡大EU諸国における経常収支の対GDP比率	138
図 4–3	アジア諸国における経常収支の対GDP比率	139
図 4–4	EU諸国における輸出価格／卸売価格比（1995年＝1）	142
図 4–5	ユーロ圏諸国の生産性と賃金の上昇率（2000～08年，平均年率）	143
図 4–6	インフレ率（2000～08年，平均年率）	144
図 4–7	拡大EU諸国の生産性と賃金の上昇率（2000～08年，平均年率）	147
図 4–8	アジア諸国の生産性と賃金の上昇率（1995～2008年，平均年率）	149
表 4–1	輸出にかたよった生産性上昇をともなう為替体制と成長体制の諸類型	153
表 4–2	労働生産性上昇益のゆくえ	157

II 中国資本主義

第5章 中国経済の発展様式と国際システムの転換

図 5–1	地方コーポラティズム仮説：概観	172
図 5–2	競争——中国における階層的上位の制度形態	177
図 5–3	産出資本比率の低下と利潤シェア	179
図 5–4	賃金シェアと家計消費の長期的低下	179
図 5–5	投資シェアの上昇傾向	180
図 5–6	地方から全国へ：中央政府の三つの主要な手段	182
図 5–7	北京から見た構造変化を遂げつつある世界	191
表 5–1	現在の競争主導型蓄積体制の漸次的出現	168
表 5–2	一連の地方コーポラティズムから中国のマクロダイナミズムへ	169
表 5–3	中国に関するレギュラシオニストたちの研究	174
表 5–4	五つの制度諸形態——中国の構図	176
表 5–5	2008年以後における中国の変容とその国際関係への影響	183

第6章 中国経済の輸出主導型成長から内需主導型成長への転換条件

図 6–1	民間消費，固定資本投資，輸出の変化率と輸出がGDPに占める割合	195
図 6–2	中国における都市部就業者の社会保険加入率の推移	205
図 6–3	中国の社会保険財政の推移	206
図 6–4	中国株式市場の規模と株価指数，および非流通株の割合の推移	211
表 6–1	中国の社会保障制度の概要	204

第7章 いわゆる中国経済モデル論の起源，構成と問題点

図 7–1	中国モデル論の問題点	219

図7-2　中国におけるモジュール化の発生メカニズム ························· 227
図7-3　モジュール化の発生メカニズムと中国沿岸部経済の理念型 ············· 229

III　韓国資本主義

第8章　韓国における金融システム変化と蓄積体制

図8-1　通貨危機以前の銀行の企業向け貸出の景気弾力性
　　　　（1974年第1四半期～1997年第2四半期） ·························· 239
図8-2　通貨危機以降の銀行の企業向け貸出の景気弾力性
　　　　（1999年第1四半期～2008年第2四半期） ·························· 239
図8-3　韓国における銀行の総資産と銀行貸出先の構成 ······················· 241
図8-4　韓国における銀行の資産規模と中小零細企業向け貸出との関係 ········· 241
図8-5　韓国ウォンの為替レートの推移 ····································· 244
図8-6　通貨危機以前における投資の景気弾力性
　　　　（1974年第1四半期～1997年第2四半期） ·························· 247
図8-7　通貨危機以前の韓国における蓄積体制 ······························· 248
図8-8　通貨危機以降における投資の景気弾力性
　　　　（1999年第1四半期～2008年第2四半期） ·························· 249
図8-9　通貨危機以降の韓国における蓄積体制 ······························· 250
図8-10　韓国における望ましい金融システムと蓄積体制 ······················ 254
表8-1　企業部門の資金調達構造 ·· 243
表8-2　主要国の外部資金調達構成比 ······································ 243
表8-3　対ドルレートの水準および為替レート変動性の時期別比較 ············· 245
表8-4　時期別にみた韓国の投資関数 ······································ 250

第9章　韓国における非正規労働の増加と雇用の二重構造化

図9-1　韓国の雇用形態別労働者の構成比の推移 ···························· 262
表9-1　経済活動人口調査・付加調査による雇用形態の区分（2012年8月）······ 260
表9-2　韓国における雇用形態別の労働者数，賃金，労働時間（2012年8月）···· 263
表9-3　韓国における雇用形態別の社会保険加入率と福利厚生制度適用率（2012年8月）··· 265
表9-4　雇用形態別・事業所規模別の雇用契約書を作成している者の割合（2012年8月）····· 271
表9-5　雇用形態別・事業所規模別の雇用者分布（2012年8月） ················ 271
表9-6　雇用形態別の労働組合加入率（2012年8月） ························· 274

第10章　韓国現代自動車の低コスト生産システムの分析

図10-1　現代自動車の世界市場でのシェアと販売台数（1995～2011年）········· 284
図10-2　現代自動車グループの二重複合型出資構造（2011年） ················ 285
図10-3　現代自動車の総労働者数と職種別構成 ····························· 289
図10-4　現代モービスの総労働者数と職種別構成 ··························· 291
図10-5　現代自動車の正規生産職と非正規生産職の賃金比較（2008年）········· 292
図10-6　現代自動車グループ各社の生産職労働者の構成（2010年） ············ 295
図10-7　製品製造費用に対する賃金費用の割合（2000～2010年） ·············· 296

図表一覧　491

  図10-8　部品メーカーの統合形態の比較 ……………………………… 300
  表10-1　製品製造費用，賃金費用，生産労働者数（2000〜2010年）……… 296

Ⅳ　東南アジア・インドの資本主義

第11章　インドIT産業における高度化と能力構築
  表11-1　記述統計量 ……………………………………………………… 310
  表11-2　顧客による要求とその変化（2005〜09） …………………… 311
  表11-3　事業の特徴と情報源・ローカル学習機会 …………………… 312
  表11-4　ソリューション指向と情報源・ローカル学習機会の関係 ……… 313
  表11-5　雇用システム　記述統計 ……………………………………… 314
  表11-6　ソリューション指向と雇用システムの関係 ………………… 316

第12章　マレーシアにおける経済発展と労働
  図12-1　マレーシアのGDP成長率と失業率　1984〜2012年 ………… 325
  図12-2　マレーシアにおける雇用，1990〜2012年 …………………… 327
  図12-3　マレーシアの移住労働者（不熟練・半熟練）1990〜2012年 … 331

第13章　インドネシアにおけるアグリビジネス改革
  図13-1　保有主体別アブラヤシ農園面積の推移 ……………………… 347
  図13-2　原油・CPO・FFB価格の推移 ………………………………… 356
  表13-1　パーム油とパーム核油の輸出・加工 ………………………… 351

Ⅴ　日本資本主義

第14章　企業主義的調整の麻痺と社会保障改革
  図14-1　企業主義的レギュラシオンと輸出主導型成長体制 ………… 371
  図14-2　景気回復局面における企業収益と賃金の関係 ……………… 373

第15章　日本における制度変化と新自由主義的政策
  図15-1　日本における再分配前後のジニ係数の推移（1962〜2008年）… 407
  表15-1　日本資本主義とその進化を分析する――三つのレベル ……… 389

第16章　賃金デフレと迷走する金融政策
  図16-1　GDPとその各項目，実質賃金の推移（1995〜2011年）……… 419
  図16-2　貨幣賃金率，国民所得と利潤の関係 ………………………… 423
  図16-3　アメリカのGDP，住宅投資，設備投資，フェデラル・ファンド・レート
　　　　（1999年第1四半期〜2007年第4四半期）………………………… 425
  図16-4-1　VARモデルの累積インパルス反応関数（消費のモデル）
　　　　（1999年1月〜2007年12月）………………………………………… 430
  図16-4-2　VARモデルの累積インパルス反応関数（生産のモデル）
　　　　（1999年1月〜2007年12月）………………………………………… 431

第17章　日本経済の成長体制と脱工業化
- 図 17–1　成長体制と脱工業化 ……………………………………………………… 440
- 図 17–2　資本蓄積率と利潤率 ……………………………………………………… 443
- 図 17–3　GDP 成長率と労働分配率 ………………………………………………… 444
- 図 17–4　産業構造の長期的変化 …………………………………………………… 445
- 図 17–5　部門別実質成長率 ………………………………………………………… 445
- 図 17–6　部門別資本蓄積率 ………………………………………………………… 446
- 図 17–7　部門別労働生産性上昇率 ………………………………………………… 447
- 図 17–8　海外生産比率（製造業）………………………………………………… 449
- 図 17–9　部門別雇用シェアの推移 ………………………………………………… 458
- 図 17–10　部門別雇用量の推移 …………………………………………………… 459
- 表 17–1　産業構造分析のための部門分類 ………………………………………… 445
- 表 17–2　脱工業化の四類型 ………………………………………………………… 451
- 表 17–3　「輸出コア製造業」の構造変化による部門別産出量の変化（年率換算）… 454
- 表 17–4　「その他製造業」の構造変化による部門別産出量の変化（年率換算）… 454
- 表 17–5　産出量変化の要因分解（1980〜85年，1985〜90年）………………… 457
- 表 17–6　産出量変化の要因分解（1990〜95年，1995〜2000年）……………… 460
- 表 17–7　産出量変化の要因分解（2000〜05年）………………………………… 461
- 表 17–8　産出量変化の要因分解（2005〜09年）………………………………… 462
- 表 17–9　主要部門の実質産出量成長率・労働生産性上昇率・雇用成長率（5年間）…… 463

結　語
- 図 18–1　成長体制の概念図 ………………………………………………………… 480
- 表 18–1　アジア資本主義の制度諸形態・調整様式・成長体制 ………………… 474-475

執筆者紹介（掲載順）

山田鋭夫　編者紹介欄参照.

磯谷明徳　編者紹介欄参照.

平川 均（ひらかわ・ひとし）
1948年愛知県生．1980年明治大学大学院経営学研究科博士課程単位取得退学．博士（経済学）．名古屋大学名誉教授，国士舘大学21世紀アジア学部教授．開発経済学．主著に『NIES――世界システムと開発』（同文舘），『東アジアの新産業集積』（共編著，学術出版会）等．

遠山弘徳（とおやま・ひろのり）
1959年新潟県生．1989年大阪市立大学大学院経済学研究科後期博士課程単位取得退学．静岡大学人文社会科学部教授．社会経済学．主著に『資本主義の多様性分析のために』（ナカニシヤ出版）等．

原田裕治（はらだ・ゆうじ）
1970年熊本県生．2000年名古屋大学大学院経済学研究科博士後期課程修了．博士（経済学）．福山市立大学都市経営学部准教授．理論経済学．論文に 'Asian Capitalisms: Institutional Configuration and Firm Heterogeneity', in R. Boyer, H. Uemura and A. Isogai（eds.）*Diversity and Transformations of Asian Capitalisms*, Routledge（co-authored with H. Tohyama）等．

西 洋（にし・ひろし）
1980年島根県生．2009年九州大学大学院経済学府博士課程修了．博士（経済学）．阪南大学経済学部准教授．マクロ経済学．主著に 'On the short-run relationship between the income distribution- and debt-growth regimes,' *International Review of Applied Economics*, 2013, Vol. 27, No. 6 等．

植村博恭　編者紹介欄参照.

宇仁宏幸　編者紹介欄参照.

ロベール・ボワイエ（Robert Boyer）
1943年フランス生．パリ理工科大学校（エコール・ポリテクニック）卒業．数理経済計画予測研究所（CEPREMAP），国立科学研究所（CNRS）教授，社会科学高等研究院（EHESS）

研究部長を経て，現在は米州研究所（パリ）エコノミスト．著書に『レギュラシオン理論』『世界恐慌』『資本主義 vs 資本主義』『ニュー・エコノミーの研究』『金融資本主義の崩壊』『ユーロ危機』（以上藤原書店）等．

厳成男（げん・せいなん）
1973年中国延辺生．2009年京都大学大学院経済学研究科博士後期課程修了．博士（経済学）．新潟大学准教授．社会経済学．主著に『中国の経済発展と制度変化』（京都大学学術出版会）等．

宋 磊（Song Lei）
1971年中国吉林省生．2000年名古屋大学大学院経済学研究科博士後期課程修了．博士（経済学）．北京大学政府管理学院準教授．制度経済学・市場経済多様性論．主著に『発展と戦略』（共編著，北京大学出版社）等．

梁峻豪（Yang Junho）
1972年韓国釜山生．2005年京都大学大学院経済学研究科博士課程修了．仁川大学経済学部教授，仁川大学社会的経済研究センター長．経済理論．主著に『地域と世界を変革する社会的企業』（ドナム出版社），『社会的金融の理論と現状』（ドナム出版社）等．

金埈永（Kim Joon Young）
1971年韓国大邱生．2008年京都大学大学院経済学研究科博士課程修了．韓国雇用情報院研究員．労働経済学．主著に 'A Comparison of Non-regular Employment in Korea and Japan: Nature, Difference, and its Possible Reasons', *Evolutionary and Institutional Economics Review*, 2010, Vol. 6, No. 2., 『中長期労働力見通し 2011～2020』（韓国雇用情報院）等．

金佑眞（Kim Woojin）
1983年韓国安養生．2012年京都大学大学院経済学研究科修士課程修了．京都大学大学院経済学研究科博士後期課程大学院生．産業経済．主著に 'A Study on the Production System of Korea's Automobile Industry'（京都大学修士論文）等．

徳丸宜穂（とくまる・のりお）
1971年埼玉県生．2004年京都大学大学院経済学研究科博士後期課程修了．博士（経済学）．名古屋工業大学大学院工学研究科准教授．イノベーション研究・比較制度論．主な編著・

共著に，*Servitization, IT-ization and Innovation Models: Two-Stage Industrial Cluster Theory*．(共編著，Routledge)，『世界の工場から世界の開発拠点へ：製品開発と人材マネジメントの日中韓比較』(共著，東洋経済新報社) 等．

吉村真子（よしむら・まこ）
1961 年東京都生．1992 年東京大学大学院経済学研究科博士課程修了．経済学博士．法政大学教授．東南アジア経済．主著に『マレーシアの経済発展と労働力構造』(法政大学出版局)，*New Perspectives on Japanese Occupation in Malaya and Singapore 1942-45*（NUP Press）等．

賴 俊輔（らい・しゅんすけ）
1977 年神奈川県生．2009 年横浜国立大学大学院国際社会科学研究科博士課程後期修了．博士（経済学）．明治学院大学国際学部専任講師．東南アジア経済．主著に『インドネシアのアグリビジネス改革』(日本経済評論社) 等．

平野泰朗（ひらの・やすろう）
1948 年岐阜県生．1978 年名古屋大学大学院経済学研究科博士課程単位取得退学．摂南大学経済学部教授．労働経済学・制度経済学．主著に『日本的制度と経済成長』(藤原書店) 等．

セバスチャン・ルシュバリエ（Sébastien Lechevalier）
1973 年フランス生．2003 年社会科学高等研究院（EHESS）博士課程修了．Ph. D.（sciences économiques）．社会科学高等研究院（EHESS）准教授，パリ・日仏財団理事長．日本経済研究・労働市場分析．主著に *La grande transformation du capitalisme japonais*（Presses de Sciences Po）．英語版 *The Great Transformation of Japanese Capitalism*（Routledge）等．

服部茂幸（はっとり・しげゆき）
1964 年大阪府生．1996 年京都大学大学院経済学研究科博士課程修了．博士（経済学）．福井県立大学経済学部教授．経済政策．主著に『危機・不安定性・資本主義』(ミネルヴァ書房)，『新自由主義の帰結』(岩波新書) 等．

田原慎二（たはら・しんじ）
1982 年広島県生．2011 年横浜国立大学大学院国際社会科学研究科博士課程後期修了．博士（経済学）．内閣府経済社会総合研究所研究専門職．マクロ経済分析・産業連関分析．主著

に"The Transformation of Growth Regime and De-industrialization in Japan," (with H. Uemura), *Revue de la régulation*, No. 16, 2014 等.

訳者紹介

藤田菜々子（ふじた・ななこ）
1977 年三重県生．2005 年名古屋大学大学院経済学研究科博士後期課程修了．博士（経済学）．名古屋市立大学大学院経済学研究科准教授．経済学史・制度経済学．主著に『ミュルダールの経済学――福祉国家から福祉世界へ』(NTT 出版) 等.

編者紹介

植村博恭（うえむら・ひろやす）
1956年東京都生．1986年一橋大学大学院経済学研究科博士課程単位取得退学．横浜国立大学大学院国際社会科学研究院教授．制度分析・マクロ経済分析．著書に『社会経済システムの制度分析』（共著，名古屋大学出版会），*Diversity and Transformations of Asian Capitalisms*（Co-edited book; Routledge）等．

宇仁宏幸（うに・ひろゆき）
1954年兵庫県生．1995年大阪市立大学大学院経済学研究科後期博士課程単位取得退学．京都大学大学院経済学研究科教授．経済理論．主著に『構造変化と資本蓄積』（有斐閣），『制度と調整の経済学』（ナカニシヤ出版）等．

磯谷明徳（いそがい・あきのり）
1956年福島県生．1984年一橋大学大学院経済学研究科博士課程単位取得退学．九州大学大学院経済学研究院教授．制度経済学・進化経済学．主著に *Diversity and Transformations of Asian Capitalisms*（Co-edited book; Routledge），『制度経済学のフロンティア』（ミネルヴァ書房）等．

山田鋭夫（やまだ・としお）
1942年愛知県生．1969年名古屋大学大学院経済学研究科博士課程単位取得退学．名古屋大学名誉教授．理論経済学・現代資本主義論．著書に『さまざまな資本主義』（藤原書店），『金融危機のレギュラシオン理論』（共著，昭和堂）等．

転換期のアジア資本主義

2014年4月30日　初版第1刷発行 ©

編者　植村博恭
　　　宇仁宏幸
　　　磯谷明徳
　　　山田鋭夫

発行者　藤原良雄

発行所　株式会社 藤原書店

〒162-0041　東京都新宿区早稲田鶴巻町523
電　話　03（5272）0301
ＦＡＸ　03（5272）0450
振　替　00160-4-17013
info@fujiwara-shoten.co.jp

印刷・製本　中央精版印刷

落丁本・乱丁本はお取替えいたします
定価はカバーに表示してあります

Printed in Japan
ISBN978-4-89434-963-6

新しい経済学、最高の入門書

入門・レギュラシオン
（経済学／歴史学／社会主義／日本）

R・ボワイエ
山田鋭夫・井上泰夫編訳

マルクスの歴史認識とケインズの制度感覚の交点に立ち、アナール派の精神を継承、ブルデューの概念を駆使して資本主義のみならず、社会主義や南北問題をも解明する、全く新しい経済学＝「レギュラシオン」とは何かを、レギュラシオン派の中心人物が俯瞰。

四六上製　二七二頁　二二三六円
品切　（一九九〇年九月刊）
◇978-4-938661-09-0

現代資本主義分析の新しい視点

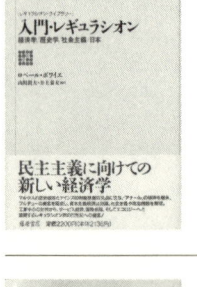

レギュラシオン理論
（危機に挑む経済学）

R・ボワイエ
山田鋭夫訳＝解説

レギュラシオン理論の最重要文献。基本概念、方法、歴史、成果、展望のエッセンス。二〇世紀の思想的成果を結集し、資本主義をその動態性・多様性において捉え、転換期にある世界を、経済・社会・歴史の総体として解読する理論装置を提供する。

四六上製　二八〇頁　二二三六円
品切　（一九九〇年九月刊）
◇978-4-938661-10-6
LA THÉORIE DE LA RÉGULATION
Robert BOYER

危機脱出のシナリオ

第二の大転換
（EC統合下のヨーロッパ経済）

R・ボワイエ
井上泰夫訳

一九三〇年代の大恐慌を分析したポランニーの名著『大転換』を受け、フォード主義の構造的危機からの脱出を模索する現代を「第二の大転換」の時代と規定。EC主要七カ国の社会経済を最新データを駆使して徹底比較分析、危機乗りこえの様々なシナリオを呈示。

四六上製　二八八頁　二七一八円
（一九九二年一月刊）
978-4-938661-60-1
LA SECONDE GRANDE TRANSFORMATION
Robert BOYER

現代資本主義の"解剖学"

現代「経済学」批判宣言
（制度と歴史の経済学のために）

R・ボワイエ
井上泰夫訳

混迷を究める現在の経済・社会・政治状況に対して、新古典派が何ひとつ有効な処方箋を示し得ないのはなぜか、マルクス、ケインズ、ポランニーの系譜を引くボワイエが、現実を解明し、真の経済学の誕生を告げる問題作。

A5変並製　二三二頁　二四〇〇円
（一九九六年一一月刊）
◇978-4-89434-052-7

バブルとは何か

世界恐慌 診断と処方箋
〈グローバリゼーションの神話〉

R・ボワイエ
井上泰夫訳

ヨーロッパを代表するエコノミストである「真のユーロ政策」のリーダーが、世界の主流派エコノミストが共有する誤った仮説を抉り出し、アメリカの繁栄の虚実を暴く。バブル経済の本質に迫り、現在の世界経済を展望。

四六上製 二四〇頁 二四〇〇円
(一九九八年一二月刊)
◇978-4-89434-115-9

日仏共同研究の最新成果

戦後日本資本主義
〈調整と危機の分析〉

山田鋭夫＋R・ボワイエ編

山田鋭夫／R・ボワイエ／磯谷明徳／植村博恭／平野泰朗／海老塚明／宇仁宏幸／遠山弘徳／花田昌宣／鍋島直樹／井上泰夫／B・コリア／P・ジョフロン／M・リュビンシュタイン／M・ジュイヤール

A5上製 四一六頁 六〇〇〇円
(一九九九年二月刊)
在庫僅少◇978-4-89434-123-4

資本主義は一色ではない

資本主義vs資本主義
〈制度・変容・多様性〉

R・ボワイエ
山田鋭夫訳

各国、各地域には固有の資本主義があるという視点から、アメリカ型の資本主義に一極集中する現在の傾向に異議を唱える。レギュラシオン理論の泰斗が、資本主義の未来像を活写。

四六上製 三五二頁 三三〇〇円
(二〇〇五年一月刊)
◇978-4-89434-433-4
UNE THÉORIE DU CAPITALISME EST-ELLE POSSIBLE?
Robert BOYER

政策担当者 経営者 ビジネスマン必読!

ニュー・エコノミーの研究
〈21世紀型経済成長とは何か〉

R・ボワイエ
井上泰夫監訳
中原隆幸・新井美佐子訳

肥大化する金融が本質的に抱える合理的誤謬と情報通信革命が経済に対してもつ真の意味を解明する快著。

四六上製 三五二頁 四二〇〇円
(二〇〇七年六月刊)
◇978-4-89434-580-5
LA CROISSANCE, DÉBUT DE SIÈCLE: DE L'OCTET AU GÈNE
Robert BOYER

金融資本主義の崩壊（市場絶対主義を超えて）

R・ボワイエ
山田鋭夫・坂口明義・原田裕治＝監訳

サブプライム危機を、金融主導型成長が導いた必然的な危機だったと位置づけ、"自由な"金融イノベーションの危険性を指摘。公的統制に基づく新しい金融システムと成長モデルを構築する野心作！

A5上製　四四八頁　五五〇〇円
(二〇一一年五月刊)
◇ 978-4-89434-805-9

FINANCE ET GLOBALISATION
Robert BOYER

「金融市場を、公的統制下に置け！」

ユーロ危機（欧州統合の歴史と政策）

R・ボワイエ
山田鋭夫・植村博恭訳

ヨーロッパを代表する経済学者が、ユーロ圏において次々に勃発する諸問題は、根本的な制度的ミスマッチである、と看破。歴史に遡り、真の問題解決を探る。「ユーロ崩壊は唯一のシナリオではない、多様な構図に開かれた未来がある」（ボワイエ）。

四六上製　二〇八頁　二二〇〇円
(二〇一三年二月刊)
◇ 978-4-89434-900-1

レギュラシオンの旗手が、独自な分析

あらゆる切り口で現代経済に迫る最高水準の共同研究

レギュラシオン・コレクション (全4巻)

ロベール・ボワイエ＋山田鋭夫＝共同編集

1　危　機──資本主義
A5上製　320頁　3689円（1993年4月刊）　◇ 978-4-938661-69-4
R・ボワイエ、山田鋭夫、G・デスタンヌ＝ド＝ベルニス、H・ベルトラン、A・リピエッツ、平野泰朗

2　転　換──社会主義
A5上製　368頁　4272円（1993年6月刊）　◇ 978-4-938661-71-7
R・ボワイエ、グルノーブル研究集団、B・シャバンス、J・サピール、G・ロラン

3　ラポール・サラリアール
A5上製　384頁　5800円（1996年6月刊）　◇ 978-4-89434-042-8
R・ボワイエ、山田鋭夫、C・ハウェル、J・マジエ、M・バーレ、J・F・ヴィダル、M・ピオーリ、B・コリア、P・プチ、G・レイノー、L・A・マルティノ、花田昌宣

4　国際レジームの再編
A5上製　384頁　5800円（1997年9月刊）　◇ 978-4-89434-076-3
R・ボワイエ、J・ミストラル、A・リピエッツ、M・アグリエッタ、B・マドゥフ、Ch-A・ミシャレ、C・オミナミ、J・マジエ、井上泰夫

新たな「多様性」の時代

脱グローバリズム宣言
（パクス・アメリカーナを越えて）

R・ボワイエ＋P‐F.スイリ 編
青木昌彦　榊原英資　他
山田鋭夫・渡辺純子訳

アメリカ型資本主義は本当に勝利したのか？　日・米・欧の第一線の論客が、通説に隠された世界経済の多様性とダイナミズムに迫り、アメリカ化とは異なる21世紀の経済システム像を提示。

四六上製　二六四頁　二四〇〇円
（二〇〇二年九月刊）
MONDIALISATION ET RÉGULATIONS
sous la direction de
Robert BOYER et Pierre-François SOUYRI
◇ 978-4-89434-300-9

新しい経済学の決定版

増補新版
レギュラシオン・アプローチ
〔21世紀の経済学〕

山田鋭夫

新しい経済理論として注目を浴びるレギュラシオン理論を日本に初めて紹介した著者が、初学者のために「レギュラシオン理論への誘い」を増補し、総合的かつ平易に説く決定版。新「レギュラシオン理論文献」(60頁)附。

四六上製　三〇四頁　二八〇〇円
（一九九一年五月／一九九四年一二月）
品切◇ 978-4-89434-002-2

なぜ資本主義を比較するのか

さまざまな資本主義
〔比較資本主義分析〕

山田鋭夫

資本主義は、政治・労働・教育・社会保障・文化……といった「社会的なもの」と「資本的なもの」との複合的総体であり、各地域で多様である。このような"複合体"としての資本主義を、国別・類型別に比較することで、新しい社会＝歴史認識を汲みつつ、現代社会の動きを俯瞰することができる。

A5上製　二八〇頁　三三〇〇円
（二〇〇八年九月刊）
◇ 978-4-89434-649-9

日本経済改革の羅針盤

五つの資本主義
〔グローバリズム時代における社会経済システムの多様性〕

B・アマーブル
山田鋭夫・原田裕治ほか訳

市場ベース型、アジア型、大陸欧州型、社会民主主義型、地中海型――五つの資本主義モデルを、制度理論を背景とする緻密な分類、実証をふまえた類型化で、説得的に提示する。

A5上製　三六八頁　四八〇〇円
（二〇〇五年九月刊）
THE DIVERSITY OF MODERN CAPITALISM
Bruno AMABLE
◇ 978-4-89434-474-7

ポスト社会主義への道

システムの解体
〈東の経済改革史 一九五〇―九〇年代〉

B・シャバンス
斉藤日出治・斉藤悦則訳

レギュラシオン派の社会主義圏経済分析の第一人者が、ポスト社会主義の危機打開への道を呈示。東側諸国の経済システムの誕生、変容、崩壊を活写。比較システム論の視角から東側の歴史と未来を総合的に示す初成果。

四六上製 三二八頁 三六八九円
LES RÉFORMES ÉCONOMIQUES A L'EST
Bernard CHAVANCE
◇978-4-938661-79-3
(一九九三年九月刊)

レギュラシオン派の日本分析

逆転の思考
〈日本企業の労働と組織〉

B・コリア
花田昌宣・斉藤悦則訳

「トヨタ」式の経営・組織革新の総体を、大野耐一の原理のなかから探り、フォード主義、テイラー主義にかわる日本方式の本質にせまる。また日本的な生産方式の西欧への移転可能性を明らかにする。ウォルフレンらリヴィジョナリストに対する明確な批判の書。

四六上製 二九六頁 二八〇〇円
PENSER A L'ENVERS
Benjamin CORIAT
◇978-4-938661-45-8
(一九九二年三月刊)

レギュラシオン派の新領域

低成長下のサービス経済

P・プチ
平野泰朗訳

レギュラシオン学派による初の総合的サービス産業分析。サービス貿易・対企業サービス・情報通信技術の影響・福祉国家の危機・二重構造論……。脱工業化時代の経済を、斬新に分析。「サービス化とレギュラシオン理論」についての訳者解説を附す。

四六上製 三六八頁 三六八九円 在庫僅少
SLOW GROWTH AND THE SERVICE ECONOMY
Pascal PETIT
◇978-4-938661-17-5
(一九九一年一月刊)

21世紀へのオルタナティブ

勇気ある選択
〈ポストフォーディズム・民主主義・エコロジー〉

A・リピエッツ
若森章孝訳

レギュラシオニストにしてエコロジストであるエコノミストが、欧州統合・冷戦の終焉を踏まえつつ、二一世紀のありうべきシナリオを大胆に示す野心作。理論と現実(歴史)を架橋するレギュラシオンの問題意識を堅持しつつ未来を探る、希望の書。

四六上製 二五六頁 二二三六円 品切
CHOISIR L'AUDACE
Alain Lipietz
◇978-4-938661-12-0
(一九九〇年一〇月刊)

貨幣論の決定版！

貨幣主権論

M・アグリエッタ＋A・オルレアン 編
坂口明義 監訳
中野佳裕・中原隆幸 訳

貨幣を単なる交換の道具と考える主流派経済学は、貨幣を問題にできない。非近代社会と、ユーロ創設を始めとする現代の貨幣現象の徹底分析から、貨幣の起源を明かし、いまだ共同体の紐帯として存在する近代貨幣の謎に迫る。

A5上製 六五六頁 八八〇〇円
（二〇一二年六月刊）
◇978-4-89434-865-3

LA MONNAIE SOUVERAINE
sous la direction de Michel AGLIETTA et André ORLÉAN

全く新しい経済理論構築の試み

金融の権力

A・オルレアン
坂口明義・清水和巳 訳

地球的規模で展開される投機経済の魔力に迫る独創的新理論の誕生！ 市場参加者に共有されている「信念」を読み解く「コンベンション理論」による分析が、市場全盛とされる現代経済の本質をラディカルに暴く。

四六上製 三三八頁 三六〇〇円
品切◇978-4-89434-236-1
（二〇〇一年六月刊）

LE POUVOIR DE LA FINANCE
André ORLÉAN

気鋭の経済思想家の最重要著作！

価値の帝国
（経済学を再生する）

A・オルレアン
坂口明義 訳

「価値」を"労働"や"効用"の反映と捉える従来の経済学における価値理論を批判し、価値の自己増殖のダイナミズムを捉える模倣仮説を採用。現代金融市場の根源的不安定さを衝き、社会科学としての経済学の再生を訴える、気鋭の経済学者の最重要著作、完訳。

第1回ポール・リクール賞受賞
A5上製 三六〇頁 五五〇〇円
978-4-89434-943-8
（二〇一一年一一月刊）

L'EMPIRE DE LA VALEUR
André ORLÉAN

単一通貨は可能か

通貨統合の賭け
（欧州通貨同盟へのレギュラシオン・アプローチ）

M・アグリエッタ
斉藤日出治 訳

仏中央銀行顧問も務めるレギュラシオン派随一の理論家による、通貨統合論の最先端。ポンド・ドルの基軸化による国際通貨体制を歴史的に総括し欧州の現状を徹底分析。激動の世界再編下、欧州最後の賭け＝通貨同盟を展望。

四六上製 二九六頁 二七一八円
品切◇978-4-93661-62-5
（一九九二年一二月刊）

L'ENJEU DE L'INTÉGRATION MONÉTAIRE
Michel AGLIETTA

「大東亜共栄圏」の教訓から何を学ぶか？

脱デフレの歴史分析
〈政策レジーム〉転換でたどる近代日本

安達誠司

明治維新から第二次世界大戦まで、経済・外交における失政の連続により戦争への道に追い込まれ、国家の崩壊を招いた日本の軌跡を綿密に分析。「平成大停滞」以降に向けた指針を鮮やかに呈示した野心作。

第1回「河上肇賞」本賞受賞
四六上製 三二〇頁 三六〇〇円
(二〇〇六年五月刊)
◇978-4-89434-516-4

なぜデフレ不況の底から浮上できないのか？

日本の「失われた二〇年」
〈デフレを超える経済政策に向けて〉

片岡剛士

バブル崩壊以後一九九〇年代から続く長期停滞の延長上に現在の日本経済の低迷の真因を見出し、世界金融危機以後の日本の針路を明快に提示する野心作。

第4回「河上肇賞」本賞受賞
第2回政策分析ネットワーク
シンクタンク賞受賞
四六上製 四一六頁 四六〇〇円
(二〇一〇年二月刊)
◇978-4-89434-729-8

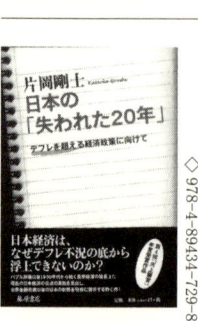

「デフレ病」が日本を根元から蝕む

日本建替論
〈100兆円の余剰資金を動員せよ！〉

麻木久仁子・田村秀男・田中秀臣

長期のデフレのみならず、東日本大震災、世界的な金融不安など、日本が内外の危機にさらされる今、「増税主義」「デフレ主義」を正面から批判し、大胆な金融政策の速やかな実施と、日本が抱える余剰資金百兆円の動員により、雇用対策、社会資本の再整備に重点を置いた経済政策を提起する。

四六並製 二八八頁 一六〇〇円
(二〇一二年二月刊)
◇978-4-89434-843-1

消費税増税で日本経済はどうなる？

日本経済は復活するか

田中秀臣編

「金融政策」「財政政策」「成長戦略」の「三本の矢」で構成される安倍内閣の経済政策（＝アベノミクス）。脱デフレ効果が現れ始めた矢先の消費税増税は、いったい何をもたらすか？ 日本経済の不安定化の見通しと、それに対する必須の対策までを盛り込んだ、増税決定後、緊急刊行の必読論集！

四六並製 三四四頁 二八〇〇円
(二〇一三年一〇月刊)
◇978-4-89434-942-1